哲学地建立中国哲学

——牟宗三哲学论集

王兴国 著

中国社会科学出版社

图书在版编目(CIP)数据

哲学地建立中国哲学：牟宗三哲学论集／王兴国著 . —北京：中国社会科学出版社，2022.9
ISBN 978 – 7 – 5227 – 0539 – 2

Ⅰ.①哲… Ⅱ.①王… Ⅲ.①牟宗三(1909 – 1995)—哲学思想—文集 Ⅳ.①B261.5 – 53

中国版本图书馆 CIP 数据核字（2022）第 129006 号

出 版 人	赵剑英
责任编辑	韩国茹
责任校对	张爱华
责任印制	张雪娇

出　　版	中国社会科学出版社
社　　址	北京鼓楼西大街甲 158 号
邮　　编	100720
网　　址	http://www.csspw.cn
发 行 部	010 – 84083685
门 市 部	010 – 84029450
经　　销	新华书店及其他书店
印　　刷	北京君升印刷有限公司
装　　订	廊坊市广阳区广增装订厂
版　　次	2022 年 9 月第 1 版
印　　次	2022 年 9 月第 1 次印刷
开　　本	710×1000　1/16
印　　张	37
插　　页	2
字　　数	586 千字
定　　价	219.00 元

凡购买中国社会科学出版社图书，如有质量问题请与本社营销中心联系调换
电话：010 – 84083683
版权所有　侵权必究

序

二十余年以来，我对中国哲学的研究，实以牟宗三哲学为重，迄今仍在断断续续地写有关牟宗三哲学的文章，有人不解：我为什么对牟宗三竟然会有如此持久的兴趣与执着的热情?! 老实说，这是我自己也没有想到的。不过，当经历了这段历程之后，这根本就不是一个问题。只要真正地进入了牟宗三哲学的殿堂，这是一点也不难理解的。在此，我有必要重申早已说过的话：选择牟宗三哲学做研究，可以得到一种最佳的哲学思维训练，使人通向爱智之路。这的确是我研究牟宗三哲学的初衷。后来，在不同场合，我又多次说过：牟宗三哲学太大了，粘上了手，就一辈子也甩不掉了。这的确是实情。

对牟宗三哲学稍知一二的人都知道，牟宗三哲学是当代中国哲学中最为博大精深与鸿富多绪的哲学，而且艰涩难懂，想要透彻地了解与弄通牟宗三哲学，绝非短期内可以做得到，尤其学力不逮，准备不足，心态不正，用功不够，积力不久，浅尝辄止，是无法深入其堂奥的，更不要说能一窥其庙堂之美，百官之富了。

这几十年以来，在中国哲学的研究中，牟学是一个经久不衰的热点，但很可能也是争议最大的，误解最多的。虽然其中的原因多种多样，极其复杂，但是急功近利之心和轻狂怪诞之情，则不可不谓是重要的原因。早在三十年以前，傅伟勋就十分有远见地指出，消化与超越牟宗三哲学是当代中国哲学的一大难题。尽管如今有人自吹自擂，自我标榜已经超越了牟宗三，但犹然如人之所谓"只是一个笑话"，不过是一风吹过的落叶而已。当然，这绝不意味着我认为牟宗三不可超越，更不意味着我认为牟宗三不能超越。既然消化和超越牟宗三哲学是中国哲学的一项课题，那么这项课题总是要结题的。然而，何时结题，谁来结题，谁真正地超越了牟宗三，把中国哲学推上了一个新的发展巅峰，这绝不是由个人自己说了算数的。只有时间才是真理的试金石。至少，就我个人来说，今天仍须老老实实地面对消化和超越牟宗三哲学的课题。在纪念牟宗三先生逝世20周年的"感言"中，我曾说过：牟学依然是一需要同情理解、历史批判、理性通过和超越的对象。诚然，这里所谓"超越"，不过是相对而言。哲学不像科学可以进化论言之。伟大的哲学典范一旦形成，就是永恒的，光照千秋万代。后来的哲学，自然可以造新典范，但是新典范未必比旧典范好，亦未必可以取旧典范而代之。柏拉图之典范，孰取而代之乎？孟子之典范，孰取而代之乎？吾人今日论及中西哲学，柏拉图与孟子之哲学，仍然是绕不过去的典范。然而，典范转移乃学术发展蔚然成风的表现，以及必然而有的历史之逻辑。以此为论衡一时代之学术演进之标尺，实非自今日始为然。我相信，通过牟宗三，可能会有好的中国哲学问世；越过牟宗三，则只会有坏的中国哲学惑世欺世。这大概就是我为什么至今不离开牟宗三的缘由之所在。

在我的博士学位论文完成后（分别以《契接中西哲学之主流——牟宗三哲学思想渊源探要》和《牟宗三哲学思想研究——从逻辑思辨到哲学架构》二书出版），韩敬先生曾经对我说："看来，你还得续写第三部。"这或许是对我的期待与鞭策吧！但是，我一直没有这样的计划。海内外都曾有人对我说过："您要是放弃了牟宗三的研究，就太可惜、太遗憾了！"说起来不好意思得很，这些年以来，虽然陆陆续续地发表了几十篇牟学的文章，也出版过一本小册子《牟宗三》，在海峡两岸均得到一些师友的首肯和赞誉，但也都是随机而作，并没有有计划地按照某个主题去写成一部有系统的著作。这与我的生活状态与心境是合拍的。我一向喜欢半日功夫半日吃茶的闲寂日子，对于那些把学问与生活的艺术打成一片的人，更是挹慕不已，只是自己做不到，自然是扁担挑水两头塌了。写不出妙手天成的大器之著，只能懒懒散散地东一篇西一篇地留下一些零零散散的文字之拙迹。

近些年来，我逐渐转回先秦哲学，多年的哲学史与纯粹理论哲学之思，也不时地悄然在梦中轻轻叩击我的心扉，然而兴趣的无序扩展与分散，使战线拉得太长，甚至难以收敛，正值忧喜交聚，天性中解放的慵懒却乘机搅和，与其"相濡以沫"，执一漏万，毋宁撒手放下，"相忘于江湖"。但岂真能相忘而无咎无悔乎?!到头来，什么也没有放弃，什么也没有守住。其实，无所谓放弃，也无所谓守住。尧舜事业，不过一点浮云过眼前。岂可不觉乎?!修德进业，诚不可废；尽性知天，永无止期；克己复礼，难在自觉，贵尊自然，不期而至。此乃常道也。虽然今世非古世，明朝非今朝，但是生活也罢，学问也罢，如斯而已。

今天出版的这本集子，是我二十余年以来所写的研究牟宗三的文章，几乎涉及牟宗三哲学从早期到晚期的各个方面以及其人生经历、师友关系、学术境遇，内容庞杂，似乎只是散论的结集，然而并非没有中心主旨。

牟宗三在八十岁生日的时候说：自己60年来只做一件事，这就是"反省中国之文化生命，以重开中国哲学之途径"。对牟宗三来说，"重开中国哲学之途径"，就是要"哲学地建立"中国哲学。实际上，牟宗三一生的业绩，都是围绕着"哲学地建立中国哲学"这一件事情而展开的，并且牟宗三为"哲学地建立中国哲学"构建了一个不朽的伟大典范。走进牟宗三哲学的百花园中，寻寻觅觅，吸吮分分，当然不是要像蚂蚁搬家那样，去重复这一典范，而是要像蜜蜂采花酿出新蜜一样，能在学术的批判理性中论衡其见敝，掘示其蕴奥，阐发其精神，激发克己践形的情操与转识成智的求道心，为在哲学的星空中增添与附丽新的星宿，使哲学的星光更加灿烂辉煌，让人心中的良知与能与用，光大于人间世。虽不敢说本集的文章已尽到这一旨意，但实有本于此意，是故取集中之一篇名，命名为"哲学地建立中国哲学"。

诚然，牟宗三先生一代的新儒大哲，已经为"哲学地建立中国哲学"尽到了他们的责任，并树立了永久不倒的哲学丰碑，但是"哲学地建立中国哲学"的工作，仍然需要继往开来，不断创进，尤其对今天的中国大陆来说，这是十分迫切与要紧的头等大事，自当有望于来者，但首先是吾侪义不容辞，责无旁贷的天职。此乃是书之名所含的寓意。幸望有心者察焉！

是为序。

王兴国
2017年2月14日于深圳湾畔寓所

目 录

牟宗三 1
牟宗三哲学的研究现状及其局限 24
纪念牟宗三先生逝世20周年感言 34
熊十力与牟宗三 37
落寞而不落寞
  ——牟宗三与三所著名大学：北京大学、
   西南联合大学、台湾大学 69
牟宗三逻辑二分法思想初探 89
牟宗三与辩证法
  ——兼论牟宗三哲学与唐君毅哲学的类型 104
论牟宗三哲学中的易学研究
  ——对牟宗三哲学的前逻辑起点的考察 123
孔子与中国哲学中的非实体主义思想
  ——牟宗三的孔子诠释略论 138
孔子的两翼
  ——牟宗三论孟子与荀子 168
略论牟宗三的董学研究及其意义 207
牟宗三的象山学（之一） 223
牟宗三的象山学（之二） 238
牟宗三的实现之理与纪纲之理
  ——兼与康德的轨约原则与构造原则比较 304

成于乐的圆成之境
　　——论牟宗三的美学世界及其与康德美学的不同 …………… 326
牟宗三与李约瑟对"李约瑟问题"的求解之比较
　　——兼论牟宗三的科学观与李约瑟的科学观 ……………… 344
牟宗三论中国现代哲学界 ……………………………………… 418
"上帝"与"爱因斯坦"
　　——论牟宗三哲学中的两个隐喻及其对时代与世界的关注 ……… 433
哲学地建立中国哲学
　　——牟宗三对中国哲学的反省与憧憬 ……………………… 452
重建世界的人文精神
　　——牟宗三的儒家式人文主义 ……………………………… 471
"三统并建"之再省思 …………………………………………… 483
牟宗三思想进路对中国哲学现代化的贡献与意义 ……………… 530

附录

王兴国教授专访
　　——游魂说、良知坎陷说、全景交往理论 ………………… 541
儒学复兴要走到平民当中
　　——王兴国访谈录 …………………………………………… 559
后　　记 ………………………………………………………… 580

牟宗三

牟宗三（1909—1995），山东栖霞人，当代中国最富有原创力和影响力的哲学家及哲学史家、教育家，当代新儒家的精神领袖和最重要的代表人物；曾获"台湾行政院"文化奖，香港大学荣誉博士学位；1933年毕业于北京大学，1949年孑然走台湾；先后任教于华西大学、"中央大学"、金陵大学、江南大学、浙江大学、台湾师范大学、东海大学、香港大学、香港中文大学新亚书院、（香港）新亚研究所、台湾大学、文化大学等；曾主编《再生》杂志、广州《民国日报·哲学周刊》，创办《历史与文化》杂志；分别受张申府、金岳霖、张东荪和熊十力的巨大影响，但以熊十力的影响最具有决定性的意义，与唐君毅和徐复观一道被公认为熊十力的精神法嗣；其一生志业在"哲学地建立中国哲学"，复兴与光大中国文化，其哲学几乎遍及与涵盖哲学的所有领域，逻辑学、知识论、历史哲学、政治哲学、文化哲学、伦理学、宗教哲学、人生哲学、美学、形上学，以及比较哲学、哲学方法论和哲学诠释学等，并均有重要建树，以其一人之力将康德的"三大批判"翻译为汉语，为二百年来世界之第一人，对后世影响巨大；其最伟大的天才与贡献是在借西方哲学家康德的哲学为"桥梁"，融合会通东西古今哲学，贯通哲学与哲学史，独造出一个前无古人的里程碑式的"道德的形上学"体系，其"临终遗言"自谓"一生著作，古今无两"，被视为异数；其著作具有广泛的影响，其写作被认为开创了一种独特文体（"牟宗三体"或"牟体"）；其教学思想深刻，教学艺术一流，是当代最杰出的哲学教师，被誉为"说法第一"的大宗师，对学生的影响至深至巨，桃李满天下，遍布世界五大洲，尤以中国为多；牟宗三哲学代表了现代中国哲学的一个重要的典范；牟宗三被认为是自朱熹和王守仁以来最重要的中国哲学家之一，中国哲学的未来发展面临着消化与超越牟宗三哲学的艰巨课题。

一　人生经历

牟宗三，字离中，1909年（清宣统元年）夏历四月二十五日生于山东栖霞蛇窝泊牟家疃祖宅。牟氏祖籍原为湖北公安县，明洪武年间迁居栖霞县，历经数百年繁衍，成为全县最大的望族。牟宗三乃是栖霞牟氏老八支中第四支的后裔。其父牟荫清，最初以经营骡马店为业，后改为纩织业附带农耕，娶杜氏为妻，生三子，长子宗和，次子宗德，宗三为季子。荫清教子有方，宗三自幼深受父亲的影响。

1917年，牟宗三读私塾；1919年，升入蛇窝泊新制小学；1923年，考入栖霞县立中学；1927年，考入国立北京大学，读预科，一开始就决定了读哲学。两年后，牟宗三升入哲学系本科就读，开始全面地接触到西方哲学，同时在自学中把握到了中国哲学与文化的一大根源《周易》。牟宗三的学思在中西方哲学的往返来回中双向并进，一边读《易》，一边沉浸于怀特海（Alfred North Whitehead）的哲学之中。牟宗三对怀氏哲学见解超凡，卓然而成一家之言，直至暮年，仍然引以为骄傲。然而，怀氏哲学无法满足牟宗三极强的思辨爱好与要求。因此，牟宗三从怀氏走向了罗素、莱布尼茨、康德的哲学。牟宗三自治易学，大学未毕业就写出了处女作《从周易方面研究中国之元学与道德哲学》（此为初名，后改为《从周易方面研究中国之玄学及道德哲学》，重印再版定名为《周易的自然哲学和道德函义》），假借易学阐发"中国之玄学及道德哲学"，并为中国思想中的哲学赋予一个形式系统，后被誉为具有"划时代的意义"。在当时，该书就得到了林宰平、沈有鼎、熊十力、李证刚、张东荪、孙道升等著名学者的高度评价，并引起了名重一时的新文化运动领袖之一的北大文学院院长胡适的重视。但因为该书的方法论之争及其中的玄学意味，导致牟宗三与胡适之间在学问的精神方向上的彻底决裂与分道扬镳。

在读大学期间，对牟宗三思想有直接影响的是张申府、金岳霖与张东荪三位先生，这三位先生是牟宗三的启蒙老师，分别从逻辑学与知识论方面对牟宗三早期的哲学思想产生了重要的影响。

1932年冬,在邓高镜先生引荐下,牟宗三认识了熊十力先生。从此,牟宗三以熊十力为师,并终生服膺。这其中,最大的关键在于熊先生给牟宗三的生命与思想带来了一个具有"质"的决定意义的大转变,那就是使牟宗三从西方哲学复归于中国哲学,接续了儒学的慧命。事实上,牟宗三成为熊十力衣钵的传人,接续与光大了以儒学为主的中国文化的慧命。

1933年,牟宗三大学毕业,执教于山东鲁西寿张乡村师范学校。1934年秋,牟宗三北上天津,投奔老师张东荪,并与罗隆基常相往还,加入了国家社会党,参与编辑其机关刊物《再生》杂志。牟宗三大学未毕业就已经成为《再生》的撰稿人,发表的文章受到师友好评,颇为张君劢欣赏。张君劢后来写《立国之道》一书,便请牟宗三代写其中哲学基础一章。1934年10月,关于"唯物辩证法论战"的论文,由张东荪主编,结集为同名著作出版。牟宗三有3篇论文,均全文收入。其中,《逻辑与辩证逻辑》一文成为该书的压卷之作。这年秋天,牟宗三赴粤,任教于陈济棠在广州创办的私立学海书院。这期间,牟宗三接替张东荪主编广州《民国日报·哲学周刊》,不负所望,编辑与刊发了国内许多著名哲学学者研究中西哲学的论文,他自己也在这个周刊上发表了若干篇重要论文与译著,这些论文的大多数构成了其逻辑学与逻辑哲学巨著《逻辑典范》的部分基础。

1936年秋,学海书院解散,牟宗三回到北平。"七七"事变后,牟宗三从北平辗转至长沙、南岳,再到桂林,先后在梧州中学和南宁中学任教。1938年秋,牟宗三来到成为全国"避难所"的大后方昆明。

此时,张君劢正在筹备创建大理民族文化书院。牟宗三提出,等到书院成立后,就去那里读书。张君劢一一应诺,牟宗三才终于答应留下来负责《再生》杂志。然而,牟宗三的薪水仍然是由教育部供给的。在此期间,牟宗三几经曲折,终于见到了被日机炸伤寄寓璧山疗养的熊十力,盘桓数日后返回了重庆。1940年秋,大理民族文化书院正式招生,牟宗三以讲师名义进驻书院读书,但与张君劢关系极度紧张,精神上痛苦至极,变得消沉而颓废,显出生命个体性的破裂之象,从纯粹理论理性的一端下落于感性的追逐与沉沦的另一端。一边是理智抽象中的具体的哲学,一边是感性生动的具体的酒色,牟宗三从这边走到那边,又从那头回到这头。这边丢不下，那头挣不脱。只能在彷徨与痛苦中艰难地挣扎。终于，牟宗三从中真实地领悟了生命的真谛，体证到儒家的良知本体和天理，在生命的具体历程中解读与领略了佛家的业力以及耶教关于上帝的"普遍的爱"，觉情大发，提起生命，摄智归仁，向着"肉身成道"的方向转化，这颇似日本禅宗史上一休在妓院悟道的经历。

1939 年，牟宗三在重庆结识了唐君毅，两人由此结下了一生中最真挚的友谊。牟宗三与唐君毅同是哲学天才，但是唐君毅似乎比牟宗三更为早熟。唐君毅在哲学义理上相契于熊十力，先已自见于心，在哲学的某些方面尤其是辩证法和形而上学方面，对牟宗三起到了"带路"的作用。在论学交往中，唐君毅影响了牟宗三，牟宗三也启发了唐君毅，二人交光互映，彼此相得益彰。唐君毅在晚年坦承：牟宗三在其《逻辑典范》与《认识心之批判》中所表现的分析与建构之才是自己所不及的，并断言牟宗三的著作可以证明现代逻辑不能超出理性理解，而别有所根。这同西方由康德、黑格尔到鲍桑奎一系，关于传统逻辑不能离开理性理解而别有所根的观点，正好遥相呼应。他在与牟宗三的交谈中所触发的思想，甚至远远超过了从熊十力先生所得到的。唐君毅与牟宗三在哲学的康庄大道上不停迈进，互相启发与激励，你追我赶，硕果累累，大气磅礴，在世界哲学史上也是罕见的。在当代新儒家中，"唐牟"并称，二人的哲学同为当代新儒学的典范，代表了两大重镇。

1943 年，大理民族文化书院因为政治的缘故被迫停办，牟宗三再回重庆投奔熊十力，途经故地昆明，应西南联大哲学系之邀，作了一次关于康德哲学的讲演，内容是关于《纯粹理性之批判》范畴论的检讨。出席的听众，以联大哲学系的大学生为主，另外更有师长辈的著名学者汤用彤、贺麟，以及沈有鼎等人。当时够资格讲康德哲学的人，除了权威的康德专家郑昕教授以外，可谓凤毛麟角。牟宗三到了勉仁书院后，与熊师寄寓于此，过了一段寄人篱下的日子。

这年秋天，在唐君毅的推荐下，牟宗三应聘为华西大学哲学历史系讲师，开始了他一生在大学独立讲学的生涯。在华大，牟宗三一边独自钻研全世界也没有超过 15 个人能读懂的那部由罗素和怀特海合著的《数学原理》（一般称为 PM 系统）的巨著，一边继续撰著平生第一部最重要的著作《认识心之批判》。康德的《纯粹理性之批判》以及罗素和怀特海合著的《数学原理》，乃是西方近世学问的两大骨干，牟宗三常自庆幸能出入于其中，得以认识人类智力的最高成就，一窥西方学问的庙堂之宏富，的确很不简单！由于牟宗三对于罗素哲学下了大苦功，终于成为世所公认的罗素专家。

1945年8月，抗日战争胜利，牟宗三转往重庆的中央大学哲学系任教，被礼聘为教授（37岁），得与挚友唐君毅共事。牟宗三的教学颇为出名。时任哲学系主任、以美学家名世的宗白华教授常与学生一起听牟宗三讲课。秋冬之际，重庆召开国民参政会议，梁漱溟和张东荪都将赴会，牟宗三写一长函给梁，同时托梁转呈一长函给张，对二位先生所从事的政治活动提出劝告。但没有得到以"狂人"著称的梁漱溟的回应。张东荪还算念及与牟宗三的师友之情，约牟宗三面谈。结果，牟宗三失望而归。这时，牟宗三已从思想上和政治上同梁、张两位先生作了不可挽回的决裂。

1946年春，中央大学迁回南京。1947年1月，内战全面爆发，牟宗三目睹国是日非，民族不幸，文运否塞，"客观的悲情"愈发昂扬，就以自己的薪水与友人姚汉源等人一起创办了《历史与文化》月刊，以"人禽""义利""夷夏"之辩昭告于世，从头疏导中华民族的文化生命与学术命脉，以期唤醒士心，昭苏国魂。牟宗三自任出版发行的具体事务，但只坚持到第四期就被迫停刊了。《历史与文化》的创办在当代新儒学史上是一个重大事件。

1947年夏秋之际，牟宗三应聘为金陵大学和江南大学两校教授，往来于南京和无锡之间，暂时借住于好友也是熊十力的另一大弟子徐复观家中。徐复观正在办《学原》杂志，白天各忙各的，夜来相聚，两人谈学论道，十分爽洽。牟宗三成为《学原》的重要撰稿人之一。这一时期，牟宗三的学术研究仍然是中西两线兼顾。夏天，他选译了圣托马斯·阿奎那的《神学总论》（未发表）。牟宗三视圣托马斯·阿奎那的神学哲学为西方哲学的一大骨干。接着，又撰著了《王阳明致良知教》上下篇，这是牟宗三研究宋明儒学的开始。1948年秋，牟宗三与恩师熊十力一同任教于浙江大学。此时，熊十力的另一位高足程兆雄主持的江西信江农业专科学校升格为农业学院，地在南宋鹅湖书院故址。程校长有意邀请师友来鹅湖论学会讲，旨在重新复活朱（子）陆（象山）之学脉，并嘱请牟宗三撰写了《重振鹅湖书院缘起》。此文第一次提出了"儒学第三期发展使命"的观点，成为当代新儒学史上一篇具有重要历史意义的文献。1949年春，内战的尾声降临，精思与写作近乎十年的伟构，牟宗三平生第一部最重要和最富于原创性的皇皇巨著《认识心之批判》，终于在杭州完稿了。此书具有取代康德《纯粹理性之批判》的意图，奠定了牟宗三哲学体系之大厦的础石。夏秋之间，牟宗三只身渡海到台湾。

1950年，牟宗三受聘于台湾师范学院（后升格为台湾师范大学）国文系，分别讲授理则学（逻辑学）、哲学概论、先秦诸子学和中国哲学史等课程。牟宗三的教学非常出色，并以"怪杰"著称。最为传神与不可思议的是，牟宗三上课总是这样：一课的段落正好讲完，钟声就响了，非常之准，从未有过失误。学生都十分惊奇，赞叹"牟先生怎么将时间把握得这么巧妙！"牟宗三口才好，有思想、有内容，又有技巧，讲得清楚，有条理、有逻辑，又很巧妙，而且非常有感情。实在令人佩服不已。牟宗三走到哪个学校，就成为哪个学校的一块金字招牌。世所公认，在当代新儒家那一辈当中，牟宗三是最会讲课的人，是最杰出的一位哲学老师。学生门人将牟宗三比拟为佛门中"说法第一"的天台智者大师智顗！

1952年6月4日，牟宗三在《台湾新生报》发表了《哲学智慧之开发》一文，脍炙人口，青年学生争相传诵。文章立足于"有取之知"与"无取之知"的分别而论"哲学智慧的开发"。哲学生命的开始，就是哲学智慧的开发。哲学智慧的开发，一旦成为开发的哲学智慧后，必然形成一定的哲学系统，这就是"无取之知的哲学系统"或"辩证的综合系统"。①对牟宗三来说，哲学的"辩证的综合系统"必须以西方柏拉图的逻辑分解系统、康德的超越分解系统和中国儒家心性之学的仁义之教为底子，才可以建构出来，并且才可以言之成理，恰当无弊，而又能看出它的好处与光彩。这篇奇文，激励了并仍将激励一代又一代的莘莘学子走向哲学的爱智之路。台湾大学外文系有一个学生读了这篇鸿文以后，便决定了读哲学做哲学家的终生志向。果然，经过多年的不懈努力和奋斗，这位才华横溢的大学生成为国际有名的哲学家。他就是华裔美籍哲学家傅伟勋。他为自己立下的大志就是要在哲学成就上超越牟宗三。可惜，他不幸而英年早逝了！在傅伟勋之后，又有数不清的青年学生深受牟宗三这篇大作的激励与

---

① 牟宗三：《生命的学问》，台北：三民书局1984年第三版，第16、20页。

鼓舞，立志去"开发哲学的智慧"。

牟宗三的教学与文章备受青年学生与社会人士的赞赏，影响在日益扩大之中。他发表在"《中央日报》"和《台湾新生报》上的五篇专论，自然也包括《哲学智慧之开发》在内，吸引了蒋介石的注意，并且颇合其胃口，于是决定要亲自会见牟宗三教授。他嘱咐张其昀把牟宗三先生请到他的官邸一晤。张其昀托请牟宗三的老朋友谢幼伟亲自带口信给牟宗三，请他做好准备。没想到，牟宗三脱口说："我不想被××召见。"就轻而易举地婉言谢绝了！① 牟宗三虽然曾经身为国社党党员，但是他为自己定下了一条守则：不与党国要人接头和往来，终生持守，并较早地退出了国社党。从世俗人情上说，牟宗三教授拒绝蒋介石的召见，似乎是"不识抬举"，自然也是不给蒋介石"面子"了。可是，作为一个真正的哲学家，牟宗三从来就没有落在世俗人情的格套之中。

1952年夏，牟宗三借主持师大人文讲座之机，发起成立了"人文友会"。这是介于中国传统书院与现代大学教育体制之间的一种特殊的松散的现代教育形态与方式。人文友会的聚会坚持了两年整，从无间断。先后参加聚会讲习的青年才俊，不下百十之数，产生了学校与社会相通为一的效果。其中的许多人，例如戴琏璋、劳思光、唐亦男、韦政通、陈修武、蔡仁厚，等等，日后都成了著名的思想家、哲学家或学者。1956年8月，牟宗三转往东海大学任人文学科主任。自1957年夏初开始，牟宗三在校内外举办了类似于在台北成功开创的人文友会的聚会，参加的人数常在百人以上，成员则来自全校各系，风气自由而开放，牟宗三改用了学术的方式讲学。后来，聚会改在假期举行，会员背着被子住在他家，白天听课，晚上打地铺睡在客厅，吃饭也全由他招待。刘述先、郭大春、韦政通、林清臣、蔡仁厚、马光宇、周文杰等先后在此打地铺听讲。1958年秋，牟宗三喜迎姗姗来迟的第二次婚姻。聚会时，大家在辩论中争吵得太厉害，牟宗三燕尔新婚的妻子无法忍受，显得非常不耐烦，他就悄悄地把妻子拉到里屋，对她交代说："你跟我发脾气不要紧，但是你不能跟我的学生发脾

---

① 参见蔡仁厚《代跋：〈学思年谱〉撰述报告》，牟宗三先生全集编委会编《牟宗三先生全集32》，台北：联合报系文化基金会联经出版公司2003年版，第257—258页。另据牟宗三先生的高足王邦雄教授告诉笔者，欲接见牟宗三先生的不是蒋介石，而是蒋经国。虽然究竟是蒋介石或蒋经国，现已难考，但牟宗三先生都拒绝了，这一点是公认无疑的。

气。"世所公认，牟宗三对学生的宽容与爱护是无与伦比的。此期的聚会，体现了以学问表现生命的与观念的方向，收到了比较理想的效果。"人文友会"成为当代新儒学运动史上的一个重大事件。

1949年以后，以新亚书院为大本营，以《民主评论》杂志为阵地而互相配合发展起来的生气勃勃的当代新儒学运动，至1958年达到了一个高潮，牟宗三与唐君毅、徐复观、张君劢三先生联名，发表了当代新儒家具有纲领意义的重要文献《为中国文化敬告世界人士宣言》（又名《中国文化与世界宣言》）。这篇"宣言"是当代新儒学发展史上的一个重大的里程碑，成为当代新儒家逐渐成熟和自觉，并走向世界的重要标志。

1959年，牟宗三完成了《道德的理想主义》《历史哲学》和《政道与治道》"新外王三书"的写作，其基本用心是贯彻晚明三大儒顾炎武、黄宗羲和王夫之的遗志，旨在本于儒家"内圣"之学以开出"外王"事功之新途径；三书相互配合，融为一体，成为牟宗三中年时期的代表著作。

1960年10月，牟宗三转往香港大学任教。在港时期，牟宗三所做的一项重要工作是对于中国哲学史的研究，一方面上接他的"新外王三书"，另一方面则下开他的哲学思想体系的创建，前后持续了20年之久（1960—1980）。他先后完成了《才性与玄理》《心体与性体》《从陆象山到刘蕺山》和《佛性与般若》，然而始终没有写出计划中的《原始典型》一书。虽然如此，这并不意味着牟宗三对于先秦哲学就没有自己的观点。事实上，在讲学论道中，牟宗三对于以儒道两家为主的先秦哲学尤其是先秦儒家哲学有一个比较系统的看法。对于老庄道家哲学，牟宗三在《历史哲学》《才性与玄理》以及《心体与性体》《中国哲学十九讲》等著作中均有透辟与精彩的论述，形成与代表了他对于先秦道家哲学的系统看法。此外，对于先秦哲学中的墨家、名家、法家、稷下学士与阴阳家以及农家，牟宗三也都有所论及，尤其是对于墨家、名家、法家的论述比较深入与系统。关于晚周诸子哲学的论释，或可有补于牟宗三没有写出《原始典型》的缺憾。以牟宗三之见，全部中国哲学发展演化的历史就是"心性之学"发展演化的历史。无疑，牟宗三的中国哲学史观是地道的正统的哲学史观，以孔子所开创的儒家哲学为宗主和主干，并按照儒家哲学为主流的历史发展的内在脉络的"开""合"来展现。显然，这与牟宗三所提出和坚执的"儒学三期发展说"是密切地联系在一起的。一般地说，1971年和1974年，

《智的直觉与中国哲学》和《现象与物自身》先后出版，代表着牟宗三哲学体系——"道德的形上学"——的建立，至1985年《圆善论》的刊行，以及"真善美的分别说与合一说"的提出，标志着牟宗三哲学体系的究极之完成。然而，牟宗三的哲学思考与教学并没有到此停止。

早在1974年，牟宗三从香港中文大学退休后，除了在新亚研究所担任哲学导师以外，师孔子归鲁之意，返台讲学。十余年间，先后在文化大学、台湾师范大学、台湾大学、"中央大学"、东海大学做客座教授或讲座教授。这一期的讲学是牟宗三一生讲学最鼎盛与最辉煌的时期。他每次讲学都潇洒自如，得心应手，思理精粹圆谛，出语成金如玉，充满智慧，光彩照人，而台下常挤满上百数十的人群，不仅有从四面八方赶来听讲的大学生、研究生，还有名教授、名学者，甚至建筑学家与官员，达到了老师与学生之间"精神上互相契洽，即以导师之全人格及其生平学问之整个体系为学生作亲切之指导"的境界（钱穆语），风行草偃，兴起者众，盛况空前。牟宗三成为当之无愧的"说法第一"的大宗师。

进入20世纪90年代以后，牟宗三已经到了耄耋之年，依然精力充沛，神采焕发，不知疲倦地往来于港台之间，除了继续讲学和指导研究生以外，还应邀出席一些重要的学术会议并发表主题讲演。然而，自1992年底开始，牟宗三身体日趋衰弱，每年都有一段时间在医院度过。1994年12月25日（圣诞节），牟宗三在台大医院索取纸笔，写下了他的临终"遗言"。1995年4月12日下午3时40分，牟宗三与世长辞，静谧而安详，享年87岁。牟宗三作为一个哲学家活了一生，最后光荣地作为一个哲学家而死去。

二 主要研究领域和学术成就

牟宗三哲学几乎遍及哲学的所有领域，诸如逻辑学、知识论、历史哲学、政治哲学、文化哲学、伦理学、宗教哲学、人生哲学、美学、哲学史、形上学，以及比较哲学、哲学方法论和哲学诠释学等，并且都有重要的创造性的建树。

在逻辑学领域，牟宗三形成了富有个性与特色的先验主义、理性主义与主体主义的逻辑观，提出了一套独立的逻辑哲学系统，是中国20世纪屈指可数的逻辑学家之一。

在知识论领域，牟宗三的启蒙师之一张东荪首开中国现代知识论的先河，提出"多元认识论"之说，成为中国现代知识论的先驱，而牟宗三与他的另一位老师金岳霖，则是中国20世纪精通知识论的两大哲学家，一同成为中国现代知识论的奠基人。牟宗三的知识论具有前期与后期之分：前期以"格度"论为中心的认识论思想主要建立在他的逻辑学与逻辑哲学的基础之上，藉康德哲学的知识论或认识论的思想进路融摄逻辑原子论、基础主义、直觉主义、约定主义以及潜在论的逻辑思想和知识论观点，对莱布尼茨、休谟、逻辑经验主义、新实在论以及科学哲学的知识论观点等，均有批判的汲取与融摄，并在其中糅合了中国传统的知识论思想，形成了一个独特的知识论系统；后期的知识论思想从东西方哲学的比较与贯通中透出，更多地论述和阐发出东方尤其是中国固有的知识论或认识论的特性，虽然没有形成一个相对独立的系统，但是却更为成熟、通透、丰富与具有启迪性，可能更为重要。牟宗三以"智的直觉"为划分中西方哲学的分水岭，又将中西方哲学的知识论或认识论归属和定位于"智知"与"识知"的类型。这不仅使中国哲学的知识论摆脱了西方知识论的标准，找到了自己的特性与归属，而且厘清了自己生长与发展的谱系。此外，牟宗三以康德哲学和东方佛教哲学相会通，阐发佛学知识论的精义，发前人之所未发，开启了中国哲学乃至东方哲学研究的一个新的重要领域。

牟宗三的历史哲学，以其《历史哲学》为代表，本于历史而言哲学，以见"历史之精神表现即是一部在发展途程中求完成之哲学系统"，旨在贯通民族生命、文化生命，以开出中华民族更新之道路；将历史视为一个民族的实践过程，以通观时代精神的发展，展现精神本身的表现形态和途径，以及如何顺着中国文化的发展方向而转出科学与民主；荡涤民国以来所风行的历史经济决定论，完成"历史的精神发展观"，以恢复人类的光明，指出人类之常道。牟宗三的历史哲学思想深受黑格尔历史哲学的影响，但不是黑格尔历史哲学的翻版。牟宗三成为中国现代历史哲学的重要奠基者之一。

在政治哲学领域，牟宗三从哲学理论上论证与说明中国本于内圣之学以解决外王事功的问题"如何可能"，结果其思想远远地超出了中国政治哲学问题的范围，而触及中西方政治哲学以及一般的政治哲学问题。它的关键就在于如何从"理性之内容表现与运用表现"转出"理性之架构表现与外延表现"，以开出各个层面的价值内容，如自由、人权、科学与民主等，并使这些价值的独立性得到应有的保证；又如何能够将"理性之架构表现"统摄于"理性之运用表现"，以使其从观解理性上通于道德理性而得其本源，这就牵涉到政治哲学的理性基础问题。这些问题，在其政治哲学中，均得到了不同程度的论述或探讨，尤其是，它在从哲学理论上疏导如何解决或处东亚传统文化与现代社会民主政治之间的关系方面，树立了一个典范。

在文化哲学领域，牟宗三形成和提出了生命的历史文化观。它认为一个民族的历史文化是人的精神生命的表现，植根于民族的人性人情之中，而以学术思想为核心。人类文化的生命，在其历史长河中，伴随着各个民族的人性人情之常轨，亦即各民族的生命轨迹，而长活常流。文化是自然的历史的，是民族的社会的，但不为任何一个社团的教条、主义或理论所决定。长存于中国历史河流中的中国文化的生命特征，就是它具有健康的理性生命。中国由尧、舜、禹、汤、文王、武王、周公、孔子所传下来的几千年的悠久的历史文化，是以"理性的健康性"为最高原则的，并以此决定着中国人（个人或集团）的生活方式，决定着中国社会活动的方向原则。不管中国历史的发展如何曲折如何升降，中国社会的这一基本方向并没有改变。此外，理性涵盖天地，育和万物，保障了宇宙运行的秩序。因此，这一理性不仅是文化的社会的历史的，而且是哲学的形上的，尤其重要的，它还是生命的。因为是它成就了一切，安排了一切，赋予了文化与历史以生命。牟宗三的文化哲学，还对当代文化建设与发展问题进行了系统深入的反省，表明了自己的立场和态度，期望开出中国文化发展之正当途径，体现和代表了当代新儒家共同的文化观的特征。它所代表的历史文化观与自然主义的历史文化观、科学主义的历史文化观截然不同，将人类的历史、文化与人类的价值生命统一为一个整体，而且深入到人性与人的实践之中，对当代哲学和文化具有深远的影响，在中国哲学史与文化史上居于重要的地位。

在伦理学领域，牟宗三以孔孟陆王一系之心性学与康德的自由意志相会通，以儒家所重的心性为人类道德的根源，强调道德修行和实践的重要性，主张和坚持道德自律论，力主和宣扬"道德理想主义"，指出和强调"孔孟之文化生命与德慧生命所印证之'怵惕恻隐之仁'"，"由吾人当下反归于己之主体以亲证此怵惕恻隐之仁，此即为价值之根源，亦即理想之根源。直就此义而曰'道德的理想主义'"。"其目的唯在对时代唤醒人之价值意识、文化意识、与历史意识。故其中心观念之衍展亦在环绕此三者而为其外延。"牟宗三在对中国哲学的重建中，复活了中国儒家传统的伦理学。

在宗教哲学领域，牟宗三提出和主张建立儒家的"人文教"；同时又提出"即道德即宗教"之说，认为以儒学为主为代表的中国传统哲学是"即道德即宗教"的，力倡以现代哲学的方式，并在人类理性的范围内重建"即道德即宗教"的哲学。牟宗三虽然积极融摄西方的耶稣（基督）教，但是判其为（隔）离教，判中国儒释道为（圆）盈教，并判儒教为正（圆）盈教，判道佛为偏（圆）盈教，力主以中国（圆）盈教吸纳与消融西方（隔）离教，以儒家正（圆）盈教为宗主消解佛道偏（圆）盈教，使儒释道汇归为一大（圆）盈教系统，极力反对以耶稣（基督）教为中国文化的宗主。牟宗三的宗教哲学思想，借鉴了佛学的判教方法，并将它发展为一种重要的现代哲学意义上的哲学方法。牟宗三判释东流中国之佛教，与古今普遍赞赏和推尊华严宗的绝大多数人的态度与观点不同，他极力推崇天台宗为佛教的圆教；认为禅宗属于真常心系；其所谓"教外别传"乃是教内的"教外别传"；其"无法可说"的禅境独显光彩，不但在佛教内部为共义，甚至是儒、释、道三教之共义；禅宗不能独立地讲；慧能禅属于天台宗的圆教，神会禅属于华严宗之别教的圆教。牟宗三的宗教哲学观既不同于胡适的"以科学代宗教"，也不同于蔡元培的"以美育代宗教"（在本质上是根本反对宗教的），与近代以来陈焕章所提倡的"孔教"亦大为异趣，尤其是与当代新士林哲学（台湾新托马斯主义的宗教哲学）的宗教文化观形成了尖锐的对立，但是又能融摄科学、美学与西方宗教，提倡和主张将科学、艺术（美学）、哲学、道德和宗教统一为一个整体。牟宗三的宗教哲学观重放儒家人文之光，对当代学术与宗教产生重大影响，具有深远的意义。

在人生哲学领域，牟宗三充分肯定、继承和高扬以孔孟儒家为代表的中国传统人生观，在东西哲学的融通中创造性地提出了"真善美合一"与

"德福一致"以及对于"命"或命运彻底超化的理想主义与乐观主义的人生观;并提出个人"生命核心"(灵光之源)皆能对人类社会放光的"核心"说或"放光"说;主张与倡导以个人的生命去体验与实践中国传统文化和学问这一"生命的学问"的著名观点,等等。这一人生哲学观,不仅基于东方哲学的智慧与立场,从理论上回答了人类哲学中的最高峰问题,充分地反映出哲学的终极关怀,而且将哲学提升到一种极高的人生境界,成为人类人生理想的一个标杆。由此,儒学对于人类的终极关怀的重大意义或价值,得到了前所未有的揭晓与阐明,使儒学在世界文明中与佛教以及基督教和伊斯兰教处于并驾齐驱的地位,提供了一种当代哲学的理性基础。

在"比较哲学"领域,牟宗三提出了一种历史的策略比较观,认为所谓比较哲学本身并不是一门学问,从来没有一种哲学是"比较哲学"。所谓"比较哲学",实质上,只是哲学上的一种权宜之计,是在东西方哲学两个不同传统之间展开比较,借以照察出彼此之间的特性,以及它们与时代问题(例如现代化问题或后现代化问题)之间的关联,以便它们能够从比较中恰当地了解对方与了解自己,从而达到彼此之间如何学习对方之长,如何容纳与消化对方,使自己这一哲学传统中所原有的智慧彰显出来,以服务于哲学自身创造和发展的需要。由此可见,比较哲学只是一种具体的历史学,或一种具体的哲学的应用策略,而哲学的比较本身并非哲学,它只是直接服务于哲学而已。换言之,比较哲学只是从属于哲学的一门具有哲学策略意义或方法论意义的历史学。牟宗三抱着"东方哲学如何能容纳从而消化西方哲学,使东方这一传统所原有的智慧彰显出来"的心愿与智慧,实践了他的比较哲学观,并树立起一个典范。

哲学方法论在牟宗三的哲学思想中占有极其重要的地位。由于他提出与凸显了"智的直觉",而使这一问题成为中西方哲学的分水岭。在此前提下,中西方哲学各有其道,独自成为一统系,因此二者在方法论上的差异,自然有若霄汉之别。牟宗三的哲学方法论,是自觉地反省与超越古今中外哲学方法论的结果,而自成一个十分庞大的多面向的和内容丰富的方法论立体网络。其最大和最基本的奥秘和原则就在于,他在自己的哲学中始终坚持贯彻"称理而谈"的原则。就是说,哲学上所运用的任何一种方法都必须"称理",即符合哲学本身的理性需求,才是有意义的。凡是不符合"称理而谈"的任何一种哲学方法论，都必须无条件地放弃。哲学方法的"称理而谈"是从哲学自身的运演之中，产生出来的活的哲学生命的"灵魂"。因此，哲学方法论本身并非历史的知识或技巧，而是哲学理性自身的构作与创造，它既是哲学的，又是具体（抽象的具体）的，甚至是实践的。

在牟宗三贯穿于逻辑哲学、知识论与形上学，乃至历史哲学、政治哲学、文化哲学、人生哲学、宗教哲学、哲学史和美学等一切领域，并保持前后高度一致的方法论之中，主要体现了七个基本原则：

一是实现之理与纪纲之理的方法，或存在之理与纪纲之理，亦名创造原则与轨约原则的方法。

二是内容真理与外延真理的方法。

三是名言或概念分析与超越分析，批判分解与辩证综合分层分境应用与综合统一的方法。

四是借一个大哲学家（例如西方哲学家康德或中国哲学家胡宏）或某一宗（例如中国的天台学）的思理为基础或框架，综融中西古今哲学的主流，开创了一种消融与整合西方哲学的圆教哲学的道路。

五是即哲学以言哲学史，即哲学史以言哲学，哲学史与哲学互为表里，一体圆融。

六是现代意义的判教方法。牟宗三的判教不是为判教而判教，乃是通向他建立自己哲学的圆教系统的必由之路。因此，判教是一种真正的哲学理性的运演活动。它是哲学自身依据它的理性的返照、统观，为哲学的不同传统、学派或系统给予恰当定位。其目的是在于藉判教来达到一种哲学总体上的综汇、整合、统一与定位的圆融之境。这需要由逻辑的厘清，批判的分解而实现超越的消融，辩证的综合，臻于牟宗三所谓的"圆教"而后可。

七是牟宗三的道德的形上学，在方法论上，开创性地完成与实现了逻辑构造与直觉构造的合一，形上学同时被根植于实践与语言之中。"逻辑"与"道德"成为牟宗三哲学的两大支柱、两大契点与两种基本的进路，"语言"与"实践"构成了牟宗三哲学的两个基本的层面与居所。栖居在"语言"中的（生生不息的）"存有"最终必须返回到"实践"的体证之中去，才能有新的生成与开展。在经过了这一套方法论的手续后，牟宗三把传统形上学的本体论，从西方式的思辨证明变成了东方式的实践亲证，因而使形上学在现代哲学世界中，获得了一种新的生命与形态。

以上这些方法之间互相联系、互相涵摄，成为一个网络立体结构的方法论整体，内在地存在于牟宗三哲学之中。

此外，牟宗三的哲学方法论与其哲学诠释学是互相贯通和联结为一体的。它有如伽达默尔的诠释学一样，不仅仅是阐明一种哲学的方法，而是旨在探明人类历史文化中的哲学问题以求哲学地解决、澄清哲学精神与人类生活世界经验的密切关系，因此是与其哲学的基本精神联系在一起的，表现了其会通中西哲学而自造哲学系统的旨趣。具体地说，牟宗三的诠释学是围绕着由中西方哲学原典诠释的特殊性与差异性所引出的种种哲学问题而展开、发展与初步建成的。它强调了"理解文献的途径"的首要的基础地位和意义：其一，从理解哲学文本的句子入手达到对文本义理的通盘了解。其二，从对哲学文本的诠释达到与其哲学家思想的生命"感应"。这里所讲的理解哲学文献的途径，就是从了解或诠释哲学文本的语句开始，深入哲学文本的脉络或语境中，疏通段落，形成恰当的概念，从而了解其哲学思想的义理之骨干与智慧之方向，找出或发现其中所要解决的或隐藏的哲学问题，对症下药，做出相应的哲学诠释。如果说从了解文句来诠释哲学文献只是初步的，那么生命感应则是哲学诠释的极点即哲学诠释的最高境界，同时生命感应也是哲学诠释的最高标准。其中，生命、智慧、学养、法度与思辨统合为一个有机的和谐整体。除了生命之外，其他均为理性所涵摄。实质上，生命的感应原是理性的生命或生命的理性的感应。这不仅构成了生命"相应"的"默契妙道"的基础与前提，而且成为判断诠释者能否具有与文献思想生命"相应"的客观有效诠释的铁的标准。牟宗三将佛所说的"四依四不依"法则加以改造后引入了他的诠释学，整合成为其诠释学的总纲，代表了其诠释学的基本观点。具体有六大环节：

（一）依语以明义。包含五个基本环节：第一，了解文句，把握脉络，疏通段落；第二，了解该哲学的义理之骨干与智慧之方向；第三，形成恰当的概念；第四，提出问题；第五，哲学地诠释。

（二）依法不依人（函依理不依宗派）。对哲学文本的理解与诠释必须抱有学术的真诚，并按照学问的法则、法度、学理、轨道行事。只有在对哲学文本的理解与诠释中，才能使第一序的"依语以明义"的诠释与第二序的"依义不依语"的诠释接榫。

（三）依义不依语。在"依语以明义"的诠释基础上，必须进一步把哲学文本置于诠释者由其生命、智慧、学养、法度和思辨的结合所形成的系统中，也就是将它置于诠释者的生命与理性的高度融合中，以求在综合的经验透析过程中豁然贯通，实现理性的生命和生命的理性中的契印，最后以哲学的方式创造性地说出来，所得到的结果——一个新的文本，既异于哲学原作品的文本，同时也可能超越了哲学原作品的文本。

（四）依智不依识。牟宗三从一种广义的知识论出发，把"智知"与狭义的知识论的"识知"概念加以区别，分别形成了"依识不依智"与"依智不依识"的诠释原则；强调在"一心开二门"的哲学原型中，"依识不依智"与"依智不依识"的诠释分别归属于其中的"生灭门"和"真如门"，给它们各自所应有的定位。一方面"依识不依智"，但可以"转识成智"；另一方面"依智不依识"，却可以化"智"为"识"。这样，就消除了识知与智知之间的鸿沟，实现了它们之间的两来往。这两个创造性诠释原则，从其中一个可以反推出另一个。它们附属于"依义不依语"的诠释原则，本身就是创造性地诠释的结果。

（五）依了义经不依未了义。它明确规定：诠释的准则或标准只能是"了义"（"经"字省略或无意义）而不是且不能是"未了义"。根据上文的论述，对"了义"可以从"依语以明义""依法不依人"和"依义不依语"三个原则得到规定。这样，"了义"就具有四层涵义：

其一，语言分析、逻辑分析或历史分析中的义理；

其二，学术法度中的义理；

其三，属于智知或识知的义理；

其四，与诠释者的生命和理性相契应的义理。

在把这一原则运用于具体的诠释时，一方面必须以上述"了义"的四层涵义为根据和准则，另一方面则要求所有的诠释必须与上述"了义"的四层涵义相应。

（六）分齐。一方面"分齐"原则贯穿于上述的所有诠释原则之中，另一方面则所有的诠释原则均统一于"分齐"原则。这是一个最高的统摄原则和组织原则。

在牟宗三诠释学总纲的各项原则中，以"依语以明义""依义不依语""分齐"三项最为重要，它们构成了其总纲的基本骨架。其中，"依语以明义"与"依义不依语"居于其全部诠释原则的中心地位。从"依语以明义"到"依义不依语"，就是从"语"到"义"的过程，依次递进，层层深入，基本上展现出诠释的历程。这一历程恰恰是建立在"语"和"义"相互交错的诠释循环的基础之上的。

在形上学的领域，牟宗三建立了一个"道德的形上学"体系，这是当代中国哲学的一个最为庞大的形上学体系之一，仅有唐君毅"心通九境"的形上学体系可以与之相比，虽然其博大圆融绝不在"道德的形上学"体系之下，但是在哲学理论思辨力的细密与深透方面，则难免逊色一筹。当然，两大体系各有千秋，比拟于佛教的天台宗和华严宗来说，"道德的形上学"是"天台"式的，"心通九境"是"华严"式的，正可谓"梅须逊雪三分白，雪却输梅一段香"。最为有趣的是"唐牟"的形上学均由"心"所笼罩和涵盖，同为东方所特有的"彻底的唯心论"的典型形态。牟宗三道德的形上学分别以"逻辑"与"道德"为进路，开创性地将逻辑构造与直觉构造相结合，贯通西方哲学的"语言"层面与东方哲学的"实践"层面，构建出"执的存有论"与"无执的存有论"两层存有论的形上学，并由"一心开二门"的模型凸显出哲学的原型，进而开出哲学的圆教系统，使哲学的最高峰问题即"圆善"问题与"真善美"的合一问题，得到了一个前所未有的解答，不仅保持了"德福一致"和"真善美合一"的理想性和崇高性，而且使它们成为人类理性完全可理解的信仰。形上学同时被根植于实践与语言之中。但是，栖居在"语言"中的（生生不息的）无限心的"存有"最终必须返回到"实践"的体证、践形之中去，才会开出新的花朵并结出硕果。

在中国哲学史的研究领域中，牟宗三取得了许多里程碑式的伟大成就，把对中国哲学史的研究推向了时代的巅峰。牟宗三的中国哲学史研究，一方面上接他的"新外王三书"（政治哲学与历史哲学），另一方面则下开他的哲学思想系统的创建。在牟宗三看来，对哲学史的研究是所谓"彻法源底"（佛家语）的史学工作。儒家的内圣之学乃是一切法的源底，必须有透彻的探究，才可以在现今时代条件下，清楚地看到第三期儒学即当代与未来的"内圣外王"之学发展的宗趣与归宿。为此，牟宗三从五十

哲学地建立中国哲学

岁以后着手预备四部断代中国哲学史著作的撰著。这四部著作为：（1）《原始典型》（主要讲先秦的儒家和道家哲学），（2）《才性与玄理》（主要讲魏晋一阶段的哲学），（3）《佛性与般若》（主要讲隋唐一阶段的佛教哲学），（4）《心体与性体》（主要讲宋明一阶段的哲学）。牟宗三将这四部著作合为一体，统称为"心性之学"。[①] 以牟宗三之见，中国哲学就是"心性之学"。因此，全部中国哲学发展演化的历史就是"心性之学"发展演化的历史。牟宗三断言，中国"心性之学"的发展与演化史乃是"本儒道两家以与佛教相观摩"，但是中国的"心性之学"到当代并没有停止，而是仍将继续向前发展，开出一个前所未有的新局面，今后"则将本儒释道以与西方宗教相观摩"。[②] 实际上，牟宗三并没有能够完全按照他的计划进行四部断代哲学史的撰著。牟宗三的后半生从事哲学史的研究和著述花费了他许多心血和时间，他先后完成了《才性与玄理》《心体与性体》以及《从陆象山到刘蕺山》（《心体与性体》的第四册）和《佛性与般若》，然而始终没有写出计划中的《原始典型》一书。这可能是牟宗三一生在哲学史研究上的一个缺憾。但是，在讲学论道中，牟宗三对于以儒道两家为主的先秦哲学尤其是先秦儒家哲学仍然有一个比较系统的看法。先秦儒学对于牟宗三"心性之学"的重要性，就在于先秦儒学代表着中国哲学史的根源的基本形态。因此，对于先秦儒学进行系统和深入的考察，是牟宗三全面疏导和反省中国哲学和文化的哲学史的起点，同时也是他居于儒学正统地位判释与融合佛道以及其他诸家学说的支撑点。

在先秦儒家哲学之外，对于老庄道家哲学，牟宗三在《历史哲学》《才性与玄理》以及《心体与性体》《中国哲学十九讲》等著作中，均有透辟与精彩的论述，形成与代表了他对于先秦道家哲学的系统看法。此外，牟宗三对于先秦哲学中的墨家、名家、法家、稷下学士与阴阳家以及农家，也都有所论及，尤其是对于墨家、名家、法家的论述比较深入与系统，甚至相当精详，分析鞭辟入里，十分深刻而富有启发性。散见于他众多著作或讲演录中的关于晚周诸子哲学的论释，或可有补于他没有写出《原始典型》的空缺。

[①] 参见牟宗三《历史哲学·增订版自序》，《牟宗三先生全集9》，第16页。
[②] 牟宗三：《历史哲学·增订版自序》，《牟宗三先生全集9》，第16页。

无疑，牟宗三的中国哲学史观是地道的正统的哲学史观。因此，无论是历史地说，还是哲学地说，牟宗三对于中国哲学史的看法都是以孔子所开创的儒家哲学为宗主和主干的，也是按照儒家哲学为主流的历史发展的内在脉络的"开""合"来展现的。显然，这与牟宗三所提出和坚执的"儒学三期发展说"是密切地联系在一起的。这是牟宗三在以哲学的方式"说法"，而这些"说法"也体现了牟宗三在哲学上的"判教"。牟宗三的"判教"是真正哲学意义上的，而且是现代学术意义上的哲学史观和方法论的表现，因此具有典范的意义。以学术史的观点而言，牟宗三认为，中国哲学的发展大体上分为三个阶段：第一阶段是晚周诸子；第二阶段是魏晋南北朝的玄学，下赅隋唐的佛学；第三阶段是宋明理学。第一阶段虽说是"百家争鸣，诸子蜂起"，但是在实际上，是以儒家哲学为宗主的。先秦儒家哲学发展到两汉为一个段落，以董仲舒哲学在西汉所形成的高峰为代表，这是中国哲学第一度的大开合。至第二个阶段，中国哲学以玄学和佛学为主，这是中国哲学自身的歧出与大开。歧出与大开虽然是中国哲学的生命离开了自己而有新的表现（玄学与佛学），但这是对中国哲学自身的充实，具有历史和文化的必要性与必然性。至宋明理学出现，中国哲学的发展从歧出回归自身，消化了佛学，并统一道和释，儒家哲学复兴与重光，这是中国哲学第二度的大开合。中国哲学的两度大开大合，恰好表现了儒家哲学的两期发展历程，并以两期儒家哲学的兴盛为代表。回顾历史与展望未来，必然有第三期儒家哲学的展开与发展，这就是以"当代新儒家"为代表的一切尊重"理性"的中国学者的努力方向与目标，这一方向与目标，就是中国哲学通过在现当代的自我转型，全面消化西学，中西融合，自造一种适应中国社会现代化的需要与发展，并有裨益于世界文明进步的中国新哲学与新文化。这一目标的实现，必将是中国哲学的第三度大开合。当然，牟宗三以及他所代表的当代新儒家以此相期许，以实现这一目标为自己的天职。

在美学领域，牟宗三有着丰富的探索，并取得了开创性的成就，可以分为早晚两期。在早期，牟宗三由对文学作品的鉴赏以及对文学艺术的本质、格调、意境和创作等的理解问题的研究，创造性地提出了"文艺是图像的象征"的观点；尤其是在其《认识心之批判》中将中国儒家哲学与康德哲学及美学进行比较和会通，重建真善美世界之圆成的宇宙论的过程中，不满意康德的美学尤其是康德以美学为中介来沟通"第一批判"和"第二批判",试图实现真善美统一的思想,因此就有了一个重建康德美学思想的"儒家式的美学大纲"。这是牟宗三初次探索真善美的统一。在晚期,牟宗三又借批判和厘清康德美学与哲学而重新回到了美学的问题上,并重述康德关于美的四相说,尤其是费大力气提出"真善美的分别说与合一说",以东方的智慧开辟出一条统一"真善美"的通道,树立起一个不同于西方的典范。

对于上述这些哲学领域,牟宗三皆有不同的重要探索与卓越贡献,所有这些领域的探索与思考,在其哲学思想中又构成了一个统一的有机整体,保持了在方法论基本原则上的前后高度一致,从总体上充分地贯穿与体现了"分齐"的原理,表现出一代大哲思路的首尾一贯性、自洽性、简约性与透彻性。

牟宗三在晚年以一人之力将康德的《纯粹理性之批判》《实践理性之批判》和《判断力之批判》"三大批判"全部译为中文出版,实为二百年来世界之第一人,对后世影响巨大。牟宗三自谓:此(三)书之译,功不下于玄奘、罗什之译唯识与"智度"(唯识经论与《大智度论》)。超凡入圣,岂可量哉,岂可量哉!然真正仲尼临终不免叹口气,人又岂可妄哉,岂可妄哉!实际上,牟宗三所译康德的著作,尚有《道德形上学之原理》(一般译为《道德的形而上学基础》)。此外,牟宗三还译出了维特根斯坦的《名理论》(一般译为《逻辑哲学论》),以及亚里士多德、圣托马斯和海德格尔的少量西方哲学著作。牟宗三的译著继承与发扬了中国古代翻译佛典的精神,具有无可替代的参考价值。

牟宗三以康德为桥梁对于东西哲学所做的融合工作与巨大贡献,是前无古人的。在牟宗三以前或与牟宗三同时,中外皆有人试图通过康德哲学,探索一条融合东西哲学而创造一种新哲学的道路,但是没有取得成功,直到牟宗三哲学出现,才树立起一座划时代的里程碑。因此,牟宗三最伟大的天才和贡献是在借康德哲学为桥梁,融合东西(西方、印度、中国的哲学),贯通哲学与哲学史,自造出一个前所未有的哲学体系。这一哲学体系以"道德的形上学"为中心,"一心开二门",含融与收摄了哲学各部门的丰富内容,融通为一,"良知"的"自我坎陷","内圣"开出"新外王",实现了形上与形下的"两来往",不仅"德福一致",而且

"真善美"谐和如一。这一哲学体系代表了中国哲学发展到当代所诞生的一个新哲学体系的问世。它既是中国数千年以来的哲学发展演化的结果,同时又是传统的东方哲学与西方哲学融合的产儿。牟宗三哲学作为一个先进的融合典范,永远不会失去它的前瞻和启导意义。不难肯定,如果西方的哲学家并不独尊西方哲学,而有朝一日也殷切地希望尝试在西方传统哲学的背景下,走出一条融合东西哲学的通道,那么牟宗三哲学必将是一大不可或缺的典要与参照系。归根结底,牟宗三哲学是中国哲学,不是西方哲学。

"牟宗三哲学"在今天是一门显学。

美籍华裔哲学家吴森认为,牟宗三的"才智、功力和在中西哲学的造诣,都足以和世界第一流的哲学学者并驾齐驱"。20世纪90年代以来,以牟宗三哲学为对象做博士学位论文的学者逐渐增多,除中国大陆、台湾和香港以外,主要分布在韩国、美国、法国、德国、加拿大、澳大利亚等国家或地区。其他研究牟宗三哲学的论文,也逐年增多。牟宗三的不少著作已经分别被译成韩文、英文和法文出版。进入21世纪以来,韩国将牟宗三著作的翻译作为国家重大课题立项,组成专门译团,投入巨额资金,着手对其《心体与性体》进行翻译。2003年,《牟宗三先生全集》(共计32册)出版发行,有助于人们全面和系统地了解和研究牟宗三哲学。迄今为止,海内外出版研究牟宗三哲学的专著已经超过20种之多。据国际互联网的统计,截至2007年,在公开出版的中文著作的引用率中,艰涩难懂的牟宗三哲学著作居然高居前80位,出乎意料而又使人不胜惊讶!

牟宗三的学术贡献早已有口皆碑。中外学者都从不同方面对牟宗三一生在人格上和学术上的伟大建树给予了充分的肯定和高度评价,指出牟宗三为中国在"道统""政统"以及"治统"之外,建立了一个独立的"学统"的重要贡献,认为他以现代哲学的纯粹建构知识体系的形态,完成了许多前无古人的、独创性的、"中国哲学"里程碑式的宏伟巨构,并建立了自己的哲学体系,将中国哲学的发展推进到一个前所未有的高度。美籍华裔哲学家傅伟勋指出:"牟先生是王阳明以后继承熊十力理路而足以代表近代到现代的中国哲学真正水平的第一人。中国哲学的未来发展课题也就关涉到如何消化牟先生的论著,如何超越牟先生理路的艰巨任务。"牟宗三的学术典范意义不仅仅是中国的,而且是人类的和世界的,也不仅仅是历史的和现实的，而且是现代的和未来的。

三 牟宗三主要著作

牟宗三：《周易的自然哲学与道德函义》（原名《从周易方面研究中国之元学与道德哲学》，天津：《大公报》社，1935），台北：文津出版社1988年版。

牟宗三：《逻辑典范》，香港：商务印书馆1941年版。

牟宗三：《历史哲学》，台北：学生书局1974年版。

牟宗三：《理则学》，台北："国立编译馆"，正中书局1971年版。

牟宗三：《认识心之批判》上下册，香港：友联出版社1956、1957年版；台北：台湾师范大学美术社影印1984年版。

牟宗三：《道德的理想主义》，台北：学生书局1978年版。

牟宗三：《政道与治道》，台北：学生书局1980年版。

牟宗三：《才性与玄理》，台北：学生书局1974年版。

牟宗三：《心体与性体》1—3册，台北：正中书局1968、1968、1969年版。

牟宗三：《生命的学问》，台北：三民书局1970年版。

牟宗三：《智的直觉与中国哲学》，台北：商务印书馆1971年版。

牟宗三：《现象与物自身》，台北：学生书局1975年版。

牟宗三：《佛性与般若》上下册，台北：学生书局1977年版。

牟宗三：《从陆象山到刘蕺山》（《心体与性体》第四册），台北：学生书局1979年版。

牟宗三：《圆善论》，台北：学生书局1985年版。

牟宗三：《五十自述》，台北：鹅湖出版社1989年版。

牟宗三：《康德的道德哲学》（包括康德的《道德底形上学之基本原则》和《实践理性批判》两部著作），台北：学生书局1982年版。

牟宗三：《康德〈纯粹理性之批判〉》上下册，台北：学生书局1983年版。

牟宗三：《以合目的之原则为审美判断力之超越的目的原则之疑窦与

商榷》（作为牟宗三译注《康德〈判断力之批判〉》的长序），台北：学生书局1992年版。

牟宗三：《康德〈判断力之批判〉》上下册，台北：学生书局1992、1993年版。

主要参考书目

牟宗三：《生命的学问》，台北：三民书局1984年第三版。

牟宗三：《牟宗三先生全集》，台北：联合报系文化基金会联经出版公司2003年版。

王兴国：《契接中西哲学之主流——牟宗三哲学思想渊源探要》，北京：光明日报出版社2006年版。

王兴国：《牟宗三哲学思想研究——从逻辑思辨到哲学架构》，北京：人民出版社2007年版。

王兴国：《牟宗三》，昆明：云南教育出版社2011年版。

（原载于汝信主编《二十世纪中国知名科学家学术成就概览·哲学卷·第一分册》，科学出版社2015年版。此次收入有所删节、补订）

牟宗三哲学的研究现状及其局限

牟宗三哲学的研究状况与其影响是分不开的，甚至这两方面是重合在一起的。因此，必须把这两方面联系起来，对牟宗三哲学的研究现状才会有一个整体的认识与把握。

一

牟宗三早在20世纪40年代就以哲学家名于世，但他难以同熊十力、金岳霖、张东荪、冯友兰、贺麟等相提并论。1949年他到台港以后，致力于反省中国文化，哲学地重建中国哲学，思想日渐成熟，学问日见博大，著书立说，追随者众，特别是在唐君毅去世后，成了硕果仅存的儒学大师与当代新儒家的精神领袖。自20世纪70年代末期以来，牟宗三的哲学思想逐渐产生了较大的影响，并引起西方学者的注意。1983年，在加拿大召开的国际中国哲学会议上，已有学者撰文介绍和研讨牟宗三的哲学思想。美国学者约翰·白诗朗（John Berthrong）称牟宗三为世界水准的大哲学家，而不只是中国的哲学家而已。[1] 1987年4月，香港大学授予牟宗三荣誉文学博士学位，对他的"道德的形上学"以及他在中西哲学、知识论与逻辑学等多方面的学术成就给予高度评价。[2] 同年冬，由于牟宗三哲学的影响，德国波昂（或译"波恩"）大学哲学系开讲中国哲学，其中有专章专讲

---

[1] 蔡仁厚：《牟宗三先生学思年谱》，台北：学生书局1996年版，第56页。
[2] 蔡仁厚：《牟宗三先生学思年谱》，第67—68页。

"牟宗三哲学"[由哲学系教授西蒙（J. Simon）博士和汉学系教授崔奥哲泰（R. Trauzettel）博士共同主讲]，被认为是"德国哲学界的一件大事"。① 近年来，德国其他大学也开讲"当代新儒学"课程并将出版德文教材，开始有系统地翻译牟宗三的著作如《心体与性体》等。早在70年代，华裔美国哲学家吴森曾尝试把牟著译成英文，但没有成功。后来又有人尝试，亦未竟其效。但是，自80年代以来，牟宗三的部分演讲录相继被译成韩文、英文和法文出版；至90年代末期，则有他的14种中西哲学讲演录的英文本问世。1995年出版的《剑桥哲学词典》（Robert Audi编）的"当代中国哲学"总词条中称："牟先生是当代新儒家他那一代中最富原创性与影响力的哲学家。"② 1998年，《简明大英百科全书》中文版修订了其中的"牟宗三"条。进入90年代后，牟宗三哲学的世界影响有扩大之势，法国、俄罗斯、日本也开始注重对"港台新儒学"，尤其是牟宗三哲学进行研究。法国高等社会科学学院先后邀请杜维明、刘述先、方克立等前往讲学，介绍当代新儒学，牟宗三哲学是其中的一个重点。一个特别值得注意的事件是，在美国兴起了一个自称"波士顿儒学"的学派，与港台的新儒学有遥相呼应之势，他们认为像港台新儒家一样，"也有一个独特的传承系统塑造了波士顿的新儒学观"③，牟宗三被认为是他们思想的主要来源之一。④ 在同一时期，中国大陆也出现了追随牟宗三的当代新儒家，他们同港台的牟门弟子一样把牟奉为精神偶像。自1979年以来，历届"国际中国哲学会议"都把牟宗三哲学作为重要议题之一。而自1991年以来的各届"当代新儒学国际学术会议"（已开过5届）均以关于牟宗三哲学的讨论为主题之一，尤其1998年9月举行的第五届"当代新儒学国际学术会议"，主题就是"牟宗三（哲学）与当代新儒学"。

上述情况尽管是极其表面化的，但是已足以表明，牟宗三哲学的世界

---

① 黄振华：《从牟宗三先生的哲学思想看康德哲学中"一心开二门"的思想》，载李明辉主编《当代新儒学人物论》，台北：文津出版社1994年版，第77页。
② 转引自蔡仁厚、杨祖汉主编《牟宗三先生纪念集》，台北：东方人文学术研究基金会1996年版，第510页。
③ [美]约翰·白诗朗（John Berthrong）：《波士顿儒学》，载郑家栋、叶海烟主编《新儒家评论》第二辑，中国广播电视出版社1995年版，第34页。
④ [美]约翰·白诗朗（John Berthrong）：《波士顿儒学》，载郑家栋、叶海烟主编《新儒家评论》第二辑，第34页。

影响以及对它的研究仍在扩大之中。

二

牟宗三哲学的研究最早可以追溯到1936年孙道升对他的第一部学术著作《从周易方面研究中国之元学与道德哲学》的评论，以及1947年贺麟在《当代中国哲学》一书中对牟宗三哲学的评价。但是，孙与贺的评价在当时只能限于牟的早期著作或部分片断，还算不上是真正的研究，至多可以说是牟哲学研究的开端。

以后，直到20世纪70年代初才有对牟宗三哲学的再度评价。首先是刘述先以英文发表文章，向西方介绍牟宗三的认识论观点和《心体与性体》一书。这是西方认识和了解牟宗三哲学的开始。此后，刘述先、杜维明、吴森、张灏等人或以英文发表或出版论著，或在正式或非正式场合都曾向西方介绍过牟宗三哲学或其论著，开始引起从事中国哲学或思想史研究的西方学者对牟宗三哲学的关注，尤其是牟的《心体与性体》和《从陆象山到刘蕺山》四巨册在台港和海外产生了很大影响，被认为是石破天惊的"前无古人的""划时代的伟构"①，具有"革命性"的影响。

1978年，牟门在台弟子为庆贺牟的七十哲诞之辰，编印祝寿文集《牟宗三先生的哲学与著作》，由台北学生书局出版，厚达960页，分别从：(1)学思历程，(2)历史文化，(3)中国传统哲学，(4)中西哲学会通四个方面系统和比较全面地介绍了牟的哲学思想的发展、学术成就与著作，这是当代新儒家内部自己对牟哲学的第一次系统研究。对于这部文集，刘述先以英文向西方作了介绍。随着这部文集的出版和牟在台讲学，其崇拜和追随者增多，牟宗三哲学在台港和海外逐渐产生了较大的影响，尤其是牟以康德哲学为桥梁会通中西哲学，加之他翻译的《康德的道德哲学》（包括《道德底形上学之基本原则》和《实践理性底批判》二书）与《康德"纯粹理性之批判"》的出版，在台湾的大学掀起了一场学习和崇奉康德哲学的旋风，遂引起了一些治西方哲学的学者特别是（那些来自新士

---

① 刘述先：《记牟宗三先生》，载王元化主编《学术集林》，学林出版社1994年版，第252页。

林阵营的）康德学专家对牟的"康德学"的批评和讥讽。对此，牟却不以为然，并相应地作了回应。虽然类似的批评嘲讽甚至攻讦直至八九十年代仍然不绝于耳，不失于文，但更多的批评则是学术的批评了。有的学者从思想史或比较哲学的视域对牟援引康德哲学中的"自律"或"自主性"（Autonomie）、"物自身"、"定言令式"等概念诠释中国哲学表示质疑和批评，认为这是将康德哲学的概念硬套在中国哲学（主要是儒家）的头上，曲解了中国哲学，从而酿成了与新儒家之间的长时间的论战。[①] 对于这些质疑和批评，新儒家的回应与反驳，亦相当有力。其实，双方各有各的道理，但双方的论战并没有集中在同一焦点之上，因此无法达成和解与统一。然而，论战促进和加深了对牟宗三哲学思想的理解，而且客观上扩大了牟宗三哲学的影响。同时，也提出了一个问题：究竟能不能借西方哲学的概念（扩大一层看，就实质上讲，还包括方法）来诠释中国哲学？这就逼使人们对以西方哲学的概念和方法诠释中国哲学做出更深刻的反省。可以说，这是当代学者对于中国哲学从概念到方法的一次有意义和有力度的反思。如果这项工作深入和扩大下去，将会有重要而巨大的价值。

三

无疑，牟宗三哲学的研究是同当代新儒学思潮的研究联系在一起的。20世纪70年代末期至80年代中期，关于当代新儒学的研究也在中国大陆引起了关注和重视，在方克立教授的倡导下，"现代新儒学思潮研究"课题列入了国家哲学社会科学"七五"（1986）和"八五"（1992）规划重点项目，由数十名学者组成的课题组在方教授的直接领导下展开了对这项重大课题的研究。在这项研究中，牟宗三是主要的重镇之一。经过10年严谨而艰苦的工作，这项研究已经取得了举世公认的丰硕成果，在海内外学

[①] 关于这场论战，可参阅下列文献：黄进兴：《所谓"道德自主性"》，《食货月刊》第14卷第7、8期，1984年（收入黄进兴《优入圣域：权力·信仰与正当性》，台北：允晨文化实业股份有限公司1994年版）；李明辉：《儒家与自律道德》，收入李明辉《儒家与康德》，台北：联经出版事业公司1990年版；李明辉：《略论牟宗三先生的康德学》，收入蔡仁厚、杨祖汉主编《牟宗三先生纪念集》。

术界产生了广泛的重大影响。其中，关于牟宗三哲学的研究成果是一个重要方面。主要是出版了以下几种著作：

1. "现代新儒学辑要丛书"第一辑：《道德理想主义的重建：牟宗三新儒学论著辑要》（中国广播电视出版社1992年版）

2. 《现代新儒家学案》下册：《牟宗三学案》（中国社会科学出版社1995年版）

3. 《现代新儒学研究丛书》中有关牟宗三的专题研究（辽宁大学出版社）

4. 《现代新儒学概论》中关于牟宗三部分（广西人民出版社1990年版）

5. 《现代新儒家的人物与著作》中的牟宗三及其著作（南开大学出版社1995年版）

6. 方克立教授在南开大学哲学系指导的博士生，完成了国内外第一篇以牟宗三哲学思想为题的博士学位论文

7. 课题组成员发表了有关牟哲学的研究论文若干篇（未统计），出版著作若干部（未统计）

其中，方克立先生十年来研究现代新儒学的文章结集出版，书名为《现代新儒学与中国现代化》（天津人民出版社1997年版），这既是研究现代新儒学的一项重要硕果，也是有关牟哲学研究的重要成果之一。韩强先生的《文化意识与道德理性》（辽宁人民出版社1994年版）也是一项有关牟哲学研究的可喜成果。此外，台湾学生书局出版了由大陆学者课题组成员颜炳罡撰写的第一部研究牟宗三哲学的专著《整合与重铸——当代大儒牟宗三先生思想研究》（1995年）。新近又有课题组另一成员郑家栋续其博士学位论文后完成《牟宗三》（2000年）一书，由台北东大图书公司出版。

除上述成果以外，另有三种牟宗三选集出版："当代新儒学八大家集"之一：《牟宗三集》（群言出版社1993年版），《理性与生命——当代新儒学文萃（2）》（以牟著为主，上海书店出版社1994年版），《牟宗三学术文化随笔》（中国青年出版社1997年版）。

课题组十年来对牟宗三哲学的研究不仅起到了积极的带动作用，而且产生了良好的示范作用。牟哲学的研究在今天已经成为"显学"。从事中国哲学、中国思想史和文化史，甚至从事西方哲学尤其是康德哲学研究的学者，没有不知道和不注意牟哲学的，大学哲学系的研究生以牟哲学为博

士或硕士学位论文选题作专项研究的，一直是后有来者，发表的有关牟哲学的研究论文，也逐年增加。

四

1995年4月12日，牟宗三以87岁的高龄病逝于台北。台港两地举行了声势浩大的悼念活动，社会各界要员名流亲临致祭，电视台播出了《一代哲人牟宗三》的纪念节目；《联合报》等各主要报纸和一些早晚报，以及《鹅湖月刊》（第239、240期）、"中研院"文哲所《中国文哲研究通讯》（第18期）刊出纪念专辑，发表纪念文章近百篇，《中国文化月刊》《鹅湖学志》和加拿大《文化中国》杂志也刊出了介绍牟宗三的学术贡献、著作目录的文章或研究论文。一年后，香港《毅圃》杂志（第5期）又刊出"牟宗三先生逝世周年纪念专号"。这场纪念活动，把台港的牟宗三哲学研究推向了一个高潮。

首先，台湾拟出版《牟宗三先生全集》（现正在编辑中，10集以上。作者案：2003年已由台湾联经出版公司出版，共32册）；牟氏晚年的《四因说演讲录》，以及《牟宗三先生纪念集》和蔡仁厚撰写的《牟宗三先生学思年谱》则已出版（后一书还将出版韩文版），近期即将出版的牟宗三著作还有《时代与感受续编》《牟宗三先生早期论文集》（大陆时期论文集）。

其次，在新儒家每年召开的鹅湖论坛学术会议上，牟宗三哲学都是讨论的主题或主题之一；大约每两年举行一次的"当代新儒学国际学术会议"也以牟宗三哲学为主题之一，并出版会议论文集。

再次，台湾新儒家在大陆新儒学研究的刺激和影响下，制定了当代儒学主题研究计划，向台湾当局申请到了1500万元新台币的经费资助，并在近几年推出了"当代儒学研究丛刊"，出现了一批研究成果，其中，关于牟宗三哲学的研究仍是重点；关于儒家思想与科技、民主政治问题的探讨和国际性论战也是围绕着牟哲学而展开的。

再其次，一个值得注意的现象是，港台新儒家内部出现了对牟宗三哲学的一些概念和方法的质疑与批评，甚至有的新儒家学者提出了"后牟宗三时代的哲学"，与海外的相同声音遥相呼应；与此同时，牟门弟子中也出现了尝试在牟宗三哲学之外另辟蹊径的努力。陈荣灼、袁保新、杨儒宾、蒋年丰、林安梧、谢大宁代表着这一方向的思考，他们试图借海德格尔或哈贝马斯的哲学或其他哲学来诠释中国儒释道的思想，以开出一条有别于牟宗三所走的融合中西哲学之道。早在1986年，陈荣灼就出版了英文著作《海德格尔与中国哲学》(*Heidegger and Chinese Philosophy*)。以后，他们一直在朝这一方向推进。

最后，台港两地以牟宗三和唐君毅的哲学为中心的当代新儒学研究的队伍正在扩大，除了新儒家自己以及来自自由主义和新士林派学者的研究以外，一些从事西方哲学研究的学者和留洋归来的博士、大学文科的研究生、大学生也加入了研究的行列。他们的研究成果也引起大陆学者的重视。

五

20世纪90年代尤其后期以来，大陆关于新儒学的研究，尤其是牟哲学的研究，出现了不同的学术立场和思想方向，文化保守主义抬头，"大陆新儒家"公开打出了自己的旗号，研究现代新儒学，研究牟宗三哲学的人增多了，从事西方哲学、马克思主义哲学原理和伦理学的学人也不断加入进来，不只有马列派的观点，有不同的"大陆新儒家"的观点、自由主义的观点，甚至还有外来的现代基督教派的观点，这些观点各不相同，都在对牟哲学的评论中表现出来，它们不可避免地要发生碰撞和交锋，使大陆思想界呈现出错综复杂和更加多元化的局面，同时也使大陆的思想界和学术研究益发富有生机与活力。

近年以来，上海古籍出版社开始出版"牟宗三学术论著集"，现在已出版"讲座系列"4种：《中国哲学的特质》《中国哲学十九讲》《中西哲学会通十四讲》和《四因说演讲录》；"中国哲学史系列"2种：《心体与性体》（三册）与《从陆象山到刘蕺山》（《心体与性体》第四册）。在研究方面，除了已出版的《新儒家评论》二辑以外，又出版了《国际新儒学研究》四集，在新近出版的《学术评论》第二集中，增加了关于牟宗三哲学的研究。研究专著出版了郑家栋的《当代新儒学史论》和颜炳罡的《当代新儒学引论》《牟宗三学术评传》，前二书均包含了牟宗三哲学的研究。

综上所述，今天，牟哲学研究不只在中国大陆、台港，而且在新加坡、韩国、日本、美国、德国、法国、瑞典、加拿大、俄罗斯、澳洲乃至全世界的汉学界，都受到了普遍的关注与重视。

六

方克立先生在总结大陆现代新儒学的研究时指出："目前的研究成绩固然应该充分肯定，但总的看还停留在介绍、评述、分别进行专人或专题研究等基础性工作的层次上，新儒学研究的真正高水平论著还没有出现。目前的缺点主要表现为理论水平不高，如前所说也存在理论方向的问题，但毕竟只是少数人。多数大陆学者还是把握住了正确的学术理论方向，不过研究水平有待提高。"[①] 方先生这里讲的"理论水平不高"和"有待提高"也完全符合目前牟哲学的研究情况。

这里，根据个人的初步研究，以为目前海内外的牟宗三哲学研究，主要存在着以下四个方面的局限与不足。

一是牟宗三哲学研究的视野狭隘，在很大程度上往往局限于儒学的范围，这难免限制了研究者的眼界。无疑，牟宗三是新儒学大师和哲学大师。但就笔者个人而言，首先更宁愿视他为哲学大师，然后才视他为新儒学大师。事实上，牟宗三并非一开始就服膺儒学。他在心路上经历了由西学到中学的转变，从批判与抨击儒学而走向奉儒学为宗、弘扬和复兴儒学的历程。其中最大的关键是熊十力对他的薰炙以及唐君毅对他的影响。西方学者认为："牟常不被视为严格意义上的新儒家。"但是白诗朗认为："在认定牟醇儒资格上的游移态度很大程度来自这样一个事实：牟的哲学构架与他的同行相比个性更强、更独特，他的论述也更彻底。并且，这个构架还是一个比较哲学的构架，它在重建儒家哲学时，十分严肃地纳入了佛学和西方哲学的内容。"比之于唐君毅，"牟的声音更加尖厉、更加逼人，他更愿意说出自己对真理的认识，而不是论析历史典籍。毫无疑问，

---

① 方克立：《现代新儒学与中国现代化》，天津人民出版社1997年版，第622页。

牟具有处理典籍的极强能力，读过他论新儒学运动之兴起的四卷本著作（引者按：指《心体与性体》和《从陆象山到刘蕺山》）的人，都会知道这一点。……牟的理路有哲学上的深奥精妙之处，具有很强的说服力，同时也有对宋代哲学典籍的细致阅读作为基础。我认为，在这一领域里进行探索的人，都不可能绕过牟宗三"①。应该说，除了牟是不是"醇儒"存在争议外，上述的描述基本上还是准确地把握了牟宗三哲学的特征。在笔者看来，今后对牟宗三哲学的研究应该突破这一局限。

二是牟宗三哲学研究的视角单一，即主要局限于把牟宗三哲学置于中国哲学的一维视野之中。对于牟学与西方哲学、逻辑和科学之间的关系，缺乏系统深入的认识与研究。牟宗三哲学博大精深，贯通中印西，涉及的内容非常广泛和丰富，它不仅是中国数千年哲学发展和衍生的产物，而且同时也是消融近现代西方哲学、逻辑与科学成就的结果。古今西方众多哲学家、逻辑学家、数学家和科学家都对牟宗三产生过重要的影响，成为其不可或缺的思想来源，而不止于人们通常所了解的康德哲学。即使就康德哲学与牟学的关系来看，虽然已有不少研究成果，也不乏精湛之论，然而还有不少研究者仍然缺少深入与系统的了解。常常是浅尝辄止而急于发表意见者多，潜心钻研而深造有得者少。牟宗三哲学思想的发展始终是中西哲学双线并进的，但是在不同时期，其学思的重心各有不同，因此双线并非平行。他经过逻辑的思辨，知识论系统的架构，才上达于形上学，最终建立了一个融逻辑、知识论与形上学为一体，即真即善即美的"圆教"系统。如果研究的视角只停留于从传统的儒家哲学或中国哲学对牟学进行诠释的单向度上，那么是不可能真正理解与把握它的。因此，对于牟宗三哲学的研究，应该打破自锁"儒学"或"中国哲学"的封闭界面，有多维视野、多维进路的透视。

三是牟宗三哲学的研究，在2000年以前，主要局限于他50岁以后的著作，即其晚期著作。对于其早中期（50岁以前的）著作，问津者甚少。至于把他各个时期的著作联系起来，作通盘而全面和深入地考察的著述，迄今尚付阙如。其实，牟宗三哲学规模宏大，体系完备，脉络清晰，结构严密，是一个有机的整体。他晚期的思想是由其早中期的思想逻辑地演变

---

① 郑家栋、叶海烟主编：《新儒家评论》第二集，第36—37页。

和发展而来的。如果对他早中期的著作没有深入和系统的研究,甚至只要忽视了其中的一环,就很难透彻地了解和领会他晚期的思想,更谈不上全面和准确地理解与掌握牟宗三哲学。笔者在研读一些论著时发现,对牟宗三哲学的评论出现问题,常常是因为评论者对牟的早中期著作无甚了解,或了解不够深入,甚至有严重的误解所造成的。今天看来,这一情况在开始改观了,好一些了,但是仍未从根本上改变。因此,这一研究状况是亟待转变的。既要有对牟学在各个时期的不同学思作分门别类的研究,又要有通观与整体上的把握。

四是有一种非研究的研究倾向。这种倾向主要意在借着批判牟宗三哲学为名,或打着研究牟宗三哲学的幌子来阐述自己的一家之言,以标榜对牟宗三哲学的超越。实际上,这并非严格意义上的牟学研究。显然,在批判或研究牟宗三哲学与创立超越牟宗三哲学的新哲学之间具有密切的关系。如果说从批判或研究牟宗三哲学中走出来,而建立超越牟宗三哲学的新说,本来就是牟学研究的应有之意,那么这自然可以看成为对牟学的一种研究。然而,如果旨在宣扬一己之说,只是以批判或研究牟宗三哲学为名为幌子,对牟宗三的思想随意地作出过度引申和诠释,那么这样的"批判"或"研究"并非真正的研究,至少不是本文所意许的研究了。因此,笔者认为,应当把那种同牟学无紧密的实质联系而标榜和自立己说的"研究"与牟学研究区别开来;否则,难免不把牟学的研究引向歧途。

(原刊于《哲学动态》2001年第4期)

纪念牟宗三先生逝世 20 周年感言

  30 年余年以来,"现代新儒学"(或称"当代新儒学")的研究伴随着其作为一股国际思潮的展开和蔓延,在中国大陆和海外,逐渐广为人知,并成为中国哲学研究中一个持续的热点和重点。其中的牟宗三哲学("牟学")研究一直炙手可热,尤其在中国大陆,这一情形更为凸显。今天,已经没有人可以否认中国哲学的发展可以跳过或忽视"现代新儒学"。其实,当白诗朗(John Berthrong)教授将以牟宗三为代表的新儒家比拟为中国的京都学派,就业已为现代新儒学在现代中国哲学史上给予了一种关键性的定位,并暗示了它对于中国哲学的意义。今天的牟学研究,至少在表面上已经全面摊开,就像一个大工地一般正在被到处开挖,竣工的作品虽不乏优良成果,但更多的是一片狼藉之象。诚然,牟学的诸多方面,诸如其逻辑学、知识论、形上学、哲学史、方法论、诠释学、伦理学、政治哲学、历史哲学、宗教哲学(尤其是佛教哲学)、美学和牟学的思想渊源,以及牟宗三哲学与中国传统哲学的关系、与西方哲学的关系,尤其是牟宗三哲学与康德哲学、与海德格尔哲学、与罗素哲学以及与现象学的关系,甚至其哲学的写作风格,均得到了不同角度和程度的关注与不无批判性的研究和总结;牟宗三著作的翻译与传播在韩国和欧美渐有可观的成就。牟学的面孔似乎可能正日趋清晰地被展现出来。牟学的关注者和研究者除了哲学的从业者以外,已然遍及其他多种学科和知识领域。这在某种意义上,可谓应验了牟宗三生前所预言的儒学("现代新儒学")"反哺大陆"并走向世界,经历了墨子刻(Tomas A. Metzger)教授所说的从"轻视"到"欣赏"和"静心思考新儒学的得失"的过程。然而,牟宗三犹如历史上的康德一样,仍然不免遭受被严重误解,甚至被诋毁的命运。

与此同时，几乎所有的研究者都承认以牟宗三为代表的新儒家把儒学国际化或世界化、学院化、学理化与知识化的成就与贡献，然而恰因如此而引出了它是不是"走出历史"而打破了传统中儒学与社会、历史的统一或同一关系的争论，与此紧密相连的则是牟学（包括其他新儒学）与中国传统历史的连续性与非连续性的具体讨论，其中自然包括牟学（或称"港台新儒学"）与"公羊学"的关系，在此境遇的刺激下，则出现了方克立先生所指称的"大陆新儒家"。"大陆新儒家"在"内圣"与"外王"，尤其是与"新外王"的撕裂中，不仅区分出"心性儒学"与"外王儒学"（公羊儒学），而且将二者尖锐地对立起来，甚至把"港台新儒学"与自由主义并列为"异端"而加以排斥，党同伐异，何止于石渠之争！年初李明辉先生就"大陆新儒家"的问题与去向答澎湃新闻网站记者问，一石激起千层浪，引发诸多对"大陆新儒家"以及其与"港台新儒学"的讨论，这不仅回应和否定了关于牟学"走出历史"的论调以及余英时先生的儒学"游魂"说，且也不乏反讽的意味。然而，不能不看到，在海峡两岸的社会巨变中，从"现代新儒学"到"后牟宗三时代"的现代新儒学对"五四"新文化运动精神真正的继承与超越，日益成为一个显著的事实。在这一历程中，基于国际哲学从"文明冲突"到"文明对话"的时代精神转变，现代新儒家也经历了自觉地从中西哲学的"判教"到"对话"，从追求"体系"（或"系统"）哲学到讲究"问题"哲学的重要转变。

事实上，"现代新儒学"自始以来就没有把自己高悬于中国历史以及世界历史的具体进程之外，只做纯粹观念的形式的游戏。尽管新儒家极其重视中华民族复兴的学术基础，像张君劢先生说的那样，它要"造成以精神自由为基础之民族文化"，但是并不以此为限，尤其是对于作为哲学家的大儒牟宗三来说，哲学虽然与民族文化的复兴休戚相关，甚至是民族文化的核心与指南，但民族文化不是哲学本身的终极目的，不能成为哲学发展的限制，因为哲学旨在在自己的道路中探寻人类所关切的普遍问题与最高峰问题。因此，以牟学所代表的"现代新儒学"的"精神价值"绝不止于儒家"从道不从君"的超越现实的道德理想和自我主宰的"个体解放"。

今天的儒学仍然处在"返本开新"的历程之中，立足中国，背靠历史，心怀世界，走向未来，超越东西方的对立，重回经典，在"对话"中融摄与诠释，在诠释中会通与融合，蔽不新成，同时推进"在地化"与

"世界化"的双向进程,探求一条康庄大道。在此意义上说,傅伟勋先生最早所指出的"中国哲学的未来发展课题也就关涉到如何消化牟先生的论著,如何超越牟先生理路的艰巨任务"并未过时,牟学依然是一需要同情理解、历史批判、理性通过和超越的对象。

[原刊于《深圳大学学报》(人文社科学版)2015年第2期,原标题为:"纪念牟宗三先生逝世20周年特辑专栏·主持人语"]

熊十力与牟宗三

在牟宗三的学思生涯中，有一师一友，与他相契最深，对他影响最大。1995年，牟宗三谢世，"牟宗三先生治丧委员会"为他撰写的《学行事略》中有云：

> 先生于大学三年级时，从游于黄冈熊十力先生之门，三十一岁获交唐君毅先生，一师一友，相得最深。熊先生以为北大自有哲学系以来，唯先生一人为可造。而唐先生则于未尝晤面之先，见其文而知其人，之后又谓先生天梯石栈，独来独往，高视阔步，有狂者气象。敬维先生之所成就，是真可告无愧于师友矣。①

这段文字是对牟宗三与熊十力和唐君毅的师友关系的"盖棺定论"。数十年以来，牟宗三与熊十力和唐君毅的师友情谊有口皆碑，成为中国现代学术史上的一段佳话。检视牟宗三的自传以及其他文字材料，熊十力与唐君毅在精神上给他带来的不同的影响，以及他们师生三人在精神上的相契相知，牟宗三均有亲切而诚挚的记述，他的缅怀与感念之情呼之欲出，溢于言表，十分动人。他说过一句言之凿凿的肺腑之言：

> 生我者父母，教我者熊师，知我者君毅兄也。②

---

① 《牟宗三先生学行事略》，蔡仁厚、杨祖汉主编：《牟宗三先生纪念集》，台北：东方人文学术研究基金会1996年版，第2页。

② 此话原为牟宗三1941年住云南大理民族文化书院时所讲，以后写入自传，是为与熊十力和唐君毅的关系所作的历史定位之论。见牟宗三《五十自述》，台北：鹅湖出版社1989年版，第100页。

哲学地建立中国哲学

对牟宗三来说，父母、熊师、君毅学兄构成了三位一体的关系。质言之，没有父母，没有老师熊十力，没有师兄唐君毅，就没有牟宗三。由此可知，熊十力和唐君毅作为牟宗三一生相契最深的师友，对牟宗三的生命与学问的影响至大至深，是无可比拟与无可旁代的。

一　熊十力：牟宗三的精神之父

牟宗三与唐君毅、徐复观同为熊十力的三大弟子，但要数牟宗三跟随熊十力的时间最久，受教也最多。他说："我之得遇熊先生，是我生命中一件大事。"① 据他回忆，1932年冬季，他24岁，正在北大读三年级，在哲学系任教的邓高镜先生向他推荐了熊十力的《新唯识论》一书，他一个晚上就读完了，虽然说不上真懂，但他感觉到一股清新俊逸之气，文章的义理都美极了，引起他对署款为"黄冈熊十力造"的这位著者的兴趣。在邓先生的引荐下，他得到了与熊十力先生见面的机会。那天，北大哲学系的巨子约定在中央公园的今雨轩吃茶。牟宗三按约赴会。除了邓先生外，尚有林宰平、汤用彤、李证刚诸位先生在座。关于他见到熊十力的情形，牟宗三有一段被引用了又引用的记叙，但仍然值得再引如下：

> 不一会看见一位胡须飘飘，面带病容，头戴瓜皮帽，好像一位走方郎中，在寒气瑟缩中，刚解完小手走进来，那便是熊先生。他那时身体不好，常有病，他们在那里闲谈，我在旁边吃瓜子，也不甚注意他们谈些什么。忽然听见他老先生把桌子一拍，很严肃地叫了起来："当今之世，讲晚周诸子，只有我熊某能讲，其余都是混扯。"在座诸位先生呵呵一笑，我当时耳目一振，心中想到，这先生的是不凡，直恁的不客气，凶猛得很。我便注意起来，见他眼睛也瞪起来了，目光清而且锐，前额饱满，口方大，颧骨端正，笑声震屋宇，直从丹田发。清气、奇气、秀气、逸气：爽朗坦白。不无聊，能挑破沉闷。直对着那纷纷攘攘，卑陋尘凡，作狮子吼。我们在学校中，个个自命不

---

① 牟宗三：《五十自述》，第85页。

· 38 ·

凡，实则憧憧往来，昏沉无觉，实无所知。一般名流教授随风气，趋时式，恭维青年，笑面相迎。以为学人标格直如此耳。今见熊先生，正不复尔，显然凸现出一鲜明之颜色，反照出那名流教授皆是卑陋庸俗，始知人间尚有更高者，更大者。我在这里始见了一个真人，始嗅到了学问与生命的意味。反观平日心思所存只是些浮薄杂乱矜夸邀誉之知解，全说不上是学问。真性情，真生命，都还没有透出来，只是在昏沉的习气中滚。我当时好像直从熊先生的狮子吼里得到了一个当头棒喝，使我的眼睛心里在浮泛的向外追逐中回光反照，照到了自己的"现实"之何所是，停滞在何层面。这是打落到"存在的"领域中之开始机缘。此后我常往晤熊先生。①

对此，吴森先生作过一个评论。他说：

> 从牟氏自述学思的经过，影响他一生为学及思想最大的是熊十力先生。从熊先生的学术和人格里他才体会到生命和价值的意义。没有熊先生的启发，牟氏可能一辈子治逻辑及认识论而不会折返儒家的道路。这大转变，就像圣保罗的归于基督。保罗后来成为教会的殉难者。牟氏也成为现代儒家思想的一大支柱。这种走曲折险阻而成功的路，在现代中国的思想界，似乎未有第二个例子。②

熊十力给牟宗三的生命与思想带来了一个大转变，使他从西方哲学复归于中国哲学，接续了儒学的慧命，虽然与圣保罗的归于基督而成为教会的殉道者不同，但把牟宗三与圣保罗相比拟亦的确有趣，自无不可。

应该指出的是，牟宗三遇见和发现熊十力，与熊十力的生命和智慧方向相契相合并非纯属偶然，而是偶然中的必然。这可以从两方面来理解。

一方面可以说，牟宗三的内在的人格范型和早期在乡村所受的传统教育③，

---

① 牟宗三：《五十自述》，第86页。
② 吴森：《论治哲学的门户和方法》，见吴森《比较哲学与文化》（一），台北：东大图书有限公司1978年版，第189页。
③ 参阅王兴国《契接中西哲学之主流——牟宗三哲学思想渊源探要》，光明日报出版社2016年版，第一章。

哲学地建立中国哲学

以及他在北大读朱子语录与治易学的经历，实是为他在见到熊十力后发现熊十力，契接上熊氏的生命与智慧方向作了必要的铺垫与准备。当时在北大，从学于熊先生的学生不只是牟宗三一人，但是能承受熊子教训的学生很少，更遑论在精神上能与他接近了。对许多学生来讲，虽然有缘有幸遇上熊夫子这样的大师，但却不能从他那里感到声光电热，也枉然无益。牟宗三就很不一般，在他第一次见到熊十力时，就有一种意想不到的惊奇，感到熊子与一般人直是不同，认为熊子生命的突出自有其真者在①，是一个真人，并从他嗅出了生命与学问的意味。这就是发见。有的人有追求，有寻找，但不能发见；有的人充耳不闻，熟视无睹，或见之而不以为然，也不能言发见。牟宗三在熊十力那里体会到了生命与价值的意义，看到了自己的生命与智慧的方向，所以是一个大发见。这样看来，牟宗三能在生命与智慧上契近于熊十力也就不足为奇了。如果说牟宗三认识熊十力有一定的偶然性，那么他在认识熊十力后而得以从生命与智慧上与熊十力相契合却有一定的必然性。

另一方面，牟宗三能与熊十力相契接，是与他所处的时代和对存在境遇的感受分不开的。易言之，这是他对他的时代与存在境遇的感受所使然。这在他的自述中可以看得很清楚。他说：

夫以中国知识分子皆歧出而乖离，真可谓阒其室，无人矣。谁是炎黄之子孙？谁是真实之中国人？谁来给华族与中原河山作主人？有谁能直通黄帝尧舜以来之大生命而不隔？皆陷落于躯壳习气，窒息以死，而为行尸走肉，为偶寄之存在。生命已不畅通矣。而自五·四以来，复假借科学与民主以自毁其根，自塞其源，是则本窒息不通而益增其睽隔也。未有生命不通而可以有所建树以自立者。歧出乖离，东倒西歪，颠倒久之，……华族至是乃彻底死矣。绝途逢生，非直通文化生命之本源，不能立大信，昭慧命。夫如是，吾焉得不独尊吾熊师。②

---

① 参见牟宗三《熊十力先生追念会讲话》，见牟宗三《时代与感受》，台北：鹅湖出版社1984年版，第251页。

② 牟宗三：《五十自述》，第107页。

· 40 ·

又说：

> 念自广西以来，昆明一年，重庆一年，大理二年，北碚一年，此五年间为吾最困厄之时，亦为抗战最艰苦之时。国家之艰苦，吾个人之遭遇，在在皆足以使吾正视生命，从"非存在的"抽象领域，打落到"存在的"（的）具体领域。熊师的那原始生命之光辉与风姿，家国天下族类之感之强烈，实开吾生命之源而永有所向往而不至退堕之重大缘由。吾于此实体会了慧命之相续。①

由此可知，牟宗三是经过了他认为的对五四新文化运动自毁民族文化之根、自塞民族文化之源的沉痛反省与批导，在对抗战以及内战等的国难与个人困厄遭遇所引发的"客观悲情"中，他开始正视生命的学问，从他说的"'非存在的'抽象领域"打落到"'存在的'具体领域"，终生服膺熊十力，自觉地认同与接续熊十力的生命与智慧方向。从这个意义上说，牟宗三与熊十力的相契接也不是偶然的。牟宗三自己说过一段话，更可以作为一个明证。他说：

> 假定没有抗战这大事出现在中华民族身上，又假定我没有遇见熊先生，我究竟是不是现在这个我，是很难说的。恐怕我在北大毕业出来后，也和其他人一样，很自然的便跑到中央研究院的系统里去了。由于有抗战这大事件，那是民族的生死斗争；但这还只是客观的因素，光是这个并不够，还是要碰见熊先生，我才是现在这个我。②

牟宗三从栖霞来到京城，师侍黄冈熊十力先生，复归于中国哲学，承接与光大儒学的慧命，难道不正是印证了他所谓的"一切从此觉情流，一切还归此觉情"③吗？

毫无疑问，熊十力对牟宗三的生命格范与思想智慧的影响是极大而深远的，在牟宗三的一生中都有明显的表现。熊十力的思想智慧是牟宗三哲

---

① 牟宗三：《五十自述》，第102页。
② 牟宗三：《熊十力先生追念会讲话》，见牟宗三《时代与感受》，第255页。
③ 牟宗三：《熊十力先生追念会讲话》，见牟宗三《时代与感受》，第188页。

学思想最重要、最直接的来源。

众所皆知，牟宗三是熊十力的嫡传高弟，他承接了熊十力的衣钵。①在熊十力的所有后继者中，牟宗三绝不作第二人想，无疑是真正的最具有原创精神力量的代表。牟宗三命中注定是最能传熊十力之道并在前所未有的开拓中把中国哲学推向一个巨大的高峰的"约书亚"（Joshua），而熊十力则像"摩西"（Moses）一样，只能站在远方眺望。②

1993年1月11日，牟宗三在台大医院对看护他的学生发出一段感怀，忆及他当年师侍熊十力先生的情形，由弟子王财贵博士记录如下：

> 先生曰："侍师亦不简单，既要有诚意，又不能太矜持。当年我服侍熊先生……那时没有一个人能服侍他，只有我……他脾气那么大，许多学生都怕他，唐（君毅）先生也不敢亲近他……其实，我并不聪明伶俐，也不会讨巧……"遂哽咽不能言。久之，又云："熊先生一辈子就想我一个人能传他的道，我的聪明智慧都不及他甚多，但他知道自己有见识而学力不及。我所知虽只一点点，但要到我这程度也不容易，其他的人更差多了。熊先生知道我可以为他传……"又哽

---

① 对此，可能会使人产生疑问，因为熊氏在致韩裕文的信中明确地说："汝非天才也，吾望之者，取其笃实也。甘受和，白受采，忠信可以学礼，笃实可以成学。吾年六十以上，一向无人可语，聪明过汝者，非无一二，然恐终不离粗浮之痛耳。吾舍汝，其谁望矣？汝不自发心，只作得一世俗所谓好人，吾之学其已矣，此方先哲意思无可托矣。吾年已至衰境，向前日月，能有几多，此可念也。"（熊十力：《十力语要》，中华书局1996年版，第320—321页）这段话中的"非无一二"中的"一二"是指唐君毅和牟宗三。唐在他的自述中曾提及此事，可以为证。他说："故熊先生尝与友人韩裕文函，谓吾与宗三皆自有一套，非能承其学者，而寄望于裕文。"（见唐君毅《生命存在与心灵境界·后序》，黄克剑编：《唐君毅卷》，刘梦溪主编：《中国现代学术经典》之一，河北教育出版社1996年版，第920页）熊氏没有选中唐或牟为衣钵传人，而是选中了韩，认为韩虽不及前二人聪明，但却"笃实可以成学"，他担心前二人"终不离粗浮之痛"。相比于韩，唐牟在哲学上已各自有一套。（此是熊氏的担心所在，因为如是，则难有精进，不能传熊氏之道。）那么，牟怎么成了熊氏的衣钵传人呢？因为后来（1947年），韩留学美国，英年早逝。这可能是使熊氏一改初衷，把衣钵传给牟的一个重要原因所在。另一方面，牟氏也曾写信给熊，说："老师的学问传不下来，您要靠我去传您，否则您是传不下来的。"（见牟宗三《客观的了解与中国文化之再造》，《鹅湖月刊》第16卷第11期〔总第191号〕，1991年5月）牟的话自是有些狂妄，但也道出了实情。看来，熊氏最终也只能把衣钵传给牟了。大致上讲，情况可能就是这样的。无论如何，牟成为熊氏哲学的衣钵继承人是历史事实，早已为当代新儒家所接受。

② 仿琼斯和弗洛姆描述荣格与弗洛伊德的关系。见〔美〕弗洛姆《弗洛伊德的使命》，生活·读书·新知三联书店1986年版，第56页。

咽，悲泣，掩面叹息，久之方止。①

这段引文为牟宗三作为熊十力的衣钵传人作了一个最终的自我注释，其中透露出牟氏从他的经历中体会到侍师的不容易，表明了侍师对他的影响是终生的。

牟宗三从1932年（24岁）到1949年（41岁）一直追随熊十力，其中，少说有七八年亲炙于熊十力的左右，加之平时的书信，熊十力无论为人为学，都对牟产生了巨大的感染与熏陶的作用。这在牟宗三对熊先生的追忆中可以看出，他说：

> 熊先生的智慧方向，要从熊先生一生的哲学思考活动来了解。熊先生这个人没有别的嗜好，从三四十岁开始到八十多岁撒手，一生念兹在兹，全幅生命都用在这个地方。任何人到他那里去，年轻人，学生去更好，即使社会一般人到他那里去，他总是和你谈，谈什么呢？谈"道"！教你做人，教你做学问，他全幅的生命就在这里。"谈道"是老名词，用新说法是："谈形而上学"、"谈哲学"。照我们平常的想法，可与言而不言与不可与言而言，都谓之失言，但这是一般人的世故，熊先生没有这种世故。②

正是在这样的陶养中，牟宗三对熊十力的生命与智慧有了通体、彻悟的相应了解。最典型的例子就表现在他对熊先生晚年的著作《原儒》一书的态度上。

《原儒》③是熊十力写于50年代的一部著作，分上下卷，于1956年印行问世，在台港的熊门弟子中造成巨大的震动。徐复观先生倡议、组织、发起一场对熊先生的批判，但因牟宗三的极力劝阻而作罢。牟宗三之所以反对批熊，是由他对《原儒》一书的理解和态度决定的。他指出：

---

① 见蔡仁厚《牟宗三先生学思年谱》，台北：学生书局1996年版，第85页。
② 牟宗三：《熊十力先生的智慧方向》，《鹅湖月刊》第11卷第5期（总第125号），1985年11月。
③ 《原儒》上卷于1954年春起草于北京什刹海寓店，中秋脱稿，翌年印有百部。下卷草于秋天，至1956年夏初脱稿，印存如上卷。1956年冬，全书再印，作为初版行世。

哲学地建立中国哲学

《原儒》的基本思想还是没有变,即推尊孔子,讲春秋,讲大同;但对曾子孟子以下群儒皆有所批评,皆有所不满。一般人看了心中便不愉快。当然在平时,讲儒家的是不会去批评曾子孟子的。但在这种环境底下,为了推尊圣人,而历贬群儒,是可以的。难道一切儒者都是十全十美,都是不可以批评的?我只要能把圣人保住,不就可以了吗?这是行权,是不得已的大权。我当时也没有这种权的观念,我当时只是有一直感,我觉得在那种环境底下,能把孔子保住便可以了;不能把孔子以下的儒者都说是好的,说都好便没法子交代。这样做才可以掩护,当然会有冤枉,但冤枉一点也就算了。①

牟宗三从《原儒》一书能看出熊十力尊儒的基本态度没有改变,至于其中批评曾孟等群儒,是不得已的"行权",的确是有说服力的。而陈荣捷先生也认为,《原儒》没有改变《新唯识论》的基本论旨。② 看法与牟

---

① 牟宗三:《熊十力先生追念会讲话》,见牟宗三《时代与感受》,第264页。
② 陈荣捷:《当代唯心论新儒学——熊十力》,陈瑞深译注,见罗义俊编《评新儒家》,上海人民出版社1989年版,第421页。关于《原儒》一书是否标志着熊十力的基本思想或态度已经改变,或它是否改变了《新唯识论》的基本论旨,一直是一个有争议的问题。牟宗三、陈荣捷、刘述先等都认为从《原儒》一书看熊的基本思想或基本态度没有改变。(刘的观点见《先父刘静窗先生与熊十力先生在晚岁通信论学与交往的经过》,刘述先编:《熊十力与刘静窗论学书简》,台北:时报文化出版事业有限公司1984年版)徐复观的学生翟志成于1987年在台北召开的"国际孔学会议"上发表《论熊十力思想在1949年后的转变》一文,后收入翟志成《当代新儒家史论》,台北:允晨文化实业股份有限公司1993年版,批评了陈刘二先生的观点,称陈是"全不变论"的代表,刘是"外王学转变,内圣学不变论"的代表,而提出"外王、内圣俱变论"的观点。翟又于1992年在《当代》杂志第76—78期刊出《长悬天壤论孤心——熊十力在广州(一九四八——九五〇)》,后收入其《当代新儒学史论》一书。翟文发表后,在海内外引起很大反响。对他的观点,刘述先先生做出了反驳的回应(见刘述先《对熊十力先生晚年思想的再反思》,《鹅湖》1992年第3期〔总第201号〕)。此外,郭齐勇先生亦发表论文对翟文进行驳正(见郭齐勇《为熊十力先生辩诬——评翟志成〈长悬天壤论孤心〉》,"第八届国际中国哲学会议"论文,北京,1993年8月,后收入会议论文集,见赵向东主编《中国智慧透析——中国传统哲学的现代意义及未来展望》,华夏出版社1995年版;并又写了《翟志成"审定"之〈熊十力佚书九十六封〉纠谬》) 此外,余英时先生也对熊氏发表过有关评论,认为熊氏与梁漱溟是极少数能在压力下坚持原则信仰的人,但是就熊而论,他在《原儒》中把周礼比附成社会主义,又在《乾坤衍》中把古代的庶民比附为无产阶级,虽是"不得已的适应",但也多少反映了他在一定程度上受到当时那种"社会主义理想"的"炫惑"。(见余英时《陈寅恪晚年诗文释证——兼论他的学术精神和晚年心境》,台北:时报文化出版事业有限公司1984年版,第19页)

先生比较接近。这表明牟宗三对熊十力的生命格范与思想智慧有深契的了解，故能对他的学说、著作亦有相应的了解。所以，他仅用很精妙的十二个字就把熊十力透露智慧的途径概括了出来，即"**无古无今，无人无我，直透法体**"①。他认为熊十力直透人生宇宙的根源即佛教上说的"法体"，直从本体如如地展现为一系统，这就是熊氏的体用论。有体就有用，合乎《易经》"生生不息"、大用流行的思想。这是中华民族智慧的根源。孔子的仁，孟子的心性都由这一套原始智慧的根源所发。但是，熊先生讲"体"不直接说这"体"是"天命不已"的天命，也不说"体"是上帝，或梵天，或如来藏，只是单单说个"体"字而已。熊先生这样直透本体，如如地展开成一套系统，不规定任何内容，但可以考察任何内容，它本身已构筑了一套标准，只要不合这套系统，他就说是不对的。② 他还指出，熊先生哲学系统的造成不像一般人做学问，是从下往上一步步积累上去的，而恰恰相反，他是从上往下的。他心中有一个很深远很高明的洞悟（insight），一下突出去就能把握到那最高的一点，从那最高点往下看，就看出下面一些议论并不是很高明的了。熊先生的哲学就是这样从上往下，由他那原始气的具有强烈的历史文化意识的生命格范，发出一股智慧之光，恰似一团烈火，可以不对应地烧掉一切。就是说，他用烈焰般的智慧去烧掉一切，遮拨一切时，并不采取一个问题对一个问题的方式去论辩。任何议论一碰到这烈火就烧化了，任何学说一碰到这智慧就见出毛病来了。因之，如果有人一句一句地一个概念一个概念地去追问他，在有些地方确实可以说他不对，也可以批驳他，但是他可以不理这些，因为二者的方向根本不同嘛。他可以说："你说我不对就不对罢，反正整个看起来是你不对！"在牟宗三看来，熊先生的哲学当然是有霸气的。③ 熊氏哲学的这一特性，不是容易直接从他的著作中获得的，倒是更多的是在他平时的讲论，或谈话，或书札中表现出来的。可以说，熊氏哲学思想的高妙、光彩与缺陷、不足，全

---

① 牟宗三：《熊十力先生的智慧方向》，《鹅湖月刊》第 11 卷第 5 期（总第 125 号），1985 年 11 月。

② 牟宗三：《熊十力先生的智慧方向》，《鹅湖月刊》第 11 卷第 5 期（总第 125 号），1985 年 11 月。

③ 牟宗三：《熊十力先生的智慧方向》，《鹅湖月刊》第 11 卷第 5 期（总第 125 号），1985 年 11 月。

哲学地建立中国哲学

都包含于这一特性之中。如果没有熊氏的言传身教，牟宗三是很难单从熊氏的著作中达到对他哲学思想的这种高度的认识的。换一个人，恐怕是不可企及的。

　　牟宗三作为熊氏之道的传人，一方面对熊氏"从上往下"的发光路径多有契接与承续，但另一方面，他对乃师此道亦多所校正与补充，实际上，是作了新的整合与重铸。就是说，"从上往下"与"从下往上"这两线在牟宗三哲学是并重的，而且牟宗三是在经过了艰苦的"从下往上"的线路之后，才达到了"从上往下"的相反一线。牟宗三哲学的这一特性表现在他从早期到晚期的著作中。由此，我们可以得到一点启示，读一个哲学家的哲学著作，对于了解这个哲学家固然是重要的，但是只读他的哲学代表作是不够的，还必须了解他的生活、他的生命格范与他的致思风格。在熊十力对牟宗三的影响中，他的著作的作用并不是最主要的，毋宁说他的生命格范与精神旨趣的影响才是最为根本和最为重要的。

　　牟宗三晚年说过，读熊先生的书，最好是读其书札，他的《新唯识论》不看也可。① 应该说，这是牟先生最深切的体会。然而，这绝不意味着读一个哲学家的哲学著作不重要。《新唯识论》是熊十力的代表著作。如果要比较深入地了解熊十力的哲学思想，那么他的新论是不可不读的。牟先生说此书可以不看，是因为他认为熊氏的哲学系统没有造好，而熊氏的书札最能表现他那真诚而强烈的历史文化意识，直通中国历史文化的大本大源，最足以感人动人和觉醒人，易于使人的生命与中国文化接得上。因此，牟先生比较强调读熊子的书札，但他并无教人不读《新唯识论》的意思。既然他认为熊子的哲学系统没有造好，那么学力与慧解不足是不易有相应地了解的。因此，读熊子的书，最好是读他的书札。如果不想有深入系统的了解，他的新论是可以不看的。牟宗三能说出这样深有体会的话，实是饱含了他读熊著的全部经历，经过了漫长的艰苦跋涉而后达。

　　牟宗三早岁读《新唯识论》，断言此书是"划时代开新纪元的作品"②，虽然不谬，但未臻通透之境。他认为儒家和佛家各只作了半篇文章，一成

---

　　① 见牟宗三《客观的了解与中国文化之再造》，《鹅湖月刊》第16卷第11期（总第191号），1991年5月。
　　② 见牟宗三《一年来之中国哲学界并论本刊》，《国民日报·哲学周刊》第43期，1936年6月24日。

了道学家，一成了宗教家，无论孔子或佛陀都不是哲学家，只有熊十力超越了儒佛而为一真正的哲学家。他当时受怀特海、柏格森、胡煦的影响甚深，不免比附之论。尽管他也看出熊氏哲学是"一种老实，具体，活泼，圆通的儒者哲学"，却并无赞赏之意。① 这足于表明他在师从熊十力的初期，尚未从西方哲学转归于中国哲学，尚未奉儒为宗。但是，熊子的元学，尤其是其体用观中所表现的对现象的解析，对牟宗三哲学思想的形成起了重要的作用（后文详论）。

实际上，刚大学毕业的牟宗三对中国文化、中国哲学特别是儒学，并没有那么强烈的历史意识、文化意识与价值意识，他对以儒学为代表的中国形上学、中国文化也并没有十分的好感，甚至他不惜站在西方哲学、西方文化的立场上批判中国哲学，批判中国文化，批判中国人。这些批判从孔子开始，而直指中国的形上学。他在一篇早期的论文中批判中国人的"不容中态度"，说中国人只有"具体感"而"抽象感"贫乏，他一开篇就指出：

> 中国人的脾性对于抽象的东西是不感兴趣的。这自然有其历史的根据。洪荒远古不必说，就从孔子起已是如此，传至于今，还是如此。……这种脾性也可以有好的倾向，也可以有坏的倾向。中国这方面所发展的，老实说：是在坏的一方面。若把它的责任重大起来，中国现在之有今日实在是由于这种脾性作祟。②

在他看来，"具体感之坏的方面，中国人可谓发挥无余矣！"③ 而这仍然与孔子有关。孔子曰："未知生，焉知死？"死是一个大问题，无论苏格拉底或宗教家都喜欢讨论它，而孔子却以不知了之。他又发议论道：

> 生死这种抽象问题俱不必知，便只好去注目日常生活之可见可闻了。这是具体感的表示。推之，夫子之文章可得而闻了。夫子言性与

---

① 参见牟宗三《一年来之中国哲学界并论本刊》，《国民日报·哲学周刊》第43期，1936年6月24日。
② 牟宗三：《中国人的具体感与抽象感》，《宇宙旬刊》5卷2期，1936年5月5日。
③ 牟宗三：《中国人的具体感与抽象感》，《宇宙旬刊》5卷2期，1936年5月5日。

天道不可得而闻,这也是平居撇开抽象问题不谈,只谈经世文章,所以门人也只好只闻经世文章,不闻玄妙大道了。夫子……所以只能授文章,不能授天道。①

他甚至把中国没有产生科学也归咎于孔子的儒学。他说:

孔子以这种通用之专门技术(引按:指后文中说的"六艺")教授门人,使他们在天子诸侯公卿面前(坐)[做]个一管半职,当作吃饭的专业。譬如《论语》侍坐一章所论到的就是这个表示。这个专业之获得即从最具体的最经常的六艺中训练出来。儒家的事业地位及思想的路线都从六艺中来规定。……可是六艺便只有传授,而没有探讨,这已失了科学的原义与精神了。而何况这种科学又只是几种手艺与通常的道德训练?即手艺也只属于制礼作乐一类文饰太平的东西。所以其样子四八板,条条不紊,有似科学,但其精神与方向都不在科学的路子上,故中国始终未产生出科学。②

他由此而展开了对儒家形上学的批判,他认为儒家的六艺只是死板的手艺,且陷于道德礼乐方面,对它发生的形而上的理论只能限于六艺的圈套内("六艺的格式")而不敢越雷池一步,这种形而上的理论又只是品题而非理论,其方式是享受与观照而非认识与追究。这种形而上学就是后来的理学,即中国的哲学。对此,他写道:

这种哲学,虽也性情理气天道太极,讲来甚为玄妙,然却非理论的,亦非抽象的。……乃只是品题的,感受的产品。他们常说天理离不了人生日用,良知只是粗茶淡饭,这便是纯具体的,直觉的,感受的表示,所以中国人虽有形而上的妙论,这种妙论却并不就是抽象感的表示。因抽象离不了理智理论故。③

---

① 牟宗三:《中国人的具体感与抽象感》,《宇宙旬刊》5卷2期,1936年5月5日。
② 牟宗三:《中国人的具体感与抽象感》,《宇宙旬刊》5卷2期,1936年5月5日。
③ 牟宗三:《中国人的具体感与抽象感》,《宇宙旬刊》5卷2期,1936年5月5日。

依他之见，中国文化是品题的文化，是感受享受的文化，是享清福的文化。表面观之，这种清福玄妙而风雅，潇洒之至。然而，这种清福背后的形而下的根据实在是简陋不堪的。"徒享清福不足以延残喘，必有藉于形而下的具体物。具体物既不足，简陋不堪，所以一关涉到具体物便露出那风雅的尾巴来，便丑态百出，便你争我夺，便残刻险恶。中国人一方最文明，一方最野蛮，于此可得一个真正的解析。"① 他认为中国文化没有一种理智的运用，所谓"理性的站得住"（rational independent），以通天人驭外物，一贯地开掘制裁外物，发展一贯的理性人格，而丰富我们的生活。显然，中国文化的缺陷正是西方文化的所长，牟宗三虽然不承认具备这种文化特长的文化是西方文化，而认为这是一种理想的文化，他称之为"享洪福的文化"，但是他认为西方人的脾性实在是比中国人较近于这种文化。他说：

> 受这种文化陶冶的人才能与文化打成一片，变成一个真正文化的人。这种文化人表面观之，虽没有中国人的风雅，但却也没有中国人的野蛮，但却也能时常进步，不像中国人之始终如一。②

牟宗三由此进一步断言，西方人虽野蛮，却不像中国人的原始的野蛮，杀戮的残忍；西方人也有战争，——世界大战式的战争，但他们战争的意义却比中国人的战争高尚一点，丰富一点，进步一点。"大家又说中国人好和平，其实并非好和平，乃是形而下的具体物不足，没有力气来反抗，只好吃哑巴亏！"③ 牟宗三对中国文化、中国哲学、中国人的批评确有其见地，而且他没有全盘否定中国文化，也没有全盘否定儒学，④ 他的用心只在于改造中国文化，重塑中国人，然而他批判中国文化、中国哲学、中国人的标准与心态是西方文化的标准与西方哲学的心态，却是显而易见的。在这个意义上说，他与自由主义有颇为接近的一面。这与他归宗儒学，接上中国文化大流之后的心态相去天壤之远，判然不同。若顺他早期

---

① 牟宗三：《中国人的具体感与抽象感》，《宇宙旬刊》5卷2期，1936年5月5日。
② 牟宗三：《中国人的具体感与抽象感》，《宇宙旬刊》5卷2期，1936年5月5日。
③ 牟宗三：《中国人的具体感与抽象感》，《宇宙旬刊》5卷2期，1936年5月5日。
④ 牟宗三：《中国人的具体感与抽象感（续篇）》，《宇宙旬刊》5卷3期，1936年6月5日。

的心态发展下去，他真有可能跑到胡适领导的中研院的系统中去。但是，他没有，从他对自由主义的同情、欣赏和批判，以及早年与胡适的顶撞①中，可以看出牟宗三的思想性格是复杂的。牟宗三从逻辑与西方哲学复归于中国哲学，承接儒学的慧命，起而批判自由主义，与自由主义、马克思主义鼎足而三，全由熊十力这位导师所陶冶所启发。因此，熊十力对牟宗三的心路的开启之大是无人可以企及与代替的。熊十力足以称为牟宗三的精神生命之父。

二 对牟宗三哲学思想的开启

从熊十力到牟宗三的哲学发展，熊十力作为当代新儒家的"关键性的中心开启性的人物"②，对牟宗三哲学思想的影响是多方面的和十分复杂的。以下分别从三个方面来分析与描述。

（一）从外延真理转到内容真理

牟宗三师侍熊十力以后，熊老师为他开启了一种慧命，他在熊老师的教训中得知学问是由其深度的发展的，因而有了一个努力奋斗的方向。熊十力常爱训导学生，对学生说："你不要以为自己懂了，实则差得远。说到懂，谈何容易。"③ 有时干脆就说："你不懂，就是懂了也不算。"④ 在泛自由主义风行的北大，学生自视很高，骄傲十足，教师上课，称呼学生，必称 Mr. 某某，很少敢有老师教训学生的。但是熊十力先生偏要杀学生的骄气与浮气，动辄训斥学生，声如狮吼，如雷贯耳。学生都怕他，不敢接近。牟宗三却"抱着一种会使自己得到好处的态度"与他相处，⑤ 因此，熊十力的教训对他是一当头棒喝。他说：

---

① 见牟宗三《周易的自然哲学与道德函义〈重印志言〉》，台北：学生书局1988年版，第1—2页。
② 陈瑞深译：《陈荣捷〈当代唯心论新儒学——熊十力〉译者前言》，第416页。
③ 牟宗三：《五十自述》，第86页。
④ 牟宗三：《熊十力先生追念会讲话》，见牟宗三《时代与感受》，第254页。
⑤ 牟宗三：《熊十力先生追念会讲话》，见牟宗三《时代与感受》，第255页。

我由此得知学问是由其深度的发展的，我有了一个未企及或不能企及须待努力向上企及的前途。我以前没有这感觉，以为都可在我的意识涵盖中，我只是未接触而已，一接触未有不可企及者，我只是在平面的广度的涉猎追逐中。我现在有了一个超越而永待向上企及的前途。这是个深度发展的问题。①

牟宗三所说的这个"深度发展的问题"，就是他所谓的从"外延真理"到"内容真理"的发展。他认为，内在于一个人的生命中的真理就是内容真理。熊十力的真理就在他自己的生命之中，所以是内容真理。他以耶稣的话为例加以说明。耶稣说："我就是道路，真理，生命。"熊先生的生命格范就有这样的意思。熊先生的真实生命的呈现是光辉，这光辉便是内容真理。圣人千言万语讲仁，孟子讲尽心知性知天，宋明儒讲心性天命，不过都是要烘托出这内容真理来。依中国哲学，牟宗三宁愿把内容真理称为"慧命"。牟宗三从熊十力认识了"慧命"的价值、意义，使他从对外延真理的追逐中解放出来。他说：

我由世俗的外在涉猎追逐而得解放，是由于熊先生的教训。这里开启了一种慧命。这慧命就是耶稣所说的"我就是生命"之生命，"我就是道路"之道路。而中土圣哲，则愿叫做慧命。②

牟宗三强调这不是科学上研究的外在对象，而是要靠人的真实生命的呈现而呈现的，光讲是不行的。③ 在他看来：

一个念哲学的人，若只限于外延真理的领域内，是没有进步的。可是由外延真理转到内容真理，是有很大的困难的，要想转出来，极端不容易，不是凭空便可以转的。学问境界的往前转进，是很难的。假定陷在北大的习气里，你会永远转不出来。④

---

① 牟宗三：《五十自述》，第87页。
② 牟宗三：《五十自述》，第89页。
③ 牟宗三：《熊十力先生追念会讲话》，见牟宗三《时代与感受》，第265页。
④ 牟宗三：《熊十力先生追念会讲话》，见牟宗三《时代与感受》，第255页。

因此，要从外延真理转到内容真理，就须向熊十力先生学习。他对熊十力有一个很特别的感觉，对他来说，熊氏是一个很突出的生命，这个很突出的生命从其教训中表现出来，从其教训"你会感到有一种真理在你平常所了解的范围以外，这便是外延真理与内容真理之别"①。牟宗三由此感受到："这种对青年人的态度，是北大所没有的，熊先生可以作老师，可以讲学问。这种态度可使你研究学问，从某一范围内的学问中突破，突进到另一领域去，从平常所了解的范围内的学问中突进到另一领域去。"② 自然是从外延真理突进到内容真理中去，这并不是停留在外在的、形式的、辨解的、观解的，或理论的言诠上就可以完成的，这是需要以生命的实践来作见证的，只有在生命的实践大流中，才能把真理内化为生命的真实、生命的存在、生命的境界与生命的智慧之美。所以说这是慧命。然而，真理无穷尽，实践无止境。个体的人的自然生命毕竟是有限的，人在尘世中生活，在追求真理的实践过程中，不免同有身及世俗相斗争相抗衡，这需要不断地把生命提起来，永求超越向上。对于一个有限的个体生命来说，这是一个充满了希望而又难以企及的目标。一个很明显的可能是，当时的牟宗三似乎并未清楚地意识到其中的矛盾，因此，他把这个目标看成是一个超越的永待向上企及的前途。这一矛盾的呈现在哲学是一个大难题。然而，这个大难题的确在牟宗三的哲学中表现出来了。当他面对海德格尔对这一矛盾的揭示与充分展露时，他提出了"智的直觉"的概念以贞定"自由无限心"，从而肯定与坚执人虽有限而可无限的观点，从哲学上消解了这一矛盾。有本有根，龙脉俱在，最初却为熊十力所开启。

在熊十力的教训中，牟宗三找到了努力奋斗的方向，从外延真理转向内容真理。这一转向也预示了牟宗三由逻辑和西方哲学向中国哲学的复归。从牟宗三来看，虽然宗教与哲学中都有丰富的内容真理，但似乎宗教较之于哲学更能表现内容真理。按西方的标准看，中国是没有宗教的。但从中国哲学讲，中国哲学就是一种宗教，它即宗教即哲学，是一种具有无限广度和深度的生命的学问。相对于西方哲学来说，中国哲学虽有不重视

---

① 牟宗三：《熊十力先生追念会讲话》，见牟宗三《时代与感受》，第256页。
② 牟宗三：《熊十力先生追念会讲话》，见牟宗三《时代与感受》，第254页。

自然、缺乏逻辑思辨的工巧、没有构造系统的精密与完备等缺陷与不足，然而它以生命为首出，特重实践，讲求实践的形上学，强调宇宙与人生的价值为一，以足够的力度强度把内容真理表现得丰富多彩、瑰丽无比。在牟宗三看来，中国现代的哲学家中，能直透中国文化生命的本源，接通中华民族的慧命者，唯熊十力先生一人而已。至少对牟宗三或当代新儒家来说，熊十力是当之无愧的最有代表性的中国哲学慧命的接续者与善绍者。牟宗三指出：

> 熊师之生命实即一有光辉之慧命。当今之世，唯彼一人能直通黄帝尧舜以来之大生命而不隔。此大生命是民族生命与文化生命之合一。他是直顶着华族文化生命之观念方向所开辟的人生宇宙之本源而抒发其义理与情感。他的学问直下是人生的，同时也是宇宙的。这两者原是一下子冲破而不分。只有他那大才与生命之原始，始能如此透顶。①

> 这种生命虽然在平常人看来非常特别，但特别而不特别，其实他是直接通于中国历史四五千年的文化大流，而与历代圣贤相呼应，他的历史文化意识之强无人能比。②

牟宗三由师熊十力而师中国哲学，由与熊十力生命慧命的感通契应而与中国文化的慧命感通契应。熊十力慧命的光辉召苏了牟宗三对华族慧命的历史意识、文化意识与价值意识。牟宗三认识到：

> 不能通过历史陈迹而直透华族文化生命之源，不得谓能接通华族之慧命。接不通慧命，不得谓为有本之学，其学亦不能大，不得谓为真实之中国人，其为中国人只是偶寄之习气之存在。其偶寄之习气之存在是中国的，而其意识观念，即其义理之性情一面，则是非中国的。非中国的，中国不受。但他亦不能即是真实之英国人、德国人、

---

① 牟宗三：《五十自述》，第102页。
② 牟宗三：《熊十力先生的智慧方向》，《鹅湖月刊》第11卷第5期（总第125号），1985年11月。

或美国人,是则英美德法等亦不受也。此为不能作主之存在,夹缝中之存在,甚至为国际之游魂。不能接通慧命,不能为真实之中国人,吾华族即不能自尽其民族之性而创制建国。一个不能自尽其民族之性而创制建国的民族,是弃才也。不能为真实之中国人,不能创制而建其国,亦不得贸然谓为天下人。或曰:何必为中国人?我直作世界人耳。此言虽大,实则"荡"耳。此是国际游魂,何能谓为世界人?未有割截其根而能大者,只是飘荡耳。①

牟宗三的这个认识,对于那些喜欢自称"世界公民"或"世界人"的人,不知是否会有点醒的作用。但就牟宗三来说,在熊十力先生(包括他的父亲)的点拨下,他只想做一个真实的中国人,一个有本有根的真实的中国人,而不想做一个飘荡无定的国际游魂,不愿意成为弃才,他要成为自己作主的存在,为尽华族之性而创制建国尽到自己的努力、责任和贡献。只有直透华族文化生命的本源,接通华族文化的慧命,无论做人或为学,才能立大本,才能有大成,才能算是上了路。否则,人的生命只会虚脱飘荡,任风卷去。因此,"吾人只在有此内容真理之考验上立根基,始能有肯定、有信念,而不落于虚无主义之深渊",这"即是**豁醒其自己,站住其自己**"。② 牟宗三认为:"**慧命不可断,人道不可息。**"③ 因此,无论做人或做学问,首要的是必须豁醒与挺立起其历史意识、文化意识与价值意识。然而,"此种蕴蓄不能求之于西方纯逻辑思考之哲学,乃必求之于能开辟价值之源之孔孟之教。深入于孔孟成德之教,始可畅通吾人之文化意识"④。原因在于"儒家这套学问首先必须有强烈的历史文化意识才能了解"⑤。孔子本人就是历史文化意识很强的一个人。要想了解中国文化,就要从这个地方了解起。这一文化大流传下来,历经曲折而不断。宋明儒继承这个意识而向里收,收到最核心的道德意识上,由此来表现其学问。再

---

① 牟宗三:《五十自述》,第105—106页。
② 牟宗三:《道德的理想主义·序》,台北:学生书局1985年修订六版(学三版),第8页。
③ 牟宗三:《道德的理想主义·序》,第8页。
④ 牟宗三:《道德的理想主义·修订版序》,第1页。
⑤ 牟宗三:《熊十力先生的智慧方向》,《鹅湖月刊》第11卷第5期(总第125号),1985年11月。

往下到明末，历史文化意识表现得最为突出，代表人物就是顾亭林、王船山、黄梨洲、吕晚村诸人。依牟宗三看，到现代能接上顾、黄、王、吕而表现强烈的历史文化意识的是以熊十力为代表的新儒家。熊十力一生最佩服王船山。王船山的历史文化意识也是最强的。熊十力由王船山而上通与承续了夏商周所传下来的文化大流。[①] 牟宗三继承熊十力的衣钵，接续了以儒学为主的中国文化的慧命。从这方面看，确实表现了熊十力对牟宗三极大而深远的影响。

（二）从道德实践的进路建立"道德的形上学"

对于熊十力在精神上给牟宗三带来的极大影响，必须作全面深入具体的理解。就是说，熊十力对牟宗三的影响不只是在精神方向上，他也在哲学内容的深度以及思维的趣向上，深远地影响了牟宗三的哲学思想。

诚如牟宗三所说，熊十力的学问是人生的，同时也是宇宙的，是宇宙人生合一而不分的，这与西方哲学经过康德的批判后，而分判为"从宇宙论说下来"与"从人生说上去"的理路上的两来往不同。熊十力哲学的这一特性是对原始儒家哲学特性的继承与发扬。对原始儒家来说，这两个来往是一下子同时呈现的，既不隔，也不对立，彼此互相通着对方，相互包含，你中有我，我中有你，是一个浑圆的整体，它与西方哲学大异其趣。既不是外在猜测的，像古希腊的自然哲学家那样随意建立宇宙论，这是无根的；也不从认识论上摸索前进，如经过科学知识的成立，批判哲学的出现必须通过"如何可能"的追问，以认识论为根据来建立宇宙论，从主体上与之相契应，这对于宇宙人生之本源是不透的。中国儒家哲学却直下是人生的，同时也是宇宙的，本源是一，且同是德性意义、价值意义的。在宇宙论方面说，这本源不是无根的、随意猜测的，而是直接由人的德性实践作见证的。同时在人生方面说，这德性意义、价值意义的本源是性与天道一时同证，不是受局限而通不出去的。无论从宇宙论说下来，如《中庸》《易传》，或是从人生说上去，如《孟子》，皆是两面不隔，一透全透、真实无妄的。熊十力哲学的最大特性在此。牟宗三指出：

[①] 参见牟宗三《熊十力先生的智慧方向》，《鹅湖月刊》第11卷第5期（总第125号），1985年11月。

哲学地建立中国哲学

  对于熊师的学问亦当如此观。这只是有"原始生命""原始灵感"的人，才能如此。这不是知解摸索的事，而是直下证悟感受的事。若说证悟感受是主观的，但在这里，主观的，亦是客观的。这是创造之源，价值之源，人生根底的事，不是知识的事，熊师学问最原始的意义还是在这一点。①

  从牟宗三的哲学来看，它确乎是继承熊十力的哲学精神而重建了儒学，这从以下三个方面最鲜明地表现了出来。

  其一，熊十力所承续的宇宙论与人生论一而不二的中国哲学精神，在牟宗三所建立的"道德的形上学"即"两层存有论"中完整地再现出来，而且它不止于宇宙论与人生论的统一，同时还是知识论与价值论统一的哲学系统，因此它不是重复熊十力或传统儒家的老路，而是融汇中西、贯通古今的重建。

  其二，牟宗三继承和拓展了熊十力及以往的儒家，从道德实践的进路来建构"道德的形上学"的理路，作为富有代表性的现代中国哲学的典型形态而与西方哲学相区别。同样地，牟宗三建立"道德的形上学"也不单是以道德实践为唯一可能的存在进路，他在批判、总结与吸取了西方形上学的教训与经验的同时，也注重从逻辑与认识论的进路对形上学进行解析，而完成"现象界的形上学"的建构。

  其三，在总体上，他则融熊十力的形上学与西方近现代的形上学特别是康德的形上学的理路为一途，由对于形上学的"双轨"之构思，分前后两期分别在语言（逻辑）和实践（亲证）（其中包含了境界）的层面上完成本体宇宙论的"逻辑构造"与"直觉构造"，最终建成了他的"道德的形上学"，实现了即工夫即本体，即本体即境界，即存有即活动，即实践即呈现，使工夫与语言、本体与境界在活脱的现实生活的当下流行中亲密如一。在共时态上把这一完整的立体的"道德的形上学"解析开来看，它分别是由"语言"（层面）的形上学、"（工夫）实践"（层面）的形上学和"（精神）境界"（层面）的形上学三套形上学精密与有机构成的一个

---

① 牟宗三：《五十自述》，第103页。

· 56 ·

有系统但无系统相的圆融整体。因此，老态龙钟的形上学获得了新生并焕发青春，走上了一条中西合璧的双轨之道。①

以上三点就是牟宗三哲学继承和吸收，而又超越和高于熊十力与其同时代的哲学家和中国传统哲学的地方。

牟宗三的道德形上学的进路受到熊十力的影响，更主要的是见之于熊十力所持著的"良知是呈现"这一观点。"良知"问题是中国儒学中一个很深层很核心的问题。在对待"良知"的态度上，冯友兰与熊十力表达了两种截然不同的态度，冯友兰认为"良知"是个假定，熊十力极力反对，反驳说："你说良知是个假定。这怎么可以说是假定。良知是真真实实的，而且是个呈现，这须要直下自觉，直下肯定。"②这件事对牟宗三的哲学思想影响很大，但就当时来说，他主要是启迪了牟宗三对中国哲学的看法。他事后写道："良知是真实，是呈现，这在当时，是从所未闻的。这霹雳一声，直是振聋发聩，把人的觉悟提升到宋明儒者的层次。""由熊先生的霹雳一声，直复活了中国的学脉。"③无疑，从"良知是呈现"的观点出发，能对中国儒学有相应的了解，深得其中三昧。牟宗三由此而接上了中国儒学的慧命；不仅如此，"良知是呈现"的观点还开启牟宗三道德形上学的进路和核心内容。这就是他的基本存有论的关键与实质所在，入路与归趣之所系。对它来说，自由无限心，或天心、道心、心体、性体之为本原的真实，只能由道德实践之路径来接近，也只能在功夫实践中呈现，而不能由观解形上学的思辨来证明与获得。虽然也难免陷入另一种理论困境。④但这是牟宗三哲学超过和高过冯友兰新理学，也是它超越和力图克服与校正西方观解形而上学的一大显著特色所在。时贤对此多有不解，而误从观解形上学的视角来批评牟宗三的形上学，矢不中的，徒增混搅。

的确，牟宗三的道德形上学在肯定"智的直觉之照射"即"智识"的同时，并不排斥从逻辑与认识论的进路对"执的存有论"或"现象界的存有论"作一解析。因此，理解牟宗三的道德形上学不能单从一线或某一个

---

① 参阅《牟宗三哲学思想研究——从逻辑思辨到哲学架构》第九章，第十章和结束语。
② 参见牟宗三《五十自述》，第88页；牟宗三：《心体与性体》第一册，台北：正中书局1968年版，第178页。
③ 参见牟宗三《五十自述》，第88页。
④ 见拙著《牟宗哲学思想研究——从逻辑思辨到哲学架构》第九章、第十章和结束语。

片面着眼，而必须把着其枢扭，注意到其双线并进、二而为一、一而不二的特征，多维度多进路的立体结构与"元"判教的圆教性格[①]的复杂性。

（三）认识论与存有论的启沃及其多面性与广阔性

无论是对中国传统哲学家而言，还是对中国现当代哲学家来说，牟宗三一个很突出的特点是注重对逻辑与认识论的研究，并且形成了自己的一套逻辑思想与认识论思想，牟宗三的逻辑思想与认识论思想不仅在牟宗三哲学中居于重要的地位，而且在中国逻辑史与哲学史上也占有相当重要的地位。牟宗三是中国现代哲学史上屈指可数的几位逻辑学家与认识论专家。[②]（这一问题还将另文论述，此不赘言。）从认识论方面说，牟宗三和他的老师金岳霖足以堪称创立中国现代知识论的奠基人。牟宗三重视认识论或知识论的研究与建构，除了直接受到张东荪、金岳霖和西方哲学家尤其是罗素、康德等人的影响外，也直接受到了熊十力的重大影响。这表现在两个方面。

首先，众所周知的是，中国传统哲学的两大缺陷就在于没有严格意义（以西方为参照）的逻辑学与认识论。因此中国文化没有产生出科学来。中国现代的哲学家无不以此为憾。熊十力先生想由他的哲学来补上中国缺乏认识论的缺憾，所以在撰写《新唯识论》一书时，拟写两部："境论"与"量论"，前者是形上学，后者是认识论。然而，由于学力不逮，熊先生终生也没有写出"量论"，留下一大遗憾。这件事对牟宗三触动很深。熊先生也期望由牟宗三来完成他的遗志。因此，青年时代的牟宗三十分注重现代逻辑与认识论的研习，下了大苦功，终于不负乃师重望，撰成《逻辑典范》《理则学》与《认识心之批判》（上下册）三部大著。在现代中国成为似乎只有金岳霖可与之比肩而立的人物。

其次，熊十力的哲学思想对牟宗三建立认识论与"现象界的形上学"也有直接的启沃。牟宗三对于熊十力处理玄学与科学的关系，大为嘉许，且与柏格森的哲学相比较。他特别征引熊氏《新唯识论》中的一段文字来

[①] 见拙著《牟宗哲学思想研究——从逻辑思辨到哲学架构》，结束语部分。
[②] 参阅拙作：(a)《对牟宗三的逻辑二分法思想的初步了解》，《鹅湖学志》第 20 期，1998 年 6 月。(b)《逻辑究竟研究什么——金岳霖与牟宗三论逻辑对象之比较》，"牟宗三与当代新儒学国际学术会议"论文，1998 年 9 月，济南；刊于《北京大学研究生学志》1999 年第 1 期。

加以论述。他指出：

> 吾于此焉得不特许熊子？"体则法尔浑全，用则繁然分殊。科学上所得之真理，未始非大用之灿然者也。即未始非本体之藏也。如此，则玄学上究明体用，而科学上之真理，已得所汇归或依附。余自视新论为一大事者以此而已。"此点确是大事，因为这是划时代开新纪元的作品故也。①

牟宗三由熊氏从玄学上究明体用，使科学之真理得所汇归或依附而肯定"新论"一书，并从此把熊氏哲学与柏格森哲学相比论。他认为，熊氏与柏氏在能解析现象一端颇为相似，但是柏氏对于现象的解析是消极的，不是其正面文章，算不得什么，但"新论"却是不得了。这一观点是牟宗三在与汤用彤的谈话中透露的，汤氏表示亦有同感。牟宗三并没有对作为他的老师的汤先生申述他所持论的理由，同样，汤先生也未表示理由。牟氏是在上引的论文中，才有所交代的。他认为，西方玄学（形而上学）在柏氏以前，实在未曾明体，即或论体，也只不过如熊十力所说的戏论而已。柏氏在西方哲学史上开一个新纪元，就是他以直觉方法参透了宇宙奥秘，开始了证体的工作。柏氏本人所宣扬的，世人所注目的，只是他的直觉、创化、生命、时间等概念。其实，他对空间、物质的数学点等概念的解析，即他对现象的解析，也算是不得了的。然而，却无人过问，只作等闲视之，只因为他反传统的缘故。还有更不得了的事，即他的证体开创了西方元学的新纪元。人们顾此失彼不免有所偏重，就将他解析现象的这步工作忽视了。因之，柏氏对现象的解析成了消极的工作，而不是正面文章。相反，熊子意识到中国哲学在这方面的欠缺：一向只是体上用力，而漠视对现象作应有的解析，因之他是自觉地积极地从正面来做这项工作，而且是把解析现象与证体同治一炉，究体明用，使科学知识得到了超越的安立基础与归宿。对此，牟宗三给予极大的关注和礼赞，他写道：

---

① 牟宗三：《一年来之哲学界并论本刊》，广州《国民日报·哲学周刊》第43期，1936年6月24日。

哲学地建立中国哲学

然这种解析能在《新唯识论》里出现，却不能不另眼看待，却不能不说是一件大事……其为不得了与柏格森之证体的不得了一样，皆宜满城风雨，轰动全世界。然而结果即在国内亦恐知之者少。此著者所以常发感慨，难索解人也。①

毋庸讳言，熊十力先生的用心以及他这项工作的价值，即使在当代，能认识的人也不多，就更遑论当时了。人们多能正视的只是他的元学（形上学），至于他的认识论思想，问津的人很少。直到如今，才有所改变。②难怪熊先生一生寂寞，有"难索解人"之叹了。在熊门弟子中，的确要数牟宗三最能理解熊子的苦心与孤寂了。牟氏大肆宣扬熊子在认识论方面的贡献，并把它与柏格森的哲学加以比论，也是旨在把熊子的认识论思想彰显出来，以引起人们的重视。可惜，事与愿违。从中国近现代哲学的发展来看，不得不承认，认识论依然是一大薄弱环节。熊十力先生有自觉地强烈地开创中国的认识论的意识，非常难能而可贵，悲乎，心有余而力不足，他的"量论"终未造成！牟宗三直承乃师而启，由消化现代的逻辑、数学与科学，相应于康德撰成《认识心之批判》与《现象与物自身》两部伟构，对现象作了专门深入的系统研究与解析，试图取代康德"第一批判"而构造了一个不同于康德的认识论系统，并建成了"现象—本体"（一境界）的形上学，即"现象界的形上学"或"执的存有论"，乃所谓"两层存有论"或"道德的形上学"之一层，以现代哲学的形态充分体现了熊十力关于玄学究明体用而使科学真理得所汇归或依附的宗旨。就是说，熊十力的这一思想即"量论"是含在其"境论"中的，可想而不可及，一直难产，不幸，终于胎死腹中。牟宗三却把它作成了。牟宗三与熊十力的思想进路完全不同，但不违其宗旨，是在循康德的思路并经过对现代逻辑、数学与科学成就的消融后，以对逻辑和数学的解析为基础而建立了一套认识论，又在此基础上建立一层"现象界的形上学"或"执的存有论"，以为

---

① 牟宗三：《一年来之哲学界并论本刊》，广州《国民日报·哲学周刊》第43期，1936年6月24日。

② 可喜的是，郭齐勇先生的博士学位论文《熊十力思想研究》（收入方克立、李锦全主编《现代新儒学研究丛书》，天津人民出版社1993年版）的第三章第一次系统地探讨了熊十力先生的认识论思想，可予参考。

逻辑与知识之超越安立的基础。因此，熊十力的遗愿由牟宗三实现了。

需要指出的是，熊十力的认识论思想，或更确切地说，他的"量论"思想对牟宗三的认识论的影响还有不少的方面，譬如牟宗三把知识分为"智知"与"识知"①两种，就明显的是继承熊十力的"性智"与"量智"或"玄学的真理"与"科学的真理"之分而来。对此，郭齐勇先生曾有过论述，他指出从熊十力的"性智"与"量智"到牟宗三的"智的直觉"与"良知自我坎陷"说之间有着内在的关联，并说明二人的区别在于熊氏区别"性智"与"量智"而抬高"性智"，牟氏则把它们分别定位于两层存有论之中，肯定了这两种思维方式的不同功用，最后圆成为一个更大的系统。②此外，旅澳（洲）学者姜允明先生则指出，牟氏发现熊十力对"习心"与"本心"的区分与康德对"感触直觉"与"智的直觉"的区别，颇多若合符节之处。而由"智的直觉"这把宝剑"一针见血地勾划出东西方传统的重山隔亥"。③这些看法，确有所见。在此，就不必再申论了。

依熊十力的"境论"与"量论"之分，似乎预设了"本体"与"现象"的一种二分关系。对于这种二分关系，张灏先生颇有见地地指出："虽然，熊氏坚称他的哲学是一种形而上的一元论，事实上，他的思想见解包涵有二分的世界观，强调现实界和形上真实界的区分。"④就牟宗三的哲学来看，这种二分关系在经过他对康德的"现象"与"物自身"的疏释以后，构成了他的"两层存有论"的哲学间架，最后以对《大乘起信论》"一心开二门"的提炼与诠释作为定位，以表示哲学原型的朗现。从熊十力哲学所蕴涵的"现象"与"本体"到牟宗三的"心生灭门"（代表现象界）与"心真如门"（代表本体界），可谓是一脉相承的发展，虽然他们都以"现象"与"本体"的二分法来表现他们的世界观，但这只是一种哲

---

① 见牟宗三《现象与物自身》，台北：学生书局1984年第4版，第38页。
② 郭齐勇：《熊十力思想研究》，第141页。
③ 见姜允明《试论牟宗三先生的"智的直觉"说》，见李明辉主编《当代新儒学人物论》，台北：文津出版社1994年版，第136—137页。此文又收入姜允明《当代心性之学面面观》，台北：明文书局1994年版。引文见该书，第71—72页。
④ 张灏：《新儒家与当代中国的思想危机》，见傅乐诗等《新儒家与当代中国思想人物论——保守主义》，台北：时报文化出版事业有限公司1982年三版。又见罗义俊编《评新儒家》，上海人民出版社1989年版，第53页。

哲学地建立中国哲学

学方法上的构架，并不表示他们的世界观是二元论。因为在他们的"本体"与"现象"之间有一种分而不分、即本体即现象的关系，同时复有一动态的纵贯关系，而且"本体"与"现象"终归于乾元性海，或"如来藏清净心"，或"天心""道心"，或"自由无限心"。因此，归根到底，熊牟二人的世界观是心性学的一元论世界观，或称为中国的唯心论的一元论的世界观。这是有必要强调的。

熊十力的哲学思想作为牟宗三哲学思想最直接最重要的源头活水，对牟宗三哲学思想的启迪是多方面的、广阔的，不局限于一点一面。郭齐勇先生从他们二人的思想在主旨上的一致性曾指出过这一点。他认为牟氏"关于通过道德而接近或达到形上本体的实践体验，关于心体与性体之合一，关于凸显活生生的存在的创造活力、实践能力，关于主体与本体的一致，关于道德的理想主义，关于生命个体的体悟证会，关于道德重于知识、体一大于多用（理一大于分殊）等等，这些都与熊氏思想一致"①。这无疑是正确的。必须说明的是，除了牟氏从儒学的精神方向上承续了熊氏以外，熊氏的哲学也从思想内容和方法论（表现为一定的哲学问题，和熊氏对这些哲学问题的处理）上广泛地影响了牟氏的哲学思想。上文所论以及援引的郭先生的见解，均旨在表明这一看法。因此，绝不可认为熊氏只在儒家哲学精神的大方向上影响了牟宗三。

据现有的史料来看，即使在西方哲学方面，熊子亦给过牟氏非常重要的指导和启发。在一封《答牟宗三》的信中，熊氏指示：

> 吾子欲申明康德之意，以引归此路，甚可着力，但康德所谓神与灵魂、自由意志三观念，太支离，彼若取消神与灵魂而善谈自由意志，岂不妙哉！叔本华之意志，无明也，吾所谓习气也。康德之自由意志，若善发挥可以融会吾《大易》生生不息生机，此就宇宙论上言。可以讲成内在的主宰，此可名以本心。通天人而一之，岂不妙哉！②

熊氏虽然不通西文，对西方哲学的了解大都是经过张东荪、贺麟、汤

---

① 郭齐勇：《熊十力思想研究》，第352页。
② 熊十力：《十力语要》，中华书局1996年版，第249页。

用彤等人的介绍，但是他的悟性特强，对西方哲学有比较透彻的理解，看问题多能击中要害。汤用彤先生曾说过："熊先生虽不通西文，但对西方哲学的理解，比一般留学生还强百倍。"① 因此，即使在他知识结构不健全的西方哲学方面，他也能给学生以有益的教示。上引他对牟氏论康德一段，就对牟氏的学思产生了重要的影响。牟氏虽然没有以康德的自由意志来融合《大易》之理，但确实是取消了康德的"上帝"与"灵魂"，以"自由意志"来与儒家的道德形上学相会通，结果产生了牟宗三的道德的形上学。固然不能把这个结果仅归于一封书信，但熊氏从西方哲学方面也对牟的思想进路具有不可忽视的影响，则由此可见一斑。

在此，我们可以牟氏对熊十力的了解来总结熊氏在学思上对他的影响。他说：

> 熊先生在《尊闻录》中常提到人要有知识，要能思辨，要有感触。**知识、思辨、感触**，这三者备就可发智慧，可以了解熊先生的学问，也可以和中国历史文化有存在的感应，上下五千年而与天地同流。②

在牟宗三看来，知识、思辨、感触三要素对于一个哲学家，或了解一个哲学家都是最为重要的。没有知识，必然枵腹空洞，无法适应时代；思辨力不够，对时代的冲激没有恰当的反应，就不能识大体；缺乏感触，就不能对中国的历史文化慧命有相应的了解。熊先生重视知识，不轻忽思辨，对中国的历史文化感最强。实际上，牟宗三的这一看法，为熊氏在学思上对他的影响作了一个极佳的注释。这在其《圆善论》一书的《序言》中得到了更明确的体现。③ 大抵说来，熊氏对牟宗三的学思影响正可归结

---

① 转引自宋志明《熊十力评传》，百花洲文艺出版社1993年版，第22页。
② 牟宗三：《熊十力先生的智慧方向》，《鹅湖月刊》第11卷第5期（总第125号），1985年11月。
③ 牟宗三先生指出："熊先生每常劝人为学进德勿轻忽知识，勿低视思辨。知识不足，则无资以运转；思辨不足，则浮泛而笼统。空谈修养，空说立志，虚馁迂陋，终立不起，亦无所修，亦无所养。纵有颖悟，亦是明浮；纵有性情，亦浸灌不深，枯萎以死。知识与思辨而外，又谓必有感触而后可以为人。感触大者为大人，感触小者为小人。旷观千古，称感触最大者为孔子与释迦。知识、思辨、感触三者备而实智开，此正合希腊人视哲学为爱智慧爱学问之古义，亦合一切圣教之实义。熊先生非无空灵造极之大智者，而谆谆于下学！惟能空灵而造极者始能切感于知识、思辨之重要；惟能切感于知识、思辨之重要者始能运转知识、思辨而不滞于知识、思辨（转下页注）

为**知识**、**思辨**与**感触**这三个方面。在感触方面，熊氏开发了牟宗三的历史意识、文化意识与价值意识，使他承接上中国的历史、文化与哲学的慧命，而归宗与发扬儒学的精神；在知识方面，熊氏促成牟宗三对现代逻辑、数学、科学成就的融摄，而有逻辑哲学与知识论系统的建立；在思辨方面，熊氏启导了牟宗三的古今中西之辨，而有中西哲学之融通。感触、知识、思辨三者的统合与交融，则发出智慧，而有牟宗三哲学的出现。

三 牟宗三：熊十力哲学精神的继承者与拓展者

牟宗三作为熊十力哲学衣钵的传人，对熊氏哲学思想的继承采取了康德式的批判态度，发扬了"吾爱吾师，吾更爱真理"的精神。这种精神，就是中国人说的尊师重道的精神。他敬仰熊氏，但不盲从，不迷信，而是经过简别，择善而从。因此，他对熊氏的学问与教导有褒有贬，既有同情的理解，也有善意的批评，既有继承，也有扬弃。虽然，牟宗三哲学接续了熊十力哲学，但是熊十力哲学是熊十力哲学，牟宗三哲学是牟宗三哲学。牟宗三哲学不同于熊十力哲学。简言之，牟氏对熊氏的理解是同情地相应理解，牟氏对熊氏的继承是忠实地批评继承。这种同情理解与批判继承的精神，牟宗三始终一贯，保持了一生。熊子《新唯识论》出版不久，身为弟子的牟氏就发表评论，在对新论作了极高的肯定的同时，也对其浪漫色彩加以批评，指出其"流转"概念不如《易经》的"流行"来得老实，其所用"生命""活力"来自柏格森，但与怀特海以缘起之扩延关系

（接上页注③）而通化之以至于空灵。"（牟宗三：《圆善论》，台北：学生书局1985年版，第 xiv—xv 页）此外，梁漱溟先生的生命感、文化感与历史感亦特别强，他十分强调感触与反省的重要。故他亦有一段文字的论述，颇为切要与精彩，可资参证，此特录如下："就在为中国问题而劳攘奔走之前若后，必有我的主见若心得。原来此一现实问题，中国人谁不身预其间？但或则不著不察；或则多一些感触，多一些反省。多感触多反省之后，其思想行动便有不得苟同于人者。纵不形见于外，而其衷之所存，未许一例相看。是之谓有主见，是之谓有心得。我便是从感触而发为行动，从行动而有心得，积心得而为主见，从主见更有行动；……如是辗转增上，循环累进而不已。其间未尝不读书。但读书，只在这里面读书；为学，只在这里面为学。不是泛泛地读，泛泛地学。至于今日，在见解思想上，其所入愈深，其体系滋大，吾虽欲自昧其所知以从他人，其可得乎！"（梁漱溟：《中国文化要义·自序》，《梁漱溟全集》第三卷，山东人民出版社1990年版，第4—5页）

所表现的意味迥乎不同：前者玄妙、抽象、单纯；后者老实、具体、复杂。又说新论以"翕辟"幻现而成的动点解说现象界为科学之根据，——"动点"概念亦取自柏氏，其表意甚单纯、赤板而抽象，如此等等。还指出新论中的浪漫色彩实是因为浸润佛学日久之所致。① 而到他晚年谈到《新唯识论》时，在有所批评的同时，则又肯定了其把握儒学命脉的价值之所在。他指出：

> 熊先生之生命是有"真者"在，这"真者"就是儒家的本源核心之学，这点抓住了，就可以立于斯世而无愧，俯视群伦而开学风，这一点是儒家之为儒家之关键，我们就从这点尊重我们的老师。但他的缺陷我们也应知道，知道了，就有所警惕，警惕之，则可以定我们这一代学问奋斗的方向，此之谓自觉。②

此外，牟氏从读书治学方面，也对他的业师不客气地作过批评。牟氏回忆起在与熊子相处的日子里，熊子批评唯识宗这里不对那里不对，牟氏就苦读玄奘的《成唯识论》及其注疏以及窥基的述记，读完后就跟熊氏说："老师，你的了解不大对。"结果遭到一顿训斥。由此，牟氏看出熊先生有一些偏见，还说：

> 熊先生读书时心不平，横撑竖架，不能落实体贴地去了解对方，首先把人家的东西弄得零碎碎，然后一点一点来驳斥它。他对儒家的文献也不多看，他只了解那乾元性海，体用不二。这是不够的，所以几句话就讲完，而"量论"作不出来。③

从这件事，牟宗三总结：

---

① 参见牟宗三《一年来之哲学界并论本刊》，广州《国民日报·哲学周刊》第43期，1936年6月24日。
② 牟宗三：《客观的了解与中国文化之再造》，《鹅湖月刊》第16卷第11期（总第191号），1991年5月。
③ 牟宗三：《客观的了解与中国文化之再造》，《鹅湖月刊》第16卷第11期（总第191号），1991年5月。

哲学地建立中国哲学

> 一个人不能先有偏见摆在胸中，一有偏见，凡事判断皆差，这时需要有明眼人一下点出，而且最好是师长辈。告诉他：不赞成可以，但不可做错误的了解。①

由这些事例可以看出，牟氏居然对他最尊敬的老师也不讳过，那么他对其他的尊者也同样不会留情面，至于对那些不在他的尊者之列的人，批评就会更严厉了。实际上，牟氏高狂不拘，疾恶如仇，批判性特强，言辞犀利，十分尖刻，机智而幽默，为此也得罪过不少人。**他反帝反专制，爱祖国爱民族，追求民主，尊崇科学的精神至死不渝**。虽然他一生多坎坷艰辛，然而无论是在顺境中，还是在逆境中，他依然故我，批判精神不易，利器锋芒不减，他的批判性格与鲁迅颇有近似之处②，但他较鲁迅骄狂、豪爽、洒脱与乐观；与鲁迅激烈地反传统的态度适为相反，他是中国传统哲学与文化的守护神，对中国哲学与文化的未来充满信心。他喜欢批评人，但不喜欢论战，他面对来自别人的误解，也能承受与宽容处之。他批评人，批评社会，像匕首，如马廏，令人敬而畏。他的批判不单针对别人，也留给自己，他对于自己犯过的错误，也能自我批判和悔改；同时，他也能接受别人的正确批评，自觉纠正自己的错谬，弥补自己的不足。然而，由于他坦诚、率性、直露、自尊心极强，因此他的批评有时就不够周全和缜密，同情地了解不够，甚至也不能完全免除偏见；他的批评即使完全是出于善意的，但因不够温和与平实，也往往不能产生应有的效果。诚然，牟宗三不是一个完人，——世界上也没有完人。但是，他的缺点不比大多数人的缺点多，而他的美德却远远地超过了大多数人的美德。他的出类拔萃的杰出的哲学天才，他的思想热情，他的坚忍不拔的毅力，他的真性情，他对学生与青年的关爱，他的无尽的求知欲与勇往直前的进取精神，他的高不可攀的思想智慧与境界，他的讲课艺术，他的批判精神，虽

---

① 牟宗三：《客观的了解与中国文化之再造》，《鹅湖月刊》第16卷第11期（总第191号），1991年5月。
② 其实，牟与鲁的近似并不止于他们的批判精神与言辞的锋利和刻毒，例如有人（不无讥讽地）说牟是"魏晋人物，宋明学理"，而刘半农则赞扬鲁迅为"魏晋风骨，托尼文章"，这也多少反映出二人在自然生命形态上的一种相似。显然，二人的归宿却大为不同：一为哲学，以儒学为宗主；一为文学，以托尔斯泰和尼采为典范。

然只是他许多美德中的一部分，但是却永远地留在了人们的心中，永久地留在了历史的丹青上，成为鼓舞后进的永不枯竭的精神动力与源泉。**尽管牟宗三的批判精神是需要批判的，但必须肯定，牟氏的这种批判精神是中国人最缺乏的，也是最为难得、最为宝贵和最为可钦佩的。**波普尔（Karl Popper）曾经说过，他不能断定"中国流行的生活态度都认为犯错误是丢面子的"这种说法的真实性。① 实际上，这种说法在很大程度上是完全真实的，而且由来已久。早在千余年之前，新儒学的实际开山祖与奠基人周敦颐就已经发出了这样的感叹："……今人有过，不喜人规，如护疾而忌医，宁灭其身而无悟也。噫！"② 中国人害怕犯错误就像旧式妇女害怕缠足，中国人害怕改正错误就像旧式妇女害怕放足一样。周敦颐视不喜闻过、不愿改正错误为人的不幸与无耻（人的大不幸）的根源，指出只有喜闻过与改正过错才可以成贤。③ 而在波普尔看来，没有批判就不能改正错误，不能改正错误就不会进步。因此"如果有人发现了你坚持一种错误的看法，你应当对此表示感谢；对于批评你的错误想法的人，你也应当表示感谢，因为这会导致改正错误，从而使我们更接近真理"④。为了真理，哲学需要有批判，进步需要有批判。牟宗三的批判精神是中国传统儒家的理性主义的批判精神⑤，是周敦颐式的理性主义的批判精神，同时也是波普尔式的彻底的理性主义批判精神，是康德批判哲学的批判精神。在这样的精神指引下，牟宗三对熊十力哲学及其以前的中国哲学作了批判的继承。**牟宗三所继承的不是熊十力的哲学系统，而是熊十力的哲学精神。**从这个意义上说，牟宗三是熊十力衣钵的传人。但是，牟宗三青胜于蓝，在学力与睿识上远远地超过了熊十力。

---

① 见［英］波普尔《科学知识进化论·作者前言》，纪树立译，生活·读书·新知三联书店1987年版，第1页。
② （宋）周敦颐：《通书·过第二十六》，张伯行辑：《太极图详解》，《周濂溪全集》卷之六，学苑出版社1990年版。
③ 周敦颐说："人之生不幸，不闻过；大不幸，无耻。必有耻，则可教；闻过，则可贤。"（《通书·幸第八》，张伯行辑：《太极图详解》）
④ ［英］波普尔：《科学知识进化论·作者前言》，第1页。
⑤ 从先秦儒家到宋明新儒家形成了中国儒学的一个理性主义的批判传统，这一传统又为当代新儒家所接续，并与来自西方的彻底批判的理性主义相融合。当代新儒家的理性主义批判精神不独在牟宗三身上表现出来，也在其他大儒如像张君劢、徐复观等人身上得到了体现（这一观点只能在此点出，详论俟另文矣）。

总而言之，熊十力从生命格范与哲学精神上极大地开启了牟宗三；牟宗三在生命格范与哲学智慧上继承、高扬、拓展和推进了熊十力。

［原载于景海峰编《传薪集——深圳大学国学研究所二十周年文选（1984—2004）》，北京大学出版社 2005 年版］

落寞而不落寞

——牟宗三与三所著名大学：北京大学、
西南联合大学、台湾大学

牟宗三一生与中国的许多大学都有一些或多或少的密切关系。从北到南，从大陆到台湾，从台湾到香港，许多大学都留下了牟宗三的足迹，也留下了牟宗三的记忆。在这些大学中，牟宗三与三所著名大学——北京大学、西南联合大学、台湾大学的关系非常微妙而特殊，涉及中国当代学术史上的一桩公案，因而在中国当代哲学史、学术史和文化史上具有特殊的意义。

牟宗三系出北大哲学系之门，曾在西南联大讲演康德哲学，晚年略仿孔子归鲁之义，应聘在台湾大学讲学授徒。因此，牟宗三是北大的学生，是联大的学友，是台大的老师。今天，牟宗三名扬海内外，桃李遍天下，在亚洲、美洲、欧洲与澳洲，均有学生在传承师道，推展中国哲学与中国文化。值此纪念西南联合大学在昆明建校65周年暨学术讨论会之际，我不揣翦陋，想就牟宗三与中国三所著名大学——北京大学、西南联合大学、台湾大学的关系及其对当代中国哲学的意义，谈一些看法，并以此来纪念西南联大的这位杰出的学友，以此来纪念逝去了的西南联大。

牟宗三（1909—1995），字离中，山东栖霞牟家疃人。1927年（19岁），牟宗三考入国立北京大学，读预科，一开始就决定读哲学。两年后（1929年）升入哲学系读本科，尚未毕业，就已经显示出出类拔萃、卓尔不凡的哲学天才，然而这位后来饮誉中外的大哲学家却因为与另一位开中国现代学术之风气的大师胡适的冲突，而从一开始就永远失去了留在北大哲学系任教的机会，后来他虽然可以在中国最著名的西南联大哲学系讲演康德哲学，并有乃师熊十力的鼎力举荐，却也无法在西南联大哲学系谋得一个教席。到了台湾以后，承袭着北大传统而又有燕京大学与中央大学血脉的台湾大学哲学系依然没有而事实上也不可能为他提供一个讲席。直到晚年，当时位居"中研院"院长的胡适已经去世多年，台湾大学人事全非，他才终于有了在台大讲学的机会。个中隐曲，令人长太息，令人长深思！因为这不啻是牟胡个人的悲剧与不幸，亦不啻是北大、联大或台大的悲剧与不幸，而是中国哲学与学术的悲剧与不幸。牟宗三被北大抛弃而又被联大以及台大拒之门外，他似乎落寞而又落寞了，但是他在落寞中显现出了不落寞；他的生命曲折而蜿蜒，但是也曲折而多姿，蜿蜒而有光辉。实在可以说，北大没有挽留牟宗三是北大的落寞，联大没有接受牟宗三是联大的落寞，台大排拒而迟聘牟宗三是台大的落寞，而很可能不是牟宗三的落寞。——这在今天，应该不难体味得格外深长！实际上，牟宗三把他的落寞留在了北大与联大并留传到了台大，带走的却是不落寞。牟宗三没有因为不能留驻北大哲学系手执教鞭而落寞，北大却要因为出了牟宗三而自豪和骄傲，牟宗三也不因为没有被西南联大聘任而落寞，也不因为台大的迟聘而落寞，西南联大与台大却要因为曾经有过牟宗三这位学友或校友而感到荣幸与光彩。牟宗三不欣赏落寞，也不欣赏不落寞，单单欣赏"落寞而不落寞"（语出其自传《五十自述》），——那样一种气质，那样一种情调，那样一种境界。他从小就是这样，到死的时候还是这样。俗语说：人生一场戏。牟宗三的一生落寞而不落寞。而在他落寞而不落寞的一生中，他与北大、联大和台大的纠葛正是他人生落寞而不落寞的戏中一幕。

一　北大出了个牟宗三，牟宗三出了北大

牟宗三在北大读了六年的哲学，最后成为世界性的大哲学家。但是，牟宗三自大学毕业，就永远地离开了北大，并从未在北大讲学。这其中的隐秘，自然要从他在北大读书的生活历程来了解。

牟宗三在北大读书期间，从逻辑学与西方哲学来说，对他的思想有直接影响的是张申府、金岳霖与张东荪三位先生。这三位先生是牟宗三的启蒙老师，分别从逻辑学与知识论方面对他早期的哲学思想产生了重要的影

响，成为他思想来源的一部分。在预科二年级（相当于高中三年级）时，牟宗三读《朱子语录》，引发了外在的、想象式的直觉解悟，表现出极其丰富的想象力和非常强的慧解力，常觉驰骋纵横，游刃有余，对于玄远和抽象的义理，一见就能得其线索而解。当时西方正在流行的观念系统，诸如柏格森的创化论，杜里舒的生机哲学，杜威的实用主义，达尔文的进化论，等等，对他是新奇的，虽然毕竟还是隔的，但是这些观念和成套的角度，助长和引发了他想象的兴会，让他初次看见了西方哲学的一些奇采。①从读《朱子语录》到留意西方当代哲学思潮，是牟宗三第一次与哲学照面，他在这里"照察了一些观念，一些玄理"②，由此表现出在哲学上的极高的颖悟力与巨大的潜力，同时也预示着他的一生与中西哲学的不解之缘。虽然牟宗三在北大就读的六年，已深受西方哲学的熏炙，但是最为重要的是他那时独自开辟出一个属于自己的领域：一边读《易》，一边沉浸于怀特海的哲学之中。所以，在牟宗三的大学生涯中，怀特海的哲学和中国的易学占据了他求学兴趣的中心位置。

确实，牟宗三当时在所有的西方哲学家中最能欣赏与契近的就当数怀特海了。然而，牟怀二氏的灵魂毕竟是两样的灵魂，牟氏的灵魂是指向生命的价值之源和内在于生命的，怀氏的灵魂则是极度外在化的、外延的，趋向于物理数学的外延论，泛事实论，泛客观论。这是中西两大哲人内在灵魂与气质的根本不同，——这种不同亦正是中西哲学之大相异趣的根源以及表现之所在了。职是之故，怀特海的生命在数学与物理的美感和直觉中，在泛宇宙论的形上学中得到表现，他的灵魂能在数学物理的差别与平稳中得到安息和清静，单纯而没有人世的烦恼，但牟宗三则非是，他生命的精彩注定了不在这里表现，他的灵魂只能在生命的学问与哲学的宗教——即哲学即宗教的宗教——中得到安息与清静，而使他摆脱痛苦与烦恼。因此，怀特海的历史文化意识从根本上是很淡薄的，他没有生命中的上帝，没有道德宗教中的上帝，他的上帝只不过是数学物理的美感与直觉中的上帝，只不过是泛宇宙论系统中的上帝，而由于受熊十力的开启与极大影响，牟宗三的历史文化意识与道德宗教意识极浓厚极强烈，他不讲上帝，

---

① 参见牟宗三《五十自述》，台北：鹅湖出版社1993年再版，第41—42页。
② 牟宗三：《五十自述》，第41页。

哲学地建立中国哲学

但有孔孟常住心中。除此之外,牟宗三是一位有极强的思辨头脑与思辨爱好的天才,而怀特海的哲学之所长在于描述的铺排和数学的呈列,从中见不出"为何""如何"的逻辑思辨之工巧,因之怀氏的哲学在这方面无法满足他心智的欲望、冲动与要求。但是,康德、莱布尼茨、罗素擅长于这种工巧。职是之故,牟宗三辞别了怀特海,而走向了莱布尼茨、罗素、康德的哲学。

牟宗三从"为何""如何"的思辨工巧而接上了西方哲学的大传统,真正地进入了西方哲学的堂奥。他对西方哲学的认识是特出与深刻的,有其独特的个性与洞见,不仅超过了他的老师一辈,而且也远胜他同时代的许多人。正是在经历了对西方哲学的长期吸纳与消化后,牟宗三得到了西方哲学的"点金术",掌握了逻辑思辨的工巧与创造系统的本领,就像世界上第一流的大哲学家一样,极富于原创性的思考能力、逻辑思辨的能力、系统架构的能力与生命感触(或感应)的能力聚集于他一身,使他在西方哲学方面培植了深厚的学力。他一生徜徉和往来于中西哲学之间,步步比照,步步审识,从西方哲学中尽可能充分地吸吮丰富的资源与智慧,配合中国哲学的伟大思想,浸润与滋养他那生命的学问,造就了他那学问的生命。

诚如上文所说,牟宗三在北大预科二年级的时候,由读《朱子语录》而知道了它所讲的是"形而上之道","感到它是一种通化的浑一,是生化万物的'理'之一,是儒家式的,不是道家式的",但"只是想像的,模糊的"认识,而不是在思想上有了确定的了解。[①] 尽管如此,这毕竟是牟宗三第一次正式地接触中国哲学。他的感受是亲切的,舒畅的。[②] 简言之,儒家的形而上之道,为他奠定了"超越的超旷的""理想主义的情调"。这种理想主义的情调在他的思想演变中,终于发展为"道德的理想主义"。而在当时说,读《朱子语录》开发了他对《易经》的爱好。

在对时风与学风的观察与感慨中,牟宗三意识到接上中西文化生命之根、接上中西学术道术之慧命的重要性,增强了他学习《易经》和西方哲学的决心与毅力,他一边在数理逻辑和西方哲学上下大苦功,一边大规模地读《易经》。当时无人指导,牟宗三独自在暗中摸索,凭着他那极富强

---

① 牟宗三:《五十自述》,第41—42页。
② 牟宗三:《五十自述》,第42页。

度的直觉解悟力与想象力，未久即得以窥见易学门径，以李道平著的《周易集解纂疏》（李鼎祚集解）为基础，进而整理爬梳全部的各家汉易，诸如京氏易、孟氏易、虞氏易等，把汉人所讲卦例，全都弄熟，每家钩玄提要，从象数途径整理汉易在宇宙论方面的灵感与间架，提炼出许多有意义的宇宙论概念。由此而凸显了汉人超越的宇宙论精神。[①] 但对于魏晋易，只就王弼《周易略例》而略言之，对于宋易，仅就朱子之言阴阳太极与理气而略言之，因为它们不是牟宗三当时注意的重心之所在。[②] 对于清易，牟宗三突出了胡煦与焦循。他以浓墨重笔来宣扬胡焦二氏的思想。这成为牟宗三易学研究的一大贡献和特色，同时亦表明牟宗三早期思想深受胡煦与焦循易学思想的影响。牟宗三说他当时喜欢胡氏，主要就是喜欢胡氏的条理方法，因为这正为中国传统学术之所不足。这表明牟宗三之所以"特费数万言宣扬一从不被人提及之胡煦"[③]，揭示其对具体世界的解析，乃在彰显其思想方法的精神。显然，这也是与牟宗三受数理逻辑和哲学尤其是怀特海哲学的影响分不开的。对于焦循，牟宗三称赞他"精思巧构，可谓一等之才"，肯定他就《易经》文本钩稽出关于卦象关系的通例及其应用，并说他"极精于中国之算学"。[④] 但批评他"既凿亦隔"，"凿"是"大凿"，"隔"是"大隔"，而成一整套的机括。

牟宗三自治易学，经过艰苦的摸索探求，终有所成，在大学未毕业（三年级）时，年仅24岁就写出了《从周易方面研究中国之玄学与道德哲学》（重印时，更名为《周易的自然哲学与道德函义》）一部数十万言的大书。[⑤] 这的确是一件非常了不起的事情，在哲学史上足以堪称一个创举。该书反

---

① 参见牟宗三《五十自述》，第47页。
② 牟宗三：《五十自述》，第47页。
③ 参见牟宗三《一年来之哲学界并论本刊》，广州《民国日报·哲学周刊》第43期，1936年6月24日。
④ 牟宗三：《一年来之哲学界并论本刊》，广州《民国日报·哲学周刊》第43期，1936年6月24日。
⑤ 牟宗三：《周易的自然哲学与道德函义·重印志言》，台北：文津出版社1988年版，第4页。《从周易方面研究中国之元学及道德哲学》，牟又称为《从周易方面研究中国之玄学与道德哲学》，于1936年由牟宗三的北大同学兼同乡王培祚先生资助叁佰元大洋在天津《大公报》社排版印出，并由《大公报》社负责总代售（定价大洋贰元）。易学者王谷先生珍藏一册，携至台湾。亲自归还给该书著者，得以（在台湾）保存一孤本。1988年，经牟氏学生杨祖汉、邱才贤校对后，更名为《周易的自然哲学与道德函义》，由台北文津出版社重印出版。

映了牟宗三的早期哲学思想，在牟宗三的学思历程乃至易学史上都具有不可轻视的地位与价值，甚至有学者认为其易学研究具有"划时代的意义"。①它在当时得到了林宰平、沈有鼎、熊十力、李证刚、张东荪、孙道升等著名学者的高度评价②，并引起了名重一时的北大文学院院长胡适的重视。牟宗三此书对胡煦易学的研究在当时吸引了学者们的注意力，并掀起了一个关于胡煦易学研究的小小的热潮。一时之间，谈论胡煦易学的话题流行于学人之间。晚清以来几乎无人提及的胡煦及其易学，此时却被谈论得沸沸扬扬。这是由牟宗三对胡煦易学的研究所激起的一朵浪花。由此足以看出牟宗三超拔的哲学天才与宏大不凡的气象，将来必定为执中国哲学之牛耳者。按理，这样的英才是应当留校执教的。然而，非常不幸的是，正是由这部书引发了血气方刚的年轻大学生牟宗三与名重一时的新文化运动的最主要的领袖之一、时任北大教授与文学院院长并且曾经是牟宗三授业师的胡适之间的一场充满历史意义的悲剧性冲突。③关于这件事，牟宗三在《周易的自然哲学与道德函义·重印志言》中有较为详尽的回忆与描述，兹引如下：

  ……当时，北大哲学系要出系刊，主事者向余索文，吾以本书中述胡煦之一部分（引者案：即该书第三章《清胡煦的生成哲学之易学》）交与之。先声明说：文太长，恐不合用，如不合，望即退还。后隔年余，无消息，问主事者，据云刊稿事前须先交师长审阅，老兄之稿交胡院长适之先生审阅，存胡先生处，汝可往取。吾即院长办公室见胡先生。胡先生很客气，他说：你读书很勤，但你的方法有危险，我看《易经》中没有你讲的那些道理。我可介绍一本书给你看看，你可先看欧阳修《易童子问》。我即答曰：我讲《易经》是当作中国的一种形而上学看，尤其顺胡煦的讲法讲，那不能不是一种自然

---

① 参见邓立光《象数易学易理新诠——牟宗三先生的易学》，载刘大钧主编《大易集述》，巴蜀书社1998年版。

② 参见：(a) 牟宗三：《五十自述》，第51页；(b) 牟宗三：《周易的自然哲学与道德函义·重印志言》，第3页，《张序》，第2页；(c) 孙道升：《评牟著〈从周易方面研究中国之元学及道德哲学〉》，广州《民国日报·哲学周刊》第12期，1936年11月20日。

③ 恰因胡适重视此书，遂引出胡牟师生二人（牟选修过胡讲授的"中国中古哲学史"一课程）的争持与分途（见牟宗三《周易的自然哲学与道德函义·重印志言》，第1页）。

哲学。他听了我的话,很幽默地说:哦,你是讲形而上学的!言外之意,也就不用谈了!继之,他打哈哈说:你恭维我们那位贵本家(胡煦),很了不起,你可出一本专册。我说谢谢!遂尽礼而退。回到宿舍,青年人压不下这口气,遂写了一封信给他,关于方法有所辨说,辨说我的方法绝无危险。大概说的话有许多不客气处,其实也无所谓不客气处,只是不恭维他的考据法,照理直说而已,因为我的问题不是考据问题。但无论如何,从此以后,就算把胡先生得罪了!这是乡下青年人初出茅庐,不通世故,在大邦学术文化界,第一步碰钉子。①

从以上这段引文不难看出,胡适对于作为一个青年大学生的牟宗三的态度既有欣赏与赞扬的一面,同时也有批评与否定的一面。事实上,牟宗三早就引起了作为老师的胡适的关注。1930年,胡适重返北大,讲授"中国中古哲学史"课程,牟宗三正在读二年级,选修了这门课称。胡适在1931年8月28日的日记中记录了75个选修他这门课程的学生的成绩,牟宗三的得分为80分,胡适在牟宗三的分数后面特别加上了这样一条注语:"颇能想过一番,但甚迂。"② 这表明胡适从一开始对牟宗三的态度就是一分为二的,具有两面性。而牟宗三在胡适眼中的特质——"能想"与"迂"——在一年以后二人的冲突中几乎都得到了淋漓尽致的表现。胡适说牟宗三的"迂"之一字,按照余英时的解释,则不一定是贬词,例如司马光就自号"迂叟"。他以为,胡适说牟宗三"迂"的根据是他看出才读到大二的牟宗三对中国思想传统的根本态度已与"五四"以来的潮流格格不入了。而胡适所说的"颇能想",当然是指牟宗三具有擅长颇有深度的哲学思辨的头脑。胡适能注意到牟宗三"颇能想过一番",毕竟还算是有眼力的。牟宗三的思考力曲折幽深,在大学二年级时就已经开始发用了。牟宗三与熊十力深相投契,实是由其特有的才性禀赋所促成,绝不是偶然

---

① 牟宗三:《周易的自然哲学与道德函义·重印志言》,第1页。
② 这篇记录是史学家余英时先生在胡适的日记中发现的。1995年牟宗三先生逝世后,余英时在《追忆牟宗三先生》(原刊于台北《中国时报·人间副刊》1995年4月20日)一文中公之于世。该文收入蔡仁厚、杨祖汉主编的《牟宗三先生纪念集》(台北:东方人文学术研究基金会1996年版,第405页)一书,请参阅。

的。① 这一解释的确是有说服力的。不难看出，尽管胡适的本意是出于对牟宗三的关心，想对牟宗三的易学研究加以指导，但是毕竟师生二人在思想立场上的分歧之大有若肝胆楚越，而作为学生的牟宗三长期以来自治易学，经历的艰难恐怕只有深入地体验过的人才能真切地理解，他本来也不是不愿意——而事实上是很渴望——得到老师的指导或点拨，但结果对当事的双方来说都是事与愿违的，也都是没有料到的。特别需要提示的是，此时担任北大文学院院长的胡适在学术上正是如日中天的时候，他与陈独秀等人一起领导了新文化运动，出版了具有划时代意义的《中国哲学史大纲》上卷，支持科学与玄学论战而取得胜利，并被认为是科学派的最重要的精神领袖之一，在中国学术界居于巨擘的地位，是誉满中外的大学者。以他这样的身份和地位而且完全是出于对一位有望造就的青年学生进行教导，是许多莘莘学子所梦寐以求并将感到三生有幸的，连恭维都来不及呢。可是，他对牟宗三治学方法的批评恰恰是牟宗三所不愿也不能接受的，同样，牟宗三的自我辩护也正是胡适所不愿听到与不能认可的，在学术观点上正好是胡适所代表的科学派的对立面——玄学派的形而上学，再加上牟宗三致书胡适为自己的方法进行坦白的辩护，致使他们之间的冲突达到了顶点，这愈发刺激与冒犯了胡适的威严，让胡适对他好感的一面完全消失了，也让胡适对他失去了（教正的）希望。尤其是牟宗三事后给胡适先生写的那封信，简直就是向胡适的大胆挑战！因为他发起了玄学向考据学的进攻。考据学乃是胡适一生在学问上的看家本领，而"玄学"（即哲学）却非胡适之所长。乳臭未干的牟宗三竟然敢于对胡适先生所崇奉的并被冠以"科学"之名的考据学方法"说不"！对于胡适来说，这无异于是另一次"玄学"与"科学"之战。但是，牟宗三只是一介大学没有毕业的学生，还没有足够的资格与胡适先生进行这样一场论战。胡适先生自然没有理会牟宗三。但是，牟宗三的这封挑战信无疑宣布了他在学术上与老师胡适先生的决裂。无疑，牟宗三的"能想"渗透进他的"迂"中，并且在与位居学术巨擘的胡适先生的这场学术冲突中全面地表现出来了。为此，这位初出茅庐、不谙世故，但却天才横溢、精诚专一的乡下青年竟要付出终生不能在北大任教的代价。因为他得罪的不是一个普通的教授，而

---

① 见余英时《追忆牟宗三先生》，载蔡仁厚、杨祖汉主编《牟宗三先生纪念集》，第405页。

是一位名望极高、权威绝大的教授，一位不久以后将成为北大校长的教授。由此注定了牟宗三不可能为北大所留用的悲剧命运。然而，直到六年之后，牟宗三才在不得不吞食这一事件给他所带来的苦果中回味过来。更让他没有想到的是，六年后所品尝到的苦果才仅仅是一个开始。

历史常常需要倒着看。1995年，举世公认的大哲学家、大思想家、硕果仅存的儒学大师与当代新儒家最后谢世的精神领袖牟宗三在临终遗言中说：

> 我一生无少年运，无青年运，无中年运，只有一点老年运。无中年运，不能飞黄腾达，事业成功。教一辈子书，不能买一块安身地。只写了一些书，却是有成，古今无两。①

牟宗三所说的"无少年运"，是指他在山东乡村的困苦经历；而他"无青年运"则应该是从进北大哲学系念书后与胡适的冲突开始的；至于他"无中年运"则是他"无青年运"的结果。由此不难想见，这位"古今无两"的哲学大师在早年与胡适的思想冲突中所遭受到的长久的伤害有多深了！尽管当年是蔡元培当校长，他气度恢宏，极力推行学术自由、兼容并包的办学方针，能容纳有真性情、真生命的学人，使北大成为三足鼎立的自由主义、激进主义与保守主义三大思潮的大本营，但是胡适大权在握，更凭借自己是大师的崇高学术威望排斥异己，不仅是直接对一个青年大学生的打击与伤害，而且更是直接对神圣的大学理想与学术精神的蔑视与践踏了。诚然，胡适一生做过许多好事，在学术上开风气之先，引领时代思潮，贡献巨大，尤其是他爱护青年，成人之美，帮助无数青年实现了求学与自由的梦想，成为许多青年崇拜的"导师"。然而，对于异己，提倡和鼓吹"容忍比自由更重要"的胡适先生却失掉了"容忍"，而不遗余力地加以排挤。他对于牟宗三的排挤，无疑是典型的一例。多年以后，胡适出任"中研院"院长直至去世为止，非常奇怪而又令人费解的是，获得哲学博士学位及众多博士学位头衔的胡适先生居然不重视哲学研究！在胡适任院长期间，"中研院"一直不设哲学研究所。众所周知，所谓"中研

---

① 蔡仁厚：《牟宗三先生学思年谱》，台北：学生书局1996年版，第89页。

院"就是最早由德国大哲学家与大科学家莱布尼茨所首倡的后来在世界上通行的代表一个国家最高学术机构的"科学院"。科学院没有哲学研究所，是难以想象和理解的。胡适之后的继任者，仍然继承了胡适不设哲学研究所甚至也不设文学研究所的一贯之志。直到掌控"中研院"大权的胡适和傅斯年辞世多年以后，时至20世纪90年代，"中研院"才创设了文哲研究所。这在很大程度上抑制了台湾的哲学研究与哲学学科的发展和进步。其中的缘由，或许与胡适以及傅斯年不是哲学家或不擅长哲学有关，但是从胡适与牟宗三的冲突中，或许可以窥见这一事件的复杂背景与心态上的蛛丝马迹。由此看来，大师并非一切皆大的。

牟宗三从读《朱子语录》到自治易学，认识到中国文化的慧命和大本之所在，在中国哲学方面取得了初步的成果，完成了他的第一部有系统的著作《从周易方面研究中国之元学及道德哲学》，这是他从外在化提升起来向内转而正视生命的第一步，由这一步转，使他发见与契接上熊十力的生命与智慧的方向。从此以后，以儒学为主的中国传统哲学的伟大智慧，从灵魂深处主导了牟宗三哲思创造的主题与归趣。因此，牟宗三继承熊十力的儒学衣钵，走上了归宗儒学、融通中西、自创体系的哲学道路，并成为一代宗师，与胡适所代表的自由主义之路分道扬镳，并互相抗衡。

事实证明，北大自创办哲学系以来，天降大任，出了一个哲学天才牟宗三，但是这位天才过早地遇上了自己的"克星"胡适而被北大抛弃了，因此他在大学毕业时，就不得不永远地出了北大。

二 联大拒聘牟宗三，牟宗三联大讲康德

牟宗三不是西南联大的教授，更不是西南联大的学生，但是他与西南联大却有一种不解之缘，有一种"剪不断，理还乱"的若明若暗、若即若离的联系。

1937年，"七七事变"，北平沦陷，全国上下掀起了抗日的浪潮。北方的大学纷纷南迁。清华大学与北京大学在长沙合并为临时大学，并又与在岳麓的南开大学合并，一年后，三校在昆明正式成立了西南联合大学。1939年秋，牟宗三应挚友张遵骝（张之洞的曾孙）之约，自广西来到闻名

中外的历史文化名城、具有"春城"之称的云南首府和大西南的重镇之一的美丽昆明,他和张遵骝原来以为在这里谋一差事不成问题。然而,自抗战爆发以来,昆明成为支援抗战的大后方,变成了全国的"避难所",同时又构成了中国战时的首都——陪都重庆的一道天然防线,逃离沦陷区的难民纷至沓来,云集昆明,一时之间谋职业成为难之又难的事情。牟宗三没有找到合适的工作,由张遵骝出资租了一间斗室,牟宗三日处其间,沉浸于《逻辑典范》一书的写作。牟宗三在昆明,生活之艰难困苦,远比广西为甚。他的生活费用全由张遵骝担负。但是,张遵骝并不宽裕,他本人寄住在他姑丈家里。牟宗三表面上看起来颇为自得与潇洒,但是内心却很焦急,张遵骝也和他一样着急。张遵骝好不容易通过姑丈这位金融家的关系为牟宗三谋到一个银行秘书的位子,在那时也算得上一个美差了,可是这与牟宗三的志趣不类,牟宗三谢绝了!事实上,以牟宗三的性格与处事为人的方式看,他是无法做好一个银行秘书的。没办法,只得另想出路了!恰好,这时有一个大好的机会出现了,国立云南大学某系的讲席有一个空缺。云南大学,初名为东陆大学,原本是明清两代的贡院,依山傍水,背靠蛇山,南临翠湖,左有文林雅阁之墨道,右有青云石舫之官街,入门峻立九十五级青石台阶,绿树成荫,百卉竞现,百鸟朝奉夕歌,古色古香和雕梁画栋的清代建筑,中式的四合院教学楼,法式的实验室和办公大楼,像七星北斗一样错落有致地分布在校园内,它是云南的第一学府,是西南最早创立的现代大学之一,也是一所享誉中外的历史名校。当时正值国际著名数学家熊庆来当校长,云南大学在它的历史上处于黄金时期,在昆明的地位仅次于由清华、北大和南开大学三所名校联合组成的西南联合大学,但是云南大学的校园、教室、宿舍等各种设施条件远远超过西南联合大学若干倍,这里人才济济,名家星罗棋布于各个系所,加之西南联大与其他大学来此校兼职的教授,使云大出现了空前的学术盛况。如果能在此校占有一个讲席,那是何等幸运啊!张遵骝竭尽全力,托人为牟谋取那个所缺的教席。但是牟宗三想去的那个系的系主任已经推荐了朱宝昌,他系燕京大学毕业,与牟宗三是同道,又同是天涯沦落人,而且与熊十力的关系也不错。牟宗三当然不能与他争,就只得另想办法了。过了将近一年的时间,牟宗三的生活仍然没有着落,一直由张遵骝资助度日,在困顿中发奋撰著。

哲学地建立中国哲学

这时候，牟宗三最尊敬与最亲近的老师熊十力远在重庆，当他得知爱弟牟宗三的生活窘况后，便亲笔给在联大哲学系占有重要地位的北大同仁汤用彤写信，极力举荐牟宗三进入由他的母校北大哲学系参与组建的西南联大哲学系。熊十力的信中写道：

> 宗三出自北大，北大自有哲学系以来，唯此一人为可造，汝何得无一言，不留之于母校，而让其漂流失所乎？①

汤用彤的回答是：胡（适）先生通不过。这时候，胡适为驻美大使，早已离开北大，却仍然遥控校事，而学校中的教授们慑服于他的威仪，没有人敢于站出来同他抗争②，为牟宗三说说话。结果是联大拒聘或没有聘牟宗三，牟宗三再次被剥夺了进入联大执教的机会。直到这时，牟宗三才清醒地意识与领略到他当年与胡适冲突的下场是什么。这件事固然反映出胡适对牟宗三积怨之深，但也充分地体现了胡适一手遮天的能耐与霸气。牟宗三后来回忆起这段往事，曾写道：

> 吾从不作回北大想，因吾根本厌恶其学风与士习。吾在流离之中，默察彼中人蝇营狗苟，妾妇之相，甚厌之，又深怜之。吾固为学风士气哀。胡氏只能阻吾于校门外，不使吾发北大之潜德幽光。除此以外，彼又有何能焉？此固不足萦吾怀。求仁而得仁，又何怨哉？惟吾所耿耿不能自已者，学风士习为其所丧耳。③

牟宗三不喜欢北大的风气，并认为北大的学风、习气之败坏与胡适有直接的干系。因此，如果牟宗三有选择的余地，那么他是不愿意回到北大去任教的。但是，在万般无奈之下，如果能暂时栖身于北大，应该说，也是可以的，而且此时的北大乃是西南联合大学的北大。然而，牟宗三未能进入西南联大哲学系任教。这是莫大的遗憾！牟宗三表示不能进入联大的

---

① 牟宗三：《五十自述》，第92—93页。
② 参见牟宗三《五十自述》，第93页。
③ 牟宗三：《五十自述》，第89页。

北大哲学系任教，不足以萦怀，而且他追随熊十力先生走到现在，是自己选择的道路，"求仁而得仁"，因此无怨无悔。唯一让他放不下心的是北大为胡适所斫丧的学风。也就是说，胡适是否让他进入北大对他来说，完全是无所谓的，他并不怨恨。但是，胡适败坏北大的风气却是他不能原谅的。不管牟宗三对北大与胡适有何看法，事实却是他始终未能回到北大，也始终没有进到联大任教。不过，事情并没有到此结束。

牟宗三无法在昆明生活，应乃师熊十力先生之邀，转往重庆，并由熊十力亲自出面向当时的教育部部长陈立夫要了一笔钱供牟宗三读书生活之用，本拟往北碚金刚碑马一浮先生的勉仁书院读书，但由于张君劢的苦留，而在重庆接替梁实秋编辑《再生》杂志。1939年，得到蒋介石批准，张君劢在云南大理创办民族文化书院，1940年秋季正式招生，"学生十余人，教授之数与之相等"，张君劢自任院长，明确提出"为往圣继绝学"，发挥中华民族的立国精神，以期担负起中华民族文化复兴的大任。这一年秋，牟宗三放弃在重庆编辑杂志的工作，以讲师名义住于民族文化书院读书。然而，到1941年秋，大理民族文化书院兴办不足三年就因为政治的缘故被迫停办而中道"流产"了。牟宗三告别了令他三生难忘的大理，前往重庆北碚金刚碑由马一浮主持的勉仁书院，投奔恩师熊十力先生。途径故地昆明，顺道与师友小聚，并应西南联大哲学系（学生办的）哲学会（时任会长李耀仙）之邀[①]作一次关于康德哲学的讲演。自大学毕业以来，牟宗三的心思主要在逻辑研究，此前他已经发表了若干篇逻辑学与逻辑哲学的论文，这些论文成了他早期的逻辑学与逻辑哲学的重要著作《逻辑典范》一书的素材或组成部分。他从逻辑进入并逐步接上了康德的哲学，重建了康德的轨约原则与构造原则，并以实现之理与纪纲之理取而代之，形成了一套有别于康德且独立于康德的哲学方法论。虽然其大作《认识心之批判》尚未完稿，但是业已赢得了哲学界的瞩目。这时候的牟宗三已非昔日的牟宗三，而是一位锋芒即将脱颖而出的哲学家，尤其是牟宗三的康德研究已经小有些名气了，特别是颇为圈内人所知晓，因此西南联大哲学系请他去讲了一次康德哲学。出席这次演讲会的听众，除了以哲学系的全体学生（仅有殷海光一人因为专习分析哲学，旨趣不同而没有参加）为主的

[①] 李耀仙：《悼念牟宗三先生》，载蔡仁厚、杨祖汉主编《牟宗三先生纪念集》，第261页。

哲学地建立中国哲学

联大学生之外,更有师长辈的著名学者汤用彤、贺麟,以及曾经执教于成都华西大学而当时任教于清华大学的沈有鼎等人。

汤用彤(1893—1964),字锡予,湖北黄梅人,曾留学美国,是中国现代著名的哲学史家和佛学史家。实际上,汤用彤也是牟宗三的老师,牟宗三与汤用彤先生亦有过学术交往,彼此之间的印象都还不错。贺麟(1902—1992)先后在美国奥柏林学院、芝加哥大学、哈佛大学与德国柏林大学留学,研究西方哲学特别是德国古典哲学,回国后任教于北京大学和西南联合大学哲学系,是著名的哲学史家与哲学家,一生以研究黑格尔哲学著称于世。贺麟在哲学上试图融合西方的黑格尔哲学和中国的陆(九渊)王(守仁)哲学,以创立自己的哲学体系,与熊十力、唐君毅、牟宗三大致算得上是一路,可以说是同气相求的现代新儒家的哲学家。沈有鼎(1908—1989),字公武,是金岳霖的嫡传高弟,是国内屈指可数的既有逻辑天才又有哲学天才的不可多见的人物,是得到牟宗三肯定与称赞的极少数的哲学上的大人物之一。沈有鼎原系清华大学毕业;1929—1934年,先后留学于美国哈佛大学与德国海德堡大学和弗莱堡大学;学成归国后,先后执教于清华大学、西南联合大学和北京大学哲学系等;1945—1948年在英国从事逻辑学和哲学的研究工作;一生以研究逻辑学最为有名。贺麟早在《当代中国哲学》(1947)一书中就对沈有鼎有过详细的描述,可以说,沈是中国哲学界罕见的一个怪杰。他"囚首丧面,破衣敝履,高谈哲学,忘怀一切。除了不读经济社会的书籍,不阅读日报外,关于纯学术方面的书籍,他可以说是无书不读。但没有一本书,他须得从头至尾、逐字逐句读完,因为他只须偶尔翻阅若干页,即可洞见其大旨。古典的语言,他亦无一不学习。希腊文、拉丁文或梵文的书籍,他随时总带有一两册在身边。然而他常说'耳根胜于眼根'。他愿意在讲论中用耳去吸取哲学思想,胜过用眼从书本中去吸取哲学思想。所以学校中各哲学教授的教室内,常常看见他跑去旁听。哲学会所有关于哲学的演讲会、讨论会,他从来没有缺席过一次。也从来没有到会而不发言的。有时他还跑去教堂去听中国牧师或外国牧师说教。他遇见学哲学的同道,不论教授、助教或学生,他可以走到你屋子内来,或约你出去散步,谈三五个钟头的哲学,使得任何人疲倦不支,而他毫无倦容。他的生活比他的谈论更富于哲学风味,他的谈论比他的著作更富于哲学风味。他是一个强于悟性,长于直觉的人。但他也能作逻辑的分析。你若到他的书室里去,你就可以随时发见满桌子充满了《易经》上八卦符号的纸片。然而他绝少动笔写文章。有时开首写一篇文章了,而新颖的玄思,又打断了他的笔路,使得他无法完成"①。

当牟宗三的《从周易方面研究中国之元学及道德哲学》写成时,就得到过沈的高度评价与赏识。此次牟宗三讲演康德哲学,沈有鼎自然不会错过了。尽管牟宗三对他的听众不大满意,但是讲演结束后,沈有鼎和几位学生宴请了他。席间,谈论哲学,气氛和谐融洽,甚为欢畅,算是对牟宗三的一个安慰。事情过了30年以后,牟宗三回忆起这次讲学时写道:

> 三十年前,我在西南联大哲学系有一次讲演,讲建立范畴,废除范畴。当时听者事后窃窃私语,范畴如何能废除呢?我当时觉得他们的解悟很差。我说此义是以中国哲学为根据的。我当时亦如通常一样,未能注意及康德随时提到智的直觉,与直觉的知性,我只随康德所主张的时空以及范畴只能应用于经验现象而不能应用于物自身(这是大家所知道的),而宣说此义。现在我细读康德书,知道两种知性,两种直觉底对比之重要,即从此即可真切乎此义。此为康德所已有之义,只是他不承认人类有此直觉的知性而已。但在神智处,范畴无任何意义,范畴即可废除。假若在人处亦可有此直觉的知性,智的直觉,范畴亦可废除。废除范畴有何不可思议处?于以见一般读哲学者,甚至读康德者,解悟与学力之差!②

尽管牟宗三自己此时也还没有全面地通透地理解与把握住康德哲学,而仅仅是发现与了解了康德哲学的逻辑知性的涉指格,尚未能透进到康德哲学的存有论的涉指格,——这是他后期才达到的,但是牟宗三对他的听众是不很满意的,他从听众的窃窃私语中觉察到了"他们的解悟很差",并由此看出"一般读哲学者,甚至读康德者,解悟与学力之差!"看来,这些听众既不了解康德哲学,也不能懂牟宗三所讲的康德哲学。特别是他们不能了解牟宗三基于中国哲学讲康德哲学的立场与态度。因此,他们对

---

① 贺麟:《五十年来的中国哲学》,商务印书馆2002年版,第40—41页。
② 牟宗三:《智的直觉与中国哲学》,台北:商务印书馆1971年版,第151页。

牟宗三的观点不免多有误解。虽然牟宗三这次联大讲学，效果并不如意，但是能到联大哲学系讲康德本来就是不简单的，了不起的！当时联大哲学系有一位讲康德哲学很权威的专家，此人是安徽庐江人，系出南开大学哲学系，又留学德国多年，从柏林大学转入耶拿大学，师侍新康德主义大师布鲁诺·鲍赫（B. Bauch, 1877—1942）专攻康德哲学，于1932年学成回国的大名鼎鼎的康德学专家郑昕（1905—1974）教授。除了郑昕教授以外，够资格讲康德哲学的人可谓凤毛麟角。然而，屈居大理、漂流街头巷尾的牟宗三居然可以应邀来到西南联大讲康德，并敢于藐视联大的听众，的确令人惊叹。牟宗三在昆明小住，沈有鼎以及学生李耀仙和胡荣奎先后宴请了牟宗三，席间大家谈哲学问题，甚为欢快。数日后，牟宗三告别师友，到了勉仁书院，与恩师熊十力先生寄寓于此，靠着院长马一浮先生，过了一段寄人篱下的日子。牟宗三高视阔步的狂者气象由此可见一斑。

三　牟宗三师孔归鲁，讲学台湾大学

　　1949年夏秋之间，牟宗三只身渡海到了台湾。牟宗三在台湾师范学院（后升格为台湾师范大学）当了七年教授后，转往东海大学任教，而不能去台湾大学。台湾大学的前身为"台北帝国大学"，于1928年日据时期创立，被列为日本九所"帝国大学"之一。台湾光复后，"台北帝国大学"于1945年改制为国立台湾大学。1949年后，台湾大学取代了当时尚未在台复校的中央大学，成为台湾的最高学府。台湾大学基本上秉承了北京大学的自由主义学风。这一学风主要由具有"中国自由主义之父"之称的胡适先生所倡导与奠定，并由胡适的继任者傅斯年以及胡适的"精神之子"殷海光一脉相承。因此，台湾大学自改制之日起，就以担任校长的傅斯年为代表极力推行自由主义的学风，后来在殷海光的呐喊与鼓动下，风行于世。

　　实际上，当时的台湾大学主要是由北大、中央大学、燕京大学过去的几帮人马以及该校原有的那些人马所组成。无疑，学校的大权主要是控制在北大帮的手里，但是台大哲学系的系主任是来自中央大学的资深名教授，以"诗哲"著称于世的方东美，他一向与牟宗三的哲学道路不同，不大喜欢牟宗三，而且曾经与牟宗三有过节，对牟宗三颇有微词。1946年春，牟宗三随中央大学由重庆迁回首都南京，与唐君毅一同任教于中央大学哲学系，并与方东美共事。当时，中大哲学系的系主任实行"轮流执政"的制度。上一学年是唐君毅当系主任，秋季开学，就轮到牟宗三做系主任了。牟宗三一上任，就碰上了一桩麻烦事。系中资深的名教授方东美先生为延聘著名古希腊哲学专家陈康先生任教一事，由于各种因素被学校否决，而与学校顶撞起来。方东美气愤之极，无奈之下，便起而罢教，很久也不到校授课。方东美先生讲授的是西洋哲学史。如果一直拖下去，必然要耽误学生，总得有个办法呀！于是，哲学系的同仁许思园先生等人经过一番商量后，就把方东美先生的课程分担着上了。诗人气质浓郁的方东美先生是一个容易激动的人，本来就还在气头上，听闻此事无异于火上浇油，就像是一头被触怒的狮子，更是怒火万丈了！方东美误以为此事是系主任牟宗三出的主意，就毫不谅解，对牟宗三生起了嫉恨之心，并采取了相应的报复措施。第二年暑假，牟宗三因为当哲学系主任而曲遭谗诬，中大不再续聘牟宗三任教。唐君毅挺身而出，向校方为牟宗三争公平，但是并没有产生应有的效果。从此，牟宗三被挤出了中央大学。于是，牟宗三同时应聘于金陵大学与无锡江南大学。唐君毅愤慨辞职，转任江南大学教务长。而许思园亦被聘为江南大学哲学研究所所长。[①] 这种倒霉的事，对牟宗三来说，既不是头一遭，也不会是最后一遭。牟宗三早年在北大，过早地遇上了自己的"克星"大人物胡适；中年在中大，遭遇到惹不起的特殊人物方东美；后来在台中东海大学，又碰上了玩弄权术的萧继宗联合鲁石先斗争同仁好友徐复观先生，因而愤慨辞去东大的教职，转往香港大学任教。这也正是牟宗三自谓的一生"无少年运"与"无中年运"的真实写照。

自离开中大以后，牟方之间，数十年不相往来，也不说一句话。但是，共同的命运使他们在三年后都到了台湾。牟任教于台湾师范大学，方执教于台湾大学。各有各的社交圈子，各走各的学术道路。但是，至少在学术上，彼此之间尚能秉持一种客观大度的精神和态度，不失大师风范。所以尽管方一直不大喜欢牟，但是当牟的《才性与玄理》出来后，方赞许

---

① 参阅蔡仁厚《牟宗三先生学思年谱》，第14页。

其"功力甚深"①，给予很高的评价。牟在谈到台大哲学系的建设与发展问题时，对方也不乏微词，但是充分肯定了方的博学与开阔，而且方称当代西方哲学为"纤巧"的哲学也得到牟的认可与采纳。直到1972年在夏威夷召开的王阳明国际学术会议上，方向牟提了许多问题，得到礼遇，二人之间长时期的僵局才被打破，恢复了正式交往。② 方十分高兴，大宴宾客，牟当然也乐意赴宴了。这不仅成为哲学界的一件趣事，而且成了传世的美谈。

众所周知，具有"诗人哲学家"或"诗哲"之称的方东美是现代中国哲学界资深的名教授之一，在中国现代哲学史上占有重要地位。尽管牟宗三很少从正面对他作出评论，但对方的哲学家地位是毫不怀疑的。当牟读了华裔美籍哲学家吴森先生写的《论治哲学的门户和方法》一文，——吴文称唐君毅、牟宗三、方东美为"三位学贯中西的哲学大师"，并认为"以他们的才智、功力和在中西哲学的造诣，都足以和世界第一流的哲学学者并驾齐驱"③——牟对此并没有加以否定，或提出异议。至少，牟默许了方东美与他本人以及唐君毅并驾齐驱的哲学大师地位。北宋的大儒张载说过，人不能"仇必仇到底"，应该"仇必和而解"。这透露出中国哲学智慧的广大和深远。方牟之间的和解，正是"仇必和而解"的典范，在学术史上留下了一段饶有情趣的佳话。

方东美毕竟也是一位大师级的哲学家，成见并没有遮住他的眼力。不过，当时台湾大学排拒牟宗三的力量大过于西南联大与北大，则是不难想见的。

俗话说：不是冤家不聚首。胡适后来也从美国回到了台湾定居，并任"中研院"院长之职。他对台大的影响力非但没有减弱，反倒是加强了。因此，当他在世时，牟宗三是无缘进台大的。

1956年秋，牟宗三转到台中东海大学中文系任教。1960年，发生了一件不愉快的事情，他才应香港大学之聘前往任教。据刘述先说，有一年徐

---

① 见刘述先《牟宗三先生临终遗言"古今无两"释》，载蔡仁厚、杨祖汉主编《牟宗三先生纪念集》，第494页。
② 参阅王兴国《牟宗三论中国哲学界（续篇）》，温哥华：《文化中国》第二十五期，2000年6月号，第七卷第二期。
③ 吴森：《比较哲学与文化》（一），台北：东大图书有限公司1978年版，第185页。

复观把系务交托给萧继宗,没想到他一转背就联合鲁实先来斗争徐复观。牟宗三向来视萧为雅士,自此却不齿其为人,尽管徐复观有雅量,事情过去就不再计较,牟宗三却不仅与萧断交,而且绝不再到中文系去了。其实,港大聘请牟宗三的条件并不好,只是一个讲师头衔。牟宗三却执意前往。临行前发表演讲,言辞中批评台湾当局只有打天下的意识,竟然为此受到当局的怀疑,并被调查以致不准他离境,一直延误到10月份,经由徐复观出面调停,才得以成行。牟宗三在港大一待就是八年,日子也并不好过。他是山东人,与同事和学生语言不通,只得像《桃花扇》中说的老夫子一样两眼注定看六经。没想到,就是在这样的环境中,牟宗三写出了石破天惊、成就空前的划时代的伟大巨著《心体与性体》(共计四大册,第四册名为《从陆象山到刘蕺山》)。①

牟宗三在艰苦卓绝的奋进中度过了"无中年运"的倒霉时期,开始迎来了他的"晚年运"。1968年,牟宗三已经60岁了,应唐君毅之约,才由港大转到香港中文大学研究院与新亚书院哲学系任教。这也许是牟宗三一生最快乐的时期之一了,同时这也是新亚书院最鼎盛的时期。

在港任教期间,牟宗三先后完成与出版了《政道与治道》、《历史哲学》、《中国哲学的特质》、《才性与玄理》、《心体与性体》三册、《生命的学问》、《智的直觉与中国哲学》、《现象与物自身》等一批代表性的重要著作。

1976年,牟宗三68岁,这位旷世奇才已经是名满天下的一代宗师了,这时候,他的"克星"胡适也已经去世多年,无论是台湾"教育部",或台湾大学,全都人事皆非了。牟宗三终于得到了机会。他应台湾"教育部"客座教授之聘,在台湾大学哲学研究所公开讲学授徒。台北各大学师生闻风而来听讲的人络绎不绝,甚至还有外国学者,例如当今大名鼎鼎的瑞士现象学家耿宁就是其中的一名听众,每堂课常有百余人之多。真可谓盛况空前!俗话说:"人算不如天算。"这是胡适所想象不到的!从此以后,牟宗三大开讲风,应邀在台湾多所大学往复讲学。他与在台湾的门人书中尝云:

---

① 见刘述先《牟宗三先生临终遗言"古今无两"释》,载蔡仁厚、杨祖汉主编《牟宗三先生纪念集》,第494—495页。

新亚退休之后,当略师孔子之意,返台作数年讲学,以培养青年,留下一个线索,于(余)愿足矣。①

历史真有趣,无巧不成书。牟宗三师孔子返台讲学是68岁,孔子自卫国回到鲁国之年也是68岁,历史的因缘促成了历史的巧合。令人不胜惊异与感慨之至!

无疑,牟宗三一生与中国三所著名大学之间的微妙而充满戏剧色彩的关系,几乎全部集中在他与胡适的身上。两位世界性大师之间的个人冲突,却演绎出中国的哲学、文化、教育乃至整个学术中的分裂、失调与冲突。其中所蕴藏着的民族的思想、文化与个性的悲剧性因素是永远不容忽视的!值得深入研究或探讨。

[原刊于《华南师范大学学报》(社会科学版) 2011 年第 1 期]

---

① 蔡仁厚:《牟宗三先生学思年谱》,第41页。

牟宗三逻辑二分法思想初探

在中国现代哲学史、思想史和文化史上，牟宗三先生作为一代大哲学家、现代新儒家最后谢世的儒学大师，早已有口皆碑，名扬海内外，然而牟宗三先生还是中国20世纪上半叶屈指可数的几位重要逻辑学家之一，却至今还似乎鲜为人知。[①] 本文作为研究牟宗三逻辑思想的第一篇论文，拟就牟宗三先生的逻辑二分法思想作一简要的论析，力求阐示其意义。

牟宗三先生的逻辑二分法思想直接体现着他的逻辑一元论，在他的逻辑思想中占有独特而重要的地位，是理解和把握他的逻辑思想乃至哲学思想的一大关节，对于理解和把握西方传统逻辑与现代逻辑也具有重要的意义。为了显示出牟宗三先生逻辑二分法的思想及其意义，本文将首先介绍金岳霖先生的《逻辑》，以及时下流行的逻辑学教科书中关于二分法的论述，以作为衬托的参照。

一　一些逻辑学教科书对二分法的论述

二分法在传统逻辑中是一个基本的方法，一般的逻辑学著作均有对二

[①] 在中国大陆的逻辑辞书中，唯一仅在周礼全主编的《逻辑百科辞典》（四川教育出版社1994年版）一书中设有"牟宗三"一个词条。

补：拙文完稿二月，誊清后，却看到刚刚出版的《自然辩证法研究》（1991年增刊）上有一篇名为《台湾逻辑学研究五十年》的文章，居然没有提到牟宗三的《理则学》，是书是部颁教材，出版于1955年，由正中书局印行，恰好是该文作者所谓"台湾逻辑学研究的停止阶段"。无论是什么原因使然，这都不是一个微不足道的疏忽和遗漏。这篇专题论文却再一次透露了目前大陆逻辑学界对"作为逻辑学家的牟宗三"的了解十分欠缺。

分法的介绍。在中国现代逻辑史上，从金岳霖先生撰著的《逻辑》（1937），到今天的大学逻辑学教科书，在对二分法的论述中所表现出的观点，基本上是一致的，没有本质上的不同。它们均把二分法限定于类或类称，或作为主词的名词，或外在的对象上，在实质上，都把二分法看成是分类法。[①] 这些看法是有问题的，未能抓住逻辑二分法的本质，也不能真正地认识逻辑二分法的逻辑意义，所以它们未能将逻辑二分法在逻辑学中的地位和作用凸显出来。

然而，透过上述这些逻辑学教科书对逻辑二分法的论述，却有助于我们去理解和认识牟宗三先生逻辑二分法的思想及其重要价值之所在。

二 牟宗三的逻辑二分法思想

在金岳霖先生的《逻辑》之后，牟宗三先生出版了厚达六百多页的逻辑学巨著《逻辑典范》（1941），惜乎很快绝版。之后，他又在台湾出版了部定大学教材《理则学》（1955）一书，迄至20世纪90年代初期，已重印10次以上。在这两部逻辑学著作中，牟宗三先生从先验主义和理性主义的逻辑一元论的观点出发，对逻辑二分法作了精辟、透彻和富有创见的阐发。

（一）逻辑二分法的本义

逻辑二分法的本义就是它的本质，或本质意义。对此，牟宗三先生作过不同的表述。他在早期的《逻辑典范》中，认为它是"思想作用的二分"，而且"它自然就是矛盾的"。[②]

二分法的"肯定与否定"或"是与非"的二分，不限制于类或对象上，不由类来表示，而是限制于命题上，由命题来表示，就是表示我们的

[①] 参阅：a. 金岳霖：《逻辑》（生活・读书・新知三联书店1961年版）第一和第四部分；b. 金岳霖主编：《形式逻辑》（人民出版社1979年版），和 c. 吴家国等编：《普通逻辑》（上海人民出版社1979年版），以及 d. 目前流行的其他大学逻辑学教科书对二分法的论述。

[②] 牟宗三：《逻辑典范》，香港：商务印书馆1941年版，第110、111页。

思想作用，因此是"'作用'的二分"①。"肯定与否定""是与非"的作用都在谓词而非主词上显示出来，表示的是我们的主观态度，而不表示类。肯定的"是"为积极的，好像指示一个东西，但否定的"非"则为消极的，并无所表示。因为外界根本没有什么"非"存在。思想作用的二分无所谓相容不相容，有漏与无漏，无须条件限制，自然便是矛盾的。所以，"是"与"不是"不能同时成立，不能同时为真。

在后写的《理则学》中，牟先生较前进了一步，把逻辑二分法的本义提炼和概括为："肯定与否定底'对偶性'（Duality）"或"真假的对偶性"②，并指出："这种二分对偶性，从其先验性，超越性，必然性方面看，它势必要归于纯粹知性（Pure Understanding），理性的思想（Rational Thought），而视肯定否定为'理性思想'之二用，或直曰'理性之二用'（Two Functions of Reason）。"③ 牟宗三先生以对偶性原理来诠释逻辑二分法，并将它提升到理性主义的高度来论说，的确就更为准确和精当了，也在逻辑哲学上达到了相当的理论深度。对此，可作如下的解释。

不把一个对象类分为两个副属类，而是对于任何一项 a 加以否定，得其反项"−a"；否定 a，得 −a。故 a 的否定为"−a"，"−a"的否定是 a。a 与 −a 互相排斥且穷尽，所以 a + (−a) = 1。这不是分"物"为"有机物"与"无机物"，而是对"物"加以否定得一个"非物"，"物" + "非物" = 1；对"有机物" + "非有机物" = 1 来说，此中的反项未必有实际存在的意义。如果落在实际上，"有机物"的反项"非有机物"就是"无机物"，此两者互相排斥而又穷尽，那么"1"便是"物"。如若"非有机物"这一反项不一定就是实际上的"无机物"，或根本无实际上的意义，那么"1"也难说实际上是什么，它就仅有逻辑上的意义，即是说，它没有应用。于是，无论实际上是如何，"a + (−a) = 1"，"有机物 + 非有机物 = 1"总是成立的，也就是说，总有其逻辑的意义。这便是逻辑的二分法。其本义或实质便在于"理性二用的肯定与否定"的对偶性、或"是与非"的对偶性、或"真与假"的对偶性：a 真，则 −a 假；a 假，则 −a 真；

---

① 牟宗三：《逻辑典范》，第111页。
② 牟宗三：《理则学》，台北：正中书局1995年（第12次）印行，第73页。
③ 牟宗三：《理则学》，第74页。

哲学地建立中国哲学

$-a$ 真，则 a 假；$-a$ 假，则 a 真。a 与 $-a$ 互相排斥且又穷尽。所以，a + $(-a) = 1$。

在此，牟宗三先生提出和强调，对于命题真值的真假二值，必须区分出认识论甚至存在论上的意义与逻辑学上的意义。换言之，作为"理性二用"或"理性思想之二用"的"肯定与否定"、或"是与非"、或"真与假"的对偶性，譬如上述"a 与 $-a$"或"有机物与非有机物"，只有逻辑上的意义且只考虑它们的逻辑意义；在逻辑意义上，"a + $(-a) = 1$"以及"有机物+非有机物=1"总是成立的，总是为真的，而不管它们实际上是否存在，是否具有实际的内容，也就是说，对它们的存在论或认识论上的意义一概不管，完全不加以考虑。这就是逻辑学的二分法与方法学的二分法的本质区别之所在，逻辑学二分法的先验性、超越性和必然性正在这里显见出来。

在牟先生看来，近现代逻辑学家之所以怀疑逻辑的绝对性、唯一性和必然性，把逻辑命题真值的真假二值"$+/-(P)$"——有人称之为"亚里士多德公理"（Aristotalian axion），错误地当作一个假定，从而也就错误地把二值逻辑（Two Valued Logic）看成"只是随此亚氏公理而来的一个系统，并无唯一性与必然性"①，就是因为他们不了解逻辑中的二分法的本义或本质意义，未能区分逻辑命题真值的真假二值的逻辑学意义与认识论意义，乃至存在论意义。

牟先生指出，命题真值的真假只是肯定否定的"外在化"（Externalization）而附着于命题上。② 因此，无论是二值逻辑系统，例如罗素的"真值函蕴系统"（System of Material Implication）③，还是三值或多值逻辑系统，例如路易士的"严格函蕴系统"（System of Trict Implication），皆可以"肯定否定底外在化去说明，以表示其无知识上的意义"④。对牟先生来说，所有的三值或多值逻辑系统均可划归为二值逻辑系统。但是，牟先生强调："作为命题之值的真假与肯定否定底对偶性并不是一会（回）事。真假的

---

① 牟宗三：《理则学》，第77页。
② 牟宗三：《理则学》，第75页。
③ "Material implication"，一般译为"实质蕴函"；牟宗三以"Truth - value implication"一语释之（见牟宗三《逻辑典范》，第175页），并译为"真值函蕴"，准确而传神，便于理解。
④ 牟宗三：《理则学》，第73页。

· 92 ·

值并无唯一性与必然性，但肯定与否定的对偶性却有理性上的必然性。"①因此不能把二者混同为一。他还进一步说明了，一定的逻辑系统都是依照某种特殊的型构而成的特殊的形式化的结构，例如"真值函蕴系统"和"严格函蕴系统"都不例外。既然是一种特殊形式化的结构，当然没有必然性，就是说，不是唯一的。因此，"凡依一种特殊模式而型构出来的形式系统，都是无唯一性与必然性的"②。于是，便可以把肯定否定的对偶性提起来；不与二值和二值系统为同一，因而可以见出和保住它的超越性。

从形式系统或成文系统与逻辑自身的关系来说，形式系统或成文系统可以是"多"，逻辑本质上只能是"一"。但形式系统之"多"不妨碍逻辑为"一"。"这关键性在肯定否定底对偶性之先验性与超越性之保持。"③牟先生认为，命题的真假二值可以外在化为"成文形式"（Code-form），但肯定否定或真假二值的对偶性则既可以外在化，也可以不外在化。它若外在化，便是真假二值，这就会局限于命题的真假二值所成的"成文形式"之中；它不外在化，则可以保持其超越性，而不为特殊的"成文形式"所局限，便可以在所谓的"可思议界"④ 内的任何一处应用。因此，就超越的意义上说，肯定否定的对偶性最终必然归于"纯粹知性"与"理性的思想"，而显发为"理性思想之二用"或"理性之二用"。这样，牟氏的逻辑二分法思想，就在其本康德哲学精神以反对近世逻辑的形式主义（Formalism）和约定主义（Conventionalism）的路向上，进至先验主义（Apriorism）与理性主义（Rationalism）的哲学高度。

（二）逻辑二分法与思想律

牟宗三先生讲二分法，是"关连着思想律底本义"⑤ 来讲的。"如是，思想律亦必随肯定否定底对偶性之为理性底二用，而亦一起收进来而为'理性自己决定'所成之逻辑关系，因而亦易见其超越性与必然性。"⑥ 这

---

① 牟宗三：《理则学》，第74页。
② 牟宗三：《理则学》，第77页。
③ 牟宗三：《理则学》，第75页。
④ "可思议界"相当于维特根斯坦所谓"可说"界。牟氏晚年译成维氏《名理论》（Logisch-Philosophische Abhandlung），台北：学生书局1987年版，可参阅。
⑤ 牟宗三：《理则学》，第74、76页。
⑥ 牟宗三：《理则学》，第77页。

样，思想律之同一律、矛盾律、排中律就"都成为不可反驳地必然真的"。①

牟先生认为，逻辑的二分法与思想律的内在一致或同一关系，主要是由排中律来直接表现的，就是说，"排中律根本是肯定否定底对偶性底直接表示"②。根据肯定否定的对偶性，排中律（Law of Excluded Middle）可表述为：不是 a 就是 -a，不是 -a 就是 a。没有居中者，故曰"排中"或"拒中"。以公式表示为：

$$a \vee -a \text{ 或 } a + (-a) = 1$$

用于命题的真值，则为：

$$P \vee -P \text{ 或 } P + (-P) = 1$$

它表示同一命题 P 或真或假，真假二值穷尽了 P 的真值（真假）之全体。质而言之，由排中律而来的这种真假二值只是肯定否定的外在化，没有认识论或知识上的意义。所以，排中律只是直接跟着肯定否定的对偶性而开出的既排斥而又穷尽的两行（a 和 -a）。由于逻辑的二分法具有先验性和必然性，所以由它开出的既排斥又穷尽的排中的两行，也具有先验性与必然性。如果把"二分"或排中的两行限定在外在的对象上，而不系属于"理性之二用"，"则两个齐头并列的项是否能成为既排斥又穷尽的对偶两行是很没有准的"③。牟先生强调，认识到这一区别是至关重要的。否则，不仅是排中律难以成立，而且肯定否定的对偶性也不得安立。因此，理解和把握逻辑二分法与排中律及其内在一致的关系，进而理解和把握二分法与思想三律的内在一致性或同一性，关键乃在于区分它们的逻辑学意义和认识论意义，把二分法从外在的存在对象上收回来，集中于理性或理性思想自身的作用上。

在牟先生看来，由于排中律是这一对偶性的直接表示，由之而开出正反两行。所以，在思想律的排列次序上，先列排中律是更自然的顺序，也是更符合逻辑的顺序。从排中律，遂可得同一律和矛盾律。排中律开出正反两行，对于每一行 a 或 -a 来说，都是自身相函的，即：

---

① 牟宗三：《理则学》，第 74 页。
② 牟宗三：《理则学》，第 76 页。
③ 牟宗三：《理则学》，第 77 页。

$$a \rightarrow a, -a \rightarrow -a$$

或：

$$a = a, -a = -a$$

这就是同一律（Law of Identity），它在命题的真值方面，则为：

$$-P \rightarrow -P, P \rightarrow P$$

或：

$$-P = -P, P = P$$

对于每一行 a 或 -a，如果都不能既"是"而又"不是"，即：

$$-(a \wedge -a), a \wedge -a = 0$$

或：

$$-(-a \wedge a), -a \wedge a = 0$$

这便是矛盾律（Law of Contradiction），它在命题真值上，则为：

$$-(P \wedge -P), P \wedge -P = 0$$

或：

$$-(P \wedge -P), P \wedge -P—0$$

这三个思想律由肯定否定的对偶性而开出，因而可以说，是那对偶性的展示。"这三者与那对偶性实在是一会（回）事。"① 按序列为：

（1）肯定否定的对偶性。

（2）排中律，

（3）同一律，

（4）矛盾律。

牟先生称之为"形成形式化或成文化的推演系统底'型范'（Norm）"，且认为"它们都是'轨约原则'（Regulative Principle）"② （这在后文中论述）。因此这四个原则"既有先验必然性，亦有基本性与超越性"③。不过，

---

① 牟宗三：《理则学》，第78页。
② 牟宗三：《理则学》，第81页。
③ 牟宗三：《理则学》，第77页。

牟先生指出，在这四个原则中，只有后面的思想三律是可程式的，肯定否定的对偶原则是不可程式的，若程式出来，就成了排中律，"实则排中律不即是那对偶性原则"①。肯定否定的对偶性既然不可程式，则只是一个"型范"或"轨约原则"，也叫作"基本预设"或"不可程式的原始观念"。② 值得注意的是，康德在讲逻辑学的时候，就把逻辑中的二分看成是"根据先天原则的唯一划分，从而是唯一的原始划分"③。当然，牟宗三先生的逻辑二分法思想是契近于康德的，但又超越了康德。

（三）逻辑二分法与逻辑推理系统

牟宗三先生是分别从"形式的解析"和"超越的解析"（Formal interpretation and Transcendental interpretation）两个层次上，来阐述逻辑二分法和思想律与逻辑推理系统的关系的。他指出："这里所谓解析（interpretation）不是像对于'代值学'（引者按：即逻辑代数）中的'项'解为类或解为概念那样，而是像就整个系统予以'反省的说明'。这种反省的说明可分两部分"，即"形式的解析"和"超越的解析"。④ 前者是内在于一个系统中，以"说明这系统构成的成分"，"大体是技术性的说明"；后者是外在于一个系统，以"说明它的'意义'"，"是逻辑底'必然性'与'先验性'问题，说明它的意义就是问它有没有'理性上的必然性'与'先验性'问题，说明它的意义就是问它有没有'理性上的必然性'，有没有理性上的'先验根据'（A Priori ground）"。⑤ 由此可知，所谓"形式的解析"是逻辑的解析或解释（按：interpretation，多译为"解释"），而"超越的解析"则是逻辑哲学的解析或解释。所以，也可以说，牟先生是从逻辑学与逻辑哲学这两个层次，来解释二分法和思想律与逻辑推理系统的关系的。

牟先生认为，从形式的解析，"可以确定逻辑为'推理结构之学'"⑥，

---

① 牟宗三：《理则学》，第76页。
② 牟宗三：《理则学》，第77页。
③ 见康德《逻辑学讲义》，许景行译，商务印书馆1991年版，第136页注释1。
④ 牟宗三：《理则学》，第78页。
⑤ 牟宗三：《理则学》，第81页。
⑥ 牟宗三：《理则学》，第80页。

使人明了逻辑学的特征①。但是，任何逻辑学的成文系统或形式系统，都不能离开逻辑二分法以及思想律而成立。因此，"逻辑是以命题结构达理则之学"②，"只研究自己之结构"，"根本只是关于推理本身底结构之形式"③ 的"特征"，需要联系到逻辑的二分法与思想律，才能有清楚的了解与认识。从形式的解析或逻辑的解释来看，肯定否定的对偶性与思想律内在于形式推演系统中，而成为"构造原则"（Constitutive principle），即"可以平铺而为一构造式"。④

在形式的解析或逻辑的解释中，肯定否定的对偶性和思想律作为"构造性原则"来说，是没有必然性的，它对于逻辑自身是完全必要的和不可缺少的，但是这一"构造原则"表现为成文系统中的各种"特殊的决定"⑤ 却不能且也没有否定以"肯定否定底对偶性"这一模型为表征的逻辑二分法和思想律的必然性。

对于逻辑二分法和思想律的必然性，需要进至超越的解析或逻辑哲学的解释层来加以说明。

从这一层来看，牟先生认为逻辑二分法和思想律不是推理系统中的命题或式子，"而是外在于那推理系统而为其型范或轨约原则"⑥。由于肯定否定的对偶性直接由排中律表示出来，再由同一律和矛盾律来展示。因之，对思想律与逻辑推演系统的关系作一种超越的解析或逻辑哲学上的解释，既可以说明思想律是逻辑推演系统的构造原则，而同时也就说明了逻辑二分法是逻辑推演系统的型范或轨约原则。这是一条方便的途径。牟氏恰恰选择了这条途径。

牟先生指出，在超越的解析下，P→P，-（P∧-P），P∨-P不是思想三律本身，而只是表示思想三律的一些构造式子，就是在命题方面的表示。譬如说，"同一命题P不能既真而又假"，这是二值系统中用于命题上

---

① 牟宗三：《理则学》，第81页。
② 牟宗三：《逻辑典范》，第111页。
③ 牟宗三：《理则学》，第226页。
④ 参见：a.《理则学》，第81、234页；b. 注意牟氏在《逻辑典范》中最先使用"实现之理"（Principle of Concretion, or of Actualization）和"纪纲之理"（Principle of Regulation）一对范畴（第104页），至《理则学》出，改为"构造原则"与"轨约原则"或"轨约型范"。
⑤ 牟宗三：《理则学》，第227页。
⑥ 牟宗三：《理则学》，第227页。

表示矛盾律的一个式子。如果把这一命题或式子提起来说:"任何东西不能既是它自己而又不是它自己",则是那作为"轨约原则"的矛盾律本身(牟氏以为,这种情形在严格函蕴系统中的表现,尤为显明。限于篇幅,此略而不述)。"所以思想律,虽是成文系统中的式子,却更直接符合肯定否定底对偶性,而且直接无间地由之而程式出来,即形式化而为表示思想律底式子。"①

以上是就逻辑二分法与思想律对现代逻辑推演系统而论。对传统逻辑来说,肯定否定的对偶性与思想三律"只是型范或轨约原则"。② 原因在于它们并不构成推理系统中的式子,而且是外在于那推理系统的。就此而言,它们只是那推理系统的型范或轨约原则,而不成为构造原则。所以,"古典逻辑家们也容易认识思想律底优越性以及逻辑底必然性"③。

经由超越的解析或逻辑哲学的解释,照牟先生的话说:"我们可以完全把思想律提起来而系属于肯定否定底对偶性。这个对偶性所成的逻辑关系(理性起用自己决定的有机关系)即显示思想律底必然性与超越性而为一轨约的型范。"④

总而言之,牟宗三先生对逻辑二分法以及思想律与逻辑推理系统的关系,分别做出了从形式的解析到超越的解析,从逻辑的解释到逻辑哲学的解释,因而在形式的解析或逻辑的解释之下,见出了它们作为构造原则的面目;在超越的解析或逻辑哲学的解释之下,则见出了它们作为轨约原则或型范的本质,便可以提起来而见它们的超越性和必然性,见它们"永远在上"(Always over above)而并不仅仅是平铺为逻辑推理系统中的式子。这可以分别在现代逻辑和传统逻辑中见之。逻辑二分法在逻辑学中的地位和作用,由此而得以清楚地阐示和凸显。这样,牟宗三的逻辑二分法思想就在理性主义和先验主义的基础上收摄了约定主义和形式主义,并从理性主义和先验主义"而进于约定主义与形式主义"。⑤

---

① 牟宗三:《理则学》,第 228 页。
② 牟宗三:《理则学》,第 232—233 页。
③ 牟宗三:《理则学》,第 81 页。
④ 牟宗三:《理则学》,第 236 页。
⑤ 牟宗三:《理则学》,第 237 页。

三 牟宗三逻辑二分法思想的意义

对于逻辑中的二分法，就传统而言，论述皆过于简单。关联着思想律来看，古典逻辑学家虽然容易认识它的优越性和超越性，从而把握住逻辑的绝对性，但是二分法却被局限于传统逻辑的范围。

从传统逻辑发展到现代逻辑，逻辑学发生了翻天覆地的变化，成为一个大系统（牟宗三如此认为），但是逻辑二分法在这一大系统中的地位和作用，人们并没有得当的认识。究其缘由，乃是人们不能认识和把住逻辑二分法的本义或本质。亚里士多德以后的逻辑学家尤其是近代以来的逻辑学家在逻辑二分法上已不能持守和遵循亚氏的理路，他们把二分法限定在类或外在的存在对象上，当作类的二分、对象的二分或实在（Reality）的二分来对待。从金岳霖先生著的《逻辑》到他后来主编的《形式逻辑》[①]和影响较大的《普通逻辑》[②]，以及至今流行的逻辑学教科书对逻辑中的二分法，皆作如是观（已如前述）。实际上，这是从亚氏以前的古希腊哲学至近代欧洲哲学的普遍做法，即透过二分法把完整的世界以及完整的人生割裂为互相分离的两大部分，而形成坚硬的二元分立思维模式，终于在认识论上产生许多困难。例如认识论上的符合真理论，就是这种二分法观念的究极表现。著名的哲学家杜威（Dewey）把由这种二分法而得的命题真假值视为"理想的极限"（ideal limit），以之为知识追求"确定性"（Certainty）的目标，则至多只有认识论上的意义，且不免有些流于空想。[③] 说到底，这种二分法只是认识论上的二分法，而不是逻辑学上的二分法。这种二分法把逻辑的二分变成了类的二分、对象的二分或实在的二分，因此逻辑学就在二分法上出了问题，现代逻辑的危机系由此而生。

牟宗三先生作为一位逻辑学家，生当"时代虚脱飘荡"之时，面临逻辑之"歧出而陷于疑惑不定之中"，"群言淆乱"，"命根动摇"[④] 的格局，

---

① 参阅金岳霖主编《形式逻辑》，人民出版社1979年版。
② 参阅吴家国等编《普通逻辑》，上海人民出版社1979年版。
③ 牟宗三：《理则学》，第237页。
④ 蔡仁厚：《牟宗三先生学思年谱》，台北：学生书局1997年版，第109—110页。

哲学地建立中国哲学

他旨在"复逻辑之大常，识逻辑之定然"①，扭转罗素的"实在论的数学论"，保住逻辑的自足独立性与逻辑的必然性和超越性，接上康德的路径。在中国现代逻辑史上，牟宗三先生第一次系统、深刻、透辟和创造性地揭示并阐明了逻辑二分法的本义，把它精辟地概括和提炼为"肯定否定底对偶性"，深入地分析和说明了它的逻辑意义；有力地批评了在逻辑二分法上的错误观念，纠正了对逻辑二分法及逻辑自身的不谛之解，捍卫和护持住了逻辑的绝对性，显示出他作为逻辑家的独立见解和作为哲学家的智慧洞见。的确，这对逻辑学或逻辑哲学来说，都有重大的意义，功不可没；应该作为重要的思想资源加以批判地继承。

以下，对牟宗三先生逻辑二分法思想的意义，再作几点简单的分析和说明。

首先，牟宗三的逻辑二分法思想突破了传统逻辑的范围。牟先生揭示了肯定否定的对偶性对于现代逻辑的诸系统，都具有二重的意义。一方面，肯定否定的对偶性与思想三律构成逻辑的四个基本原则，内在于诸形式系统中而为构造原则；另一方面，它们对于各形式系统都具有先验性、超越性和必然性，这就把逻辑二分法从传统逻辑中提升出来，使它成为逻辑的轨约型范。因此，逻辑二分法在逻辑学乃至人类（理性）思维中的"基础地位"，作为逻辑思维之所以具有意义的"必要条件"，是逻辑之所以成立的"根据"和"原始观念"，经过这一步提升后，始得以阐明。在牟氏以前，讲逻辑学的人并不明白这个道理。从这个意义上说，牟先生的逻辑二分法思想不仅仅是迈越了古典的逻辑学家，而且也有胜于现代的逻辑学家。牟先生从"构造原则"和"轨约型范"的双线进路，来解释逻辑二分法与逻辑系统（即逻辑本身），确实相当圆融，虽然未必皆能适合当代逻辑家的口味，但却卓然成一家之言，表现出思想的力度，具有磨灭不掉的价值，对于今人学习和认识逻辑，仍然具有启悟和借鉴的作用。

其次，牟宗三的逻辑二分法思想，对于克服和修正逻辑二分法上的错误观念，具有重要的示范作用和意义。牟先生批评了逻辑上的形式主义、约定主义和数学上的直觉主义"消灭"或"剥夺"逻辑二分法的绝对性的企图，指出了把逻辑二分法限定在类、对象或存在上的谬误，这一谬误至

---

① 蔡仁厚：《牟宗三先生学思年谱》，第109—110页。

今不绝（如前述），区分出了逻辑二分法的逻辑学意义与认识论意义乃至存有论意义的不同，逻辑学的二分法与方法学的二分法（二者源远流长，并驾齐驱）的不同，有力地回击和批驳了"唯物辩证法"论者对"形式逻辑"及思想律的错误非难与攻击①，捍卫和护持了逻辑的绝对性。尽管牟氏的批评未必都能使人心悦诚服，因为这涉及逻辑观和逻辑哲学上的问题，不是单纯的逻辑学问题，但是不可否认，牟宗三先生的逻辑二分法思想在正面意义上说，为克服和修正逻辑二分法的错误观念提供了一种示范作用和意义；在反面意义上说，牟先生就逻辑二分法问题所发表的批评意见，对于今人正确地认识逻辑二分法及其与逻辑的关系，也有重要的启示和裨益。

再次，在中国现代逻辑史上，自金岳霖先生的《逻辑》之后，牟宗三先生的逻辑把逻辑中的二分法提升到了前所未见的逻辑哲学的高度上来认识和把握，从守护逻辑二分法的绝对性来达到护持住逻辑的绝对性的理路，也给人以重要的启迪。如所周知，自近代以降，随着"思想体系时代"（The Age of Ideology）的崩落，哲学家和逻辑学家们都不再喜欢讲"纯粹知性""理性思想""理性"和"先验"这些理性主义和先验主义的名词了，一般的逻辑学家大多也只是达到并滞留于形式主义和约定主义，或直觉主义，而不愿进到先验主义和理性主义。但是，在牟先生看来，这不足于说明和保住逻辑的绝对性。他认为，逻辑的绝对性不能在逻辑形式系统内部的形式解析即逻辑意义上来说明，因为逻辑二分法和思想律在其中化为"构造原则"，至于一些形式推演系统的所谓"原始根据"是"随便"决定的，没有先验必然性、超越性和基本性，而必须透过形式推演系统，把逻辑二分法和思想律提起来，在"超越的解析"即逻辑哲学的意义

---

① 在20世纪30年代的"唯物辩证法论战"中，"形式逻辑"受到了错误的非难和批判。至50—60年代，在关于形式逻辑和辩证逻辑的大讨论中，形式逻辑再次受到"质疑"，遭到贬低和批判。

牟宗三参加了30年代的那场论战，对唯物辩证法论者批判形式逻辑作了有力的回应。虽然他不是论战的主将，但是他精心撰写的论文《逻辑与辩证逻辑》（收入张东荪编《唯物辩证法论战》，民友书局1937年版）却成为那场论战中的压卷之作。后来，他在《逻辑典范》和《理则学》中对唯物辩证法再一次进行回击。关于这场论战的研究，可参阅：a. 李匡武主编《中国逻辑史（现代卷）》第三章（甘肃人民出版社1989年版）；b. Werner Merssner, *Philosophy and Politics in China: The Controversy over Dialectical Materialism in the 1930s*, Stanford California: Stanford University Press, 1990; c. 李继东：《中国现代逻辑史论》（南开大学博士学位论文，1997年打印本）。

上认识一切形式推演系统皆是依作为它们的轨约型范的逻辑二分原则和思想律而来的，这样，逻辑的绝对性才能得到阐明。因此，牟氏的逻辑二分法思想，就从反对形式主义和约定主义进至先验主义和理性主义的哲学高度，契合了康德哲学的精神路向。但是在另一方面，他又反转过来，以先验主义和理性主义为"体"收摄形式主义和约定主义，从作为型范或轨约原则的逻辑二分原则与思想律来解释和说明作为构造原则的逻辑二分法与思想律，以达到对逻辑推演系统的形式解析，于是又从先验主义和理性主义之"体"进至形式主义和约定主义之"用"，真可谓"体不舍用"，"用不离体"，"体用不二"。虽然牟氏反对形式主义和约定主义，却并不抛弃形式主义和约定主义，而是以先验主义和理性主义来统驭它们，对它们在逻辑学中的作用和地位给予重新调适。实际上，这是为形式主义和约定主义重新在逻辑上作了定位。这是牟先生的高明之处。

诚然，牟先生对逻辑二分法所作的先验主义和理性主义的解释是一种具有典范意义的解释，但绝不是唯一的一种解释。而且它与当今世界的逻辑主流相偏离，它也不是人人都可以认同和接受的。但是无可否认，它对今人是一种很好的启示。遗憾的是，牟宗三的逻辑二分法思想，实际上，是他的全幅逻辑思想，并没有在现代中国产生应有的影响（这一问题在另文中探讨）。中国的逻辑学研究在当今的世界上仍然未能进入先进之列，而且差距甚大。这是值得我们深思和认真反省的。

最后，由上述可知，牟宗三先生的逻辑二分法思想在他的逻辑思想中也是居于基础的优先地位，至少对牟先生来说，它是一切逻辑思维的必要条件。由于他本康德哲学的精神路向，对逻辑中的二分法作了先验主义和理性主义的解释，从而就在逻辑学与逻辑哲学中"复活了康德"，重开了"逻辑之门"，这也就为他"重开哲学之门"[①] 奠定了必要的和坚实的基础。因此，可以说，牟宗三先生的逻辑二分法思想是理解和进入牟宗三逻辑思想与哲学思想的不可越过的一大关节所在。

无疑，牟宗三先生的逻辑二分法思想体现和维护了他的先验主义、理性主义和主体主义的逻辑一元论（这一问题另文论述），这在逻辑哲学上

[①] 参阅牟宗三《认识心之批判》上册，《序言》，香港：友联出版社1956年初版；台北：台湾师范大学影印流通本。

或有可争议之处，但是其中所表现出来的富有创发性的深刻洞识和丰厚内蕴，将永远具有价值。

(原刊于《曲靖师范学院学报》2003年第2期；
又载于《回顾与前瞻：中国逻辑史研究30年》，
中国社会科学出版社2011年版)

牟宗三与辩证法

——兼论牟宗三哲学与唐君毅哲学的类型

牟宗三是中国当代最大且最具有代表性的哲学家之一。在牟宗三哲学中，辩证法构成了其哲学方法中的重要一环。在中国当代哲学家中，牟宗三对辩证法的论述与众不同，别开生面，可谓最具特色而又最为精彩。但是，牟宗三的头脑在早年是一个弄逻辑与分析哲学的头脑，受张申府、金岳霖先生的影响甚大，长年浸淫于罗素、维特根斯坦、韦斯曼等人的逻辑与哲学之中。在乃师熊十力先生与挚友唐君毅先生的开启下，他开始接受辩证法，特别是在唐君毅的直接影响与激发之下，经过多年的潜心深造，他不仅从西向东与由东到西，在中西回环中娴熟地掌握了中西哲学的辩证法，而且打通了康德的先验逻辑与黑格尔的辩证法之隔，在比较简别中融通了中西辩证法，形成了他融合中西而创立牟宗三哲学的重要的方法之一。牟宗三虽然在唐君毅的引领之下学习与研究辩证法并最终形成了自己的一套辩证法思想，然而他所建立的哲学却与唐君毅的哲学不同，而分别属于中国的康德哲学与黑格尔哲学类型。

探究牟宗三的辩证法思想不仅有助于我们治疗辩证法的幼稚病或狂想症，而且对于当代哲学方法论的反省与升华也有重要意义。

一 来自唐君毅的辩证法启蒙

牟宗三的辩证法思想主要是直接在唐君毅的引导与启蒙下而形成的，严格地说，牟宗三是从认识唐君毅开始而认识辩证法的。牟氏说，他与唐氏第一次相见时，唐提到布拉德雷，他向唐请教辩证法问题，唐的回答虽然简约，但是颇费吞吐之力。牟氏顿时感到唐是"一个哲学气质，有玄思的心力"。"他确有理路，亦有理论的思辨力。"① 这是牟氏从未遇到过的。牟氏认为他在北平所接触的那些师友，从来没有像唐氏这样有思辨上的认真的。唐氏一生，在西方哲学方面，受黑格尔的影响最大，这是从他早期的思想中就明显地表现出来的。贺麟先生在20世纪40年代对唐氏就有一敏锐的观察，指出他的哲学思想在方法上有似黑格尔的《精神现象学》，且"似亦含有黑格尔认绝对为最后、最高、圆融和谐集大成之系统之意"②。蔡仁厚先生也指出了唐氏在哲学上深受黑格尔精神哲学影响的特色。他说："唐先生对于黑格尔的精神哲学，有特为精深而相应的了解和体会。但他对黑格尔并不作专家式的研究和讲论，而是取其长而去其短，吸收黑氏讲'精神发展'的智慧和理路。所以唐先生的著作，也显示出层层推演，连环相生，而弥沦开合，交光互映的特色。"③ 唐氏从青年时代就开始读黑格尔的著作，成为国内最有名的黑格尔哲学专家之一。直到晚年，仍然喜欢黑格尔。他在晚岁的一次演讲中说："对于西方哲学，现在来说，我喜欢的还是黑格尔，近代的怀特海。"④ 唐氏酷爱黑格尔，一如牟氏之酷爱康德。牟氏恰恰是通过唐氏而了解了黑格尔，懂得了辩证法。

牟氏最初接触黑格尔，是在抗日战争以前，开始时牟氏对黑格尔哲学没有好感，甚至心生厌恶。黑氏的《历史哲学》批评东方（中国）无个性之自觉，无对其自己之"主观自由"，只有在其自己之"实体的自由"，"潜在的自由"，"理上的自由"的观点，成为他久久不能理解和解决的问题。对于黑格尔的著作，牟氏说："吾一直并未正式去仔细阅读他，去一句一句研究他，乃是在师友之提撕与启迪中渐渐虽未正式研究他而却能知道他，嗅到他。"⑤ "我不是去研究黑格尔而了解他，而是在师友的提撕与

---

① 牟宗三：《五十自述》，台北：鹅湖出版社1984年版，第109页。
② 见贺麟《五十年来的中国哲学》，辽宁教育出版社1989年版，第46、47页。
③ 蔡仁厚：《唐君毅先生的生平与学术》，蔡仁厚：《新儒家的精神方向》，台北：学生书局1984年版，第307页。
④ 唐君毅：《民国初年的学风与我学哲学的经过》，唐君毅：《生命的奋进》，台北：时报文化出版事业有限公司1985年版，第55页。
⑤ 牟宗三：《五十自述》，第113—114页。

启迪中，自发用思而相契了他。"① 这里讲的"师"，主要是指熊十力，"友"则指唐君毅。牟氏还说："我并且因着他（引者按：指唐君毅），始懂得了辩证法的真实意义以及其使用的层面。这在我的思想发展上有飞跃性的开辟。"② 此言凿凿，道出了实情。牟氏在思想发展上的飞跃性的开辟，从早期到晚期的思想都有所表现。

与唐君毅晤面时，牟氏已完成了《逻辑典范》一书，他由此书接近了康德，尤其是他对于康德对西方形上学的重大扭转有了初步的认识，由康德的现象与本体之分，而认识本体界"决不是思议，辩识，理解所行的境界"③。但他认为康德对本体无善解，打通体与用的正面的形上学的工作未来得及做，这却是中国古来如斯的传统。因此，若把康德著作与中国思想合看，就比较容易了解康德，且不至于生误解。④ 然而，对于形上学，他主要是根据"知性"而只有一个形式的划分，积极的正面的认识尚不够。况且他当时正在酝酿撰著《认识心之批判》一部伟构，心思主要是在逻辑、数学与认识论方面，对于黑格尔之学并不能给以正视。因之对于他自己的《逻辑典范》一书所函的"形上函义"是什么，他并不清楚，而唐氏却了然在心。唐氏问他，他常不能答。牟氏说唐氏曾在形上学问题上用过心，比他知道的多得多。从形式的划分进到具体的精察，恰是由黑格尔所开辟的领域。在唐氏的提撕与启发之下，牟氏对黑格尔有了好感。⑤ 从此，才逐渐地接上了黑格尔之学。他说：

> 近年来常与友人唐君毅先生谈。他治黑格尔下来的一派学问很精。他不空拘拘于辩证法那个形式。但他契悟真理，层层深入，津津有味，常常表现出辩证的精神来。所以一定不是它本身的魔力，一定是在藉以表示什么上。由此我悟入：它如何可能？它应当在哪里？它的意义在哪里？这些问题是有解答的可能。⑥

---

① 牟宗三：《五十自述》，第114页。
② 牟宗三：《五十自述》，第109页。
③ 牟宗三：《逻辑典范》，香港：商务印书馆1941年版，第579页。
④ 牟宗三：《逻辑典范》，第579页。
⑤ 牟宗三：《五十自述》，第109页。
⑥ 牟宗三：《纯粹理性与实践理性》，《文史杂志》第3卷第11期与第12期合刊，1944年6月。

> 吾对于精神哲学之契入，君毅兄启我最多，因为他自始即是黑氏的。熊师所给我的是向上开辟的文化生命之源。关于这一骨干，光宋明儒学亦不够，佛学亦不够，惟康德黑格尔之建树，足以接上东方"心性之学"，亦足以补其不足。而环观海内，无有真能了解黑氏学者。惟君毅兄能之。此其对于中国学术文化之所以有大功也。①

从这里可以看出，熊十力与唐君毅对牟氏学思的影响虽然都很大，但影响的方面与重点并不同；牟氏从他们那里所接受所继承的东西也不尽一致。就牟氏此处所论，熊氏对他的影响主要是在"向上开辟的文化生命之源"，简言之，即使他接上了中国文化、中国哲学的价值之源与统绪，进而实现"向上一机之超转"，作尽精微而致广大的拓展。但是，面对"古今之辩"与"中西之争"的大变动的时代，仅仅是守护传统的价值本源，顺承儒释道的大统，置异质文化与哲学而不顾，没有进取与扩展，中国哲学、中国文化就不可能深至精微与显见广大。因此，必须学习与吸收西方文化，契接西方哲学的主流，以之来充实与撑开中国哲学，使其价值的光辉流转于世界人心。康德、黑格尔哲学乃是西方哲学之重镇，在唐牟看来，足以接上中国哲学，尤其是与儒家心性之学相会通，且可以补中国哲学之不足。在这方面说，唐君毅对牟氏的影响实在大过熊十力，且补上了熊氏之不足。这主要是牟氏通过唐君毅而接上黑格尔的学统，使他打通康德与黑格尔之隔成为可能，从而也为牟氏出入于西方哲学的主流，一览其庙堂之富甚有助益。

二 从辩证法预言希特勒的灭亡

——德国的辩证法与中国的辩证法

在唐君毅的启示下，牟宗三对于德国与中国的辩证法均有了深入的了解，他透过二者在表面上的相同而在深层中认识到它们之间的根本差别，从而形成了他理解与诠释中西文化的一个比较哲学的背景框架。在这一比

---

① 牟宗三：《五十自述》，第111页。

哲学地建立中国哲学

较背景框架中，他根据德国的辩证法的特性先知般地预言了希特勒的灭亡。对他来说，希特勒的猖獗与覆灭正是德国辩证法精神之运行与其内在的悲剧性格的绝佳表现。至于中西文化的不同特征，都可以在其辩证法精神中找到其根源。

事实上，牟氏由认识德国的辩证法进而认识中国的辩证法，并把握了二者的一大根本差异，因而加深了他对中西文化特征的认识。他在早期的一篇论文中写道：

> 辩证法单单在德国生根，这是一个很有趣的问题。我可以说辩证法的思想地道的是数学型的表现。……若在黑格尔的说统或布拉得赖的说统，你当可以看出辩证法的丰富意义，你又可看出它是如何的影响于日耳曼人的生活或文化。他不断地肯定自己，否定自己，一直地往上升。不断地超越，不断地毁灭。他要希求那个绝对的圆满。但是绝对的圆满是不能达到的，也是永不能实现的。[①]

牟氏由德国辩证法的肯定与否定、圆满与不圆满、超越与毁灭之间蕴藏的内在矛盾看出德国文化的悲剧性格。当时正值第二次世界大战，希特勒猖獗一时，不可一世。牟宗三便以希特勒为例来说明德国文化的悲剧性格。他预言只要根据德国的辩证法，就可知道希特勒将怎样的在辩证法之下成功，又将怎样的在辩证法之下毁灭，希特勒成功了一切，也毁灭了一切。希特勒所一起成功的，必将一起毁灭。这幕大悲剧将是怎样的生动、丰富而有义蕴呀！事情的发展果然不出牟氏所料，希特勒成功了，但也很快就毁灭了。希特勒导演的这幕人间大悲剧充分地表现了德国文化的悲剧性格，那么，这种悲剧性格的根源何在呢？

牟氏根据唐氏对布拉德雷"归消的辩证"的论谓，进而同中国儒家的辩证法进行比较，分析与阐明了德国文化的悲剧性格。他指出：

> 此亦有故，盖一种数学型的情绪，辩证法的生活态度，是永远在战栗兴奋而紧张之下的奔波。他将时时刻刻向上超越而得不到一刹那

---

① 牟宗三：《几何型的文化与数学型的文化》，《再生旬刊》第54期，1940年11月10日。

牟宗三与辩证法

的安定。因为他们的希望在前面，而后面却没有一个根据。友人唐君毅先生曾向我言，若将绝对放在前面，是永远不能企及的，这在道体上是说不通的。他赞成布拉得赖的归消的辩证法。照这种讲法，我们一切的发展都是有根据的。这个根据就是绝对的圆满。一切的发展都是阐明此绝对，这就是所谓步步自觉，一切的发展同时也就是归消于这个绝对，这就是所谓归根复本。故扩充即是复初。这当然有点中国儒家的味道。但是这种归消的辩证必须先明心见性、建体立极而后可。这点，在日耳曼精神里，甚为欠缺。他们的思想没有见到这一层，而他们的生活也作不到这一步。因为若见到了这一步，则他们的生活必是步步开展，同时即步步稳定。他有了个主宰。但是，他们不能。他是一种战栗的宗教情绪，永远向上看而无一定停止。读者将见注定他们的悲剧的原因，即在他们缺少了一种几何型的稳定。若是他有了这个成分，日耳曼不是从其历史到今日的日耳曼，他的贡献与成就将更大，他的政治措施决不在英国［之］下。但是他不能。我们不能不替他抱无涯之憾。①

由此可知，日耳曼精神的悲剧性格是同它的哲学、宗教、文化直接联系在一起的。在它的哲学、宗教、文化中都贯穿了它的辩证法精神，这种辩证法精神，在形而上的层面，表现为以绝对的圆满为最高的希望与追求，但这是永远不可企及的，是一种不断追求、不断超越、不断上升的辩证法，不同于英人布拉德雷与中国儒家的归消的辩证法。布氏与儒家的辩证法是把绝对的圆满作为根据，一切的发展都是这个绝对圆满的展开与阐明，最终又归消于这个绝对的圆满。所以，它的辩证法精神是建立在牟氏所谓"明心见性、建体立极"的根基上的。也就是说，中国儒家那种归消的辩证法是把绝对圆满建基于心性之"体"上的，这一绝对圆满的一切展开与一切展开的归消于绝对圆满，必须在体证与感悟"本体"的"工夫"中才能实现。②日耳曼的精神里缺乏了这一层。因此，它的辩证法精

---

① 牟宗三：《几何型的文化与数学型的文化》，《再生旬刊》第54期，1940年11月10日。
② 牟宗三：《几何型的文化与数学型的文化》，《再生旬刊》第54期，1940年11月10日。关于这一问题，牟宗三先生在晚期就讲得最为清楚，可参阅其讲演录《超越的分解与辩证的综合》，《鹅湖月刊》第19卷第4期（总号22），1993年10月。

神在人们的生活态度上,就表现为一种永远在战栗、兴奋与紧张的宗教情绪中,时时刻刻向上超越与奔波,没有停止与安宁。它只有数学型的情绪流向,而缺少几何型的稳定,因此,日耳曼文化的性格悲剧,说到底,是其哲学精神的悲剧,是其辩证法精神的悲剧。

在牟宗三看来,中国的情形,与此正相反。中国人喜欢喜剧,这是他们喜欢稳定的表示。他们之有安身立命处,正符合了那个归消的辩证。他们的根据在后面,不在前面,他们认识自己,也认识他人,他们一切的发展是稳定的,同时他们的发展又必参照他人。中国人的"絜矩之道"表示必须是在规矩里面发展。这个规矩不在天上,在人间,不在外,而在人类相与之内。这是一种极其优美肃穆的几何型生活。① 从这里可以看出,在唐君毅的帮助下,牟氏不仅对布拉德雷与德国的辩证法有了比较深入的了解,而且对中国的辩证法,尤其是儒家的辩证法精神亦有所认识,他似乎在这里找到了一种文化上与心理上的优越感,这种优越感可能成为他认同与归宗儒家的潜在要素。

三 从黑格尔辩证法到牟宗三辩证法

牟宗三对于辩证法尤其是黑格尔辩证法的认识,经历了一个过程。这在他前期与后期论黑格尔及其辩证法的文献中表现得十分清楚。在早期的论文中,牟氏对黑格尔评论中国文化的观点基本上持否定的态度,例如他指出:

> 黑格尔说中国文化是没有自觉自我的文化,这也是只见其表,不见其里。我们若抓住文化生活之底蕴,这些说法统是不对的,若能从全体上抓住其根本点,则这些说法亦未始不可以有适当之地位。②

又曰:

---

① 牟宗三:《五十自述》,第111页。
② 牟宗三:《五十自述》,第8页。

牟宗三与辩证法

　　黑格尔说中国文化是儿童期的文化，没有自觉，没有自我，而喜欢浑沌，全体，奴属而非对待。这种说法若限于表面或某种特殊时代的现象，也许是对的，但于中国根本精神，则毫不着痒。他殊不知这是一种有座标有方向的几何型的絜矩之道。①

　　牟氏对黑氏的这些批评，在一定的意义上说是有道理的。但是，随着他对黑氏哲学理解的深入与全面，他的看法也大大地改变了。他对黑氏论中国文化的观点又重新肯定下来，这一认识上的转变表现在他后期的著作与演讲中，例如他在一次演讲中就从政治立场上肯定了黑氏对中国文化的看法，他认为从道德宗教立场讲，中国人有高度的自觉，这是属于"Moral Subject Freedom"（道德主体自由或道德主观自由）。而黑氏所讲是从政治立场来看的，中国人没有"主观的自由"，所以是"儿童时期"的文化状态。在这种状态之下，中国只有一个人有自由，那就是皇帝。如果人民没有真正的"Subject of Freedom"（主观自由或自由的主观性），那么皇帝的自由就没有任何限制，这种不经法律程序而来的自由，依黑格尔看，绝不是真正的自由，只不过是"情欲的奴隶"。享有这种"自由"的皇帝，无论好坏，都只能算是"情欲的奴隶"。一旦皇帝的自由情欲泛滥，必然侵犯人民的自由，因为无法可以限制皇帝的权力，人民的幸福安全不能得到保护，必然是一场灾难。正是基于这一认识，牟氏把"民主政治"视为一个社会现代化的关键与最根本的标准，即使实现了科技的现代化，工农业的现代化，但只要没有"民主政治"，就不是一个真正的现代化的社会。所以他提出了"'民主政治'就是现代化"的著名论断。② 牟氏对黑格尔关于中国文化观点的理解与诠释，成为他的历史哲学与政治哲学的重要理据之一。

　　牟氏对辩证法的看法，主要见于他后期的一系列论文，诸如《黑格尔与王船山》《论"凡存在即合理"》《论黑格尔的辩证法》③，《超越的分解

---

① 牟宗三：《五十自述》，第10页。
② 参见牟宗三《"五·四"与现代化》四之四，《台湾日报》第2版，1979年6月1日。
③ 这三篇文章均收入牟宗三撰著的《生命的学问》（台北：三民书局1974年三版）一书。

与辩证法的综合》①，以及《理则学》附录的一章，《五十自述》与《人文讲习录》中的有关部分，等等，其中以作为《理则学》附录的第十三章《辩证法》最为系统地代表了牟氏对辩证法所持的态度与观点。在可独立的这一章中，牟氏阐明述了他对辩证法的使用层面与真实意义的看法。要而言之，他认为辩证法既不是纯逻辑，也不是科学方法，乃是形上学中的方法或玄学的方法（Metaphysical Method or Method of Metaphysics）。辩证法不同于逻辑、数学、科学、归纳法，——这些都是"知性"（Understanding）中的事，其基本概念是：原始谐和（Primary Harmony），正反对立（Opposition of Thesis and Anti-thesis，对原始谐和的否定或第一次否定），对立统一（否定之否定），在统一中言奥伏赫变（Aufheber，消融 Reconciliation）② 与再度谐和。其中，正反对立与对立统一即第一次否定与否定之否定是两个基本法则。辩证法的运用不在"知性"层，而是在"超知性层"或超知性的"理性"层，就是说，对于"精神表现底发展过程"与"形而上的绝对真实"之践履的体悟与思维是辩证法的，由此以阐明辩证法的真实意义。因此，辩证法不能就外在的平铺事象之变动与关联而言，物质辩证法或自然辩证法之说不通。他指出："归纳法使吾人获得科学知识，辩证法使吾人开价值之源，树立精神主体，得以肯定人文世界。"③

总的看来，牟宗三对辩证法的论述，就像卢卡奇（György Lukács）一样，具有想"把黑格尔思想在方法论上富有成果的东西作为对现在不可缺少的精神力量拯救出来"④ 的强烈愿望，他一方面回复到了黑格尔的辩证法，另一方面又为他所理解与诠释的辩证法赋予了中国传统哲学的色彩，并打上了他个性的烙印，这使他与唐君毅对辩证法的认识达成了一致；而在某一方面说，譬如在反对以单纯的物质因素或自然因素来讲解辩证法，或解释历史方面，他与卢卡奇对辩证法的见解似有异曲同工之妙，但是他因此而拒斥"唯物辩证法"，站到了马克思主义哲学的对立面上，必然为

---

① 原为牟宗三在台北召开的第二届国际东西哲学比较研讨会上所作的主题演讲词，分别刊于《东西哲学比较论文集》第二集和《鹅湖月刊》杂志第19卷第4期（总号22），1993年10月。
② Aufheber，即"奥伏赫变"，现在国内按其意义通译为"辩证的扬弃"，指经过否定与否定之否定后，既有淘汰、克服，又有保留的意思。
③ 牟宗三：《理则学》，台北："国立编译馆"、正中书局1995年版，第286页。
④ 见卢卡奇《历史与阶级意识——关于马克思主义辩证法的研究》，杜章智等译，商务印书馆1992年版，"序言"第44页。

马克思主义者所不能容忍，并将成为马克思主义的批判之的，则是不言而喻亦无须赘言的。

四　辩证法与形上学

牟宗三把辩证法视为形上学中的方法，或玄学的方法，这就把辩证法与形上学联结为一体了。他同时从"精神表现底发展"与"形上学的绝对真实"来了解与申明辩证法的真实意义，对于他打通从康德到黑格尔之隔，诠释中国哲学，重建形上学，确实是哲学思想发展上的飞跃性的开辟。

（一）融摄康德的批判哲学与黑格尔的辩证学

黑格尔哲学体大思精，包罗万象，从自然哲学到历史哲学、法哲学、人生哲学、美学、宗教，等等，尽冶一炉，但其中心原则是"有名的辩证方法"[1]，牟宗三一语中的地说道："黑格尔的学问，一言以蔽之，曰'辩证的综合'。"[2] 唐君毅对黑格尔哲学下大功夫的时候，也正是牟宗三精研康德哲学的时候。从《逻辑典范》到《认识心之批判》的写成，牟氏对康德哲学的研究告一段落，对康德哲学，主要是"第一批判"，已有相当深入与深刻的系统见解，卓然成一家之言。当他转向黑格尔哲学之后，他发见黑格尔这套东西与康德哲学之间是很难协调的，"康德的批判学实无以讲辩证，黑格尔的辩证学又实无以讲批判。这是一个大问题"[3]。他为这一问题困惑与烦闷了很久而不得解。但既然是问题，就总要解决。对牟宗三来说，解决这一大问题，就是如何融摄康德的批判哲学与黑格尔的辩证学的问题。他把这一问题表述为：

> 辩证学与批判学如何融摄？康氏批判学中不能言辩证，黑氏辩证学中不能言批判，如何融摄之？此是一大问题，吾今再如此问：辩证

---

[1] 参见［英］W. T. 斯退士《黑格尔哲学》，鲍训吾译，河北人民出版社1986年版，第82页。
[2] 牟宗三：《黑格尔与王船山》，牟宗三：《生命的学问》，第193页。
[3] 牟宗三：《纯粹理性与实践理性》，《文史杂志》第3卷第11期与第12期合刊，1944年6月。

学如何可能？于何分位始能言辩证？于何分位不能言辩证？此为人所不疑者，但吾有此疑。如何转换批判学始能融摄辩证学？如何充实批判学始能融摄辩证学？①

这一问题是牟宗三以康德哲学为桥梁会通中西哲学所面临的一个大问题。根据牟氏的论述，解决这一问题就是融摄批判哲学与辩证哲学。但是批判哲学与辩证哲学的融摄必须依赖两个前提：其一是辩证学如何可能？于何分位始能言辩证与不能言辩证？易言之，这就是辩证法的真实意义与使用的层面。其二是如何以批判哲学融摄辩证哲学？因为批判哲学不能言辩证，辩证哲学不可言批判。批判哲学不可能直接融摄辩证哲学。因此，批判哲学必须转换。于是问题就变成如何转换批判哲学而使它足以融摄辩证哲学。就第一个前提而论，在唐君毅的指导与帮助下，牟氏对于黑格尔的辩证哲学，"亦终由其《历史哲学》与《权限哲学》而进窥其学之大体"②，且达到了具有相当深度的理解。牟氏指出：

> 黑氏的思想，十分深入而复杂。既是综合的，而又［是］笼罩的；既是人文的［历史文化］，而又［是］贯彻到自然的；既是精神的，价值的，而又是思想的，纯理智的。实则，他有一个综合的通慧作底子，他以精神的发展作纲领。他的综合的通慧，实是开始于把握精神的发展过程。他首先写的是《心底现象学》，他最后写的是归宿于《历史哲学》，《法律哲学》等。你从此，就可知他的综合的通慧是扣紧历史文化而发出的，他的立言的出发点是基于人文的，精神的，价值的，总之是基于"精神之发展"的。……③

大抵上说，黑氏哲学以"精神之发展"为立言的基始，而追求达到绝对精神的自我实现，可归结为一套精神哲学。这套精神哲学，在实质上，是一套形上学。与之相应的辩证法，是一套形上学的方法论。牟氏基于对

---

① 牟宗三：《纯粹理性与实践理性》，《文史杂志》第 3 卷第 11 期与第 12 期合刊，1944 年 6 月。
② 牟宗三：《五十自述》，第 113 页。
③ 牟宗三：《论黑格尔的辩证法》，牟宗三：《生命的学问》，第 242—243 页。

牟宗三与辩证法

黑氏哲学的深入了解与系统把握，得其综合的通慧与辩证精神，深契于辩证法的运行层面与真实意义（如上文所述），奠定了融摄康德与黑格尔的必要基础与前提。

但是，如何转换、调整康德的批判哲学呢？这是上面讲的第二个前提的问题。靠康德哲学本身无能为力，靠其他的西方哲学也不行，在牟氏看来，这必须凭借中国哲学的智慧才能完成。牟氏根据中国哲学，理解与消化了康德哲学，且重新诠释了康德哲学，厘定康德哲学系统之间架，在这一间架系统里重新确立实践理性高于纯粹理性的原则，为安排黑格尔哲学与康德哲学找到了适当的位置。这是一方面。另一方面，融摄康德的批判哲学与黑格尔的精神哲学，必须由康德进到黑格尔，把"超越的分解"与"辩证的综合"统一起来。牟氏指出：

> 真实形上学之本质的意蕴还是康德的进路为能契入。……而由康氏之路契入的真实形上学以及其究竟了义与究竟落实，却根本是精神生活上的事。因此，由只见形式的划分，必须进入具体精察与感受。形式的厘清与划分是康德的工作，而具体的精察与感受则是黑格尔精神哲学之所展示。佛教的"成唯识论"（乃至大乘三系）有大贡献，而宋（明）①儒者的"心性之学"则得到其中肯的一环。那些观解形上学中的积极性的分解必须统摄于这一骨干中才算有归宿，有其落实而爽洽之意义与作用；而其分解之方式与技术亦可藉用之于精神哲学中之精察，如黑格尔之所为。以此学为骨干，要分解，须先是"超越的分解"，如康德之所为，其次是辩证法的综合，而辩证的综合即含有辩证的分解，如黑格尔之所为，以及其哲学中抽象的普通，具体的普通，在其自己，对其自己，等名词之意义。而观解形上学中的分解却只是形式的或逻辑的。这个若统在超越分解，辩证综和，辩证分解中，亦有其预备，辅助以及被参照之价值。②

---

① 疑此处漏一"明"字，因下一段是上接这一段文字，其中称"宋明儒"，而不只称"宋儒"。再说，按文意，也当称"宋明儒"。见牟宗三《论黑格尔的辩证法》，牟宗三：《生命的学问》，第242—243页。

② 牟宗三：《五十自述》，第111页。

哲学地建立中国哲学

照牟氏看来,顺康德的路数,对于"超越形上学"或"真实形上学"(相对于观解的形上学而言)的问题,予以形式的划分,由此划分出来的"超越形上学问题",实际上都是人生所要求的具体问题,也就是精神生活上的问题、道德宗教上的问题,而不是纯形式的名数问题,或知识论的概念思辨问题。康德对于西方哲学的最大贡献之一,就是使人照察出西方观解形上学的不中肯,因此,由康德的路向,可以契入真实的形上学及其究竟了义与究竟落实,从根本上讲,这些就是精神生活上、道德宗教上的事。但是,康德未能作成这项业绩。对于真实的形上学问题,在康德的哲学中只见形式的划分。从康德以后的西方哲学的发展来看,真实的形上学问题由黑格尔的精神哲学所展现,黑格尔对道德宗教等精神生活有具体的精察与感受,且上升到了真正形上学或精神哲学的高度,比之康德又进了一步。因此,顺西方哲学说,必须由康德进到黑格尔。黑格尔对精神生活的具体精察与感受是在辩证法中来表现的,因此从康德进到黑格尔,就是从"超越的分解"进到"辩证的综合",且只能从"超越的分解"才能进到"辩证的综合",把二者结合起来。这一点是牟氏反复强调的,他认为:"要讲黑格尔式的辩证综合,必须预设康德的超越分解,有如康德在其三大批判中,每一批判的内容都分为'分解部'和'辩证部'一样。"[①] 所谓"超越的分解"就是"批判的分解",这与从莱布尼兹、罗素而来的"逻辑的分解"是完全不同的,逻辑的分解在批判的分解与辩证的综合中是有预备的,且有辅助的作用。但批判的分解与辩证的综合都超越了逻辑的分解,虽然是批判哲学与辩证哲学的方法,但具有普通的方法论意义,尤其是"批判的分解"属于西方哲学中最艰深的部分。"把批判分解所分解的内容,通过一辩证的历程,综合在一起,达到一个全部的大融和,此即所谓'辩证的综合'。"[②] 这一个综合是在经过转换、调节之后的康德哲学系统的间架中实现的。简而言之,在思辨(或思辨理性)中超绝的、轨约的、消极的概念,在实践(或实践理性)中可以有内在的、构造的、真实的意义。合而观之,即可有一既是超绝又是内在的,既是轨约又是构造

[①] 牟宗三:《超越的分解与辩证的综合》,《鹅湖月刊》第19卷第4期(总号22),1993年10月。

[②] 牟宗三:《超越的分解与辩证的综合》,《鹅湖月刊》第19卷第4期(总号22),1993年10月。

的哲学系统的建成。

（二）黑格尔辩证法与中国辩证法之比较简别

就黑格尔的哲学而论，牟宗三把它与中国哲学联系起来，加以比照和简别。牟氏主要肯定与指出了宋明儒的"心性之学"、佛教的"成唯识论"与黑格尔的精神哲学具有共同之处，它们都重视与关心精神生活的问题。就它们作为哲学传统中一大骨干来说，儒家的"心性之学"是其中最"中肯的一环"，但它有缺陷与不足，佛教也一样，因此须靠西方哲学来充实。黑格尔的哲学像康德的哲学一样，可以补充中国哲学之不足。这项工作要得到究竟的落实，就需要进行中西哲学的会通。对牟氏来说，必须打通从康德到黑格尔之隔，才可能藉它们与中国哲学会通融合。虽然牟宗三与唐君毅所作的中西哲学的融通都融摄了康德与黑格尔的哲学，但是二人的重点不同。牟氏主要是融摄康德，以康德哲学为桥梁会通中西哲学，而唐氏着重融摄的是黑格尔，以黑格尔讲"精神发展"的智慧与理路来会通中西哲学。沈清松先生指出唐牟二先生融合中西哲学导向的不同：唐君毅从道德关怀出发，牟宗三从知识批判出发；唐君毅于西方，特取其唯心论体系，牟宗三于西方，特取康德的批判哲学。他们二人与方东美、罗光先生一同为中西哲学的融合提供了典型的范例。[①] 这一看法确有见地，值得重视。应该指出的是，从牟氏的哲学来看，在历史哲学、政治哲学、形上学，以及哲学史方面，他对黑氏哲学的精神都有所摄取，都受到过黑氏哲学的影响。这是一个方面。

另一个方面，牟氏指出黑氏的辩证法与中国的辩证法具有相似与相通的一面，但牟氏对它们作了简别。他主要指出了三点。

其一，中国哲学中具有丰富的辩证法思想，且较之黑氏的辩证法更透彻，境界更高，西方哲学罕能及之。牟氏说：从西方哲学发展史看，黑氏的辩证法是一个大贡献；"若在中国，则这一方面的理境本就很高，只是中国不用这些名词，也没有在理论上大肆排铺罢了。中国在这方面讲论最

[①] 参见沈清松：（一）《未来中国哲学研究的展望》，《哲学与文化》18卷第5期，1991年5月；（二）《哲学在台湾之发展（1949—1985）》，《中国论坛》21卷1期（总241期），1985年10月。

多的是道家和佛教，儒家也涵具这一套，而不大喜欢讲"①。又说："此种智慧，即藉消融矛盾以达圆境，中国儒道以及后来的佛教，皆甚深透彻，西学罕能及之。若从方法学观之，展示出来，便是辩证法的。"②

其二，儒释道三家所表现的辩证法与黑格尔的辩证法不同。牟氏说："依中国的传统，一说到'辩证'，就预设有'工夫'和'本体'的分别。"③ 以工夫求本体，在工夫中见本体，这是实践之事。"中国哲学谈到实践之事，必工夫、本体两面同时讲求，作工夫以呈现本体，到最后工夫本体固可以是合一，但在实践历程中，工夫与本体的分别一定要先承认的。"④ 这一历程是本体（正）→工夫（反）→工夫与本体合一（合）的辩证发展历程。依牟氏看来，工夫的最高境界是"天理流行"，在"天理流行"处，工夫把本体完全呈现出来，这就是中国哲学的"辩证的综合"。"依此义而观，'辩证'一问题本是属于工夫上的问题，而不是本体上的问题。"⑤ 由此显出中国哲学辩证法与黑格尔辩证法的根本区别，即中国哲学的辩证法向工夫求，不向"本体"或存在求，黑格尔的辩证法不讲工夫，也没有工夫问题，是向存在求。

其三，站在中国哲学的辩证法立场批评黑氏的辩证法，指出黑氏辩证法的一个最大错误。牟氏说："依中国的传统，都了解到，唯有在工夫中才能引起黑格尔所说的'理性诡谲'，'辩证的综合'。存在本身无所谓诡谲，亦无所谓辩证。黑格尔最大的错误是在这里有所混漫。"⑥ 牟氏还赞同西方哲学家对黑氏辩证法的批评，援以证明他的观点。他说罗素就批评黑氏把 thinking process 和 existent process 等同化，到最后把上帝也拉到辩证

---

① 牟宗三：《超越的分解与辩证的综合》，《鹅湖月刊》第 19 卷第 4 期（总号 22），1993 年 10 月。
② 牟宗三：《理则学》，第 278 页。
③ 牟宗三：《超越的分解与辩证的综合》，《鹅湖月刊》第 19 卷第 4 期（总号 22），1993 年 10 月。
④ 牟宗三：《超越的分解与辩证的综合》，《鹅湖月刊》第 19 卷第 4 期（总号 22），1993 年 10 月。
⑤ 牟宗三：《超越的分解与辩证的综合》，《鹅湖月刊》第 19 卷第 4 期（总号 22），1993 年 10 月。
⑥ 牟宗三：《超越的分解与辩证的综合》，《鹅湖月刊》第 19 卷第 4 期（总号 22），1993 年 10 月。

法里去。黑氏的"大逻辑"从空洞的绝对存有（上帝）开始起辩证，通过辩证的历程充实化自己，以至于完成自己。实际上，这一辩证的过程即是存在的过程。这就成了最坏最危险的思想，足以扰乱天下。因为上帝本是祈祷的对象，或工夫体证的本体，黑氏却把它拆散下来，混同于工夫中的辩证，使世界无不处在斗争纷扰之中，黑氏的辩证法思想就成为大乱之源。[①] 这一批评是牟氏在中国哲学中深造有得归宗儒学后，对他早年评论德国辩证法造成日耳曼文化悲剧性格的观点的升进与阐发。

对牟氏来说，从康德进到黑格尔，打通康德与黑格尔之隔，和以康德为桥梁会通中西哲学，把黑格尔哲学与中国哲学进行对比和简别，这两个方面是双线并进的，正是在这一历程中，牟氏既融摄了康德的批判哲学与黑格尔的辩证哲学，也升进了康德的批判哲学与黑格尔的辩证哲学，最终重建了形上学，完成了牟宗三哲学的建立。

五　辩证法与辩证法幼稚病

从古至今，在中外哲学史上，辩证法一直是哲学的最主要的方法之一。然而，辩证法各有所属，归于不同的哲学系统，因而辩证法林林总总，形形色色，在人类哲学思维的长河中呈现出千姿百态，灿烂绚丽。在西方哲学中，不仅近代的辩证法大异于古希腊的辩证法，而且近代的辩证法自身也异彩纷呈，所属不同，例如布拉德雷的辩证法就与黑格尔的辩证法相迥异，而卢卡奇的辩证法与恩格斯的辩证法也大为异趣，因而显示出它们所属哲学的区别。在中国哲学中，情况亦大抵如此。不仅儒释道的辩证法有差异，而且古今的辩证法也早已肝胆楚越。辩证法在人类哲学中的异时差别不能归于简单的进化论模式的解释，辩证法在人类哲学中的同时差别也不可以归结为幼稚的"心""物"二元论的神话叙事。关涉哲学的思维是最复杂的人类精神现象，它像人的指纹一样明晰而又那么的不同。把丰富多彩的辩证法与哲学思想的发展强行纳入一种简朴的进化论与

[①] 牟宗三：《超越的分解与辩证的综合》，《鹅湖月刊》第19卷第4期（总号22），1993年10月。

"心""物"二元对立的叙事公式中,只能是削足适履,斫伤智慧之树。事实上,东方哲学尤其是中国哲学与古印度哲学(特别是其中的原始佛教)中的辩证法思想是早熟的人类智慧之果。古往今来,辩证法法轮常转,它的光辉如日中天,一直照耀着人类的精神世界,因而成为人类哲学与智慧的源头活水。然而,我们总是有一种没有得到根治的爱虚幻的童稚病,常常喜欢用儿童的眼光打量一个饱经沧桑与充实而有光辉的智慧老人,总以为他是一个没有长大的孩子;我们本来就很幼稚,却偏偏要说惠赠我们礼物的圣诞老人远不会比我们年长得多。从远祖的书架上猴子扒玉米式地抄运来一些并无真正不同的书籍放在自家的书架上,反而居然大言不惭地说他们的思想是那样的自发的"朴素",而我们的思想是这样的至高无上和无与伦比的高明、正确与完美。不知道世间哪来这么多自己给自己发勋章的人!一个多么可笑的吊诡!但是,想想的确令人震惊。其实,哲学及其方法,如辩证法,是不是童话般的进化的?辩证法是不是人类哲学思维的最高形态与最高智慧?在今天看来,至少还是一个值得深究的问题。至于东西方的辩证法,譬如中西哲学中的辩证法,其差别之大,则明显如画,洞若观火,既不能胡子头发一把揉,更不可张冠李戴或越俎代庖。

牟宗三的辩证法虽然只是辩证法的一种阐明或辩证法的一种表现形式,但是它没有为辩证法提供一种简单的公式,也没有把辩证法归入一个简陋的套子,而是在中西哲学的辩证法的比较与融通中卓然自创辩证法的一家之言,紧贴其哲学的左右。这对于哲学方法的反省与方法论意识的提升,治疗与杜绝辩证法的幼稚症,供给了一副不算苦口的良药,而且不乏镜鉴与启示。

六 中国的康德型哲学与黑格尔型哲学

——牟宗三哲学与唐君毅哲学

无疑,唐君毅在牟宗三学思形成的过程中确实起到了重要的作用,不仅直接地积极地影响了牟氏对黑格尔、布拉德雷的哲学尤其是黑氏的辩证法、精神哲学或形上学的认识,而且也间接影响到牟氏对中西哲学的会通融合。

　　当然，当牟氏的学思成熟以后，也像唐氏一样形成了一套自己的思想，这时候二人的思想与论学就出现了差异。诚如刘述先先生所说："当牟先生写出《心体与性体》的时候，他跟唐先生谈中国哲学就有分别。这就牵涉到内观与外观的问题，外观看起来他们仍是一派，可是内观方面，晚年的论学彼此就不相同。"① 这种内观方面的不同，也表现在他们对佛教的看法上，唐氏力赞华严，以其为大，牟氏推崇天台，以之为高。牟氏晚年对唐氏的学问有所批评，认为："唐先生对中国文化的了解是停在他二、三十岁的程度，他那时就成熟了，后来虽写很多书，大体是量的增加，对开拓与深入没多大改进。"② 其实，唐牟二人从一开始就在哲学的进路与风格上各行其道，各显风采。对此，唐氏亦早有明确的认识。据蔡仁厚先生说，早在"抗战时期，唐先生曾对牟先生说：你的思想是架构型的，我的思想是音乐型的。所谓架构型，其特征在于建立思想观念的骨干，和义理系统的间架。音乐型的特征，则在于思想观念层层的发展，有如交响乐的旋律层层引出而齐奏和鸣。这也等于是说，牟先生的思想方式是康德式的，唐先生的思想方式则是黑格尔式的"③。这一看法表明唐氏确乎是有先见之明。唐牟二人在哲学进路与风格上的不同，必然要造成他们在对待中外哲学的态度上的差异，而最终却要在思想上与论学上表现出来。

　　在当代新儒家中，"唐牟"并称，二人的哲学也同为当代新儒学的典范，代表两大重镇。但是牟宗三哲学与唐君毅哲学毕竟是两种不同的哲学系统，它们至多具有家族的相似性。

　　总而言之，对牟宗三来说："熊师所说的本质上都是对的，君毅兄所说的本质上都是对的。孔孟以及宋明儒者所说的亦都是对的。"④ 在熊十力与唐君毅这一师一友的教导与开启下，牟宗三一方面从逻辑与西方哲学回归于中国哲学，接上了儒学的慧命；另一方面则由康德之学进到黑格尔之

---

①　刘述先：《从学理层次探讨新儒家思想本质》，罗义俊编：《评新儒家》，上海人民出版社1989年版，第214页。

②　牟宗三：《客观的了解与中国文化之再造》，《鹅湖月刊》第16卷第11期（总号191），1991年5月。

③　蔡仁厚：《唐君毅先生的生平与学术》，蔡仁厚：《新儒家的精神方向》，第307页。

④　牟宗三：《五十自述》，第115页。

学，在中西哲学的融会中消融与提升了康德之学与黑格尔之学，重开价值之门，创立了牟宗三哲学。

（原刊于蔡德麟、景海峰主编《东方论坛——文明对话》，清华大学出版社2006年版）

论牟宗三哲学中的易学研究

——对牟宗三哲学的前逻辑起点的考察

牟宗三的易学研究，主要表现为其处女作《从周易方面研究中国之玄学及道德哲学》（重印时，更名为《周易的自然哲学与道德函义》，以下简称为《易哲学》）一书，它构成了牟宗三哲学思想不可或缺的一个部分，居于不可忽视的重要地位，在中国易学史和哲学史上具有不可抹杀的价值。如所周知，在牟宗三哲学思想的实际演进中，他是从对易学的研究而走向逻辑研究的，这就在表象上给人造成一种印象，似乎牟氏从易学研究而逻辑研究是一个"转向"或转折。① 然而，无论是牟宗三哲学本身就有一个严整的系统，还是从一种系统或体系的观点把它看作一个独立完整的系统，牟宗三哲学系统演进脉络的逻辑起点，都在于他对现代逻辑思想与数学思想的批判。由此而建立起来的牟氏逻辑哲学与数学哲学，才真正地构成了牟宗三哲学思想系统的逻辑发展的始点。② 从这个意义上说，牟宗三的易学研究，并不是他的哲学思想系统的逻辑起点。因此，本文对牟宗三易学的论述，乃是基于对以下两个问题的回答：1. 牟氏的易学研究与牟氏哲学思想系统发展的关系；2. 与第一点相关联，牟氏的易学研究与他的逻辑研究的关系。以下，分别结合这两个问题来对牟氏的易学进行简单的考察。

---

① 见周立升、颜炳罡《牟宗三评传》，载方克立、李锦全主编《现代新儒家学案》下，中国社会科学出版社1995年版，第382页。

② 沈清松教授认为，牟宗三哲学"主要以知识批判为起点"（见沈清松《未来中国哲学的展望》，台北：《哲学与文化》18卷第5期，1991年5月）。——他讲的"知识"包括逻辑与数学，虽然也可讲得通，但相应于牟氏对知识的看法来说，有不够确切之虞。因为牟宗三所讲的"知识"主要是指科学知识，他把逻辑与数学视为科学知识的基础条件。牟氏所批判的不是知识本身，而是建构知识的理论基础。

哲学地建立中国哲学

一 前逻辑起点及其形式象征意义

对易学的研究是牟宗三哲学思想的来源之一。但是，从牟氏易学研究的内容主旨来看，它对牟氏哲学思想的发展进路究竟构成什么样的关系和意义？如所周知，牟氏易学研究的成果是《易哲学》一书，这是他独立运思与撰著的第一部哲学著作，他写这部书的时候年仅二十四岁，还是一个尚未毕业的大学生。应该承认，无论在任何意义上说，一个二十四岁的大学生能写出这样一部数十万言的大书，本来就是一件很了不起的事，称得上是一个创举。然而，恰因如此，它又常常不免幼稚，甚至失误。牟氏自己也认为这部书"只能算是青年不成熟之作品"，只是他的"学思之开端起步"，或"一生命之开端起步，其他皆可肇始于此也"。[①] 牟氏把这"一生命之开端起步"，看成是他学思发展第一阶段即"直觉的解悟"阶段的一部分。[②] 可见，牟氏早期的易学研究与他后来哲学思想的发展不无关系，而且具有不可忽视的意义。但是，从牟氏的整个哲学思想系统与演进的思路来看，他的易学研究或处女作虽然是他生命的开端或学思的开端，却并没有构成他的哲学的逻辑起点，或思维的进路，毋宁说牟氏的易学研究或《易哲学》一书只是他的哲学思想的自然起点，或前逻辑起点。

哲学发展的自然起点或前逻辑起点与逻辑起点是完全不同的，——尽管不能排除二者可能在某一哲学系统中是统一的，可惜这种统一对牟宗三哲学并不存在。哲学的自然起点是哲学浑沌中的一个自发的和偶然的原始起点，它不能规定哲学的方向与思路，不能始终贯穿于一种哲学发展的过程之中；哲学的逻辑起点则不然，在本质上，它是哲学自觉运思在逻辑发展上的必然要求与必须存在的出发点或支撑点，它规定与制约着哲学的发展方向与思路，如果没有它，一个哲学系统就不可能展开与形成。事实上，一个没有逻辑起点或逻辑支点的哲学系统是不能设想的。因此，任何

[①] 牟宗三:《周易的自然哲学与道德函义·重印志言》，台北：文津出版社1988年版，第5、4页。

[②] 见牟宗三《五十自述》第三章，台北：鹅湖出版社1989年版。又见牟宗三《哲学之路——我的学思进程》，台北：《鹅湖月刊》第15卷第11期，1990年。

论牟宗三哲学中的易学研究

一个哲学系统都是建立在一定的逻辑起点或逻辑支点上的。哲学的逻辑起点或支点是内在于哲学自身发展的必然的矢向点，它甚至能够贯彻于哲学发展的始终。这取决于它自身的内在规定性。然而，哲学的逻辑起点或支点自身所具有的规定性是无定形的。它即可以是一个假设，也可以是一种假说或观点，还可以是一个经验事实，或命题陈述，或一种本体论的承诺，等等。不可否认，在一个哲学系统内，逻辑起点与自然起点可能是重合或统一的。但在这种重合或统一之间既没有必然性，也没有普遍性。因此，一种哲学的逻辑起点与自然起点是否重合或统一，对于这种哲学是无足轻重的。从牟宗三哲学来看，情况就是如此。牟氏哲学的逻辑起点，是由他从对逻辑与数学思想的批判中所建立起来的逻辑观与数学观，或只说是逻辑观亦可。因为他的逻辑观内在地决定与支配着他的哲学思想演进的方向与思路，构成了他的哲学思想的一条重要进路。牟氏早年对易学的研究，虽然使他取得了一项重要的哲学成果，但是作为这项成果的《易哲学》一书对他以后整个哲学思想演进的方向与思路，并没有产生决定性或支配性的影响，它只是牟氏学思的开端起步，有助于了解牟氏哲学思想的来源与发展的全幅过程；相对于他的逻辑研究来说，易学研究只是他的哲学思想的前逻辑起点，而非逻辑起点。

牟氏在《易哲学》一书中宣称：

> 本书之作，不在宣传方法，不在宣传主义，不拘守伦理人事，不喧嚷社会基础，但在指出中国纯粹哲学与纯粹科学之间的问题，列而陈之以转移国人浮夸之碗风。（《自序一·7》）①

又声明：

> 本书是想藉着《周易》以及研究《周易》者之著作而抉发中国的玄学思想与其道德哲学的，其目的不在解析《周易》这本书，所以不是为读《周易》者而作的入门书，仍只是吾近来研究西洋思想时而留

---

① 牟宗三：《周易的自然哲学与道德函义》，第3页。

哲学地建立中国哲学

意到中国思想所欲说的话……（《导言·D1》）①

上述引文中有两点可注意：其一，该书的主旨是藉着《周易》和研究《周易》的著作，抉发中国的玄学与道德哲学，亦即中国的纯粹哲学与纯粹科学；其二，该书的思想是作者研习西方哲学与数理逻辑而照察到中国思想所作的阐发，这一点提示出了写作的思想学术背景。首先，我们从前一点来说明《易哲学》一书的主旨与牟氏哲学思想系统演进的关系。

牟氏写作此书，是受到了西方哲学的刺激，他相信在中国的思想中"有一套中国式的自然哲学可与怀悌海那一套相比论"②，而且这套自然哲学已对他敞开；与此同时，这套中国式的自然哲学也关联到一种道德哲学。他认为这套中国式的自然哲学与道德哲学可以代表中国的思想。他对书名作过这样一个解释：

本书定名曰："从周易方面研究中国之玄学及道德哲学"。名虽冗长，亦颇允合。其主要含义有二：一非注解，二非史述。中国思想，自非一支，然最占势者，厥为周易。故如其说"从周易方面研究"，倒不如直谓"中国之玄学及道德哲学"。（《自序一·2》）③

可见，这部书在实质上并不是一本真正的"易学"著作，只不过是假借易学来阐发"中国之玄学及道德哲学"。因此，"本书最大目的在确指中国思想中之哲学的系统，并为此哲学的系统给一形式系统焉"④。所谓"给一形式系统"，就是对中国思想中的这一"实际系统"⑤作一逻辑分析或解析，从而使它在逻辑分析的方法中以一个形式系统的面向呈现出来。张东荪先生为该书写的序言中也着重指出："惟以为惟有牟君这样的研究古籍方法始足为'哲学'的，因之牟氏的著述是'哲学的'而不是'史学

---

① 牟宗三：《周易的自然哲学与道德函义》，第11页。
② 牟宗三：《周易的自然哲学与道德函义·重印志言》，第7页。
③ 牟宗三：《周易的自然哲学与道德函义·重印志言》，第1页。
④ 牟宗三：《周易的自然哲学与道德函义·重印志言》，第2页。
⑤ 这里的"形式系统"与"实际系统"，是牟氏从冯友兰那里接受过来的用语。（牟宗三：《周易的自然哲学与道德函义》，第1页）

的'."① 这表明牟氏的这部书是一部关于中国思想的真正的哲学著作。

现在来看所谓的"中国之玄学及道德哲学"究竟何所指。牟氏十分明确地写道：

> 本书即从汉清晋宋两大分野上讨论中国的物理后学（Meta-physics）及伦理后学（Meta-ethics）。并想于其中解释出中国的纯哲学思想及科学思想，指示出中国的道德哲学之特性及其缺点。由前者可以抉发吾民族的科学思想，哲学思想；由后者可以认清吾民族的人生哲学之基础。(《导言·D.5》)②

由这段引文可以看出，牟氏说的"玄学及道德哲学"是指他所谓的"中国的物理后学及伦理后学"。他把它们分为三项：（1）纯哲学思想，（2）科学思想，（3）道德哲学。再根据牟氏对《周易》含义的理解与分析，可以进一步确定上列三项的确切内容。他认为，《周易》的含义可归结为：

> （i）数学物理的世界观，即生生条理的世界观。
> （ii）数理逻辑的方法论，即以符号表象世界的"命题逻辑"。
> （iii）实在论的知识论，即以象象来界说或类推卦象所表象的世界之性德的知识论。
> （iv）实在论的价值论，即由缘象之所定所示而昭示出的伦理意谓。(《导言·B.7》)③

> 关于这四个含意，（i）及（ii）汉清易学皆能详细发挥；（iii）则无人继承；（iv）为晋宋易所发挥，焦循尤能尽其极致。吾研周易，循此而进；吾书命名，亦职是故。不把握住此四含意，不能明周易，或甚至可说不能明中国思想。(《导言·B.8》)④

---

① 牟宗三：《周易的自然哲学与道德函义·张序》，第2页。
② 牟宗三：《周易的自然哲学与道德函义》，第12页。
③ 牟宗三：《周易的自然哲学与道德函义》，第5—6页。
④ 牟宗三：《周易的自然哲学与道德函义》，第5—6页。

哲学地建立中国哲学

从前后文的对照与贯通，不难看出，牟氏所说的纯哲学思想实际上是指科学哲学思想，即"数学物理的世界观"，科学思想实指"数理逻辑的方法论"与"实在论的知识论"，道德哲学实为"实在论的价值论"，故可以有下列的互相对应关系：

(1) 与（ⅰ）对应：(1) ⟷ （ⅰ），

(2) 与（ⅱ）和（ⅲ）对应：(2) ⟷ （ⅱ）∧（ⅲ），

(3) 与（ⅳ）对应：(3) ⟷ （ⅳ）。

值得注意的是第（ⅰ）义。此义实际上是指中国古天文律数的羲、和之官的智学传统中的形上学或宇宙观的意义。牟氏在《五十自述》中仍然坚持认为，从这方面而论，中国古贤"对于数学之形上的（宇宙观的）意义，体性学的特征，之认识与欣趣，并不亚于毕塔哥拉斯及柏拉图。依怀悌海，对于数学之如此认识，乃是古典的、传统的看法，此看法直维持至笛卡尔尚是如此。……就怀氏所说之古典观点说，中国的慧命对于天文律数之认识亦并不亚于他们"[①]。这表明牟氏早岁是从古希腊哲学中接受了形上学的观念，并以这种观念来比照与诠释中国式的自然哲学。因此，他讲的中国式的自然哲学或数学物理的世界观实是一套形上学、体性学，或自然本体论与宇宙论。显然，这种形上学与他后期追求的形上学具有本质的差别。此外，牟氏讲的第（ⅳ）点也只是道德的哲学，而不是他后来所讲的（狭义的）"道德的形上学"，即"无执的存有论"。依此，牟氏所列的内容，实际上是下面的三项：

　　a. 形上学，或自然本体论与宇宙论；

　　b. 逻辑方法论与认识论；

　　c. 道德哲学或价值论。

于是，又可形成下列的相互对应关系：

a 与（ⅰ）与(1)对应：a ⟷ （ⅰ）⟷ (1)；

b 与（ⅱ），（ⅲ）与(2)对应：b ⟷ （ⅱ）∧（ⅲ）⟷ (2)；

c 与（ⅳ）与(3)对应：c ⟷ （ⅳ）⟷ (3)。

在牟氏看来，这些内容，除（ⅲ）以外[②]，在从汉到清的易学发展中

[①] 牟宗三：《五十自述》，第50页。

[②] 牟宗三：《周易的自然哲学与道德函义》，第5—6页。

都得到了继承与发扬。它们代表了中国思想，是中华民族的科学思想、哲学思想与人生哲学的基础之所在。概括起来说，正如更名以后的书名显示的，以上的内容集中表现为自然哲学〔（ⅰ），（ⅱ），（ⅲ）/a、b〕与道德哲学〔（ⅳ）/c〕，牟又称之为"纯粹哲学"〔（ⅳ）⟷c/（ⅰ），（ⅳ）⟷a，c〕与"纯粹科学"〔（ⅰ），（ⅱ），（ⅲ）⟷a、b/（ⅱ），（ⅲ）⟷a，c〕。

牟氏在完成此书之后，以对逻辑的研究为起点而向知识论、康德哲学、中国哲学、中西哲学的会通融合方向发展，以建构一套完整的道德形上学，极成哲学的圆教系统，综摄与统一真善美。从纯粹哲学的意义上说，这些工作的内容主要是三项：一为逻辑，二为知识论，三为形上学或道德的形上学。把《易哲学》一书的内容与此后牟氏哲学思想的内容加以比观可知，一方面是相通的，一方面是不同的。相通的方面是"纯粹科学"与逻辑、知识论，不同的方面是"纯粹哲学"与道德的形上学。但是必须看到，所谓"相通"只是形式地讲，而不是在真实内容的实质上讲。因为无论是就《周易》本身看，还是就易学传统说，其实其中并没有什么"数理逻辑的方法论"与"实在论的知识论"，不过是论者自己塞入的，也是由塞入者自己找出的。牟氏写此书时，正浸淫于数理逻辑与新实在论的哲学之中，以之来比附中国的《周易》与易学，故出此论。牟氏自己也承认此书有"附会"，只不过他"附会得很妥帖，不乖错，不离谱"[①]罢了。但是，附会总归是附会，附会得再好再高明，也只是戏论而已。当然，这些地方是可以原谅而且应该原谅的，诚如作者所请求的那样："读者若觉仍有不谛处，则请以其为青年期之作品而谅之。"[②] 更何况这部书的"划时代的意义"[③] 或价值之所在，是瑕不掩瑜的。牟氏所谓的《周易》中有"数理逻辑的方法论"与"实在论的知识论"之说，虽然留下了附会的痕迹，但也未必非要以"附会"之论观之。其实，他所作的只是以"数理逻辑的方法论"与"实在论的知识论"，来解析《周易》与研究《周易》的

---

① 牟氏在后期放弃了古代中国《周易》和汉清易学中有"数理逻辑的方法论"的看法，他早岁的这一看法，实在只是一种幼稚的比附之论。
② 牟宗三：《周易的自然哲学与道德函义·重印志言》，第3页。
③ 参阅邓立光《象数易学易理新诠——牟宗三先生的易学》，载刘大均主编《大易集述》，巴蜀书社1998年版。

哲学地建立中国哲学

著作而已，这是与"附会"完全不同的，是一项极有价值的工作。当时沈有鼎先生称赞牟氏的"这部书是化腐朽为神奇"①，就是从这里说的"解析"的意义上所作的极高的肯定。在另一方面，如果从形式的意义上说，那么不同的一面也是可以相通的。因此，尽管牟氏《易哲学》一书思想的主旨对后来作为一个严整的哲学系统的牟氏哲学思想，并没有多少实质上的关联与作用，但是在形式表象上，可以说，有一种象征的意义。这种象征意义预示着牟氏未来哲学的领域与目标。即是说，无论牟氏未来所创立的哲学在内容实质上是什么，它们总是不会逸出牟氏从早年就特别重视的逻辑、知识论、形上学的大范围之外，至少也不会离这个大范围太远。易言之，逻辑、知识论、形上学必将是牟氏哲学的中心或主干内容所在，不管牟氏哲学思想的内容在实质上是什么，大抵上可以逻辑、知识论、形上学来范围它们与称表它们。

至此，牟氏的易学研究对其哲学思想发展进路的关系与意义问题就得到了它的答案。简言之，牟氏的易学研究构成了他的哲学思想发展进路的前逻辑起点，具有形式的象征意义。

二　从前逻辑起点向逻辑起点的过渡

现在，我们可以来考察另一个问题：牟氏的易学研究与他的逻辑研究的关系问题。这一问题是要回答：牟氏如何从易学研究过渡到逻辑研究？牟氏从易学研究到逻辑研究是不是一个转向，或是否经历了一个转折？实际上，这问题就是牟氏如何从前逻辑起点进到逻辑起点的问题。

上文已指出，牟氏的易学研究（成果）是他研习数理逻辑与西方哲学而照察到中国思想所作的阐发。此是其一。此外，又提出牟氏阐发中国思想旨在揭示其纯粹哲学的形式系统，他从"数理逻辑的方法论"与"实在论的知识论"，对代表中国思想的《周易》与（部分）易学著作作了分析与诠释。此为其二。就这二者的关系看，后者实为前者所蕴含，即是说，牟氏是以数理逻辑和西方哲学的方式，来比照地分析与阐释中国思想的。

①　牟宗三：《周易的自然哲学与道德函义》，第9页。

因此，后者主要是分析与阐释的方式问题，而前者则构成了牟氏解析与阐释中国思想的哲学背景。从第一部分已知，牟氏研究易学的同时，也在研习数理逻辑与西方哲学，而且他对于数理逻辑与新实在论比较能接得上，尤其是能与怀特海的思想相契合而沉浸于其中。此一时期，牟氏的学思是双线发展，中西兼顾的，但是主线仍在西方哲学与数理逻辑。牟氏的《易哲学》一书，就是他在这一时期研习中西哲学的第一个成果。他说：

> 我写这部稿子是在数理逻辑以及罗素、怀梯海、维特根什坦的思想背景下进行的，当然有可以刺激人处，使人耳目一新。①

这一哲学背景是理解与把握全书的关键。正是在这一哲学背景下，牟氏对《周易》和易学所代表的中国思想作了"数理逻辑的方法论"与"实在论的知识论"的解析与阐释。其中渗透了罗素的新实在论、怀特海的宇宙论、维特根斯坦与杜威的逻辑思想。无论是在叙述方式上，还是在内容的阐释与解析上，牟氏的这部书都是十分新颖的，为国内所未有。因此，它确"有可以刺激人处，使人耳目一新"的感觉。仅从叙述方式上看，就可以明显地看出，它受到维特根斯坦的《名理论（逻辑哲学论）》的影响。在内容上，牟氏预设了一个实在的"世界"，把《周易》全书看成是表征这一实在"世界"的"符号"世界，"图象"或"卦象"世界，或"逻辑（命题）"世界。在本质上，这个表示《周易》的"逻辑"世界是一个知识的世界，即对于实在世界的"表征"或"解说"。牟氏的阐述如下：

> 由上所说，可知周易全是以"卦象"或"符号"来表象世界。卦象间的关系即是表示世界的关系；解说卦象即是表示吾人对于世界的知识。所以于此所见当有三义：
> （ⅰ）以图象表世界；
> （ⅱ）图象之关系表象世界之关系；
> （ⅲ）图象之"解说"或"表征"即表示吾人对于世界之知识。

---

① 牟宗三：《周易的自然哲学与道德函义》，第3页。又见牟宗三《五十自述》，第51页。

(《导言·A.9》)①

牟氏在这里给出了三层关系：
（a）世界的关系，
（b）图象的关系，
（c）解释中的图象关系。

在实质上，（a）是事实关系，（b）是逻辑关系或逻辑命题之间的关系，（c）是知识论的命题之间的关系。在牟氏看来，（a）必须由（b）来表象，对（b）的解释或解说构成（c），（c）是（a）的表征，（c）显示（a），人们从（c）认识与把握（a）。在符号学上，图象世界或卦象世界是一个符号世界，它自身构成语形关系（b），它与实在世界构成语用关系，分别表现为（b）与（a），（c）与（a）的关系，在解释中它表现为语义关系（c），（c）的语义关系就是关于世界的知识。牟氏对《周易》的解释，正是他所说的"实在论的知识论"的观点和态度。至于他解释《周易》的方式，很像维特根斯坦的"图象说"②的翻版。但是，他别出心裁，从哲学上为《周易》的解释提供了一个逻辑符号论的模型，为中国古典思想的现代诠释作出了首开先河的有益尝试，至今仍然值得认真研究。

牟氏把世界分别划分为三个：物理世界，数理世界，伦理世界。这三个世界，对牟氏来说，都是语义世界。即是说，它们实际上是物理知识的世界，数理知识的世界，伦理知识的世界。它们分别从（ⅰ）物理的，（ⅱ）数理的，（ⅲ）伦理的三个方面构成了《周易》的主要含义。这三个方面分别代表三条原则：物理的原则，称为"易"；数理的原则，称为"序"；伦理的原则，以"吉凶悔吝"表示。"易"是"阴阳"，"变易"，"生成"；"序"是"序理"，"系统"，"关系"；"吉凶悔吝"是"意谓"，"价值"，也就是由"象"表征的"伦理意谓"或"价值意味"。(《导言·B.1》)③ 牟氏认为，物理世界处于阴阳变化之中，数理世界是阴阳变化之

---

① 牟宗三：《周易的自然哲学与道德函义》，第2—3页。
② 参见［英］诺尔曼·马尔康姆《回忆维特根斯坦》，李步楼、贺绍甲译，商务印书馆1984年版，第99—101页。
③ 牟宗三：《周易的自然哲学与道德函义》，第3页。

间的条理或关系。二者在逻辑上合取为"数理物理"世界。(《导言·B.2》)① 阴阳变化是由卦来表示的,因此每一卦是一个"逻辑命题"。卦中的"关系者"以卦画充之。卦画是表示阴阳的"爻"。因之爻也是一个逻辑命题。作为逻辑命题,爻是简单命题,卦是复合命题。爻与卦都有一定的表象和意义。命题之合仍是命题。一部《周易》就是由爻和卦按照数理原则即"序"构成的逻辑命题世界,或逻辑世界。从这个意义上说,《周易》是"数理逻辑",或"记号逻辑"。(《导言·B.3》)② 这就是牟氏从"数理逻辑的方法论"对《周易》所作的逻辑分析与诠释,而不是在《周易》或易学中发现了"数理逻辑的方法论"。如果说《周易》与数理逻辑有可以相通之处,那也只是表示数理逻辑的方法论原则适合运用于《周易》,或适合于《周易》的运用,而绝不是指《周易》本身是数理逻辑,或在《周易》中本来具有"数理逻辑的方法论"。这是必须辨别清楚的;否则,就不能免于附会或妄断。(今人论易,仍以附会为时髦,原因恐怕就在于此。)

至于《周易》的道德世界,牟氏是从"实在论的价值论"来作诠释的。他认为,道德世界以"实在"或物理为基础,但它自身却不是实在,也不是超越地外在于实在的。因而是"实在论的价值论",或"超越的内在"的价值论。这是中国伦理哲学的特性之所在,与康德、维特根斯坦关于道德世界的"超越的外在论"不同。道德世界是由"缘"与"象"来表征的。"由象以知性德,由象以知吉凶悔吝。由卦爻之变化而知进退;由卦爻之序理而安其居(……)'居则观其象而玩其辞,动则观其变而玩其占。'人生之一举一动,殆无不可由缘象而昭示出。是故伦理意谓,道德基础皆由此出。"(《导言·B.6(ii)》)③ 牟氏对易之道德世界的分析与解释也是极其形式化的逻辑的。在这种解析与解释中,《周易》的"逻辑世界"或"符号世界"变成了语义的价值世界,也就是说,经过"数理逻辑的方法论"的解析与"实在论的价值论"的诠释,牟氏把作为"数理物理"世界的《周易》变成了价值论的道德世界。从"数理物理的世界观"

---

① 牟宗三:《周易的自然哲学与道德函义》,第3页。
② 牟宗三:《周易的自然哲学与道德函义》,第4页。
③ 牟宗三:《周易的自然哲学与道德函义》,第5页。

哲学地建立中国哲学

到"数理逻辑的方法论"与"实在论的知识论"的建立，再到道德哲学的价值论的完成，始终以预设的"实在"世界为基础，处处不脱离这一基础，这表现出牟氏当时深受自然科学，尤其是物理学的影响[1]，因此他的世界观、方法论、知识论与价值论全都是实在论的。

诚如孙道升先生所早已指出，牟氏"把各易学家由《易经》引申出来的原则，糅合排比成一个完整的系统"[2]；对牟氏来说，他的确是实现了"给出"中国纯粹哲学思想（即易学中的纯粹哲学思想）的形式系统的目标。牟氏在回顾他的易学研究时说过一段总结性的话，颇具参考价值。他写道：

> 总之，吾当时对于儒释道三教并无所知，对于宋明儒亦无所知，对于西哲康德更无所知，只凭道听途说，世俗陋见，而乱发谬论，妄下论断。吾当时所习知者是罗素，怀梯海，以及维特根什坦之思路；于中国，则顺易经而感兴趣于汉人之象数，更发见胡煦与焦循易学之精妙，并发见这一套中国式的自然哲学（焦循除外）可与怀梯海那一套相比论，且亦根据实在论之心态来处理戴东原，焦里堂与朱子间之纠结，居然全始全终，终始条理，成一完整的一套，以为天下之理境可尽据此而断之，遂视其他如无物。此是此书之总相也。[3]

由此可以看出，牟氏在当时自视很高，以为他由易学而建立的这个纯哲学的形式系统已成为完整的一套，天下的理境尽可"据此而断之"，自然也就要"视其他如无物"了。这个纯哲学的形式系统是根据他那时所习知的罗素、怀特海、维特根斯坦等人的哲学思路，以新实在论（牟氏特称为"实在论"）的心态解析与阐发易学（以象数易为主）的成果。自然，这一纯哲学的形式系统是一个实在论的形式系统，而不是一个形式主义的

---

[1] 牟氏自大学时代，就很重视了解自然科学的新成就，这很可能与他酷爱怀特海的哲学有关系，他曾受到过美国物理学家兼哲学诺滋洛圃（Northrop）的影响。他翻译过诺氏的《科学与第一原则》一书的第一章，并先后刊于广州《民国日报·哲学周刊》第13—15期，1935年11月27日，12月4日，12月11日。

[2] 孙道升：《评牟著〈从周易方面研究中国之元学与道德哲学〉》，广州《民国日报·哲学周刊》第12期，1936年11月20日。

[3] 牟宗三：《周易的自然哲学与道德函义·重印志言》，第7页。

形式系统。固然在其中包含了谬论和妄断，但是，对一个血气方刚、年轻有为且高狂恣肆的青年来说，这样一个纯哲学的形式系统总是"完整的一套"。牟氏对"易学"的兴趣尽于此而止于此。他并不想成为一名易学家，一如他无欲当一名康德学专家，他不可能像那些把一生奉献给易学的易学家一样，把自己的一生也付诸易学。牟氏的灵魂是一个哲学思想的灵魂，而不是一个学问知识的灵魂。严格来说，牟氏不是对易学感兴趣，而是对易学中的哲学问题感兴趣。他的易学研究，为的是从易学中发见与解析中国哲学、中国思想，而不是作一种历史的研究。因此，他无意对易学作无遗漏的全盘考察，而只是以哲学问题为主，选取他所需要的部分加以阐发就足够了。当孙道升批评他遗漏的易学史料甚多，指责他"蔑视易传"，"忽视太玄"，"遗漏易纬"，"丢掉了参同契与先天图"[①] 时，牟氏答曰："万事必有所对，不可不识其主从。""著者讲哲学史，不以人或著作为主，而以问题为主。"[②] 既然如此，那么在目标达到以后，就没有理由再停留于易学之中了。

但就牟氏的易学研究与中国哲学尤其是儒学的关系来看，诚如他自己所说，那时他对儒释道尚无所知，对于宋明儒亦无所知，因此他也就不可能从易学而进一步拓宽对中国哲学的研究。这不是由逻辑上或主观上作的推测，而是他当时的实情。对此，他作过明确的交代。他说：

总之，于道德心性一面的学问，仁一面的学问，我不能有悱恻的悟入。说到易经，当然也是仁的扩大。"显诸仁，藏诸用"，当然要就天地万物普遍地指点仁体。可是这指点不是人生哲学的，而是偏于宇宙论的。宇宙论地指点仁体，是较容易彰显"智之慧照"一面的。我之爱好易经，也正是以"智之慧照"与它照面，这表现了我的想像式的直觉解悟。这是一种在"智及"之光辉中呈现，不是在"仁守"之悱恻中呈现。[③]

---

① 见孙道升《评牟著〈从周易方面研究中国之元学与道德哲学〉》，广州《民国日报·哲学周刊》第12期，1936年11月20日。
② 牟宗三：《著者答复》，广州《民国日报·哲学周刊》第12期，1936年11月20日。
③ 牟宗三：《五十自述》，第45页。

哲学地建立中国哲学

又说：

> 至于就经文而正视易传，把易传视作孔门义理，以形成儒家的道德形上学，这是吾后来的工作，此并非吾当时所能了解，且亦根本不解，故亦无兴趣。①

这些说明表示，牟氏在完成了从易学而建立的纯哲学的形式系统以后，不可能继续由易学去研究中国哲学了，它必然要从易学的研究中脱离出来。因此，牟氏对"易学"的兴趣不能不尽于此而止于此。

此外，牟氏当时的学思进路是双线的，且主线在数理逻辑与西方哲学，对他来说，由易学研究而建立的一套哲学的形式系统，不过是把他所研习的数理逻辑和西方哲学从方法上作了一次尝试性的运用而已。对数理逻辑与西方哲学的运用完成了，自然还要返回到数理逻辑与西方哲学这一主线上来。此是其一。

其二，牟氏那时自认为他把数理逻辑与西方哲学运用在易学研究中，是成功的，而且其他人也多这么肯定。② 他认为他在易学中发现了能够代表中国思想的哲学，尤其是被认为中国素来缺乏的数理逻辑的方法论与知识论，——尽管这只是附会，实际上易学中并不存在"数理逻辑的方法论"与"实在论的知识论"，所谓"数理逻辑的方法论"与"实在论的知识论"是牟氏对易学所作的解析与解释（这一点已在上文中阐明）。然而，不管牟氏在易学中发现或没有发现数理逻辑的方法论与知识论，他都得到了他能够得到的结果。易言之，无论他在易学的开采中获取了他所要的"矿物"抑或没有，他都不能在其中再发现什么了。因此，他完全没有必要留在易学的研究中了，他所能做和应该做的事就是从易学中走出来。走向何处呢？当然是数理逻辑与西方哲学。

---

① 牟宗三：《周易的自然哲学与道德函义》，第6页。
② 牟氏的《从周易方面研究中国之元学与道德哲学》一书得到李证刚、林宰平、熊十力、沈有鼎、张东荪诸先生的高度评价，参见此书的《重印志言》（第3页）和《五十自述》（第51页）。此外，孙道升也在他的书评中有很高的正面评价，他着重指出的一点就是："著者处处引用西洋哲学的名辞训诂中国各家易学之名辞，却能保持中国气味，不使他完全'洋化'。"（见孙道升著《评牟著〈从周易方面研究中国之元学与道德哲学〉》，广州《民国日报·哲学周刊》第12期，1936年11月20日）

其三，牟氏那时正潜心于研读怀特海、罗素、维特根斯坦的哲学著作，他们都是数理逻辑与逻辑哲学或哲学方面卓有建树的大家，如果要想理解与把握他们的哲学思想，那么不可能对他们的逻辑学或逻辑哲学弃置不顾。再说，读他们的哲学也必然关联到他们的逻辑，也会把读者引向他们的逻辑。从这个意义上说，牟宗三必将从他们的哲学走向他们的逻辑。除非他放弃理解与把握他们的思想，但这对他来说是办不到的。因此，牟氏从西方哲学走向逻辑研究，同时也就是他从易学走向逻辑研究。

最后，如果说上述三点使牟氏从易学研究向逻辑研究的必然过渡具备了足够的条件，那么，凭什么可以肯定他紧接着易学研究完结后就自然地过渡到逻辑研究呢？就是说，必须有一个现实的触缘，牟氏从易学到逻辑的自然过渡才是现实的必然的。事实上，确实存在着这样一个触缘，那就是当时国内爆发的"唯物辩证法论战"。这场论战给牟氏以很大的刺激，使他成为一个坚定的"形式逻辑"的捍卫者、守护者。因此，他一方面参加了论战，一方面开始深入钻研数理逻辑的漫长生涯。关此，笔者已有另文阐述，此不赘言。

综上所述，我们得出了第二个问题的答案。可以简述为：牟氏从易学研究向逻辑研究的过渡是自然的必然的，是水到渠成、顺理成章的事。其中，没有经历任何转折。因此，牟氏从易学到逻辑研究的过渡不是一个转向，而是他的学思发展从前逻辑起点到逻辑起点的必然的应有的结果。

（原刊于《周易研究》2002 年第 5 期）

孔子与中国哲学中的非实体主义*思想

——牟宗三的孔子诠释略论

从孔子到牟宗三，中国儒学经历了波澜壮阔的历史发展过程。无论是孔子还是牟宗三，在这一历程中，均占有其不可或缺与不可替代的重要地位。牟宗三哲学中的孔子诠释自然是牟宗三哲学建构历程中的重要一环，但同样也是孔子思想发展到当代与在当代具有活力的表现。如果说儒释道构成了中国哲学的主干，那么儒学则是主干中的主干。儒学不仅是中国的土产，而且自始至终贯穿于中国哲学的源流之中，在中国哲学的波澜起伏与重大转折时期常常充当主角，以在理论上和精神上主导和引领时潮而胜出，并渗入广泛的社会生活，指导政治、经济与文化，成为国家的精神支柱和人们的精神资粮，当其他思潮都相继沉寂而式微的时候，儒学却能傲然挺立，代表中国文化的存在，并为中国文化作见证。在这一意义上说，儒学成了中国文化的标志。孔子作为中国哲学最重要的奠基人或儒家学派的创始人与代表，他的不同于西方与印度的非实体主义的思想从一开始就为儒学的主流乃至中国哲学的主流规定了发展方向，而与儒家相反相成的道家的创立者与代表人物的思想，更是把非西方亦非印度的非实体主义思

---

* 关于"非实体主义"这一概念源自华裔美国哲学家唐力权教授的"场有哲学"。所谓"非实体"是相对于"实体"而言，就其作为一个"宇宙概念"来说，在此主要指流变过程与实践体验关系中所呈露的宇宙"本体"或"本原"。它既不是内在于人的自然生命之中，譬如某种决定性的"气"，也不是外在于人的所谓"客观的实在（或物质实体）"，譬如"上帝"。站在中国非实体主义思想的立场上看，离开过程、实践与生命的体验和关系，就没有所谓的宇宙"本体"或"本原"。而西方哲学传统的宇宙"实体"或"本体"概念是虚妄不实的。由此可见，非实体主义是相对于实体主义而言的一种哲学思潮，是对实体主义思潮的一种颠覆和反动。就中国哲学而论，非实体主义思想可能是主潮。这一非实体主义思想的主潮从孔子开始。

孔子与中国哲学中的非实体主义思想

想发挥到了极致。儒道的互补完全规定了中国哲学主流的走向。因此，当佛教进入中国以后，大乘佛教兴盛且广泛流播。从此，儒释道成为中国哲学的三大主干，中国哲学的绝对主流均为不同于西方和印度实体主义的非实体主义思想。[①] 由此可以看出，中国哲学中的非实体主义思想，自肇始就是与孔子的非实体主义思想密切地联系在一起的。

当代大儒与大哲学家牟宗三在对孔子的诠释中剥离与揭示出孔子所关注的"'生命价值'场有"域是一个"普遍的精神生命"，直通到道德的形上境界，形成了东方非实体主义的"道德实体"的原则，并在尽心、尽性、尽理、尽伦、尽制的实践文化形态中得到了它最恰当的体现，它由此而凸现了中国哲学与文化的"道德的主体"以及"道德的主体自由"。这一观念形态开启了儒家的"内圣外王"之学。此外，这一普遍的笼罩性的原理在尽才、尽情、尽气的另一串文化形态中也得到了应有的表现，并凸现了中国哲学与文化的"美的自由"精神以及"艺术性的主体"。这一过程恰恰就是中国哲学与文化的"主体的自由"的表现。在这一普遍原理的笼罩下，中国社会中的每一个个体的人的生命都有了被肯定的价值或意义，因此皆可以得到安顿，由此而奠定了中华民族文化生命的发展方向。

---

① 关于西方的实体主义思想及其发展，在唐力权教授所倡导的场有哲学的研究成果中已被作了较为充分的揭示与阐述，可参阅唐教授的系列著作，如《〈周易〉与怀德海——场有哲学序论》（辽宁大学出版社1997年版）、《脉络与实在——怀德海机体哲学之批判的诠释》（中国社会科学出版社1998年版）和《蕴徼论——场有经验的本质》（中国社会科学出版社2001年版）以及论辑《场与有——中外哲学的比较与融通》（1，东方出版社1994年版；2－6，中国社会科学出版社1995－1998年版）。此外，以研究中国科学技术史以及中国文明而名扬四海的英国科学家和科学史家李约瑟教授也注意到并揭示了中国的非实体主义思想观念与西方的实体主义思想之间的差别，例如他指出："……认为在哲学上中国以'天不变'的观念为最高准则，这和中国文明的'静止'性是一致的。这种说法也是不确当的。所谓'不动的运动者'基本上是希腊的观点，而中国的'道'的涵义确实永恒不息的运动，正如天体的周日运行一样。当然，在中国和希腊的文明中都可能找到动和静两种价值观的实例。在中国文化中从来没有静止不变的东西……"（李约瑟：《四海之内》，劳陇译，生活·读书·新知三联书店1987年版，第5页）他还指出中国"没有被孤立物体作用于另一物体才产生运动的这种思想所困扰"（见潘吉星主编《李约瑟集》，天津人民出版社1998年版，第108页）。至于印度的实体主义思想，早在20世纪初，梁漱溟先生就在其轰动时代的《东西文化及其哲学》一书中有所揭示，并在东西方文化与哲学的比较中作了富有成果的阐述，可参阅拙作《梁漱溟的非实体主义思想探要》，载《场与有——中外哲学的比较与融通（五）》（中国社会科学出版社1998年版）。此外，李约瑟也曾指出："从二世纪起，特别由于佛教徒与印度的接触，原子论不时引入中国，但从未在中国文化中生根。"（见潘吉星主编《李约瑟集》，第109页）无论对于西方或印度来说，原子论都是其实体主义思想的一种典型的表现。

哲学地建立中国哲学

牟宗三对孔子思想的诠释，披露了中国文化对生命的注重与把握，这不是西方实体主义的把握或了解，乃是一种中国文化所特有的东方非实体主义的道德、宗教与政治的把握。这表现为"正德、利用、厚生"以及敬畏天命的观念形态与实践活动。因此，"生命"不是形而下的生物学的自然现象。在如何调护与安顿我们人的生命这一点上，从中国的文化生命里开出了一个精神领域：心灵世界，或价值世界。透过牟宗三对于孔子的诠释，我们可以看到，孔子确实具有一套非实体主义的思想。孔子的非实体主义是仁的创生、活动与生成，具有"於穆不已""无臭无声""即存有即活动""道德的形上学"的意味的特征。孔子的非实体主义开中国非实体主义的先河。由此，我们不仅可以了解到孔子思想的非实体主义面目，而且也可以看出中国哲学主流的非实体主义流向。

事实上，在中国哲学的发展中，实体主义与非实体主义两种哲学的因素与倾向是同时俱存的，但是由于中国人自始便注重"生命"观念以及意象数理思维，——这一切大约都根源于《易》《诗》《书》《礼》《乐》《春秋》"六经"所代表的文化大传统，而于易学（本来应该还有《乐》，但亡佚）中表现得最为显著，集大成于孔子，发挥于诸子百家，极大地发展了不同于西方和印度的为中国文化所特有的非实体主义思想，当这一思想成为中国哲学的主流以后，便将中国哲学中的实体主义思想压倒、冲淡并淹没了。因此，当在东西方哲学的交遇中重新审视中国哲学的时候，我们所看到的中国哲学的主流，便是根本上不同于西方和印度的非实体主义。牟宗三对于孔子思想的诠释所透露出来的非实体主义，及其与中国哲学非实体主义的深层义蕴的关联，便是典型的一例。

牟宗三在诠释孔子以及他所从事的中国哲学的研究中，无疑假借与引入了西方哲学与佛学中的概念，尤其是"实体"概念，但是这绝不意味着牟宗三诠释的中国哲学，例如孔子哲学，是实体主义的哲学。我们必须透过表层的概念名相而直透其深层的义蕴之奥妙，才能看到牟宗三对于中国哲学的诠释以及牟宗三哲学（当身）的非实体主义的究竟实相。通过牟宗三的孔子思想诠释，我们不仅可以看到当代新儒学与孔子儒学之间的承接与呼应，而且我们可以看到，孔子思想以及中国哲学在世界哲学的历史发展中的特殊表现形态与重要地位，是不可抹杀的。孔子的非实体主义不同于西方的实体主义，至今仍具有生命活力，在儒学复兴的潮流中必然对未来世界哲学尤其是未来的中国哲学发生深远的影响。

一 孔子与中国哲学：从正统的中国哲学史观与非正统的中国哲学史观说起

近代以来，随着洋务运动的兴起，中国不仅创办了西式的学堂，而且演变为中国的大学，还假道日本引入哲学（学科门类）的建制，例如北京大学创立后就开设了哲学门，这标志着现代学科意义上的哲学这一学科门类，在中国的正式确立。进入现代大学教育中的中国哲学，也随着中国传统学术完成了向现代学术的转型。在这一过程中，胡适写出了第一部具有现代学术意义的《中国哲学史大纲》（卷上），继胡著之后，冯友兰完成了一部系统完整的《中国哲学史》，后来居上，成为中国哲学通史著作的里程碑。在20世纪上半叶，胡适和冯友兰的中国哲学史著作独领风骚。但是，这两部中国哲学史著作有一个很大的不同，那就是胡适的中国哲学史观是"非正统"的，而冯友兰的中国哲学史观则是"正统"的。所谓"正统"的中国哲学史观，就是以儒家哲学为中国哲学之正宗和主流的哲学史观，那么"非正统"的中国哲学史观，就是不以儒家哲学为中国哲学的正宗和主流的哲学史观。胡适的中国哲学史著作是以老子为开端，从老子哲学讲起的，但是却有头无尾。冯友兰的中国哲学史著作，则是以孔子为始点，从孔子哲学讲起，一直讲到清代的廖平为止。也就是说，冯友兰的中国哲学史是以儒家哲学开始的，最后也以儒家哲学终结。胡适基于他自己的考证立场，认为老子在时间上应该早于孔子而生，老子的哲学早于孔子的哲学，所以中国哲学理应从老子而不是孔子开始。胡自认为他的哲学史充分地尊重"历史"，而冯友兰的哲学史只是尊重和维护儒家的"正统"，所以才从孔子讲起，而不是以老子为肇端。无疑，胡适将他自己在中国哲学史上与冯友兰的这一重大分歧，归结为"非正统"的哲学史观与"正统"的哲学史观所造成的区别。这成为中国哲学史学科上的一桩公案。

牟宗三的中国哲学史观像冯友兰的中国哲学史观一样，是"正统"的。牟宗三认为，晚周诸子是中国学术源流的原始典型，但以儒家为正宗。牟宗三维护儒家的"正统"地位，这似乎是因为牟宗三的儒家或"新儒家"立场使然。其实，不然。尽管冯友兰自我定位为"儒家"（儒家的"理学"派），但是牟宗三不承认冯友兰是儒家，也不会认为冯友兰的《中国哲学史》是真正的"正统"的。牟宗三的中国哲学史也是以孔子为开端的，自然是从孔子讲起。但是，牟宗三从哲学角度有一个分析和说明：为什么中国哲学史只能从孔子讲起而不能从老子讲起呢？牟宗三认为，正式地讲中国哲学，不能顺着尧、舜、夏、商、周一代一代具体地讲，因为这些古老时代的历史文献不足征，而且它们没有形成一个确定的概念。如果讲中国文化史，那是可以从这里讲起的。但是，讲中国哲学就只能以它们作为文化背景，可以通上去，贯通起来。正式地讲中国哲学，应该从春秋战国时代的先秦诸子讲起。一般来讲，这是没有争议的。虽然说中国哲学从晚周诸子开始，但是讲中国哲学史，只能从孔子讲起。原因在于中国的历史发展到孔子的时代，从孔子开始对于夏商周三代的文化才有一个系统的总结性的反省或反思。正因为有了这个反省或反思，才自觉地提出了一个观念，建立起一个原则。有了观念和原则，我们民族的生命才有了一个明确的方向。[①] 牟宗三说：

　　中国自尧、舜、禹、汤以来，以至周文之形成，所谓历圣相承，续天立极，自始即握住"生命"一原理。内而调护自己之生命，外而安顿万民之生命。是以其用心立言，而抒发真理，措之于政事，一是皆自一根而发。哲学从这里讲，历史文化从这里表现。[②]

　　周文及宗法族系成自周公，而予以反省的肯定，并充分透露其形上意义，而予以超越的安立，以打开天人之门者，则始自孔子。（黑氏讲中国，完全不提孔子，便是其不了解中国文化生命之本与全。）普遍的宗法制度的家庭族系以及普遍的文教系统弥漫于全社会，稳定了全社会。各个体在其中过着具体的生活。宗法的家庭族系，依着亲亲之杀，尊尊之等，实兼融情与理而为一，含着丰富无尽藏的情与理

---

① 参阅牟宗三《中国哲学十九讲》，见《牟宗三先生全集29》，台北：联合报系文化基金会联经出版公司2003年版，第50页。
② 牟宗三：《历史哲学》，见《牟宗三先生全集9》，第85页。

孔子与中国哲学中的非实体主义思想

之发扬与容纳。它的理不像西方那样的理智，它的情亦不像西方那样的赤裸……在此种稳定而富弹性的社会里，实具有一种生命的亲和感。在此种亲和感里，实荡漾着一种"超越的亲和性"，此就是此整个社会后面的"道德实体"，普遍的精神生命。①

由此可以看出，孔子在对夏商周文化尤其是对"周文"的反省或反思中，透过中国社会的"超越的亲和性"而把握了它的"普遍的精神生命"，提出了一个"道德实体"的原则，从此奠定了中华民族文化生命的方向。牟宗三说："要紧的是，各个体在此社会里有所'尽'。""就在此'尽'字上，遂得延续民族，发扬文化，表现精神。"② 具体地说，就是在这个"尽"字上，作为个体的人取得了反省的自觉，表现了"主体的自由"，而成就了精神生命的一种"独体"。

中国哲学与文化的根源，就在于夏商周三代以来中国人对于"生命"原理的把握。这是中国这个特有的文化生命的最初表现，也是它与西方文化生命的源泉之一的古希腊不同的地方。就是说，中国文化首先把握"生命"，而古希腊则首先把握"自然"。《尚书·大禹谟》说："正德、利用、厚生。"这是中国文化生命里最根源的一个观念形态。这一观念形态即表示中华民族首先是向生命处用心，即对自己是正德，对人民是利用、厚生。"正德、利用、厚生"这三事，其实就是修己与安百姓这两事。"生命"是最麻烦的东西。俗话说："征服世界易，征服自己难。"征服自己就是对付自己的生命。这个最深刻与最根源的智慧的发动处，最先就表现在中国的文化生命里。如果说正德或修己是对付自己的生命，那么利用、厚生或安百姓就是对付人民的生命。这里所谓的"对付"，就是如何来调护我们的生命，安顿我们的生命的意思。这表示在中国文化里，对生命的注重与把握不是生物学或生理学的把握或了解，乃是一个道德、政治的把握。因此，"正德、利用、厚生"这个观念形态是属于道德、政治的观念形态。"生命"是自然现象，这是属于形而下的。就在如何调护与安顿我们的生命这一点上，从中国的文化生命里开出了一个精神领域：心灵世

---

① 牟宗三：《历史哲学》，见《牟宗三先生全集9》，第75页。
② 牟宗三：《历史哲学》，见《牟宗三先生全集9》，第85页。

界，或价值世界。道德、政治就是属于心灵世界或价值世界的事。"正德"是道德的，"利用、厚生"是政治的。这一观念形态开启了儒家的"内圣外王"之学。"正德"是"内圣"事，律己要严；"利用、厚生"是"外王"事，对人要宽。中国古代的二帝三王这些作为政治领袖的圣哲，首先把握了这一点而表现了这个观念形态。① 但是，这一观念要经过孔子的反省或反思，才能提升为中国文化的"普遍的精神生命"。

由于中国文化自尧、舜、禹、汤以来，首先把握住了"生命"的原理，从对于个人自己生命的调护与安顿天下民众的生命当中形成了一种"对反"；由此而有了"主体"精神与"客体"的自然，进而又有了主体精神与绝对精神的遥契、对照与证实。因此，自然、主体精神和绝对精神成立。这三个概念，正就是中国文化精神生命的"独体"。所谓"绝对精神"，是牟宗三沿用黑格尔的说法，其实就是生生不已的活动的非实体主义的"道德实体"，也称为"普遍的精神生命"。只有在这三个概念及其关系成立的基础上，方能说"尽"。这就是中国文化的一个普遍的笼罩的原理。这一原理应用于各种"尽"上，那么尽心、尽性、尽理、尽伦、尽制一串文化形态，就是这一原理最恰当的体现。它由此而凸现了中国哲学与文化的"道德的主体"以及"道德的主体自由"。此外，这一普遍的笼罩性的原理在尽才、尽情、尽气的另一串文化形态中，也得到了它应有的表现，并凸现了中国哲学与文化的"美的自由"精神以及"艺术性的主体"。这一过程恰恰就是中国哲学与文化的"主体的自由"的表现。在这一普遍原理的笼罩下，中国社会中的每一个个体的人的生命，都有了被肯定的价值或意义，因此皆可以得到安顿。② 无疑地说，在牟宗三看来，孔子最早在自觉地对夏商周三代以来的文化反省中，表现了中国哲学与文化的"主体的自由"精神，成就了中国哲学与文化生命的"独体"：(一种非实体主义的)自然、主体精神与道德实体(或绝对精神，或普遍的精神生命)概念，把握了中国哲学与文化的一个具有决定性笼罩性的普遍原理，开启了将这一普遍原理分别应用和贯彻于尽心、尽性、尽理、尽伦、尽制和尽才、尽情、尽气的两系文化形态之门，最终造就了中国社会是一个人格世

---

① 参阅牟宗三《历史哲学》，见《牟宗三先生全集9》，第189—190页。
② 参阅牟宗三《历史哲学》，见《牟宗三先生全集9》，第85—86页。

界，是一个个体人格彻底透露的独体世界。这一世界所表现的"道德的自由"是"道德的主体"的彻底透露，"美的自由"是"艺术性的主体"（生命）的彻底透露。因此，孔子既是夏商周以来的中国文化的集大成者，同时又是未来中国文化形成与发展范型的设计师与铸造者。换句话说，孔子且唯有孔子是中国文化的真正的奠基人。在这个意义上，牟宗三视孔子为中国哲学思想之父。因此，对牟宗三来说，中国哲学或中国哲学史要从孔子讲起，并且也只能从孔子讲起。①

此外，牟宗三在批判叶水心不能了解孔子开创中国文化的道统及其与夏商周三代文化传统的关系时指出：

> 孔子独辟精神领域以立本正源是开再度谐和之关键。故道之本统只能断自孔子，前乎孔子是其预备，后乎孔子是其阐发与其曲折之实现。焉可混抹孔子之开辟，而唯断自三代王者受命之政规耶？②

由此可知，孔子独辟精神（以仁智圣的价值为中心）的领域，是中国文化的道统的开创者，确立了中国哲学与文化的本源，因此中国哲学只能从孔子讲起，而不能从孔子以前的夏商周文化讲起。夏商周文化虽然在孔子以前，但是却不是中国文化的道统的开端，而只是中国文化的道统的预备，所以中国哲学不能从夏商周文化讲起。同样，中国哲学也不能从孔子以后的思想讲起，因为孔子以后的思想，只是对于孔子思想的阐发与辩证的曲折的实现而已。那么，中国哲学只能从孔子讲起了。中国哲学从孔子讲起，既可以与孔子以前的夏商周文化传统连接起来，又可以贯通到孔子以后的思想。这就是中国哲学只能从孔子开始的根据与理由。

---

① 牟宗三的这一看法与张岱年关于"中国哲学之创始者，当推孔子"（见张岱年《中国哲学大纲》，《张岱年文集》第二卷，清华大学出版社1990年版，第10页）的论断，具有异曲同工之妙。虽然他们都重视孔子为集过去学问思想文化的大成者，但牟强调孔子把握与表现了中国哲学与文化的一个具有决定性笼罩性的普遍原理，并开启了将这一作为普遍原理的"主体的自由"精神分别应用和贯彻于尽心、尽性、尽理、尽伦、尽制和尽才、尽情、尽气的两系文化形态之门，终于把中国社会造就为一个人格世界的方向和意义；张则强调和高扬孔子对于过去文化成绩的系统化，并独创一个一贯的原则即"仁，亦即忠恕"（《张岱年文集》第二卷，第10页）以统摄之的贡献和意义，颇值得注意。

② 牟宗三：《心体与性体》第一册，见《牟宗三先生全集5》，第232页；又见牟宗三《中国哲学十九讲》，见《牟宗三先生全集29》，第52页。

哲学地建立中国哲学

牟宗三强调，中国哲学（史）虽然是从孔子讲起，但是可以把孔子的思想和孔子以前的文化背景贯通起来。因此，牟宗三不赞同胡适讲中国哲学（史）直接从老子讲起，而且批评了黑格尔讲中国文化或哲学对于孔子的忽视，认为黑格尔"不了解中国文化生命的本（本根）与全（全体）"。牟宗三从哲学上提出了一个重要的理由，他认为老子的思想是后起的，而最为重要的一点是，相对于儒家来说，老子所代表的道家的思想是一个反面的思想。① 你只有先从正面去了解了儒家的思想，才能了解反面的道家思想。正面的思想还没有了解，一开始就直接从代表反面的老子的思想讲起，这样讲中国哲学是不行的。胡的《中国哲学史大纲》卷上之所以被人称为"无头的哲学史"，就是因为它和以前的夏商周的文化背景连接不起来，这就等于把自己的头割掉了！所以说，"无头的哲学史"是不行的。② 这也同样是"不了解中国文化生命的本（本根）与全（全体）"。

牟宗三从正反两面来了解与界定儒道两家，的确是哲学上的一条重要理由与思路。问题是这一正反面的时间问题，即正面的发生或出现一定是先于或早于反面的吗？应该承认，一般的情况大多如此。然而，不能否认下面这种情况的存在或可能，即正面与反面有可能同时发生或出现。如果夏商周的文化是儒道两家共同的思想来源，那么在大致相同的历史时期（孔老为同一历史时期的人物），儒道两家的开创者以不同的方式，从不同的进路去理解与阐发同一思想，或注重与把握这一共同思想的不同的内容，而结果就是在哲学上得到不同的"普遍的精神生命"，自然也不是完全不可能的。无疑，我们可以对儒道两家哲学的起源，作如此这般的理解。如果这一理解可以成立，那么中国哲学史同时就存在（孔）儒（老）道两个源头。既然有两个源头，那么写中国哲学史既可以从孔子开始，也可以从老子开始。然而，无论是从孔子开始，还是从老子开始，都不是绝对唯一的。正因如此，成文的中国哲学史既有从孔子开始的，也有从老子开始的，并且从孔子或老子开始的中国哲学史，将会反复出现。此外，也会存在第三种情况，既不从孔子开始，也不从老子开始，但无论如何，却

---

① 有趣而值得注意的是，以研究中国科学技术史以及中国文明而著称于世的英国科学家和科学史家李约瑟与牟宗三有一个相同的观点，即认为以老庄为代表的道家哲学家是儒家的"伟大的反叛者"（见潘吉星主编《李约瑟集》，第5页）

② 参阅牟宗三《中国哲学十九讲》，见《牟宗三先生全集29》，第50—51页。

孔子与中国哲学中的非实体主义思想

不能晚于孔子或老子，事实也的确如此。从既有的成文的中国哲学史著作来看，比较有影响或影响大的中国哲学史，首先是从孔子开始的中国哲学史，其次是从老子开始的中国哲学史，再次是从孔老以外开始的中国哲学史。换言之，迄今为止，最有影响力的中国哲学史，乃是从孔子开始的"正统的"中国哲学史。也就是说，从孔子开始的中国哲学史是最具优越性的中国哲学史。事实上正是如此。从冯友兰的《中国哲学史》，到牟宗三的《中国哲学十九讲》，再到劳思光的《新编中国哲学史》，就是最好的明证。显然，一部中国哲学史是否为优越或最优越，一定为众多的因素所决定或制约，而不可能仅为一个因素（如从孔子开始或从老子开始这一单项因素）所决定或制约。然而，无可否认的是，哲学史从哪里开始即哲学史的开端问题是一个十分关键的问题。它规定着哲学史的方向、问题与形态。因此，如果讨论哲学史的优越性，就必定需要讨论哲学史的开端的优越性，甚至需要从哲学史的开端的优越性的问题开始。在这个意义上，就可以将中国哲学史的开端的优越性以外的其他问题，暂时放下，或置之度外了。那么，我们当然要问：为什么从孔子开始的中国哲学史，是最具优越性的中国哲学史？至少到目前为止，仍然是以上述的牟宗三的答案为佳。为了集中和清楚起见，这里不妨归纳如下：

第一，孔子是夏商周以来的中国文化的集大成者与反省者，孔子由此把握了中国哲学与文化的根源，即夏商周三代以来中国人对于"生命"原理的了解与把握所形成的观念。因此，孔子成为中国哲学与文化的根源的最大的代表。（这一最大的代表只能是孔子，而不能是老子，更不可能是墨子或其他人。）

第二，孔子在对于夏商周三代以来中国人对于"生命"原理的了解与把握所形成的观念的反省中，将其提升为一个"普遍的精神生命"，或生生不已的活动的非实体主义的"道德实体"的哲学观念。正因为有了这一哲学的或哲学意味的观念，中国哲学的开展才成为历史的可能。

第三，孔子是中国文化道统的开创者，在中国文化发展史上居于承前启后、继往开来的地位。因此，中国哲学史从孔子开始，不仅是开出了新的内容与文化，而且与孔子以前的文化连接与贯通起来，使中国哲学与文化的源流俱见于历史之中。因此，我们可以得中国哲学与文化的根源与全体。

第四，孔儒与老道，在哲学思想上，为一正一反之运动。虽然在逻辑上可以有正序的开端的成文的哲学史与反序的开端的成文的哲学史，但是正序的开端的成文的哲学史符合逻辑的与历史的自然的演化秩序，较之于反序的开端的成文的哲学史为优越。

第五，基于上述四点理由，以孔子为开端的中国哲学史，从根源上讲，不仅易于与由古希腊发端出来的西方哲学史（其实，也包括印度哲学史或其他传统的哲学史）相区别，而且最具有代表性或典范性。

由此看来，自孔子开始的中国哲学史即是由一个非实体主义的"普遍的精神生命"观念开始的中国哲学史。因此，中国哲学史乃是非实体主义的精神生命的哲学史。简言之，中国哲学史即（非实体主义的）生命哲学史，亦即生命的活动的哲学史。尽管"普遍的精神生命"这一观念是被"道德实体"所诠释的价值的生命，但是诚如上文所指出的，这种"普遍的精神生命"或普遍的价值生命所开显与透出的，是牟宗三所谓的"即存有即活动"的哲学意味，而不是"存有而不活动"的哲学意味，至少其主流是如此。因此，所谓"道德实体"，其实乃是一非实体主义的概念。据此可知，中国哲学史的主流是非实体主义的，或者说，中国哲学史的形态，是一种非实体主义的哲学史的形态。由此，可以从哲学形态学上，将中国哲学史与西方哲学史以及印度哲学史较好地清楚地区别开来。

二　孔子的文化生命：根于仁而贯通礼

孔子是中国哲学的开端，牟宗三对孔子的评价自然极高。但是，牟宗三在其《历史哲学》一书中讲孔子，只有三句话：

> 孔子通体是文化生命，满腔是文化理想，表现而为通体是德慧。其表现也，必根于仁而贯通着礼。此与耶稣、释迦，绝然不同。[1]

牟宗三指出和充分地肯定了在孔子的文化生命、文化理想和德慧之中

---

[1] 牟宗三：《历史哲学》，见《牟宗三先生全集9》，第104页。

"根于仁而贯通着礼"。"仁"是就"仁义"说的,"礼"是就"周文"说的。所谓"周文"是周公(名旦)有本于人性人情的合理性所创制的"亲亲之杀,尊尊之等,普遍于全社会"的一套"礼乐"制度。《中庸》引孔子的话说:"仁者人也,亲亲为大。义者宜也,尊贤为大。亲亲之杀,尊贤之等,礼所生也。"简单地说,"亲亲"是爱其亲(父母及其一切有血亲关系的人),爱其民(普天之下的人民),爱其天下以及天下万物,孟子所谓"亲亲而仁民,仁民而爱物"(《孟子·尽心上》),正是对于此意旨的发挥,这是孔子的"仁"爱观的表现。"尊贤"就是推尊天下一切贤能之士,这是孔子正"义"观的表现。牟宗三说:"亲亲,仁也;尊尊,义也。"[①] 在此,"尊尊"与"尊贤"之义同。牟宗三进一步指出:

"仁"者,生命之真几也。当天地闭塞,人将禽兽,任何法度俱不能受之时,……必以复其生命之真几为首务。义,超越之理。仁则充实此理,使义为具体而实现者。……仁之灵敏,其真诚恻怛、感应最切者,莫近于孝弟。[②]

这表示"仁"是人的文化精神生命的"真元""真气"最初显露的生机的端倪即"真几","仁"的灵敏、真诚、恻怛在人的生命感应中最直接的表现就是"孝弟"的行为。"仁"贯穿于超越的"义"这个"理"中,"义"就在现实社会中成为实现仁爱和正义的原理。不仅如此,仁心或"仁者之心"能够"跨越形骸之间隔,而与天地万物为一体,通家、国、天下而为一"。[③] 因此,恻怛之仁不是"我爱你,你爱我"或投桃报李的个人之间的一种私爱,而是"宇宙之悲怀"意识。仁心的创造是仁体的创造。"孔子之仁体即宇宙之仁体。"[④]

孔子对于"周文"的反省是一种哲学上的自觉的解析,孔子由"亲亲""尊尊"这一"现实的传统标准"悟入"周文",给予它一个形而上的原理。这一形而上的原理,就是孔子给予"亲亲"和"尊尊"一种形而

---

① 牟宗三:《历史哲学》,见《牟宗三先生全集9》,第110页。
② 牟宗三:《历史哲学》,见《牟宗三先生全集9》,第111—112页。
③ 牟宗三:《历史哲学》,见《牟宗三先生全集9》,第113页。
④ 参阅牟宗三《历史哲学》,见《牟宗三先生全集9》,第113页。

上的解析与超越的安顿。这是孔子的创造智慧所开发出来的结果，也是孔子对于"周文""一条长龙之点睛"，赋予"现实的周文"以超越的哲学意义。① 牟宗三说：

> 夏、商、周三代历史之演进，可视为现实文质之积累。累积至周，则灿然明备，遂成周文。周文一成，以其植根于人性及其合理性，遂的为现实的传统标准。周文演变至孔子，一届反省之时。反省即是一种自觉的解析。所谓引《史记》（引按：原文无书名号）而加王心焉是也。加王心者，即由亲亲尊尊而悟入。在此转进中，亲亲，仁也；尊尊，义也。此形上原理予周文之亲亲尊尊以形上之解析与超越之安顿。此步转进悟入，是孔子创造智慧之所开发。②

孔子直下肯定"亲亲"与"尊贤"（或"尊尊"），就是对于"周文"本于人性人情的合理性给予了充分的肯定。孔子根据这一合理性作形而上的反省，于是提出了"仁义"的观念。牟宗三说：

> 仁义，则孔子之所首言也。孔子握住仁义之本，遂予周文以超越之安立：仁义与周文得其粘合性，而周文遂得以被肯定。此为孔子德教所决不能舍离者。文不可舍离，遂不得为释迦之悲，耶稣之爱，而为孔子之仁。③

一方面，"仁义"的观念是孔子根据"周文"的合理性而反省、总结和概括出来的形而上的原理；另一方面，"仁义"一经孔子的把握和确定以后，就在历史文化演进的脉络中与"周文"贯通与衔接起来，为中国的思想和文化开出一个前所未有的新方向；与此同时，笼罩在历史烟雾中的"周文"的合理性，得到了充分的肯定与彰显。牟宗三说：

---

① 参阅牟宗三《历史哲学》，见《牟宗三先生全集9》，第111页。
② 牟宗三：《历史哲学》，见《牟宗三先生全集9》，第110页。
③ 牟宗三：《历史哲学》，见《牟宗三先生全集9》，第105页。

孔子与中国哲学中的非实体主义思想

现实的周文以及前此圣王之用心及累积，一经孔子勘破，乃统体是道。是以孔子之点醒乃是形式之涌现，典型之成立。孔子以前，此典型隐而不彰。孔子以后，只是此典型之继体。此谓大圣人之创造。①

不难看出，本来只是历史中的"现实的周文"的合理性，经过孔子的反省而重新活转于人间，以一种古希腊哲学家亚里士多德从乃师柏拉图承续下来的所谓超越的"形式"，即形而上的根源智慧的"道"的理念，涌现在中国哲学与文化的历史长河之中，并成为一种哲学思想智慧上的"典型"或典范。当然，这就是孔子，这位最伟大的圣人的创造所开创出来的承上启下并笼罩后世千秋万代的中国哲学与文化的"典型"或典范。因此，孔子开创的"德教"（也叫"成德之教"）即哲学文化典范，是一种不同于印度释迦和西方耶稣"离教"的"盈教"。牟宗三说：

精神，在周文之肯定中，全体得其彰著，见其通透，绝对精神不是隔离地悬挂在天上，而是与地上一切相契接，与个人生命、民族生命相契接。其根于仁而贯通着礼所印证之绝对精神是一充实饱满之绝对，故吾曾谓孔子之教是盈教，而释迦、耶稣皆离教也。②

这一"德教"的"盈教"承前启后，在整个中国文化的历史发展中彰显其全幅重大意义。因此，牟宗三盛赞孔子"为一人格世界中之人伦之至"。牟宗三指出：

心之创造即仁体之创造。而孔子之仁体即宇宙之仁体。其能转进悟入，仁义并建，必其仁心通体是仁义而无一毫间隔也。客观而超越之义理必由仁心之无间隔而涌现。义理一现，当下即普遍。盖义理之本性具有普遍性也。而充实之、实现之，则赖仁。"仁者"能发此超越而普遍之理，故其真诚恻怛之仁，亦俱时随理之超越而超越，随理之普遍而普遍。仁心涌现理，理亦扩大仁心也。故仁者之心，顿时即

---

① 牟宗三：《历史哲学》，见《牟宗三先生全集9》，第111页。
② 牟宗三：《历史哲学》，见《牟宗三先生全集9》，第106页。

跨越形骸之间隔，而与天地万物为一体，通家、国、天下而为一。故其恻怛之仁，非个人之私爱，乃宇宙之悲怀。孔子之仁体，乃仁体之充其量。全部《春秋》，到处是严整之义，到处亦是俳恻之仁，此非具有宇宙之悲怀者不能也。故孔子之表现即是其文化生命、文化理想之表现，而为一人格世界中之人伦之至。①

牟宗三从哲学来把握孔子的"文化生命"，指出其"根于仁而贯通着礼"，一方面厘清了居于孔子思想中心的"仁"这一最为重要的概念的意涵，将"仁"提高到形上学的层面，作了一种"生命"活化宇宙存有论的诠释，打破了传统训诂学的拘泥纠缠和经学的僵化教条，使人清楚地意识到"孔子之仁体即宇宙之仁体"，"仁""乃宇宙之悲怀"，"跨越形骸之间隔，而与天地万物为一体，通家、国、天下而为一"。孔子的"文化生命"与"文化理想"不仅是其"仁心""仁体"在现实社会中的表露与呈现，而且是将孔子实化"为一人格世界中之人伦之至"的典范。这正是圣人的真义谛之所在。另一方面则标识出孔子思想与"周文"的关系，即孔子思想由对于"周文"的高度理性反省与承续而生，此即牟宗三所谓"仁义与周文得其粘合性，而周文遂得以被肯定"。牟宗三在其《中国哲学十九讲》中明确地说"周文疲弊"②了，为什么"周文"还要"被肯定"呢？显然，这里对于"周文"的"肯定"并非一种形式上的肯定，而是哲学义理与文化根源上的肯定，即肯定"仁义"在哲学义理与文化根源上离不开"周文"之"王心"即"亲亲"（"仁"）与"尊尊"（"义"）的精神或观念。这说明虽然"周文已疲"，但是"周文"中有真精神、活精神在焉。因此，"周文"不可被全盘否定与摒弃。在孔子以前，"仁义"之道的原始典型隐而不彰；及至"周文已疲"，益发隐而无闻；自孔子出，则发掘与创造了斯道的典型，并活脱现世；"孔子以后，只是此典型之继体"。所以，牟宗三说"精神，在周文之肯定中，全体得其彰著，见其通透"，并"与个人生命、民族生命相契接"。在某种意义上说，孔子对于"周文"的肯定，不仅仅是形式上的"损益"，而是精神生命上的重大"考古"

---

① 牟宗三：《历史哲学》，见《牟宗三先生全集9》，第113页。
② 牟宗三：《中国哲学十九讲》，见《牟宗三先生全集29》，第87页。

与创造，这是孔子大圣人之创造，在哲学义理与文化方向上树立了万世之典范。由此可见，牟宗三用笔极其高明与精到，颇有可以玩味的余地。比之于古希腊和古印度的形上学，则不难看出，无论孔子的"文化生命"抑或其"仁"与"礼"的思想，均非实体主义的哲学思想。尤其是孔子的"仁"的形上学，以牟宗三论宋儒的话说，绝不是"只存有而不活动"的僵死的静体（实体），而是"即存有即活动"的鲜活的"生命"（非实体主义的实体）。

透过牟宗三的论述，可以看到，孔子不仅反省与肯定了"周文"的合理性而提出"仁义"的概念，而且以他所特有的独特方式深刻地反省与处理了中国文化古老传统中的"性与天道"问题，贯通了天人性命，为中国哲学与文化的发展开辟了一个非实体主义的方向和奠定了一种"文化生命"观的坚实基础。

三 "性与天道"："超越的遥契"或"超越的契悟"

在中国哲学与文化的历史上，"性与天道"是在孔子以前就存在的一个十分古老的传统，并不是孔子最先提出来的。但是，这不表示孔子不关心这一传统问题。事实上，是否承认孔子具有"性与天道"思想的洞见，是一个十分重大的问题。这一问题不仅关涉到儒学是否具有宗教的超越性的面向问题，而且牵连到儒学讲宗教的超越性的面向并发展这一面向是否合法的问题。因此，对儒学来说，"性与天道"的问题，是一个不可回避的尖锐问题。众所周知，这一问题是由《论语·公冶长》中记载的子贡的一段话所引出的。子贡说：

夫子之文章，可得而闻也；夫子之言性与天道，不可得而闻也！

这段话大意是说，孔子一生的追求和事业（即所谓"文章"，古人也称为"道德文章"）是可以闻见而知道的，但是孔子对于"性与天道"问题的看法，就难以知道和了解了。深究一下，子贡所说的"不可得闻"究竟是什么意思呢？历来有两种不同的理解：一种说法是孔子认为"性与天道"的问题过于玄妙深奥，索性根本不谈论；一种说法是孔子并非不讲"性与天道"的问题，只是这一问题不易为一般的青年学生领悟，孔子主张"因材施教"，所以对于大多数学生都很少提及。牟宗三提出了第三种解释，认为子贡说出"不可得而闻"这句话的时候，年龄一定不小了，在最低限度上，他也能嗅出其中的些许意味，相对于乃师孔夫子来说，他只能是略懂一点"性与天道"的道理。尽管如此，子贡已经是很了不起了！因此，子贡所谓"不可得而闻"一语，其实是对于孔子的赞叹啊。这一赞叹，表示子贡对于"性与天道"有若干的解悟。牟宗三说："天道与性稍不同。帝、天、天道、天命之观念是显著之老传统，孔子对之自极亲切而熟习，何以亦可说孔子不常言？纵或言之，何以子贡竟亦不可得而闻？此亦必有可得而言者。"① 仅从《论语》看，也许孔子的确很少谈论"性与天道"的问题，但是孔子五十而读《易经》，韦编三绝，对《易经》赞赏不止，说明孔子对《易经》下过一番功夫。② 《易经》的中心是贯通"性与天道"，孔子藉读《易经》，对于"性与天道"问题确曾付出了一番研究的心血。牟宗三指出："……孔子对于'性与天道'并非不言，亦并非无其超旷之谛见。"③ 说孔子对于"性与天道"问题根本不谈，或根本没有领悟，那是错误的。④ 事实也证明了这一点。⑤ 对于孔子的"性与天道"

---

① 牟宗三：《心体与性体》第一册，见《牟宗三先生全集5》，第228页。
② 在马王堆汉墓出土的帛书《周易》中，有《二三子》《要》《缪和》《昭力》等，尤其是《要》载：孔子"老而好《易》，居则在席，行则在囊"，证明《史记·孔子世家》关于孔子"晚而喜《易》"，"读《易》韦编三绝"之说是完全有根据的，与《论语·述而》所记载的孔子自述"加我数年，五十以学《易》，可以无大过矣"可以互相印证。值得注意的是，在《缪和》中保留了孔子回答弟子缪和、吕昌、吴孟、张射和李平等问《易》的记录以及讨论卦爻辞的情况。
③ 牟宗三：《心体与性体》第一册，见《牟宗三先生全集5》，第227页。
④ 参阅牟宗三《中国哲学的特质》，见《牟宗三先生全集28》，第29页。
⑤ 在帛书《周易》的《要》中，记载了孔子对于"天道"的论述，见于其中最后一段，子曰："二三子！夫《损》《益》之道，不可不审察也，吉凶之〔门〕也。《益》之为卦也，春以授夏之时也，万勿（物）之所出也，长日之所至也，产之室也，故曰（原文十九行下）《益》。授（《损》）者，秋以授冬之时也，万勿（物）之所老衰也，长夜之所至也，故曰（《损》）。产道穷焉，而产〔衰〕道〔通〕焉。《益》之始也吉，其终也凶。《损》之始（也）凶，其终也吉。《损》《益》之道，足以观天地之变，而君子之事已。（原文二十行下）是以察于《损益之变》者，不可动以忧喜。故明君不时不宿，不日不月，不卜不筮，而知吉与凶，顺于天（原文二十一行上）地之心。此胃（谓）《易》道。故《易》又（有）天道焉，而不可以日月生（星）辰尽称也，故为之以阴阳。又（有）地道（原文二十一行下）焉，不可以水火金土木尽称也，故律之以柔刚。又（有）人道焉，不可以父子君臣夫妇先后尽称也，故要（原文二十二行上）（转下页注）

孔子与中国哲学中的非实体主义思想

思想，牟宗三在其同一时期（1960年代初期与末期）的两部著作《中国哲学的特质》①与《心体与性体》第一册中均做过相当深入的探讨，并作出了思理一贯、大致相同的诠释，可以称之为"超越的遥契"说（简称"遥契"说或"契悟"说）。

"超越的遥契"说（或"超越的契悟"说）乃是相对于"内在的遥契"说而言的，它认为，透过《论语》可以看出，孔子暂时撇开从外在超越的"天命""天道"的老传统说"性"，而是别开生面，从内在的心性与道德实践的工夫方面开辟了仁、智、圣的生命领域。②"只要践仁成圣，即可契悟天道。"③就是说，孔子是以仁智圣来遥契"性与天道"的。仁、智、圣的遥契作用，可以由内外两个方面得到说明："仁的作用内在地讲是成圣，外在地讲的时候，必定要遥契超越方面的性与天道。仁和智的本体不是限于个人，而是同时上通天命和天道的。"④对孔子来说，这是由"下学上达"的方式来实现的。也就是说，孔子努力践仁，使自己的生命与天的生命相契接，与天成为知己。不难想见，孔子谈论仁、智、圣的时候，内心必定具有一种超越的企向，或一种内在的超越鼓舞，这就是孔子对于天命天道的虔敬与契悟。孔子说自己"五十而知天命"。这种"知"不是经验知识或科学知识的"知"，而是"知天"的"知"，即对于天命或天道的敬畏意识。这是一种宗教意识。这种意识是从遥契而来的。从

（接上页注⑤）之以上下。又（有）四时之变焉，不可以万勿（物）尽称也，故为之以八卦。故《易》之为书也，一类不足以亟（极）（原文二十二行下）之，变以被其请（情）者也，故谓之《易》。又（有）君道焉，五官六府不足尽称之，五正之事不足以产之，而《诗》、《书》、《礼》（原文二十三行上）、《乐》不〔读〕百扁（遍），难以致之。不问于古法，不可顺以辞令，不可求以志善。能者由一求之。所胃（谓）（原文二十三行下）得一而君（群）毕者，此之胃（谓）也。《损》《益》之道，足以观得失矣。"（参见丁四新《楚竹书属于寒帛书〈周易〉校注》，上海古籍出版社2011年版，第529—530页）此外，刘述先先生在对《论语》的研究中指出："可以看到孔子一生对天敬畏，保持了天的超越的性格。"（刘述先：《刘述先自选集》，山东教育出版社2007年版，第228页）并肯定在孔子的思想中隐涵着"天人合一"的一贯之道。（见刘述先《刘述先自选集》，第244页）

① 《中国哲学的特质》成书于1960年代初期，虽然是一部讲演录，可能在论述上不尽完整与足够严谨，但是其思想十分深刻而透辟，"性与天道"的"遥契"说正由其而出，故绝不可轻视。
② 见牟宗三《中国哲学的特质》，见《牟宗三先生全集28》，第27页。
③ 见牟宗三《中国哲学的特质》，见《牟宗三先生全集28》，第29页。
④ 见牟宗三《中国哲学的特质》，见《牟宗三先生全集28》，第30页。

"知天命"到"畏天命"即敬畏天命，显示出仁者孔子的生命与作为超越者的天命或天道的契接关系。"孔子在他与天遥契的精神境界中，不但没有把天拉下来，而且把天推远一点。着在其自己生命中可与天遥契，但是天仍保持它的超越性，高高在上而为人所敬畏。因此，孔子所说的天比较含有宗教上的'人格神'(Personal God)的意味。而因宗教意识属于超越意识，我们可以称这种遥契为'超越的'(transcendent)遥契。"[1] 孔子所开辟的这种超越的遥契之路，与后来《中庸》"天命之谓性"的下贯的"内在的"(immanent)契接路线正好相反。

所谓"'内在的'遥契"，是指"不是把天命、天道推远，而是一方把它收进来作为自己的性，一方又把它转化而为形上的实体"（笔者按：此所谓"形上实体"乃是非实体主义的形上实体）的遥契。[2] 这是由《中庸》了解天道的方式所决定的。《中庸》从"生物不测"的生化原则来了解天道。"天下至诚"的人可以尽己、尽人、尽物的性，因而可以参天地赞化育。在天地人三极之中，本来只有天地两极以生化为本质，然而人的"精诚"所至，可以不断地向外感通，造成一条连绵不断的感通之流，流到何物就可以尽何物之性，感通的最后就是与天地相契接，与天地打成一片。显然，这一契接方式是内在的，而非超越的。《中庸》视"诚"为天之道即自然而然的道，自然是"诚体"的流行。但是，"诚之"的修养工夫是"人之道"。经由"人之道"的工夫，以求恢复天所赋予人自己的"诚"的"本性"或"本体"。这就证明了《中庸》的"诚"与孔子的"仁"，是完全相合的。如果说"诚"可以视为天道，那么孔子的"仁"，也同样可以视为天道。"仁"具有"肫肫""渊渊""浩浩"的天的特性，它的感通与扩充是无穷无尽的，它的参赞化育的作用也是无穷无尽的。孔子建立"仁"这个内在的根源与天道相遥契，从此性与天道不致挂空或悬空地讲论了。[3] 因此，孔子的"仁"，委实是天、天命、天道的一个"印证"(verification)。[4] 人既可以从"诚"去了解天道，也可以由"仁"去把握天道。这样一来，天、天道或天命所具有的"内容的意义"，可以完

---

[1] 见牟宗三《中国哲学的特质》，见《牟宗三先生全集28》，第38页。
[2] 见牟宗三《中国哲学的特质》，见《牟宗三先生全集28》，第38页。
[3] 见牟宗三《中国哲学的特质》，见《牟宗三先生全集28》，第32页。
[4] 见牟宗三《中国哲学的特质》，见《牟宗三先生全集28》，第33页。

孔子与中国哲学中的非实体主义思想

全由"仁"或"诚"的意义去证实它是一个"生化原则",可以称之为"天命流行之体"。因此,可以借用数学的恒等式表示为:

$$\begin{array}{c} 天命(或天道、或天) \equiv 仁 \equiv 诚 \equiv 创造自己 \equiv 创造原理或生化原理 \\ \downarrow \qquad\qquad \downarrow \quad \downarrow \qquad\quad \downarrow \qquad\qquad\qquad \downarrow \\ (《诗》《书》等古籍)\,(《论语》)(《中庸》)(诚的本性或本体)(天命流行之体) \end{array}$$

这一恒等式表示天、天命、天道的传统观念发展到《中庸》,已经转化为"天命流行之体"(非实体主义)的"形而上的实体"之义了。[1] 由孔子的超越遥契发展为《中庸》的内在遥契,是一个极其自然的进程,二者并无冲突与矛盾。超越的遥契把天道推得远一点,着重客体性,以保存天道的超越性;内在的遥契把天道拉进人心,使它内在化,着重主体性,从此转化为一个活生生的生育化裁的"形而上的实体",不再是敬畏的对象。中国哲学从对客体性的注重过渡到对主体性的注重,乃是人对天、天道、天命的和合了解的一次伟大转进。经过这一转进,先秦儒家哲学的主体性与客体性,取得了一种真实的统一。[2] 因此,天、天道、天命的老观念在中国哲学发展中的归宿,必然是与主体意义的"仁"和"诚"两个观念的同一化。[3] "由此可证明:孔子对天的超越遥契,是比较富有宗教意味的;而发展至《中庸》,讲内在的遥契,消除了宗教意味,而透显了浓烈的哲学意味。超越的遥契是严肃的、混沌的、神圣的宗教意味,而内在的遥契则是亲切的、明朗的哲学意味。"[4] 这是中国哲学尤其儒家哲学发展的一个重要方向。"孔子未使他的思想成为耶教式的宗教,完全由于他对主体性的仁、智、圣的重视。这是了解中国思想特质的最大窍门。"[5] 透过牟宗三的论述,不难看出三点:

一是孔子的"天"具有宗教意味,但是孔子的"天"是一个具有生命的超越的"流行"的"实体"(非实体的实体),与孔子的生命感通和融合为一,成为莫逆中的知己,"性与天道"是内在的统一的,因此孔子的"天"不是一个实体主义的概念。同样,"性"也不是一个实体主义的

---

[1] 见牟宗三《中国哲学的特质》,见《牟宗三先生全集28》,第40—41页。
[2] 见牟宗三《中国哲学的特质》,见《牟宗三先生全集28》,第42页。
[3] 见牟宗三《中国哲学的特质》,见《牟宗三先生全集28》,第42页。
[4] 见牟宗三《中国哲学的特质》,见《牟宗三先生全集28》,第39页。
[5] 见牟宗三《中国哲学的特质》,见《牟宗三先生全集28》,第43页。

概念。

二是孔子对于"天"的超越的遥契，不是思辨的猜测或在成套的逻辑中作"本体论的论证"，而是"下学上达"，从内在的心性与道德实践的工夫着手，开辟出以仁智圣为中心的精神生命的领域，故能以仁智圣的（精神）生命来遥契"性与天道"。

三是孔子对于"性与天道"的超越遥契与《中庸》的内在遥契，虽然在进路上是相反的，但二者不仅不是对立和矛盾的，而且是统一的，从对于"性与天道"的超越遥契到内在遥契，是一个从宗教到哲学的自然的发展历程，是中国哲学从对客体性的注重过渡到对主体性的注重，并将客体性与主体性统一起来的一次重大的转进，因此儒家对于"性与天道"的遥契，是超越与内在的统一，同时也是宗教与哲学的统一。这一点揭示了儒学"即宗教即哲学"与"即超越即内在"的特质。

其中，最大的关键，在于孔子开创了以仁智圣的生命"主体"，来遥契或契悟"性与天道"的"下学上达"之路。因此，牟宗三说"这是了解中国思想特质的最大窍门"。此言确实不虚。正是在这一"了解中国思想特质的最大窍门"中，牟宗三提出了孔子对于"性与天道"的"遥契"说，并在其《心体与性体》第一册中，从哲学理论上进行了严谨与缜密的论述与阐释。牟宗三说：

> 无论对"性"字作何解析，深或浅，超越或实然（现实），从生（从气）或从理，其初次呈现之意义总易被人置定为一客观之存有，而为一属于"存有"之事。凡属存有，若真当一客观问题讨论之，总须智测。事物之存有与内容总是复杂、神秘而奥密。何况人、物、天地之性？天命天道是超越的存有，其为神秘而奥密（不说复杂），自不待言。纵使性字所代表者是比较内在而落实的存有，邵尧夫所谓"性者道之形体"，亦仍然是神秘而奥密。（在此亦不说复杂）。此是属于康德所谓"物自体"者。至于自生而言性，浅言之，虽可极浅，而若深观，则气性才性亦非简单，此不但神秘而奥密，且亦有无穷之复杂。此是属于自然生命之事、个性之事。明夫此，则知孔子所以不常正式积极言之，纵或言之，而亦令人有"不可得而闻"之叹之故矣！因孔子毕竟不是希腊式之哲人。性与天道是客观的自存潜存，一个圣

哲的生命常是不在这里费其智测的，这也不是智测所能尽者。因此孔子把这方面——存有面——暂时撇开，而另开辟了一面——仁、智、圣。这是从智测而归于德行，即归于践仁行道，道德的健行。这是从德行尽仁而开辟了精神领域，这似乎是自己所能把握的："我欲仁，斯仁至矣"，"一日克己复礼，天下归仁焉"。孔子对仁似乎极有清晰的观念，亦有极旺盛的兴趣。虽对之无定解，无确诂，看似无把柄，然亦可以说任说任通，句句精熟，这是圆音，并非滞辞。他在这里表现了开朗精诚、清通简要、温润安安、阳刚健行的美德与气象，总之他表现了"精神"、生命、价值与理想，他表现了道德的庄严。性与天道是自存潜存，是客观的、实体性的、第一序的存有，而仁智圣则似乎是凌空的、自我作主地提起来的生命、德性，其初似乎并不能直接地把它置定为客观的、实体性的、自存潜存的存有，因此它似乎是他自己站起来自己创造出的高一层的价值生命。他的浑沦表现，也没有定说仁是本体性的心，或是什么自存潜存的本体性的道，尤其没有想到这就是我们的实体性的性。但在孔子，仁也是心，也是道，虽然《论语》中并没有讲到"心"字。至于说它就是我们的性，那是孟子的事。所以这是在第一序的存有——客观的或主观的——外，凌空开辟出的不着迹的"虚室生白吉祥止止"的居间领域，但这却是由其自我作主、自己站起来、自己创造出的阳刚天行而有光辉的领域，这是德行上的光辉，价值、生命、精神世界的光辉。人的生命在这里是光畅的、挺立的。他的心思是向践仁而表现其德行，不是向"存有"而表现其智测。他没有以智测入于"存有"之幽，乃是以德行而开出价值之明，开出了真实生命之光。在这里也有智，但这智是德行生命的莹澈与朗照：它接于天，即契合了天的高明；它接于地，即契合了地的深厚；它接于日月，即契合了日月之明；它接于鬼神，即契合了鬼神的吉凶。在德性生命之朗润（仁）与朗照（智）中，生死昼夜通而为一，内外物我一体咸宁。它澈尽了超越的存有与内在的存有之全蕴而使它们不再是自存与潜存，它们一起彰显而挺立，朗现而贞定。这一切都不是智测与穿凿。故不必言性与天道，而性与天道尽在其中矣。故曰"五十而知天命"，又曰"下学而上达，知我者其天乎？"又曰："天何言哉？四时行焉，百物生焉。"而孟子，便说尽心知性知

哲学地建立中国哲学

天，存心养性事天了。原来存有的奥密是在践仁尽心中彰显，不在寡头的外在的智测中若隐若显地微露其端倪。此就是孔、孟立教之弘规，亦就是子贡所以有"不可得而闻"之叹之故了。①

牟宗三在中西方哲学的比较背景中指出，"性"的问题（无论是从其超越或现实的实然意义上去了解，抑或从"气"生或从"理"的意义上去了解）总是容易被作为一个客观存有的问题来对待。至于天命天道是"神秘而奥密（不说复杂）"的超越的存有，则自不待言。根据西方哲学，对待"存有论"（例如"性与天道"）的问题，总是逻辑理论地思辨地去解决或把握，即牟宗三所谓的"智测"②。然而，孔子并非一个古希腊式的哲学家，而是中国的圣哲，因此孔子对于"性与天道"问题的解决或处理，绝不会像古希腊的哲学家那样作逻辑的理论的思辨的解决或处理，即根本不走"智测"之路。更何况"存有论"（例如"性与天道"）的问题，也并不是"智测"之路所能完全解决的。相对于古希腊哲学家来说，孔子就好像一位先知，自一开始就不在这一问题上浪费自己生命的"智测"。孔子暂时抛开了"性与天道"的存有论的一面，从（西方哲学的）"智测"归于"德行"，即归于践仁行道（道德的健行）的工夫实践之路，亦即从德行尽仁的工夫实践之路开辟出了仁智圣的精神领域，这是一条能自己把握与自己作主的路，即在践仁行道的工夫实践中，欲仁可得仁，欲智可得智，欲圣可成圣，我自身的生命就是真理与道路，由此而遥契或契悟超越的"性与天道"。"性与天道是自存潜存，是客观的、实体性的、第一序的存有"，表面上看起来，仁智圣似乎是凌空的、自我作主地提起来的生命和德性，与"性与天道"是对立的、分离的、不相干的两端，因此并不能直接地把"性与天道"置定为客观的、实体性的、自存潜存的"存有"。其实，从德行尽仁的工夫实践之路开辟出的仁智圣，早已经超越了客观的

---

① 牟宗三：《心体与性体》第一册，见《牟宗三先生全集5》，第228—230页。
② 牟宗三的"智测"自然为理智的事，但是这一概念的语义是复杂而不够明晰的。它一方面对西方哲学说，另一方面又对中国哲学说。对于西方哲学而言，"智测"一般是指逻辑的理论的思辨的对于形上学的"存有"（本体）的把握的活动；对于中国哲学而言，"智测"则主要是一种在践行价值的实践活动中开发智慧（例如牟宗三所谓的"智的直觉""逆觉体证"）以体悟形上学的"存有"（本体）的活动。此外，也可以指从学问上理解把握形上学的"存有"（本体）的活动。对于"智测"的确切意义，需要根据其具体语境去理解与把握。幸望读者注意！

与主观的二元对立,"凌空"(即不落两边地)开辟出了一个不着痕迹的"虚室生白吉祥止止"的广大精神生命的居间领域,自己创造出了一个阳刚天行而有光辉的领域,即个人德行上的光辉与价值、生命、精神世界的光辉的领域。这就已经足够了。因为在这个光辉的领域,"性与天道"的"存有"无不尽现于其中。

由此可知,孔子的心思是向"践仁"的方向来表现他的"德行"的,而不是向"存有"的方向去展示他的"智测"的。这就是孔子的真实生命之光的表现。

这其中有绝大的智慧。这智慧是德行或价值生命的莹澈与朗照。所以说:"它接于天,即契合了天的高明;它接于地,即契合了地的深厚;它接于日月,即契合了日月之明;它接于鬼神,即契合了鬼神的吉凶。"在践仁行道的工夫实践中,阳刚天行并充实而有光辉的德性生命是仁且智的,即仁智双彰的,既有仁的朗润,也有智的朗照,由此而"生死昼夜通而为一,内外物我一体咸宁"。结果自然是"不必言性与天道,而性与天道尽在其中矣"。孔子所谓"五十而知天命","下学而上达,知我者其天乎","天何言哉?四时行焉,百物生焉",并非只是说说而已,真乃深得此意之谓也。换句话说,孔子开创了由践仁的德行工夫实践展露与呈现"存有"即"性与天道"的金光大道。只是世人不知而已。难怪贤如子贡,也不免要有"不可得而闻"的感叹了。只有当孟子日后说出"尽心知性知天"与"存心养性事天",才揭橥了"原来存有的奥秘是在践仁尽心中彰显,不在寡头的外在的智测中若隐若现地微露其端倪"的儒家秘法。

牟宗三又从孔子对于《诗》《书》中传统道德的继承与创新的关系,论述与说明了孔子以"践仁知天"的方式遥契天命。牟宗三写道:

> 孔子实不曾多就"存有"而窥测其"是什么",而只环绕聪明、勇智、敬德而统之以仁,健行不息以遥契天命,是犹是继承《诗》、《书》中"疾敬德","祈天永命"之道德总规而使之益为深远宏显者。《诗》、《书》中是就夏、商、周三代王者之受命永命言。天能授命,亦能改命,故在人分上必须"疾敬德",以"祈天永命"。而孔子则未受命而为王,有其德,无其位,故由"疾敬德、祈天永命"转而为践仁以知天(事天畏天奉天俱在内)。此为圣者独辟精神领域之尽

哲学地建立中国哲学

伦立教，而非王者开物成务之尽制施政。①

　　从牟宗三的论述来看，孔子只是"素王"，不能像王者一样"开物成务之尽制施政"，只能尽到其圣人的本分，以其"素王"的身份，"独辟精神领域之尽伦立教"，将代表夏、商、周三代王者之受命永命的"疾敬德""祈天永命"之道德总规，一转而为"践仁以知天（事天畏天奉天俱在内）"的方式遥契天命。这就不是像一般地讲哲学那样，从"存有"直接窥测它"是什么"，而只是环绕着"聪明、勇智、敬德"，并将它们统一于"仁"的总德之下，在健行不息的道德实践中遥契天命而已。换句话说，这不是知识论的或科学地认知天命，而是"即道德即宗教"地体悟天命。

　　由此可知，孔子既然是"践仁以知天"，那么必定也是践仁以显性了。因此，牟宗三高度评价与肯定孔子有本于"疾敬德""祈天永命"之"道德总规"，开创性地建立了"践仁以知天"的道范，有引导君王尽制施政，重开中国文运与史运之功勋。牟宗三说："孔子之使命即在本'疾敬德'、'祈天永命'之政规转而为'践仁以知天'之道范，以导夫政节乎君而重开文运与史运者也。"② 在这个意义上，牟宗三肯定了中国文化的道统"只能断自孔子"（即自孔子开始）③，而非孔子之前的三代。④

　　然而，叶适之流的儒者，却不能真正地理解与看到孔子的生命的光辉与建立道范的伟大功勋，而将道之本统滞着于三代，停留在"原始的综和构造"之中。牟宗三说："叶水心浅陋无知，以其浅狭之聪明仿佛一二，浑不知孔子虽承于三代而与三代有别，遂滞道之本统于三代，停于原始的综和构造为已足。"⑤ 牟宗三借批判叶水心，而批判了一切急于实用和追求事功的陋儒缺乏真切的道德意识，不能理解孔子"性与天道"的思想，归根到底，就只能借口子贡的"不可得而闻"，来否定孔子具有"性与天道"的思想洞见，同时掩饰自己的浅陋、无知与愚昧。牟宗三指出："陋儒胶着于事功，急切于实用，而必据孔子与子贡以为拒斥言性命天道者之口

---

① 牟宗三：《心体与性体》第一册，见《牟宗三先生全集5》，第230—231页。
② 牟宗三：《心体与性体》第一册，见《牟宗三先生全集5》，第231页。
③ 参阅牟宗三《心体与性体》第一册，见《牟宗三先生全集5》，第232页。
④ 注意，牟宗三的儒学道统观正是由此而建立的。
⑤ 牟宗三：《心体与性体》第一册，见《牟宗三先生全集5》，第232页。

孔子与中国哲学中的非实体主义思想

实,徒见其无真切之道德意识而已矣。"① 无疑,牟宗三从孔子并透过孔子,深切地把握与充分地意识到以道德工夫实践为进路,体悟形而上的"性与天道"问题,对于儒学具有十分重要的意义。他指出:

> 性与天道在孔子可以暂时撇开而不言,而既经孔子之重建本统后,通过孔子而进言之,则不复是对存有之智测,("自生以言性"之性亦是"存有",此可曰气之存有),而是统于践仁知天中,而为道德实践之圆满所必应道德地察及之者。凡是存有,无论超越的存有,或是形气的存有,客观智测言之,皆是冥惑不定者,而统于践仁知天中,则其奥密不复是智测中之冥惑,乃是在践仁尽心中而朗现,此乃是形成道德之庄严与严肃乃至敬畏所必应具备者。②

由这一段论述可知,一方面道德的庄严与严肃,乃至敬畏心不仅为儒家修身所必需,而且是儒家在践仁尽心中朗现"性与天道"的必备条件;另一方面践仁以知天,自德以言性,则是儒家道德修行的实践圆满应该达到的结果。这正是儒家之为儒家的本色之所在。所以,牟宗三说:"正宗儒家本孔子'践仁以知天'(,)自德以言性,此是儒家之所以为理想主义之特别凸出者。"③ 牟宗三一生鼓吹"道德理想主义",并以"道德理想主义"相标榜,原本于孔子的这一精神宗旨,也就不难理解了。

自存有论的意义而言,为什么孔子或儒家对于"性与天道"只能在以践仁知天、自德言性的进路中契悟,而不是作为一个客观的形而上的"实体"问题,在言说中去逻辑地思辨地理解与把握呢?这固然是中西方哲学不同的差异的一个重大表现,也是为儒学自身的特质与精神所规定的。实际上,这一点才是最重要的。儒学的最高目的,是追求成为圣人,而是否能成为圣人,则是由追求成为圣人的人的生命觉悟境界所决定的。这一生命觉悟境界固然是一价值的境界,但不是佛家的解脱的涅槃的境界,也不是道家的无待的自由"自然"境界或道教的尸解羽化游仙境界,而是一

---

① 牟宗三:《心体与性体》第一册,见《牟宗三先生全集5》,第233—234页。
② 牟宗三:《心体与性体》第一册,见《牟宗三先生全集5》,第233—234页。
③ 牟宗三:《心体与性体》第一册,见《牟宗三先生全集5》,第233页。

哲学地建立中国哲学

"至善"的道德境界。这一"至善"的道德境界，必须在"知天命"的基础上，实现"从心所欲而不逾矩"（孔子语），参赞化育（《中庸》语），"与天地同流"（孟子语），所以是一超越的境界，也称为"天地境界"。这一超越境界，乃是由道德的工夫实践层层顶上去的，其中自然蕴含了"性与天道"的内容。因此，对儒家来说，"性与天道"是在道德工夫实践的超越境界中，开显出来的。从儒学成圣的最高追求来说，本来就内在地包含着"性与天道"的目的性。只是工夫不到，这种内在的目的，并不容易被觉察而已。自中国哲学而言，既然儒释道三大教皆言工夫，那么契悟"性与天道"又何必一定系于道德实践的工夫呢？事实上，作为一个纯粹的追求者来说，他既然能在道德实践的工夫中，开显出"性与天道"的洞见，那么他同样也可以在佛家或道家的修行工夫实践中，开显出对于"性与天道"的契悟。这诚然如此，但是如此一来，他就不是儒家了。儒学的特质与精神，规定了儒学必须具有道德意识与道德实践的工夫，而"儒家"的身份与角色，则要求儒家，对于"性与天道"的契悟，只能通过道德实践的工夫，上达于天地的超越境界，才能完成或实现。因此，儒家对于"性与天道"的契悟，乃是目的、境界、工夫、身份与角色的内在的高度统一。实际上，就修行的工夫而言，儒学本身并不排斥道释的修行工夫实践，它只是要求道释所讲求的修行工夫实践，必须回到道德实践的工夫活动的基础上来而已。问题在于，道释只要儒家的半边工夫。所以，儒家可以有很开放的姿态，充分地融摄与汲取道释的修行工夫，但道释却难以容纳与接受儒家的道德实践的工夫。因此，三教必然有一个长时期的互相摩荡的过程，才有望它们之间的磨合的到来。借儒家"性与天道"的话题，自形上学的存有论而言，"存有"意义上的"性与天道"，乃是儒释道三教共同追求的目的和对象①，也都只能经由一定的价值或道德的工夫修行实践的进路而契悟。因此，在儒家的这一话题来说，三教都实现了"存

---

① 就道家而言，"性与天道"的形上学不是太难理解。因为道家也像儒家一样追求"性与天道"的贯通与合一。而就佛家而言，似乎只有佛性的问题，而没有所谓"天道"的问题。然而，佛家有"真谛"与"俗谛"的二谛论。在此二谛论中，即蕴含了"性"（人性与佛性）与"天道"（佛家意义的法，尤其是出世法）之间的关系问题。这一问题不仅具有一超越的意义，而且具有一形上学的意义。这里只是借用儒家的"性与天道"权且做一方便的诠表，点到为止。详论只能由另文去完成了。

有"、境界与工夫的统一。此外,也可以说,三教均涉及目的、身份与角色的问题,但是其意义则完全不同。自其修行工夫实践的超越境界上看,可以笼统地说,三教都实现了目的、身份、角色、境界、存有与工夫的统一。然而,由于道释两家本身"先天"就缺乏世俗的社会的身份与角色,没有"开物成务之尽制施政"的"仁政王道"精神,与"独辟精神领域之尽伦立教"的"圣贤"担当意识,而只有局限于宗教之内的身份与角色,道释所实现的目的、身份、角色、境界、存有与工夫的统一,固然有值得赞赏与肯定的价值,但是毕竟不能与儒家所讲求与达到的目的、身份、角色、境界、存有与工夫的统一同日而语。由此可知,唯有自道德的工夫实践进路契悟"性与天道"为一至大中正的康庄之路。牟宗三说:"是以中国文化生命,在其发展中,只彰著了本源一形态。在其向上一机中,彻底透露了天人贯通之道。在本源上大开大合,一了百了。人生透至此境,亦实可以一了百了。"① 这就足以表明,自存有论的意义而言,孔子或儒家对于"性与天道",唯一只能在以践仁知天、自德言性的进路中契悟,而不能作为一个客观的形而上的"实体"问题,在言说中去逻辑地思辨地理解与把握。只有明确了这一点,我们才能理解为什么儒学发展到宋明与现当代两个巅峰时期的形上学是"道德的形上学",并且儒家的"道德的形上学"只能以道德实践为进路。原来儒家的"道德的形上学"之路,为孔子对于"性与天道"的智慧洞识所开启。

自儒家以践仁知天、自德言性的道德实践工夫的契悟中所显露的"性与天道"的非实体主义性格来看,儒家契悟"性与天道"的道德实践的工夫进路与"性与天道"的非实体主义的性格特质,从根本上说,是完全相应的。如果说具有"存有"意义的"性与天道"是流行的"生命"本体,那么它是非静止的无定在性的活动,以及活动力的不断爆破与回敛的交错的呈现,表现为天地之大德的生生而不息,这是难以在言说中以逻辑的理论的思辨的"本体论的论证"方式去理解与把握的,事实证明,这一西方哲学的正统主流的方式与"性与天道"是不能相应的。如果只能坚持以如此这般的哲学方式去强说"性与天道",那么最终也是"不可得而闻"的。所幸,自孔子开始,中国哲学就没有走上这一路。至于今天的中国哲学,

---

① 牟宗三:《历史哲学》,见《牟宗三先生全集9》,第207页。

需要开出这一路向，则是后话了。

回到正题上说，在以践仁知天、自德言性的道德实践工夫的进路中所显露的"性与天道"，是不言而见（现）的，它从一开始就似乎在一定的程度上范导和彰显了"性与天道"的非实体主义的性格与特质。就是说，它范导了"存有"意义上的"性与天道"的流行的"生命"本体，在道德实践的工夫进路中，具有最大的全幅呈现的可能性；践仁知天、自德言性的个体生命的道德实践工夫的进路，最有可能将"存有"意义上的"性与天道"的流行的"生命"本体彰显无遗。在这一意义上说，"存有"意义上的"性与天道"的流行的"生命"本体，是不可预设而只能呈现的；一旦它被预设，就必然成为一种言说中的思辨的理论，那就将走上了一条实体主义的道路，非实体的"存有"意义上的"性与天道"的流行的"生命"本体必然实体化，才能满足其理论成就的需要。

开显"存有"意义上的"性与天道"的流行的"生命"本体的两种进路，不一定水火不容，但是至少对于儒家来说，只要思辨的理论脱离了道德实践，就必然变成空洞的戏论了。从这个意义上看，哲学上的实体主义发展到底，就有可能转向中国的孔子式的非实体主义。

四　结语：孔子的非实体主义与未来的哲学

饶有趣味的是，牟宗三以一套实体主义的哲学话语揭示与诠释了孔子哲学的非实体主义思想。事实上，无可否认，孔子哲学中确实具有一套非实体主义思想。透过牟宗三对于孔子哲学思想的诠释，就不难清楚地看出，孔子哲学的非实体主义是仁的创生、活动与生成，具有"於穆不已"、"无臭无声"、即存有即活动与"道德的形上学"的意味之特征。

从以儒释道三大骨干为主流的中国哲学的发展历程来看，孔子哲学为中国哲学的逻辑起点与真正开端，孔子哲学的非实体主义思想开中国哲学史的非实体主义之先河。

孔子哲学的非实体主义既不同于西方哲学的实体主义，也不同于印度哲学的实体主义，迄今仍然具有生命的活力，为东方的中国哲学思想之原型表征和代表。今天的中国正在掀起儒学复兴之涌动的波澜，"国学热"

逐渐遍及中华大地的四面八方，孔子思想重新开始成为时代强有力的音符，对世人发出了"普遍的精神生命"的呼唤。可以相信，在新时代儒学复兴的潮流中，孔子哲学的非实体主义思想必然对未来的哲学，尤其是未来的中国哲学，产生持久而深远的影响。

（谨以此文纪念唐力权教授逝世两周年！）

2008 年冬季初稿
2012 年五月底六月初修改
2014 年 4 月 2 日订定

（原刊于《求是学刊》2014 年第 4 期）

孔子的两翼

——牟宗三论孟子与荀子

春秋战国时代（约前770—前221）是中国历史上最剧烈动荡和最无序混乱的一个大时代，也是中国在精神上最充满活力与思想巨人辈出、群星灿烂的大时代，这一时代正是德国哲学家雅斯贝尔斯（Karl Jaspers，1883—1969）所描述的世界历史的"轴心时代"（Axial Period）（约前800—前200年的精神过程）。① 这一时代发生了人类历史上最深刻的转折，迎来了人类思想创造力的"黄金时代"（但诚如牟宗三先生所说，这不是严格的学术文化意义上的一个"黄金时代"，详见后文），一个最伟大的巅峰时代，一个与它此后的历史划界而立的伟大时代。在中国历史上，一般称之为"晚周诸子"的时代，这一时代出现了"诸子蜂起，百家争鸣"的思想盛况。中国先秦所有的哲学流派在这个时代都诞生出世了，中国哲学中最主要的一个流派，一般所谓的儒家学派，又名为先秦儒学，正是在这个时代出现和奠基的。其中，最耀眼的巨星，当然是儒学的开创者孔子，以及孔子思想在其发展过程中分化出来的两翼的代表人物孟子和荀子。

春秋战国是中国历史的大动荡、大分裂与大过渡时代。孔子以后，中国社会的分裂进一步加剧，战国时代全面到来。春秋末期，"周文"已疲，到了战国，中国社会走向"衰世"。在牟宗三先生的眼目中，战国的时代精神纯为"物量""物力"的。"无奈战国之精神乃一透出之物量精神，

---

① 参阅［德］雅斯贝斯《论历史的起源与目标》，魏楚雄、俞新天译，华夏出版社1989年版，第7—8页。

孔子的两翼

并无理性之根据为背景,乃全为负面者。其势是随共同体之破裂而一直向下降。"① 战国时代的军国主义毫无正面的意义,纯粹是为了尽其"物力"而从事战争。"物力"正是"物量"精神的表现。所谓"物力"不一定限于外在的物质工具的力量,牟宗三先生提出和使用这一概念特有所指,概括地说,它是对文化生命精神及其超越的文化理想匮乏而原始物质生命力泛滥的统称。战国时代从西周的共同体中解脱出来,摒弃了"周文"的文化理想及其所培养出来的文化生命精神,所剩下的只是原始物质生命的粗暴与泛滥,这就是"物力"。②"尽物量之精神是一任其原始的物质生命之粗狂与发扬。故战国风气一方又极爽朗与脆快。说利就是说利,不愿听就是不愿听。胡服就决定胡服。好勇、好货、好色,冲口而出,毫无掩饰。"③ 人的文化生命及文化理想全已死灭。"一切皆直接照面。其物质生命之粗狂,全体披露而无遗。故极富戏剧性。"④ 这便是当时社会生活的一般情调。"在纯物量,尽物力之精神下,人人皆有物质的主体之自由(此完全是主观的),人人皆可由此以表现其原始的物质生命之精彩。同时,人人亦皆散立而披靡:士立不起(孟子斥之为妾妇,荀子斥之为贱儒),民立不起,君亦立不起。如是,自不能有真正的客观政治格局之可言,亦不能有真正的学术文化之表现。"⑤ "不了于今者,观乎古;不了于古者,观乎今。相观而解,则不能谓战国时代为学术文化之黄金时代也明矣。"⑥

孟子和荀子的出现,是对于战国时代"尽物量"及"尽物力"精神的逆反,同时又是继承孔子而对于孔子所开创的文化理想,给予充分肯定而表现出一种积极的"价值观念"精神的结果。早在唐代,杨倞就说过:

> 陵夷至于战国,于是申、商苛虐,孙、吴变诈,以族论罪,杀人盈城,说谈者又以慎、墨、苏、张为宗,则孔氏之道几乎息矣,有志

---

① 牟宗三:《历史哲学》,见《牟宗三先生全集9》,台北:联合报系文化基金会联经出版公司2003年版,第118页。
② 牟宗三:《历史哲学》,见《牟宗三先生全集9》,第122—123页。
③ 牟宗三:《历史哲学》,见《牟宗三先生全集9》,第124页。
④ 牟宗三:《历史哲学》,见《牟宗三先生全集9》,第125页。
⑤ 牟宗三:《历史哲学》,见《牟宗三先生全集9》,第126页。
⑥ 牟宗三:《历史哲学》,见《牟宗三先生全集9》,第131页。

之士所为痛心疾首也！故孟轲阐其前，荀卿振其后，观其立言指事，根极理要，敷陈往古，掎挈当世，拨乱兴理，易于反掌，真名世之士，王者之师。又其书亦所以羽翼六经，增光孔氏，非徒诸子之言也。盖周公制作之，仲尼祖述之，荀、孟赞成之，所以胶固王道至深至备，虽春秋之四夷交侵，战国之三纲弛绝，斯道竟不坠矣。①

杨倞所言虽然重在孟、荀之"立言"，但是极力表彰孟、荀"根极理要，敷陈往古，掎挈当世，拨乱兴理"，"羽翼六经，增光孔氏"，保持与巩固儒家的王道，使其在"四夷交侵""三纲弛绝"的战国时代而不坠落与沦丧。易言之，孟、荀在战国时代光大了孔子的"内圣外王"之道。由此可见孟、荀二子在战国儒学史上的地位之极其重要。如若缺孟少荀，则"孔氏之道"真难不息矣。可惜，杨倞未能对孟、荀之学的内在差异做出辨析与分判，致使后之学者既不能厘清孟、荀之学及其与孔学的关系，也不能真正理解和善绍孟、荀哲学思想之精髓，不仅视之若水火冰炭，扬孟抑荀，诋諆横生，而且完全抹杀了荀学的儒学之地位，不能对荀子做出公正的历史评价与定位，甚至自晚清谭嗣同非荀以来，以为中国两千多年之君主专制统治思想皆荀学之流毒，令人徒叹而已。

牟宗三先生站在现代世界哲学的制高点上，重新探究孟、荀二子的哲学思想，廓清笼罩在他们头上的迷雾，分析透辟，论述如理，做出真切恰当与客观公正的评价和历史定位，把对孟、荀哲学思想的研究，推进到时代的高峰。

透过牟宗三先生对于孟、荀的研究，则可见孟子之为大为乾，真乃泰山严严，直下透体立极，挺立道德的"绝对之主体性"，复由此而通透地凸显"绝对精神"和"天地精神"；荀子则以其不世出的逻辑理智之心，提炼出"纯粹自然"与"纯粹理解"的关系，建立"知性主体"，表现知识的"理解型态"，并由其所厘清的"知性主体"，重新建立一个文化理想的"礼义之统"，使儒学别具一格、面目一新。相对地说，孟子和荀子分别从"内圣"之学与"外王"之道两个不同的方面，继承和发展了孔子的

---

① （唐）杨倞撰：《荀子序》，见（清）王先谦撰《荀子集解》上，中华书局1988年版，第51页。

孔子的两翼

文化理想，从积极的"价值观念"精神上，代表了孔子精神的两翼。

一　孟子

牟宗三先生对于孟子与荀子哲学思想的论述，与以往的中国哲学史或中国思想史的做法不同，这种不同在于牟宗三先生预设和建构了一个中西文化哲学比较的框架，这就是：中国文化是一个"仁的系统"①，西方文化是一个"智的系统"②；"仁的系统"自然是以"仁"为最高准则，"智的系统"则以"智"为最大的原则。这当然是在比较中相对而言的。但是，这并不意味着"仁的系统"缺乏"智"，"智的系统"没有"仁"，而仅仅是表示"仁的系统"以凸显"仁"的原则为最大的表征，"智的系统"以凸显"智"的原则为最大的表征。虽然二者皆有其在精神上的客观之理路，但是在它们的具体表现中，则是具有根本上的不同的。"仁的系统"首先面对和把握的是"生命"，由此讲求正德利用厚生以安顿人的生命，进而从人的生命核心中指点出"仁义"的心性，也就是说，人的生命本性乃为一仁义之心性，此仁义之心性立人极，建天心，故在主观方面开显为一套心性之学，在客观方面则开显为一套社会的礼乐教化系统，也就是一套道德政治的文化系统，传统称为"内圣外王合一之教"或"内圣外王之道"，这一系统为"仁"的原则所笼罩、涵盖，其本原在于"仁义之心性"，故显发出以"仁"为其最高的原则；"智的系统"则首先面向"自然"而把握"自然"，在哲学与文化上表现为一种"理智"的或"知性"的形态，在这一形态中开显出纯粹的逻辑、数学和科学，以及近现代的民主社会，它们作为一个文化系统，完全为"智"的原则所笼罩与贯穿，其本原在于一理智的心，即所谓"菲罗"（"爱智"）之心，所以最为充分地表现出以"智"为最高原则的特质。牟宗三先生说：

……每一民族有其表现心、理之方式。此表现方式在开始点不能

---

① 见牟宗三《历史哲学》，见《牟宗三先生全集9》，第190页。
② 见牟宗三《历史哲学》，见《牟宗三先生全集9》，第194页。

完全相同。然一有表现方式而成为精神之发展，即成一文化系统。此精神之发展是有其理路的。譬如中国文化生命之首先把握"生命"，而讲正德利用厚生以安顿生命，由之以点出仁义之心性，一方客观地开而为礼乐型教化系统，一方主观地开而为心性之学，综起来名曰内圣外王，成为道德政治的文化系统，而以仁为最高原则，为笼罩者，故（引者按：《全集》中作"放"，误，应该为"故"，此改）亦曰仁的系统。而西方希腊传统，则首先把握自然，表现"理智"（理智亦是心、理之一形态），因而开出逻辑、数学与科学，此以"智"为罩笼者，故亦曰智的系统。此两方面既各成其系统，自有其精神发展上之理路。此理路是客观的。[①]

不仅中西哲学与文化的特征在这一比较框架中得以清楚地显现，而且孟子哲学思想和荀子哲学思想同样将借助于这一框架而得到清晰的描述。所以，有了这一比较的框架，对于孟子哲学思想和荀子哲学思想以及它们二者之间的关系，就可以有一前无古人的系统的、准确的和深刻的认识与把握。这是牟宗三先生研究孟、荀哲学思想而预备的一个中西文化哲学比较的宏阔背景与大前提。

对牟宗三先生来说，孟、荀哲学思想虽然在根本上都是中国哲学的"仁的系统"中的哲学，但是相对而言，荀子却有接近于西方哲学的"智的系统"的一面，而孟子则是正宗的地道的"仁的系统"并且与孔子共同成为这一"仁的系统"的建立者与奠基者。只有在这一比较的框架中，才能十分清楚地辨析与明了孟、荀既是孔子的继承者，但却分别发展为孔子思想的两翼。尽管孟、荀都各自建立了一套儒家的"内圣外王"之学，但是比较而论，孟学重在"内圣"一面并以"内圣"之学称胜，而荀学则重在"外王"一面并以"外王"之学见长，所以孟、荀分别为孔子的两翼。

在这一比较框架中将孟荀合观，不仅可见孟、荀与孔子思想之渊源关系，得孔子思想之大全，而且可以见儒学在现代与未来发展之道路。此实为牟宗三先生提出"儒学第三期开展"之使命之所本。可以说，"返本开

---

① 牟宗三：《道德的理想主义》，见《牟宗三先生全集9》，第321—322页。

新"必由孔子以及孔子的两翼孟、荀出焉。① 由此，可以使我们认识到牟宗三先生论孟、荀哲学思想的进路、方法及其重要意义之所在。这是必须首当注意的。

在以往的中国哲学史、思想史的研究中，孟子与荀子常常被置于一种相互难容的对立关系之中，因而孟、荀之间的关系长期以来成为一大悬案，甚至至今争执不休。② 牟宗三先生自一开始，就自觉地跳出了这一历史陷坑，基于其历史文化和哲学意识，一方面把孟子和荀子放在他们生活和经历的战国时代的历史背景中，紧扣战国时代的精神，对于他们共同的思想特质与差异进行了论析，指出他们对于战国时代居于主流的"尽物力之精神"的逆反与超越（——这是与法家顺从那个时代"尽物力之精神"的发展正相反对的，显示了战国时代的文化精神的破裂，他们试图以孔子所开创的儒学精神取而代之），而又各有其特殊性与个性的不同；另一方面则把孟、荀思想与他们对于孔子文化理想的承续与发扬纵贯地和有机地联系起来，从根源上彻底地透出一种积极的"价值观念"的精神。这成为牟宗三先生理解与论析孟子和荀子之为孔子的两翼的关键与中心支撑点。牟宗三先生指出：

> 逆之而于文化理想有肯定，在战国，惟推孟、荀也。逆之而溯其源，彻底通透者，为孟子。逆之而承周文（礼）之"价值层级之观念"以为经国定分，而极显其广度构造之义者，为荀子。此两人者，皆尽物力之精神外，表现积极精神者也。而孟子尤特殊。③

---

① 笔者"咏牟宗三"曾谓"道尊孔孟通陆王，法学荀朱更罗康"，意在将牟宗三哲学融合中西，在儒学内部贯通孔、孟、荀、董（仲舒）、周（濂溪）、张（横渠）、程（二程）、朱、胡（宏）、陆、王、刘（蕺山）之学的宗趣烘托与传达出来（这一问题甚大，当另文论述）。顾名思义，这里的"陆"指陆九渊一系的哲学，"王"指王阳明一系的哲学并兼指王船山哲学，一般"陆王"并列仅限于指陆九渊和王阳明，王船山辟陆王，将陆王与佛老申韩并列为"大毒"，似乎不能与陆王并举，但是对牟宗三来说，二王之学并无根本上的矛盾与冲突，是可以统一并需要统一起来的，故"王"除王阳明一系以外，还必须囊括王船山哲学；这里的"荀"自然是指荀子，"朱"指朱子（朱熹），"罗"则指西方哲学家罗素，"康"指西方哲学家康德。实际上，对牟宗三来说，孟学与荀学是互补为一体的，程朱与陆王是互补为一体的，可惜时人多止于看花意而不识东风真面目。

② 参阅王进《孟子之罪——荀子"性恶论"的政治—哲学研究》，《深圳大学学报》（人文社会科学版）2014年第5期。

③ 牟宗三：《历史哲学》，见《牟宗三先生全集9》，第131页。

哲学地建立中国哲学

不难看出，这里的"逆之而溯其源，彻底通透"一语，是牟宗三先生相比于荀子而对孟子的描述与肯定。所谓"溯其源"，是说孟子上接孔子的文化理想而直通中国文化生命主流的本源；所谓"彻底通透"，是说孟子透过孔子对于由孔子所奠定的（后来成为）中国文化生命的主流精神有彻底的了解与通透的把握，并能从中透出，对于中国文化生命主流精神的发展有新的建树和贡献。牟宗三先生说："孔子是圣人，孟子是教（智慧学）之奠基者。孟子后至象山而始一明。象山所明者即是孔、孟之智慧方向也。"① 在牟宗三先生的眼中，孟子上承孔子，下开陆王，与孔子同为中国文化生命主流精神与智慧的奠基人和代表人物。

概而言之，这就是孟子在中国哲学思想和文化上由"内在道德性"树立起一种"绝对之主体性"，并由此而直通"天地精神"，实现了人"与天地同流"的境界，开创了一种新的时代精神，因而在时代精神的积极表现中彰显了中国文化生命精神的根源形态。这是孟子的"特殊"表现与贡献之所在。所以，牟宗三许之以"孟子尤特殊"。这当然也是相对于荀子来说的。牟宗三的言下之意是说，就"彻底通透"性而论，荀子是不可与孟子同日而语的（这将在后文中详论）。

一般而言，孟子和荀子在中国文化史上均占有重要的地位，对后世皆有巨大的影响。但是，从儒学史来看，孟子和荀子大抵均自汉代开始受到重视。众所皆知，汉武帝与董仲舒联袂演出了一幕复古更化的历史大戏，从此儒学登上了中国的政治舞台，取得了至高无上的"官学"（或"经学"）地位，成为主宰中国思想两千多年的主导思想，而荀子正是董仲舒的先驱。在儒学通往政治的道路上，荀子已经进行了必要的铺垫，打下了历史的基础。荀子的两大弟子韩非和李斯在沿着老师的道路继续前进的过程中，却从根本上改变了老师的思想，把荀学转变成了法家的思想，虽然使秦国统一了六国，但也葬送了秦王朝；汉朝立国后，以黄老"清静无为"的思想取代了法家之术，但终非长策，于是有董仲舒"对策论"的出世。汉帝国最终选择了儒学为立国之本，可谓自春秋战国以来之历史发展的必然结果。从荀子到董仲舒，儒学虽经曲折与歧出，但终于复回自身而

---

① 牟宗三：《圆善论·序言》，见《牟宗三先生全集22》，第13页。

孔子的两翼

成就正果。职是之故，荀子在汉儒中所受到的尊崇自然不免有高过孟子之处，其影响和地位亦不亚于孟子。然而，大概是考虑到受累于韩非和李斯之恶名的影响，即使对荀子衷心推崇和拥戴的学者，也不愿意为《荀子》作注或题签，以免为人所耻笑。此则为荀子的难堪与悲哀。尽管在汉时有董仲舒非难孟子的性善论，《孟子》一书又受到王充的怀疑，但是，在总体上看，孟子的地位和影响还是远高于荀子之上。虽然荀子被视为儒学的传经大师，一时颇受称美，然而荀子不像孟子那样曾（在孝文帝时）一度置博士（后罢），又有赵岐为《孟子》题注。至唐，虽有杨倞为《荀子》注，但是在唐代，孟子则被韩退之标举为孔圣道统的继承者；及至宋元明以降，荀子与孟子的地位和影响之间的差距，更是被前所未有地拉大到了极致，孟子的影响和地位彻底地超过与压倒了荀子，获得仅次于孔子的"亚圣"称号，配享孔庙，荀学则倍受攻讦与诋毁，荀学的儒学性质深受怀疑与否定，荀子的"儒家"地位亦不能保全。究其原委，则正在于荀学的儒学根源之"彻底通透"性没有透出，并为其长于"知性"的性格所掩盖，因此荀子就不可能像孟子一样享有正宗的孔子之嫡传谱系中的崇高地位与荣誉。

与此同时，汉帝国注重政治的"变法"，并力图有所扩展与开拓，因而尤重儒学的"外王"之道，而宋王朝面对五代以来社会道德秩序混乱失范，又要在思想和学术上对治佛教，则不得不注重和凸显儒学的"内圣"之学，这就成为在汉代荀子地位有时候高于孟子，至宋代则完全彻底相反，不仅荀子的地位绝对地低于孟子，并且此后荀子在儒学中的地位被抹杀殆尽的社会原因之外缘。正如唐君毅先生所指出的："由宋及明，学者乃大皆以孟子为孔学之嫡传，荀学为杂学。"[①] 孟、荀同为孔子之后儒学的两座高峰、两位大儒，构成孔学之两翼，然而一荣一辱，适成鲜明之对比，令人匪夷所思。如果说汉儒对孟子理解有误，重视不够，没有做出完整与公正的评价，予以足够而相应的历史文化地位，是一大偏失，那么宋儒不识荀学真面目，极力贬斥荀子，罢黜其"儒家"地位，则是荒谬绝伦的。

牟宗三先生论孟、荀之学，则完全克服与避免了汉宋之弊病，不仅深

---

① 参见唐君毅《中国哲学原论·原道篇》，台北：学生书局1984年第五版，第435页。

入战国历史之"尽物力"的时代精神之中,并从这一时代精神的"破裂"中透出,同时摒弃宋明儒对于荀子的误解与非难而汲取其论孟子的合理观点,而且百尺竿头更进一步,在中西方哲学之比较的框架中,站在时代与学术的高度上,重新理解与厘清孟、荀的哲学思想,对他们进行如理如实的论析,做出真确的哲学评价和客观公正的历史定位。

牟宗三先生就明儒罗近溪之论孟子之言"孔子浑然是易,颜子庶几乎复,而孟子庶几乎乾"(《盱坛直诠》)指出:"'说到人性皆善'即是逆之而溯其源,彻底通透者。其所以为'庶几乎乾',正因其把握性善,通体透出,恢复人之所以为人而建体立极,故能壁立千仞,而为'乾造大始'者也。"① 这是就说,孟子建立"性善论"而与其时代之精神背反,上接孔、颜而得其本源,是由儒学之大本大源彻底地通体透出的真知灼见,是为人类价值之理性"立法"的根本精神与原则,即由"内在道德性"所开显出来的"绝对之主体性"的精神与原则,亦即"乾造大始",所以能建体立极,壁立千仞。而就程颢对孟子的品题:"颜子合下完具,只是小。要渐渐恢廓。孟子合下大,只是未粹。索学以充之。"(《二程语录》卷四)牟宗三先生则表示:"其'合下大',正因其'一气呵出,说道人性皆善'也。直下透体立极,故大。'未粹',则是以孔子为标准,就圣贤气象言。"② 这仍然是从孟子"性善论"的"内在道德性"的透体立极,挺立"绝对之主体性"的精神与原则而言的,至于明道批评孟子"未粹",牟宗三先生认为这乃是以孔子为标准,就圣贤气象而论的。于是,牟宗三先生又引二程品评孟子之言③,关联到圣贤气象而论孟子,说:"此皆就圣贤气象言。程子此类话头甚多……品鉴精微,所言不谬。"④ 可见,牟宗三先生认同了二程对孟子的批评。那么,从所表现的圣贤气象上看,孟子既不能

---

① 牟宗三:《历史哲学》,见《牟宗三先生全集9》,第131页。
② 牟宗三:《历史哲学》,见《牟宗三先生全集9》,第131—132页。
③ 牟宗三先生引述二程之言如下:程子又云:"仲尼,元气也。颜子,春生也。孟子并秋杀尽见。仲尼无所不包。颜子示不违如愚之学于后世,有自然之和,不言而化者也。孟子则露其才,盖亦时然而已。仲尼,天地也。颜子,和风庆云也。孟子,泰山严严之气象也。观其言,皆可以见之矣。仲尼无迹,颜子微有迹,孟子其迹著。"又曰:"孟子有功于道,为万世之师。其才雄。只见雄才,便是不及孔子处。人须当学颜子,便入圣人气象。"又云:"孔子尽是明快人,颜子尽岂弟,孟子尽雄辩。"(《二程语录》卷六。但不定为明道语,或为伊川语。)(牟宗三:《历史哲学》,见《牟宗三先生全集9》,第132页)
④ 牟宗三:《历史哲学》,见《牟宗三先生全集9》,第132页。

相比拟于孔子,也不如颜子(颜回),学做圣贤,则当自颜子入,此即"颜子尽岂弟,孟子尽雄辩","人须当学颜子,便入圣人气象"之意。但是,牟宗三先生没有就此止步,而是进一步从内外因缘去看孟子的圣贤人格与他超越时代的伟大贡献。牟宗三先生写道:

> 若就时代言,则孟子之为大为乾,为泰山严严,露才雄辩,其迹著,亦有其外在因缘。论圣贤人格之至不至,固不能全就外在因缘说,其内在性情与天资,皆有关。但不论外在因缘,或内在性情与天资,孟子之表现实于内外条件中树立起一"绝对之主体性"(一内在道德性),一"理之骨干",此则就时代说为必须,就精神之表现说亦为必须也。其内外条件,是其主观的因缘,(论圣贤气象,大体与此有关,即须算在内。)而其所树立之"内在道德性","理之骨干",则是客观的。其为乾为大,俱由此说;其"有功于道,为万世之师",亦由此说。孟子实对于精神之表现,彰著了其根源一面之形态,故为积极的、正面的。此根源一面之形态即由内在道德性而见绝对主体性,复由此而直下通透绝对精神及天地精神也。此由"尽心知性知天"一串工夫即可全体明白。(《孟子·尽心》章:"尽其心者,知其性也。知其性,则知天矣。")①

依牟宗三先生之所见,孟子的圣贤人格虽然不如孔子和颜子圆满,但是"孟子之为大为乾,为泰山严严,露才雄辩,其迹著",自有其不得已的时代之因缘,绝不能因此而看不到孟子思想的伟岸与超拔。牟宗三先生强调和指出,"孟子之为大为乾,为泰山严严,露才雄辩,其迹著",是由其时代之外在因缘所逼迫的结果。对此,不能做直接的了解,必须转进一层,深入其内而出乎其外。

孔子以后,儒学一分为八,儒学在分裂中趋于衰落而沉寂,"圣王不作,诸侯放恣,处士横议,杨朱、墨翟之言盈天下。天下之言,不归杨,则归墨"(《孟子·滕文公下》)。在孟子看来,"杨墨之道不息,孔子之道不著,是邪说诬民,充塞仁义也。仁义充塞,则率兽食人,人将相食。吾

---

① 牟宗三:《历史哲学》,见《牟宗三先生全集9》,第132页。

为此惧，闲先圣之道，距杨墨，放淫辞，邪说者不得作。作于其心，害于其事；作于其事，害于其政。圣人复起，不易吾言矣。"(《孟子·滕文公下》)因此，孟子要重振孔子开创的儒学，高举孔子的大旗，恢复与捍卫儒学之显学地位，就必须挺身而出，为儒学做辩护，"辟杨、墨，贱仪、秦，斥陈仲、许行，不许以夷变夏，不许充仲子之操而为蚓"①，就不能不雄辩，就不能不露才，就不能不著迹。在程子看来，这是孟子有"英气""圭角"的表现。程子曰：

  孟子有些英气。才有英气，便有圭角。英气甚害事。如颜子便浑厚不同，颜子去圣人，只毫发间。孟子大贤，亚圣之次也。或曰：英气见于甚处？曰：但以孔子之言比之，便可见。且如水冰与水精非不光。比之玉，自是有温润含蓄气象，无许多光耀也。②

  牟宗三先生不能赞同程子对孟子的这一批评，认为这是程子没有深入孟子的思想而浮于事情表面上的直接了解，所以评点说："程子说英气、圭角，是直接的了解。好像一个完美人格未发展成之缺陷。故云：有些英气，英气甚害事。又云：玉无许多光耀。"③ 牟宗三先生以为，倘若能够了解孟子的文化生命转化而为"全幅是精神""通体是光辉"，则孟子所说的"充实之谓美，充实而有光辉之谓大"这两句话，正好可以用以指谓孟子的人格。这样，便不会对于孟子的雄辩、露才、著迹，做直接的浮于表面的理解了。在此意义上去看，程子实不及明儒罗近溪对于孟子了解的深入和到位。罗近溪所说的"孟子庶几乎乾"一语，便是对孟子作了深一层次的了解。如若"充实而有光辉之谓大"是孟子人格的写真，那么对于孟子作进一步的深层次的了解，就应该如是说："不是有些英气，而乃全幅是英气。全幅是英气，便不害事。圭角亦如此解：不是有一点圭角，而乃整个是一个圭角。犹如圆形或方形。孔子整个是圆形，孟子整个是方形。整个是一个圭角，亦不害事。此就是全幅是精神，通体是光辉之意。"④ 那么，孟

---

① 见牟宗三《历史哲学》，见《牟宗三先生全集9》，第138页。
② 转引自牟宗三《历史哲学》，见《牟宗三先生全集9》，第138页。
③ 见牟宗三《历史哲学》，见《牟宗三先生全集9》，第138页。
④ 牟宗三：《历史哲学》，见《牟宗三先生全集9》，第139页。

孔子的两翼

子整个是"方形"、整个是"圭角"就不是小家碧玉的含蓄温润可以比拟和形容的,而是通体内蕴之光的外现,内外都是荧光的满照了。简言之,"孔子整个是圆形,孟子整个是方形"。根据《易传·系辞》的观点,"圆形"有"圆而神"之意,表示孔子是大圣,"方形"有"方以智"之意,表示孟子为次于大圣的大贤。牟宗三先生承认孟子"完成了'充实而有光辉之谓大'一型范","未至'大而化之之谓圣'的境地",但是这并非不可能,就个人说,"当然是很可能的"。① 那么,孟子为什么没有进到"大而化之之谓圣"的圣人境界呢?牟宗三先生的回答是:

> 他(引者按:指孟子)所以如此,就因为他要反显一个主体,他要把尽物力的时代风气压下去。这里有一个破裂的对反。此时,若不作乡愿,便不可随便讲圆和。孟子要尽这个时代的责任,客观地说:在他要尽"破裂的对反"这个责任,他不能再进到"大而化之之谓圣"。个人地说:当然是很可能的。但是,一个"有限的人"的生命,当其客观化而取得客观的意义,他便不能再退回来保持其"个人的"与"客观的"之双重性。②

由此可知,孟子之所以没有进到"大而化之之谓圣"的圣人境界,一生保持着"方以智"的"方形",而没有晋升为"圆而神"的"圆形",原因就在于孟子要尽到他那个时代的责任,与那个时代来"一个破裂的对反","把尽物力的时代风气压下去",从根本上扭转与彻底地改变那个时代的精神,因此孟子决不愿意做乡愿,与那个时代的风气讲圆和,更不愿意做"妾妇"(此为孟子所深恶痛绝)③,去奉承与迎合那个时代风气中强行"霸道"的君王与权贵,而要做时代的中流砥柱,力挽狂澜于既倒,救民于水深火热之中,解除生灵涂炭之灾祸(此为其"民本"与"仁政"

---

① 见牟宗三《历史哲学》,见《牟宗三先生全集9》,第139页。
② 见牟宗三《历史哲学》,见《牟宗三先生全集9》,第139页。
③ 孟子曰:"是焉得为大丈夫乎?子未学礼乎?丈夫之冠也,父命之;女子之嫁也,母命之,往送之门,戒之:'往之女家,必敬必戒,无违夫子!'以顺为正者,妾妇之道也。居天下之广居,立天下之正位,行天下之大道;得志,与民由之;不得志,独行其道。富贵不能淫,贫贱不能移,威武不能屈,此之谓大丈夫。"(《孟子·滕文公下》)

王道思想之所由出），牟宗三先生赞以"全幅是精神，通体是光辉"，所以孟子树立了一个"充实而有光辉之谓大"的典范，实现了其个人生命精神的客观化，并取得了客观的重大意义，而没有进到"大而化之之谓圣"的境界。其实，就其时代而言，既不容许他进到"大而化之之谓圣"的境界，他也没有必要进到"大而化之之谓圣"的境界。在某种意义上说，这犹如佛教中的菩萨不成佛而住世，力行菩萨行，以普度众生，而并无遗憾一样。若说要进到"大而化之之谓圣"的境界，这在孟子个人的主观性一面说，当然是可能的，但是孟子在客观上已经实现了"充实而有光辉之谓大"的典范，这就像牟宗三先生所说的那样，对于一个"有限的人"的生命来说，他不能再退回来保持其"个人的"与"客观的"双重性的存在，因为这一"个人的"存在与"客观的"存在是矛盾的，不可能在一个有限的个人生命的生涯之中都能同时全部实现。

此外，牟宗三先生还强调，论孟子圣贤人格的至不至的问题，固然不能完全从时代的外在因缘上说，还必须看到这与其内在的性情和天资也有密切的关系。就是说，一个人的圣贤人格是由其内外因缘所共同决定的，不能只看到单一的外因或内因之一面。事实上，确实如此。牟宗三先生对孟子的这一分析，精辟而透彻，并在宋明儒的基础上把对孟子哲学思想的诠解，大大地推进到了时代的最前峰。

然而，应该如何理解牟宗三先生所指出的孟子实现了"充实而有光辉之谓大"的典范呢？从前文的引述中，不难看出，答案主要可以概括为两点。

第一，孟子思想所树立的"内在道德性""理之骨干"，是客观的，虽然以悖逆时代"尽物力"的主流精神而出现，但却为时代所必须具有，是一扭转时代精神的新精神，代表历史文化向前发展的根本精神，是时代、历史与文化的命脉之所在，所以在人的精神表现上是必须开出而具有的，彰著了人类文明的根源形态的"内在道德性"的一面，为积极的、正面的、健康向上的精神；否则，时代的历史就只能是黑暗和毁灭。

第二，这一"根源一面之形态"由"内在道德性"而在精神的表现中显现"绝对之主体性"，此一"绝对之主体性"本身就是"内在道德性"的具体表现，因此它作为精神的主体即为一道德的"主体的自由"。[①] 换言

[①] 见牟宗三《历史哲学》，见《牟宗三先生全集9》，第136页。

之，这一"主体的自由"正是人类的精神之本性，因为有了"主体的自由"，精神才作为精神而展现出来。但是，人类的精神不是空洞虚无的，而是有具体内容的，亦即是有价值的。这在孟子来说，首要的便是人之为人而区别于禽兽的道德价值。人类的精神价值（或道德价值）当然是由人类的"主体的自由"来充分表现和实现的。究实而言，牟宗三先生所谓的"主体的自由"一概念，不过是（源自康德哲学的）"意志自由"的另一种表述。从人类精神中发现与肯定这一"主体的自由"是十分重要的（孟子从其"性善"说发现和揭示出这一"主体的自由"）。恰恰是因为有了这一"主体的自由"，一方面人类才能在其精神的表现中自觉自由地将其固有的"内在道德性"（孟子所谓的"四端"之心或"本心"）充分地扩充和展示出来；与此同时，复由此一"主体的自由"与"内在道德性"的同一而体证到"内在道德性"的存在，实际上，是一种"绝对精神"，因此"主体的自由"所表现的精神即是一"绝对之主体性"，亦即"内在道德性"的"绝对精神"的表现。此一"内在道德性"的"绝对精神"乃成为人类价值（或道德）"立法"的形上本原与根本原则。另一方面则由此一"主体的自由"在"尽心知性知天"的一串工夫磨炼中，上升为"与天地同流"的"天地精神"。换言之，"内在道德性"经过"修身以俟""不动心"和"善养吾浩然之气"的一串工夫的修炼之后，即可上达而为天德，此即一般所谓"天人合德"之境，也即孟子所谓"上下与天地同流"的境界，这是绝对无待的超越精神境界，也是人所能达到的最高理想境界或最高的觉悟境界。这一境界与《中庸》的"参天地，赞化育"的境界异曲而同工。这就是牟宗三先生所谓"复由此而直下通透绝对精神及天地精神也"之意。

要而言之，孟子由人类之"内在道德性"在其自我展开的精神表现过程中所显露出来的"主体的自由"的"绝对之主体性"，揭示与豁显出"绝对精神"和"天地精神"，全幅展现出人类精神的"根源一面之形态"，就表示他业已为人类建立了一个"充实而有光辉之谓大"的典范。孟子虽然未能由此而进至"大而化之之谓圣"的境界，但是他已在"充实而有光辉之谓大"的典范中，为人类社会文化之价值"立法"（即牟宗三先生所谓"建体立极"）的千秋大业和如何到达"大而化之之谓圣"的境界指明了方向和理路。

哲学地建立中国哲学

牟宗三先生将人类时代精神的积极表现区分为三种形态：第一种是根源型态，第二种是纯粹理解（知性）与外在自然的对立型态，第三种是国家政治层面的"真实的客观化"的型态。孟子所表现的中国文化的时代精神属于第一种型态。在中国文化中缺少第二种型态。至于第三种型态，本来就需要对于文化理想有所肯定并有赖于它转出积极的时代精神，同时还要能从学术上对此有一种自觉的反省才有可能实现。孟子虽然有对于文化理想的肯定，但是尚未能上升到学术自省的高度（这大概只有近代以来学术实现了从古典形态向现代形态的转型后才有可能），因此孟子在此一型态上还是欠缺的。这固然是孟子的不足，也是其时代的限制之使然。然而，孟子有一套（或"一串"）"反身而诚"的工夫，由这一套工夫经历，可以在自我反省的自觉中显现出人的"精神"与"自然"关系的破裂，从而使"精神透露"与自我展开成为可能。可见，这套工夫是十分关键的。但对孟子和儒家来说，这套工夫本质上是道德修养与实践的工夫。就孟子而言，他的自我反省与自觉所显现的"精神"与"自然"关系的破裂，乃是"道德"（上文所谓的"道德内在性"）与"自然"（如告子所谓"生之谓性"的"性"，即自然的本能之性）关系的破裂，那么由此而来的"精神透露"与自我展开就是一"道德主体"的展现。这当然是由人在道德上的自觉而来的。牟宗三先生说：

> 须知：工夫经历，首先通过反省自觉而显出破裂，乃是"精神透露"之本质的关键。当其与自然浑一之时，"精神"是不能凸出的，因而是潜伏的。故通过反省自觉而显之破裂是精神凸出之本质。如果此种破裂，由道德的自觉而来，则必显示精神主体为一道德的主体，为一内在道德性，因而其所成者即为道德的"主体之自由"：精神从其为潜伏的实体状态中彰著而为"主体的自由"，精神成其为精神。如果吾人了解此步破裂之本质性、法则性及其成果性，则顿时即可知：此步破裂是仁且智的道德主体之树立，是精神主体之向上升，由此而建体立极，当下即通于绝对，证实"绝对实在"亦为精神的，因而亦可说即是证实一绝对精神。①

---

① 牟宗三：《历史哲学》，见《牟宗三先生全集9》，第135—136页。

有如上文所言,"精神透露"与自我展开必然表现为"主体的自由"。这一"主体的自由"正是"道德主体"的自由之表现。牟宗三先生解释为:"精神从其为潜伏的实体状态中彰著而为'主体的自由',精神成其为精神。"其实,这就是在工夫经历中,由"内在道德性"的扩充与展开显现出来的作为"道德主体"的"自由的主体"的"绝对精神",其最高境界则表现为"天地精神"。那么,由这一"道德主体"之"绝对之主体性"为人类价值(或道德)"立法"(即建立价值的法则或道德的法则)的本原与根本原则,则可溯源和反证"内在道德性"乃是一真实的(即有牟宗三先生所谓"实体"或"实在"意义的)"绝对精神"。

诚然,孟子在其工夫经历的自我反省与自觉过程中凸显出"精神"与"自然"关系的破裂,而使"精神透露"的另一个关键,则是由于孟子重新肯定了孔子所开创的文化理想,否定战国时代的"尽物力"的精神之所致。这当然就要在时代精神上显出一个必然的"破裂",从而使中国文化生命精神积极表现的理路得以具备并彰显出来。这与孟子从"内在道德性"凸显"绝对之主体性"是完全一致的。这可以从如下两方面来看:

一方面,孟子在中国文化生命精神的积极表现的根源型态中,直接点出"人性善",便直接把握到了"内在道德性",即一个绝对的主体,亦即道德的主体。这一道德主体的透露,就能使"道德的主体自由"充分地表现出来。因此,诚如上文所说,"内在道德性"是一个壁立千仞的"体"(大体、本体、大本、大根),是一个"绝对之主体性",由此就可以讲求中国文化的建体立极,开出中国文化的规模。牟宗三先生在后来的《中国哲学的特质》一书中,对此有进一步详细的说明与分析。牟宗三先生指出,孟子主张和坚持仁义内在于人心,是"以心说性",可谓"即心见性"。这里的"心"就是具有仁义礼智"四端"的心。孟子视人性为"道德的善"本身;既然视人性为"道德性"(Morality)之性,那么就是直接从人的内在道德性说性了。[①] 这一思路是"道德的进路"(moral approach),与《中庸》和《易传》从天命、天道下贯讲性即所谓"天命之谓性"的"宇宙论的进路"(cosmological approach)不同,但二者殊途同归,在终结

---

① 牟宗三:《中国哲学的特质》,见《牟宗三先生全集28》,第57、65页。

哲学地建立中国哲学

上相会合。①"孟子为了了解与定住'天命之谓性'的性之真实意义,直接从道德意义论性,使性之意义不再含糊不清(Obscure)或引人入邪。而通过主观的道德意识来了解并且定住性的全幅意义,正好比耶教中人教人通过耶稣了解并且定住上帝的全部内容一样。"②进一步说,孟子是从"天命"之为一内在性的超越之心即"本心"上说人性本善从而向上的。这既不同于传统宗教的神格意志的"天命论"的人性论,也不同于自然生物本能意义上的"天命论"的人性论,更不同于后来荀子从社会礼法的基础设置上以"天生人成"的"天命"而讲"化性起伪"的人性论(详见后文的论述),而是秉承孔子的仁学而初创了一个从道德心性形上学论人性并提出人性善论的重要方向和进路(这一问题甚为复杂,在此只能点出为止,详论有待另文矣)。这无疑是一种对于"天命之谓性"的高扬、推进和发展。实际上,孟子承接孔子的仁、智、圣三个概念,从仁心的全幅意义说人性,即说人之所以为人之理、之真几。这一说性方式的最大意义就是孟子以"道德心"直接表达了道德意识。在《论语》中,孔子未曾有"心"字。"心"即"本心"的概念是首先由孟子创造性地提出来的。其实,孟子的"心"自然可以从孔子的"仁"转出。③这当然是孟子对于孔子的创造性的继承与发扬,同时也是孟子的一大发明和贡献。孟子的这个"心"即"本心"代表"道德的主体性",只有这个"心"即"本心"堂堂正正地立起来,人才可以堂堂正正地站立起来。人站起来了,立得稳了,其他的一切才可以(随着人而)站起来,立得稳;否则,一切道德、宗教、科学、艺术,总之,一切文化,都没有价值。这是人类精神价值世界的"立法"之本,这就是"建体立极"的意思之所在。因此,了解孟子的性善论,才可以了解并建立人的"真实的主体性"。但是,孟子的"性善"之义既不易了解,也不易辨明。对此,牟宗三先生从儒家哲学史的发展作了说明,他指出:

在中国,自孟子首主仁义内在以斥告子之义外,此后唯象山、阳

---

① 牟宗三:《中国哲学的特质》,见《牟宗三先生全集28》,第57页。
② 牟宗三:《中国哲学的特质》,见《牟宗三先生全集28》,第69页。
③ 牟宗三:《中国哲学的特质》,见《牟宗三先生全集28》,第69页。

孔子的两翼

明能继之而不违,并能明白而中肯地道出其所以然。其余如伊川与朱子便已迷失而歧出,其余虽不违,亦未能如象山、阳明之深切著明乎此也。可是如不真明白"仁义内在",便亦不能真确立"性善"。可见"性善"之义亦非容易辨明也。①

牟宗三先生不厌其烦地强调和指出必须弄明白"仁义内在",才能真切地理解与把握"性善",并确立"性善",而"仁义内在"则表现为绝对的"道德主体"的挺立与透出。孔孟之道是儒学的正宗,由此,中国哲学思想大传统的中心,就必定落在对于主体性的重视上面,因此中国的学术思想可以大约地称为"心性之学"。孟子是中国"心性之学"的正宗与根本主脉。孟子与《易传》《中庸》所论的"性"则归结于宋儒所说的"义理之性"或"天地之性"。至此,中国的心性之学业已获得了最具概括性的总结。②

另一方面,由于道德主体的透露,必然会通过一个反身的自觉显示出一个"破裂",即"道德的主体"与"物质的自然"的对立与冲突所造成的破裂,这是一个时代的破裂,即一个时代的文化精神的破裂。尽管孟子没有在人类精神的积极表现的第三种型态上,达到完全的自觉与高度理性的反省,但是他对"尽物力"精神的否定,与对文化理想的肯定,在客观上,必然导致这个"破裂"的出现,同时"在孟子的担负上与其所处的时代上,皆必须有这个破裂"③。有这个"破裂",进一步则逼显出一个"绝对之主体性"。因此,孟子当然不能不雄辩,不能不露才,不能不著迹。非如此不能显出"绝对之主体性",非如此不能说建体立极。"在孟子时,若其本人亦通体是文化生命,满腔是文化理想,则不能不与此物量精神截然割离。此种割离,是其文化生命之不容已。因此,破裂乃成了逼迫着'精神'出现之文化生命中之必然。惟通过此破裂,精神主体始能彰显。因此,泰山严严、浩然之气、为乾、为大,不改一字,不大一毫,俱此主

---

① 牟宗三:《圆善论》,见《牟宗三先生全集22》,第18—19页。
② 牟宗三:《中国哲学的特质》,见《牟宗三先生全集28》,第72页。
③ 牟宗三:《历史哲学》,见《牟宗三先生全集9》,第133页。

体精神处说。若徒有孔子之天地浑圆气象，而无孟子之破裂以显'主体'，则精神表现之理路即不具备，而精神之所以为精神亦终不彰显。故绝对主体性，道德的主体自由，皆因孟子始可言也。孟子于此立下一个型范。此其所以有功于圣门处。"① 由此可见，孟子开创性地大无畏地挺立起道德主体的自由精神，在中国哲学史上建立起第一个绝对主体性的型范，乃是他肯定孔子文化理想与反对他的时代的"尽物力"精神的必然结果，同时也是他的文化生命之不容已的必然结果。

牟宗三先生还分别从四个方面说明了孟子在儒学以及中国哲学思想和文化中的"型范"意义：第一，孟子由"仁义内在而道性善，是精神透露之第一关"。第二，孟子的"浩然正气，配义与道，非义袭而取，是精神之透顶"。第三，孟子的"万物皆备于我，反身而诚、乐莫大焉，所存者神、所过者化，上下与天地同流。此是由精神主体建体立极而通于绝对，彻上彻下，彻里彻外，为一精神之披露，为一光辉之充实"。第四，孟子"辟杨、墨，贱仪、秦，斥陈仲、许行，不许以夷变夏，不许充仲子之操而为蚓，……正人心，息邪说，距诐行，放淫辞，以承三圣者……彼于精神之表现，已树立其客观之意义，彼之生命已客观化矣"。② 不难看出，在这四个方面的"型范"意义中，最为重要的一点是，孟子不仅是由仁义内在透出了绝对的道德主体精神，而且由这一精神主体建体立极，通于绝对，彻上彻下，彻里彻外，更表现为至大至刚的浩然正气，配义与道，充塞于宇宙之间，与天地同流，成为天地精神。在这一过程中，孟子的生命获得了一种客观化的意义，他虽然具有形而上的高远文化理想和天地精神，但是他在现实中却是一个为自己的文化理想与远大抱负而奋进和显才著迹，擅于雄辩和批判的斗士。

总之，孟子虽然未至"大而化之之谓圣"的境地，但是完成了"充实而有光辉之谓大"的型范之建立。孟子由此足以树立起他在中国历史乃至世界历史尤其是东亚历史上永远不倒的地位了。

---

① 牟宗三：《历史哲学》，见《牟宗三先生全集9》，第134页。
② 牟宗三：《历史哲学》，见《牟宗三先生全集9》，第137—138页。

二　荀子

儒家在孟子之后有荀子。但是，荀子也像孔子和孟子一样，是一个极不容易了解的思想家。牟宗三先生指出："荀子之学，历来无善解……故其基本灵魂遂隐伏而不彰。"① 自民国以来，荀子学术之大略与精神之大端，难有能及者，而近人对于荀子所言"礼义之统"的意义和他所依据的基本精神与心思之形态，以及荀子所言"正名"亦不能彻底地了解，因此更遑论接得上荀子的真精神，盖因荀学"无冲旨、太典实，而又分量过重也"②。尽管如此，荀子又是一个必须了解与通过的人物；否则，儒学必然缺少重要的一环，对于儒学就是不通不透的。

在晚周诸子中，荀子是一个最重视和标榜"礼义"的人。因此，牟宗三先生只用一句话来概括荀子，他说：

> 荀子之文化生命，文化理想，则转而为"通体是礼义"。③

对荀子来说，既然讲礼，就一定要成统分类，而统类的最高标准恰恰就是礼，所以荀子称："礼，治极之辨也。"（《荀子·议兵篇》）牟宗三先生说："'治极之辨'即类同别异之极则。辨不作思辨解。"④ 又说"治极之辨"的"辨"同于"以其有辨"⑤ 之"辨"，"皆指别异定分言，不作思

---

① 牟宗三：《名家与荀子》，见《牟宗三先生全集2》，第165页。
② 牟宗三：《名家与荀子》，见《牟宗三先生全集2》，第165页。
③ 牟宗三：《历史哲学》，见《牟宗三先生全集9》，第139页。
④ 牟宗三：《名家与荀子》，见《牟宗三先生全集2》，第168页。
⑤ 荀子说："人之所以为人者何也？曰：'以其有辨也。饥而欲食，寒而欲暖，劳而欲息，好利而恶害，是人之所生而有也，是无待而然者也，是禹、桀之所同也。然则人之所以为人者，非特以二足而无毛也，以其有辨也。今夫狌狌形状亦二足而无毛也，然而君子啜其羹，食其胾。故人之所以为人者，非特以其二足而无毛也，以其有辨也。夫禽兽有父子而无父子之亲，有牝牡而无男女之别。故人道莫不有辨。辨莫大于分，分莫大于礼，礼莫大于圣王；圣王有百，吾孰法焉？曰：文久而灭，节族久而绝，守法数之有司，极礼而褫。故曰：欲观圣王之迹，则于其粲然者矣，后王是也。彼后王者，天下之君也；舍后王而道上古，譬之是犹舍己之君，而事人之君也。'"（《荀子·非相篇》）

辨解"①。此解极是。可见，礼，在荀子来说，是辨别统类而定分的最高原则。荀子就是从这里表现出他的精神和文化理想。

荀子的精神和文化理想，牟宗三先生也只用一句话概括为："隆礼义而杀②《诗》《书》。"③ 荀子虽然如此看重和凸出"礼义"，但是他讲"礼义"不同于孔孟。"孔子与孟子俱由内转，而荀子则自外转。孔、孟俱由仁、义出，而荀子则由礼、法（文）入。"④ 孔子说："仁者乐山，智者乐水。"（《论语·雍也》）这一命题在中国哲学史和文化史上，最早将中国的思想家或哲学家区分为"仁者"和"智者"的类型，当然还有"勇者"等类型。如果说孟子是一位"仁者"型的哲学家，那么荀子就是一个"智者"型的哲学家。"荀子之诚朴笃实之心，表现而为理智的心。其言礼义是重其外在之统类性，而不在统摄之于道德的天心、形而上的心。"⑤ 对于荀子注重"礼义"的外在的统类性，牟宗三先生总结为：

> 故总方略、齐言行、知统类、一制度，皆荀子所雅言。其所重视者为礼义之统，即全尽之道。而根本精神，则在其深能把握住理性主义之精髓也。此精髓即在其是逻辑的、建构的。故荀子一方重礼义之统，一方能作"正名"也。理智之心之基本表现即为逻辑，此是纯智的。逻辑之初步表现即在把握共理，由之而类族辨物，故荀子喜言统

---

① 牟宗三：《名家与荀子》，见《牟宗三先生全集2》，第175页。
② "杀《诗》《书》"的"杀"，一般读作"shài"，而不读作"shā"，梁启雄先生解释《荀子·修身》"君子贫穷而志广，隆仁也。富贵而体恭，杀势也"中的"杀"说："《礼记·文王世子》注：'杀，差也。'《公羊僖廿二传》：'杀，省也。'杀、差、省双声。此文隆仁，谓尊大仁，杀势，谓减省势。"故"杀《诗》《书》"的"杀，差也，省也……《修身篇》……认实践'礼义'为首要，记诵《诗》《书》为次要。杀《诗》《书》、谓对于研究《诗》《书》应依其重要性的差等比'隆礼义'的量减省一些；《荣辱》'《诗》《书》之分'，就是指这个差等。荀子确提倡读书，可是确反对搬弄教条，《劝学》'学杂志，顺诗书而已耳，则末世穷年不免为之陋儒而已！'这是他'杀《诗》《书》'的理由"（梁启雄：《荀子简释》，中华书局1983年版，第23、92页）。这一解释当然是言之成理的。但是，这是在表层意义上说，如果就其深层次的意义上尤其是哲学意义上而言，"杀《诗》《书》"确有杀戮、杀止、终止、抑制、否定、消解等义。因此，对荀子来说，"杀（shài）《诗》《书》"与"杀（shā）《诗》《书》"，是统一的。详见正文中的论述。
③ 牟宗三：《历史哲学》，见《牟宗三先生全集9》，第140页。
④ 牟宗三：《历史哲学》，见《牟宗三先生全集9》，第139页。
⑤ 牟宗三：《历史哲学》，见《牟宗三先生全集9》，第141页。

类也。由此基础精神转之于历史文化，则首重百王累积之法度，由此而言礼义之统。其斥孟子为"略法先王而不知其统"，斥俗儒为"略法先王而足乱世术。缪学杂举，不知法后王而一制度，不知隆礼义而杀《诗》、《书》"。皆基此精神而言也。①

荀子固然有一颗极其发达的理智之心②、逻辑之心③，这种理智之心或逻辑之心与西方具有理论思辨头脑的哲学家的心灵比较能接近，一如牟宗三先生所指出的"荀子之思路，实与西方重智系统相接近，而非中国正宗之重仁系统也"④，这突出地表现在其"正名"思想之中。但是，"欲了解荀子逻辑之心灵，亦必须先通其学术之大体"⑤。对此，牟宗三先生有一极其精当的概括，兹引如下：

> 荀子言名，赅典章制度之名而言之，即示其心灵之网罗万有，综绾百代，兼摄自然与人事，而出之以正名之态度，则在名之指谓下，一切皆为一"客体之有"（objective being），而其心灵即为一"理智的认识之心"也，故彼能盛言礼，彼谓"礼者，法之大分，类之纲纪也"。又曰："礼者治辨之极也。"故又常言统类，言礼宪，是则每一名（可指典章制度之名言）、每一礼，皆是一典宪也。彼由此虽未走上柏拉图之言理型，然其路数则近之矣，盖皆重"客体之有"，而彰著"理智的认识之心"者也。⑥

在牟宗三先生的眼中，荀子之言名近似于柏拉图之言理型的路数，虽然事实上荀子并没有走上柏拉图之路，但是荀子与柏拉图二人都重视外在的"客体之有"，彰显的是"理智的认识之心"，所以荀子的思路，在总体

---

① 牟宗三：《历史哲学》，见《牟宗三先生全集9》，第141—142页。
② 牟宗三：《历史哲学》，《牟宗三先生全集9》，第14页。
③ 参见牟宗三《名家与荀子》，《荀学大略·前序》，见《牟宗三先生全集2》，第165页。
④ 参见牟宗三《名家与荀子》，《荀学大略·前序》，见《牟宗三先生全集2》，第165页。
⑤ 牟宗三：《名家与荀子》，见《牟宗三先生全集2》，第165页。
⑥ 牟宗三：《名家与荀子》，见《牟宗三先生全集2》，第221页。

哲学地建立中国哲学

上更接近于西方之重智系统，而非以孔子为代表的中国正宗之重仁系统。①荀子的心灵既然是一"理智的认识之心"，那么必然在其思想中将此"理智的认识之心"淋漓尽致地发挥与表现出来，这也突出地表现在其知识论之中。严格地说，中国哲学家很少有西方哲学意义上的知识论，但荀子是一个例外，他在知识论上也不乏与西方知识论的相近之处。牟宗三先生比较荀子与杜威的知识论，认为荀子的知识论有些类似于杜威的唯用论，不过二人到底还是不同的，因为荀子对于"天有"的认识，虽然是依据定义并在与自然之天（或天道）相关联的意义上去理解，但是荀子最终对于"天有"的认识、把握与治正，依据的却是道德系统的笃行实践，亦即历代百王所累积而来的典宪系统的笃行实践，而不是纯粹的自然律。因此，在归结上，荀子仍是一古典人文道德的理想主义者，而非一以知识为中心

---

① 对于这一问题，牟宗三先生有一更全面、详备、深入和综合的论述，可供参考，兹引如次："荀子只认识人之动物性，而于人与禽兽之区以别之真性，则不复识，此处虚脱，人性遂成漆黑一团，然荀子毕竟未顺动物性，而滚下去以成虚无主义，他于'动物性之自然'一层外，又见到有高一层者在，此层即心（天君），故荀子于动物性处翻上来，以心治性。惟其所谓心，非孟子'由心见性'之心，孟子之心乃'道德的天心'，而荀子于心，则只认识其思辨之用，故其心是'认识的心'，非道德的心也；是智的，非仁义礼智合一之心也，可总之曰以智识心，不以仁识心。此智心以清明的思辨认识为主，《荀子·解蔽篇》即在解人之蔽，以恢复其清明之智心，清明以'虚一而静'定，而其〈正名篇〉之所言，则在明此心之表现也（见下〈正名篇〉疏解），此种智心最易为人所把握、所了解，西方重智之文化系统，其所把握之心固是此智心，即道家之道心，亦是此虚一而静之智心。智心有两层：一是逻辑思辨的，一是智的直觉的；前者为知性层，后者为超知性层。虽有两层，统名为智心，亦可统名为认识心。西方哲人所把握者，大体以知性层为主；荀子虽言虚一而静，然亦只落于知性层；惟道家之虚一而静之道心，则属于超知性层；顺此而言，即佛家之般若智，亦属于超知性层之认识心。在西方，惟康德能善言'道德的心'；在中国，则由孟子以至宋明儒者皆精言之，以'以仁识心'为主流。惟'以智识心'易为人所把握，而'以仁识心'则不易为人所喻解，故在西方，柏拉图、亚里士多德、笛卡儿、斯频诺萨（今译为：斯宾诺莎）等所言之心易为人解；而康德、黑格尔等所言之心，则不易把握。在中国，于解悟上，人易先了解道家、佛家，而不易真了解儒家也。荀子只认识'智心'，而不认识'仁心'，即足见此中消息矣，其不解孟子，反性善，亦无足怪也。以仁识心，表现道德主体，使人成为道德的存在；以智识心，表现思想主体（或知性主体），使人成为理智的存在。而中国文化中之荀子，正是与西方文化之主流同其路向，凡只以智识心者，对于人性俱无善解，此西方人文主义之所以不彰，故亦不能立'人极'也，荀子亦如此。以智识心，则思想主体成立，故对于自然，亦易首先提炼而为'是其所是'之自然，此荀子之所以视天为'自然的天'也；而在西方亦如此，思想主体成立，'是其所是'之自然呈露，则逻辑、数学、科学亦易成立，此西方希腊传统之所彰著也，而荀子亦因而能作〈正名〉也。凡顺此各方面所成之路向以进，则在知识上必止于经验主义与实在论，而一般言之，从主体方面说，是理智的理性主义；从客体方面说，是外在的或实在论的理性主义，而终不易至真正的理想主义，荀子如此，在西方顺希腊传统下来者亦如此。"（牟宗三：《名家与荀子》，见《牟宗三先生全集2》，第 194—196 页）

· 190 ·

的自然主义者。① 这当然是荀子与杜威的区别之所在，也是他之为儒家的底色之所在。

然而，荀子彰著"理智的认识心"而重智的系统的路数，与孟子所走的重仁的系统的路数形成了鲜明的对照，这导致荀子不能理解至少并不能完全理解孟子的思想。牟宗三先生指出：

> 荀子实不解孟子，而其所重之统类却为与孟子相反之精神。此即其隆礼义而杀《诗》、《书》之精神。"礼乐法而不说，《诗》、《书》故而不切。"（〈劝学〉）荀子能识礼义之统类性，而不能识《诗》、《书》之兴发性。②

无疑地说，荀子的"能识礼义之统类性，而不能识《诗》、《书》之兴发性"，正是他的心灵特质与内在精神性的使然与限制。由于这一缘故，荀子不解孟子，亦不能全面地理解与把握孔子的思想。牟宗三先生独具慧眼地从心灵特质上区分了荀子与孟子的不同。可以看出，"孟子敦《诗》、《书》而道性善，正是向深处去，向高处提。荀子隆礼义而杀《诗》、《书》，正是向广处走，向外面推。一内圣，一外王"③。因此，孟子和荀子分别从"内圣"之学与"外王"之道的两翼继承和发展了孔子的思想。

由此去看，可以发现孟子和荀子各有其优长与不足，或所"见"与所"蔽"。"荀子重义与分，足见其有客观精神，此为孟子所不及，孟子主仁义内在，而向主体精神与绝对精神（天地精神）方面发展，客观精神则不足。（此为后来理学家之通性。）而荀子于此，则特见精彩，盖客观精神必在现实之组织一方面显，国家其典型也，所谓公体也。荀子重群、重分、

---

① 牟宗三说："由自然律而窥天道，则于礼义之统之为道外，复有自然之天道也。荀子可以吸纳自然律，而不可于此言天道，是以荀子只有一道，此道，推其极，必为一理想主义的道德系统也，亦即百王累积之典宪系统也，此则盖尽一切，别无他道。荀子之吸纳知识系统，有类于杜威之唯用论：在行中成知，然意指不同者，荀子以依道德系统之行，而知'天有'，兼以同时治正'天有'也，此终则不同于杜威之以知识为中心，而为自然主义，故荀子尤较崇高而较为古典也。"（牟宗三：《名家与荀子》，见《牟宗三先生全集2》，第191—192页）
② 牟宗三：《历史哲学》，见《牟宗三先生全集9》，第140页。
③ 牟宗三：《历史哲学》，见《牟宗三先生全集9》，第141页。

哲学地建立中国哲学

重义、隆礼义而杀诗书、知统类而一制度，皆客观精神之显示。"① "至于天地精神，则因荀子本源不透，故亦不及也。"② 孟子凸显了主体精神与绝对精神（即天地精神），但客观精神不足；荀子彰著了客观精神，但本源不透，不能提挈出主体精神与绝对精神。然而，孟、荀的思想之间并不对立与冲突，而是互补与连成一系的，这就是仁（或仁的系统）与智（或智的系统）的互补与合一，是孔子所谓"仁且智"的仁智双彰。因此，合观孟荀的思想，可以见孔子思想之大全；而由孔子察看孟荀的思想，则可以看到孔子思想在发展中的分向，孟、荀各为其一翼。相对于儒分为八的情形来说，这可能更具有重大的历史价值和文化意义。

问题在于，牟宗三先生画龙点睛地以荀子所谓"隆礼义而杀《诗》、《书》"之语勾勒出荀子思想的主旨与最大特征，那么如何理解荀子的"隆礼义而杀《诗》、《书》"呢？

如所周知，荀子反复指出和强调"隆礼义而杀《诗》、《书》"的重要性③，并将"俗人"或"俗儒"与"雅儒"相比较而言，认为"俗人"或"俗儒""不知法后王而一制度，不知隆礼义而杀《诗》、《书》"，而"雅儒"则相反，"法后王，一制度，隆礼义而杀《诗》、《书》；其言行已有大法矣"。但在"雅儒"之上更有"大儒"。④ 毫无疑问，荀子推崇与希望树立的是"大儒"和"雅儒"，否定与贬斥的是"俗儒"或"俗人"，因为"大儒"和"雅儒"较能接近他心中完美的"圣人"或"圣王"，"俗儒"或"俗人"则适得其反。对于荀子来说，"法后王，一制度，隆礼义"为"圣人"或"圣王"、"大儒"和"雅儒"必行之"大法"，而其中的核心与关键，就在于"礼义之统"的建立，所以荀子不遗余力地把

---

① 牟宗三：《名家与荀子》，见《牟宗三先生全集2》，第188页。
② 牟宗三：《名家与荀子》，见《牟宗三先生全集2》，第182页。
③ 例如荀子说："故有俗人者，有俗儒者，有雅儒者，有大儒者。不学问，无正义，以富利为隆，是俗人者也。逢衣浅带，解果其冠，略法先王而足乱世术；缪学杂举，不知法后王而一制度，不知隆礼义而杀《诗》、《书》；其衣冠行伪已同于世俗矣……法后王，一制度，隆礼义而杀《诗》、《书》；其言行已有大法矣，然而明不能齐法教之所不及、闻见之所未至，则知不能类也；知之曰知之，不知曰不知，内不自以诬，外不自以欺，以是尊贤畏法而不敢怠傲：是雅儒者也。"（《荀子·儒效篇》）
④ 荀子说："法先王，统礼义，一制度，以浅持博，以古持今，以一持万；苟仁义之类也，虽在鸟兽之中，若别白黑；倚物怪变，所未尝闻也，所未尝见也，卒然起一方，则举统类而应之，无所儗作；张法而度之，则晻然若合符节：是大儒者也。"（《荀子·儒效篇》）

"隆礼义"推至无以复加的地步。对此,唐君毅先生解释与强调说:"大儒则更能知礼制之有道为之贯……即能举此统类之道以应之",① 并敏锐地发现与指出荀子特别喜欢用"隆"字②,还解释说:"人能存隆之图像于心,亦可知荀子之道之所似矣。"③ 对于荀子之道,唐君毅先生称之为"人文统类之道"④,与牟宗三先生说的"人文化成"之道无本质上的差别。可见,唐君毅先生对于荀子的这些解释是颇有见地的。就荀子而言,"人文统类之道"或"人文化成"之道最终还是要由"礼义法度"系统来表现的。因此,荀子必须且必然要把"隆礼仪"置于至高无上的首要地位。在此意义上说,"大儒"与"雅儒"是不可须臾分离的。然而,"隆礼仪"为何必"杀《诗》、《书》"呢?

毋庸置疑,荀子像孔孟一样重视古代经籍,善为《易》《诗》《礼》和《春秋》,汪中说:"荀卿之学,出于孔氏,而尤有功于诸经。"⑤ 门下更有名儒经师浮丘伯,荀子传经有功于圣门,并于后世有重大之影响,"汉世之传经之儒,多自谓遥出荀子之门"⑥。因此,荀子所谓"杀《诗》、《书》"并不是对于《诗》《书》的否定。唐君毅先生指出,荀子在《诗》《书》中重礼而又归近其人,以求外通伦类,自备德操,全其德与学而成人(成就人格),这似乎正是其学者之备圣心而期于为圣之道的体现。⑦ 这固然应当是荀子对《诗》《书》所怀有的本旨。但是,"杀《诗》、《书》"似乎与此本旨相违逆。原因在于要由《诗》《书》实现荀子的本怀是十分

---

① 这段文字的全文为:"此中言俗人只知富利;俗儒只知本诗书,称先王,而以其学求衣食,实无异于俗人。雅儒则能法后王,隆礼仪,杀诗书。大儒则更能知礼制之有道为之贯,而能'以浅持博,以古持今,以一持万',而于'仁义之类、虽在鸟兽之中,若别黑白';于所未尝见之事。'卒然起一方',即能举此统类之道以应之。"(唐君毅:《中国哲学原论·原道篇》,第489页)

② 唐君毅先生指出:"《荀子》书中言'隆'之语甚多。〈仲尼篇〉言立隆,〈致士篇〉言国之隆、家之隆,〈正论篇〉言天下一隆,〈礼论〉言至隆。又,〈劝学篇〉言隆礼,〈修身篇〉言隆仁,〈赋篇〉言匹夫隆之,则为圣人;诸侯隆之则一四海,皇天隆物。此隆之一字初取义于积土成山之隆。"(唐君毅:《中国哲学原论·原道篇》,第489页)

③ 唐君毅:《中国哲学原论·原道篇》,第489页。

④ 参阅唐君毅《中国哲学原论·原道篇》,第435页;并且唐君毅指出:"荀子所谓道,为贯于有人伦礼文政治之社会之圣王之道,即贯于此人文社会历史之道。"(该书,第474页)

⑤ (清)汪中:《荀卿子通论》,转引自王先谦撰《荀子集解》上,中华书局1988年版,第21页。

⑥ 参见唐君毅《中国哲学原论·原道篇》,第435页。

⑦ 参见唐君毅《中国哲学原论·原道篇》,第477页。

困难的，很可能绝大多数学者最后皆流为荀子所拒斥的"俗儒""陋儒"。① 其中的原委，一如牟宗三先生所指出：

> "不道礼宪，以诗书为之"云云，即"隆礼义而杀诗书"之义，自人生言，诗书可以兴发，而不足语于坚成；自史事言，"诗书故而不切"，（亦〈劝学篇〉文），必待乎礼之条贯以通之，故〈劝学篇〉又云："上不能好其人，下不能隆礼，安特将学杂识志，顺诗书而已耳，则末世穷年不免为陋儒而已。"②

这一总结和概括，非常中肯与精辟。其中的关键问题，就出在荀子所说的"上不能好其人，下不能隆礼，安特将学杂识志，顺诗书而已耳"。即《诗》《书》全然沦为谋食富利的工具，儒家的礼义之道荡然无存。换言之，《诗》《书》与礼义之道业已彻底地裂离了。那么，饱读《诗》《书》，虽"末世穷年，不免为陋儒"，结果则使《诗》《书》失去了意义。荀子说："不道礼宪，以诗书为之，譬之犹以指测河也，以戈舂黍也，以锥飡壶也。不可以得之矣。"（《荀子·劝学篇》）所以，对于荀子来说，"隆礼义"就必须"杀《诗》、《书》"，这是他必然做出的选择与结果。

在此一意义上看，荀子不仅仅是"杀（引者按：此处读为 shài）《诗》、《书》"，而且是真正地"杀（引者按：此处读为 shā）《诗》、《书》"，即不仅仅是相对于"隆礼义"之重要性的差等来说，要削减与降低《诗》《书》的地位，这是不够的，而是要从根本上排斥和否定"俗儒""陋儒"，且彻底地阻止人们通往"俗儒""陋儒"的道路（这当然不是不要《诗》《书》，而是要杜绝以《诗》《书》为食禄富利的工具，堵住走向"俗儒""陋儒"的通道）。那么，当然就不能仅仅是"杀（shài）《诗》、《书》"，而必须是"杀（shā）《诗》、《书》"了！这在表面上是将"隆礼义"与"杀《诗》、《书》"对立起来，实则在深层中，乃是通过"隆礼义

---

① 荀子说："学莫便乎近其人。礼乐法而不说，诗书故而不切，春秋约而不速。方其人之习君子之说，则尊以遍矣，周于世矣。故曰：学莫便乎近其人。学之经莫速乎好其人，隆礼次之。上不能好其人，下不能隆礼，安特将学杂识志，顺诗书而已耳。则末世穷年，不免为陋儒而已。"（《荀子·劝学篇》）

② 牟宗三：《名家与荀子》，见《牟宗三先生全集2》，第168页。

而杀《诗》、《书》"之后，再回到《诗》《书》，这就是牟宗三所谓"必待乎礼之条贯以通之"，才能真正地实现荀子对于《诗》《书》的本怀，将《诗》《书》与礼义之统统一起来，最终也才能实现荀子的"人文化成"之道。对荀子来说，"隆礼义而杀《诗》、《书》"，是实现他的"外王"之道的至为关键的必经一环。

荀子的"外王"之道，"由百王累积之法度，统而一之，连而贯之，成为礼义之统，然后方可以言治道"①。荀子的这个"道"正是上文所说的"人文化成"之道。"其所化成者为'性'与'天'：以心治性，以人治天。故由'隆礼义'一基本义，复开出另一基本原则，即为'天生人成'。"② 荀子说："天行有常，不为尧存，不为桀亡。应之以治则吉，应之以乱则凶。"（《荀子·天论篇》）这个著名的哲学命题指出"天"是一个客观的自然意义上的"天"，"天"的运行即"天行"不以人（无论尧或桀）的意志为转移，有它自己的"常"道或"常"轨。因此，强调人"不与天争职"。同时，荀子又提出"能参"的学说，他说："天有其时，地有其材，人有其治，夫是之谓能参。舍其所以参，而愿其参，则惑也。"（《荀子·天论篇》）这是"性与天道"关系问题在哲学上的另一种表现或反映。不难看出，荀子的"天"非宗教的、非形而上的、非艺术的"天"，而是"自然的"天，也就是科学中所谓的"是其所是"的天。在这里，牟宗三先生仔细地辨析与区分了荀子对于"天"的两种不同态度：一则是因为天是"自然的""是其所是"的天，所以人对于天也就不加虑、不加能、不加察之，"不与天争职"；二则是荀子将此天纳入礼义法度的"人道"（也称"君道"或"治道"）亦即"人文化成"的"礼义之统"③ 之治中而知天。牟宗三先生认为后一种意义的"天"具有类似于杜威所讲的科学的意义，前一种意义的天则既没有希求怨慕的意义，也没有惊惶恐怖的意义，这是没有进入"吾天君所照摄之有"④ 的天。对荀子来说，以人为的礼义法度即"人道"治天，亦即以"治己""治性"的礼义法度"治天"，

---

① 牟宗三：《历史哲学》，见《牟宗三先生全集9》，第142页。
② 牟宗三：《历史哲学》，见《牟宗三先生全集9》，第142页。
③ 参见牟宗三《名家与荀子》，见《牟宗三先生全集2》，第182页。
④ 参阅牟宗三《名家与荀子》，见《牟宗三先生全集2》，第191页。

这就是他所谓的"能参"。① 因此，荀子的"能参"而知天、因要"治天"而"知天"到底不是严格的知识论（或科学研究，或"知识就是权力"）意义上的"人定胜天"。如所周知，荀子强调"明于（与）天人之分，则可谓至人矣"（《荀子·天论篇》），"天"虽然是自然之天，但是并没有成为独立于人（认识主体或知识主体）之外的知识论意义上的一个"认识对象"或"认识客体"，而是落进了"人文化成"的"礼义之统"的"治道"之中。这是我们理解荀子之"天"以及"天道"与"人道"（或"性与天道"）关系的一个大关键，不可不有清楚的认识！

荀子与孟子还有一个很大的不同，那就是荀子反对孟子的"性善论"而主张"性恶论"。在荀子那里，"性"与"天"都是被治正的，"性"也像"天"一样是"自然"意义上的"性"，即指人生而具有的自然性或自然本能（即朴性或材性），这与《中庸》"天命之谓性"之义不相违逆，这是所谓的"天生"；在自然生物的意义上说，人之为人乃是依其天生之性而为人，这是所谓"人成"。（这是从其为被治正的对象方面说。）当然，在"人文化成"的教化意义上，自然人还不是真正意义上的人，人必须经过社会化而成为社会的人，才能成为真正意义上的人。对荀子来说，天生的人之性必须进入"礼义法度"系统，经过"化性起伪"的历练，才能成为人之为人的人，即社会文化的人。（这是从其为能治正的意义亦即"善"的方面说。）顾名思义，这就是"天生人成"。在此意义上说，"天生人成"与"天命之谓性"已判然有别了。不妨说，"天生人成"是对"天命之谓性"的一种新诠。因为这既不是在自然生物性的"天生"之义上说"天生人成"之性，也不是在道德义理或形上学的"天命"之义上说"天生人成"之性，更不是在"天命"固有的内在性的超越心性之义说"天生人成"之性，而是从置人亦即置人的自然本能性于作为"王制"的"礼法

---

① 牟宗三先生指出："有天道，有人道，荀子只言人道以治天，而天却无所谓道，即有道，亦只自然之道也。人以礼义法度而行其治，则能参。参者治已而遂以治天也。荀子之天非宗教的，非形而上的，亦非艺术的，乃自然的，亦即科学中'是其所是'之天也。不加虑、不加能、不加察之'不与天争职'是一义，于治之之中而知之又是一义。后者有类乎杜威义之科学，前者则去无谓之希求怨慕、惊惶恐怖。孔、孟言与天合德，其天乃形上的天、德化的天，荀子不至此义，即无可说与天合德。参义，则孔、孟、荀皆可言，孔、孟之天是正面的，荀子之天是负面的，因是负面的，故在被治之列（荀子之参只是治，此与参赞不同），亦如性之被治然，性恶之性亦是负面的。"（牟宗三：《名家与荀子》，见《牟宗三先生全集2》，第185页）

系统"而"化性起伪"的社会文化、社会政治和社会政治 – 伦理与伦理 – 政治的双重性教化的意义上说"天生人成"之性。对荀子来说，唯有透过"礼义法度"而成的系统即"礼法系统"，"天命之谓性"才获得了完整的和现实的意义，才能将人的自然本能性与社会"礼法系统"之"化性"去恶而起的"伪"善之性统一起来，借康德的话说，也就是将人性的"自然"与"自由"统一起来。在此意义上说，荀子从"天命之谓性"翻出了他的"天生人成"。这与孟子讲人性本善而向上以及其与"天命之谓性"的关系，就有了根本的不同。牟宗三先生以"天生人成"一语概括荀子的人论，并由其"性恶论"透出，可谓"彻法源底"之论。诚如上文所说，荀子一方面强调对于"天"要不加虑、不加能、不加察、不与天争职，另一方面又强调在"治天""能参"中知天，否则，"能参"或"治天"就是虚假的、没有意义的。由此可见，荀子的"天"与孔孟的"天"是截然不同的。孔孟所讲的"与天地同流"（《孟子·尽心上》）乃是"与天合德"之意，这里的"天"乃是形而上的天、德化的天，但是荀子讲天，就没有达到这个境界。因此，在荀子所讲的"天"里面，人与天（德化的天或形而上的天）无可合，也无所合。至于"能参"，则孔孟荀都可以讲（当然，意义也是不尽相同的）。相形之下，孔、孟的天是正面的，荀子的天则是负面的。正因如此，荀子的天是在被治正之列的，就像他讲的"性"是被治正的一样。无疑，荀子所主张的"性恶"之性，也是负面的。对荀子来说，"性"在本质上其实无所谓恶，只是人的自然（性）而已。顺从人的自然性而任其扩展，没有节制，即是放纵，而变成了"恶"，这就是荀子所讲的人性的"恶"。①

---

① 牟宗三说："以上四段，可以综括荀子论性之大旨。其论人之性，完全从自然之心理现象而言，从好利、疾恶、耳目之欲方面言，则性是喜、怒、哀、乐、爱、恶、欲之心理现象，是即人欲之私也；从饥而欲饱、寒而欲暖、劳而欲休方面言，则性是生物生理之本能；自人欲之私与生物生理之本能而言性，是即等于自人之动物性而言性，此尚非宋儒所谓'气质之性'也。此固不事可自然，然此自然是动物性之自然，荀子所见于人之性者，一眼只看到此一层，把人只视为赤裸裸之生物生理之自然生命，此动物性之自然生命，克就其本身之所是而言之，亦无所谓恶，直自然而已矣，惟顺之而无节，则恶乱生焉，是即荀子之所谓性恶也。"（牟宗三：《名家与荀子》，见《牟宗三先生全集2》，第193—194页）又说："荀子只认识人之动物性，而于人与禽兽之区以别之真性，则不复识，此处虚脱，人性遂成漆黑一团，然荀子毕竟未顺动物性，而滚下去以成虚无主义，他于'动物性之自然'一层外，又见到有高一层者在，此层即心（天君），故荀子于动物性处翻上来，而以心治性。"（牟宗三：《名家与荀子》，见《牟宗三先生全集2》，第194页）

哲学地建立中国哲学

那么，究竟如何理解"天生人成"呢？自"天生"的方面说，一切都是被治的、负面的，尤其"天"与"性"皆是被治正的、负面的。因此，这里面不可以讲"善"；自"人成"的方面说，一切都是能治的、正面的，由这一方面当然可以说"善"，也必须说"善"。这是荀子之所以强调善在于礼义、法度的根本原因。荀子正是依此而提出"化性起伪"的人性论学说。

从"天生"的方面，还可以进一步看到，一切天生的东西都落在"礼义之统"中而得到它们的"道"。天职、天功、天情、天官，都是天生的"有"。这些天生的"有"，本来只是材质，是因为"礼宪之道"的作用才使它们成为"有"的。"礼宪之道"成就了一切的"有"。这是因为以人为的"礼义之统"而化成天并治正天，所以叫作"人文化成"。在这个意义上说，全宇宙都收摄于人的行为系统之中，推到极致，"人之道即天之道"（"天"与"自然人"都是被治正的对象）。① 在人的笃行之行为系统中，每一个"天有"既然都是被治正的"有"，那么每一个"天有"就都是被人的"天君"（心）所照摄的"有"。这样的"有"是可以被定义的"有"。"天职""天功""天情""天官""天君""天养""天政"都是些有定义的概念，就像《荀子·天论篇》所描述的那样。在定义中，人对于被治正的"天有"，就有了一定的知识。依据知识论的原则，可以将这些知识建构成一定的知识系统。然而，这些知识系统，就是在人的行为系统中，提挈出来而造成的。说到底，知识之"正"（即正确、真实、有效）是以人的笃行之"正"（即正确有效的实践）为正的。② 可以看出，"在荀子之文化生命，文化理想中，亦成一破裂之对反。依其所见之心为认识的心，为纯智的心，依其所视之天与性为自然义的，为被治正之负面的。荀子首先通过其反省自觉而提炼出一个'思想主体'，因而同时亦将'自然'纯净化而成为此主体之'对象'，自然（天与性）成为纯自然的。此是理智的心（思想主体）之所照射而成的。他能将'纯粹理解'提炼成，所以亦能将'纯粹自然'提炼成。荀子确是一个逻辑的心性，此于【其】〈正

---

① 牟宗三：《历史哲学》，见《牟宗三先生全集9》，第144页。
② 牟宗三：《历史哲学》，见《牟宗三先生全集9》，第145页。

名篇〉可以见之。他一往是理解（知性）用事"①。如果说孟子挺立了一个"道德的精神主体"的话，那么荀子则建立了一个"知性主体"（即"思想主体"）。相对于孔孟而言，荀子所提炼出来的"纯粹自然"（"天"与"性"）与"纯粹理解"（思想主体）自一开始便是处于对立状态的，虽然历经"人文化成"的礼义之统以及"化性起伪"的教化之后，可以在"被治（正）"与"能治（正）"的同一中实现"人道"或"治道"上的统一。但是，仅依赖一理智之心或思想主体而隆起"圣人"或"圣王"，并不能从本源上消弭礼义法度与"天生人成"之间的内在矛盾与紧张。②在这个意义上看，牟宗三先生所指出的荀子文化生命与理想中的"破裂之对反"是没有从根本上得到解决的（后文还将论及）。但是，对荀子来说，以能提炼出"纯粹自然"与"纯粹理解"而建立"知性主体"，在孟子之外别开儒学之生面，已十分难得。一如牟宗三先生所说，中国哲学的"'知性主体'之出现，精神表现之'理解型态'之成立，决在荀子，而不在名家"③。然而，"荀子所开出之'知性主体'与'自然'之关系，即理解型态之表现于科学知识一面，则后来无能承之者。荀子之学一直无人讲，其精神一直无人解。此中国历史之大不幸"④。经由牟宗三先生透辟精彩的分析与论述，荀子的"思想主体"即"知性主体"精神及其重大意

---

① 牟宗三：《历史哲学》，见《牟宗三先生全集9》，第145页。
② 牟宗三先生指出："荀子以智心之明辨（即不暗之天君）治性，实非以智心本身治性，乃通过礼义而治性也。明辨之心能明礼义、能为礼义，而礼义却不在人性中有根，却不在恻隐之心、羞恶之心、辞让之心中表现，是则礼义纯是外在的，而由人之'积习'以成，由人之天君（智心）以辨，由天君以辨，是外在的发明义；由积习以成，是经验义，故荀子曰：'圣人积思虑、习伪故，以生礼义，而起法度，然则礼义法度者，是生于圣人之伪，非故生于人之性也。'（〈性恶篇〉）礼义法度是外在的，虽由人之积习而成（即伪），却决不会由人之主观虚构而伪，其根不在内，必在外，是则圣人之伪，必于外有根据，此根据，荀子未明言，然依此思路之所函，其根据必在事为变化之自然之理，是则礼义之统虽是道德的，而其外在之底子却是自然主义的，若无此底子，圣人之伪必为凭空虚构也，荀子之礼义，转来转去，势必落至此而后止，此亦即经验论与实在论的也……'圣人积思虑、习伪故，以生礼义，而起法度'，不是本'民之秉彝'，性分中之所固有，以生礼义，而起法度。圣人之性（荀子所言之性）与众人同，故曰：'圣人之所以同于众，其不异于众者，性也。所以异而过众者，伪也。'（〈性恶篇〉）是则圣人之伪礼义法度，不系于其德性，而系于其才能，性分中无此事，而只系于才能，则伪礼之圣人可遇而不可求，礼义之伪亦可遇而不可求，如是则礼义无保证，即失其必然性与普遍性。"（牟宗三：《名家与荀子》，见《牟宗三先生全集2》，第196页）
③ 牟宗三：《历史哲学》，见《牟宗三先生全集9》，第146页。
④ 牟宗三：《历史哲学》，见《牟宗三先生全集9》，第147页。

义，便全幅无遗地展现在我们的眼前，同时也把对于荀子哲学的研究推进与提升到一个新的境界。

话说回来，如果基于孔孟的立场来看，礼义、法度皆由天（形而上学的天或德化的天）出，而气质、人欲并非天（形而上学的天或德化的天）所生成，而是形而下的自然之天（即一般所谓的"气"）所生成的。自荀子而言，礼义、法度皆人为，即为"人道"，人可以用它们返回去治正天，也包括人的气质、人欲在内（这正是他的"化性起伪"论的真实意义）。因为人的气质、人欲皆为"天"（形而下的自然之天）所生成。如果承认礼义法度为"人道"，而人之性为"天道"，"人道"治正"天道"，但建立人道的"圣人"或"圣王"则为"人道"（本质上是经验主义）与"天道"（本质上是自然主义）相结合的产儿，那么荀子就陷入了难于自拔的（"天道"与"人道"相合产生圣人和圣王，圣人和圣王建立"人道"，"人道"治正"天道"的）矛盾与循环之中。说到底，荀子"所见于天者惟是此，故礼义、法度无安顿处，只好归之于人为。此其所以不见本原也"①。"荀子一往是知性用事。他将'仁智全体'中之'智'彰著出，智涵盖一切，照射一切。然而他忘掉智的本源，因此遂成为'理解'之平面的、外在的。"② 无疑，这正是（上文所指出的）荀子文化生命与理想中的"破裂之对反"没有且不可能从根本上得到克服而弥合的原因所在。牟宗三先生一针见血地指出了荀子思想中的这一症结，不能不令人叹服。荀子在哲学上虽然说得上卓有建树，但是他的思想却"不见本原""本源不透"或"忘掉智的本源"，则他的所有学说皆成无本之论。这是牟宗三先生对荀子的一个十分严厉和严肃的批评。在《名家与荀子》一书中，牟宗三先生重申：

  若如荀子所说，则只是对治之功利价值，其所显示之客观精神必将因法家而毁灭，荀子立言之不能探其本，是荀子之不幸也；后来荀学之湮没，是中华民族之不幸也，然其建构之精神，实令人起庄严美之感，足以医后来贫弱之辈……③

---

① 牟宗三：《历史哲学》，见《牟宗三先生全集9》，第142—143页。
② 牟宗三：《历史哲学》，见《牟宗三先生全集9》，第146页。
③ 牟宗三：《名家与荀子》，见《牟宗三先生全集2》，第189页。

这里值得注意的是，牟宗三先生指出荀子的不幸既是内在的，也是外在的，所谓"内在"的自然是指其"立言之不能探其本"，而所谓"外在"的，则是指其"客观精神必将因法家而毁灭"，事实正是如此。荀子一生的最大遗产，除了他本人的"立言"（著作）以外，主要就是有两大声名显赫的弟子：韩非和李斯。所以，牟宗三先生不无感叹地写道："若惟是从对治之功利处着眼，则落于现实，凡巧便于功利者无不可为，不必礼义也，是刻薄者终将由荀学转而为法家，李斯、韩非是也，此岂荀子之所及料哉？"① 又说：荀子"落于自然主义，其归必至泯价值，而驯至亦无礼义可言矣，其一转手而为李斯、韩非，岂无故哉？"② 诚然，荀子的不幸也就是中华民族的不幸，岂不当为后来者引以为戒乎！牟宗三先生对荀子既有赞赏与批评，也充满了感慨和惋惜之情。

中国历史精神的发展，首先将全部宇宙以及全人间组织为一个"道德的精神实体"之所函摄的"仁智之全体"，原本是不自觉的；经过孔子的反省，孔子以其通体的德慧和天地气象之人格，将不自觉的潜在的"仁智之全体"表现为自觉的彰著的"仁智之全体"。这是中国历史文化精神的"仁智之全体"的全体透露；经过孟子的"破裂"，这一"仁智之全体"的纯精神性，经由其"道德的精神主体"的建立，而证实了主体精神与绝对精神所形成的对反业已彰显，并在实际上相反相成，通而为一。然而，经过荀子的"破裂"，孔子所彰著的"仁智之全体"和孟子所彰著的主体精神与绝对精神，全部下降而凝聚为一个"知性主体"，自然成为纯自然，成为被治正的负面的东西，不复函融于"道德的精神实体"中。这样一来，孟子所凸现的绝对精神就被否定了，重新透露在时代精神表层上的，乃是"礼义之统"，并成为知性主体之所对，因此也就成为这一主体的成果。③"自汉帝国之建立后，中国社会即实现了荀子这个'礼义之统'的型态。荀子处于否定文化生命、文化理想之时代中，相承周文之统一性，自觉地经由其所厘清之'知性主体'，重新提供一'礼义之统'之文化理想，虽在当时不能实现，而却为后来开出一途径，时势之所趋，且亦不

---

① 牟宗三：《名家与荀子》，见《牟宗三先生全集2》，第186页。
② 牟宗三：《名家与荀子》，见《牟宗三先生全集2》，第196—197页。
③ 牟宗三：《历史哲学》，见《牟宗三先生全集9》，第146页。

久即实现之于汉代。"① 这就是上文所谓荀子"承周文（礼）之'价值层级之观念'以为经国定分，而极显其广度构造之义"的落实。不可谓荀子不有功。

然而，也不能不看到，荀子"所表说之礼义之统以成组织，又只为自上而下之道德形式，尚未进至近代化之国家形式，此本为中国文化在以往发展中，于此方面所表现之共同形式，不独荀子一人为然……"② 由此表明荀子虽然"隆礼法而杀《诗》、《书》"，但是其成就的社会组织始终不能超越其自上而下的道德形式，因此不可能从中引生出近代化的国家观念及其表现形式（如自由、人权、民主法治的政治形态），这在牟宗三先生的法眼中，绝非荀子一人思想的局限，而是整个儒家传统思想的重大局限，甚至由此暴露了整个中国传统哲学思想（道、墨、法等诸家只是不同于儒家的"道德形式"表现而已），尤其是其政治哲学思想不可超越与克服的重大局限，③ 只不过是典型地集中于荀子的哲学思想而表现无遗罢了。毫无疑问，超克这一重大局限不仅是牟宗三先生所谓"第三期儒学开展"

---

① 牟宗三：《历史哲学》，见《牟宗三先生全集9》，第147页。
② 牟宗三：《名家与荀子》，见《牟宗三先生全集2》，第182页。
③ 牟宗三先生指出："在文化大统只表现为道德形式下，是把君规定得太高，君必须是'备德全美'之至圣，他直是'绝对之道或神'之化身，依是，其本性必须是纯理纯型，统体透明，而无一毫之私曲，然此谈何容易，数千年之历史几无一日而无君，而能合此标准者可谓全无，以只负政治等级中一级之责之元首，而责望之如是其高，是无异于责彼不可能实现之人，而必期其实现之。（《公羊》家及孟子皆视天子为爵称，即视其为等级中之一级，而不视之为超越之无限体，此则对于君之本质思之较近。）其中必有不恰当者在。不恰当者，即不能恰如君之分位而规定之，**依此而言，吾人对于君只可责望之以尊尊之义道，过高之境界与德慧不可期之于君。君是政治中之一级，是国家形式中之存在，不可再以道德形式中之至圣期望之，前人已有'至高者不能为君，至低者不能为君'之言，此即暗示此中之消息矣。**古贤或有必以孔子不得位为憾，必视之为与尧、舜、禹、汤、文、武为同类，明亡，吕留良、曾静，以为必孔、孟及理学家始有资格作皇帝，此乃一时感愤之言，自孔子承担定文统、立人极之大责，即已暗示出：负此责者不必同于政治元首之责矣。君师可以分途而不必兼于一身，而现实历史上已实分途矣，此中国文化之所以天、地、君、亲、师并建也。近人动辄以政教合一责儒家，实则合一者是自社会文化整个而言，不合于皇帝一人也，而以为儒家导致极权专制者谬矣。君师既分途，即不可以至圣责望为君者，此思想上之不恰当，即阻碍国家形式之出现，吾人以为：期望成圣成贤，而与天地精神相往来，乃道德中所有事，可让孔孟以及理学家担负之，而其责任在文化，是以吾人言文化大统必就此而言也。**文化大统是国家之命脉、民族之灵魂、人类价值之所在，决不可以须臾离，离则必亡，此是本原形态，国家政治，组织形态，两者必兼备而谐于一。**"（牟宗三：《名家与荀子》，见《牟宗三先生全集2》，第208—209页）这段论述可谓透辟之至矣。

的使命，而且是今日全体中国人的重大历史使命。①

牟宗三先生在把荀子与孟子比较而论的同时，又将孟、荀与孔子联系起来，从而以见孟、荀之不可分离，奠定了儒学为一连续发展之统系的历史基础。在这一统系之中，荀子之大儒地位，是自然而当然的，无须辩白。②

总的说来，牟宗三先生对于荀子这一历史上有争议性的人物给予了充分的肯定，揭示了荀子哲学思想的内在特质及其在中国哲学史上的重要意义，把他与孟子并列，视之为孔子思想的两翼，克服了宋儒对于荀子的偏见，许之以孔孟之后的一位大儒，同时批导出荀子的局限与不足，对荀子作了一个客观公正的历史定位。不能不说，至少在笔者看来，直到有了牟宗三先生对于荀学的论断，荀学的历史悬案，才说得上可以真正地了结了。

三 结语

孟子和荀子是孔子之后的两位大儒，司马迁在《史记》中为其作传，已将二子并列，但是如何理解与把握孟子思想和荀子思想以及它们与孔子思想之间的关系，尤其是孟子思想与荀子思想之间的关系，长期以来一直是中国哲学史或思想史研究中的棘手难题。牟宗三先生以孔子所开创的儒家文化理想与孟、荀二子的时代精神相结合，并深入孟子内在的文化生命

---

① 牟宗三说："以往所以以至圣责望为君者，是道之直接表现形态下，儒家学术只表现为道德教化之形式下，所应有而亦无可奈何之想法，是以吾人疏导以往儒家学术、中国文化，及政治形态，只说其'只表现为道德、教化之形式'为不足，而须转出国家形式，以及政治形态方面之间接表现形态以补充之，惟此步作得到，则君师殊途，以及天、地、君、亲、师并建之密义，始能充分实现，而中国文化以及政治中之一切症结与弊端，始可解消而得其生命之畅达矣，其郁结至今，正宜复其畅达之时也。"（牟宗三：《名家与荀子》，见《牟宗三先生全集2》，第209页）如此这般地揭露与批导出荀子以及儒家乃至中国传统哲学思想自身无法超克的重大局限，出自一位当代大儒，振聋发聩，令人警醒，与此同时则证明作为当代新儒的一代宗师的牟宗三并非抱残守缺之辈，不仅心态开放，而且具有超越历史与时代的令人难以企及的智慧眼光。

② 牟宗三指出："荀子之所重，固孟子之所略；而孟子之所立，正荀子之所不可顷刻离，否则，其礼义法度之由对治而见之功利价值，必将一转手间即落于李斯、韩非矣。荀子特重知统类、一制度，此即孔子从周之义，典章制度，所以构造人群者，孔子之所重，正名定分，辨治群伦，亦荀子所雅言，此亦承孔子而来者，由此言之，荀子亦继孔子之统。"（牟宗三：《名家与荀子》，见《牟宗三先生全集2》，第188页）有了牟宗三先生这一论断，则千百年以来荀子是否为儒家的争论，当可有一清晰的了断。

与荀子纯智之心的特质及其具体表现中,作了历史的哲学的文化的综合的整体的研究,虽然没有具体一一地展现出孟、荀哲学思想的全部内容(限于专著的主题,既不可能,也无必要),但是从大关节中去把握和揭橥孟、荀哲学思想的根本精神及其本质的典型的特征,创造性地开辟出一种研究的新视域,对于孟、荀之为孔子之两翼的地位和重要性进行了厘清与论析,提供了一个极具启发性和前瞻性的绝佳范例,在今天和未来多元并进与充满张力的中国哲学史、中国思想史,尤其是中国儒学史的研究中,具有不可磨灭的典范意义。

有必要指出的是,孟、荀相对而言,孟子哲学思想确实凸显与发展了孔子的"内圣"之学一面,而荀子哲学思想则隆起与拓展了孔子的"外王"之学一面。但是,完整地分别地看,无论孟子或荀子的哲学思想,则皆为一套独立的"内圣外王之学"。这是不可不察的。

站在哲学史或思想史的立场上,无论在任何一种意义上说,历史中的孟子和荀子都与孔子具有不可割裂的密切关系,并将像日月一样与孔子之光同辉。如果说孟子哲学思想所凸显的"道德主体",必须有荀子哲学思想所隆显的"知性主体"来充实和光大,那么荀子的"知性主体"则必须靠孟子的"道德主体"来把握、范导与护持,否则,儒学就极有转变为法家的政治理论与社会实践的可能,不仅"法""术""势"是"君人南面之术",而且一切国家机器都必将成为统治人民的暴力工具,将人间变成恐怖的地狱。换言之,孟子的"道德主体"与荀子的"知性主体"必须在一种哲学理论中结合与统一起来,才能使人类的理性精神与社会健全地生态地发展,这对于走向现代民主法治的社会来说,尤其重要。由此,则可以从根源上认识和得到孔子思想之大全。这其中蕴含着牟宗三先生的良苦用心,应当是不难窥见的。

透过牟宗三先生对于孟、荀哲学思想的研究,则可以看出牟宗三先生后来由其"道德的形上学"所完善与表现的著名的"良知自我坎陷"说,早已在此(以及《政道与治道》和《道德的理想主义》二书中)露出端倪,兹可由如下的一段引文以见之,牟宗三先生说:

……然而上升,不能不下降。仁且智的精神主体不只要上升而为道德的,其由破裂而显之"自然"不只是为道德主体所要克服而转化之自然，而且亦要成为理解所对之自然，而仁且智的精神主体亦须从其上升而为道德的主体下降凝聚而为一"知性主体"，即思想主体此步破裂是"精神转为理解"之本质，其成果为科学。精神（心）之"智性"不能永远吞没隶属于道德意志中而不彰著，亦不能永远浑化于仁心中而为直觉的。智要充分完成其为智，则不能不凝聚而为理解。否则，便是未取得其彰著而客观之地位，便是未能尽其用。同时，仁且智的"道德的精神主体"亦不能永远是个人的、道德的。若只如此，则破裂所显之精神主体即不能通出去。不能通出去，精神即停滞于孤明而为非精神，而为不明。所以它必须要披露于个人以外之社会及天地万物而充实其自己，彰著其自己。即，必须要客观化其自己，且绝对化其自己。客观化其自己，即须披露于国家、政治及法律。依此，国家、政治及法律即是精神之客观化，而为客观精神也。精神必须客观化，吾人始有国家、政治一面之"主体的自由"。①

这段话已经说得再明白不过了，可谓"良知自我坎陷"说的一个极佳的注释。

要而言之，在"思想主体"的"破裂"过程中，"仁且智的精神主体"必须从"道德主体"自觉地坎陷为一"知性主体"，这是"精神转为理解"的本质，以成就科学；精神（或心）之"智性"不能永远浑化于仁心中而为智的直觉之形态，必须自觉地坎陷为一知性的理解形态下的认识心，以形成对偶的"对列之局"，这不仅是成就知识的需要，而且也是实现民主政治的需要与基础。唯有如此，精神的"智性"才能充分地成其自身之为智，从而尽到智的作用；与此同时，仁且智的"道德的精神主体"必须在自觉的坎陷中"客观化其自己，且绝对化其自己"，把自己变成一个对国家、政治及法律敞开的实践的"政治主体"，以在政治活动中实现和展现"主体的自由"。国家、政治及法律不过是"精神"在自我展开中的"外化"与客观化，只有经过了这一"外化"和"客观化"，"精神"才成为客观的精神。无疑，这一说法带有明显的黑格尔的烙印。但是，对牟宗三先生来说，只有在这一客观的精神中，人类才能享有现代化的国家

---

① 牟宗三：《历史哲学》，见《牟宗三先生全集9》，第136页。

与民主政治生活的"主体的自由"。这岂不就是牟宗三先生为代表的当代新儒家所极力倡导的"返本开新"的旨趣吗!

2014 年 10 月 15 日星期三凌晨匆匆完稿
2017 年 3—4 月修订

(删节稿刊于《哲学研究》2018 年第 1 期)

略论牟宗三的董学研究及其意义

"董仲舒出,由其公羊春秋学对《春秋》的解释,发生了一大转折,影响到西汉其他经学在解释上的转折,乃至影响到先秦儒家思想在发展中全面的转折,在思想史上的意义特为重大。而此一转折,与董氏天的哲学系统是密切相关的。"① 徐复观的这一中肯论断表明,董仲舒在两汉哲学史或思想史上居于十分重要的关键地位。这一显著的事实在今天研究董学或两汉思想的人看来,只不过是一种常识而已。然而,早在半个多世纪以前,世人对于两汉思想学术或董学的了解并非如此,而是诚如徐复观所说的那样,由于受乾嘉学风之"汉学昌明,千载沈霾,一朝复旦"的影响,以江藩《汉学师承记》中所言"各信师承,嗣守章句"为两汉学术的特色,由此导致谬说流行,世代相承,积非成是,结果使两汉学术的精神面貌隐没于浓烟瘴雾之中,一任不学无术之徒肆意涂传。② 这的确也是毋庸置疑的事实。其实,就中国哲学史或思想史的研究来说,在20世纪上半叶,乃至新中国成立以后的很长时期,至少是1980年代以前,两汉的哲学或思想几乎一直是一个不受重视的空白领域。③ 因此,在这一领域的研究

---

① 见徐复观《两汉思想史》第二卷,华东师范大学出版社2001年版,第182页。
② 参见徐复观《两汉思想史自序》,《两汉思想史》第一卷,第13页。
③ 关于这一问题,龚鹏程先生有一简要之分析。他认为:"汉代哲学,是中国哲学史中较不受重视的领域。"其原因是有三种观点支配着研究者的心态:一为五四运动以后,胡适、冯友兰、顾颉刚等人所代表的观点;二是反五四的思潮所开启之观点,以熊十力、唐君毅、牟宗三、徐复观等"新儒家",以及接近新儒家思路的劳思光等人的观点为代表;三是1949年以后的大陆研究者所惯用的历史唯物主义观点。在这三种观点的支配下,遂容易使人感到汉代哲学无足观。(见龚鹏程:《汉代思潮》,商务印书馆2005年版,第1—2页)龚先生此论不为无理,但并非尽皆中肯之言。例如,他指出的第二点涉及当代新儒家与汉代哲学的研究,不仅出言偏颇,而且有违事实。在他的论述中提及劳思光先生,此存而不论。仅就牟、徐、唐而言,可谓都是开启当(转下页注)

中，港台的研究尤其是当代新儒家的研究处于领先的地位。更在徐复观研究两汉思想史以前，牟宗三就在1950年代初期对董仲舒的思想率先进行了研究，这主要表现在其《历史哲学》一书之中。牟宗三认为董仲舒开创西汉新局之文化运动，为汉家奠定了一理想之型范，因此对后世产生巨大之影响（下文中论述）。牟宗三的董学研究不仅将董仲舒与贾谊以及汉武帝前后连通统贯起来，而且同时将董仲舒与西汉的复古更化运动以及"独尊儒术，罢黜百家"的方略紧密地联系在一起，由此论述了董仲舒思想的伟大贡献及其合理性，同时指出了其历史局限性，这就能使人清楚地看出并充分地认识到董仲舒在中国哲学史或思想史上的重要地位。迄今看来，牟宗三的董学研究仍有新意，尤其能在方法上给人以启发。然而，在牟学的研究中却没有引起足够的重视！本文依据其《历史哲学》的有关内容，对牟宗三的董学研究及其意义作一简要论述，以期能有抛砖引玉之效。

一　董仲舒与复古更化运动

秦灭六国，以法家之术一统天下，战国时代结束了，但是秦王朝的生命也随之而枯竭，遂有天才时代的来临。这是刘邦的时代。在楚汉相争中，刘邦的胜利开西汉二百年理性之超越的表现时期。汉初恢复封建制，崇尚黄老之术，与民休养生息。思想家和政治家"贾谊为'开国之盛音，创建之灵魂，汉代精神之源泉也。'此大体一定，则改正朔、易服色、制度（《史记》为'法制度'）、定官名、兴礼乐，即可'溥博渊泉，而时出之'（《中庸》语）"①。简言之，贾谊从一种文化精神或理想上为汉朝开国奠定了基础，其中深函复古更化之道。在这一意义上，牟宗三将贾谊视为

（接上页注③）代汉代哲学或思想研究而自成一家之言的重要代表人物，尤其徐复观先生堪称汉代思想史研究的一大家。至少在20世纪中期以前，对于汉代哲学或思想的研究，最有成就并足以可观者，当以当代新儒家的成果为居于领先的地位。这有牟、徐、唐的著作为证。龚先生却认为，当代新儒家的思路主要是以宋明理学为骨干，又特别凸出陆王一系，因此不免对汉代哲学或思想有成见，并说牟宗三对于汉代哲学不表赞扬（同上书，第6页）。这基本上是一种推论，而并非事实。这一点，只要一读拙文便知，无须赘言。

① 牟宗三：《历史哲学》，见《牟宗三先生全集9》，（台北）联合报系文化基金会联经出版公司2003年版，第283页。

汉朝复古更化的第一个重要人物。而在思想史的意义上，贾谊则是董仲舒的先驱。但是，只有到汉武帝时代，董仲舒出现，复古更化，移风易俗的文化理想才落在实处，得以实现，使儒学尽收其功，扭转了秦以来的歧出，复归于经过孔孟批评反省和抒发为纯正精微型范的尧舜以来所传之道法的形上义理，即以"五经"为代表的文化系统。①

从汉高祖到汉武帝，中国历史由天才时代转到了理性时代。这一步转进，乃是由汉武帝的"人格"生命承接以"五经"为代表的文化系统复古更化而形成的。汉武帝的生命是一个"发扬的理性人格"，他较之于汉高祖刘邦大进一步，欣赏儒家思想或文化系统的富贵性、理想性和构造性。由汉武帝的这一"发扬的理性人格"铸成此后西汉的时代精神。这不啻具有对于天才、英雄之人格的品藻，同时透显了一种历史的审美意味。而对于董仲舒的《天人三策》在思想上的超越性、理想性、涵盖性来说，如果不是有"发扬的精神"或"超越的想像之精神"是不能欣赏、赞美、肯定与领纳它的。② 这足证汉武帝时代已经到了自觉要接受理想的时候，并要"以海阔天空、不僵化、无沾滞之原始生命为根据"③。因此，董仲舒与汉武帝二人珠联璧合，相得益彰，造成了当时"发扬的理性之建设之局"④。

董仲舒是荀子之后的一位大儒，是汉武帝一朝在政治上的重要的改革者。"董仲舒所发动者，正是推动时代，开创新局之文化运动。故必'彻法源底'而后可，是以亦必通体透出而至超越理想性而后可。"⑤ 对于董仲舒一生的业绩，牟宗三做了如下的概括：

> 董仲舒倡议复古更化，亦在继承此文化系统，而其超越理想则亦集中于形上义理而发挥之。惟其发挥也，则以鲁学摄齐学，杂有阴阳家宇宙论、历史论之气息，而为一大格局。故其取材多傍依《尚书·洪范》、《易》之阴阳，而结集于《春秋》。故《易》、《书》、《春秋》为汉学所特重之三大经（引按：此处的书名号略有改动）。仲舒由此

---

① 牟宗三：《历史哲学》，见《牟宗三先生全集9》，第307页。
② 参阅牟宗三《历史哲学》，见《牟宗三先生全集9》，第297—309页。
③ 参阅牟宗三《历史哲学》，见《牟宗三先生全集9》，第309页。
④ 牟宗三：《历史哲学》，见《牟宗三先生全集9》，第309页。
⑤ 牟宗三：《历史哲学》，见《牟宗三先生全集9》，第309页。

哲学地建立中国哲学

而陶铸其体系，虽其所发，不能尽其精微之义，而规模之广大，取义之超越，则确为汉家定一理想之型范也。其超越理想之结成，惟在《春秋》"春王正月"之一语与《易》"乾元大始"一思想相沟通。①

这一概括精辟而深刻，准确地把握住了董仲舒思想体系的内在特质及其历史意义，充分肯定了其在理论上和历史上的地位，同时为批评董仲舒的理论缺失留下了伏笔。文字优雅，用笔十分高明！具体地说：

首先，牟宗三从历史文化与哲学的高度理解与诠释了董仲舒所倡议的"复古更化"运动。所谓"复古"是重建以儒家"王道"为理想和基础的政治格局，"更化"则是去除秦以来的积弊与陋习，为"复古"服务。因此，"复古更化"是一场政治社会文化的改革。它的表现就是上文所述的"改正朔、易服色、（法）制度、定官名、兴礼乐"。②牟宗三认为，"复古更化"运动是与董仲舒的文化历史态度与哲学思想联系在一起的。这一运动虽然不直接是一场文化运动，但是它继承了自尧、舜三代至孔子以来的文化系统，蕴涵着发扬儒家思想的意义。在这场运动中，董仲舒的超越理想在其形上义理方面得到了集中发挥。牟宗三进而指出，董仲舒的超越理想的形成最典型地表现在《春秋》的"春王正月"观念与《易经》的"乾元大始"的思想之间的统一上，并且牟宗三以董仲舒的《天人三策》对其加以解释，认为《春秋》所讲的"王道"是从"正"的观念获得的。王所行的正道本于天所为之春，这就是"王道本于天道"，"王道之端，本于天道之端"之意。《易》所谓"乾元大始"的"始"与"端"同义，是从道理上说，不是从时间上说的，它的意思就是指"一元之大始"或大端。因此，天人同道就显示出"超越之理性"为一切之本。这个"本"对于现实的措施来说，就是一个"超越之理想"。在现实中表现为任德（以及任德教之官）不任刑（以及不任执法之吏）。而作为一切之本的超越的

---

① 牟宗三：《历史哲学》，见《牟宗三先生全集9》，第307页。
② "复古更化"作为一场政治社会文化运动是通过王者的"改制"来实现的。董仲舒曰："王者必改制"，"今所谓新王必改制者，非改其道，非变其理，受命于天，易姓更王，非继前王而王也"。"必徙居处、更称号、改正朔、易服色者，……顺天志而明自显也。""故王者有改制之名，无易道之实。"（董仲舒：《春秋繁露·楚庄王第一》，见苏舆撰《春秋繁露义证》，中华书局1992年版，第15、17、18、19页）

理性,在天道方面,由阴阳变化得到表现。阳德阴刑。德返于理性之正,主生生、生长万物,是一个积极涵盖的原理;刑趋于肃杀之反,主空消,是一个消极辅佐的原理。在王道方面,则由德与法的相反相成而表现。同样,德也是积极涵盖的原理,法则是消极辅佐的原理。这表示"王道"是彻底以"理性"为本的。这一理性彻上彻下,上通于天,就是超越的理性,能够充其极而透得出来,成为政教之本;下贯则使政教合一。但是,由于这一理性在政教合一的形态中直接与政治纠结在一起,而为后世所诟病。必须看到的是,无论如何,董仲舒在从哲学理论到现实实践上实现了《春秋》的"春王正月"与《易》的"乾元大始"的思想观念的统一。

其次,牟宗三指出董仲舒的思想体系在渊源与性格上的特征,即它的取材主要傍依于《尚书·洪范》和《易经》的"阴阳"观念,而最后结集于《春秋》;具有以鲁学摄取齐学,杂有阴阳家的宇宙论和历史论的气息,而自成"一大格局"或思想体系,这一性格特质决定了它"驳杂"的特点与"不能尽精微"的缺陷。

最后,牟宗三指出了董仲舒思想体系的历史影响和地位。牟宗三将汉朝特别重视《易经》《尚书》和《春秋》三大经并设置博士之事归功于董仲舒之学的直接影响,指出董仲舒思想体系的规模之广大,取义之超越,为汉家奠定了一个理想的型范。

在今天看来,牟宗三对于董仲舒的上述观察与评论都是十分准确与客观的,具有将历史观察与哲学思辨融为一体的特征。然而,不能不说,牟宗三虽然已经点出"仲舒由此而陶铸其体系",但是却没有具体地分析与说明董仲舒的思想体系。从牟宗三的论述中可以看出,牟宗三对于董仲舒的思想体系很可能早已了然于胸,但是并没有诉诸笔端。而究其原因,不外乎三点:

一是由于"历史哲学"题材的限制。尽管牟宗三的《历史哲学》一书以两汉为主,本于历史而言哲学,董仲舒及其思想自然是不可回避的重要一环,但是毕竟写"历史哲学"不同于写"哲学通史",因此不可能在一部"历史哲学"著作中去全面地叙述与分析董仲舒的思想体系。

二是《历史哲学》写完后,牟宗三的创作兴趣发生了转移,集中于"新外王三书"的最后一部《政道与治道》的写作(业已完成的两部为《道德的理想主义》与《历史哲学》),不得不将董仲舒的哲学思想体系暂时放下，置之于一边。

　　三是牟宗三在完成了"新外王三书"以后，转向了所谓"彻法源底"（佛家语）的哲学史的研究工作，有了一个宏大的新计划，但是这一计划最终未能全部实现，结果导致董仲舒哲学思想体系的叙述的流产。事实上，牟宗三从五十岁以后着手预备四部断代中国哲学史著作的撰著。这四部著作为：（1）《原始典型》（主要讲先秦的儒家和道家哲学，但是包括两汉的哲学），（2）《才性与玄理》（主要讲魏晋一阶段的哲学），（3）《佛性与般若》（主要讲隋唐一阶段的佛教哲学），（4）《心体与性体》（主要讲宋明一阶段的哲学）。牟宗三将这四部著作合为一体，统称为"心性之学"。① 根据牟宗三对于中国哲学史的分期可知，中国哲学史的分期与他1947年提出的关于儒学三期发展的思想②是完全相应与一致的，即：第一期为先秦至两汉之哲学，第二期为魏晋至宋明之哲学，现代则转入第三期，以当代新儒学或当代新儒家哲学为代表。按照牟宗三的看法，中国哲学的第一期与儒学发展的第一期应该是相应的。儒学发展的第一期分为三个阶段：从孔子开始，经过孟子，到荀子为第一阶段；《中庸》《易·系》《乐记》《大学》构成了第二阶段；董仲舒为第三阶段。这是儒学由晚周进至秦汉大一统后表现为学术文化的力量并凝结于汉代的政治社会。两汉四百年，是后世历史的定型时期。由此足以推断，牟宗三必将董仲舒的哲学思想体系安排在其《原始典型》一书中完成。然而，牟宗三并没有能够完全按照他的计划进行四部断代哲学史的撰著。牟宗三的后半生，从事哲学史的研究和著述花费了他许多心血和时间，他先后完成了《才性与玄理》《心体与性体》以及《从陆象山到刘蕺山》（《心体与性体》的第四册）和《佛性与般若》，然而始终没有写出计划中的《原始典型》一书。这可能是牟宗三一生在哲学史研究上的一个最大的缺憾。由这一缺憾同时造成了牟宗三没有写出董仲舒哲学思想体系的缺憾。从中国哲学史或思想史的意义上说，这一缺憾一直要到徐复观在其《两汉思想史》中对于董仲舒的"天的哲学系统"作出描述与阐释的时候，也许才能得到一定的弥补，这尤其

---

① 参见牟宗三《历史哲学·增订版自序》，见《牟宗三先生全集9》，第（16）页。
② 参见牟宗三《江西铅山鹅湖书院缘起暨章则》一文，收入《牟宗三先生全集26》，第13—20页。

表现在对于董仲舒阴阳灾异思想的批判方面。不过，思想史的进路与哲学史的进路仍然是有差异的，更何况徐复观与牟宗三对于两汉哲学思想的态度、理解与处理不可能尽皆一致。如果说徐复观的《两汉思想史》没有充分地重视汉代作为绵延数百年的统一大帝国在思想史上投影的积极方面①，那么牟宗三的董学研究恰恰相反，他不仅仅指出了董仲舒的思想体系为汉家奠定了一个理想的型范，而且充分地肯定了董仲舒的思想体系对于汉帝国的政治与文化发展的积极作用与深远影响。这在他所提出与阐发的儒学三期发展的思想中也得到了表现。② 然而，牟宗三毕竟没有将他对于董仲舒的哲学思想体系的建构具体地叙述出来。因此，牟宗三留给中国哲学史的遗憾是一个永久的遗憾！

二 董仲舒与"独尊儒术，罢黜百家"的方略

牟宗三在深入把握了董仲舒思想体系及其历史意义后，对于所谓董仲舒"独尊儒术，罢黜百家"的观点进行了重新审视和考察，并为董仲舒进行翻案和辩护，这成为牟宗三的董学观最具特色的一部分。

董仲舒推明孔子，抑黜百家，即所谓"独尊儒术，罢黜百家"或"罢黜百家，独尊儒术"③ 的方略，自近代以来，一直受到世人最猛烈的攻击、最无情的咒骂、最严厉的批判与斥责，几致被全面否定而判处"死刑"。牟宗三为董仲舒鸣不平，予以翻案，并指出：人们以为董仲舒这一主张大悖于思想自由的原则，将汉以后中国思想不发达与无科学都归因于董仲舒这一思想主张，甚至有人视李斯提倡"焚书"（同时有"坑儒"），推行

---

① 参见李泽厚《序》，金春峰：《汉代思想史》，中国社会科学出版社1997年第二版，第7页。
② 参见牟宗三《道德的理想主义》之《儒家学术之发展及其使命》一文，见《牟宗三先生全集9》，第1—15页。
③ 严格地说，"罢黜百家，独尊儒术"一语并非为董仲舒所说。其中，"罢黜百家"一词出自《汉书》卷六之《武帝纪》。后人将"罢黜百家"与"独尊儒术"连用，以之来概括董仲舒的一个建议。无可否认，"罢黜百家，独尊儒术"确实准确地概括了董仲舒的思想。因此，这一思想的发明者仍然是董仲舒。他在《举贤良对策》或《天人三策》中建议说："《春秋》大一统者，天地之常经，古今之通谊也。今师异道，人异论，百家殊方，指意不同，是以上亡以持一统；法制数变，下不知所守。臣愚以为诸不在六艺之科、孔子之术者，皆绝其道，勿使并进。邪辟之说灭息，然后统纪可一而法度可明，民知所从也。"（见《汉书》卷五十六《董仲舒传》）

"以吏为师，以法为教"的暴恶之道的法西斯主义与董仲舒的"罢黜百家"为同类的专制愚民政策，还有人斥责与唾骂董仲舒出卖灵魂，为御用学者，罔顾学术真理的尊严，凡此种种，"皆袭取时风之滥调，妄议古人，无一而可"[1]。牟宗三辨析"百家"一词有二意："一指黄、老、申、韩、杨、墨、阴阳、苏秦、张仪等言，此与诸子百家为同意之连称。二与诸子分言，诸子为思想家或哲学家，百家则为专门知识或科学家……"[2] 认为黄、老、申、韩等一曲之士之杂言固然不足以为立国之道与人生之伦常；孔子的思想之所以成为汉朝的正统，是由尧舜三代以来所累积的文化系统早已居于中国文化的正统地位所决定的，孔子自觉地继承这一文化系统，对其进行整理、反省而抒发其义，因此孔子的学说本来就不是一家之言，也不是一人一时凭聪明可以杜撰的，"乃因其为吾华族之民族生命、文化生命之贯通的发展之结晶，故能具有一道同风之普遍性与公共性，即以此而居于正统矣，而为吾华族发展之最高指导原则矣"[3]。汉朝设置学校，以隆教化，推尊孔学，这是民族国家居于综合的立场与公共的观点上的自我肯定，抑黜黄、老、申、韩等一曲之士的"百家"之杂言，也是居于同一立场和观点上的抑黜。这是时代的选择与决定，非一人之力所能及。虽然尊孔，但是对于取士、异学与杂进，并没有一道同风而任取其一。由孔子所承接的文化系统的教条性与束缚性甚少，尊崇孔子所承接的文化系统，不仅决无碍于思想的自由，科学的发展，而且只有这一文化系统才能护持思想的自由，并为科学的发展创造条件。思想自由确实有它的严肃性与尊贵性，绝非肆无忌惮之谓。如果一定要以岳飞为军阀，以孔子为小偷，以老子为骗子，以墨子为强盗，才算是思想自由，那么这种所谓的"自由"是理当剥夺的，不能任其肆无忌惮歪曲与诬妄历史，惑乱人心。社会上的一般人士有被儒家文化所吸引而落于停滞僵化状态的，不能尽智尽理，这是由于他自身精神的陷溺所造成的，而不是因为儒家教化的控制。儒学绝不是一种教条主义。就像英国哲学家罗素指出的那样，曾几何时，在欧洲历史上，有人因为不信教而遭受迫害，也有人因为信仰《新约》而被迫

---

[1] 牟宗三：《历史哲学》，见《牟宗三先生全集9》，第310页。
[2] 牟宗三：《历史哲学》，见《牟宗三先生全集9》，第310页。
[3] 牟宗三：《历史哲学》，见《牟宗三先生全集9》，第311页。

害。这才是真正的教条主义。只有在西方历史中,才有如此残酷愚蠢而令人叹惜的事件发生。"近人习于西方之故事,而昧于自己之历史,动辄以西方教条之意视儒家,可谓太浮浅无知矣。"① 须知"汉后,二千年之历史,有形无形间,无不以儒家所承接之文化系统为国教,其为国教也,亦非有若何明文之规定,此乃自然为经世之常道,不可移也。此决无碍于思想之自由。而在此文统下之社会亦无所谓自由不自由"②。显然,这不仅是在为董仲舒辩护,也是在为儒学辩护。这一辩护不能说不有理有力。事实上,所谓"独尊儒术"是"尊"而不"独","罢黜百家"是"黜"而不"罢"。试想想,即使是能够真正地做到所谓的"独尊儒术,罢黜百家",若与后来清帝国施行的"文字狱"相比,那么也是小巫见大巫了!更为重要的一点是,牟宗三针对"五四"新文化运动反孔批儒的风气,提醒人们汉帝国树立起尊儒的风气,将儒学定为"国教",成为中国思想文化中占领导支配地位的思想或"意识形态",乃是历史发展自身的选择,不是董仲舒个人的力量所能左右得了的。因此,中国历史文化发展的轨迹与西方历史文化发展的轨迹不同,是世界历史文明发展或演化的自然状态,不能以西方的状态为标准来否定或比附自家的状态。这一观察是深刻的,也是客观而符合历史事实的。

此后,研究董学或两汉思想史的学者对于董仲舒在《举贤良对策》中所提出的"独尊儒术,罢黜百家"的观点,开始有了比较历史的客观的合理的认识与评论。金春峰指出:

> "罢黜百家,独尊儒术。"对于发展文化学术的作用是两重性的。一方面,儒是一种学说,一种思想。从这方面说,尊儒是以儒家的思想作为社会的统治思想,有钳制学术、思想的作用。另一方面,"儒以六艺教民",儒又是教师爷,各类学校的主办者,并保存和代表着封建文化的典籍。因此,尊儒又是提倡文化教育,提高知识分子在社会的地位和作用的表现。这是汉代统治阶级政策的一大转折。……但比之黄老的清静宁一,否定文化知识的作用,比之法家无书简之文,

---

① 牟宗三:《历史哲学》,见《牟宗三先生全集9》,第313页。
② 牟宗三:《历史哲学》,见《牟宗三先生全集9》,第312页。

以吏为师，甚至焚书坑儒，这种政策总是有利于促进文化和社会的发展的。如果考虑到"罢黜百家"也包括打击方士成仙求长生之类的迷信活动，则其有利于学术文化发展的作用就更不能否认了。

还应该指出，所谓"罢黜百家"，并不是禁绝各家的著作和思想，搞新的"焚书坑儒"，不过是举贤良方正，俊茂异材，不取"百家"，不以"百家"作为统治思想而已。所以终汉之世，黄老及兵、刑、农、医、阴阳等等的研究，都是合法的。……从学术上看，司马迁父子推崇黄老，"是非颇谬于圣人"，但并没有不能著书。刘德修黄老之术，有智略，也受到武帝的称赞，"谓之千里驹"。在两汉，治老子者很多，据统计达五十多家，学黄老之术者绵延不绝。学术研究的自由一直是存在的。所以汉末当刘歆父子领校秘书时，"讲六艺传记，诸子，诗赋，数术方技，无所不究"。说明社会上并不存在废弃"百家"的气氛。①

对于董仲舒"罢黜百家，独尊儒术"的方略，余治平在其博士学位论文中亦有一中肯的评论，他颇有见地地指出：

实际上，武帝时代即使将儒学定于一尊，只是抬高了儒学的地位，是将之确立为帝国政治实践的指导思想。历史事实表明，这一运动在主观的出发点上并不要求、在实际操作中也没有导致废除儒学以外的各家言论或禁绝其他学派发展的灾祸，并不像后人想像得那么可怕。相反，还应该说，继秦火之后，诸子百家的学说又获得了一次更为长足的发展。即使在两汉经学最盛行之时，儒学以外各学派的学术活动也一直没有停止过。②

进而，余著对这一问题进行了深入的分析，并指出了三点：

---

① 金春峰：《汉代思想史》，中国社会科学出版社1987年版，第200—201页。
② 余治平：《唯天为大——建基于信念本体的董仲舒哲学研究》，商务印书馆2003年版，第476页。

第一，政治家的"隆儒"在前，而董仲舒的"对策"在后。其实，武帝想独尊儒学也不会起因于董仲舒的对策。第二，对待孔门儒学，董仲舒只是讲"推明"，希图的只是将孔学的地位在诸子学派中通过官学的形式凸显出来；对待百家，也只是"抑黜"而已，是"勿使并进"，即政府应该采取不倡导、不支持、不鼓励、不干预的政策，不让它们进入官学的序列，但学术的自由依然是有保证的。第三，"立学校之官，州郡举茂材、孝廉"，应该说，这才是属于董仲舒自己的发明和创造。[①]

关于这一问题，台湾学者蔡仁厚亦有一明确的说明。他指出：

> 而董生的"复古更化"，乃反法家秦政之苛暴，以复三代礼乐教化之古。这种文化建国的大纲领，正班固所谓"除强秦之苛暴，流大汉之恺弟"也。至于"罢黜百家"乃针对博士官而言，朝廷只立"五经博士"（尊经之常道），不再为诸子百家立学官（景帝时有孟子博士，今亦加罢黜，因孟子是"子"不是"经"）。后人不知所以，以为罢黜是废弃诸子百家之书，更有人以为这是儒家思想的独霸，实为浅薄无知的误会。[②]

透过这些研究与评论，我们不仅可以十分清楚地看到董仲舒所倡导的"罢黜百家，独尊儒术"的方略在中国历史中比较真实的情况，而且更为重要的是，我们将由此回溯到半个世纪之前牟宗三对于"罢黜百家，独尊儒术"方略的观察与论断是多么的肯实和具有远见卓识，而且横跨中西，颇具国际眼光，令人惊叹！牟宗三在董学的研究中所发出的先声，发人所未发，见人所未见，至少领先了30多年甚至50年之久，并且在学术的进程中还一直没有被超越或取代，至今仍然散发出历史与哲学的睿智的光彩！有言道："不做50年以前的思想家，不做50年以后的思想家。"在学术急剧变化与迅速进步的今天，要做一个能够在学术上立足50年的思想家

---

① 见余治平《唯天为大——建基于信念本体的董仲舒哲学研究》，第473—474页。
② 蔡仁厚：《中国哲学史》上册，台北：学生书局2009年版，第336页。

的确不是一件容易的事！然而，我们有幸地看到，牟宗三不仅是50年以前的思想家，而且更是50年以后的思想家。这难道不值得我们当今的研究者欢叹与痛彻地反省一番吗？！

三　董仲舒思想的局限与合理性

牟宗三批评董仲舒的哲学思想，主要是指出与分析其所显示的"超越理性"在其整个体系上有驳杂，并对后世产生了不良的消极影响。董仲舒由"天人相与之际"之可畏，而言灾异之变，有取于阴阳家的宇宙架构，多联想比附之意。本来，讲灾异固然自有它的敬畏之感，汉武帝以后各帝王颁布的诏令屡言灾异而不舍，说明他们内心具有对于灾异的严肃感。这在道德心理上说，本来不是弊病与迷信，可以借此而使帝王保持警惕，不泛施权力。但是，言灾异一旦客观化而成为一种时风，同时它所肯定的宿命论的宇宙架构与超越理性纠结在一起，则不免呈现出驳杂。"此一驳杂之局为超越理性之原始的表现，为一未经过精神的发展之淘滤的原始谐和，由此而成为风气，遂成为'理性之超越的表现'。远离飘荡而引至于王莽之篡。"[1] 董仲舒所代表的文化运动符合时代的要求，尤其是与缙绅之属皆希望天子封禅改制与兴礼乐教化，革除暴秦所遗留的恶俗的强烈愿望一拍即合，深得人心。在这一迫切要求中，董仲舒的文化运动有一种接受理想的自觉，但是尚未能尽其所应当有的意义。作为一个思想家的董仲舒所倡议的这一文化运动"并未顺孟子之路，由人性之自觉以肯定人性之尊严，'由仁义内在之性善'以参透超越之理性，由'人人皆有贵于己者'以肯定个性之尊严"[2]，由此而承接尧舜三代以来相传的文化系统以为例证，同时以自觉中的理想来充实与促进这一文化系统，使它变得生动活泼而不僵滞。从而使这一文化运动表现出三个局限：

（1）从超越的解悟（即解悟的超越的使用）上，由《易》和《春秋》推出一个外在的超越理性作为"大始"，这不仅是抽象的外在的讲法，而

---

[1] 牟宗三：《历史哲学》，见《牟宗三先生全集9》，第314页。
[2] 牟宗三：《历史哲学》，见《牟宗三先生全集9》，第317页。

且是依附一个制度性的王道的政治措施而立言。

（2）将尧舜三代所传承下来的文化系统当成现成的外在的和具备于"五经"中的内容而政治地承接下来，就以为可以复兴礼乐教化，广被于社会。其实，这是以原始生命的充沛外在地硬顶下来，而为尽气者（而非尽理者）的实现。

（3）五经博士的设置将这一文化系统僵滞化了，遂演变出后来的今古文之争，而儒者由此讲求通经致用，也成为外在地形式地运用儒术或文化系统。这是视文化系统为典要而直接地表现于事功而求有为，当然就是事功性地对待儒术或这一文化系统了。

显然，这三个局限具有抽象性、形式性、政治性、功利性与机械性的特征。由于这三个局限就使这一文化运动不能从人性的自觉中借其所承接的文化系统以唤醒人类理性的自觉，而内在地复归于人类内心的精神生活，凸显自立的人格精神主体，做到两步限制立法：一为对于君权限制的立法，一为对于人民的权利义务的承认（包含限制）的立法，依此而成为"理性之内在表现"。事实上，西汉儒者在复古更化时，不能向这个方向用心，使其文化形态变成了禅让论、五德始终说，成为迂怪的超越表现，因而最终引出荒谬乖僻的王莽篡政的历史悲剧。因此，"仲舒之'推明孔氏'，乃只因其从周文耳，因而遂跨过孔氏而外在地直接承五经。（文帝时有孟子博士。武帝时亦罢。）是其不能归于精神主体甚显然也。因此，其超越理性必有驳杂，为外的，有虚而不实处。后来之局，必流于迂远怪诞，而成为理性之超越的表现；流于今古文之争，而成为章句之训诂"①。这就紧扣思想的内在根由，从社会政治与文化学术上指出了董仲舒的思想体系以及由他所倡议的文化运动对于后世所产生的消极意义和影响。

牟宗三在对董仲舒的思想体系及其所倡导的文化运动的批导中指出了其中的合理性与发展方向。牟宗三写道：

> 然其体系之外部有驳杂之局为环绕，而其核心，则固通而上之，重理性，尊礼仪，贯而下之，任德不任刑，以礼乐教化，兴学校，选人才，为政治措施之本也。此故纯然儒者也。其贯而下之之落实处，

---

① 牟宗三：《历史哲学》，见《牟宗三先生全集9》，第317页。

固百世不易之常道。至若其背后之超越理想,通而上之之超越理性,则须在精神发展中淘滤也。①

这一评论客观平实,充分肯定了董仲舒的醇儒地位。然而,董仲舒以后,由董仲舒所倡导的文化理想与超越理性并没有在其时代精神的发展中淘汰和过滤而得到提纯和优化,而是在儒学的经学化过程中更多地驳杂变质或被窒息了,一如牟宗三所说的,"两汉四百年,顺孔孟所确立之总纲以进行。及其届乎困惑,既未能向'内在道德性'而转进,亦未能向理解理性而转进"②。这样一来,中国哲学与文化的发展由孔孟至荀子,经过《易系》《中庸》《乐记》和《大学》到董仲舒以后,终于随着东汉的结束而走到了山穷水尽的境地,预示着一个新时代的到来。

四 董学研究方法的启示

牟宗三的董学研究是其中国哲学史研究的重要一环,虽然他没有具体地勾画出董仲舒的整个哲学思想体系,但是仍然有补于其《原始典型》(先秦至秦汉这一发轫与定型期的中国哲学思想史)没有写出的缺憾。从20世纪中国哲学思想史的研究历程来看,也许可以说,牟宗三的董学研究尚未做到像他的好友徐复观后来所做的那么精微和系统,因为牟宗三的董学研究原本就只是他的"历史哲学"中的一部分。但是,却无法否认,牟宗三在20世纪的中国哲学思想史的研究中率先树立了一个代表当代新儒家的董学研究典范,尤其值得注意的是,牟宗三在其董学研究中所表现出来的将历史、政治、文化甚至审美与哲学相结合并融为一体的研究方法,至今仍然具有前瞻性而不失借鉴的意义。徐复观深有体会地说:

两汉思想,对先秦思想而言,实系一种大的演变。演变的根源,应当求之于政治、社会。尤以大一统的一人专制政治的确立,及平民

---

① 牟宗三:《历史哲学》,见《牟宗三先生全集9》,第315页。
② 牟宗三:《历史哲学》,见《牟宗三先生全集9》,第432页。

略论牟宗三的董学研究及其意义

姓氏的完成,为我国尔后历史演变的重大关键;亦为把握我国两千年历史问题的重大关键。①

无疑,这段议论是徐复观研究两汉思想史的心得结晶,在方法论上对人不乏重要的启示。在此,将它与牟宗三对于董学研究的方法联系起来看,就可以清楚地看出,这两位当代大儒在研究两汉思想的方法上的互相发明,并具有异曲同工与互补之效。在一定的意义上可以说,徐复观强调将两汉的思想文化与其政治、社会等因素,尤其是与专制政治的确立与平民姓氏的完成等因素相联系的研究方法是对牟宗三董学研究方法的深化与具体化,并足以为牟宗三董学研究方法上的一个佐证。此外,袁济喜在谈到研究两汉思想的方法时,也这样写道:

> ……研究两汉精神,似乎可以尽量将它立体化一些,从两个方面着手,一是注意精神世界各种层次的交融、渗透;二是打通各种精神产品的环节,将哲学、宗教、艺术、审美与当时的经济政治状况结合起来考察,这虽是一个人们并不难以接受的方法,但具体贯彻起来却是相当艰巨的。然而从这一方向入手,也许有助于人们对两汉精神文化的正确评价与考察。②

不难看出,这一方法与牟宗三的董学研究方法也具有相似相通之处。这让我们看到了牟宗三的董学研究方法早在五十余年以前的闪光。这些相似相通甚至不无相同的研究方法不仅为儒家千百年来所强调的"圣人""心同理同"提供了一个绝佳的例子,而且证明了不同的思想家或哲学家在面对同一历史中的思想研究对象——两汉思想或精神(包括董学)之所以会形成大致相似相通的思想方法,绝不是偶然的,而且这种方法上的相似相通也难以归结为哲学或思想的"家族的相似性"所致,而是有其历史与思想的客观性与合理性。恰恰是这一因素,构成了思想史或哲学史研究方法的基础,并且使得一种思想史或哲学史的研究方法具有前瞻性或重要

---

① 徐复观:《两汉思想史自序》,《两汉思想史》第一卷,第13页。
② 袁济喜:《两汉精神世界》,中国人民大学出版社1994年版,第4页。

意义。

  在今天看来，无论是牟宗三的董学研究，抑或徐复观的两汉思想史（包括董学）研究虽然均已汇入了当代两汉哲学史或两汉思想史的研究大流之中，然而其典范意义尤其是其研究方法并没有被时潮所淹没。如果我们将牟宗三的董学研究方法与徐复观的两汉思想史研究方法，以及其他汉代思想或精神研究的方法统一起来进行探究，那么有可能得到一套更有系统性的研究两汉哲学思想的方法，这对未来的两汉哲学思想的研究亦将会有新的启迪与开拓。

（原刊于《江苏行政学院学报》2011 年第 5 期）

牟宗三的象山学（之一）

一 引言

陆象山上承孟子，下开阳明，在宋明儒学中是与二程、朱子、王阳明齐名的一代大儒与重要思想家。为研究宋明儒学的历代学者所重视。然而，了解与研究象山之学实难。难就难在它的太"实"与太过于"简易"。由于这一缘故，对于古今绝大多数人来说，读其文字易，得其入路难，而自真实的生命上与其相应则难上加难。是故，研究象山之学者虽多，但相应而真实有得者实少。

当代大儒与哲学巨擘牟宗三在以十年之功完成了里程碑式的巨著《心体与性体》（三大册）之后，又在相距十年之后写出了《心体与性体》的第四册《从陆象山到刘蕺山》，可谓树碑完璧。其中，牟宗三对于象山之学的研究殚思竭虑，在朱子与阳明之间，特别称许与欣赏象山，虽然宗三与象山上下相去近千年，但是心有灵犀，相交莫逆，真能从生命上与象山呼应与交融，直透其理境，而得其真谛，因而消解了研究上的困难，厘清了象山学之进路与支柱，把握了其特征，做出了其为"孟子学"的历史定论。他平章朱陆，穷源尽委，使他们同冶一炉，实现了其"互补"与"大通"，不啻使象山学及朱子学能活转于世而得以发皇光大，直接构成牟宗三哲学思想的重要渊源之一；更重要的是，牟宗三在对于象山学的研究中，自觉地接上了宋明儒家的慧命，竭尽自己的"天职"，去开拓与完成"第三期儒学"的历史使命。因此，象山学亦成为牟宗三哲学地重建以儒学为主的中国哲学之所本。

牟宗三对于象山学的研究,绝不是一般意义上的哲学史研究,或思想史研究,而是将历史意识、文化意识、哲学意识、价值意识与生命意识融为一体的"哲学"交谈中的心灵沟通,在这一交谈与沟通之中,他把"生命的学问"化成了"学问的生命",复活了象山学,终于在象山学的历史长河之流中筑起了一座通向古代与未来的中国哲学的"桥梁",——这就是我所谓的"牟宗三的象山学"。

牟宗三的象山学,若就一般的"做学问"或哲学史研究的意义上说,也是最具特色与精彩绝伦的,不愧为大手笔,真可谓"古今无两"[①]。其最大的特色就在于自觉地解除辟佛与对佛学的禁忌,以儒释道尤其是儒佛相通而同遵的共法为交界面,综合比较与分别厘清象山学与儒佛的关系;同时以孔孟所代表的儒家血脉主线为参照,把孟子学与象山学视为一个在逻辑上和血脉上相衔接,而相互呼应的、跨越时空的、历史动态的思想连续整体,从而将象山学与朱子学分判为其在理论形态上所归属的直贯形态与横列形态两大系;更在方法上把多种哲学研究方式:康德的哲学方式、哲学诠释学的方式(包括牟宗三的哲学诠释学方式),以及心理学的分析方式、历史学的研究方式、对比与类比相结合的方式综合为一体,形成一种多元互补的立体网状结构,达到了历史的、逻辑的与心理的统一,中西贯通与古今交融,构成了牟宗三的象山学在方法论上的最大特色,实有突破与开启中国哲学史的个案研究的典型意义。

本文不揣剪陋,尝试对牟宗三的象山学作一探究和论述,祈请方家指教!

二 了解象山学之难和牟宗三研究象山学的进路

象山自题:

仰首攀南斗,翻身倚北辰。

[①] 牟宗三先生病中语(遗言)。参见蔡仁厚《牟宗三先生学思年谱》,台北:学生书局1996年初版,第89页。

牟宗三的象山学（之一）

举头天外望，无我这般人。（《语录》下）①

这首诗表明象山其人非一般之人，象山之学非一般之学。作为历史地位不在朱子之下而与朱子以"朱陆"并称于世的一位重要思想家和哲学家，在中国哲学史和思想史以及文化史上，象山都是一位非常特别而光辉四射的突出人物，而其独树一帜的哲学思想之风格，在中国哲学史上，也同样是非常特别而具有极大魅力的。象山一生不著书，只以"六经注我，我注六经"②。自谓：

千虚不博一实，吾平生学问无他，只是一实。（《语录》上）③

又说：

自得，自成，自道，不倚师友载籍。（《语录》下）④

对于这样一位特别的哲学家和思想家之特殊风格的哲学思想，绝不能以通常一般讲学问的方式或一般的逻辑方式去了解与把握，而必须寻找到一种能与其生命和思想之特殊风格相应的方式才行。就此而言，自明末清初黄宗羲、全祖望撰著《宋元学案》以来，在现有的象山学研究中，足以成一家之言，而又比较接近和相应于象山而能与其生命和思想相呼应的研究，虽然尚不多见，但是在笔者看来，牟宗三的象山学，最足以称道，无疑是一个重要的典范。其中，牟宗三的象山学进路，非常值得我们关注与探讨。这不仅对象山学研究的深入展开与推进具有重要价值，而且对于中国哲学在当代的展开和未来走向也是富有教益和启示的。

探究牟宗三的象山学，首先要弄清楚的问题，就是牟宗三象山学的进路。因此，本文作为牟宗三的象山学研究之一，旨在对牟宗三的象山学进路做一尝试性的论述。然而，问题得从了解象山学之难说起。

---

① （宋）陆九渊：《陆九渊集》，钟哲点校，中华书局1980年版，第459页。
② 见（宋）陆九渊《陆九渊集》，第399页。
③ （宋）陆九渊：《陆九渊集》，第399页。
④ （宋）陆九渊：《陆九渊集》，第452页。

哲学地建立中国哲学

　　读象山之书似乎不难，但是真要了解与把握象山的思想与生命之真谛实难。这大概是不会有人否认的。

　　为什么了解与研究象山之学令人感到非常困难呢？这当然是因为它的太"实"与太过于"简易"。象山从13岁洞悟"宇宙便是吾心，吾心即是宇宙"之理，到思想成熟时期提出"心即理"的命题，一切的关键都只落在"心"或"本心"之上。因此，一切皆从"心"或"本心"上说。这就是它的"实"和"简易"。从分别的意义上说，所谓"实"，是说它文约义丰，内容太典实；所谓"简易"，是说它语言表述形式质朴无华，不落学术格套，类似于日常谈话，既不像朱子有一套"道问学"的分解路数的学术语言叙述，也不同于阳明有一套学术分辨的功夫，因此相比于朱、王两家立说的过程之完整和脉络之分明，易于寻得入路而言，"此则于践履上更为直截、更为朴实、更为有力而相应。而且即以此故，说'简易'也，所谓'专欲管归一路'，'亦只有此一路'也。盖若非分解地启发点示，则亦只如此也"①。这里说的"'专欲管归一路'，'亦只有此一路'"，就是简易直截的非分解立义的整全之路、朴实有力的非分解的启发点拨之路。就此而言，象山之学确实令人有"羚羊挂角，无迹可寻"之感。甚至对朱子而言，也不例外。所以，朱子极大地误解象山，断象山之学为禅。实际上，象山学的"实"和"简易"，诚如牟宗三非常准确地指出的那样，是因为象山学"非分解地立义语故"。牟宗三说：

　　　　象山之学并不好讲，因为他无概念的分解，太简单故；又因为他的语言大抵是启发语、指点语、训诫语、遮拨语，非分解地立义语故。在此种情形之下，若讲象山学，很可能几句话即完，觉其空洞无物，然亦总觉此似若不能尽其实者。②

　　　　惟是象山本孟子而言"心即理"并不取"分解以立义"之方式，而是取"非分解以指点"之方式……③

----

①　牟宗三：《从陆象山到刘蕺山》，见《牟宗三先生全集8》，台北：联合报系文化基金会联经出版事业股份有限公司2003年版，第3页。
②　牟宗三：《从陆象山到刘蕺山》，见《牟宗三先生全集8》，第1页。
③　牟宗三：《从陆象山到刘蕺山》，见《牟宗三先生全集8》，第11页。

牟宗三的象山学(之一)

这里已经说得再清楚不过了! 然而, 为了不致产生不必要的误解, 对于牟宗三所用的"分解"这一概念, 仍然有说明的必要。

牟宗三所谓的"分解", 不是消极意义上的拆解或解构 (decomposition or deconstruction), 而是积极建构意义上的理论思辨的分析、论证和解释 (analysis, argumentation and interpretation or explain, including the interpretation or explain in Hermeneutics)。由于不可避免地要面对文献文本和"作者"而有必要的分解或解释与交代 (包括下文所说的研究和叙述同一过程中的两个不尽相同的方面), 因此就涉及"分解"在哲学诠释学上的意义, 就是说, 理论思辨的分析、论证和解释获得并具有了它们在哲学诠释学上的意义 (including the analysis, argumentation and interpretation or explain in Philosophical hermeneutics)。这一"分解"的意义, 一方面是就象山之学相对于孟子学而言, 孟子学的立义有分解, 而象山学无分解 (见后文中的论述); 另一方面, 则是就象山之学与朱子学和阳明学之比较而言, 朱子学和阳明学皆有分解, 而象山学无分解。就是说, 象山虽然与朱子和阳明一样有一套自己的思想和学问, 建立起"心即理"的象山之学, 但是象山不像朱子与阳明那样有对于自己学说之概念的分解, 走一条以分解的方式建立义理和学问的道路, 象山根本就"无概念的分解", "象山非必抹杀分解, 亦非不能分解, 然其所吃紧示人者则在先明轻重本末, 故彼常言: '端绪得失, 则当早辨。'"[①]

必须强调和指出的是, 牟宗三说象山"无分解", 尤其是"无概念的分解", 这意思并不是说象山在讲学中毫无分解辨析 (否则, 如何来的"朱陆之辨", 又如何说得上"六经注我"), 而是就象山学的"立义"和表诠之特殊风格上说的。忽略了这一点, 必然会造成不必要的对于牟宗三的误解, 而且同时亦误解象山!

此外, "分解"这一概念, 作为一个思辨理论上的概念, 是相对于工夫实践而言的。以牟宗三的惯用语, 可以称之为"'观解的'分解", 这不啻是观解的分析 (theoretical analysis or analysis of the theory), 确切地说, 应该是观解的思辨的分析、论证和解释 (theoretical analysis, argumentation

---

① 牟宗三:《从陆象山到刘蕺山》, 见《牟宗三先生全集8》, 第4—5页。

and interpretation or explain, or the analysis, argumentation and interpretation or explain of the speculative theory)。牟宗三将"theoretical"一词译作"观解的"（一般译为"理论的""思辨的"或"思辨的理论的"），乃是根据其拉丁语的词源而来。其中一个更重要的原因可能是，在牟宗三看来，一切非究竟圆满的哲学理论皆不离"相"而有"系统相"，有相则为"可观"（即可理论）的"可诤法"，而不是实践上证悟的"无诤法"。因此，为了突显理论思辨与道德实践的相对相待性的偶合关系，牟宗三有意将"theoretical"一词译作"观解的"。

就此而言，牟宗三以"分解"（此外，还有"非分解"）这一概念描述和诠释象山学，自然是相应的。正如上引牟宗三所说，象山学虽然"不取'分解以立义'之方式"，但是"于践履上更为直截、更为朴实、更为有力而相应"。可见，所谓"不取'分解以立义'之方式"固然隐然意指象山的简易工夫（象山与朱子鹅湖之会诗中有"简易功夫终久大，支离事业竟浮沉"之说），但是似乎也隐隐衬托出象山学虽然在哲学思想上自成一家之言，却无"系统之相"。这就是象山学难于理解和把握的根本原因。

那么，应该如何去理解与把握象山学呢？牟宗三提出了一个重要的原则，这就是要从"真实的生命上"与象山"相呼应"。因为只有在真实的生命上与一个人相呼应，才可能真正地去理解和把握一个人的心灵与思想。但是，这如何可能呢？牟宗三说：

> 吾今即相应其风格逐步真切地疏解出其学之实义，以期读者逐渐悟入其学之实。①

由于象山是古代的贤哲，今人不可能与象山的生命直接相照应，因此唯一的通道就是象山留下的（不管是否象山本人编辑的或者由他的儿子陆持之与学生高商老编辑刊行的）文字语言（文本），就是说，今人只能借助于象山留下的文字语言（文本）去谋求实现与象山生命的直接相照应。这也就是牟宗三所说的，要从自己真实的生命上与象山的语言相呼应，一直达到他所呈现出来的真实不谬的理境。那么，这实际上就是不离其语言

---

① 牟宗三：《从陆象山到刘蕺山》，见《牟宗三先生全集8》，第1页。

（文字）而透过其语言（文字），达到由其语言（文字）而呈现出来的理境，从而在理境中直达其真实的生命。实际上，这就是要有对义理的训练为基础，由疏通象山著作之文本的义理，获得对象山思想的通解、切解与确解，即在思想义理上豁然贯通，从而（使我或我们的生命）与象山的真实生命之间形成感应的关系。牟宗三说：

> 故吾取而逐句疏解之。又不只文句事，且是义理事。两者俱到，方能有通解、切解与确解。语句畅顺，则义理豁然，因其语句本是智慧语句，亦是表达义理之语句也。若无生命之感应，又无义理之训练，而谓训诂明则义理通，是则难矣。①

这种生命之间的感应关系是要以心来印证的。就是说，要在疏通（象山以及孟子的）文本之文句的过程中，"由通贯文句血脉之何所是"来与自己的心相印证，由此将象山（以及孟子）的真实生命所表现的思想义理引归到自己的心上来，由此而警悟和鲜活自己的本心，充分地体验自己本心的存在之意义，并落实在"默而成之，不言而信"的德行实践中，由此而实现与象山（从而与孟子）的真实生命之间的感通相应，便会有一种极大的适意快足之感。牟宗三指出：

> 由通贯文句血脉之何所是而以己心来印证，进而到引归自己心上来，来着实警悟自己之本心并体验自己之存心，而至于适意快足，"默而成之，不言而信，存乎德行"，便是不要只作字面的了解与分疏。②

从这个意义上说，生命的感通相应是需要生命来诠释的。而生命的诠释必须突破语言文字的限制，甚至是需要超越语言文字，而归于不言之默的。与此同时，在经由与象山之真实生命的感通相应中，亦将我或我们的生命提升到理性的境界。牟宗三说："我们通过其文献而了解之，即是通

---

① 牟宗三：《圆善论·序言》，见《牟宗三先生全集22》，第13页。
② 牟宗三：《心体与性体》第二册，台北：学生书局1968年初版，第189页。

过其名言而期望把我们的生命亦提升至理性之境。"① 无疑，这就是我们的目的。否则，读象山有什么意义呢?！显然，这其中要通过两道手续，即**语言**和**理境**，方能通到其生命，再从其生命通到我们自己的生命之理境的高峰。亦即：**语言→理境→生命（双方双重的生命）**。对于研究者来说，这是一个双重的过程，一个过程是研究者牟宗三的生命与被研究者陆象山的生命之间的相呼应的过程，一个过程是读者的生命与被研究者（在这里实际上是"第二次"被作为被研究者，即在读者阅读这一"研究"的过程中"第二次"成为被研究者）陆象山的生命之间相呼应的过程。在这一双重的过程中，能否与由语言文字上所表现出来的风格"相应"，就成为关键。就是说，只有相应于象山的风格，才能逐步真切地疏解出象山学之实义；同时也只有相应于象山的风格——一种特殊的风格，也才能期望读者逐渐悟入象山学之实义，从而达到与象山真实生命之间的相呼应。牟宗三强调说："初学功夫亦须要切、要实、要明确，逐步通其旨归，向理性方面消融。"② 从这一过程中，牟宗三揭示了理解以及诠释是研究者、被研究者和读者三者之间建立真实生命之间的呼应悟解关系。牟宗三说：

> 夫宋明儒学要是先秦儒家之嫡系、中国文化生命之纲脉。随时表而出之，是学问，亦是生命。③

毋庸置疑，这一"生命"概念是理性的生命与生命的理性的统一。④ 这种真实生命之间的相呼应的关系，也可以称为生命之间的"感应"关系。对于牟宗三所说的"生命"以及"生命感应"概念，笔者曾经指出：

> 牟宗三的生命感应是指人的原始生命力与原始智慧在哲学理性上被开启后爆发出来成为一种"空灵造极"的大智慧，这种大智慧不仅是一种高度的感悟体察能力和思辨理解能力，能够与历史文化中的活

---

① 牟宗三:《现象与物自身·序》，见《牟宗三先生全集21》，第11页。
② 牟宗三:《现象与物自身·序》，见《牟宗三先生全集21》，第11页。
③ 牟宗三:《从陆象山到刘蕺山·序》，见《牟宗三先生全集8》，第5页。
④ 王兴国:《牟宗三的哲学诠释学概述》，见方克立主编《中西会通与中国哲学的近现代转换——第12届国际中国哲学大会论文集之三》，商务印书馆2003年版，第601—604页。

的精神生命与智慧即"慧命"相契应,并能对其作出相应的恰当的理解与诠释,而且能够依于此而又不滞着于此,在运转历史文化之慧命的基础上有新的甚至更大的创造与推进。这当然须要以人的自然生命为基础,把他所开发出来与能够开发出来的一切精神智慧的生命力全部投入其中,即全幅身心的投入,所以说是生命的感应,生命的诠释。对于生命的学问有生命的感应与生命的诠释,才会有学问的生命。①

笔者认为,牟宗三的"生命感应这一概念,实际上是提出了一种以'生命'为对象为进路的哲学诠释方法"②。它"一方面是以生命感应为诠释的入路,另一方面又是以生命感应为诠释的标准的。生命的感应本身是主观的,但是生命的感应的诠释及其结果和意义却是客观有效的"③。无疑,读者和被研究者真实生命之间的呼应悟解关系,在这里不是直接地建立的,而是且只能是间接地建立的,因为读者和被研究者真实生命之间的呼应悟解关系不能由读者完成,必须借助于研究者或研究者的成果来实现。

这里说到"生命感应",就不能不涉及其中的一层可谓最隐秘的深意,就是说,生命感应必须是彼此之间互相的耦合与共振共鸣,绝不可能只是单方面的适应与屈从。如果要认真起来的话,这是一个十分复杂和艰巨的重大哲学问题,这里不可能来讨论这一问题,只能附带一说。在人与人(包括古人与今人)的生命之间为什么会有感应?这种感应是如何可能的?这里大约有三个层次的问题:第一个层次的问题是人性,即人性是人的生命之间可以互相感通的共同基础。这里需要区别人性与物性。物性是万物之间联系互生的共同基础。人的生命可以感通物性,但是物性未必可以感通人性,从而未必可以感通人的生命,尤其显然的是无生命之物的物性。通天地万物为一体的基础是以人的生命感通物性为基础的,而不是相反。

---

① 王兴国:《牟宗三的哲学诠释学概述》,见方克立主编《中西会通与中国哲学的近现代转换——第12届国际中国哲学大会论文集之三》,第599—600页。
② 王兴国:《牟宗三的哲学诠释学概述》,见方克立主编《中西会通与中国哲学的近现代转换——第12届国际中国哲学大会论文集之三》,第596页。
③ 王兴国:《牟宗三的哲学诠释学概述》,见方克立主编《中西会通与中国哲学的近现代转换——第12届国际中国哲学大会论文集之三》,第609页。

对儒家来说，以仁为基础可以感通天地万物为一体，而这一感通也就是仁（孟子所谓"仁之端"）的扩充。因此，人的生命之间的互相感应而共鸣，与人的生命对于物性尤其是无生命之物的物性的感通是截然不同的。然而，只在人性上，并不能完全解释人的生命之间的感应。实际上，人的生命之间并不总是都能互相有感而应的。这就牵连到第二个层次的问题，即人的生命的真我。每个人的生命都是一个独一无二的，且皆有一个"灵魂"，那就是自我，中国哲学名为"本心"（源于孟子）。人的生命之间能达到真正深契的互相感应而高度共鸣，那一定是生命的真我之间的契合，"本心"上的相应相印，也就是神会神契。前贤对于孟子学有一精辟的结语："学问之道无他，求其放心而已。"（这本来是孟子所说的话，见《告子上》。）今天虽说是一句老生常谈，但是意蕴无穷而深刻。因为从生命的感应上说，学问或哲学不过是寻求我的生命自我亦即我的本心的一种途径而已。对于学者或哲学家而言，也许不是所有的学问或哲学都能引起共鸣而有契会，但是总能在某种学问或某种哲学中有感而应且能达到高度的神契。这就不仅仅是我进入了那种学问和哲学而透过那种学问和生命与其背后的生命相照面，同时也是那种学问和哲学进入了的我生命之中，严格地说，是那种学问或哲学背后的生命（对先贤来说，这一生命在我的开启中复活过来）进入了我的生命之中，并巨大地激发了我生命的活力，使我找到了自己本心的所在，这叫作"自明本心"。象山对孟子学与孟子对象山学之间的关系，可谓生命感应的一个伟大典范。然而，在人的生命之间建立这样的耦合感应关系，并非易事。这就牵出第三个层次的问题，感应的间隔。在人的生命之间有诸多的障碍所造成的间隔，使生命之间难以建立或实现彼此之间的感通而相应。譬如说，语言文字可能是造成间隔的障碍，成果本身可能是造成间隔的障碍（象山所谓"言语坏天常"，见文末的引诗），时代与历史场景的不同也可能是构成间隔的障碍，如此等等，数不胜数。因此，学问的基本工夫之一，就是必须成就一套破除生命之间的障碍，而克服生命感应间隔之道。唯有如此，才能在生命的世界中实现生命的感应。从这一意义上说，"求其放心"的学问必须经由克服生命感应间隔之道去实现。在这三层关系中，前两层回答了为什么人的生命之间会有感应的问题，后一层回答了人的生命之间的感应是如何可能的问题。

说明了"生命的感应"，就可以回到牟宗三的象山学研究之上来了。

牟宗三的象山学（之一）

一般地说，研究者与被研究者（原作者及其作品或文本）之间的生命呼应关系的建立，并不能保证读者与被研究者之间生命呼应关系的建立，所以牟宗三只能说"以期读者逐渐悟入"或"逐步通其旨归，向理性方面消融"而已。同样的，如果研究者与被研究者的生命之间不能建立相呼应的关系，那么即使在读者与研究者的生命之间建立起相呼应的关系，也无法在读者与被研究者（原作者）的生命之间建立起相呼应的关系。这就表示或宣告了研究的失败。因此，在研究者与被研究者之间、研究者与读者之间如何建立真实生命之间的呼应关系，对于牟宗三来说，是理解得以实现的条件与前提。这究竟是如何可能的呢？牟宗三在这里虽然并没有从理论上回答这个问题，而只是简单地有所交代，但是，这并不意味着牟宗三对于这一问题没有自己的见解。

事实上，在牟宗三的哲学思想中是蕴含着一套哲学诠释学的。[1] 尽管如此，一旦面对具体情景中需要理解和诠释的问题时，哲学诠释学的理论原则至多仅有范导的意义，而无法代替对于具体问题的理解和诠释。因此，我们只有一个办法，就是从牟宗三的象山学中去寻求。牟宗三说：

> 吾之此种疏解中所成之疏解语言亦大体是第二层序上的，即相应其学之为"非分解的性格"而为第二层序上的，而非"分解地立义"之为第一层序上者。[2]

这里所谓的"疏解语言亦大体是第二层序上的"，说的是牟宗三对于象山学的叙述方式（也是广义上的研究方式），而不是他对于象山学的（相对于叙述方式而言的狭义的）研究方式，即牟宗三所谓的"非'分解地立义'之为第一层序"的方式——尽管这两者之间具有内在的同一或统

---

[1] 这一问题，笔者已经在相关的书籍和文章中进行了论述，主要有：王兴国：《牟宗三哲学思想研究——从逻辑思辨到哲学架构》（人民出版社2008年版）第10章第3节、《牟宗三的哲学诠释学概述》（见方克立主编《中西会通与中国哲学的近现代转换——第12届国际中国哲学大会论文集（之三）》）、《历史的诠释与创造的诠释》（《孔子研究》2002年第3期）和《称理而谈：牟宗三哲学方法论探要》（《中山大学学报》2011年第6期，全文收入郑宗义编《当代中国哲学之新方向——纪念唐君毅先生百年诞辰国际学术会议论文集》，《新亚学术集刊》第20期，香港：香港中文大学新亚书院2014年版）等。

[2] 牟宗三：《从陆象山到刘蕺山》，见《牟宗三先生全集8》，第1页。

哲学地建立中国哲学

一关系（且都是广义上的研究方式），但是实际上是有区别的（所以这里从狭义上区分为研究方式与叙述方式）。象山学的研究方式是如何实现与象山的真实生命相呼应的方式，也就是理解与诠释象山学的方式，即第一层序的方式；象山学的叙述方式是将研究象山学的成果报告出来的方式，即第二层序的方式。前者（第一层序的方式）是后者（第二程序的方式）的前提，且后者必须以前者为基础才是可能的。那么，叙述的方式与研究的方式必须保持内在的统一。实际上，研究方式（第一层序的方式）及其过程常常是不会记录或完整地保留下来的，而是留存和体现在其叙述方式即第二层序的方式中。因此，我们唯一所能做的事情，就是从第二层序的方式去"还原"出第一层序的方式，从而求得第一层序的方式。

顺便指出，中国学界曾经十分流行的黑格尔式的"历史的与逻辑的一致"的方式，只不过是哲学的一种叙述方式而已，绝不可能是唯一的叙述方式。因此，我们没有必要一定要把牟宗三的象山学的研究方式归到这样一种叙述模式中去。与此同时，也需要检讨与反省以"哲学逻辑结构"的"黄金魔床"的方式，削足适履地将象山之学逼上床去，然后拉下床来，就变戏法式地变出"陆九渊哲学的逻辑结构"的研究方法与范式。我们必须面对的问题是，这种"哲学逻辑结构"的研究范式是否能与象山学的特殊风格相应，能否有助于我们恰当和深入地理解与把握象山学，能否与象山的真实生命相呼应？诚然，作为象山学研究之历史过程中的试错性探索，这种研究范式是难以避免的，但对于促使我们回头反省象山学的研究范式而言，也不是完全没有积极作用的。毫无疑问，我们可以说，牟宗三的象山学研究方式与叙述方式是具有内在同一性而统一的，即他的第一层序的方式与第二层序的方式是在其内在的同一性上统一起来的。这正是我们可以通过第二程序的方式去求第一层序的方式的基础和保证，也就是最终同时把握第一程序方式和第二程序方式的基础和保证。第一层序的方式，无非就是如何在研究者与被研究者的真实生命之间建立相呼应关系的具体路径或方法。

其实，我们所能寻求的，似乎也只能是研究者和被研究者的真实生命之间的呼应关系。因为牟宗三并没有提供如何在研究者与读者的真实生命之间建立呼应关系的具体路径或方法。确实，我们作为读者，正是要通过

· 234 ·

作为研究者的牟宗三去实现与作为被研究者的陆象山的真实生命之间的呼应关系。这个答案,恰恰就在研究者与被研究者的生命之间的呼应关系之中。就是说,或许只需要移植在研究者与被研究者的真实生命之间建立呼应关系的模式,就可以在研究者与读者之间建立类似的呼应关系;如果这种移植不行,至少可以以在研究者与被研究者的真实生命之间建立呼应关系的模式为参照,去寻求在研究者与读者之间建立类似的呼应关系。如此一来,就只要解决在研究者与被研究者之间如何建立相呼应的关系就可以了。这一过程犹如笔者曾描述过的那样:"'本文意图'、'作者意图'和'读者意图'在语言中均被置于'对象'层面与'元'层面的关系之中,就是说,'本文意图'、'作者意图'与本文自身在体现'读者意图'的诠释中都只是作为对象编码而存在,与之相对的表达'读者意图'的诠释语言却充当了元解码。诚然,当'读者意图'与'本文意图'、'作者意图'同时被置诸另一种元语言的解码中,它们也就成了对象编码。因此,一切哲学诠释乃至一切诠释皆是'元'诠释(或'后设'诠释)。"[①] 无论是牟宗三对于象山学的诠释,抑或本文对于牟宗三的象山学的诠释,皆概莫能外。牟宗三意味深长地指出:象山之学所预设的分解立义全在《孟子》,而象山本人又不取分解立义的方式以期重新在理论上有所建立,那么想要通透地理解象山学之特殊风格,不得已只好作如此这般的研究和叙述了。[②] 这的确是道出了研究象山学的苦衷,当然也是一切"道问学"不可避免的苦衷。非常值得玩味!

然而,必须指出,从中国哲学的观点来看,一切哲学理论及其诠释都只是"说"的哲学,而不是"做"的哲学。因此,仅有"说"的哲学或哲学的"说"是不够的,必须从"说"的哲学走到"做"的哲学,或由哲学的"说"去完成哲学的"做"。象山之学就不仅是一套"说"的哲学,而且更是一套"做"的哲学。实际上,象山学是"说"与"做"一而不二的哲学或"说"与"做"一体不分的哲学。对于象山学的这一特征,牟宗三有非常透彻和准确的把握。牟宗三指出:

---

① 王兴国:《称理而谈:牟宗三哲学方法论探要》,见郑宗义编《当代中国哲学之新方向——纪念唐君毅先生百年诞辰国际学术会议论文集》,《新亚学术集刊》第20期,第538页。

② 见牟宗三《从陆象山到刘蕺山》,见《牟宗三先生全集8》,第19页。

言必有宗，义必有当。若能如其分，不泛滥，不增减，则分解之言所出之义无有不恰当者。问题不在分解，而在分解之不当。分解之不当乃由于失其宗主。是故象山先令人辨志，先明本心即理，盖其经典的宗主在《孟子》，而实理实事之宗主则在道德的实践也。①

至少从象山学来看，如何"做"道德实践的哲学，是通向"说"哲学或"说"的哲学的一条无比重要的康庄大道。因此，一如牟宗三所说："分解无论如何重要，总属第二义。纵使分解得'如此分明，说得好划地'，最后亦总须归于实处，归于坦然明白之简易，归于实理实事之践履，一切分解皆只是助解之筌蹄。"② 确实如此。在中国哲学的长河之流中，象山学为我们贡献了一个不可多得的辉煌的典范。

三　结语

透过牟宗三的象山学，我们得到的一个重要启发，当代中国哲学的展开与未来发展，必须坚持走一条既有理论分解，也有实践体悟的双轨之路。唯有如此，才可望把"道问学"与"尊德性"统一起来，才可望把朱学系与陆学系的义理同冶一炉，实现其"互补"与"大通"，以促进中国哲学的繁荣和发展。

总而言之，我们的中国哲学研究必须在理论思辨与践形体证之间保持中道。

最后，引一首象山举学者诗为结尾：

读书切戒在荒忙，涵泳工夫兴味长。
未晓莫妨权放过，切身须要急思量。
自家主宰常精健，逐外精神徒损伤。

---

① 牟宗三：《从陆象山到刘蕺山》，见《牟宗三先生全集8》，第4页。
② 牟宗三：《从陆象山到刘蕺山》，见《牟宗三先生全集8》，第4页。

寄语同游二三子，莫将言语坏天常。(《语录》上)①

(载于欧阳祯人主编《心学史上的一座丰碑——
陆象山诞辰880周年纪念》下册，
武汉大学出版社2020年版，第668—678页)

---

① （宋）陆九渊：《陆九渊集》，第408页。

牟宗三的象山学（之二）

牟宗三的象山学研究着重自"第二序"上将象山学展现出来，也就是笔者所说的：从第二层序回溯和进入第一层序去揭示和叙述象山学。在《牟宗三的象山学》（之一）① 中，笔者对牟宗三的象山学的研究方式与叙述方式，即第一层序的方式和第二层序的方式，以及二者的关系加以论述，厘清和说明了牟宗三以一种生命的诠释学在与象山生命的照应中，与象山的思想相呼应和交融，而得到和把握了象山学的真义谛，从而断定象山学为孟子学的历史定论。而在此文中，则需要透过牟宗三对象山与孟子学的关系这一中心，和象山为学之风格与方式以及由此而形成的"粗"相问题的考察，揭示牟宗三的象山学，如何在现代哲学的学理与方法的思辨中，"即哲学而论哲学史"与"即哲学史而论哲学"并将二者统一起来，冶哲学史与哲学为一炉，铸哲学史与哲学理论为一体，在一理想的哲学之圆教意识中展现他的象山学，从而大力推进中国哲学在现当代的哲学地重建并走向未来，成为具有里程碑意义之典范的重要价值和意义。

一 象山彰显与复活孟子学且超过孟子

（一）象山学的"非分解"的"理会实处"与"并无新说"

牟宗三说：象山是孟子后"唯一能懂孟子，与孟子相应者"并同王阳

---

① 王兴国：《牟宗三的象山学》，载欧阳祯人主编《心学史上的一座丰碑——陆象山诞辰880周年纪念》（下册），武汉大学出版社2020年版，第668—678页。附案：该文实际上只是《牟宗三的象山学》（之一），这一点已在该文的引言中做了说明（第669页）。

明一样①断言："象山之学是孟子学"②，"象山学为孟子学无疑"③。这一论断无疑是与象山自谓学无所授，"因读《孟子》而自得之"（《语录》）④，或"因读《孟子》而自得之于心也"（《年谱》）⑤，"自得，自成，自道，不倚师友载籍"（《语录》）⑥，"窃……区区之学……孟子之后，至是而始一明也"（《与路彦彬》书、《年谱》）⑦的实情相符合的。牟宗三将象山以"指点启发"的方式把握孟子学之大端以示学者的内容，概括列出如下之六端：

（Ⅰ）辨志：此则本于孔孟义利之辨以及孟子之言"士尚志"；

（Ⅱ）先立其大：此则本于孟子大体小体之辨；

（Ⅲ）明"本心"：此则本于孟子之言四端之心；

（Ⅳ）"心即理"：此则本于孟子之言"仁义内在"以及"心之所同然"乃至"理义悦心"等；

（Ⅴ）简易：此则《易传》虽有明文，而精神实本于孟子之言良知良能、"道在迩而求诸远，事在易而求诸难"，以及"学问之道无他，求其放心而已矣"等语；

（Ⅵ）存养：此则本于孟子之"操则存，舍则亡"、"存其心，养其性"，以及"苟得其养，无物不长"等语。⑧

对照象山学来看，这六端不仅在在皆实，而且全是要领，可谓是对象山学的全面的系统总结和高度概括，将象山学的宗旨揭示无遗。然而，在

---

① 王阳明在《象山文集序》中说："故吾尝断以陆氏之学，心学也。"见（明）王守仁撰，吴光、钱明、董平、姚延福编校：《王阳明全集》一，上海古籍出版社2014年版，第274页。
② 牟宗三：《心体与性体》第一册，见《牟宗三先生全集5》，台北：联合报系文化基金会联经出版公司2003年版，第426—427页。
③ 牟宗三：《从陆象山到刘蕺山》，见《牟宗三先生全集8》，第2页。
④ 牟宗三：《从陆象山到刘蕺山》，见《牟宗三先生全集8》，第1页。
⑤ （宋）陆九渊：《陆九渊集》卷三十五《语录下》记詹阜民问："先生之学亦有所受乎？"曰："因读《孟子》而自得之。"中华书局1980年版，第498页。
⑥ （宋）陆九渊：《陆九渊集》卷三十五，第452页。
⑦ 牟宗三：《从陆象山到刘蕺山》，见《牟宗三先生全集8》，第2页。原文见（宋）陆九渊《陆九渊集》卷三十六，第508页。
⑧ 牟宗三：《从陆象山到刘蕺山》，见《牟宗三先生全集8》，第2页。

哲学地建立中国哲学

牟宗三看来:"凡此六端并本孟子而说,并无新说。即此本孟子而说者亦是指点启发以说之,并非就各概念重新分解以建立之。"① 这里明确地透露两层意思:其一,象山本于孟子而创立了象山之学,但并不是以对孟子的各个概念的重新分解而建立的。从这一意义上看,表征象山学的六端纲领"并无新说"。换言之,如果要建立新说,则必须以概念的分解②为前提和基础,始有可能。这就表明,"概念分解"即概念分析的方法是建立一种新哲学的必不可少的基本方法。那么,建立任何一种新哲学,都必须经历概念分析的过程,因此必须运用概念分析的方法。象山的思想学说乃本于孟子而说,而并不是就孟子的各个概念之重新分解而建立的。原因在于"其分解全在《孟子》,它是预设《孟子》以为本据者"③。对象山来说:"孟子的分析就是他的分析,孟子那些分别说,就是陆象山所肯定的分别说。由此看来,陆象山也可以说是有分别说。"④ 牟宗三认为,这是象山继承孟子的一种方式。⑤ 因此,象山没有且不必要有概念的分解。其二,象山继承和绍述孟子学,乃是以被牟宗三所反复强调的"非分解的""指点启发"的方式来表现的。理解和把握这一点至关重要!这是象山不同于一般学者继承和发扬孟子学的基本特征与特殊方式之所在。一般学者所走的是"重新分解以建立之"的继承之路,然而象山却不走此路,"他是非分解地以启发、指点、训诫、遮拨之方式来继承"孟子。⑥ 这是象山继承孟子思想的一种特别的方式和风格,相对于"概念分解"的立说方式而言,可以称之为一种"非分解的'理会实处'"的方式。就这一层意思看,牟宗三所列出的象山把握孟子之学的"六端",实际上,就是象山学纲领的"六端",而这"六端"浑全为一,无始无终,相通而互含,端端皆可为起始,执一端而通达全体,通彻全体则各端皆明,而归实一(具体的一),

---

① 牟宗三:《从陆象山到刘蕺山》,见《牟宗三先生全集8》,第3页。
② 笔者对牟宗三的"分解"这一概念已有解释和说明,见王兴国《牟宗三的象山学》,载欧阳祯人主编《心学史上的一座丰碑——陆象山诞辰880周年纪念》,第672页。这里不妨再强调一下,牟宗三所谓的"概念分解",与今日所言的"概念分析"为同义语,指以概念的分析、推演、论证为基础的名理思辨。故在本文中,根据行文交替使用这两个语词,而不作区别。幸望注意!
③ 牟宗三:《从陆象山到刘蕺山》,见《牟宗三先生全集8》,第1页。
④ 牟宗三:《中国哲学十九讲》,见《牟宗三先生全集29》,第349页。
⑤ 牟宗三:《中国哲学十九讲》,见《牟宗三先生全集29》,第349页。
⑥ 牟宗三:《从陆象山到刘蕺山》,见《牟宗三先生全集8》,第3页。

由"心的理会",落在"实理""实事""实行"的"实处"上,处处都是"血脉骨髓",无穷无尽,并没有建立在概念分析的基础上,因此它们之间没有一种可以诉诸逻辑的形式框架或形式结构。只有在学思的旅程中,学者个人的特殊经历才显现出在时间展开中的近乎内在"逻辑"的条理化的秩序或结构。在这个意义上看,牟宗三所列出的"六端",就是一种普遍意义上的条理化的逻辑秩序,具有严格的先后次第顺序,这便是以(Ⅰ)辨志为开始,而(Ⅱ)先立其大(者),则须(Ⅲ)明"本心",由此而得(Ⅳ)"心即理"(的思想命题),归于(Ⅴ)简易之学(实学),最后落实在以(Ⅵ)存养为表征的道德实践工夫之中。只要通透了其全幅内容,则先后次序颠倒过来理解,同样也是可以成立的。就此而言,徐复观先生以"辨志,义利之辨,复其本心"的内在逻辑关系为把握"象山思想的结构"① 亦未尝不可;而日本学者小路口聪另辟蹊径,紧扣"当下便是"这一"思想核心"的"即今自立"之义,将象山学解读为一种"临床哲学"②,同样亦未尝不可。无论对牟宗三或对徐复观来说,在哲学的叙述中向读者展现象山学的思想纲领,并非意味着象山学就是如此这般地严守着这一条理化的逻辑的先后次序而出现的;对小路口聪而言,也不是一定得遵行固定不变的时间和现场的秩序,关键只在于结合"临床"的现场即"怎样的人、怎样的状况所发生的现场"对"即今当下"加以验证,以"消解光明透彻的每个人在光明透彻的'即今现在'的时间中所遇到的切实问题,它是在形而上学的人间论中,来消解阴暗的'人间'的一般问题"③,从而达到"从根本上改变这个人"的目的;更不是说,象山是以这一套呆板而不可变更的逻辑程序来教人的。事实上,象山不仅根本上就没有这一套,而且也从来不讲究这一套。他只不过是以"非分解的'理会实处'"的方式继承孟子并加以发挥,从而在他的时代形成了自己的一家之言,这就是象山学。

然而,问题是:为什么象山会以"非分解的'理会实处'"的方式阐

---

① 参阅徐复观《象山学述》,见徐复观《中国思想史论集》,上海书店2004年版,第6—9页。
② [日]小路口聪:《陆九渊的"当先便是"是"顿悟"论吗》,见吴震、吾妻重二主编《思想与文献——日本学者宋明儒学研究》,华东师范大学出版社2010年版,第289、293页。
③ [日]小路口聪:《陆九渊的"当先便是"是"顿悟"论吗》,见吴震、吾妻重二主编《思想与文献——日本学者宋明儒学研究》,第297页。

哲学地建立中国哲学

述自己的学说即象山的孟子学呢？对此，牟宗三给出了一个明确的答案。牟宗三自问自答地说：

> 那么，陆象山是在什么机缘下，用非分解的方式说呢？他是在"对朱子之歧出而欲扭转之"这个特殊机缘（particular occasion）下才用非分解的方式来说。他认为朱夫子所走的路子根本不对，所以要将其扭转过来，而使其回归到孟子，所以他分别见道或不见道，是很明确的，能了解孟子，就叫见道，不能了解孟子，岔出去或歧出就是不见道。所以他认为，朱夫子尽管讲得那么多、那么玄，还是不能算见道。①

照此说法，象山的"非分解的'理会实处'"的讲学方式并不是为了与朱熹的分解的方式相对立和抗衡，而是旨在从根本上扭转朱熹在道问学上不见道的"歧出"，使他重新回归孟子之学的康庄大道。朱熹的头脑是一个极善于分析或分解的头脑，他对义理常有精深的分析，分析或分解本身没有什么问题，问题是出在他的分解、分析"不见道"。象山不止一次感叹朱熹"学不见道"②，而切中其膏肓。在牟宗三看来，朱熹的学问之所以"歧出"而"不见道"，正在于象山所指出的"支离"之病。（鹅湖之会诗云："易简功夫终久大，支离事业竟浮沉。"）有"支离"之病，则必然"歧出"。而"歧出"则使朱熹在道问学上走上了不同于"朴实"的"议论"一途③，即"闲议论"一途（详见后文的论述）。牟宗三说：

> 一般由支离而说零散琐碎，那是引伸义，而非支离的本义。支离

---

① 牟宗三：《中国哲学十九讲》，见《牟宗三先生全集 29》，第 349—350 页。
② 象山对弟子包敏道说："朱元晦泰山乔岳，可惜学不见道，枉费精神，遂自担阁，奈何！"[（宋）陆九渊：《陆九渊集》卷三十四，第 414 页] 又："或谓先生之学是道德性命，形而上者，晦翁之学是名物度数，形而下者，学者当兼二先生之学。先生云：'足下如此说晦翁，晦翁未伏。晦翁之学自谓一贯。但其见道不明，终不足以一贯耳。'吾尝与晦翁书云：'揣量模写之工，依放假借之似，其条画足以自信，其节目足以自安。'此言切中晦翁之膏肓。"[（宋）陆九渊：《陆九渊集》卷三十四，第 419—420 页]
③ 据象山《年谱》傅季鲁云：先生常曰："今天下学者有两途，惟朴实与议论耳。"[见（宋）陆九渊《陆九渊集》卷三十六，第 502 页]

的意思，好比一个骨干不会有支离，旁支才会岔出去，只有支（branches）才会有歧出。所以说支离，不是琐碎不琐碎的问题，而是中肯不中肯，歧出不歧出的问题。①

可见，这里说的"歧出""不中肯"就是"不见道"的"旁支"之义。依牟宗三之见，象山根据孟子的性善论提出"先立其大"[上述"六端"之（Ⅱ）]的主张，这就是见道的表现。在朱陆对于《太极图说》的争辩中，象山虽然是失败的一方，但失败了也仍然是见道的。尽管朱熹重视形而上学的太极，善于讲形而上学的道体，讲太极讲得极好，但只是玩弄光景的闲谈，流为旁支，不能算见道。这并非独断之论。因为依照圣人所立之教和所传下来的道理，本来就是如此这般的实理实事（这一问题还将另论）。"在此（引者按：关键的地方），陆象山一下就将朱子之支离扭转过来，使吾人能回归于孟子。"② 牟宗三强调，对于这个扭转的过程，必须交代清楚，不可有任何一点笼统含糊，要不然批评朱熹"不见道"，朱熹会不服。同理，如果对于象山所说的道理不了解，那么对于他批评朱熹所说的"不见道"的话，也是不会服气的。只有真切如实地了解了朱陆，才不能不钦佩与服膺象山对于朱熹的"不见道"的批评。就象山而言，道在他心中是非常清楚的。说到底，象山的道就在孔子所说的"仁"与孟子所说的"本心""性善"和"仁义内在"之处。象山对于朱熹所说的那一大套东西，有十分清楚的了解，在他的眼目里，朱熹的那套东西只不过是"粘牙嚼舌"，"平地起土堆"，都不外是"另起一个炉灶"。③ 这便是象山所挥斥的道问学的"议论"（即"闲议论"）之旁支小道而非"朴实"之主干大道。牟宗三说：

其端绪唯在本《孟子》发明本心，去一切虚说浮论以及时文之见，此即象山所谓"朴实"。盖实事实理，顺本心自律而发者，本坦

---

① 牟宗三：《中国哲学十九讲》，见《牟宗三先生全集29》，第350页。
② 牟宗三：《中国哲学十九讲》，见《牟宗三先生全集29》，第351页。
③ 牟宗三举了一个例子说："朱子注《论语》时，谓圣人本来无所不知，然入太庙时，每事问，此即表示圣人敬慎之至。陆象山认为朱夫子在此又来了一个说法，这是讥讽朱夫子有一大堆说法。"（牟宗三：《中国哲学十九讲》，见《牟宗三先生全集29》，第351页）

然明白。虚说浮论，扭曲杜撰，徒增蔽障，且足误引，失其端绪。去此蔽障，则显朴实，乃胜义朴实也。①

所以，陆象山要扭转朱熹的思想，使他归到孟子，使他从"议论"之途归于胜义"朴实"之途。与此同时，对于象山来说，既然回到了孟子，则只要老老实实地读《孟子》，便已足够，再说些什么，就是多余的了。②而这正是象山一生所走的不同于朱熹的胜义"朴实"之路。显然，这是从象山对于朱熹"不见道"的批评，揭示和展露象山的孟子学。

由此看来，既不能说象山的孟子学"无新说"，也不能说它是"新说"，而只能说象山对于孟子学有真实的理会和实得。这恰如象山所言："只与理会实处，就心上理会。……须是血脉骨髓③，理会实处始得。凡读书皆如此。……读《孟子》须当理会他所以立言之意，血脉不明，沉溺章句何益？"（《语录》下答李伯敏问）④ 又说："每理会一事时，血脉骨髓都在自家手中。然我此中却似个闲闲散散，全不理会事底人，不陷事中。"（《语录》下）⑤ 这当然比是否为一"新说"更重要。如果说要创立"新说"，那么也必须以"理会实处"和有实得为基础；否则，"新说"只能是毫无意义的镜中花，水中月（这在后文还将有详论）。牟宗三确实是从这一意义上来理解和肯定象山的孟子学的，牟宗三说：

---

① 牟宗三：《从陆象山到刘蕺山》，见《牟宗三先生全集8》，第39页。
② 参见牟宗三《中国哲学十九讲》，见《牟宗三先生全集29》，第351页。
③ 小路口聪说："'血脉骨髓'一语是陆九渊喜欢使用的语言。在这里，虽然是作为文章语言所使用的，但其原意是指在血液流通、活生生地运动着的人类身体当中，以'心'为其动力源泉而不断跳动着的现象叫做'血脉'，同时，在活生生的身体当中，从其内部加以支撑而又看不见的骨络叫做'骨髓'。对于与实际活动着的'身体'感觉密切结合、切实，因而又是'本心'之内容，从内部出发——不是作为'性'、'太极'等形而上学的实体概念——将其作为活生生的具体的实在，并且打通能从中获得真实感受的回路，这样一种极为出色的概念装置便是'血脉骨髓'。重要的是，作为心之鼓动之现象的'血脉'，是对自己的'生'的一种确实无疑的'实感'及其生存的证明。在这个意义上，'血脉'更是作为'本心之鼓动'而实际证明了'良心'的内在，并常常促使人们对'血脉'的思考。'良心'乃是一种'痛'的存在。"（[日]小路口聪：《陆九渊的"当先便是"是"顿悟"论吗》，见吴震、吾妻重二主编《思想与文献——日本学者宋明儒学研究》，第294页的注释）这一解释值得注意。
④ 牟宗三：《从陆象山到刘蕺山》，见《牟宗三先生全集8》，第4页。原文见（宋）陆九渊《陆九渊集》卷三十五，第445页。
⑤ （宋）陆九渊：《陆九渊集》卷三十五，第459页。

牟宗三的象山学（之二）

象山乃是就第一义非分解地启发点示，令归于实处。实处洞朗，则"本心即理"坦然明白。顺此而行，则"当恻隐处自恻隐，当羞恶，当辞逊，是非在前自能辨之；又云当宽裕温柔自宽裕温柔，当发强刚毅自发强刚毅，所谓溥博渊泉而时出之。"（〈语录〉）此即所谓简易也。孟子十字打开，千言万语，不过说此义。①

从中国哲学的传统路数来看，象山以"就心上""理会实处"，把握"血脉骨髓"的简易之学，实是许多先贤所惯常走的道路。这一路径的最大好处确实就在"简易"二字。其关键则在"理会实处"。因为"若能如此理会实处，其语言不待分解亦自明"②，即是说，只要理会得实处，就可以在没有概念分析的前提下自明其"大端""大体"之理，与此同时则"要想明白其语言，而分解地说出之，亦须先能如此理会，其分解始不谬"③。这即表示，如果走概念分析以立说的道路，同样需要有如此理会实处的工夫，概念分析才不至于出现谬误。在牟宗三看来："象山非必抹杀分解，亦非不能分解，然其所吃紧示人者则在先明轻重本末，故彼常言：'端绪得失，则当早辨。'……"④这无异于说，象山虽然没有抹杀概念分析的道路，而且他也不是不能作（古代学者）的概念分析（这里必须区分古代中国哲学的概念分析与现代中国哲学的概念分析，这一点甚是重要！后文中详论），但是象山不啻是指引和提示学生要避开这一路，而且自己也回避了这一路，只管以"吃紧处"示人，要学者必须先明轻重本末，早辨端绪之得失，而归于实处。这里说的"'端绪'即所谓智慧方向也。……象山所明者亦只是孟子义理、智慧之大端……象山实能得之"⑤。就概念分析而言，"分解无论如何重要，总属第二义。纵使分解得'如此分明，说得好划地'，最后亦总须归于实处，归于坦然明白之简易，归于实理实事之践履，一切分解皆只是助解之筌蹄"⑥。简言之，概念分析不是道问学的

---

① 牟宗三：《从陆象山到刘蕺山》，见《牟宗三先生全集8》，第4页。
② 牟宗三：《从陆象山到刘蕺山》，见《牟宗三先生全集8》，第4页。
③ 牟宗三：《从陆象山到刘蕺山》，见《牟宗三先生全集8》，第4页。
④ 牟宗三：《从陆象山到刘蕺山》，见《牟宗三先生全集8》，第4—5页。
⑤ 牟宗三：《圆善论·序言》，见《牟宗三先生全集22》，第13页。
⑥ 牟宗三：《从陆象山到刘蕺山》，见《牟宗三先生全集8》，第4页。

结束，而只是尊德性的开始。一切概念分析，最终都要归于实处，归于简易，归于实践。再说得明白一点，就是在经过概念分析之后，则必须超越概念的分析，能以生命来契证，以生命来感通，以生命来诠释，以生命来身体力行，而归于实践的道路（这一问题，后文中还将有论述）。如果从哲学文本概念分析的道路来看，牟宗三认为"理会实处"，在此是指从读《孟子》文句中理会本心，因为《孟子》中的那些语句都是旨在启发人之真生命，指点人人所本有的同然之本心，那也是必须"要通解'血脉'，要'理会得自家实处'、'只与理会实处，就心上理会'，'须是血脉骨髓，理会实处始得'。这只是说贯通文句血脉之何所是，而以己心来印证"，"引归到自己心上来，就是要见诸德行"的。① 如果要见诸德行，则必须"要着实警悟自己之本心，使自己之本心呈现而起用；同时亦要体验自己是否真是本心流行，是否真能使本心畅达而无一毫私欲之障隔"。因为一旦有私欲之障隔，便成本心之累赘，所以务必"要尽去为心之累者"！唯有如此，才能使"生命顺适畅达，而本心亦沛然畅遂而莫之能御，而可呈现其'纯亦不已'之用矣"。"此即《大学》所谓'自慊'，孟子所谓'反身而诚，乐莫大焉。'……〈易·系辞传〉所谓'默而成之，不言而信，存乎德行'，此亦即后来所谓'受用'。读书读到默识心通，方有真受用。"到了这一境界，吾人就自然"'适意'快足"了。② 牟宗三在此特别指出"默识心通"分为两种：解悟上的默识心通和德行上的默识心通③，表示要将这两种默识心通统一起来，并最终归于德行上的默识心通，成为在实践中可以受用的默识心通，而不是像数学中的默识心通那样，仅仅停留在道理或推理上而已。在这一意义上说，一切概念分析都只不过是有助于"猎人"（学者、哲人）狩"兔"捕"鱼"（实现其目的）的"筌蹄"（方法、工具）而已。那么，问题自然不在分析，而是在分析之当与不当。之所以分析不当，乃是由于失其宗主。牟宗三将象山与朱熹作对比，以朱熹对孟子的概念分析之道作为一个反例，来反衬象山"理会实处"而归于实处之学，以示概念分析虽然重要，但分析不当，则必失其宗主，就反不如"理

---

① 牟宗三：《心体与性体》第二册，台北：正中书局1968年版，第188页。
② 牟宗三：《心体与性体》第二册，第188—189页。
③ 牟宗三：《心体与性体》第二册，第188—189页。

会实处"之道的简易直截、洞然明彻和有成效。牟宗三指出,朱熹对于《孟子》的分析"失其端绪矣"。①(这一问题后文中还将论述。)"是故象山先令人辨志,先明本心即理,盖其经典的宗主在《孟子》,而实理实事之宗主则在道德的实践也。"②徐复观先生也曾总结说:"象山千言万语,要道德的行为、道德的生活,从个人的道德主体——心中流出,客观化而为实行实事,这才是真的、实的,不是杜撰的。"③这一点,象山在《与曾宅之》书中,则归结为孟子所谓的"自得",他说:"古人自得之,故有其实。言理则是实理,言事则是实事。德则实德,行则实行。"④说到底,这一套"理会实处"而又归于"实理实事之宗主"的"道德实践"即"实行"的"自得"之学,绝非只是一种道问学的特殊风格和方法,而本身就是"生命的学问"⑤或"生命的哲学"⑥。这一点早已经成为中日学者的共识。牟宗三由这一"生命的哲学"之特征的凸显,而将象山的"理会实处"的孟子学之路展示出来。于此可见,"就心上""理会实处"乃是各路学问之道的共同关键之所在。

牟宗三以象山答李伯敏书和答邵中孚书两篇文献为对象,进行了非常深入的分析,尤其是从宋明儒学以讲内圣之学为主而归于道德的实践意义上,充分地肯定与称赞了象山的孟子之学。牟宗三说:

> 宋明儒六百年之传统以讲内圣之学为主。内圣之学之本质只在相应道德本性而为道德的实践。道德的实践即是道德行为之纯亦不已。表现而完成此道德行为之纯亦不已惟在毫无条件地依超越的本心之自

---

① 牟宗三:《从陆象山到刘蕺山》,见《牟宗三先生全集8》,第4页。
② 牟宗三:《从陆象山到刘蕺山》,见《牟宗三先生全集8》,第4页。
③ 徐复观:《象山学述》,见徐复观《中国思想史论集》,第14页。
④ (宋)陆九渊:《陆九渊集》卷一,第5页。
⑤ 牟宗三称中国哲学为"生命的学问",见牟宗三《生命的学问》,台北:三民书局股份有限公司1984年第三版,第38—45页。
⑥ 日本学者福田殖说:"陆学之特质可说是不拘泥于经典权威、富于行为主体的自律性、具有跃动惺惺的生命哲学。""如果我们把朱熹的基于理的立场称之为'理性的哲学',那么就可以把陆九渊的不基于理,以理不基于人心,崇高自心之生命力的立场称之为'生命哲学'。"([日]福田殖:《陆九渊心学的特质——生命哲学和庶民性意向》,见欧阳祯人主编《陆九渊思想研究》,武汉大学出版社2019年版,第201、204页)另一位日本学者海老田辉已说:"象山哲学为浑一的、重心的生命哲学。"([日]海老田辉已:《陆象山对贝原益轩的影响》,见欧阳祯人主编《陆九渊思想研究》,第216页)

律而行。本心之自律即表示：本心即是理。本心起自律之用，本心亦不容已地起创生道德行为之用，不容已地起睟面盎背之润身之用。统于本心而言，此即为本心之沛然莫之能御，本心之溥博渊泉而时出之。此确然是儒家内圣之学之本质的意义。依圣教经典而言，此义始开之于孔子，确然见之于孟子。①

毫无疑问地说，这是牟宗三对以孔孟为代表的儒家内圣之学以及宋明儒学之本质的一个基本观点。牟宗三根据他的这一基本观点来考察和论衡象山的孟子之学。象山学直承孟子而来②，故有精辟透彻之语云："夫子以仁发明斯道，其言浑无罅缝。孟子十字打开，更无隐遁。"（《语录》）③ 牟宗三一再强调："此言确然道出孔孟之教之真实义。"④ 就是说，象山深得孔孟儒家内圣之学之真谛，通透地把握了孟子那超越的本心。在牟宗三看来，象山所谓的孟子将孔子"以仁发明斯道"的教义"十字打开，更无隐遁"，确然是儒家内圣之学的弘规、谛规与定规，而且俱见之于《孟子》中的《告子》篇和《尽心》篇。"故为内圣之学者，从读书说，首先只应着实理会此两篇；从理说，只应首先着实通透此超越的本心。"⑤ 象山读

---

① 牟宗三：《心体与性体》第二册，第187—188页。
② 在象山学的思想渊源问题上，主要有三种观点：（1）象山的基本思想是对程颢思想的继承和发展，同时也受了孟子思想的影响。（参见冯友兰《中国哲学简史》，北京大学出版社1983年版，第352—364页；罗光《中国哲学思想史》第3卷，台北：学生书局1978年版，第637页）（2）象山学与程颢有直接的关系，表现为：程颢继承和发展了孟子的思想，陆象山继承了程颢的思想。尤其是程颢的"识仁"说与"天地万物一体"说对象山以及后来的阳明学说的形成产生了很大的影响。（参见张立文《走向心学之路：陆象山的思想足迹》，中华书局1992年版，第19—21页；罗光《中国哲学思想史》第3卷）（3）象山学直接继承了孔孟的思想，即"象山直承孔孟而以圣道自任，务求圣人之学'大段光明'"。故象山似乎并未曾受程颢的影响。（蔡仁厚：《宋明理学》南宋篇，台北：学生书局1993年版，第227—228页）这一观点受牟宗三的影响。笔者认为，象山学直接继承孟子学而来，但同时亦受到程颢的影响。理由是象山在求学的过程中，对于二程的思想学说是有相当的了解的，这在象山有关二程的论述中就可以看出来（例子在正文中已有，此不再举）。尤其是程颢提出"心是理，理是心"［见（宋）程颢、程颐《二程集》之《明道先生语》三，王孝鱼点校，中华书局2004年版，第139页］的观点与象山"心即理"的思想的关系颇可注意，不能说象山的"心即理"命题与这一思想毫无关联。
③ 牟宗三：《心体与性体》第二册，第188页。原文见（宋）陆九渊《陆九渊集》卷三十四，第398页。
④ 牟宗三：《心体与性体》第二册，第188页。
⑤ 牟宗三：《心体与性体》第二册，第188页。

《孟子》而自得，对于这两篇文献的实理，自然有真切的深入骨髓的体会和洞悟，把握了孔孟的智慧方向。对象山来说，这就是"心，只是一个心"，"心之体甚大"，"为学只是理会此"（"心"即超越的本心）。而象山的这些说法，正与孟子所说的"学问之道无他，求其放心而已矣"之旨趣弥合无间。① 从这个意义上说，象山无疑是复活了孟子学，而象山学即是孟子学。

（二）象山超过孟子

牟宗三虽然在以概念分解或分析以立说的意义上，说象山的孟子学"并无新说"，然而牟宗三也同时指出和表彰了"象山亦有超过孟子者……即是'心即理'之达其绝对普遍性而'充塞宇宙'也"②。依据中国圣贤之学的传统来看，牟宗三认为："古人不如今人之斤斤较量，彼既遵循孔孟，决不敢自谓超过孔孟。"③ 那么，就象山而言，他既然已经明确地宣称："夫子以仁发明斯道，其言浑无罅缝。孟子十字打开，更无隐遁。盖时不同也。"④ 那么，岂能有超过孔孟的人呢?! 象山自谓也不过是说："窃不自揆，区区之学，自谓孟子之后，至是而始一明也。"既然是"至是而始一明"，也只不过是强调自己的生命相应于孟子真实的生命，而通透地明朗和光灿其思想罢了，未敢说是超过孟子。在牟宗三看来，象山的孟子学达到了相应而"明之"的境地，已经非常不容易了。试想一下，"古今（以）来，有几人真能相应（于孟子的思想）而明之乎？""真能相应而明之，亦岂易乎？"⑤ 因此，超过孟子绝不是可以随便说的。既如此，那么牟宗三又怎么能说象山有超过孟子之处呢？

实际上，这一问题的答案就包含在象山所说的"盖时不同也"之中。牟宗三强调说，指出象山有超过孟子处是"不得已"的，原因就在象山所处的时代和社会已经根本不同于孟子的时代和社会，那么二人的文化和学术境遇也是全然不同的，是故象山之言学与孟子之言学也就大为迥异了。

---

① 牟宗三：《心体与性体》第二册，第188页。
② 牟宗三：《从陆象山到刘蕺山》，见《牟宗三先生全集8》，第14页。
③ 牟宗三：《从陆象山到刘蕺山》，见《牟宗三先生全集8》，第14页。
④ 牟宗三：《从陆象山到刘蕺山》，见《牟宗三先生全集8》，第2页。
⑤ 牟宗三：《从陆象山到刘蕺山》，见《牟宗三先生全集8》，第14页。

哲学地建立中国哲学

简单地说，孟子处于社会政治"礼坏乐崩"的大混乱和大动荡的局面，却同时又在学术思想上迎来"诸子蜂起，百家争鸣"的人类"轴心时代"（Achsenzeit——雅斯贝尔斯/Karl Jaspers 语）[1]，他所面对的是"圣王不作，诸侯放恣，处士横议，杨朱、墨翟之言盈天下。天下之言，不归杨，则归墨"（《孟子·滕文公下》），而"孔子之道不著"的情形，所以孟子不得已，起而与辩，必须"辟杨墨"，"正人心，息邪说，距诐行，放淫辞"，"闲孔子之道"并将孔子之道"十字打开，更无隐遁"，恢复孔子之学的显学地位，光大与弘扬孔子之教于天下。如果说孟子之"乃所愿，学孔子也"，那么象山之"乃所愿，则学孟子也"。象山在《与侄孙濬》书中说："由孟子而来，千有五百余年之间，以儒名者甚众，而荀、扬、王、韩独著，专场盖代，天下归之，非止朋游党与之私也。"并肯定："近时伊洛诸贤，研道益深，讲道益详；志向之专，践行之笃，乃汉唐所无有，其所植立成就可谓盛矣。"[2] 然而，诸贤较之于曾子、子思和孟子，仍然有不小的差距。更何况，在士大夫之间盛行的一个重要话题，乃是禅宗。自伊洛诸贤讲道弘道以来，儒学虽然在很大程度上得以复兴，但是与时代的政治紧密相连的天下并不都是儒家的胜场，一如徐复观先生所说："宋学开始便负有一种消极的任务，即是要吸收佛、老的成果，又要从佛、老内转出来。……儒家也不能不重新建构一套形而上学出来，解答宇宙人生的来龙去脉，以与佛、老争一日之长短。"[3] 当是时也，象山奋起，以孟子之"承三圣"为榜样，志在"传尧舜之道，续孔孟之统"，破灭结党朋游之私，专场盖代之炽，并与晦庵论学，有鹅湖之辩，复明孟子之学，光灿于世，回应自盛唐以来的佛教（尤其是禅宗）的挑激，从而高扬儒家内圣之教，恢复孔孟儒学的应有之地位。象山辞世后，包阳作赞云：

　　辞蔓蚀真，会但一正，划百家伪，药千古病。

---

[1] ［德］雅斯贝斯：《论历史的起源和目标》，李雪涛译，华东师范大学出版社2018年版，第7—29页。
[2] 牟宗三：《从陆象山到刘蕺山》，见《牟宗三先生全集8》，第14页。原文见（宋）陆九渊《陆九渊集》卷一，第13页。
[3] 徐复观：《象山学述》，见徐复观《中国思想史论集》，第20页。

牟宗三的象山学（之二）

发人本心，全人性命，一洗佛老，的传孔孟。（《年谱》）①

这一赞辞亦将象山的言学之志和贡献精辟地描述了出来。美国学者包弼德（Peter K. Bol）对此有一种敏锐的观察，指出宋明儒家（理学家）的"这种论述不仅仅是一个思想学派的内部历史，它还是中国历史一个新的分期法"②。原因是宋明儒家认为："历史在上古与汉唐之间曾出现断裂。"③朱熹就曾经说过："今看来，汉唐以下诸儒说道理见在史册子，便直是说梦！"④便是一个典型的例证。包弼德据此而将历史分为三期：第一期为圣王及其所创立的三代（传说时代和夏商周）；第二期为失去"道"的时代（汉唐以及宋明时代的某些阶段），即儒家之"'道'不被实行于政治，也不被理解的时代"⑤；第三期是一个"新的时代"，即道德高尚的新儒家复兴儒学，领导社会的时代。⑥此外，包弼德还指出了一个重要的事实，这就是：理学家兼顾哲学与文化两方面，从而使他们可以从思想上否定佛道二家（佛教是主要的）以及其他的思想传统，并为他们拥有对上古的正确理解而在后代的历史中占有一个特殊地位的说法提供佐证。⑦以此来看，象山即处于第三期这样一个属于新儒家的新时代。因此，由于时代和社会及其哲学与文化之所需，象山对于孟子的继承与发扬就必然要有超过孟子的地方。

然而，牟宗三强调和指出，象山的这种"超过"本来就是"孔孟之教之所函"，因此并未背离孔孟之教。那么，象山究竟在哪里超过了孟子呢？诚如上文所录，牟宗三回答说："即是'心即理'之达其绝对普遍性而'充塞宇宙'也。"此言的确不虚。毋庸置疑，"心即理"是象山哲学的标志和根本义谛之所在。牟宗三火眼金睛，一出手就抓住了象山学的命脉。牟宗三之所以得出这一答案，乃是建立在对于象山有关这一命题的文献分

---

① （宋）陆九渊：《陆九渊集》卷三十六，第518页。
② ［美］包弼德：《历史上的理学》，［新加坡］王昌伟译，浙江大学出版社2012年版，第89/100页（左边的数字为中文版页码，右边的页码为英文版页码）。
③ ［美］包弼德：《历史上的理学》，第89/100页。
④ （宋）黎靖德编：《朱子语类》卷第九十三，中华书局1994年版，第2350页。
⑤ ［美］包弼德：《历史上的理学》，第89/100—90/101页。
⑥ ［美］包弼德：《历史上的理学》，第90/101页。
⑦ ［美］包弼德：《历史上的理学》，第91—92/102—103、90/101页。

析和论证的基础上的。以下分为四个方面来叙述。

首先,牟宗三根据象山论"心即理"的大量典型材料①做出了下列论断:

> 凡此所说皆表示心即是理,心外无物,道外无事,此心此理充塞宇宙,无能逃之。彼在幼年时(十三岁时)即有此洞悟,后来终身不弃。②

牟宗三在这里表达了两层意思:

一是揭示出"心即理"的哲学意义,此即"心外无物,道外无事,此心此理充塞宇宙,无能逃之"。这当然亦即是"'心即理'之达其绝对普遍性而'充塞宇宙'也"。无疑,"心即理"的"心"就是本心,日本学者岛田虔次说:本心"是象山学问的标语"③,这是一形而上的超越之心;而"理"自然是万事万物之理,即宇宙之理,无一不由心而显现,是故心外无理,心与理一,心即理。美国学者田浩(Hoyt Cleveland Tillman)认为,象山使用的"理"这个词(如道理)具有两种意义:其一,在通常意义上指伦理原则以及文化价值,而非更抽象层次的理。其二,有时似乎有形而上的意义。象山"经常在谈论理和道时,显示能体验万物中存在的规范或理。""认为自然所内涵的规范或理,是自然世界规律的基础。"④ 这固然不错,但是必须看到和强调,对象山来说,这两种意义是互相关联和统一的,并且第二种意义是更根本和基础的。田浩还指出,象山反对朱熹将道区分成两个层次。对象山和阳明来说,道并没有"形而下"与"形而上"的分界。在"道"和"心"的关系问题上,朱熹以帝舜的十六字传心诀为基础,将"道心"和"人心"解释成两个极端对立的观念,但是象山反对这种明确的对比。对象山来说,心就是道德、天理,性就是心。⑤ 因此,

---

① 牟宗三:《从陆象山到刘蕺山》,见《牟宗三先生全集8》,第15页。
② 牟宗三:《从陆象山到刘蕺山》,见《牟宗三先生全集8》,第15页。
③ [日]岛田虔次:《中国思想史研究》,邓红译,上海古籍出版社2009年版,第287页。
④ [美]田浩:《朱熹的思维世界》,陕西师范大学出版社2002年版,第229—230页。
⑤ 参见[美]田浩《朱熹的思维世界》,第230页。

牟宗三的象山学（之二）

从象山和阳明①的立场上看，不可将"心"与"理"离析为二：以为由"心"认知或体认"理"，则"理"融于"心"，然后有"心"和"理"的统一。诚如上述，这里的"心"是超越的"本心"，不是作为认识主体的认识心或认知心；而"理"也不是独立于"心"的外在的客体。熊十力《新唯识论》（语体文）开宗明义就指出："一切物的本体，非是离自心外在境界，及非知识所行境界，唯是反求实证相应故。"② 又说："内心外物，分成两界对立，此于真理太悖。悟到心境浑融，方是实际理地。"③ 因此，"心即理"所蕴含的"心"和"理"的关系，就不是主客关系或能所关系，而是形而上的超越的心理一如、本来一体的关系。理不在心外，心外无理，心理是一，不容有二。象山说："盖心，一心也；理，一理也。至当归一，精义无二。此心此理实不容有二。"（《与曾宅之》）④ "人皆有是心，心皆具是理。"（《杂著》）⑤ 既然如此，那么，象山说的"宇宙便是吾

---

① 象山之说，见下文所引。这里仅录几段阳明语作一旁注。《传习录》卷一《语录一》载："或问：'晦庵先生曰：人之所以为学者，心与理而已。'此语如何？曰：'心即性，性即理，下一与字，恐未免为二。此在学者善观之。'"[（明）王守仁撰：《王阳明全集》一，第17页]《传习录》卷二《语录》二："晦庵谓：'人之所以为学者，心与理而已。心虽主乎一身，而实管乎天下之理；理虽散在万事，而实不外乎一人之心。'是其一分一合之间，而未免已启学者心理为二之弊。此后世所以有'专求本心，遂遗物理'之患，正由不知心即理耳。夫外心以求物理，是以有暗而不达之处。……独可外心以求理乎？外心以求理，此知行之所以二也。求理于吾心，此圣门知行合一之教，吾子又何疑乎？"[（明）王守仁撰：《王阳明全集》一，第48页] 又："朱子所谓'格物云者，在即物而穷其理也。'即物穷理，是就事事物物上求其所谓定理者也，是以吾心而求理于事事物物之中，析心与理为二矣。夫求理于事事物物者，如求孝之理于其亲之谓也。求孝之理于其亲，则孝之理其果在于吾之心邪？抑果在于亲之身邪？假而果在于亲之身，则亲没之后，吾心遂无孝之理欤？见孺子之入井，必有恻隐之理，是恻隐之理果在于孺子之身欤？抑在于吾心之良知欤？其或不可以从之于井欤？其或可以手而援之欤？是皆所谓理也。是果在于孺子之身欤？抑果出于吾心之良知欤？以是例之，万事万物之理，莫不皆然。是可以知析心与理为二之非矣。夫析心与理而为二，此告子'义外'之说，孟子之所深辟也。'务外遗内，博而寡要'，吾子既已知之矣，是果何谓而然哉？谓之'玩物丧志'，尚犹以为不可欤？若鄙人所谓致知格物者，致吾心之良知于事事物物也。吾心之良知，即所谓天理也。致吾心良知之天理于事事物物，则事事物物皆得其理矣。致吾心良知者，致知也；事事物物皆得其理者，格物也。是合心与理而为一者也。合心与理而为一，则凡区区前之所云，与朱子晚年之论，皆可以不言而喻矣。"[（明）王守仁撰：《王阳明全集》一，第50—51页]
② 熊十力：《新唯识论》，中华书局1985年版，第247页。详见该书第一章的论述。
③ 熊十力：《新唯识论》，第243页。
④ （宋）陆九渊：《陆九渊集》卷一，第4—5页。
⑤ （宋）陆九渊：《陆九渊集》卷二十二，第273页。

· 253 ·

心，吾心即是宇宙"① 的"吾心"与"宇宙"，也是本然同一而不容离析为二的。然而，理解这一点似乎并不那么容易！冯友兰先生指出，象山在这里"还是承认有公共的世界。他说的'心'，可能是宇宙的心，不是个体的心。个体的心也是宇宙的心的一部分，所以任何人都可以称宇宙的心为'吾心'"②。这是将"心"即"本心"落在"公共世界"上说，虽然强调了"心"和"理"的可能的统一、"吾心"与"宇宙"的可能的统一，但是，说到底，还是"性即理"的观点。实际上，只要承认和扬言"公共世界"的存在，就已经把"心"和"理"离析为二了。更何况冯氏断言"宇宙的心"不是"个体的心"，就是说，"宇宙的心"与"个体的心"是不相干的且二者不可能统一为一体，那么"个体的心"怎么可能是"宇宙的心"的一部分呢?！这岂不又自相矛盾了吗?！就像田浩所解释的"陆九渊认为心推理的能力证明人可以完全仰赖心，而且心与天地自然之理一致"③。（这里的"天地自然之理"已先在"心"外了！）结果"心"和"理"的统一都无外乎是"心"和"理"二分之后的统一。这岂有可能是象山以及阳明的意思呢?！说穿了，这在根本上都是自觉或不自觉地站在伊川和朱熹的立场上，以"性即理"来对"心即理"进行解释。无不背离象山的"心即理"之义，成为象山所遮拨的"闲议论"（见后文论述）。无疑，较之于不重"分解的"古人而言，重"分解"的现代人，则更易犯此毛病。可见，象山的这个命题所表达的思想，即使在今天，也并非容易理解和把握。这是应该引起警觉的！同样的，象山所谓"宇宙不曾限隔人，人自限隔宇宙"④，不过是"宇宙便是吾心，吾心即是宇宙"的另一种表述罢了，亦当在形而上的超越意义上去理解，而不是强行从认识论上去索解。其中的关键在于能否证悟本心，这是衡量人是否"自限隔宇宙"的标准。冯友兰亦认为，这句话讲的是："个人的心和宇宙本来是一体的（引者按：这一说法与他认为'宇宙的心'不是'个体的心'，同时将'个人的心'视为'宇宙的心'的一部分，都是自相矛盾的。如果'宇宙的心'不是'个体的心'，那么个人的心和宇宙就不可能本来是一体

---

① （宋）陆九渊：《陆九渊集》卷三十六《年谱》，第483页。
② 冯友兰：《中国哲学史新编》第五册，人民出版社1988年版，第203页。
③ ［美］田浩：《朱熹的思维世界》，第227页。
④ （宋）陆九渊：《陆九渊集》卷三十六，第483页。

的；并且如果个人的心和宇宙本来是一体的，那么任何个人的心就是宇宙的心，反之亦然。因此，任何个人的心就绝不可能只是宇宙的心的一部分），只是人自己把自己同宇宙'限隔'了。这种'限隔'的总根源是来自'私'。"① "私"把个人从宇宙分割出来并束缚起来，这便是"人自限隔宇宙"。因此，学者自我解放的过程就是一个去"私"的过程，并由此体会到"道"的存在，这便是宇宙中的一切事物和原理。只要有一种事物就有一种原理或原则（"道"虽然主要是指道德方面的原理、原则，但不排除其他方面的原理、原则）。② 冯氏说的去"私"的过程，比较接近象山的道德实践或道德工夫的践履，但由此却又落在对"道"而不是"心"即"本心"的体会上，就不是象山的"心即理"，而是朱熹的"性即理"了。可见，写哲学史要落到实处，做到如实如理的叙事，也诚非易事。回到象山的立场上说，理固然是宇宙万事万物之理，但是理本来就不在心外，亦不可离开心而存在。同理，宇宙以及万事万物亦不能离开理（或"道"）而存在和显现，而理（或"道"）也就具体地包含和体现在宇宙的万事万物之中。所以象山说："道外无事，事外无道。"（《与赵监》）③ "道遍满天下，无些小空阙。四端万善，皆天之所予，不劳人妆点。"（《语录》下）④ 这就是"心外无物，道外无事，此心此理充塞宇宙，无能逃之"之形而上的意义。以西方哲学家康德（Immanuel Kant）的话来说，"心即理"这一命题表达了象山的"世界概念"（conceptus cosmicus）⑤（又称"宇宙概念"）。

从这一意义上去看，象山早在十三岁的时候，就开始建立了这一"世界概念"（或"宇宙概念"），显现出非凡而早熟的哲学天才。象山的这一"世界概念"曾经被解释为所谓"主观唯心主义"的典型代表而作为某种"唯物主义"的对立面的观点长期流行，但是遭到了田浩的有力批驳，田浩说：

> 陆九渊没有进行哲学论证或严格的定义，但他的话并不支持主观

---

① 冯友兰：《中国哲学史新编》第五册，第204页。
② 见冯友兰《中国哲学史新编》第五册，第204页。
③ （宋）陆九渊：《陆九渊集》卷一，第10页。
④ （宋）陆九渊：《陆九渊集》卷三十五，第448页。
⑤ [德]康德：《纯粹理性批判》，王玖兴主译，商务印书馆2018年版，第659页。

唯心论的解释,他的主观论立场似乎只强调心(亦即理)能够赋予万物价值。①

这个看法有助于吾人重新认识和理解象山的"世界概念"。象山作为一个伟大的中国哲学家,的确犹如康德所说的那样,他"不是理性的技师,而是人类理性的立法者"②。不过,依照牟宗三的说法,在不严格的意义上说,象山是"人类理性底践履的立法者"③,则更为确切。牟宗三指出:"说他们是人类理性底立法者,就等于说他们是践履地或诠表地表现了人类理性底立法作用。展露这'立法作用'的就是哲学。"④ 这里说的"他们"当然包括了象山在内。就此而言,袁甫在刊行《象山先生文集》时表彰象山而大赞曰:"先生发明本心,上接古圣,下垂万世,伟矣哉!"⑤(引者按:若将"先生发明本心"改为"先生发明'心即理'",则绝佳矣。)就并非过誉之辞。当然,古往今来的许多大哲学家,都称得上是"上接古圣,下垂万世"的伟人。象山便是其中之一。

二是牟宗三指出象山"在幼年时(十三岁时)即有此洞悟,后来终身不弃",表明象山的"世界概念"一经形成和建立,从幼年进入老年至年终,终生不变。无疑,这有一个逐渐成熟和巩固的过程,但象山矢志不移,始终如一。牟宗三说:

> 十三岁时即有此洞悟,吾人可名此曰"原初的洞悟"。由洞悟宇宙无穷,进一步洞悟到"宇宙内事乃己分内事,己分内事乃宇宙内事";再进一步洞悟到"宇宙便是吾心,吾心即是宇宙。"心遍理遍。宇宙无穷,心亦无穷,理亦无穷。此是以践履为背景而来的洞悟,非思辨理性之知解问题,故无过。十三岁尚是幼年,然此洞悟终身不弃。此盖亦是宿慧也。然实理自如此,故一悟便定,非空言大话也。⑥

---

① [美]田浩:《朱熹的思维世界》,第229—230页。
② [德]康德:《纯粹理性批判》,第659页。
③ 见牟宗三《现象与物自身》,台北:学生书局1975年版,第463页。
④ 牟宗三:《现象与物自身》,第464页。
⑤ (宋)陆九渊:《陆九渊集》卷三十六《年谱》,第523页。
⑥ 牟宗三:《从陆象山到刘蕺山》,见《牟宗三先生全集8》,第21页。

这个看法乃为切实之论。据象山《年谱》所载：象山四岁时，一日忽然问他的父亲"天地何所穷际"而没有得到回答，"遂深思至忘寝食"。这一令人困惑的问题便成为悬置于他心中的一个谜。至十三岁时，象山"因读古书至'宇宙'二字，解者曰：'四方上下曰宇，往古来今曰宙。'忽大省曰：'元来无穷。人与天地万物皆在无穷之中者也。'乃援笔书曰：'宇宙内事乃己分内事，己分内事乃宇宙内事。'又曰：'宇宙便是吾心，吾心即是宇宙。'"① 诚如冯友兰所指出的那样，象山这里的一两句话便道出了他的宇宙观的要点。② 借用徐复观的话来说，"本心启发出来，只是端绪，端绪只是'涓涓细流'，只'有成江河之理'"③，才是跃动的活泼泼的理。象山三十四岁时，参加南宫的春试，试后曾曰："虽欲自异于天地不可得也，此乃某平日得力处。"④ 此年，象山在富阳答杨简问"本心"而启发杨简大觉，于是杨简对象山"北面纳弟子礼"。⑤ 由此可知，象山在三十四岁以前，就已经悟透了孟子所说的"本心"，故在《与李宰》书中提出"心即理"的命题谓：

　　四端者，即此心也；天之所以与我者，即此心也。人皆有是心，心皆具是理，心即理也。⑥

此后，象山的观点一直保持不变。故就象山的一生来看，从四岁对"天地"（宇宙）的问题有疑惑，到十三岁洞悟"宇宙便是吾心，吾心即是宇宙"，在三十四岁之前发明"心即理"的哲学命题，终生不弃，一线贯穿始终。诚可谓"吾道一以贯之"矣。不能不堪称一个异数。这在世界哲学史上也是罕见的。这是首先说的第一点。

其次，象山所提出的"心即理"命题，虽然已经蕴含在孟子的有关思想中，但是孟子没有明文说出过的。牟宗三说：

---

① （宋）陆九渊：《陆九渊集》卷三十六《年谱》，第481、482—483页。
② 冯友兰：《中国哲学史新编》第五册，第202页。
③ 徐复观：《象山学述》，见徐复观《中国思想史论集》，第10页。
④ （宋）陆九渊：《陆九渊集》卷三十六《年谱》，第481、487页。
⑤ （宋）陆九渊：《陆九渊集》卷三十六《年谱》，第481、488页。
⑥ （宋）陆九渊：《陆九渊集》卷十一，第149页

孟子未有明文及此。然孟子亦云"万物皆备于我矣，反身而诚，乐莫大焉。"此已函及此义。孔子践仁知天，孟子尽心知性知天，仁与天，心性与天，似有距离，然已函蕴着仁与天之合一，心性与天之合一。此盖是孔、孟之教之本质，宋明儒者之共同意识。①

依此而言，在孟子所言的"万物皆备于我矣，反身而诚，乐莫大焉"和"尽心知性知天"以及孔子的践仁"知天"中，尽管已经蕴含着"仁与天之合一，心性与天之合一"之义，但是不够十分明确，没有从根本上形成一个提纲挈领的哲学思想命题来表示，因此"仁与天，心性与天，似有距离"。直到象山将孟子学"十字打开"，才发明而有了"心即理"这一简易而光辉的哲学思想命题，"仁与天之合一，心性与天之合一"之旨趣才全幅展现无遗，一如上文所论。此外，象山在《与赵监》书中说：

道塞宇宙，非有所隐遁，在天曰阴阳，在地曰刚柔，在人曰仁义。故仁义者，人之本心也。愚不肖者不及焉，则蔽于物欲而失其本心；贤者智者过之，则蔽于意见而失其本心。②

在《与曾宅之》书中说：

仁即此心也，此理也。求则得之，得此理也；先知者，知此理也；先觉者，觉此理也；爱其亲者，此理也；敬其兄者，此理也；见孺子将入井而有怵惕恻隐之心者，此理也；可羞之事则羞之，可恶之事则恶之者，此理也；是知其是，非知其非，此理也；宜辞而辞，宜逊而逊者，此理也；敬此理也；义亦此理也；内此理也，外亦此理也。故曰："直方大，不习无不利。"孟子曰："所不虑而知者，其良知也；所不学而能者，其良能也。此天之所与我者，我固有之，非由外铄我也。"故曰："万物皆备于我矣，反身而诚，乐莫大焉。"此吾

---

① 牟宗三：《从陆象山到刘蕺山》，见《牟宗三先生全集8》，第15页。
② （宋）陆九渊：《陆九渊集》卷一，第9页

之本心也。①

这些论述同样体现了"仁与天之合一,心性与天之合一"的思想。对象山来说,宇宙万物、天理仁义尽皆备于本心,故仁与心一、理与心一、物与心一。总之,心、性、天一。这不仅揭橥了孔、孟之教的本质,而且成为宋明儒家的共同意识。这无疑是象山的一大杰出而卓越的贡献。

然而,在充分肯定和表彰象山之学的同时,牟宗三并不讳言象山之"心即理"的欠缺。就是说,象山的"心即理",在心体上说,摄理归心,是涵盖乾坤而无疑的,但这只是"原则上"的"饱满",如果就其所言之心体落实于"於穆不已"之天命流行之体上的合一,即完全自觉地体悟心体与性体终归是一而论,那么象山是没有做到的。② 这是象山学的不足。

再次,"心即理"的哲学命题蕴含着"道德秩序即宇宙秩序"③之义,其所言之心或理充塞宇宙,无能逃之。宋明儒各大家濂溪、横渠、明道、五峰、阳明、蕺山在道问学与尊德性上虽然有入路上的不同之曲折,然而皆不能违背"心即理"之义。因此"心即理"的本质成为宋明儒家的共同意识。"惟伊川、朱子析心性为二,心理为二,似不能充分及此义,然彼亦必主理道充塞宇宙,无能逃之。"④ 众所周知,朱熹继承了伊川的衣钵和路线,主张"性即理",与象山的"心即理"为哲学上的两军对垒。然而,在"理"或"道"充塞宇宙而与宇宙同一这一看法上,程朱与象山并无不同。

归根结底,"心即理"的"函盖性与绝对普遍性乃是孔、孟之教所意许,惟象山能直接相应地发明之。故云:'孟子之后,至是而始一明也。'"⑤就此而言,象山哲学在涵括性、绝对普遍性与彻底的完整性上盖过了程(颐)朱(熹)。对牟宗三来说,虽然孔孟未有明文说出"心即理"的命题,但已然有此蕴意,象山说出了孔孟之道的蕴含之义,并以一个哲学命题的形式高度凝练地诠表出来,诚为一大发明,这是象山超过孟子甚至孔

---

① (宋)陆九渊:《陆九渊集》卷一,第5页。
② 参见牟宗三《心体与性体》第一册,第411—412页。
③ 牟宗三:《从陆象山到刘蕺山》,见《牟宗三先生全集8》,第15页。
④ 牟宗三:《从陆象山到刘蕺山》,见《牟宗三先生全集8》,第15页。
⑤ 牟宗三:《从陆象山到刘蕺山》,见《牟宗三先生全集8》,第15页。

子的地方。

牟宗三还从孔孟到陆王的儒学之发展描述和突显出象山的贡献和地位，指出孔子混全表现的"仁"，一转而为孟子所言的心性即由"四端"（恻隐、羞恶、辞让、是非）之心所表现的心性，象山则直以此为道德性的本心与宇宙心，到阳明便复将此本心转化为良知。①

此外，牟宗三指出象山本于孟子所提出的"心即理"或"本心即理"的哲学命题，同于康德所言意志的自律即是"意志对于其自己就是一法则"的"意志底那种特性"（牟宗三按："这特性，即是意志底自律性。此恰如陆、王所谓'心即理'。"）②，"而且足以具体而真实化意志之自律"③。牟宗三由此充分地肯定"象山之言简易正是'依意志自律原则而行'之所应有而必有者，此则得其端绪矣"④。"故简易之明文虽见于《易传》，而精神必本于孟子。象山实真能知见之而得之于心者。"⑤ 这应该看成是象山对于孟子学的一大发扬和贡献（这一问题比较复杂，将由另文详论，这里只能顺便一提）。

由此可见，"心即理"这一命题又是孔孟之教的本质的表达，本身已为孔孟之教所蕴含，象山只是本于孔孟之教将其发明出来，并没有在孔孟之教之外标新立异，作为一种独创的新说发表。就此而言，象山实际上并不曾超过孔孟。牟宗三说象山"虽超过之，而实未超过也"⑥。可以说，象山超过孟子，是一种没有超过的超过。这是不矛盾的。象山本人则说：

> 孟子言学问之道求放心，是发明当时人。当时未有此说，便说得，孟子既说了，下面更注脚，便不得。（《语录》下）⑦

---

① 牟宗三：《心体与性体》第一册，第127页。
② ［德］康德：《道德底形上学之基本原则》，牟宗三译，见《牟宗三先生全集15》之《康德的道德哲学》，第91页；同时参见《牟宗三先生全集8》，第7页。
③ 牟宗三：《从陆象山到刘蕺山》，见《牟宗三先生全集8》，第7页。
④ 牟宗三：《从陆象山到刘蕺山》，见《牟宗三先生全集8》，第9—10页。
⑤ 牟宗三：《从陆象山到刘蕺山》，见《牟宗三先生全集8》，第7页。
⑥ 牟宗三：《从陆象山到刘蕺山》，见《牟宗三先生全集8》，第15页。
⑦ （宋）陆九渊：《陆九渊集》卷三十五，第461页。

牟宗三的象山学（之二）

以此而言，不仅象山"心即理"的命题，而且象山的整个孟子学都是孟子的"注脚"。只有孟子才是原创的"发明当时人"。因为在孟子的时代"未有此说，便说得"。这里的"便说得"，表明孟子是原创的发明者。孟子以下继承孟子而说，说得再好，也只不过是孟子的注脚。既然是注脚，当然就不是超过，所以说"便不得"。然而，人类的哲学思想在其历史的发展中，既有继承，也有创新，总是要推陈出新，在旧的基础上有所创新而向前进步和发展的。从这个意义上说，虽然"孟子既说了"，下面也"说得"，象山也"说得"，并且也可以在"注脚"中有创新和超过孟子的发展。象山从孟子学中翻新出"心即理"的命题，正是如此。这便是"不得"之"得"的超过，"未超过"的"超过"。这既是中国哲学的"注脚"的诠释学的诡谲的（即所谓"辩证的"）发展，也是中国哲学的历史的"逻辑"的诡谲的（"辩证的"）发展。

最后，从在中西方哲学的比较融通中建立为圆教的道德的形上学看，象山的"心即理"是绝对普遍的"心体与性体"乃为一之心体性体中的心，即"本心即理"之"心体"与"本心即性"之"性体"的同一之心。在牟宗三看来，如果限于西方哲学的概念式的思维方式去看，那么一定是道德的归道德，宇宙的归宇宙，象山的"心即理"只不过是专限于道德上的"应然"之理而论，并不涉及"存在"的领域。然而，这一局限中的皮相之见，根本就不是儒家之教的本质。在中国古代的哲学中，确实没有如西方哲学所讲的道德界、存在界、本体论（存有论）、宇宙论等术语、名称和划分，然而这并不表示不可以立足于中国哲学，在中西方哲学的会通（例如以亚里士多德或康德哲学——尤其是康德哲学为桥梁的中西方哲学的会通）中，相应于孔孟之教的本质而重新疏通中国哲学，哲学地建立一种儒家式的（亦即中国式的）融通道德界、存在界、本体论与宇宙论而为一的圆教（这实际上正就是牟宗三所追求建立的哲学）。然而，牟宗三认为，这种圆教（哲学）乃是中国儒家所本有的。因此，"所谓'立'者，乃只随时代需要，疏通而明之耳，非'本无今有'之新立也"①。这与他说象山继承孟子而自得之学"并无新说"是同样的意思，但是也同样蕴含着没有道破的"超过孟子"（即超过前贤）的蕴意。对牟宗三来说，这种圆

---

① 牟宗三：《从陆象山到刘蕺山》，见《牟宗三先生全集8》，第16页。

教就是一种"道德的形上学",而不是一种"形上学的道德学"。牟宗三指出:在对照康德批判哲学"只准道德的神学,不准神学的道德学"的意义上,吾人可以模拟康德哲学说:

  此种圆教只允许一道德的形上学,而不允许一形上学的道德学;它复亦不是气化宇宙论中心,而乃是绝对普遍的"本心即理""本心即性"之心体中心、性体中心,故心外无物,道外无事也。①

  在这一意义上,"心即理"就不再局限于单一的一偏的道德界或存在界或本体论或宇宙论之中,而是正大地建立在道德界、存在界、本体论与宇宙论融通为一的圆教即"道德的形上学"的基础上。换言之,可以在中西方哲学的会通中,立基于中国哲学的根子上,由对象山的"心即理"这一哲学命题的重新分解和疏通,而将哲学的道德界、存在界、本体论与宇宙论融合为一个圆教,即一套"道德的形上学"。这个作为"道德的形上学"的圆教(这正是牟宗三所建立的哲学),既可以消解掉中国哲学传统的"气化宇宙论中心"之论,也可以解构掉或避免落入康德的"神学的道德学"。这样一来,就可以十分清晰地将象山的"心即理"所含有的绝对普遍的"本心即理""本心即性"之"心体""性体"终归为一之心的意义"十字打开",则"心外无物,道外无事"在古今以及未来的哲学中的意义,必将全幅开显、朗现与彰著。

  在牟宗三的论述中,象山的"心即理"在一种现代哲学精神的作为"道德的形上学"的圆教意识中,获得了新的生命和意义,青春焕发,活力涌现,成为通向标志牟宗三哲学的"道德的形上学"的重要一环。因此,象山学成为牟宗三哲学的不可割舍的思想渊源之一。牟宗三"即哲学而论哲学史"而又"即哲学史而论哲学"的象山学,在历史的、逻辑的与生命的统一之中,将象山学与古今中西的哲学相贯通并关乎哲学之未来,便构成了牟宗三的象山学的一个显著特征。

---

① 牟宗三:《从陆象山到刘蕺山》,见《牟宗三先生全集8》,第16页。

牟宗三的象山学（之二）

二　论象山学的"粗"相

在论及象山学的"非分解的""理会实处"的特殊方式与风格时，不可回避的一个重要问题，就是象山学的"粗"或称"粗"相的问题。对于这一问题，徐梵澄先生指出：

> 自来批评象山者，谓其失在"粗"。"粗"是说未能入细。然"粗"可存大体而不失于琐屑。"细"则难于改变为广大，久远。又议其恃才之高，信己之笃；疾人已甚，甚至骂人为"蛆虫"。在儒家，不教人完全除去喜、怒，发怒只求其"中节"，得其"和"。在旧式医学上，也有一怒可以治好某种疾病之说，如心理上之幽忧，身体上之某种郁滞。那是配以阴阳五行之说，其在《易》曰"震"。所以发怒不完全是坏事。但象山之怒，或者非为俗事而怒，庸许在辩论道理之时。至若斥人为"蛆虫"，则未必不然，难说必然没有其事。但以孟子之圣，也曾斥人为"蚯蚓"，其讥词陈仲子，也可谓刻划尽致了。这不能称为败德。当然，以平心静气析理为宜。推之古史，宗教主如耶稣亦曾发怒，且动手推翻过圣庙里兑换金钱的人之钱柜等。说者谓这是其被钉十字架的主要原因，扰害了某些人的活计。
>
> 除指出这两种过失之外，在历史上寻不出其他对象山的指摘。才高非过，气盛以发怒为极。在学理上与朱子的争论，"其争也君子"，不可与俗人闹气混为一谈。[①]

这里所谓象山的"粗"，在字面意义上是与"细"相对而言，同时也可以兼指象山的"恃才之高""疾人已甚"，"骂人为'蛆虫'"，这便是象山的"发怒"。说起来，这"粗"好像是象山性格上表现出来的两种过失。所以，徐氏为象山辩白。徐氏援引孟子和宗教史的例子为证，认为批评、斥责象山为"粗"的说法，只是俗人之见。虽然这个说法难免有些浮泛

[①] 徐梵澄：《陆王学述——一系精神哲学》，上海远东出版社1994年版，第50页。

（相对于牟宗三的看法且在牟宗三之后发表来说），不是很有说服力，说象山"粗"的来源，在徐氏的论述中也没有交代或点出。然而，徐氏能看到这一问题并为象山力辩而破世俗之见，也算是有眼力的了。

实际上，这一问题本由王阳明所提出，早在徐氏之前，牟宗三先生就特加重视并疏解，因而构成了牟宗三象山学的重要一环，故有必要在此做一论说。在《传习录》卷三中，载有一段陈九川与阳明关于象山学的如下问答：

〔九川〕又问："陆子之学何如？"先生曰："濂溪、明道之后还是象山，只还粗些。"九川曰："看他论学，篇篇说出骨髓，句句似针膏肓，却不见他粗。"先生曰："然。他心上用过工夫，与揣摩依仿求之文义自不同。但细看，有粗处；用功久，当见之。"①

从这段引文来看，王阳明对陈九川说陆子之学（即象山学）在濂溪、明道之后是最足以称道的，但又补了一句："只还粗些"，"细看，有粗处"。对此，牟宗三发出评论和感慨："此'粗些'究如何了解？此颇不易说。""这'粗'底意味很难说。"② 尽管如此，牟宗三毕竟还是忍不住，做出了一番解说，不过这也是一种很特别有趣的解说。牟宗三认为，阳明所说的"只还粗些"的"粗"既不是指知识之多寡与思考之精确与否而言，也不是就圣人（即"以圣人为准"的）修道工夫之造诣而一般地泛说。因为如果是指前者的话，那就是一个"有形问题"即人的具体的认识或思维活动的问题。就这个问题来说，在人求知的认识或思索活动中，人人都有精粗的分别，只要肯用功夫且经过用功的过程，则每个人都可以做到精而免于粗，这是属于所谓"求之文义"的理解、思考的认识活动。在这方面说，一个人"即使是精，亦不算数"的；但若是太粗，则是人们说的"那是根本不及格"了。所以，可以断定，阳明所说的"粗"应当不是指这方面而说的。如果是指后者，则可以说：凡是没有达到圣人之境界的

---

① （明）王守仁撰：《王阳明全集》，第104—105页；牟宗三：《从陆象山到刘蕺山》，见《牟宗三先生全集8》，第17页。
② 牟宗三：《从陆象山到刘蕺山》，见《牟宗三先生全集8》，第17—18页。

人，都有相对意义上的精粗之可言，故人皆不能免于粗。从这方面说，就太宽泛了。因此，阳明对于象山的品题所说的"粗"，也不应当指这一方面而言。

在经过对这两种所指的意义或内容的否定后，牟宗三提出，阳明对象山学所谓的"粗些""似当就象山本人当身之风格而言"①。这里所说的"象山本人当身之风格"是指象山的为人为学之风格，即象山的人格与道德文章，亦即象山的思想品德和修为、学术风貌、学术风格（包括学识与治学方法在内）。在这个意义上，"则所谓'粗'似可说，似不可说"②，——一种诡谲的（或辩证的）"似可说，似不可说"。以下，分为五个方面来叙述。

（一）象山学的"粗""似可说"

牟宗三分别从"粗"的字义和象山的人格之风范着手，来展开他的"似可说"。在字义上，"粗"可分别与"浮"和"略"连说，于是就有"粗浮"和"粗略"二义；而"'粗浮'与渊静凝敛相反"，"'粗略'与清淳精微（微妙）相反"。③ 这是首当明白的。同时，在将象山的人格风范与孟子、颜渊、曾子、濂溪和明道的比较中，牟宗三指出：

> 象山是高明爽朗之人，直拔俊伟（朱子有此带点讥讽意味的品语），有类孟子。他不是颜渊型，亦不是曾子型，亦不类濂溪与明道。颜渊渊默精微，当然不能说他粗。曾子笃实，只能说他鲁，不能说他粗。（……）濂溪光风霁月，自是微妙，不能说他粗。明道通达和粹，亦不能说他粗。宋儒推尊颜渊，明儒推尊孟子。明道说孟子有英气，英气便害事。阳明说象山"只还粗些"，亦如明道说孟子有英气也。"粗些"意即略带点粗浮与粗略的意味。此种粗只由其生命不是颜渊之精微型，亦不是濂溪之微妙，明道之和粹，而见；亦只由其高明爽朗，直拔俊伟，而见。④

---

① 牟宗三：《从陆象山到刘蕺山》，见《牟宗三先生全集8》，第17页。
② 牟宗三：《从陆象山到刘蕺山》，见《牟宗三先生全集8》，第18页。
③ 牟宗三：《从陆象山到刘蕺山》，见《牟宗三先生全集8》，第18页。
④ 牟宗三：《从陆象山到刘蕺山》，见《牟宗三先生全集8》，第18页。

在这段文字中，牟宗三肯定象山的人格生命之风范类似孟子，而既非颜渊型和曾子型，亦非濂溪型与明道型。这里表现了牟宗三对于中国先贤哲人的品题，颇可玩味。他赞美颜渊"渊默精微"，曾子"笃实"（乃是本于明道所说的"颜子默识，曾子笃信，得圣人之道者二人也"① 的话而来。注意：明道引注曾子语曰："吾得正而毙焉，斯已矣。"），濂溪"光风霁月，自是微妙"（源自黄山谷嘉许"濂溪先生胸怀洒落，如光风霁月，廉于取名而锐于求志，薄于徼福而厚于得民，菲于奉身而燕于荣孽，陋于希世而尚友千古"② 的话而出），明道"通达和粹"（从刘立之赞颂乃师明道的"先生德性充完，粹和之气盎于面背，乐易多恕，终日怡悦，未尝见忿厉之容"③，以及胡敬斋说"明道天资高，本领纯粹……"④ 和黄百家承续刘说"先生之德性和粹"⑤ 而得），无一人可以说粗。曾子的"笃实"（或"笃信"）稍显特别，但"只能说他鲁，不能说他粗"。牟宗三特别引用象山《与胡季随》书云："曾子得之以鲁，子贡失之以达。天德已见，消长之验，莫著于此矣。"⑥（引者按：象山这里论及子贡，与曾子作对比，但是牟宗三避而不提子贡，故在此亦存而不论。）可见，"鲁"在这里是一种褒义的赞辞，指曾子的生命型范之特征，牟宗三称之为"笃实"，而不是"粗鲁"的贬抑之义。因此，对这四位人物都不能说粗。那么，肯定象山"有类孟子"，就只能从孟子来看了。牟宗三并没有直接品评孟子，而是假借明道的话说"孟子有英气"，实际上，这是牟宗三对孟子的一贯态度与品藻之语。"英气"本来大略指以上引文中的"高明爽朗""直拔俊伟"的意思，然而在消极的意义上说，有"英气便害事"。为什么说"英气"会"害事"呢？对于这一问题，并不容易直接理解，必须从牟宗三对

---

① （宋）程颢、程颐：《二程集》，第119页；牟宗三：《心体与性体》第二册，第247页。
② 《宋元学案》卷十二《濂溪学案》下，见沈善洪主编《黄宗羲全集》第三册，浙江古籍出版社2012年版，第633页。
③ 《宋元学案》卷十二《明道学案》下，见《黄宗羲全集》第三册，第698页。
④ 《宋元学案》卷十二《明道学案》下，见《黄宗羲全集》第三册，第700页。
⑤ 《宋元学案》卷十二《明道学案》下，见《黄宗羲全集》第三册，第702页。
⑥ 牟宗三：《从陆象山到刘蕺山》，见《牟宗三先生全集8》，第18页；（宋）陆九渊：《陆九渊集》卷一，第8页。

牟宗三的象山学（之二）

于明道说的"孟子有些英气"的态度和评论中去理解。①

我们先看程颢（明道）对于孟子的品论，其中，最重要的是程颢在下引的问答之中评议孟子的话：

> 问："横渠之书，有迫切处否？"曰："子厚谨严，才谨严，便有迫切气象，无宽舒之气。孟子却宽舒，只是中间有些英气。孟子有些英气。才有英气，便有圭角。英气甚害事。如颜子便浑厚不同。颜子去圣人，只毫发间。孟子大贤，亚圣之次也。"或曰："英气见于甚处？"曰："但以孔子之言比之，便可见。且如冰与水精非不光。比之玉，自是有温润含蓄气象，无许多光耀也。"②

明道又说：

> 仲尼，元气也；颜子，春生也；孟子，并秋杀尽见。仲尼，无所不包；颜子示"不违如愚"之学于后世，有自然之和气，不言而化者也；孟子则露其才，盖亦时然［一作焉］而已。仲尼，天地也；颜子，和风庆云也；孟子，泰山严严之气象也。观其言皆可以见之矣。仲尼无迹，颜子微有迹；孟子其迹著。③（引者按：牟宗三虽然标记"未注明谁语"，但从其内容安排和行文的语脉上看，当出自明道语。）

明道对孟子的这些评论，牟宗三是不完全赞同的，所以批评说："程子说英气、圭角，是直接的了解。好像一个完美人格未发展成之缺陷。故云：有些英气，英气甚害事。又云：玉无许多光耀。"④ 从牟宗三来看，与其如明道这般说，毋宁如以下的说法，才能将孟子的大贤人格恰如其分地

---

① 关于这一问题，笔者曾经做过较为详细的论述，见王兴国《孔子的两翼——牟宗三论孟子和荀子》，见陈来、翟凤奎主编《孔孟儒学创新研究》，高等教育出版社2021年版，第72—73页；该文的压缩稿刊于《哲学研究》2018年第1期。

② （宋）程颢、程颐：《二程集》，第196—197页；牟宗三：《心体与性体》第二册，第247—248页；牟宗三：《历史哲学》，见《牟宗三先生全集9》，第138页。

③ （宋）程颢、程颐：《二程集》，《河南程氏遗书》卷第五《二先生语》五，第76页；牟宗三：《心体与性体》第二册，第245页；牟宗三：《历史哲学》，见《牟宗三先生全集9》，第132页。

④ 见牟宗三《历史哲学》，见《牟宗三先生全集9》，第138页。

哲学地建立中国哲学

彰显出来,这一说法是:

> 不是有些英气,而乃全幅是英气。全幅是英气,便不害事。圭角亦如此解:不是有一点圭角,而乃整个是一个圭角。犹如圆形或方形。孔子整个是圆形,孟子整个是方形。整个是一个圭角,亦不害事。此就是全幅是精神,通体是光辉之意。①

牟宗三在此标示"孔子整个是圆形,孟子整个是方形",根据《易传·系辞》的观点可知,"圆形"有"圆而神"之意,"方形"有"方以智"之意,因此以"圆形"形容孔子的圆而神,就表示孔子是大圣;以"方形"形容孟子的方以智,就表示孟子为次于大圣的大贤,牟宗三说:"孔子是圣人,孟子是教(智慧学)之奠基者。"②而且"圆而神"与"方以智"是需要统一的,即"方"要化"圆","圆"要成"方",所谓"外圆内方"为一体。由此来看,孟子整个是"方形"、整个是"圭角",是通体内蕴之光的外现,内外都是荧光的通体满照,这就不是小家碧玉的含蓄温润之光耀可以比拟和形容的了。

在牟宗三看来,倘若能够了解孟子的文化生命转化而为"全幅是精神,通体是光辉"③,那么孟子所谓"充实之谓美,充实而有光辉之谓大"这两句话,恰好可以用来指谓和描写孟子的人格。实际上,孟子的时代不容许他进到"大而化之之谓圣"的境界,他也没有必要进到"大而化之之谓圣"的境界,他业已树立了一个"充实而有光辉之谓大"的典范,实现了其个人生命精神的客观化并取得了客观的重大意义,便已经足够了。

要而言之,牟宗三批评了明道对于孟子的评价,但同时保留了明道所谓"孟子有些英气"的说法,并从这一意义上去品题和表彰孟子"充实而有光辉之谓大"的人格典范。

然而,牟宗三说象山像孟子一般"有英气",这也是一种诡谲的(或辩证的)说法,而不仅仅是比较和比喻。对于这种说法,既不可以从全然

---

① 牟宗三:《历史哲学》,见《牟宗三先生全集9》,第138页。
② 牟宗三:《圆善论·序言》,见《牟宗三先生全集22》,第13页。
③ 见牟宗三《历史哲学》,《牟宗三先生全集9》,第131页。原文是其中一节的标题,全句为"全幅是精神,通体是光辉表现'道德精神'主体之孟子"。

否定的意义上去理解,也不可以从完全肯定的意义上去理解。既然是诡谲的说法,严格地说,那就不是可以分析的。大概只可以作非分解的诡谲的(或辩证的)品题吧!然而,在叙述中,则又离不开分析,不能不诉诸分析和综合的思辨。这大概就是叙述的宿命和辩证法。在这里,先从消极的一面说起。

牟宗三虽然肯定象山"有类孟子"一般"有英气",却假借明道的话说"孟子有些英气……英气甚害事"来诠解阳明说象山的"粗"。然而,与批评明道对孟子的品评所不同的是,牟宗三在这里却先行肯定了明道说"孟子有英气,英气便害事"的话,接下来才说"阳明说象山'只还粗些',亦如明道说孟子有英气也"。毫无疑问,牟宗三是话中有话的。因为牟宗三肯定了"英气便害事",又以"英气"来诠释象山的"只还粗些",本来就包含着对于象山的不够满意和批评。只不过比较含蓄和委婉,不容易直接看出来罢了。然而,当牟宗三把"粗"的字义和象山的人格风范联系起来的时候,就将他对象山的不够满意之情和批判的锋芒映衬出来了。试看牟宗三说的:"'粗些'意即略带点粗浮与粗略的意味。此种粗只由其生命不是颜渊之精微型,亦不是濂溪之微妙,明道之和粹,而见;亦只由其高明爽朗,直拔俊伟,而见。"这分明是说象山的生命格范虽然"高明爽朗,直拔俊伟"即明道所谓的有"英气",然而恰由此亦显示出其不足,这便是象山没有颜渊的精微、濂溪的微妙和明道的和粹,就不免"略带点粗浮与粗略的意味"了。只要有"粗浮与粗略",就难免不害事,这就是所谓的"英气便害事"之意。因此,不难看出,象山的"略带点粗浮与粗略的意味"恰恰就是牟宗三在对他的品题中不够满意并要批判他的地方。这一点在牟宗三对象山与阳明的比较中,毫无掩饰地表现了出来。[1] 牟宗三认为阳明之学不像象山以非分解的方式"指点"学问那样"雷动风行,推宕飘忽"[2](类似于下文中论述的顿悟的直觉的浑全的方式和风格),而是将学问建立在分解的基础上,"义理精熟","文理密察,气命周到","一归于致良知,简易明白"(这大概就是前引阳明所谓"细看"的"细"之所在),因此不可以说粗。实际上,尽管阳明的"义理精熟"并未能臻

---

[1] 牟宗三:《从陆象山到刘蕺山》,见《牟宗三先生全集8》,第18页。
[2] 牟宗三:《从陆象山到刘蕺山》,见《牟宗三先生全集8》,第18页。

哲学地建立中国哲学

于佛家所说的"四无碍之境"①，甚至讲说《孟子》不免有乖谬处，而象山并无这种错谬之处，然而也不能因此就说阳明学粗。即便阳明学在契接"於穆不已"的流行之体（即"性体"）处"不深透"且"仍未充尽而至于圆整而饱满"，②还是不能说它粗。相比之下，象山之学则"只还粗些"。牟宗三将象山的"粗"归结为其"以非分解的方式挥斥'议论'点示'实理'"的方式与风格。

其实，早在《从陆象山到刘蕺山》（1979）出版前十年完成的《心体与性体》（1968）③中，牟宗三对于象山的思辨"分解"（即分析）能力，就直截了当地提出了质疑：

> 是以"理会实处"，固是重要，而此分解说出，亦自有其独立的意义，亦自有其思辨上的独立工巧。说之既难，又须忍之耐之，所谓"堪忍"是也。此非"他日自明"所能了，亦非只是心中明白了所能尽。此中自有一套独立的工夫在。……即就象山言，其耐心，所谓堪忍力，亦并不必甚足够。其理会实处，心中明透，吾自能信得及，然真能分解表出否？吾不能无疑。真能分际不乱、义理谛当否？吾亦不能无疑。概念思辨本非中国先贤之所长，即朱子虽甚注意分解表说，而于概念思辨之工巧则甚不足。此是西哲之所长，此照而观之，利弊甚显。④

在这里，牟宗三直言不讳地指出逻辑思辨的分析能力所需要的"耐心"和"堪忍力"，并认为："此种'力量'固赖有识见，但大部分是学力、功力、思辨力的问题。"⑤这就表明，这套独立的工夫是概念思辨分析

---

① 四无碍，是四无碍解、四无碍辩的略称。四无碍辩，又称四无碍智。指诸佛和菩萨的四种自在自由无所滞碍的理解能力（智解）和语言表达能力（辩才）。其本质是智慧的表现，故称为四无碍智（法无碍智、义无碍智、辞无碍智、乐说无碍智）。从理解能力说，称之为"四无碍解"（法无碍解、义无碍解、辞无碍解、辩无碍解，略称"四解"）；从语言表达能力上说，称之为"四无碍辩"（法无碍辩、义无碍辩、辞无碍辩、辩无碍辩，略称"四辩"）。作为化度众生的佛法，又名为"四化法"。
② 牟宗三：《心体与性体》第一册，第413页。
③ 参阅蔡仁厚《牟宗三先生学思年谱》，台北：学生书局1996年版，第139、144—145页。
④ 牟宗三：《心体与性体》第二册，第194页。
⑤ 牟宗三：《心体与性体》第二册，第195页。

牟宗三的象山学（之二）

能力的必要条件和基础，固然有赖于学养之识见，但是主要得靠学力、功力、思辨力的培养和训练。就此而言，象山"并不必甚足够"。田浩亦指出："陆九渊不喜欢细密的哲学思辨"，并在与朱熹的比较中说：朱熹批评佛教侧重于抽象的思辨的哲学层次，但是陆九渊则避免这种层次的问题。①尽管牟宗三对于象山的"理会实处，心中明透……自能信得及"，但是象山是否真能将其所理会自得的"实处"分析透彻和清晰地表诠出来，以及是否真能做到分际不乱、义理谛当而得心应手呢？牟宗三明确表示不能无疑。在牟宗三看来，即使是"朱子虽甚注意分解表说，而于概念思辨之工巧则甚不足"，那么何况是以"非分解"的"理会实处"见长，而不擅长和精于此道的象山呢！

这与上文说象山"亦非不能分解"并无矛盾。上文中说的"分解"，乃是指中国古代哲学的学力、功力之工夫上的那种分解力而言，而此处说的"分解"，则主要是源自西方哲学的现代哲学的分解力即概念的逻辑思辨的分析和推演能力（当然，不排斥中国哲学传统名学的辨名析理的能力）。分清此二义，即可知前后说法并无矛盾。

如所周知，孟子与告子关于人性的争论是中国哲学中的一场重大而著名的论辩。牟宗三认为，在这一论辩中，"告子论性，虽卑之无高论，而孟子层层与之辩，大端虽明白，而辩之过程以及义理之曲折分际反有不甚能谛当者，即大体谛当矣，而亦有不必真能丝丝入扣者，即尽丝丝入扣矣，各层面、各分际，综错复杂，客观地言之，亦确有难把握而确不易董理者。自非名理精熟，义理明透，实难照澈其曲折。此并非境界甚高之论，亦并不须要有若何深远之智慧。然欲将其论辩处理明白，亦确是不易"②。毫无疑问，这是一个典型的具有逻辑思辨意义的例子。在这个典型的例子中，孟子是有逻辑错误的。③所以，牟宗三承认在与告子的辩论过程中，孟子有"不甚能谛当者"，"亦确有难把握而确不易董理者"。牟宗三认为，孟子所出现的问题既不属于境界的问题，也不属于智慧的问题，而恰恰是逻辑思辨能力不足甚至缺乏的问题。虽然在逻辑上说，象山不明

---

① ［美］田浩：《朱熹的思维世界》，第231、232页。
② 牟宗三：《心体与性体》第二册，第195页。
③ 参阅牟宗三《圆善论》，见《牟宗三先生全集22》，第7—9页。

哲学地建立中国哲学

其中的究竟,但是已经能自觉地感到此中的"麻烦",于是告诫弟子(以邵中孚为代表)"以暂'不必深考,恐其力量未到,则反惑乱精神。'"甚至象山"本人终亦未深考也"①。倘若要恰当地处理这种问题,那么就必须要有相当的"力量"即"堪忍力"(注意:牟宗三所言的"力量"与象山说的"力量"并非一致。象山说的"力量"主要是就进学的"血脉骨髓"之工夫的学力、功力而言,牟宗三所谓的"力量"虽然是顺着象山的语脉而言,但是重在其所谓的"堪忍力",尤其是现代哲学所追求的思辨的学力、功力,亦即"名理思辨"的力量),"未可随意滑转,亦不可涉想漫荡"。② 这种思辨的学力、功力,对于初学浅识者来说,固然未必能具备,即便对于那些久学高慧之士来说,亦未必真能足备矣。是故,牟宗三不能不感叹:"中国学人玄悟极高,而唯名理思辨则甚差。"

牟宗三虽然肯定了象山对于孟子的理解和解释"端的恳切","明透可知",而且对于"每一关节之函义当必能理解谛当"③,但是批评象山笼统,根本就不相信象山能从概念分析上将孟子和告子的人性论细致地厘清而一一辨析出来,一一展现其中的曲折,做到义理谛当而无罅漏。尤其是就孟子论性善而强调"仁义内在"的观点,牟宗三在将象山与朱(熹)王(阳明)进行的比较中强调和指出,在象山所主张的"心即理也"的哲学命题中,尽管已经蕴含了"仁义内在"之义④,但是象山"未能思辨地建立此义",而将这一十分重要的标志象山之学的思想变成一个"示人以确乎不拔之道"的哲学命题。一直要到阳明学出世,"心即理"所有的蕴含之义(不啻限于"仁义内在")才透彻地得以表现,这一命题才真正地"显出确乎不拔的思辨建立之意"。然而,在牟宗三的眼目里,阳明学并非圆满无缺(见前文所论)。因为,在哲学义理上,要真能显现出逻辑的必然性,则端赖逻辑思辨力的强大,那是西方哲学的所长,并以牟宗三所推崇的康德哲学为典范。对于中国哲学家来说,如果没有足够的逻辑思辨的

---

① 牟宗三:《圆善论·序言》,见《牟宗三先生全集22》,第12页。
② 牟宗三:《圆善论·序言》,见《牟宗三先生全集22》,第13页。
③ 牟宗三:《心体与性体》第二册,第196页。
④ 前引象山在《与曾宅之》书中说:"仁即此心也,此理也。求则得之,得此理也;先知者,知此理也;先觉者,觉此理也;……此吾之本心也。所谓安宅、正路者,此也;所谓广居、正位、大道者,此也。"[(宋)陆九渊:《陆九渊集》卷一,第4—5页]便是典型的一例。

训练，则是实难企及的。

由此可见，逻辑思辨能力的贫乏与欠缺，乃是中国古代哲学家的通病且是大病，然而并不为前贤乃至时贤所重视。如果仅限于中国"内圣"之学的老传统来看，一个人有无逻辑思辨的能力似乎是无足轻重的。因为这似乎不碍做人成圣。然而，在牟宗三看来，这种观点是不能适应现代社会和中国的发展的，不仅是智心不足的表现，而且即使就儒家"内圣"的立场而言，亦非仁心之所能安的。即便就象山所言的"理会实处"而言，其中也暗含着"不分疏的分疏"。① 这无疑是说，"分疏"在"道问学"上是不可避免的。既然"分疏"不可避免（古今如此），那么，逻辑思辨是可以拒绝而不讲求的吗？！如果古人不措意于此道是不足怪而可原谅的，那么在今天来说，无视逻辑思辨，就是极其顽愚而不可饶恕的了！对牟宗三来说，如果中国哲学要在当今能得到弘扬和光大的话，那么逻辑思辨的训练是绝对不可或缺的。牟宗三为自己的主张辩解道：

> 当然，内圣之学固不必专限于此。孔子不作此，不碍其为圣人。耶稣不作此，亦不碍其于宗教真理之明透。象山亦说："若某则不识一个字，亦须还我堂堂地做个人。"然既说之，则必须清楚地说之。既有如许名言，如许义理分际，即须如理地表白之。表白不清，分际混乱，义理有瞹，此固是智心之不满足，亦即非仁心之所能安。此固非人人皆能作，亦不须人人皆去作，然有作之者，亦是弘扬此学之一道，有欲作之者，即必须有此思辨之训练。②

尤可注意的是，直至晚年，牟宗三仍然没有放过这一问题，不仅继续维护自己的这一主张，而且揭露和批判将证会与思辨对立起来的谬误，指出思理混乱，基本训练不足，绝不可妄言证会；强调证会冥契必须以思辨明彻为基础，性德的自觉不可与知识的学知相分离。牟宗三说：

> 不识一字固可堂堂正正做一个人，非谓堂堂正正做一个人，便可

---

① 牟宗三：《心体与性体》第二册，第194页。
② 牟宗三：《心体与性体》第二册，第194—195页。

不须识字也,亦非谓尽不识字者皆可堂堂正正做一个人也。又或以为思辨只是空理论,不必有实证,遂妄托证会以自高。殊不知思理混乱,基本训练且不足,而可妄言证会乎?汝焉知思辨明彻者必无证会乎?又或以为知识只是粗迹,未可语于性德之冥契,如是,遂日夜闭目合睛,妄托冥契以蹈空。殊不知学知不够,虽即于性德亦不知其为何物,而可妄言冥契乎?汝焉知学知周至者定无性德之冥契乎?①

牟宗三更不无感叹:"详读康德文,益觉孟子后华族学子思力之脆弱。"②并深有感触而意味深长地警示道:

> 前贤对于人物之品题辄有高致,而对于义理系统之确解与评鉴,则稍感不足。此固非前贤之所重视,然处于今日,则将为初学之要务,未可忽也。③

既然如此,那么牟宗三在中西方哲学的比较预设中,透过象山之学将中国古代哲学家的这一通病和大病揭示出来,并非自曝家丑,要丢中国古代哲学或哲学家的"脸面",而是为了对症下药,医治顽疾。而这一弊病在象山之学中表现得尤其突出和典型,牟宗三岂能熟视无睹而轻忽和略过呢!象山的这一痼疾,对牟宗三来说,无疑也就是象山的"粗"之所在与表现了。相对来说,只是在《从陆象山到刘蕺山》一书中,牟宗三对象山则更富于同情的了解且更多涵容,而尖锐的批判多有收敛,变得含蓄和委婉甚至诡谲,更臻于圆融,尤其是他从一理想的圆教型哲学而论象山的"粗"之意味"很难说"而"似不可说",表现尤为突出(详见下文所论)。这一点是尤可注意的。

以上所论,就是牟宗三所说的象山之"粗"的"似可说"的一面。而这一面的"似可说",当然是也只能是分解论证的可说的。就此而言,吾人当然可以将牟宗三所说的象山的"粗"之"似可说"的这一面,视为他

---

① 牟宗三:《圆善论·序言》,见《牟宗三先生全集22》,第17页。
② 牟宗三:《圆善论·序言》,见《牟宗三先生全集22》,第13页。
③ 牟宗三:《心体与性体》第一册《序》,第1页。

牟宗三的象山学（之二）

对象山学的反省和批导，同时也是他对中国哲学的反省和批导。这就是牟宗三说的："概念思辨本非中国先贤之所长……而于概念思辨之工巧则甚不足。此是西哲之所长，比照而观之，利弊甚显。"① 如果中国哲学在其自身的发展中要"分解表白宋明儒弘扬先秦儒家所表现出之许多义理分际，疏通而会归之，顺适而条畅之，以期归于谛当，而求智心之足与仁心之安。为己亦正所以为人，为人亦即所以为己"（这正是牟宗三先生所率先树立的一个光辉典范）②，重新光大"孟子开真知见之大门，宋明儒弘扬玄微之理境"③，并使中国哲学走向世界，有益于人类的话，那么确如牟宗三所说：吾人"处今日亦须有康德之思辨以助成之"④。

牟宗三之所以要严肃地批评或批判象山的"粗"的这一面，目的正在于指出中国哲学在今天的发展，必须从方法论上突破和超越其古典的形态、风格和方法，学习西方哲学的概念分析思辨之优长和以系统的逻辑演绎架构的方式以建立理论学说的本领，以补中国哲学之不足与所缺，但是又不为其所限，这就是牟宗三说的：

> 光只是住着于这一套工夫上，不向实处理会，固不行，而只住着于"理会实处"，不注意这一套工夫亦不行。两者贯通为一，都成实处。为己、为人在某层境上说正是不可分的。⑤

借用佛家语来说，就是要走出一条"不落两边"的中道，也就是说，必须将"非分解的""理会实处"（或"点示'实理'"）的方式与分解的概念思辨（或名理思辨）的方式结合起来，使"两者贯通为一，都成实处"，并且从为学为人的境界上将"为己"之学和"为人"之学重新统一为不可分割的一体。这无疑也是牟宗三的象山学中西贯通，古今交融，"即哲学以言哲学史，即哲学史以言哲学"，将历史的、逻辑的与生命的统一起来的特征的突出表现。

---

① 牟宗三：《心体与性体》第二册，第194页。
② 牟宗三：《心体与性体》第二册，第195页。
③ 牟宗三：《心体与性体》第二册，第197页。
④ 牟宗三：《心体与性体》第二册，第197页。
⑤ 牟宗三：《心体与性体》第二册，第194页。

· 275 ·

（二）象山学与演绎方法和直觉方法

日本学者海老田辉巳援引冈田武彦对于象山哲学的一个论断：象山哲学"为一元的、唯心的且是综合的、演绎的、直觉的"（这是相对于朱熹哲学之"为二元、唯理的且是分析的、归纳的、主知的"而论）①，从方法论上与西方哲学家勒内·笛卡尔（René Descartes, 1596—1650）的演绎方法论进行比较，并完全认同了象山的"演绎"方法同于笛卡尔的《方法谈》和《激情论》中的演绎方法（同时还将朱熹的"归纳"比附于弗朗西斯·培根［Francis Bacon, 1561—1626］的逻辑归纳法）。②这一令人吃惊的看法，恰与上述牟宗三的观点相反而形成了鲜明的对照。如果日本学者的这一看法成立，那么牟宗三所指出的象山学名理思辨欠缺，就是错误的。然而，平心而论，不仅象山的哲学中没有笛卡尔的逻辑演绎法（始于怀疑，而以逻辑、几何和代数为基础进行概念分析和命题推理的方法。其中，逻辑是核心和灵魂），而且即使就整个中国古代哲学来看，也没有产生出笛卡尔的逻辑演绎法。所谓中国古代哲学，尤其是象山哲学，具有笛卡尔的逻辑演绎法或西方哲学的逻辑演绎法，不过是比附之论而已。这种附会的戏论，曾经在"中国古代逻辑史"的研究中昙花一现，但是明日黄花不新鲜，今天不再有人提起了。如果设想把象山哲学的方法论转换为笛卡尔式的演绎法，作一种当代哲学的拓展，则当是另一回事了。

然而，说象山哲学的方法是"综合的""直觉的"，大抵上是没有问题的。贺麟先生早在《宋儒的思想方法》一文中，便有过论述。贺麟说：

> 直觉方法的意义很复杂，直觉方法的种类亦甚多……可以简略地认直觉为用理智的同情以体察事物，用理智的爱以玩味事物的方法。但同一直觉方法可以向外观认，亦可以向内省察。直觉方法的一面，注重用理智的同情以观察外物，如自然、历史、书籍等。直觉方法的

---

① 转引自［日］海老田辉巳《陆象山对贝原益轩的影响》，见欧阳祯人主编《陆九渊思想研究》，第215页。原文见［日］冈田武彦《宋明理学序说》，文言社昭和五十二年（1977）版，第259页。

② 参见［日］海老田辉巳《陆象山对贝原益轩的影响》，见欧阳祯人主编《陆九渊思想研究》，第215—216页。

另一面，则注重向内反省体察，约略相当于柏格森所谓同情理解自我。一方面是向内反省，一方面是向外透视。认识自己的本心或本性，则有资于反省式的直觉，认识外界的物理或物性，则有资于透视式的直觉。朱子与陆象山的直觉方法，恰好每人代表一面。陆象山的直觉法注重向内反省以回复自己的本心，发现自己的真我。朱子的直觉法则注重向外体认物性，读书穷理。但根据宋儒所公认的"物我一理，才明彼，即晓此，合内外之道也"一原则，则用理智的同情向外穷究钻研，正所以了解自己的本性；同样，向内反省，回复本心，亦正所以了解物理。其结果亦归于达到心与理一，个人与宇宙合一的神契境界，则两者可谓殊途同归。①

这一论述，从对"直觉方法"的界定出发，认为朱陆皆有直觉方法，且他们二人恰好各自代表相反的一面，但二者可以调和，在相反相成中实现统一，最终殊途同归，"达到心与理一，个人与宇宙合一的神契境界"（这也正是贺氏自己的哲学努力实现的目标）。贺麟又进一步，称象山的直觉方法与阳明的直觉方法同为"反省式的直觉法"②，其消极面是反对读书以及著书和讲论，着重在减轻学术文化上的负担，解除外界的侵蚀，以保持自己的本心，而免为教育所误（这一半是为矫正朱子传注章句之学而发，一半是象山自己一贯的思想）。是故若知教育之可以误人，则可知象山之反对读书，实有其深意足以玩味。③ 其积极的一面，则在于"回复本心"。具体地说，亦有两面：一是教人反省自己的本心，注重在启发与唤醒他人，使本心回复到他的先天理性，这有似于古希腊的哲学家苏格拉底（Socrates，前469—前399）的接生法；一是自己反省自己的本心，从而体认自己的真我、把握自己的真实生命，这则有似法国哲学家亨利·柏格森（Henri Bergson，1859—1941）所谓自己对自己所表示的同情。④ 贺麟先生这一看法，同样是着眼于中西方哲学的比较而论，但是比较而不比附，亦

---

① 贺麟：《哲学与哲学史论文集》，商务印书馆1990年版，第184页。
② 贺麟：《哲学与哲学史论文集》，第187页。
③ 关于这一问题，笛卡尔自述其读书求学的经历，提供了一个宝贵的实例。参阅［法］笛卡尔《谈谈方法》，王太庆译，商务印书馆2000年版，第5—6页。
④ 参见贺麟《哲学与哲学史论文集》，第185—186页。

不以意穿凿，不仅言之成理，而且相当深刻。田浩也有类似的看法，他说："陆九渊的直觉理解是以肯定本心与天德间的联系为基础……只简单教人保存、培养以及寻回此心，能够保持本心，学习和修养就很'简易'……"①就这一直觉方法在目的上要使本心回复到人的先天理性，体认自己的真我和把握自己的真实生命而言，与笛卡尔哲学的第一原理"我思故我在"（今译为："我想，所以我是"②）所遵从的理性，未尝没有共同之点（如果不以东西方哲学之理性的差异而否认人类有一共同的理性的话），但是二者在通向智慧和展示理性的路径、方法、旨趣和风格上，则大为迥异。对此必须有清楚的认识和把握。

要之，象山的直觉法：

> 教人回复本心，贵在指点，提醒，启发。要想自己回复自己的本心，则在于体验，省察，反思，反求。使本心勿为物欲所蒙蔽戕贼，而致放失。③

贺麟的看法将象山的直觉方法与"回复本心"的问题直接紧密地联系在一起。这与牟宗三的看法惊人的暗合和一致。只不过牟宗三针对当人丧失其本心后"如何能复其本心"的问题，做了更深入细致的阐述。牟宗三认为，回答"如何能复其本心"的问题是非常困难的！困难不是难在求得一个思辨的思考上的解答，因为这种解答并不能保证使人必然真能复其本心且使本心顿时即为具体的呈现，不像数学或科学知识的问题有没有答案那么简单。究极而言，没有任何巧妙的办法可以使人"复其本心"。一般意义上所讲的教育、陶养、熏习、磨炼，即所谓"后天积习"，——由此而有各种各样的巧妙的办法，但到了紧要关头，却全无用处，这一切办法在本质上都是根本不相干的。牟宗三由此不仅否定了在"后天积习"的思辨原则上可以有"复其本心"的方法，而且也在思辨之究竟的意义上（即思辨的根本原则上）否定了"如何能复其本心"的问题。那么，就只能自

---

① [美] 田浩：《朱熹的思维世界》，第227页。
② [法] 笛卡尔：《谈谈方法》，第27页。
③ 贺麟：《哲学与哲学史论文集》，第187页。

觉地取消这一问题。吾人从虚拟出来的"如何能复其本心"的问题开始，经过对在"后天积习"原则上思辨地思考而求答案的否定，最后由自觉地否定这一问题当中逼显出"觉悟"或"顿悟"之说。①

牟宗三强调觉悟是使人"复其本心"的关键。而这里所说的"觉悟"以及"顿悟"正就是直觉，牟宗三从康德那里借用了"智的直觉"的概念作为中国哲学直觉的统一称谓或表述，这无疑地就与康德使用这一概念的原意有所不同了。这也是一种哲学上的"新瓶装旧酒"的做法，不仅有助于将中国哲学从传统的窠臼和束缚中解放出来，而且有利于中西方哲学之间的沟通、会通和交融，自然就成为自20世纪以来所流行的一种哲学范式。牟宗三所论的"觉悟""顿悟"正是这一范式的具体表现。牟宗三断言在象山的"本心即理"的命题中就蕴含着人可以有"智的直觉"的意涵。② 因此，说象山哲学具有直觉的方法和风格当然是成立的。牟宗三是借助佛教的"觉悟""顿悟"概念③来论述和展现象山哲学的直觉或"智的直觉"的方法与风格的。牟宗三也把"觉悟"称为"逆觉"。毫无疑问，"逆觉"之"悟"如同"顿悟"之"悟"都是"觉悟"的表现，二者在本质上并无不同，只是在表现形式的完整性上略有区别（详见下文的论述）。牟宗三认为，人在本心汩没陷溺的时候，本心自身有一种内在不容已的力量会突现出来，与那种汩没陷溺本心的力量形成相反的对抗力量，将本心

---

① 牟宗三：《从陆象山到刘蕺山》，见《牟宗三先生全集8》，第135页。

② 牟宗三说："'本心即理'必函着理是一分析命题，而亦函着人可有'智的直觉'；而此'本心即理'之本心亦即是神圣的心（当恻隐自会恻隐，所当作的必自会作）。"（牟宗三：《从陆象山到刘蕺山》，见《牟宗三先生全集8》，第9页）

③ 注意：这里说的是概念，而非语词。"觉悟"一词，在佛教输入中国之前已经有之。例如：《荀子·成相》云："不觉悟，不知苦，迷惑失指易上下。"《国语·吴语》云："王若不得志于齐，而以觉寤王心，而吴国犹世。"（"觉寤"与"觉悟"同义）可见，早在中国先秦本有"觉悟"一词，为醒悟的意思。然而，"觉悟"一词的广泛流行，乃在佛教输入中土以后。《隋书·经籍志》载，释迦"舍太子位，出家学道，勤行增进，觉悟一切种智，而谓之佛"。在佛教，所谓"佛"，就是彻底的觉悟者或称大觉悟者。牟宗三所论的"觉悟"，主要取自佛教义，但只是一种借用。牟宗三说："觉悟、顿悟之词容或来自佛家，然名者公器，岂必不可使用耶？佛家自竺道生讲'顿悟成佛'以来，天台、华严皆讲圆、顿之教，至禅而盛言顿教，然佛家自是佛家义，岂是因一讲觉悟、顿悟，便是禅耶？如此忌讳，势必日趣卑下琐碎而不敢自处于高明与切要，岂是善绍孔孟之教者耶？故朱子此种忌讳与逃避全属无谓。禅不禅只当看义理骨干，岂决定于名言耶？儒释道讲到心性之学，自有其共通处。……只要真能见到其义理内容不同斯可矣。通乎学术之原委者，自可不以忌讳累其心也。"（牟宗三：《从陆象山到刘蕺山》，见《牟宗三先生全集8》，第142页）

挽救回来，这就是本心的警觉。牟宗三说：

> 所谓"觉悟"者，即在其随时透露之时警觉其即为吾人之本心而肯认之耳。肯认之即探存之，不令放失。此是求其放心之本质的关键。一切助缘工夫亦无非在促成此觉悟。到有此觉悟时，方是求其放心、复其本心之切要处。一切积习工夫、助缘工夫并不能直线地引至此觉悟。由积习到觉悟是一步异质的跳跃，是突变。光是积习，并不能即引至此跳跃。跃至此觉悟，其本质之机还是在本心透露时之警觉。①

警觉即逆觉。这是本心自我挽救的一种力量。这种力量成为逆觉之中的"悟"（醒悟）的来源。悟是具有痛感的"跳跃""突变"的醒悟，牟宗三称之为"本心之震动"，"本心之惊蛰、震动所振起之波浪"②（注意：这里的"震动"一语，是借自佛教，如《楞严经》）。牟宗三视本心为一"活物"，可以随时呈露端倪，亦即随时可以震动（详见下文）。本心震动或"振起之波浪"的关键，是在于本心自觉地悟到或"认识"到本心陷溺放失（的消极面）之为非（甚至为恶），与本心体认自己而不容已地回复到自己（的积极面）之为是（为善）。这一本心的震动或"振起之波浪"即是本心自我直觉决断的过程，同时也是本心自我行动的去非（去恶）归是（复善）的践履过程。而本心恰恰由这一"震动"而肯认了本心自己与回复到本心自己。放失的本心一旦复位，那些由惊蛰、震动所掀起的波浪就消融于本心之中而归于平静。本心就会显现出它的溥博渊泉之坦然和沛然而源源不断地涌出的状态。③ 因此，无论是"觉悟"或"逆觉"，其本质都是"在本心透露时之警觉"。

至于"顿悟"也称为"大悟"。牟宗三说："大悟、顿悟者悟此本心无限量之谓也。"④ 这里说的"本心无限量之谓"是指不同于由分解的思考而认识到的无限性的那种"具体的、胜义实际的无限量"（或无限性），这

---

① 牟宗三：《从陆象山到刘蕺山》，见《牟宗三先生全集8》，第136页。
② 牟宗三：《从陆象山到刘蕺山》，见《牟宗三先生全集8》，第138—139页。
③ 牟宗三：《从陆象山到刘蕺山》，见《牟宗三先生全集8》，第137页。
④ 牟宗三：《从陆象山到刘蕺山》，见《牟宗三先生全集8》，第139页。

是本心自体的无限性从消极的转变为积极的，由抽象的形式的化为具体的、胜义实际的无限性，亦即是说，本心自体的抽离的形式的无限性必须能顿时普遍化为万物之体，因而能体万物而不遗，这才表示它已经落实在具体的万物之中而成为万物之自体或本体，从而使具体的万物表现出无限丰富而多样的无限性和无穷无尽的奥秘性，这就是"胜义实际的无限性"。这是"融于具体之殊事殊物中而为其体"的无限性、普遍性和真实性。牟宗三自问自答：

> 此具体的、胜义实际的无限量是何意义？曰：道德的本心同时即形而上的宇宙心是也。形式的无限性须能顿时普而为万物之体，因而体万物而不遗，方是落实而具体的无限性，即胜义实际的无限性。面对此无限性直下肯认而渗透之名曰"顿悟"。此种具体的、胜义实际的真实无限性不只是抽离的形式的无限性普遍性，而是"融于具体之殊事殊物中而为其体"之无限性、普遍性。说单纯，则"至当归一，精义无二"，只是一心，只是一理。"此心此理实不容有二"；说丰富，是无穷的丰富，说奥秘是无穷的奥秘。既不容有二，则悟必顿。既是无穷的丰富，无穷的奥秘，悟亦必顿。此中无任何阶梯渐次可以凑泊也。由觉而悟，必须悟到此境，方是悟到本心自体之真实的无限性。必须悟到此真实的无限性，本心义始到家。到家者，道德实践而成圣所必须如此之谓也。①

牟宗三用"直下肯认"和"渗透"二词（需要分开说）来形容本心变化的这一过程，名之曰"顿悟"。虽然说此"顿悟"是一"过程"，但是在此"过程"中"无任何阶梯渐次可以凑泊"，即没有任何阶梯渐次递进或升进的秩序（这里不包含"渗透"的意思，见下文）。顿即悟，悟即顿。悟在当下，悟是直悟，一悟即全悟、大悟、彻悟。可以说，顿悟的过程是一个没有过程的过程。从象山哲学来说，本心的这种无限性表现为道德的本心同时是形而上的宇宙心。这是本心自体之真实的无限性的表现。必须到达这一境界，体悟到本心自体之真实的无限性，才能体现本心的真

---

① 牟宗三：《从陆象山到刘蕺山》，见《牟宗三先生全集8》，第139—140页。

实究竟之义，说"复其本心"才算到家。

顿悟作为直觉之觉悟的一种形式，不仅在本心自己回复其自己的过程中表现出来，而且还具体地体现在本心与宇宙万物为一体的关系之中，这正是"心即理"所包含的本心充塞宇宙的普遍性的表现。落在境界上说，顿悟与道德实践具有密不可分的关系。牟宗三在以"直下肯认"说本心顿悟的同时，连用"渗透"一词来形容本心变化的这一过程，就是要突出以顿悟表现出来的觉悟与道德实践的不可分离的统一关系。因为本心的真实究竟之义要全幅得到落实和体现，就离不开道德实践的工夫。对本心来说，顿悟不仅仅是觉悟，而且也是道德的实践。道德实践的工夫，是成就大彻大悟的圣人的必经之路（这在后文中还将论述）。

牟宗三在其对于"觉悟"的论述中，深入地辨析了一切作为积习工夫、助缘工夫的教育、陶养、熏习、磨炼以及各种精致的思辨方法，包括道家老子所说的"为学日益"（《道德经》第四十八章）的文字义理工夫，与作为直觉的"觉悟"或"逆觉"的关系，指出一切非本质的积习工夫、助缘工夫和本质的助缘（例如人在昏沉特重的时候，不能自己警觉，得到师友的指点而醒悟的警觉），对于求其放心而言，都不是本质的主因和关键，它们只能促成这一"觉悟"或"逆觉"，而不能直线地引到这一"觉悟"。"本质的关键或主因唯在自己警觉——顺其呈露，当下警觉而肯认之。除此以外，再无其他巧妙办法。"[①] 因此，"由积习到觉悟是一步异质的跳跃，是突变"。牟宗三借用佛教的语言将这一觉悟或逆觉的过程划分为三个阶段：

> 其始也，其震动有痛切之感，久之，则归于轻安，虽震动而无痛感。有痛感，即所谓忏悔。轻安而无痛感，则震动即转而为常惺惺。平平即是常寂寂。最后，寂寂既惺惺，惺惺既寂寂，则即是"不思而得，不勉而中，从容中道，圣人也。"[②]

大抵上说，这三个阶段是：第一，开始的忏悔阶段：本心的震动有痛

[①] 牟宗三：《从陆象山到刘蕺山》，见《牟宗三先生全集8》，第137页。
[②] 牟宗三：《从陆象山到刘蕺山》，见《牟宗三先生全集8》，第138页。

感,经忏悔而归于轻安。第二,中间的常惺惺阶段:在无痛感的轻安状态中,本性的震动转为常惺惺,即回复到本心的本来面目,如上文所引"此时即唯是本心之坦然与沛然,溥博渊泉而时出之。大抵本心之震动与本心之平平时在交融为用中"①。第三,最后阶段的从容中道:"寂寂既惺惺,惺惺既寂寂。"这里的"寂寂"不是涅槃的圆寂极境,而是"不思而得,不勉而中,从容中道"(《中庸》)的圣人境界。就此而言,觉悟或逆觉与上述的顿悟不同。顿悟没有阶段可分。在广义上说,顿悟是一种觉悟,但在狭义上说,顿悟与觉悟不同。

牟宗三在这里虽然以佛教语言来描述儒家思想,固然表明他没有宋明儒对于佛教的禁忌,早已经从与佛教对立的辟佛中解放出来,对佛教持开放吸收的态度,但是非常明显,牟宗三坚持了其儒家的立场。特别需要注意的是,牟宗三提出人在复其本心后,不能仅仅持守着本心就以为没事了,而是需要不断创进,将本心向着"从容中道"的圣人境界去提升。诚如上言,圣人境界的觉悟就是"大悟"或"顿悟"。这无疑是对孔孟以及陆王等宋明儒家精神的高扬和发展。

既然人的本心可以在觉悟或逆觉的震动中回复归位,那么这就是可以给出的对于人"如何复其本心"问题的答复。"是故'如何复其本心'之问之解答即是其本身自己之震动。"② 牟宗三认为,人"如何复其本心"的问题,在思辨的思考中是不可能有答案的,因此这一问题在思辨的思考中出现,就是不能成立的。严格地说,这个问题根本上就不允许吾人有"如何"之问,并绕出去从本心以外的事物上去寻求解答,而是必须将本心当下收回来,在警觉的震动下,由本心的呈露而当下自我肯认,并回复本心自身。这就是牟宗三所强调的:"此警觉不是此本心以外之异质的物事,乃即是此本心之提起来而觉其自己。"③ 人"如何复其本心"的答案便在这里显现。但是,以思辨的思考提出这一问题是难以避免的,也不是完全消极的,它可以将觉悟或逆觉逼现出来。只有在逆觉的警觉中,这个问题才真正地成为一个问题并且得到了应有的答案。

---

① 牟宗三:《从陆象山到刘蕺山》,见《牟宗三先生全集8》,第137页。
② 牟宗三:《从陆象山到刘蕺山》,见《牟宗三先生全集8》,第138页。
③ 牟宗三:《从陆象山到刘蕺山》,见《牟宗三先生全集8》,第137页。

哲学地建立中国哲学

那么，本心的自我觉悟是如何可能呢？牟宗三的回答是：本心之所以能够自我觉悟，是因为本心是"一活物"，它本身具有一种不容已的不可压制不可桎梏的力量，随时可以震动和呈露其端倪。这便是本心的自我警觉（的本性和功能）。由本心这一"活物"的不容已的力量产生震动而形成警觉（即由直觉活动中产生的觉悟），便是本心自我觉悟的内在根据。牟宗三说：

……本心实是一活物，岂有终不震动之理？其随时可呈露端倪，即随时可震动也。本心之不容已亦自有一种力量，虽梏之反复，亦终压不住也。此为觉悟所以可能亦即其必然之最内在的根据。从此着眼而言道德实践之本质的工夫为觉悟决是孟子学所必有之涵义，此与禅学决无关系。①

在这个意义上来看，本心本来是无所谓"放"（放失）与"复"（回复）的。孟子所谓本心的"放失"，实际上，就是本心汨没于利欲之私、感性之杂，心沉稳而不动，失去了应有的作用。在道德实践的工夫上说，"放失"也就是"舍则亡"之意。尽管牟宗三强调本心是一活物，岂有不震动之理？但是，牟宗三同时承认本心汨没于利欲之私、感性之杂即可沉稳不动，那么本心要保持其为"活物"的震动，就必须有道德的实践工夫来维护和保持。这就表示，道德实践工夫是本心自我觉悟的必要条件和可靠保证。必须要强调的是，这里说的道德实践工夫乃是本心自己践履的工夫，也就是本心自己要求而必须有的自我操存的工夫，因而是一种内在于自己的自律的工夫，不是外在的他律的工夫。所以，牟宗三说"道德实践之本质的工夫为觉悟决是孟子学所必有之涵义"。牟宗三又说：

本来"本心"本是在那里，本无所谓"放"，亦无所谓"复"，亦犹伊川所谓"心岂有出入？亦以操舍而言耳。"孔子曰："操则存，舍则亡。出入无时，莫知其乡，惟心之谓与？"（〈告子〉引）出入自

---

① 牟宗三：《从陆象山到刘蕺山》，见《牟宗三先生全集8》，第138页。

操存之工夫上言，不自存在上言。①

这无非都是将本心的觉悟向道德实践的工夫上引，明示本心的觉悟离不开道德实践的工夫。由此可见，道德实践工夫在儒家哲学与直觉中的重要地位。

总而言之，本心自我觉悟之所以为可能的内在根据有二：一在于本心作为一"活物"所具有的不容已的力量，二在于道德实践的工夫。本心保持自身之为"活物"的生生不息之运转，犹如"溥博渊泉而时出之"，必须依赖于本心之不容已的力量与道德实践工夫的结合，由此产生的震动，才能而形成本心的警觉。

从上述对牟宗三关于作为本心之觉悟或逆觉的直觉思想的考察，不难看出，牟宗三是将直觉或直觉方法归入他所谓"非分解"的"理会实处"的方式之中。这当然就与分解的概念思辨的方式截然有别了。这在顿悟所表现的本心的无限性或"无限量"与分解的思考所得到的无限性的区分和对比中，得到了清楚的说明与解释。牟宗三说：

> 当吾人顺本心透露而警觉时，虽已肯认此本心矣，然此时之本心仍在重重锢蔽中被肯认，即在限制中被肯认，此亦即本心之受限性。显然锢蔽所成之限制并非即本心自己之限制。汩没于利欲之私、感性之杂中，一切是有条件有限制，而本心之呈用无任何条件，唯是一义理之当然，一内在之不容已，自无任何限制性。本心自体当是无限制者。由无限制而说其为"无限量"，此即普通所谓无限性。惟此无限性尚是消极者，由对遮锢蔽，自锢蔽中解脱而显者。此可由分解而得之。对此种无限性（形式的无限性），不必曰顿悟。此可由分解之思以悟之。惟当本心自体之无限性由消极进而为积极，由抽象的、形式的，进而为具体的、胜义实际的，方可言顿悟，乃至大悟。②

因此，对牟宗三来说，无论是从直觉方法与风格，抑或从"非分解"

---

① 牟宗三：《从陆象山到刘蕺山》，见《牟宗三先生全集8》，第138页。
② 牟宗三：《从陆象山到刘蕺山》，见《牟宗三先生全集8》，第139页。

的"启发""指点""点示""训诫""遮拨""挥斥"的"理会实处"的方法与风格来看象山学，都是可以合归到一处即实处的。牟宗三指出：

> 象山直承本心之坦然沛然而说话，虽不常言觉悟求放心，然其实早已跨过此关而直至承体而说之境矣。〈语录〉云："吾于践履，未能纯一，然才自警策，便与天地相似。"此已直下至圆顿之悟矣。①

这里肯定象山"已直下至圆顿之悟"，即是肯定象山达到了直觉的最高境界。如果说象山哲学的方法是"综合的""直觉的"，——内省的和"透视式的直觉"的，则必然是综合的浑全的。田浩认为，对象山而言，"人心中自然的天理是整体直观体验的基础，因为'一是即皆是。一明即皆明'②"③。可见，既然这种方法是直觉的浑全的，就是洞明的、觉悟的，甚至顿悟的，则绝不可能是逻辑的演绎的。这是不能含混的。这一问题所关甚大，故在此作一澄清。

（三）象山学的"粗""似不可说"

明白了牟宗三所指陈的象山学的"似可说"的一面，再来看其"似不可说"的另一面，就比较容易了。牟宗三说：

> 何以又言其似不可说？曰：就生命之风格而言，粗既只由其不是颜渊、濂溪、明道型之风格而见，则粗便只是高明爽朗，直拔俊伟，而非粗。亦如孟子之英气，望圣人言，为不足，而若就其尽时代之使命而成一典型之风格而言，则亦不害事。象山之粗亦犹孟子之英气也。故粗亦似不可说。就学之风格而言，粗既只由"非分解"而显，则粗亦只是非分解方式下之遮拨"闲议论"与点示实事实理所显之排荡相，此即粗而非粗，粗只是他人之感想，故粗似不可说。阳明之说其"只还粗些"恐亦只是不自觉地以自家"分解地有所立"中之文理

---

① 牟宗三：《从陆象山到刘蕺山》，见《牟宗三先生全集8》，第141页。
② （宋）陆九渊：《陆九渊集》卷三十五《语录》下，第469页。
③ ［美］田浩：《朱熹的思维世界》，第231、227页。

密察，气命周到，与象山"非分解方式"下之雷动风行，推宕飘忽，相质对，所引起之主观的实感。（罗近溪之非分解，以破光景故，故显精微清妙，不令人生"粗些"之想。……）①

在这段引文中，牟宗三表明了下述三层意思。

首先，从正面意义上肯定了象山具有如孟子一般的"英气"是"不害事"的。牟宗三指出，象山之犹如孟子一般的英气，相对于圣人的气象来说，虽然"为不足"，但是诚如前文之所论，象山亦有似孟子一般尽到了他的时代之使命，而在人格与哲学上成就了一典型之风格，"则亦不害事"。在这一意义上看，象山的生命之风格之为"粗"只不过是较之于颜渊、濂溪、明道型的生命之风格而显现的表象，而这种所谓的"粗"，在实质上，便只是一种"高明爽朗，直拔俊伟"的人格之英气的气象，那么，这就不是"粗"而是"非粗"了。换言之，对于象山的生命之风格或格范来说，"粗"不是一个贬义词，倒是相反，是一个充满了自律道德的生命人格之高致的具有审美意味的褒义词，是对象山出类拔萃的高明、俊伟、爽朗、直拔、自律、诚明的生命人格的形容和描写。象山呈现出来的是"壁立千仞，八风吹不动"②的刚健坚卓的英姿形象。因此，"粗"在这里就成为一种美和审美的符号。象山能得到"粗"的美誉并不简单。这种"粗"相之美却"似不可说"。

其次，从象山之学的风格说，象山的"粗"是在其"非分解"的"理会实处"的方式与分解的概念思辨方式的对显中，并具体在其非分解的方式下之挥斥、遮拨"闲议论"，同时指点、点示实事、实理的过程中显现出来的。在这个意义上，象山的"粗"便只是一种遮拨、排荡之相的表现。而这种遮拨、排荡之相不仅是英气，而且是勇气和智慧。这里说的"闲议论"一词，其涵义十分宽泛，可以泛指许多不同意义上的思想言论，很难确切地界定。但是，从象山和朱熹的论学以及牟宗三的评论中，大致上，可以归纳出四种意义：（1）指与本质不相干的一切思想理论；（2）指与本质不相干的一切空泛议论、支离之言、浮论虚说、谬悠无根之谈、各

---

① 牟宗三：《从陆象山到刘蕺山》，见《牟宗三先生全集8》，第18页。
② 牟宗三：《从陆象山到刘蕺山》，见《牟宗三先生全集8》，第151—152页。

种邪意见，包括不相干的不能如理如实的批判和攻讦；（3）指与本质不相干且不得要领又不能"理会实处"而归于"实处"的为学方法与进路；（4）指被称为异端邪说的思想理论。在其中的第（1）和第（2）义中，还包括使"道问学"与"尊德性"相分离、"为己之学"与"为人之学"相分离的思想言论。第（1）和第（2）义是泛指，第（3）和第（4）义是特指。关于"闲议论"，牟宗三有一段颇具代表性的论述，兹引如下：

> 象山……所呵斥之意见、议论、定本，乃至邪意见、闲议论、异端、陷溺等弊病，乃是本其所常说之"今天下学者惟两途：一途朴实，一途议论"而来。……其所谓"朴实"乃是本孟子而说之"胜义朴实"或"第一义朴实"。乃是指本心呈现之实事实理、坦然明白而说。异乎此者谓之异端、谓之歧出、谓之支离。歧出而支离，自不免于意见、议论、定本之讥。意见是邪意见，邪者偏差不正之谓。凡离乎本心呈现之实事实理坦然明白者而去筹度猜卜即是意见。意见即偏差不正。若是正正当当，只是实事实理之平铺，自无意见可说。意见是"平地起土堆"，不是如理如实之正智正见。在意见中，自不免于闲议论。本心是呈现，非议论。凡议论皆"闲"，即所谓"粘牙嚼舌"，"簸弄于颊舌纸笔之间"者是也。由意见、议论而成之定本即是一套拟议虚构之格局，所谓"揣量模写之工，依放假借之似，其条画足以自信，其习熟足以自安"者是也。凡此皆是陷溺，所谓溺于意见者是也。于此本心之沛然不御皆不相干。故必须遮拨这一切。消化这一切，而后始能归于"普世"，此即所谓胜义朴实，第一义朴实，乃直承本心呈现而说者。……①

无论对象山和牟宗三来说，一切"闲议论"都必须遮拨，通过消化而涤荡和排除。因此，非分解的挥斥、遮拨"闲议论"，说到底，就是一种理性的启发性的论衡、批判和批导。唯有经历这一过程，才能在做人为学和"为己""为人"上归于普世的价值和意义，也就是归落于"胜义朴实"或"第一义朴实"之途，由此才能"直承本心呈现"而发为如实如理

---

① 牟宗三：《从陆象山到刘蕺山》，见《牟宗三先生全集8》，第119页。

牟宗三的象山学（之二）

的言论，形成坦然明白的思想。如果没有这种遮拨、排荡的气概和力量，就只能浮于表面，无法深入实事和实理，就不能扫相（表面现象）证体（心体性体），就不会有创造和开新。那么，这种所谓的"粗"，实际上，就不是真的粗，而是非粗。

然而，一旦有遮拨、排荡之相，就难免不给人一种看上去为"粗"的印象。事实上，这是一种假象。这种假象的粗，其实不过是别人的一种观想、感想而已。应该注意到，牟宗三指出罗近溪之学的非分解方式，只因为它"破光景"的缘故，就显得"精微清妙"，不会令人产生"粗"或"粗些"的感想。这就越发证明象山的"粗"或"粗些"确实是假象。

在这种所谓的"粗"本身来说，其实是不可言喻的。就此而言，象山的"粗"是"似不可说"的。

其三，对于象山的"粗"相，最后则不能不回到原创者阳明的说法本身去看。牟宗三对阳明的这种说法进行了一番心理分析和揣摸，认为阳明说象山之学"只还粗些"，实际上，只是阳明个人的一种"主观的实感"。这种主观的实际感受，乃是由于阳明不自觉地将自家"分解地有所立"的"文理密察，气命周到"的方式和风格，与象山"非分解方式"下的"雷动风行，推宕飘忽"的方式和风格，相互比照与质对所引发的结果。牟宗三在这里（他括号中的内容）特别点出，罗近溪以非分解的方式"破光景"，不仅不会使人产生"粗些"的感想，而且还留下"精微清妙"的印象。这个例子正好反证了阳明所说象山之学"只还粗些"，只是阳明个人的"主观的实感"；同时暗示并非所有的非分解的方式和风格，都可以说成"只还粗些"或"粗"的。由此看来，所谓象山的"粗"确是"似不可说"的。

以上说"似不可说"而不说"不可说"，以一个"似"字，都说将出来了。这就是"不可说而可说，可说而不可说"①（详见下文的论述）。

不难看出，在牟宗三的论述中，不仅有历史的与逻辑的统一，同时也有逻辑的与心理的统一、历史的与心理的统一，而且还有"分解的"与

---

① 牟宗三：《名理论·译者之言》，见［德］维特根什坦《名理论》，牟宗三译，台北：学生书局1989年版，第15、18页。

"非分解的"诡谲的（或辩证的）统一①，实际上，就是在一种逻辑自洽的综合分析和超越分析中，实现了历史的、逻辑的、心理的统一以及分解的与非分解的诡谲的统一。这成为牟宗三的象山学的一个重要的特征。

（四）为何论说象山学的"粗"相？

如果说象山的"粗"是"似不可说"的，因为犹如禅家语"说即不中"，即一旦说"是'粗'"或"只还粗些"便不中了，便只能流为虚浮的想象，终难于落到实处，那么牟宗三为什么还要明知故说呢？这的确是最有趣的问题，也是最可留神与反复玩味之处。牟宗三明知象山的"粗"实不可说，但终究还是说了，并且是从"似可说"与"似不可说"的两面而说，说的头头是道。尤其是牟宗三认为，阳明所谓象山"只还粗些"只不过是阳明个人的"主观的实感"，然而牟宗三却要借阳明之说来说象山学，对象山之学作"似可说"与"似不可说"的两面观，既可将象山学之俊伟、宏大、端肃、高明、爽朗、直拔的特质之优长表彰明白，亦可将由象山之学所见的笼统、混沦、名理思辨欠缺的中国哲学之顽疾通病披露无遗，寓意于中国哲学在今天和未来所应该有的转型和自觉选择的道路。诚不可不谓巧妙与高超！然而，这一"似可说"与"似不可说"的关系本来是一种诡谲的关系，不可执着以强力和坚硬的分解言说。不得已在"似可说"与"似不可说"间说了，这一说便"著迹""留痕"了，不过也不打紧，只是总不能一说就放不下。因此，象山学"粗"相的"似可说"与"似不可说"是必须超越的。唯有如此，才可见"极高明而道中庸"的至上之境。

有必要指出，牟宗三的"似可说"和"似不可说"不同于维特根斯坦（Ludwig Wittgenstein）的"可言说"和"不可言说"。维氏概括其《逻辑哲学论》（*Tractatus Logico - Philosophy*）全部意义的一句名言说：

---

① 牟宗三曾撰著专文《分别说与非分别说》（见牟宗三《佛性与般若》下，见《牟宗三先生全集4》附录，第1193—1219页），以及专章《第十六讲 分别说与非分别说以及"表达圆教"之模式》（见牟宗三《中国哲学十九讲》，见《牟宗三先生全集29》，第331—366页），对此问题进行论述。所谓"分解的"与"非分解的"诡谲的（或辩证的）统一，即是"分解的""分别说"归于"非分解的""非分别说"的动态的诡谲的或辩证的统一。此不详论。

一切可以言说的都可以说清楚,而对于不可言说的东西必须沉默。①②

据此而有哲学上"可言说"的与"不可言说"的划界标准。这既是维氏对世界的划分,也是他对哲学的划界即将哲学划定在"可言说"的范围之内,至于"不可言说"的则必须远离或舍弃。

牟宗三在对维氏的"不可说"与《维摩诘经》的"不可说"的比较中指出:

> 人们可由此联想到《维摩诘经》的不二法门:真不二是不可说的,因此到问维摩诘如何是不二时,他便默然不说了。维氏意好像是如此,其实不然。他的于所不能说者便沉默是只承认科学语言为可说,为有意义,而《维摩诘经》是二分语言外承认有启发语言或指点语言,虽无科学知识的意义,但不能说无意义。③

牟宗三在此点出,维氏所谓的"可说"所指的是"有意义"的科学知识或科学语言,而《维摩诘经》的真不二是在二分语言外承认有启发语言或指点语言,虽然没有科学知识的意义,但是绝不能说无意义,故与维氏所说的"意义"是根本不同的。依维氏所说的"世界底意义处于世界之外",这里的"世界底意义"是指价值的意义,那么康德所说的属于智思物(nou-mena)的事物,诸如价值、道德的善、美学的美、意志自由、灵魂不灭等,就都是不能说的了。④

毋庸置疑,维氏旨在由"可言说"与"不可言说"的严格区分而将哲学变成一门专属于科学的学问或科学(即关于科学的科学),因而用"不可言说"的"沉默"来封杀形而上学(他虽然没有直接这样说,但是实质

---

① Ludwig Wittgenstein, *Tractatus Logico - Philosophy*, Translated by C. K Ogden, See Ludwig Wittgenstein, *Tractatus Logico - Philosophy*, *Philosophical Investigations*, Beijing: China Social Sciences Publishing House, Chengcheng Books Ltd., 1999, p. 27.
② 牟宗三先生的译文为:"凡全然能被说者即能清楚地被说,而凡我们所不能说者我们必须在沉默中略过。"([奥]维特根什坦:《名理论》,第21页。关于此书的中文译本还有数种,此略。)
③ 牟宗三:《名理论·译者之言》,见[德]维特根什坦《名理论》,第16页。
④ 见牟宗三《名理论·译者之言》,见[德]维特根什坦《名理论》,第13页。

上确实如此），由此开启20世纪的逻辑经验主义（其中的绝大多数哲学家都是"拒斥形而上学"者）。从西方哲学来说，维氏是自康德和尼采（全名：弗里德里希·威廉·尼采，Friedrich Wilhelm Nietzsche，1844—1900）以后彻底扼杀传统形而上学的第一人，而且绝对地超过了康德和尼采（而且康德和尼采的哲学，至少是其中的很大一部分，也在其扼杀的范围之内）。因为康德在杀死传统形而上学的同时，却孕育了另一种新的"纯粹理性"的未来形而上学（牟宗三认为这是康德拯救了形而上学[①]）；尼采在挥刀斩杀传统形而上学的同时，也在诗意的多种可能性中，从狄奥尼索斯（酒神）和阿波罗（日神）交融而成的希腊悲剧精神与对"权力意志"的直视和关注，到对念兹在兹的"超人"的梦幻般的狂想的期待和呼唤中，为酝酿新的属于未来的形而上学的种子做了某种准备；而维氏则（以"必须沉默"）干净利落地彻底清除了形而上学。

然而，就全部人类精神的过去、现在和未来而言，形而上学以及包括牟宗三所说的价值、善、美等，以及生命的意义，尤其是中国哲学传统中的儒家所肯定的天命之"於穆不已"、道德的心性、仁体和良知（也包括象山的"心即理"和朱熹继承伊川的"性即理"），道家所肯定的玄智玄理，佛家所肯定的如来藏自性清净心和般若、解脱、法身三德秘密藏在内的所有内容，等等[②]，绝非毫无意义（正面意义）的东西。牟宗三认为，维氏的"'可说'底规定太狭，他只有表达科学知识的语言，如是，形而上学便完全属于不能言说的范围……形而上学便被除消了。这虽然不是维氏的直接意思，然而也未始不是其'科学外不要说任何事'一语之所函"[③]。因此，尽管牟宗三能"平看此书，不为这些刺激性的小波浪小纤巧所耸动，正视之为一种'逻辑之哲学'（名理论），其最大的贡献在讲套套逻辑与矛盾，此正是逻辑本性之正文，一切对于逻辑形式之洞悟与妙语皆源于此"[④]，然而始终无法苟同维氏对于"可言说"与"不可言说"的划分与规定，并发出强烈的针对性很强的反弹和回应。这应该是牟宗三重视和翻译此书的原因。牟宗三说：

[①] 见牟宗三《中国哲学十九讲》，见《牟宗三先生全集29》，第343页。
[②] 牟宗三：《名理论·译者之言》，见［德］维特根什坦《名理论》，第15页。
[③] 牟宗三：《名理论·译者之言》，见［德］维特根什坦《名理论》，第15—16页。
[④] 牟宗三：《名理论·译者之言》，见［德］维特根什坦《名理论》，第6页。

牟宗三的象山学（之二）

我们承认于科学语言外，有启发语言或指点语言。超绝形上学的语言都是启发语言或指点语言。凡属康德所说属智思界者皆属启发语言中事。①

与此同时，应该注意到，针对有人强调后期维特根斯坦哲学的开朗气象，即维氏承认每一种语言皆有其意义，牟宗三虽然不否认维氏后期的这一看法较之于他早期的思想确为"开朗"和"宽容"，但是牟宗三认为，相较于康德不仅承认宗教，而且更能从学问和理性上肯定和建立宗教来说，维氏对于教徒向上帝祷告时，"上帝"一词固然有其在语言上的意义，但这也"只是宽容地承认，他并没有积极地对宗教作正面的建立"。因此，意义不大。②

在这一前提下，牟宗三对"可说"与"不可说"重新做出规定："'可说'有分解地可说与非分解地可说"③ 两种类型：凡在关联——**内处（宇内）的关联**（如在逻辑与数学中的纯粹形式的内处的关联，和在自然科学中的经验的材质的内处的关联）和**超越的关联**（属于实践理性的范围，如道德，乃至道德的神学即宗教）两种关联中，都是"分解地可说"的，其言说的语言是逻辑语言。因为"凡可以被置于关联中者皆为可说者"。④ 但是，超越的关联之为"可说"，则是一种消极的可说。例如上帝、道、自由意志、无限心，四者是一，都是可说的。它们要么关联于定然命令（道德）而"可说"，要么关联于"存在"而"可说"。

而"非分解地可说"的，则是实践理性中圆教的事。圆教中的圆满的体现，就是"非分解地说"的表现。牟宗三强调指出："非分解地说是诡谲地说、遮显地说，此是启发语言或指点语言。"⑤ 并认为佛门中所谓"佛说法四十九年而无一法可说"，乃是表示佛陀说法四十九年，经历了从"分解地说"到"非分解地说所指点的最后之'如'"的"不可说"（境

---

① 牟宗三：《名理论·译者之言》，见［德］维特根什坦《名理论》，第17页。
② 牟宗三：《中国哲学十九讲》，见《牟宗三先生全集29》，第342—343页。
③ 牟宗三：《名理论·译者之言》，见［德］维特根什坦《名理论》，第17页。
④ 牟宗三：《名理论·译者之言》，见［德］维特根什坦《名理论》，第9页。
⑤ 牟宗三：《名理论·译者之言》，见［德］维特根什坦《名理论》，第18页。

界）的过程。"无一法可说"就是佛陀在诡谲历程中的"舍弃"而言语道断，峰回路转，归于"一切皆如"的一种化境表现。

对于牟宗三来说，从"分解地说"到"非分解地可说"而"最后归于不可说"在哲学上似乎是一种必然。牟宗三说：

> 不可说而先导之以分解地可说，由此分解地可说进而至于非分解地可说（诡谲地说），由非分解地可说最后归于不可说。
>
> 如此而至之不可说是不可说而可说，可说而不可说，故虽即不说而亦全体圆明……①

象山之"粗"的"似可说"与"似不可说"在此得到了最佳的诠释。就是说，象山之"粗"相的"似可说"和"似不可说"，也正是一个从"分解的'似可说'"到"非分解的'似可说'"而最后归于"似不可说"的动态辩证的过程。就是说，象山之"粗"的"似可说"和"似不可说"，与上述的从"分解地说"到"非分解地可说"而"最后归于不可说"的过程是相应和一致的。那么，对于象山之"粗"的"似可说"和"似不可说"来说，这也是一个从"分解的'似可说'"到"非分解的'似可说'"而最后归于"似不可说"的动态辩证的过程。而象山学"似不可说"则是"不可说而可说，可说而不可说"的，并且虽然"似不可说"却"全体圆明"。这一最高的"全体圆明"之境，唯有在对"似可说"与"似不可说"的超越中，归于类似佛陀的"无一法可说"的不可说的化境，才能显见。

（五）"粗"相泯灭，洁静精微

如果说象山学是"不可说而可说，可说而不可说"的，那么象山学必须超越其"似可说"与"似不可说"则是必然的。对牟宗三来说，在象山学上超越"似可说"与"似不可说"固然有一种唐君毅先生所说的"一切言说必归于默，言说之目标，即在离言，一切著述之目标，即在更不见有著述"的为东方之大哲所契同的"学以成教为归，言说以离言为

---

① 牟宗三：《名理论·译者之言》，见［德］维特根什坦《名理论》，第18页。

归"① 的意味,然而,更重要的是,要在"归于渊默"而求"洁静精微"②中泯灭其"粗"相。其实,无论象山学是否"只还粗些",皆不可有相而执相,这在究极的意义上说,就不是"粗"不"粗"的问题,而是不能落于相而执着于相的问题,亦即必须扫相、破相、灭相的问题。因为"学以成教",终难免有"教"相。在根本上说,"教"相与"粗"相无异,皆落在相(言教相、系统相)上。"教"相可能以"粗"相表现出来,"粗"相也可能就是"教"相的一种表象或形态。无论"粗"相或"教"相,凡是有相,皆可有诤,皆非至极境界,尤其是从西方哲学来看,其中可能有哲学世界的杀机或潜伏着杀机,由此可能导致一切哲学的死亡或毁灭。③因此,在哲学中不可有杀机且必须免除杀机。只有彻底去除了杀机,哲学才能从有相的可诤的境界升华为无相的无诤的境界。此亦如唐君毅所说的那样:"去此杀机,而更以知其必归默之心以为言,其言方可无碍无执,更以成教也。"④

如此说来,成教可,著相则不可,即成教不可以有相,则必须"言说死而与闻者同归于涅槃寂静"的至极之境,这才是不可诤的极境。在牟宗三来说,这无疑就是圆教,即上文所说的"道德的形上学"的圆教。在这一圆教的模型而言,象山或象山学亦不可有相,象山或象山学的"粗"相必须泯灭,而归于无相。归于无相,就是从"非分解方式下之挥斥与点示"的言筌语蹄中解脱出来,归于实事、实理、实践的实处。无论"分解的似可说"或"非分解的似可说"都无法不拘泥于一定的(广义的)知识(包括智识)而成言说,若不能令归实处,结果终难免流为戏论。唐君毅有言:"纯知识上之事,皆是戏论。凡戏论皆碍真实行,亦碍真实知者。然凡戏论而归在如实知、真实行者,亦终不是戏论。"⑤ 依此而言,将象山学的"似可说"的一面剥脱下来,其"似不可说"的一面也就没有了依托;而当"似不可说"成为不可说,自然也就不存在"似可说"。只要

---

① 唐君毅:《生命存在与心灵境界》(上),《唐君毅全集》第25卷,九州出版社2016年版,第20页。
② 牟宗三:《从陆象山到刘蕺山》,见《牟宗三先生全集8》,第18页。
③ 参见唐君毅《生命存在与心灵境界》(上),《唐君毅全集》第25卷,第19页。
④ 唐君毅:《生命存在与心灵境界》(上),《唐君毅全集》第25卷,第20页。
⑤ 唐君毅:《生命存在与心灵境界》(上),《唐君毅全集》第25卷,第13页。

"归在如实知"而成就"真实行者",那么不仅可以免除戏论,而且亦无所谓"似可说"与"似不可说",更何况"似可说"与"似不可说"的关系本来就是一种诡谲的关系,虽然不可说而终归于诡谲地说,但是说了也不算,也得放下。一切皆在实处见,不落言筌,不著相,则没有"粗"相的"似可说"与"似不可说"。在象山学上超越"似可说"与"似不可说"的目的,正是要一切令归实处而真实行,不著迹、不留痕,没有"分解"的筌蹄(工具)或"非分解"的征象,"彻底去除其心中之大杀机",彻底地泯灭"粗"相或免于落入"粗"相以及其他任何一种相。唯有如此,才有望臻于"无一法可说"却"全体圆明"的圣境。无疑,这是一种理想的圆成境界。对牟宗三来说,这就是他所期望的作为"道德的形上学"的圆教所理解和要表述的圆通境界(这一"道德的形上学"的圆教,以牟宗三1978年成书的《从陆象山到刘蕺山》之前的1969年和1973年以及之后的1985年,先后完成的《智的直觉与中国哲学》《现象与物自身》和《圆善论》三书为标志而建立,并与《心体与性体》第一册的"综论部"有密切的关系)。从这一圆教的意义上看,归在如实事、如实知、如实理、如实行的实处,无论说法以立义或明义,或躬行实践,皆可"洁静精微",无穷无尽,永无止期。以唐君毅的话来说,就是由"言默之两端,以成其或以言教,或以默教。默则言隐而行自在,而其行即是言。则其默而成之之尽性立命之德行生活、性情生活,亦即是言,皆此执两用中之道之表现,亦其具体的理性、性情之表现之所在矣"①。如此说来,去掉了杀机,在精进不已的躬行实践的基础上,以自觉其必归渊默之心以为言,则无论"立义"之论或"明义"之言,即可无执亦无碍,而更易于接近或成就一个圆教之意义的哲学。牟宗三的表述如下:

> 象山若复消融其非分解方式下之挥斥与点示而归于渊默,则洁静精微,"粗"相泯矣。非分解方式下之挥斥与点示本只是筌蹄,目的只在令归实——实事实理坦然明白之实。《语录》有云:"千虚不博一实。吾平生学问无他,只是一实。"又云:"后世言道理者终是粘牙嚼舌。吾之言道坦然明白,全无粘牙嚼舌处。"自此以往,或一归于践

---

① 唐君毅:《生命存在与心灵境界》(下),《唐君毅全集》第26卷,第276页。

履,精进不已,或随机分别说法以立义或明义,此则自是无穷无尽者。未至圣人之境,皆有精粗可言,此不待言。①

牟宗三从"即哲学史以言哲学"转而以"即哲学以言哲学史",从中国哲学发展之长河的流向中,将象山学从一理想的圆教型的哲学的结局上做了一种理性理想的归向。然而,这里的最后一句话表明,牟宗三还是为自己留了余地。从理想的哲学与哲学的理想回到现实的事实上看,不啻是象山学,而是任何一种哲学,只要"未至圣人之境,皆有精粗可言"。显然,这便又从"即哲学以言哲学史"(即圆教型哲学以言作为"哲学史"或"哲学史之事实"的象山学)转回到了"即哲学史以言哲学"(即哲学发展之事实的"历史"而言作为"哲学"的象山学)。这一圆熟而开放的态度,自然也为哲学史(成文的哲学史)以及有关的话题留下了应有的空间。

三 结论——令归实处,圆教复活象山学

牟宗三从象山"非分解地以启发、指点、训诫、遮拨之方式"继承和光大孟子之学为入路,将象山的孟子学及其根本精神揭示无遗,极力肯定和表彰象山不啻因其对孟子之学"至是而始一明"而复活了孟子,其所提出的"心即理"的哲学命题,上达绝对的普遍性而"充塞宇宙",更超过了孟子,甚至孔子,但却非在孔孟之教之外标新立异,而是深得孔孟之教的本质的一种继承和发展,是一种"超过"而"实未超过"和"未超过"而又有"超过"的超过,一种"不得"而"得"的超过,充分地体现了宋儒(以及明儒)的普遍意识或精神。由此而将象山学全方位和全面地展露出来,同时在现代哲学与比较哲学的意识中批导象山学,指出由对象山学的反省和批导中所显露出来的"分解的"概念思辨或名理思辨的贫乏与欠缺,并非仅限于象山个人,而是整个中国古代哲学的一个极大的缺憾,非通过西方哲学和逻辑学的学习和训练无可充实、补益与完善中国哲学自身。这乃是中国哲学自觉地实现其从古典形态向现代形态转化而走向世界

---

① 牟宗三:《从陆象山到刘蕺山》,见《牟宗三先生全集8》,第19页。

哲学地建立中国哲学

的必由之路。

　　牟宗三对象山学的研究，在哲学方法论上，给人一个重要的启示，这就是：中国哲学的研究必须将"分解的"逻辑思辨的方式与"非分解的""理会实处"的方式统一起来，使"两者贯通为一，都成实处"，同时落实和体现在为学为人的境界上；"道问学"与"尊德性"是一个不可割裂的统一整体，"为己"之学和"为人"之学是一个不可分割的统一整体。如果不是抱残守缺而徒发思古之幽情，也不是舍己之田而芸人之田，那么这是必须要在今日之象山学的研究中所力申和表现的，以求成为今天和未来的中国哲学的共同意识或精神。至少对牟宗三来说，这应该是哲学地重建中国哲学与重写中国哲学史的应有之义。由此，即可为吾人在古今东西贯通如一的圆教型哲学的氛围中复活象山学，奠定坚实的基础和做好必要的准备。如此一来，便可以十分清晰地将代表象山哲学的"心即理"的命题所含有的绝对普遍的"本心即理""本心即性"的"心体"和"性体"终归为一之心的意义"十字打开"，那么"心外无物，道外无事"在古今以及未来的哲学上的重要意义，必将全幅开显而辉芒朗现。

　　牟宗三的象山学研究，与他建立自己的哲学即牟宗三哲学，亦即他的哲学史的研究与哲学的创构，大致上，是一个互相连续和交替进行的同一过程。[①] 在这一过程中，牟宗三藉康德哲学为桥梁，开展了会通中西与贯通古今哲学而自创哲学的工作（分别以前文提及的《智的直觉与中国哲学》《现象与物自身》《心体与性体》和《从陆象山到刘蕺山》为代表；前二书是其自创哲学的代表，后二书则是其合哲学史与哲学为一体即其"即哲学以言哲学史"和"即哲学史以言哲学"合一的著作，虽然偏重于宋明儒家哲学史的厘清和疏通工作，但是哲学的意味重，哲学的色彩明显），尤其是在将宋明儒家（亦旁涉释道）哲学与以康德哲学为代表和参照的西方哲学的对比照察中，牟宗三发现在中国古代哲学尤其是宋明儒家哲学中蕴含着一套"道德的形上学"，扩展至整个中国哲学史，亦必将释道两家哲学包括进来与儒家哲学同观，则是一套"实践的形上学"，牟宗三由此萌生出建立一个圆教型哲学的计划并付诸行动。圆教哲学的宗趣，是要在东西古今哲学会通融合的基础上，打通哲学的所有部门，使其没有

[①] 这一连续和交替的过程，可以从牟宗三五十岁至七十岁期间的哲学著作的写作过程看出。

限隔，成一圆熟大通的哲学，而又能在超越的形上意义上达到一种理想的圆满的哲学境界。

对牟宗三来说，哲学的圆教固然要以东（中）西方哲学的会通为前提，但在哲学的文化立场与姿态上说，只能建立在中国固有哲学的基础上，尤其是儒家哲学的基础上。牟宗三十分清楚地认识到，哲学之圆教的基型正就是"道德的形上学"。① 因此，圆教的意识便自觉地贯注和表现在

---

① 成中英先生说："故牟宗三先生所谓的'道德形上学'应为'道的形上学'或'道与性的形上学'，而非他所用英文所称的'moral metaphysics'一词所可真正涵盖与表达。此一英文译文显然把一个较为宽广的概念狭窄化了，即是把道与德限定在狭窄的人文与人伦道德实践上面。我不认为这是牟先生真正的意思。但牟先生是因批判康德的实践理性或道德理性而导向此一用法的，此又不可不知。"（见成中英《本体与实践：牟宗三与康德哲学》，《成中英文集·儒家哲学的本体重建》第三卷，中国人民大学出版社2017年版，第271页）这个说法有可商榷处。牟宗三所谓的"道德形上学"或"道德的形上学"本来具有两种含义：其一，这是牟宗三本于以儒家为主的中国哲学的精神和立场而独自创建的一套哲学，一般称之为"两层存有论"，不仅融合中西哲学，而且同时也内在地融合了儒释道。故在广义上讲，"道德的形上学"也称为"实践的形上学"（见牟宗三《现象与物自身·序》，见《牟宗三先生全集21》，第17页）；其二，"道德的形上学"即英文的"moral metaphysics"是相对于康德的"道德底形上学"即英文的"philosophy of moral"而言的，亦即牟宗三所谓的"moral metaphysics"不同于康德的"philosophy of moral"。因为康德的"道德底哲学"（相当于康德所讲的"道德底形上学"）不涉及工夫问题，亦不知这是实践问题，而只处理纯哲学问题之故。（见牟宗三《心体与性体》第一册，见《牟宗三先生全集5》，第10页）成中英先生应该是知道这一点。因为成中英先生指出："牟宗三先生从批判康德'道德底形上学'发展到'道德的形上学'，这是他专注道德实践的理由。"（见成中英《本体与实践：牟宗三与康德哲学》，《成中英文集·儒家哲学的本体重建》第三卷，第271页）因此，成中英说"牟先生是因批判康德的实践理性或道德理性而导向此一用法的，此又不可不知"。这无疑是对的。但是，成中英批评"牟宗三先生所谓的'道德形上学'应为'道的形上学'或'道与性的形上学'，而非他所用英文所称的'moral metaphysics'一词所可真正涵盖与表达。此一英文译文显然把一个较为宽广的概念狭窄化了，即是把道与德限定在狭窄的人文与人伦道德实践上面"，显然，这未免无的放矢。关于"'道德形上学'应为'道的形上学'或'道与性的形上学'"之义，在牟宗三的论述中已经非常清楚，此不论评，仅举一例便足以说明问题。牟宗三说："道家以玄理、玄智为主。儒家讲心体、性体、道体，吾人可方便转名，说其以性理、性智为主。佛家以空理、空智为主。无论玄智、性智或空智，都是自由无限心之作用。……故玄智就是有、无玄同之道心之明照。在此明照中，物是自在物也。空理是就法无自性说；空智是实相般若。无论套于何系统皆然。在实相般若之朗照中，法之实相显。实相一相，所谓无相，即是如相。此即是无自性的法之在其自己。性理是就能起道德创造（即德行之纯亦不已）之超越的根据言，此即是性体，扩大而为'於穆不已'之道体，成为存有论的实有性，即是万物之体性，万物底存之之超越的所以然。凡此，皆是客观地言之也。而性理不离道德的本心，乃即于道德本心而见。……我们只有在长期的浸润与渗透中，把这玄智、性智与空智弄明确，始能见出康德的不足；而亦只有通过康德的词语，我们始豁然知玄智、性智与空智所照明而创生地实现之者（儒）、非创生地实现之者（道）、或只具现之者（佛），乃物之在其自己。"（见牟宗三《现象与物自身·序》，见《牟宗三先生全集21》，第16—17页）这是有必要在此顺便澄清的。

他的象山学研究之中。牟宗三在他的象山学研究中,一方面透露和显现了他的哲学的圆教意识,另一方面则在一理想的圆教型哲学意识的驱使下,催生了他的象山学。确切地说,牟宗三是在一圆教型的哲学意识和意义中,复活了象山学,犹如他复活孟子学一样。这最为典型地在象山学的"似可说"与"似不可说"的两面之说的诡谲的统一,而归于超越的"不可说"的无相的"全体圆明",并成就"真实行者"的过程中——示现出来。

对哲学史来说,牟宗三以圆教型的哲学模型展现象山学,实际上,是开创了一个新的哲学史典范,即哲学家的哲学史类型中的一个新典范。严格地说,这个新典范是从其《心体与性体》到《从陆象山到刘蕺山》中所具体地体现出来的。综观成文的世界哲学史,无非有两大类型:哲学史家所写的哲学史和哲学家所写的哲学史(包括身兼哲学家和哲学史家的思想家和学者所写的哲学史),前者如策勒(全名:爱德华·策勒,Edward Zeller,1814—1908)的《古希腊哲学史》、文德尔班(全名:威廉·文德尔班,Wilhelm Windelband,1848—1915)的《哲学史教程》以及梯利(全名:弗兰克·梯利,Frank Thilly,1865—1934)的《西方哲学史》等,后者如黑格尔(全名:格奥尔格·威廉·弗里德里希·黑格尔,Georg Wilhelm Friedrich Hegel,缩写为 G. W. F. Hegel,1770—1831)的《哲学史讲演录》、雅斯贝尔斯(全名:卡尔·雅斯贝尔斯,Karl Jaspers,1883—1969)的《大哲学家》以及罗素(全名:伯特兰·阿瑟·威廉·罗素,Bertrand Arthur William Russell,1872—1970)的《西方哲学史》(全名为《西方哲学史及其与从古代到现代的政治、社会情况的联系》)等。一般认为,哲学史家的哲学史的"历史"的客观性强,而哲学家的哲学史的"哲学"的主观性强,二者各有偏重。这里所谓的"主观性"兼指哲学家个人的"哲学观"的非普遍性的主观性和哲学家个人的好恶情感,对于其哲学史的书写的左右或影响。例如罗素的《西方哲学史》,久负盛名,文笔优美,但是在业内并不被视为一部好的哲学史著作。原因就在于其"主观性"太强。好的哲学史,自然是应该尽可能地避免"主观性",而且应该是"历史性"和"哲学性"都突出而又统一的哲学史。必须强调,这里所谓的"哲学性"并不意味着主观性,而是一种哲学的普遍精神或普遍意识。从哲学家个人来说,由他所表达与体现的"哲学性"固然是有其个人主观的意味，但是这种哲学性则是人类普遍精神或普遍意识的有个性的（在具体的哲学家的生命中的）哲学的表达和体现，并贯注与体现在人类历史的精神生活之中，因而它就是历史的客观的哲学的。在一理想的历史和哲学的统一范式中，将由哲学家所表现和传达的人类精神生活中的普遍精神或普遍意识哲学地和历史地书写出来，就成为哲学史家的任务。牟宗三以一圆教的哲学意识和模型来叙述与展现宋明儒家（哲学家）的哲学思想，尤其是象山哲学即象山学的精神，——这种精神固然是在中国文化的历史中，由宋明儒的哲学家（例如象山）所表现和传达出来的精神，不乏其自身和民族文化的特色，但是，在本质上，这种精神是被提升到人类的普遍精神或普遍意识层级上的精神或意识，因此这种精神就是人类所具有的普遍精神或普遍意识（例如，象山的"宇宙便是吾心，吾心即是宇宙"所表现的"世界概念"），而这一圆教哲学的模型则是中西方哲学会通的产物，那么这种圆教的哲学意识是否只是一种哲学家的主观性呢？答案是否定的。

从牟宗三和中国哲学本身来说，圆教的哲学意识和模型本来就是中国哲学本身所具有的并内在于中国哲学自身之中，尤其是宋明儒家哲学之中的。因此，圆教的意识和模型既非从西方哲学中抄来的，也不是牟宗三个人凭空想象或杜撰出来的。然而，虽然说这种圆教意识及其模型内在于中国哲学之中，但这是一种蕴涵的蕴藏的内在，正犹如珍宝藏于深山，不是任何人都可以发现的。由于各种因缘际会，牟宗三通过中西方哲学的对比，尤其是在康德哲学与宋明儒哲学的比照中，发现在宋明儒哲学思想中具有丰富的圆教意识并有一个圆教的哲学模型深藏于其中，这就是"道德的形上学"（对儒家哲学尤其是宋明儒家哲学和牟宗三哲学而言），或广义上的"实践的形上学"（对中国哲学而言），于是动用哲学手续，将其创造性地发掘出来，完成了一次重大的哲学"考古"。尽管圆教哲学的意识及其模型，是牟宗三在会通中西方哲学的基础上提炼出来的，并成为他自己哲学创造的追求目标，但是这一套哲学圆教意识和模型的本始根源却在中国哲学尤其是象山哲学之中。由于牟宗三的哲学史研究和哲学创作是在连续中交替进行的，因此牟宗三在中国哲学的"考古"中，可以一方面以这一套圆教哲学的意识和模型哲学地和历史地表诠宋明儒哲学家的哲学思想，实现了哲学的和历史的统一，这就是"即哲学以言哲学史"和"即哲学史以言哲学"的统一，而且最为充分和显著地体现在牟宗三的象山学之中，这是相应而得体的，又是与众不同的和前所未见的。另一方面又在这同一的过程中，明朗化和清晰化了这一圆教意识及其模型，成为牟宗三哲学所追求的目标。对牟宗三来说，这是在同一个过程中得到的双重收获。

牟宗三从中国哲学自身之中发掘出一套圆教哲学的模型，并以之表诠中国哲学的历史发展，做到了哲学的和历史的统一和一致，这就是"即哲学以言哲学史"和"即哲学史以言哲学"的统一和一致，并充分地明显地在牟宗三的象山学中表现出来。对中国哲学史的写作范式来说，这无疑具有非常大的启示作用和意义。必须看到，这既不是传统的"宋学"模式，更与"经学"模式毫不相干，也不是照搬西学的"以西释中"模式，而是突破传统和西学，会通中西方哲学的一个硕果。从《心体与性体》到《从陆象山到刘蕺山》的文体风格来看，尽管牟宗三的写作具有"学案体"（形式）的遗风，而非一般的"哲学史"的叙述形式和风格，然而彻里彻外、彻头彻尾是哲学的和历史的统一的典范，是"即哲学以言哲学史"和"即哲学史以言哲学"的统一的典范，在中国哲学史上具有划时代的里程碑的意义。

毋庸置疑，牟宗三的象山学研究并非纯粹重写一个中国哲学史的象山学案（尽管可以被视为一个新的象山学案），而是与他的整部"心体与性体"的统一之宗旨相贯通，而把哲学史与哲学结合起来的一个典范。在这个典范中，象山学的心学思想，正如同朱子学和阳明学一样，成为牟宗三哲学的重要思想来源之一。尤其是象山"心即理"的哲学命题，在牟宗三的论述中，重新焕发出青春与活力，从一种充满与贯注了现代哲学精神的作为"道德的形上学"的圆教意识中，获得了新的生命和意义，成为通向标志牟宗三哲学的"道德的形上学"的重要一环。因此，牟宗三的象山学不仅是通向牟宗三哲学的一座桥梁，而且也是通向当代和未来中国哲学的一座桥梁，但不是唯一的桥梁。

今观牟宗三的象山学，也是吾人通向象山学的一座桥梁，而且也可能就是通向吾人所向往的哲学的桥梁。

唐君毅先生有言：

> 吾之为哲学，以通任何所知之哲学，此通之之心，虽初为一总体

的加以包涵之之心，然此心必须化为一分别的加以通达之心。此加以通达之心之所为，唯是修成一桥梁、一道路，使吾心得由此而至彼。此桥梁道路，恒建于至卑之地，而不冒于其所通达者之上。由此而吾乃知崇敬古今东西之哲学，吾不欲吾之哲学成堡垒之建筑，而唯愿其为一桥梁；吾复不欲吾之哲学如山岳，而唯愿其为一道路、为一河流。循此再进以观古今东西哲学之形同堡垒之建筑或山岳者，吾亦皆渐见其实只为一桥梁、一道路、一河流。吾乃于哲学义理之世界，如只遍见一一之天桥，天河与天道，其为堡垒建筑与山岳者，乃若隐若现，存于虚无缥缈间。循此再进，吾更悟一切义理概念，即皆同只是一桥梁、一道路。凡为桥梁道路者，未至者望之，则显然是有；已经过之，则隐于后而若无。凡彼造桥梁道路者，亦正欲人经过之，而任之隐、任之无。人经过桥梁道路之时，固可见有荆棘载道，葛藤绕身，然荆棘既斩，如过关斩将，亦归于无。[1]

此诚为吾之心言。今以之为本文的结语。

（此文的压缩删节稿刊于《人文论丛》2022年第一辑）

---

[1] 唐君毅：《生命存在与心灵境界》（上），《唐君毅全集》第25卷，第19—20页。

牟宗三的实现之理与纪纲之理

——兼与康德的轨约原则与构造原则比较

一 实现之理与纪纲之理概论

毋庸置疑，牟宗三的实现之理与纪纲之理是直承康德的轨约原则与构造原则[①]而来的。但是与康德不同。实现之理与纪纲之理，牟宗三又称为"实现之理"与"形成之理"，或者"存在之理"与"形构之理"，或者"实现之理"与"形构之理"，或者"调节原则"与"构造原则"，或者"轨（规）约原则"与"构造原则"，或者"轨约型范"与"构造原则"，

---

① 关于 Regulative Principle 和 Constitutional Principle 的译名，在中文里颇不一致。例如蓝公武在知性层译为"规整的原理"与"构成的原理"（见蓝公武译《纯粹理性批判》，商务印书馆1961年版，第167页），在理性层则译"Regulative"为"统制的"（该书，第458页）；韦卓民译为"限定的原则"与"组织性的原则"（见韦卓民译《纯粹理性批判》，华中师范大学出版社1991年版，第216—217、561页）；杨一之译为"规整的原理"与"构成的原理"（见杨一之《康德黑格尔哲学讲稿》，商务印书馆1996年版，第39页），与蓝公同；李泽厚译 Regulative Principle 为"范导原理"，译 Constitutional 为"构成的"（见李泽厚《批判哲学的批判》修订本，人民出版社1984年第2版，第213页）；陈嘉明译为"范导原理"（是从李译）与"建构原理"（见陈嘉明《建构与范导》，社会科学文献出版社1992年版，第57页）。至于牟氏则译为"轨约原则"或"轨约型范"（Regulative Norm）与"构造原则"或"构成原则"。这是他在后期的逻辑学著作与哲学著作中比较确定的译法与使用的术语［可参看牟宗三《理则学》，台北：正中书局1995年（第12次）印行，第81、234页；《现象与物自身》，台北：学生书局1975年版，第272—276页；又见于牟氏译本之中］。但他在早期逻辑学著作中，则译"Principle of Regulation"为"纪纲之理"，且与"Principle of Concretion, or of Actualization""实现之理"或"具体化之理"相对。（见牟宗三《逻辑典范》，香港：商务印书馆1941年版，第104页。）本文沿用牟氏的译名。

牟宗三的实现之理与纪纲之理

等等，其意义也不完全一样，随着他思想的变化与发展，在不同的著作中有不同的称谓和意义。其定称则为"轨约原则"与"构造原则"。实现之理与纪纲之理，或轨约原则与构造原则，构成了牟宗三从逻辑哲学到道德的形上学的一个重要的方法论原则，因而贯穿于牟宗三哲学思想发展之始终。牟氏对于这个问题的论述，线索拉得很长，资料非常丰富，主要见诸下列文献：《觉知底因果说与知识底可能说》（1937），《逻辑典范》（1941），《传统逻辑与康德的范畴》（1946），《认识心之批判》（1956—1957）、《理则学》（1955），《智的直觉与中国哲学》（1971），《现象与物自身》（1975），以及他所译注的康德哲学著作，尤其是《康德〈纯粹理性之批判〉》（1983）一书的"按语"或"注释"。此外，也见诸他诠表中国儒释道哲学的著作，特别是《心体与性体》（1968—1969）之中。由于牟氏对于康德哲学的理解有前期、中期与后期的分别，因此他对于康德的轨约原则与构造原则的看法，在不同时期的观点是不尽相同的。《逻辑典范》的论述代表他早期的观点；《认识心之批判》与《理则学》之所论为其中期的观点，是其早期思想的引申与系统运用；《现象与物自身》以及他对康德作品的译注与评论则为其晚期的看法。三个时期的思想各有特点，早期观点重在批评与发展、整合与融通，中期思想是早期观点的系统化与系统运用，晚期看法则主要是对于康德的论述作一种客观的厘清与疏释。是故，实现之理与纪纲之理从方法论上构成了理解牟宗三哲学思想的一条重要线索。然而，由于我们考察的主题的限制，加之这一问题十分庞大，因此我们的论述主要以其早中期的思想为主，至多间或涉及其晚期观点。

从牟宗三早中期的思想来看，一方面他是在相应于重建康德的一切综合判断的最高原理的背景下，也就是基于知性的逻辑涉指格的层面与前提下，对于康德的轨约原则与构造原则再一次做了批判与重构。结果是他以实现之理与纪纲之理取代了康德的轨约原则与构造原则。在这个意义之上，甚至不妨把它看作牟氏重建一切综合判断的最高原理的一个组成部分。另一方面牟氏从正面重视与掘发这一问题，乃是出于护持逻辑的自足独立性与建立逻辑标准的需要。因而可以说，逻辑的工具学标准与构成学标准完全相应且立足于轨约原则与构造原则的重构而建成。与此同时，牟氏把轨约原则与构造原则置于广阔的中西哲学背景中，以康德和儒家的哲学思想为资源，进行整合与会通，力图在批判的重构中超越与升进康德。

由于对轨约原则与构造原则的批判与重构，牟氏不仅建立了与逻辑的工具标准相对应的构成标准，而且从逻辑的进路接上了康德的哲学，建立了一个系统的逻辑哲学观与数学哲学观，进而直通认识主体之路，"复活康德"，"重开哲学之门"。①

总之，牟宗三的实现之理与纪纲之理是对康德的轨约原则与构造原则的批判与重构。

以下，我们来考察牟氏的上述思想。

二 实现之理与纪纲之理

牟氏在纯粹理性批判中发现了康德的一个重要的方法论的密匙，轨约运用与构造运用的原则，康德分别称之为"轨约原则"与"构造原则"，然而他并没有直接沿袭康德这两个原则，而是相应于对知识的条件与知识之对象的条件的区分，在知性的逻辑涉指格的层面与前提下，以逻辑之理自身为根据来认识这两个原则，揭示纯粹理性（"纯理"）之全体大用。因此，牟氏的实现之理与纪纲之理绝不等同于康德的轨约原则与构造原则。依牟氏的看法，在纯粹理性自身中就包含了实现之理与纪纲之理，纯粹理性作为逻辑之理，在它的运作中必然地显现为一个纪纲之理，由纪纲之理的推溯与回升，便可见实现之理。这完全是由逻辑之理自身的特性所决定的。牟氏指出：

> 逻辑之理，即纯理，乃纪纲思辨或理解之理。此理既是先验而独自发展，不杂有任何经验特性，且又纪纲思辨而为其所以可能之支柱或脉络，则它不是被动而为能动可知。即于此能动上，说为原因性或自因性。此原因性与因果相续中有条件的原因不同。于其纪纲辨解而不为辨解所造，故言原因性；于其物物而不物于物处，故言自动性。然此只对辨解而言。吾人尚可进而再问此纪纲辨解之理又如何而然也。吾于此纪纲之理之原因性或自动性上，即推证一足以实现此纪纲

---

① 参阅牟宗三《认识心之批判》上册，台北：学生书局1990年修订版，《序言》第2页。

之理，之理。这就叫做实现之理。亦可名之曰"体"。①

据此可知，逻辑之理即纯粹理性之理自身就是纪纲之理，即纪纲思辨之理或纪纲理解之理（相当于康德所说的纯粹知性范畴），由于它是完全独立于经验和自主发展的（所谓"先验而独自发展"），它自身即包含着它之所以可能的支柱或脉络。这有两层意思：其一，纪纲思辨之理或纪纲理解之理（相当于康德的纯粹知性范畴的超验演绎）以它自身的法则为根据或条件（所谓它"纪纲思辨""纪纲辨解而不为辨解所造"），同时它也是（用以）建构经验知识的法则或纪纲，因而具有"自因性"或"原因性"；显然，这一"自因性"或"原因性"与自然界因果关系中的原因是不同的。其二，纪纲之理（按：牟氏在此指纪纲思辨之理，尚未区别纪纲之理与纪纲思辨之理）是（至少是在其中包含着）建构（或曰实现）经验知识的对象（现象）的法则或纪纲，或说根据或条件（所谓"物物而不物于物"），因而具有"自动性"。职是之故，逻辑之理具有"自因性"或"原因性"与"自动性"。由逻辑之理的自因性或自动性上，可以推证出使纪纲之理之所以可能的一个更高之理，即"实现之理"。联系上述两层意思来看，实现之理不仅是纪纲思辨之理之所以可能的根据与条件（或者说，是实现它的法则），从而是纪纲思辨之理建构经验知识的根据或条件，而且是形成或实现经验知识的对象的纪纲或法则。简言之，**实现之理是纪纲思辨之理与知识的对象之所以可能的根据或条件**。因此，"**纪纲之理维系现象，实现之理实现现象**"②。

从以上的叙述不难看出，牟氏的纪纲之理与实现之理不同于康德的构造原则与轨约原则。因为，康德的构造原则是知性运用经验综合的先验原理构造经验知识与经验知识的对象的原则，而牟氏恰恰是要把构造经验知识的原则与构造经验知识的对象的原则区别开来；康德的轨约原则作为理性的原则，是认识主体在知性中藉以探求作为现象的自然秩序，把主体的知识引向系统性的统一方法，但是牟氏的实现之理则不止于此，它同时还是实现构成知识的对象之现象的原则，与构造知识的原则的原则。相对于

---

① 牟宗三：《逻辑典范》，香港：商务印书馆1941年版，第606页。
② 牟宗三：《逻辑典范》，第606页。

哲学地建立中国哲学

康德的构造原则与轨约原则，可以把牟氏的纪纲之理与实现之理表述如下：

纪纲之理或**纪纲思辨之理**是作为逻辑之理的纯理构造思维与知识的原则，**实现之理**是纯理创造纪纲思辨之理与经验知识之对象的原则。

按牟氏的话来说，那就是：

纪纲之理或**纪纲思辨之理**是维系现象之理，**实现之理**是实现纪纲思辨之理与实现现象之理。

基于这一认识，牟氏进而把纪纲之理区分为"纪纲思辨之理"与"纪纲现象之理"，或"纪纲思辨之理"与"纪纲存在之理"，或"纪纲知识之理"与"纪纲对象之理"。因此，纪纲之理可以在两种意义上来看待：在狭义上，它指纪纲思辨之理；在广义上，它兼指纪纲思辨之理与纪纲现象之理。这是值得注意的。关于纪纲思辨之理与纪纲现象之理的区分，他写道：

> 此理（引者按：纪纲之理）发而为辨解之纪纲即为知识所以可能之基。然此纪纲绝不同于知识对象所以可能之纪纲。问知识如何可能，不是问知识对象如何可能。纵然知识所对为现象，然现象自有纪纲者，而非此逻辑之理也。从实现之理而言是（"）一（"）；从纪纲之理而言是"多"。纯理为思官所特具。只纪纲思辨而为其所以可能之支柱。纪纲思辨之理与纪纲存在（Being）之理或对象或现象之理不同。我们没有如康德所云的纯粹先验的自然科学。①

对于纪纲存在之理或纪纲对象之理，牟氏是以孟子论感性官能的观点来解释的，他说："孟子曰：'耳目之官不思，而蔽于物，物交物则引之而已矣。'此即是生理物理之交引过程。于此交引之中自有足以维系之者，此则便是纪纲'存在'之理。"② 于此可知，所谓**纪纲存在之理**或**纪纲对象之理**，就是**构作感性认识之理**，或者说，是**创造**（作为现象的）**存在而形成认识对象**（即"**所予**"）**之理**。在本质上，它属于实现之理。它具有直

---

① 牟宗三：《逻辑典范》，第607页。
② 牟宗三：《逻辑典范》，第607页。

觉性与**客观实在性**的特征，为知性认识提供了对象或质料。因此，才使纪纲思辨之理或纪纲知识之理成为可能。牟氏藉此肯定罗素与怀特海的经验实在论在这方面大有慧解，似有措意于引鉴和会通之意，表现出鲜明的经验实在论的态度。依此，他进一步以数学为例说明纪纲知识之理。他指出思维官能以感觉官能为基础且又高过感觉官能，理性认识基于感性认识而又超越感性认识，且能扩大感性认识的范围，还再次援引乃师熊十力所谓**"动而愈出，不依官能，独起畴度"**的话来作解释。依他之见，理性思维独起畴度，愈引愈长，就形成逻辑之纯理即纯粹理性的逻辑之理，因而成为知识所以可能的纪纲。譬如说，纯粹数学之所以为可能，就是因其是建立在纯粹理性的逻辑之理的基础上的。因为纯粹数学（几何不在其内）是先验的，其根据在于纪纲之理，不在感性的直觉，不受时空的制约。但是，科学的形成不能不依赖感性的直觉与时空的形式，因此没有康德所主张的纯粹先验的自然科学。如果说"纯粹先验的"只是指理论地或思辨地独立于经验的意思，那么牟氏的这一看法并不（至少不完全）符合当代科学的实际。

总之，**纪纲存在之理**或**纪纲对象之理**是**建构知识之对象的原则**，具有**直觉性**与**客观实在性**，在本质上是**实现之理**；**纪纲思辨之理**或**纪纲知识之理**是**以纪纲存在或对象之理为基础建构知识或思维之理**，在本质上是**纪纲之理（轨约原则）**。纪纲存在之理，对实现之理说，只是轨约原则；对纪纲思辨之理说，则是构造原则或实现之理。

对照牟氏后来的思想来看，纪纲思辨或知识之理演变为其"范畴"与"型范"；纪纲存在或对象之理则演化为其"格度"，故它有二重性：既是纪纲之理，又是实现之理。这似乎类似于康德的数学原则与力学原则。因此，在广义上说，纪纲对象之理与纪纲知识之理都只是纪纲之理，相当于康德的构造原则，与相当于康德轨约原则的实现之理相对。就是说，牟氏的纪纲之理是对康德的构造原则的翻转，牟氏的实现之理是对康德的轨约原则的翻转。这即是他对康德的构造原则与轨约原则的解构与重构。

的确，牟氏对于实现之理与纪纲之理的看法，同康德的轨约原则与构造原则相去天壤之别。依康德之见，纯粹理性的轨约原则不可能充当知识对象的构造原则，如果混淆轨约原则与构造原则，则必然造成思辨理性的二律背反。既然牟氏把纪纲对象之理归于实现之理，那么是否可能回避二律背反，而且如何把实现对象（现象）之理与实现纪纲之理在同一个实现之理中统一起来呢？牟氏如何解决这两个问题呢？

牟氏力图在客观而准确地理解与把握康德轨约原则与构造原则思想的基础上，分别从不同的方面论证了他的实现之理与纪纲之理，同时对康德的观点作出批判，藉此说明他与康德在思想上的关系。

首先，他通过对康德这一思想的解构，重新诠释康德的范畴，当作他提出纪纲思辨之理的根据，进而阐明实现之理。

牟氏在批判康德轨约原则与构造原则的基础上，引出了纪纲思辨之理。如所周知，康德把人的认识分为三个阶段：感性，知性，理性，牟氏称之为"直觉"（感性），"理解"（知性），"理性"，其作用分别是直觉供给材料，理解供给范畴以整理材料使其一致，理性供给原则以统驭范畴使其一致。牟氏说他以纯逻辑之理作为知识所以可能的纪纲，"实即与康德的理性一阶段相应"。① 但是他与康德的分别主要也从这里开始。康德区别与强调理性原则的认识与知性的认识完全不同。诚如牟氏所看到的那样，知性认识是由规则的效用而造成现象的一致；理性认识是在原则之下而产生各规则之间的一致。理性的对象是知性，它的原则只能运用于知性。它对于知性的认识，由概念的方法给予一个先验的一致。因此，理性原则永远不能直接运用于经验或任何意识的对象。理性的一致与理解的一致全然不同。简言之，前者是由理性的轨约原则的运用造成的，后者是由知性的构造原则的运用构成的。知性以其自身的先天范畴直接运用于经验或直觉，同时构造了知识与知识的对象，是故，知性的构造原则既是知识所以可能的条件，也是知识的对象所以可能的条件，这就是所谓"现象的一致"。然而，理性的轨约原则是一个主观的原则，它只是贯串于知性范畴之中，不能直接运用于经验或对象。它虽然把我们的知识引向系统性的统一方向，不失理想性与指导性，并且它居于纯粹理性的领导地位，自身却是贫乏的空洞的。这是不能令人满意的。因此，牟氏要从这里去扭转康德的轨约原则与构造原则。他说："这个对于理性的看法可以有我们插足的机会。我的纪纲思辨之理即从此引出。"②

---

① 牟宗三：《逻辑典范》，第608页。
② 牟宗三：《逻辑典范》，第609页。

牟宗三的实现之理与纪纲之理

牟氏建立纪纲思辨之理,最关键的是,他对康德的知性范畴作出了一项独创性的诠释,即把康德的知性范畴仅仅看作设准。他的思想主要见诸下列两段引文:

> 我以为理解所带的范畴,(如康德所说),实即都是些设准,或说是些调节原则(Principle of Cathartic)。它们都无必然性,亦无主观先验性。主观或者是可以说的,但不是必然的;先验或许也是可以说的,但此所谓先验只是理解上的先在,不能算作主观的先验格式。所以也不能算作是范畴,即是说不能算作构造原则,只能算作调节原则。因为它随时可以变动的。同时,它更不能是对象可能的条件。这即是说,对象自有其条理,自有足以纪纲之者。亦即是说没有纯粹的先验的自然科学。①

> 我以为每一个理解,即每一个经验概念之造成,都是必有理性的原则(即理则),运用于其中而为其所以可能之纪纲或支柱。至于那些理解所带的范畴,(如康德所说),只是一些主观的设准,附着于对外理解时,理性原则的运用中;即是说,于理性运用时,马上即带有些设准于其上。所以在此理解不能单成一类,具有范畴。理解只是觉识作用。纪纲之理运用于此觉识过程中而为理解所以可能之条件,亦即为知识或一经验概念可能之条件。所以此时理性与理解不可以类分。理性原则即是理解时理性所自具的规则或纪纲,一切由此而成者为概念,故一切概念皆为后得。一切概念反复相续皆可为另一概念之设准。故康德所列的那些理解范畴,皆是理解作用发起时,理性所带的设准。理性原则是先验的必然的,而设准不是先验的必然的。它只是调节原则(即媒介性),不是构成原则;是方法上的先在,不是构造上的先在。关此张东荪先生解析的很明白,读者可以参看他的《多元认识论》。②

---

① 牟宗三:《逻辑典范》,第608页。
② 牟宗三:《逻辑典范》,第609页。

根据牟氏以上的论述，我们可以把他对康德范畴论的看法归纳为下列四点：

1. 范畴只是一些主观的设准，是附着于理性之上的，即附着于理性原则对理解的运用中，自身没有独立性，它们只是调节原则或轨约原则（媒介），而不是构成原则。

2. 范畴作为主观的设准完全无必然性与先验性：虽有主观性，但无必然性；虽有先验性，却非主观的先验性。范畴的先验性只是理解上的先在，不是主观的先验格式，或者说，是方法上的先在，不是构造上的先在。

3. 范畴作为主观的设准，是随时可以变动的，具有随机性或"当机性"（按：牟氏后来在《认识心之批判》中的称呼）。

4. 因此，康德所谓的"范畴"，其实不能算作范畴，只能称作概念。一切概念都是理性原则运用于理解的结果。因此，一切概念皆为后得，它们反复相续均可为另一概念的设准。

以上四点显示，牟氏的这一诠释完全颠覆了康德的纯粹知性的先天范畴之论，即把它从先天（或先验）必然的范畴变成了主观随机的概念，把它从一个构造原则变成了一个轨约原则。是故，康德的范畴不可能成为知识与知识的对象之所以可能的条件或根据。正是在这个意义上，他反对康德主张有纯粹的先天自然科学之论。牟氏对康德范畴论的看法，直接受到张东荪评论康德认识论的观点的启发。[①] 对此，牟氏本人也并不讳言，只不过在这里他把张氏的论述当作了他的一个脚注而已。实际上，牟氏的纪纲思辨之理仅仅是代替了康德的知性范畴而成为一个轨约原则。对他来说，这些范畴附着于理性原则的运用之中，只是一个主观的原则，不过是一些随机的概念，无足轻重，并不会与当作构造原则的纪纲之理相混淆。因此，避免了在纯粹理性中出现二律背反的可能。

牟氏对康德范畴的这些看法，据现有的文献材料来看，在《逻辑典范》脱稿之前已经初具规模，主要见于1937年发表的《觉知底因果说与知识底可能说》一文。在这篇文章中，他基于对现代逻辑与知识论的认识来批判与重铸康德的范畴学说，一方面把康德的范畴归于逻辑上的重言式

---

① 参阅牟宗三《觉知底因果说与知识底可能说》，《哲学评论》第6卷第2、3期，1937年9月，C与D部分，尤其是D.36。

（包括"纯粹概念"与"纯粹直观"）与方法论或"工具学"（包括"经验概念"与"经验直觉"），另一方面从"条件"（当作"必具条件"）与"格式"（作为"格式之范畴"）的逻辑进路来重构一种不同于康德的范畴论。这时，他业已从逻辑学进入康德的哲学，并初步接上了康德的路向。他批评康德所举的范畴不对，讲法不对，并将原因归结于对逻辑的认识。（C.35.1）他指出康德探寻知识可能的条件的方法是对的，但方向是错的，所找到的结论也是错的，然而却肯定康德的最大价值在于给我们提供了寻找的方法。（C.36.2）① 无疑，上述牟氏对于康德范畴的看法，是他早先思想的沿续与发展。

经过这一大胆而独特的诠释之后，牟氏提出他的纪纲思辨之理，作为一项轨约原则，藉以取代康德的范畴在理解（纯粹知性活动）中的地位，并在理性与理解（知性）的关系中阐明其作用。依他之见，一方面任何一个理解活动，即每一个经验概念被构造出来，都必然具有理性的原则在其中运用，而成为其所以可能的纪纲或支柱。理性原则是理解所自具的纪纲或规则。因此，纪纲思辨之理在理性活动中的运用，正是充当了理性的一个原则（理则），即构造原则。若无这项原则，则在康德那里充作构造原则的知性范畴被解构以后，认识活动的过程就只能归为两个阶段了。如果康德的认识三阶段论尚可维系下去，即是说，理解（知性）在认识过程中可以作为一个阶段而独立，那么只有依靠牟氏的纪纲思辨之理的"出山"相助了。职是之故，只能说，是牟氏的纪纲思辨之理的提出才贞定了康德的认识三阶段论。

从另一方面来看，理解活动只是一种觉识作用，纪纲思辨之理在觉识中的运用使它成为可能，即是使知识或经验概念成为可能。相应于范畴仅是一个媒介性的调节原则来说，理解（知性）依赖于作为理性原则的纪纲思辨之理，本身不具有独立性，不能单独自成一类。易言之，在理解活动中，理解被统摄于理性之中，即统摄于理性的原则之中。纪纲思辨之理当作理性的一个原则运用于理解而成为其所以可能的纪纲或支柱。因此，理性与理解不可以类分。从这一意义上说，把理性与理解在同一过程和意义

---

① 参阅牟宗三《觉知底因果说与知识底可能说》，《哲学评论》第6卷第2、3期，1937年9月，C与D部分。

中统一起来的，并不是范畴，而是理性自身的一个原则，即纪纲思辨之理。既然如此，那么纪纲思辨之理在把理性与理解统一起来的同时，也必然促成实现之理自身的统一了，即是说，通过纪纲思辨之理在理解中的运用，纪纲对象（现象）之理与实现纪纲理解（思辨）之理就统一为一个实现之理了。其程式如下：

纪纲对象之理⟷纪纲思辨之理⟷实现纪纲思辨之理的理

归根结底，一切认识活动都是纯粹理性的原则（纯理的理则）即逻辑之理的理则——实现之理与纪纲之理的自我构作。在这一意义下，可以说，牟氏正像康德试图做的那样，实现了经验的实在论与理性的观念论的统一。

其次，他依据康德相应于"现象"与"物自身"而作出的纯粹理性与实践理性的二分原则，确立了实现之理及其与纪纲之理的关系。

康德在《纯粹理性批判》中预设了"现象"与"物自身"的区分，相应于这项区分而有"现象"界与"本体"界、思辨（或理论）理性（牟氏最初译为"理解理性"）与实践理性的分别与证成。牟氏根据康德的这项区分指出，现象界与本体界的纪纲之理与实现之理的义蕴截然不同。简言之，居于现象界的思辨理性的纪纲之理同存在于实践理性中的实现之理是根本不同的。如果说牟氏的纪纲思辨之理是对于康德的构造原则（表现为纯粹知性范畴的构造的运用）的重建，那么他的实现之理则是对于康德的轨约原则（表现为纯粹理性理念的轨约的运用）的重构。在这方面，牟氏所做的最重要的一项工作，就是他批判与解构了康德的轨约原则。

依他之见，在康德的纯粹理性批判中，理性理念表现为轨约的运用，即充当了一个轨约原则，它具有综合统一的要求，从有条件到无条件，得到一个一致的圆满。这个圆满性虽然是理性原则的综合性，即理性自身的齐一性，然而却不能应用于对象。因为在现象界（牟称为"经验界"）没有与它相应的对象。这种对象是超越的对象，在现象界来看，既不是理性所能创造的，也不是经验所能供给的。虽然理性的轨约原则可以设想一个宇宙全体的概念，但是它自身却不能实现这个宇宙的全体，而且经验也绝不可能给予我们一个宇宙的全体。既然如此，那么在现象界，理性的轨约原则无论如何也无法应用于这样一个对象。正像牟氏所指出的那样，这一原则"只是关于理解内容之适当的整理所提供的一种主观定律，不是关于对象的定律。它并不容许我们对于对象，要求这样的一种统一，以备可以有益于理解范围的便利及扩大。即是说，理性原则的统一不能有客观的效用，即不能有客观的对象与之相应"①。因此，理性的这种要求，在此只是表示独起畴度、动而愈出的扩大性，并不能向外应用于对象而成为一个构造原则。否则，便是超越对象的误用，难免会造成理性的二律背反与辩证的幻象。总之，超越对象永远不能向外求，理性的轨约原则不能对外应用于对象。凡是向外求的，都是把现象当作实体。实体是不可向外求的。"圆满，绝对，单一不灭，自主自存，都是不能向外质测求的。因此，凡外在元学，亦都是不可能的。"②

从牟氏的这一理解来看，似乎与康德本人的看法并无大的差异。其实，不然。我们把他的这一理解与他对康德范畴的认识联系起来，就可以清楚地看出，实际上，他对康德的轨约原则与构造原则的批判是一种撤毁性的解构。他把康德的轨约原则看作一种主观的定律固然不错，然而他主要只是在消极的意义上理解这一原则。

从康德来说，轨约原则确实是一个限制性的原则，它在现象界不可能有相应的对象存在，因而无客观实在性；它的发自本性的综合圆满的统一的要求，使我们的知识永远趋向于系统性的统一；因此，它构成了思辨理性的范围与极限，把认识主体的知性或理解能力限制于经验界或现象界。倘若认识主体不能恪守这一原则，则必然陷入理性的二律背反，造成辩证论的虚妄之象。对此，牟氏有客观的理解与叙述。③ 实际上，康德就是以这一原则摧毁了一切传统的形而上学的堡垒，把上帝（本体）杀死在血泊之中的。对此，牟氏亦有善解。但是，他当时对其意义尚未能有全面而透彻的把握。尽管这一原则是一个主观的限制性原则，然而对康德来说，意义十分重大！

必须看到，康德的这一轨约原则具有双重的义蕴：

一是，它作为一个限制性原则的同时，本身也构成了一个防护性原

---

① 牟宗三：《逻辑典范》，第610页。
② 牟宗三：《逻辑典范》，第610页。
③ 参见牟宗三《认识心之批判》下册，台北：学生书局1990年修订版，第26页。

则，即是说，它恰恰是通过对思辨理性的限制来实现对思辨理性的有效性的保护，以免思辨理性僭越其界域而掉进理性的辩证论的二律背反的陷阱。而且特别重要的一点还在于，它是纯粹知性范畴之所以能够成为构造原则运用于现象界的先天条件或根据。由于这一点，才使思辨理性的有效性有了可靠的保证并得以超越地安立。可是，牟氏早年并没有认识到这一点！

二是，它为自己预设了一个胜场，即是说，它的胜场不在思辨理性，而在实践理性。它在思辨理性中的出现，只是为它在实践理性中的正式演法拉开了一个序幕而已。康德的这一良苦用心，在其《实践理性批判》中有明确的交代。① 因此，它是勾通与联结思辨理性与实践理性的一个重要的方法论原则，或者说，它是纯粹理性（包括思辨理性与实践理性）批判的一项重要的策略，藉着这项策略，康德实现了思辨理性与实践理性的沟通与联结。值得注意的是，作为纯粹理性的一个原则来看，它在思辨理性与实践理性中的运用是有差别的。在思辨理性中，它是当作一个轨约原则来运用的；在实践理性中，它却是当作双重原则即轨约原则与构造原则来运用的，而且是统一的。简而言之，纯粹理性的理念（自由，灵魂，上帝），在思辨理性中只是一些空观念，没有与它们相应的对象存在，因而它们没有客观实在性，至多只能够当作假设看待，是故，它们只能作假设的轨约运用；在实践理性中，它们既可以作轨约的运用，同时也可以作构

---

① 康德指出："由这些附言，《纯粹理性批判》的读者就可以充分确信，关于范畴所作的那种惨淡经营的演证，对于神学和道德学是怎样的极关重要，并且是怎样的有利益的。……那部批判已经在那篇演证中指示：第一，范畴并非导源于经验，而是先天地发源于并寓于纯粹知性之中；第二，范畴只是指点一般对象，而并不依赖于它们的直观性；因而虽然仅当它们在运用于经验的对象上时，才能产生理论的认识，可是如果它们运用于由纯粹实践理性而被给予的一个对象上，那么它们也足以使我们对于超感官界有一种确定的思维，自然，这种确定的程度，只能以这种思维单被先天给予的纯粹实践目的及其可能性所必然涵有的那类属性的规定为限。只有纯粹理性在思辨方面所受的限制和它在实践方面所有的扩展，才把一般理性初次置于一种均衡的关系之中，从而它们可以适当地运用于其目的，而这个范例也就比别的任何范例都更加有力地证明了：对我们人类而言，只有通过学术，才能走上智慧之坦途，而可以一往无阻，稳步前进，不至误入歧途；但是，只有在学术圆满完成之后，我们才能确信，这一途径会领向那个目标。"（译文主要参照关译，略加改动。参阅［德］康德《实践理性批判》，关文运译，商务印书馆1960年版，第143—144页；牟宗三译注：《康德的道德哲学》，台北：学生书局1983年再版，第402—403页；See I. Kant, *The Critique of Judgement*, Trans. By James Creed, Mortimer J. Adler, Associate Eitor, *Great Books of The Western World* 42 · *Kant*, Chicago · London · Toronto: Encyclopedia Britiannica, Inc., 1952, p. 352.）

造的运用，正因此故，它们获得了相应的对象并具有了客观实在性。按康德的看法，在思辨理性中是空观念的假设的自由、灵魂、上帝，在实践理性中都是具有意志自由的有理性的存在者，因此它们均具有客观实在性；自由作为道德法则程式化的定言令式的存在根据而得到证明；灵魂不朽、上帝存在完全相应于道德的圆满性的理念而存在；道德的圆满必须是德行与幸福的结合，因而形成至善的概念，至善就成为实践理性的终极目的与对象，灵魂不朽作为至善的无上条件得到证明，上帝存在作为与至善的第二要素即幸福（这一道德的结果）相配的原因而被证明。它们当作轨约原则的运用与构造原则的运用，尽在关于"定言令式"与"至善"的道德形上学中统一起来。

由此便不难看出，早期的牟氏对于康德的轨约原则的意义，并没有完全通透的理解，也就是说，他主要只是在消极的意义上了解了这一原则，尤其是，他没有认识到轨约原则在纯粹思辨理性中是作为构造原则的知性范畴的根据或条件，可以说这是他的一个最大失误。正如他后来所说他当时并未能了解康德的"知性之存有论的性格"之系统，而仅仅是认识了"知性的逻辑性格"。① 因此，他实际上是在未能厘清这一原则的情形下撤毁了这一原则。基于这一认识，一方面他重新诠释了康德的纯粹知性范畴（原本是作为构造原则运用于纯粹思辨理性），而代之以纪纲之理，已由上文所述；另一方面他提出实现之理以代替康德的轨约原则。

牟氏在批判康德的纯粹理性批判的基础上，却充分肯定了康德的实践理性方向的正确性。他由此理解与把握了批判哲学的"现象"界与"本体"界之分的二元间架的哲学意义，并且在这一哲学间架中阐述了他的实现之理及其与纪纲之理的义蕴的不同。他指出：

> 康德以为只有向内转而从实践上求。这个方向是非常对的。这样一转，理解理性变成一种实践理性。在此实践理性上，理性的综和要求，不只是一种动而愈出的扩大，乃有对象，即超越对象，与之相应的，此时它所提供的原则可以是构造原则。但此已进入本体界，已成了吾所谓实现之理了。与当其为理解理性时动而愈出的扩大性，其义

---

① 参见牟宗三《认识心之批判》上册，《重印志言》第2页。

蕴完全不同。那时的理性完全是纯理，逻辑的，思的。但是到此，则已变成有的，存在的，即实现之理了。①

这一论述表示出他的看法与康德的区别。对康德来说，从纯粹思辨理性到实践理性意味着思辨理性的扩充，但是这种扩充的意义仅是在实践理性的意义上说的，即是说，在思辨理性中用作轨约原则的理性理念得到了与它们相应的对象，从而具有了客观实在性，对于一般理性的思辨的或理论的认识就由此被扩充了，但不是关于这些对象的思辨认识或思辨理性的理论原则的扩充。纯粹实践理性为这些理念供给了客观实在性，就为纯粹思辨理性的实践运用提供了可能，即思辨理性只需凭借范畴（纯粹理性的理念）思维那些对象就可以了。易言之，在思辨理性中作轨约运用的理性原则，在实践理性的运用中则已转换为构造原则。因此，在思辨理性中作轨约运用的理性原则与在实践理性中作构造运用的理性原则是同一个原则，也就是说，它们是同一个理性原则的不同的运用。然而，对牟氏来说，实践理性中的实现之理虽然是构造原则，在这一点上，他与康德的观点一致，但是由于他认为康德的轨约原则，在纯粹思辨理性中，并不构成一个可以独立地作构造运用的理性原则。因此，在思辨理性中作构造运用的理性原则，与在实践理性中作构造运用的理性原则绝不能是同一个原则，即是说，思辨理性中的纪纲之理、或纪纲思辨之理与实践理性中的实现之理的义蕴迥乎有别。二者的差别在于：前者作为纯粹的思辨理性（"纯理"），只是"逻辑"的，"思"的，后者作为纯粹的实践理性，则已经变为"存在"的，"有"的了。他复指出：

在我们以为本体由内证是对的，在实践上求亦是对的，但既入本体界，则即是实现之理，非复以前作为理解理性之动而愈出之理也，即与以前作为思辨之纪纲的理，其义蕴完全不同。在康德，那个理性的综和要求，在本体界与现象界是同此一物，只不过在现象界是空的，无物以填充之，在本体界是实的，有物以填充之罢了。这个是完全不认识体的。这只是由理性的综和作用供给出一个轮廓或筐子，再

---

① 牟宗三：《逻辑典范》，第 610—611 页。

寻他物以充之而已。康德批驳外在元学是对的，向内以实践求体也是对的（在方向上说是对的，"求"字便不对）。但以为由理性的综和可得实体与不可得实体，这个思路是不对的。[①]

不仅如此，牟氏的实现之理与康德的轨约原则的一个重要差别还在于，实践理性中的实现之理只是一个构造原则，但是康德的轨约原则在实践理性中除了当作构造原则以外，仍然可以充作轨约原则。即是说，同一个纯粹理性的理念既可以用作构造原则，也可以用作轨约原则。例如，康德明确地说过，在纯粹的实践理性中，"自由概念可以造成理性的轨约原则"。[②] 对此，牟氏似乎并未加以注意。这不能算是一个微不足道的疏忽。概而言之，牟氏与康德对于纯粹理性的原则的认识是判然有别的。可以对照如下：

康德：纯粹理性的原则（表现为理性的综和要求）在现象界与本体界为同一原则（"同一物"），只是在现象界为轨约原则，是"空"的；在本体界为构造原则，是"实"的，同时亦为轨约原则，是理念或设准。

牟氏：纯粹理性的原则在现象界与本体界不是同一原则（非"同一物"），在现象界为纪纲之理，是"逻辑"的，"思"的；在本体界为实现之理，是"存在"的，"有"的。

牟氏从他与康德对纯粹理性的原则的不同认识，进一步标示出他与康德在实体问题上的思路的重大差别，这是他批判康德的批判哲学所能得出的最直接的结果。他对于康德关于"由理性的综和可得实体与不可得实体"的思路，虽然从大方向上加以肯定，但是并不能表示完全的赞同与接受。实际上，他是肯定一半，否定一半。康德《纯粹理性批判》的一大辉煌成就，就是揭橥了不能从思辨理性上证明宇宙本体的存在，因而打破了长期统治人们心灵的一切形上学的迷梦，尤其是戳穿了关于上帝存在的本体论证明的神话。这是给牟氏以重要启发，并为他所肯定与继承的。然而，

[①] 牟宗三：《逻辑典范》，第 611—612 页。
[②] 参阅康德《纯粹实践性批判》，关文运译，第 49 页；牟宗三译注：《康德的道德哲学》，第 193 页；See I. Kant, *The Critique of Judgement*, Trans. By James Creed, Mortimer J. Adler, Associate Eitor, *Great Books of The Western World* 42 · *Kant*, Chicago · London · Toronto: Encyclopedia Britiannica, Inc., 1952, p. 311.

哲学地建立中国哲学

在《实践理性批判》中，康德一方面肯定作为纯粹理性的理念的意志自由、灵魂不灭、上帝存在具有与它们相应的对象存在，并具有客观实在性，另一方面又把意志自由、灵魂不灭、上帝存在当作三个设准（postulat, postulate），尽管它们作为设准是出自道德的圆满性的需要，因而与纯粹数学上的公设不同①，但是它们的客观实在性却被归于纯粹实践理性，而成为一种"纯粹理性的信仰"②。对此，牟氏是不能首肯的。因此，他强调说：

> 意志自由，灵魂不灭，绝对存在，都是不能从理性的综和上去求，"康德以为理性在实践上供给这三个理念，并有其客观性。在理解理性时，只有理想性，而无确实性，即是说，只是一个空空的筐子。当其有客观性，即变为构造原则，参加了宇宙系统的组织"。如果从这方面求，便是空洞的，形式的，单调的，抽象的。从实践上讲是对的，但不能说这是由理性的综和要求提供出。如果是这样，则其来源甚为无端，乃是义袭而取，非是自内而生，与宋人助长无以异。③

显然，他是本于中国哲学的实践形上学或道德形上学的智慧来批评康德的。确实，在这方面，中国哲学尤其是儒家哲学的实践形上学较之康德远为圆熟而通透，牟氏作为一位中国哲学家、熊十力的入室弟子与衣钵传人，在这方面拥有得天独厚的优势，因此，他从康德哲学中能够发现中国哲学在这一问题上的独特价值，为他日后以康德为津梁融通中西哲学，自创体系，奠定了必要的基础。从他来看，意志自由、灵魂不灭、上帝存在不能从纯粹实践理性中来求得，而只能在实践中去体证。

据此，他批评康德在这个问题上有两大失误：一是"以对象讲体，有拟物之失"④，实非证解。二是康德执心太甚。即是说，纯粹理性的理念，在思辨理性中作为轨约原则的假设的运用，只是一些动而愈出的主观定律，无客观实在性，而在实践理性中却获得了真实对象的存在，具有了客

---

① 参阅康德在《实践理性批判·序言》的注释中的说明。
② 参阅康德《实践理性批判》，关文运译，第129页；牟宗三译注：《康德的道德哲学》，第375页。
③ 牟宗三：《逻辑典范》，第612页。
④ 牟宗三：《逻辑典范》，第611页。

观实在性，变成了"存在"的，"有"的，统驭与综合了那些知性范畴而形成和谐的宇宙。这本来是他所主张的"知识之可能的条件即知识的对象之可能的条件"的原理必然的应有的结论。所以，牟氏认为从理性的综合要求求证绝对的宇宙本体的理路是无本之论，拔苗助长之举。

在破除康德观点的基础上，牟氏指出了他认为唯一可能的正确的证体的方法与线索。他的思想见诸下列两段引文之中：

> 我们只能说那三个概念，只能从体认上讲，从实践上证；只能说它是由理性之自动性原因性上而证得，不可说是由理性的综和要求当作一物而求得。理性固然要求最后的圆满，但此圆满只是思想上的圆满，只能从纪纲之理上讲；不是实体的圆满与绝对，不能从实现之理上讲。以此，我的思路不同于康德。康德于批驳外在元学上，对其传统而言，固是伟大，然于证体却是毫不着痒。①

> 有些人向外求实体，但此已不可能。于是转而向内。但实体总非是可以知识其思议或辨解的。如是，我只能从实践上或体认上以证之。但证的线索从哪里起呢？曰（:）仍从理性上起。理性的原则为知识可能的纪纲。既称为纪纲，必是主宰乎物，而非物于物，成为被动。于此理性之纪纲性，主宰性上，证吾人心体之自动。心体之自动即是意志之自由。由纪纲之理之主宰性到心体之自动，即是从纪纲之理转到实现之理，从思之理转到有之理。此"有"之理即是体，圆满不亏，自主自存，永恒不息。圆满不亏即是绝对存在，自主自存即是意志自由，永恒不息即是灵魂不灭。此三者皆体之同出而异名，既不可以物拟，复不可以假设看。乃是实实在在的自性，只堪反观内证，自明自了，不可由理解或思议求。康德的说法有拟物之失，他用它为的是保证人类行为之因果报应。这是一种信仰属唯识家所谓印持之胜解数，是亦戏论极矣。②

---

① 牟宗三：《逻辑典范》，第612页。
② 牟宗三：《逻辑典范》，第612—613页。

在这里，牟氏把实践本身看成证体的方法。易言之，**关于宇宙本体（亦可说实体）的客观实在性或真实性的问题，不是一个理论的问题，而是一个实践的问题**。但是他强调以理性的原则为出发点。他指出从实践上证体，就意味着从作为纯粹理性的原则（理则）即理性的纪纲性、主宰性上体证"心体"的自动、自主、自存，圆满不亏、永恒不息的"自性"，从而意志自由、灵魂不灭、上帝存在皆可收摄于"心体"，即它们都是同一个"心体"，只不过是名称有异罢了。

总之，牟氏主张对于自由意志、灵魂不灭、上帝存在的客观真实性，以及由它们的综合与统一而成的终极的全体和谐的宇宙之本体，不能像康德所张扬的那样由纯粹理性的综合要求上求得与信持（牟氏以唯识论的术语称之为"胜解数"），而唯一可能的途径是在实践中体悟与印证。这一问题涉及中国哲学的实践形上学的智慧，尤其是宋明儒家所讲的"工夫"与"本体"的问题。虽然牟氏在此并未深论，但是由此却点示出一个精神上的方向，而且其中心概念**"心体"**跃然而出，大纲脉络亦已隐然含于其间，只待日后从学理上十字打开。

牟氏在陈述了他与康德对于宇宙实体的看法的分歧的同时，也指明了认识实现之理的法门。在他看来，实现之理是从纯粹理性（"纯理"）自身的自动性上内证而得，不能外求，只能"返观内证，自明自了"。认识实现之理的方法与证体的方法是完全一致的。即是说，它们只是同一方法与证体的同一过程的不同表现而已。因此，实现之理就是"心体"，或简称为"体"。实现之理作为"心体"或"体"，虽然是"一"，但是却可以表现为"多"。职是之故，中西方不同的哲学家对于实现之理的表称是各各不一的。诚如牟氏所指出：

> 此理康德名之曰自由意志，或绝对存在；熊十力先生名之曰自性智；孟子名之曰内在之良知；朱子则名之曰理曰道。吾则名之曰实现之理。即一切现象所以然之本也。此理实现之，纪纲之理则维系而可能之。实现与可能一而不二。然此理决不能外求而得。康德的超越辩证论即足证此。而孟子的最大贡献在仁义内在说。①

---

① 牟宗三：《逻辑典范》，第606—607页。

牟宗三的实现之理与纪纲之理

在这里，牟氏把实现之理及其与纪纲之理的关系置诸中西哲学的广阔背景之中来理解，康德哲学与儒家哲学皆为他的思想资源，不仅拓宽了他的眼界，而且使他易于发现重新整合康德哲学或儒家哲学的契机，为实现中西哲学的融通、自创新哲学找到线索。事实上，他的实现之理与纪纲之理就是在这一背景中提出的。虽然可以认为他的实现之理与纪纲之理是中西会通、康德与儒家合璧的一个结果，但是他以实现之理与纪纲之理取代康德的轨约原则与构造原则，却更具中国哲学的韵致与特色。牟氏本人一向擅长在极具古典韵味的中国哲学的话语中翻译、描绘与重述康德的思想，不仅在数十年的陶养中形成了他独特的个人风格，而且委实是把康德哲学中国化了。他以中国哲学的"体用""一多""心性""自性""意""觉""识""理"等范畴诠表实现之理与纪纲之理，可以说是典型的一例。在中国哲学范畴的话语中，实现之理自身虽然为"一"，但是在它的运演与发用中，必然表现为"多"。这种"一"和"多"的关系，就理性自身来看，表现为实现之理与纪纲思辨之理的关系，也即是逻辑与辨解之理的关系；从它为一统体而言，它只是一"心"而已；从它为一能动（自动）的独体而言，它是"意"；就它与人类的认识和行为的关系而论，它表现为"明"；就它与天地万物的关系来说，表现为"识"或"觉"。牟氏之所论则为：

> 此实现之理，即自性智，发而为辨解之支柱，则为纪纲之理之发乎逻辑；发而为行为之规范，则为纪纲之理之现为道德；发而为辨解与行为之无不当，则为"明"。从其统体而言，则为"心"；从其自动具象而成独体，则为"意"；从其明照万物，察之而几微，无或爽失，则为识或觉。其实皆一也。显微无间，体用一如。[①]

然而，在对实现之理的诸多表谓之中，牟氏自以为"意"这一名称尤其足以称胜。因为它最能凸显实现之理的自动性或原因性的特性。他说：

---

① 牟宗三：《逻辑典范》，第607页。

然从其为实现之理而言，则"意"名独胜。故论到实现之理（即体）时必是主"意"的。惟意始能显自动性原因性。康德的自由意志即从此出。道德律即由此而得其基础；形上学亦于焉建立。若得不出这个"意"来，则体，自主，存在，圆满，皆不能讲，亦即形上学不能成立。此为康德所已辨明者。①

在"意"这一意义上，实现之理是康德的道德形上学的基础，也是牟氏日后建筑道德的形上学大厦的基石。同样，知识论的形上学，以及知识论自身和方法论或工具学，也都要以这一实现之理为根基来建立。实现之理作为一个独体，恰恰是在"意"这一意义上，实现作为"用"的纪纲之理，实现之理与纪纲之理开开合合，妙运无穷，显微无间，体用不二，透显出理性之全体大用。因此，人类的道德法则，政治纪纲，逻辑轨则，科学知识，天地万物，乃至宇宙全体，都要由这里的理性之全体的"体用一如"的关系来理解。也正是在这一意义上，牟氏本于中国哲学而提出"心体"的概念，藉此解决宇宙本体论问题。牟氏的实现之理与纪纲之理，一方面成为他诠释康德哲学的原则与圭臬，另一方面则构成了他自己的哲学的基本方法与标准。

综上所述，牟氏虽然以他的实现理与纪纲之理取代了康德的轨约原则与构造原则，然而却是基于一种有趣的解读的基础之上的结果。同样饶有兴趣的是，他竟然与康德殊途同归，而在哲学解释的有效性上，与康德的轨约原则与构造原则有异曲同工之妙。在这个意义上说，牟氏的这一思想为德国哲学家伽达默尔（Hans‑Georg Gadamer）的哲学解释学提供了一个极佳的脚注。由此，我们得到如下两点启示。

第一，对于康德的哲学可以有不同的诠释，可以按不同的方式来重构。牟氏在建立实现之理与纪纲之理的基础上对认识心的批判，从逻辑的进路重构了一套类似于康德第一批判哲学的哲学，可以视为独立于康德的康德哲学的另一形式的翻版，从而为他的整个哲学大厦的构建在方法论上奠定了初步的原则。就其"复活康德，重开哲学之门"而论，在哲学上具有永久的价值。

---

① 牟宗三：《逻辑典范》，第607页。

第二，在牟氏对康德哲学的批判的理解与重构中，显见出中国哲学的道德形上学智慧的精妙，因而为他从康德回到与接上中国哲学，最终以康德为桥梁融合中西哲学、自创体系打下了重要而牢固的基础。

实质上，牟氏的实现之理与纪纲之理，是居于逻辑的涉指格对康德的轨约原则与构造原则的一次重大的解构与重构。由于这项工作的完成，牟氏才建成了逻辑的构成学标准与工具学标准，形成了他自己的逻辑哲学与数学哲学。与此同时，他又从逻辑而被卷入哲学，尤其是形上学当中。因此，实现之理与纪纲之理的确立，标志着牟氏从逻辑的进路接上了康德哲学的精神方向，并为他实现中西哲学的融合、创建牟宗三哲学做了必要的准备。确实，可以套用牟氏晚年的话[①]说，实现之理与纪纲之理在康德的思想之外另开一套，成为普适的哲学方法论原则，可以贯穿或运用于逻辑、知识论、形上学，乃至历史哲学、政治哲学、哲学史与美学等领域。事实上，实现之理与纪纲之理自从它们被建立起来以后，就成为牟宗三哲学的最重要的方法论原则之一，贯彻在他此后的全部哲学之中，而且首先是贯彻在逻辑与知识论之中。

(原刊于温哥华：《文化中国》第 8 卷第 1 期，
总第 28 期，2001 年 3 月号)

[①] 原话是指《认识心之批判》一书顺"知性的逻辑涉指格"而另开出一套独立于康德的哲学而说的。（参阅牟宗三《中西哲学之会通十四讲》，台北：学生书局 1990 年版，第十讲"未决定的对象与决定了的对象"，第 146 页）

成于乐的圆成之境

——论牟宗三的美学世界及其与康德美学的不同

美学,历来是哲学中的重镇之一。从古至今,几乎每一个大哲学家无不在对美的思考中形成独具一格的美学思想。当代新儒学大师与哲学大师牟宗三虽然不以美学家名世,但是却有丰富的美学思想。在以西方"哲学泰斗"康德的思想为桥梁来消化东西方哲学而自创体系的历程中,他也对美的问题作出了深思,并在其从前期到后期的形上学的构建中,比较系统地阐述了他的美学观,从而他把自己与康德区别开来。牟宗三的美学思想充分地体现和代表了当代新儒家的美学观。同时,牟宗三的美学观构成了其哲学的一个不可或缺的组成部分,也是理解与诠释其哲学的不可忽视的重要一环。众所周知,牟宗三在晚年提出了著名的"真善美的分别说与合一说",引起人们广泛的关注并从美学上给予研讨,这当然是一件有趣而又有意义的事。然而,相形之下,牟宗三的早期美学思想却并未得到人们的重视,甚至无人问津。这显然不利于系统全面地领会与把握牟宗三的美学思想。

其实,牟宗三的后期美学思想是其前期美学思想的扩充与发展。牟宗三的前期美学思想,主要见之于他论诗的一组论文和奠定其整个哲学基础的巨著《认识心之批判》一书的下册第四卷之中,尤其后书之所论,由其前期的形上学之宇宙论的构造所引出,为其后来的美学思想奠立了基调,这是解开与把握其美学思想的关键。

有鉴于此,本文拟对牟宗三前期的美学观作一初步探讨,抛砖引玉,期望能有更多的玉言华章出现。为了突出论旨和论述的集中与方便,并与康德比较,本文在取材上仅限于其《认识心之批判》之所论,至于对其诗论或其他论著中的美学思想的研究,留待另文完成。本文的论述分为以下五节。

一 美学世界或圆成世界

在牟宗三的前期美学中,最重要的概念之一就是"美学世界"。美学世界,牟宗三亦名为"圆成世界"。自命题世界(自然)与道德世界(自由)的贯通不隔而言和,这就是"圆成世界"。这不是客观外在的有一定内容或曲屈的特别界,"乃只是自本体创造处之如如的综观或静观"[1]。严格地说,这"当为一种境界,而不可曰世界"[2]。"今言圆成世界,则融有向于无向,即将其向反而融之于本体之自身,而单自本体之如如处以言和。此和即圆成。立于礼成于乐之谓也。万物皆在理(当然之理)中立,皆在乐中成。成者圆成也。"[3] 牟氏指出,"圆成"有以下二义:

> 一、理遍普于一切存在,理与存在不离,不离则理为充实之理,是谓理之充盈。存在皆因理而然,则存在不退脱,不退脱而盈于理中,则存在只是理,不是物,是谓物之莹彻。二、不但理与存在盈,存在莹彻于理中,而且理是创造不息之理,存在是继续不断之存在。依是,理是具体的於穆不已之理流,即静即动之如如的非流之流,而存在亦是具体的云蒸霞蔚之气化的流,(言命题时是原子式的,此时是连续式的,)而气化的流有理流遍彻于其中,则气化之流是莹彻之理流,理流有气化之流以充实之,则理流是饱满之气流,依以上两意,而言圆成。[4]

由此可知,"圆成"是"理"(神理,创生不息之理)与"存在"(现

---

[1] 牟宗三:《认识心之批判》下册,香港:友联出版社1957年3月版;台北:台湾师范大学美术社1984年影印版,第314页。
[2] 牟宗三:《认识心之批判》下册,第414页。
[3] 牟宗三:《认识心之批判》下册,第314页。
[4] 牟宗三:《认识心之批判》下册,第314—315页。

象之物）的统一，"理流"（具体的於穆不已之理流，即静即动之如如的非流之流）与"气流"（"存在"的气化之流，物气之流，具体的云蒸霞蔚之气化的流）的统一，这种统一不是合并、合成或综和，而是本然地不离本体的一而不二、圆融无碍的一个饱满莹彻的气化之流。正是在这个意义上，"圆成"是"和"，或"保和"，或"太合"，也就是所谓"立于礼（理）而成于乐"（在理中立，在乐中成）。以"圆成"这一概念而言命题世界与道德世界即自然与自由之间的贯通不隔，才有"圆成世界"的呈露。

二　知识世界与道德世界的圆成问题

依牟氏所见，命题世界是为本体所创造的现实存在（表现出被创造者的原子性），故为"自然"；道德世界是本体之创造不已而使现实存在成为连续而不断灭的"继体"（表现出本体创造的纯自动性），故为"自由"。本体创造之如如的当然之理实现一切存在，是一切存在之所以然之"理"，它既如如地引生一切存在，又如如地遍普于一切存在之中。因此，命题世界与道德世界或自然与自由两界本来就是贯通而不隔的。只是分别地说，才有此积极的"两面"。[①] 这两界或两面都是"有向"的，即是说，如果把它们特殊化，就有一定的具体内容或曲屈。是故，它们皆表示本体之凸出与又裂（因其为如如的），但是自其所成就与外观者而言，则有此两面所表示的"不平之丘壑"。所以，命题世界与道德世界这两界均为积极的。[②] 有趣而值得注意的是，牟氏这里所讲的本体之创造出命题世界与道德世界，恰恰成为他后期形上学中的"一心开二门"（生灭门与真如门）论的雏形或"原型"。

虽然圆成世界是指命题世界与道德世界的贯通不隔之和或"圆成之和"而言，但是牟氏强调"此圆成并不由本体放射出而孤离于本体，而乃

[①] 牟宗三：《认识心之批判》下册，第314页。
[②] 牟宗三：《认识心之批判》下册，第314页。

将其所创造者反融于本体而言之"①。也就是将有向的命题世界与道德世界融于无向之如如的本体之中。因此,圆成世界总是不离本体的,否则,既无"圆成",亦无"圆成世界"。这是牟氏的美学世界或圆成世界之宇宙论构造的中心义旨之所在,其"综观"或"静观",或"境界"之义,概由这一中心义旨所引出。同时,这也是牟氏区分美学世界与命题世界和道德世界的根据与标准,而且这一根据与标准成为他与康德在美学上的一个最大的根本区别。

由此出发,牟氏比较与区分了三个世界之宇宙论构造的不同。他指出,命题世界由本体的当然之理所创造而(该理)凝固于存在之中,表现为自然律,是故,命题世界表示本体之赋予存在以规律;道德世界表示自然律在其根源上皆有道德的涵义,这就表示本体赋予存在以意义。但是,圆成世界并不表示对于存在有任何之赋予,单单表示本体对于其所创造者之内在的欣趣或静观。因此,"圆成之和"并不是由于一定的律则将命题世界与道德世界加以综合而成就的,或者说,"圆成之和并非依一定之律则而成之综和"②。

在牟氏看来,这两界本来是贯通而不隔的,不是"甲"与"非甲"之两项需要综合整体。这两界根本就无须综合。命题世界截断了其创造上的根源,仅仅是静态地就其为一种现实的存在如其所是地而观之。是故,我们注意它们"是什么",而无价值意义可言,说它是"自然","自然"就是我们知识的对象。从本体之创造而言,存在的创造上的根源实在是截断不得的。"一切现实存在之如是如是'是',实由于其在本体的创造中而然。一归于本体之创造,则即归于如如的当然之理之流行,因而自然者亦即是当然者。自本体之创造处言,此两者是一。"③本体创造的当然之理无时不在成用而成为自然的创造中。"惟有本体以外分别之所创造,分别地而言之,则现实存在之是什么为命题世界,而是什么之存在之归于本体之创造即为道德世界。此实是两种意义之分观,而在本体之创造处原本合一也。今反其向而融于本体之如如的创造中,则即是一种最后的圆成之和。

---

① 牟宗三:《认识心之批判》下册,第315页。
② 牟宗三:《认识心之批判》下册,第315页。
③ 牟宗三:《认识心之批判》下册,第316页。

此圆成之和惟自本体之如如处言。本体之如如的创造，成自然，而自然同时亦即是当然，是有向，同时亦即是无向。有向内在于本体之自己而为无向，是即所谓圆成之和。"①

总而言之，在本体之如如的创造中，"自然"不再是"自然"，而是"当然"的"自然"或"当然之然"，"有向"不复为"有向"，而为"无向"的"有向"或"无向之向"。这就是"最后的圆成之和"。依此，而决定命题世界与道德世界圆融为一的境界。所以，如果有问这两个世界究竟是否需要综合？回答则否。但是，若又有问：这两（世）界有缝隙吗？需要沟通吗？牟氏则回答说：自本体的创造处而言，现实存在本来是当然之理的直贯，况且"圆成之和"不是一个"第三者"，藉以为沟通和连接两个世界的媒介，"乃只是依据本体之如如的创造，融有向而归于无向，所成之最后之境界"。"故无缝隙，亦无须沟通。"②

三　牟宗三与康德在美学上的不同

从对以上三个问题的否定性的回答，牟氏表明了他在美学上与康德的不同。

众所周知，康德的《判断力批判》试图以审美判断为媒介沟通与联结另外两大"批判"（《纯粹理性批判》与《实践理性批判》），即"自然"与"自由"，或理论理性与实践理性，亦即牟宗三所说的命题世界与道德世界。康德从认识主体的能力上，依据知性的特殊限制与机能厘定了一个自然世界；进而由实践理性又厘定了一个表示"自由"的道德世界，这两个世界是完全异质的，人的认识能力被限定于自然世界，道德世界纯属信仰的世界，而不是知识的世界，因而是一个"不可知"的世界，于是这两个世界是隔异而不相通的。对康德来说，必须打通这两个世界之间的隔异，因此必须有一个"第三者"为媒介来沟通与联结这两个世界。康德的做法是把审美判断归属于反省判断中的"自然之目的性"（the finality of

---

① 牟宗三：《认识心之批判》下册，第316页。
② 牟宗三：《认识心之批判》下册，第316页。

nature)这一先验概念。以此概念区别于"实践的目的性"(practical finality)概念,并以之去反省由经验律则而给予的自然的产物(即自然现象的连接关系或因果关系,nexus)。① 这表明康德是以"自然之目的性"这一概念作为反省判断的最后的统一原则,即一个根源性的超越原则。这一原则也就是建立审美判断的根据与基础。

从牟宗三来看,尽管他所讲的命题世界、道德世界与圆成世界系根据康德的三大批判而来,然而对于康德企图以审美为媒介来沟通与联结命题世界与道德世界即自然与自由的思路与做法是不能给予赞同的。在康德的三大批判之中,牟氏对于其讲美学的"第三批判"的评价最低,认同最少,② 这在其从早期到晚期的思想中基本上是一致的。因此,他在前期形上学与后期"真善美的分别说与合一说"中,对康德"第三批判"的批判最多也最为着力。实际上,他后期的批判是他前期的批判的延续与完成。他前后期的批判均与其形上学思想不可分割地联系在一起。经过这些批判,他表明了与康德的不同。因此,了解他前期在美学世界的宇宙论构成上与康德的区别,对于理解他的美学观与两期形上学都具有不可轻忽的重要意义。

牟氏指出,他与康德的这一区别在于:

> 惟依本书(引者按:指《认识心之批判》)之系统,即在认识之上,亦不如康德之所论。自认识之能上,由认识之心所见的命题世界,与由形上的心所见的道德世界,亦如自本体之创造处言,并非隔而不同者。吾人将视之为形上的心(即天心)之贯彻过程中之曲折,而一是皆由天心以贯之,此却并无一媒介而足以沟通之。沟通之者不是一第三者之媒介,而是天心之贯彻。若不自天心之本源处言其贯,却向何处凭空寻一第三者以媒介之?若不自天心之下贯言,则所寻以沟通彼两界之媒介,若非自有工巧之价值,亦必为虚悬而不能实现者。吾之如此言,意在使康德所言之"自然之形式的目的性原则"全

---

① See I. Kant, *The Critique of Judgement*, Trans. By James Creed, Martimer J. Adler, Associate Editor, *Great Books of The Western World* 42 · *Kant*, Chicage · London · Toronto: Encyclopedia Britiannica, Inc., 1952, p. 467.
② 参见牟宗三《认识心之批判》下册,第329页。

· 331 ·

部透出来而建基于天心上（自认识之能力方面言）与本体上（自本体之创造方面言）。①

从这段引文以及上文所论可以把牟宗三与康德的主要区别归纳与对照如下：

1. 康德：命题世界与道德世界（自然与自由）是隔异的，必须沟通才行，所以有"沟通"的问题；

牟宗三：命题世界与道德世界本来就不是隔而不通的，无须沟通，没有所谓"沟通"的问题。

2. 康德：对于这两个世界的隔异，必须以一个第三者（即美学判断）为媒介而实现其沟通；

牟宗三：命题世界与道德世界（或自然与自由）表现为两个世界，只是形上之天心贯彻过程中一种暂时的曲折现象，只要形上之天心贯彻到底，曲折自然被克服，两个世界就可以实现"圆成"之境。因此对这两个世界来说，只有"圆成"的问题，没有"沟通"的问题。

3. 康德：以"自然之形式的目的性原则"为基础，就可以由美学判断沟通以上所说的两个世界；

牟宗三：自形上之天心下贯而言，两个世界的圆成就是圆成世界，是在美中实现真善统一的最后境界。

4. 康德：以"自然之形式的目的性原则"作为建立美学判断的最后的统一原则，已经足够；

牟宗三："自然之形式的目的性原则"不是一个最后（或最高）的统一原则，或本根的超越原则，这一原则只能是形上之天心或本体（"天心"与"本体"是同义语）。因此，建立美学判断的本根性的超越原则只能是形上之天心或本体，而不能是"自然之形式的目的性原则"。这就是牟氏要把康德的这一原则全部透出而奠立于形上之天心或本体之上的宗旨。

必须看到，牟宗三与康德为美的判断所提出的超越原则固然是不同的，但是同样不可忽视的是，牟氏与康德对超越原则的理解与诠释也是不同的。康德是把超越原则视为一个轨约原则，即是说，其"自然之目的

---

① 牟宗三：《认识心之批判》下册，第317页。

性"概念只是一个轨约原则,只有轨约作用,因此是沟通自然与自由两界的媒介;牟氏则把超越原则看作一个构造原则或实现原则,即是说,其"本体"或"天心"概念是一个实现原则,具有创生、生化、实现的作用,所以为贯通与统一命题世界与道德世界的基体。由此可见,牟宗三与康德两人所提出的超越原则完全不一样,这是他们在美学上的根本区别之所在。这一区别决定了他们的美学必然是两种不同的类型。从牟氏来说,这是由两方面的原因所造成的:一方面是他以逻辑为进路,在哲学方法论上以实现之理与纪纲之理取代了康德的构造原则与轨约原则而在美学上运用的结果,另一方面则是他本于中国儒家的形上学批判与扭转康德美学的结果。

根据以上的分判,牟宗三对康德的"第三批判"作了深入的分析与批判,他主要是指出,康德为反省判断而设的"自然之目的性"概念是"虚"的,是不能落实的。康德想以此目的性概念作为一个根源性的超越原则以谐和自然,就是不可能的。他认为,如果康德把这样一个谐和自然的最后的统一性原则,归给神或基于形上之天心而显示普遍的道德目的性,那么尽管只是在逻辑上说,这一原则本身就是一落实处故而有"实"的着落,也就是说,如果这样,这一原则就不单是主观的,而且可以有其客观实在性。按康德的系说而论,反省判断确乎是有对于这样一个超越原则的要求的,即"只在为美的判断之可能上而要求之"①。然而,"康德偏不将此超越原则予以实着落(即予以'实'的着落,也即是指这一超越原则缺乏客观实在性)"②。因此,这一原则不基于神或道德的目的而建立,自然之客观方面的谐和便不可能,于是理解在自然中得不到其归宿,美学判断也就无由获得其具体而真实的实现,或者说:"美的判断之成,不在自对象之客观方面说,而但在自对象之与主体中诸认识之能(想像理解)之契合上说。因此,美的判断只是主体方面自身之融洽以及其对于自然之无所规定无所立法之无间的几应。"③ 在他看来,顺康德的思路,这种"几应"也必须是在客观方面已有谐和的统一或这种统一的根据,然后,这种

---

① 牟宗三:《认识心之批判》下册,第318页。
② 牟宗三:《认识心之批判》下册,第318页。
③ 牟宗三:《认识心之批判》下册,第318—319页。

哲学地建立中国哲学

"几应"才能安然洒脱地成为或可能成为具体真实的美的判断。即是说："美的判断虽于对象无所事事，而只欣趣，或只快感，然亦必须客观方面有谐和的统一方可。（不惟客观方面须有谐和的统一，即在主体方面亦须有足以实现美的判断之真实根据。而此两方面说到最后实即是一事。然康德实未能作至此。现在暂只从客观方面说。）谐和的统一虽不由于美的判断而成，而必为美的判断所根据。"① 然而，康德却把美的判断在其本性上的无所事事，说成是一个为美的判断所必须假设的一个形式的目的性。实际上，这一形式的（主观的）目的性只是美的判断之无所事事，与主体中诸认识能力的谐和以及其对于自然的无间的几应。即是说，这只是美的判断的本性。（按：牟氏以为这一本性的展现就是康德所讲的美学之"四义"，而不是它的一个超越原则。"而康德心目中却要想这个超越原则只是反省的，不是决定的，因而只是为美的判断的，所以他说这个目的性不同于道德目的，因而他不能将此原则落于道德目的上。"②）牟氏认为，康德的错误在于"以美的判断之本性混为其原则"③。"不知美的判断之原则若植根于道德的目的（以此为根据），亦并不妨碍美的判断之成立（实则不惟不妨碍其成立，而且其成立必因此而可能）。而道德目的之为决定的，亦并不妨碍美的判断之只为无所事事的。盖根据于道德目的而后有此谐和，而后可以成为实现美的判断之转关，此是必然不可移者。"④

对牟氏来说，美的判断必须是能够实现的。他指出：

> 康德所以不能实现美的判断，正因其不能使天心全部透出（而彼亦实未见到"必须基于天心美的判断始可能"一义）。天心是全部自然界之基体。而康德对此基体始终隔着一层帘幕，从此帘幕中隐隐约约略露端倪。且也不是从那基体方面说其略露端倪，而是从吾人主体中认识之能方面说约略可以指点或逼进那个基体之端倪。⑤

---

① 牟宗三：《认识心之批判》下册，第319页。
② 牟宗三：《认识心之批判》下册，第319页。
③ 牟宗三：《认识心之批判》下册，第320页。
④ 牟宗三：《认识心之批判》下册，第319—320页。
⑤ 牟宗三：《认识心之批判》下册，第324页。

又说，康德只能由主体中诸认识之能"一小焦点而窥测那个超感触的宇宙万有之基体，他乃把握不住矣"①。这表示康德美的判断是直接落在这"一小焦点"（即知性主体的诸认识之能）上的。尽管他对康德的哲学（包括美学）"以主体为中心"是给予充分肯定的，但是同时指出其"以主体为中心而不能莹彻于天心，此其所以不能把握之（引者按：指上文中的'天心'或'宇宙万有之基'）之故也"②。根据此义，他联系康德的哲学来分析与批判康德的美学。按照他的看法，在康德哲学系统中，实践的律则即道德律令所提供的"自由"概念，以及由这一概念逼近或指点的基体不能贯彻得下来，因此"其自由之概念亦未能顿时即普而为全部自然界之基体"③，这就表示"理性对此超感触之基体，既不能积极地建立之（纵然是逻辑地），亦不能完全满证地实现之"④。虽然康德在其美学中指出"自然之目的性"的概念，而且这一概念亦有其逻辑的表象，即是目的论的判断之所表象，然而"目的论判断亦只是反省的，彼虽以理解即理解估量自然之目的性，但亦只是估量，而不是决定也"⑤。因此，"目的论判断对于客观的真实的目的性亦并不能客观地决定之，也只是一种虚拟，更不必言实现之"⑥。而且目的论判断自身不仅不能自足地有对自然使用"目的性"这一概念的权利，倒反而是因为"自然的美"即主观目的性的表象，亦即美的判断之所表象才把它逼出来的。"目的一概念之使用，其关键全在美的判断中。"⑦ 只是由于美的判断所包含的主观目的性，才引导我们去作目的论判断的估量的。然而，诚如上文所说，不幸的是美的判断所依据的超越原则是虚的，并不能有真实的实现。因此"怎么样的判断亦不能充分决定而实现该自然之目的性，即超感触之基体"。"但吾人已知，如果美的判断之超越原则不能决定而且实现自然之目的性，则美的判断自身亦不能获得其真实之实现。"⑧

---

① 牟宗三：《认识心之批判》下册，第327页。
② 牟宗三：《认识心之批判》下册，第328页。
③ 牟宗三：《认识心之批判》下册，第325页。
④ 牟宗三：《认识心之批判》下册，第325页。
⑤ 牟宗三：《认识心之批判》下册，第325页。
⑥ 牟宗三：《认识心之批判》下册，第326页。
⑦ 牟宗三：《认识心之批判》下册，第327页。
⑧ 牟宗三：《认识心之批判》下册，第327页。

哲学地建立中国哲学

至此足以显见，康德的"第三批判"已经被牟宗三批判得体无完肤了。无论怎么说，千言万语，都可以归结到一个事实上，即康德不能且没有把美的判断之超越原则建立在道德的目的或神的根基上，因此他不可能真实地建立这样一个原则，因而他的"自然之目的"就不能被决定而实现，他的美的判断也就被宣告为不可能的废词。由此可见，美的判断之最后的超越原则的建立是问题的中心与关键。牟氏把康德不能建立这一原则的原因归结为以下三点：

一、不能了然识心（认识之心）本心（道德的天心或形上的心）之义用，形上天心转不出；二、其所说之自由概念中所含之道德目的性不能顿时即普而为万有之基，因而亦不能真实而客观地决定或建立此普遍的自然之目的性；三、未能认识最后之问题乃在超越形上学如何能全幅被实现之问题，因而不能知唯有自本体或天心处始可言美的判断之真实可能。①

在这三个原因中，最为重要的无疑是最后一个。其中隐含一层意思，即康德未能建立一套超越的形上学（事实上，他只是建立了一套道德的神学），这正是牟氏在后期形上学中才正式披露的观点。因此康德不能以本体或天心为超越原则而真实地建立其美学判断。值得注意的是，牟氏最后提出"真善美的分别说与合一说"，恰恰是基于其后期的形上学即道德的形上学之上而建立的。易言之，牟氏的美学是以其道德的形上学为基础的。

经过上述对康德美学的分析和批判，牟氏宣称：

我必须揭开这个虚幕而直透天心。夫如此而后能建立自然之真实目的性。而后能实现美的判断之具体的真实性。我决不以美的判断为媒介。②

并进而指出：

---

① 牟宗三：《认识心之批判》下册，第 323 页。
② 牟宗三：《认识心之批判》下册，第 328 页。

问题可不在两界之沟通,而在自由概念中所函之实践的目的是否能顿时即普遍而为万有之基体,而为整个自然所依以实现其为如此之自然之真实目的性。此问题之解答,全赖对于基本之本体论的建立同时亦是超越的建立。此则全赖天心之如何呈现。(康德如能于此着眼,则必不以美的判断为媒介。)①

由此可见,牟氏怀着对康德的惋惜与遗憾,要在超越地建立万有之基体的本体论的基础之上,重建康德的美学。因此,牟氏说,他所要建成的美的判断必须是可以具体地真实地实现的。他为康德抱憾的是,康德的美的判断之所以是不能实现的,"其故即在对于美的判断之真实根据未见到。此盖为西方人所难至者。儒者之学亦正在于此而有其所独辟之天地。而所关亦甚大"②。由此,呈现出牟氏与康德在美学上的一个分水岭,即牟氏对康德美学的重建并不是在康德美学的原址上顺承康德美学的思路而建立,而是基于中国儒家的形上学的思想背景与立场来建立。尽管如此,牟氏的前期美学并未能按照这一意旨来完成,因为这一时期他并不以美学为重,而所谓"美学"只不过是附属于他的形上学的一个部分而已,所以他这时只是开了一个端倪,直到后期美学即提出与建立"真善美的分别说与合一说",才充分地发挥与表现了这一酝酿久矣的心思之大义。这是不能不给予关注的。

四 儒家式的美学大纲

然而,无论如何,在牟氏前期的形上学中,他重建康德美学的思想的大纲脉络已经尽现于我们的眼前。他宣布:"美的判断必须从其媒介地位转出去而为一最后之圆成,因而其超越原则必须是一实的根据。"③ 他由此

---

① 牟宗三:《认识心之批判》下册,第328页。
② 牟宗三:《认识心之批判》下册,第329页。
③ 牟宗三:《认识心之批判》下册,第313页。

哲学地建立中国哲学

发表了一个关于建立美的判断的大纲，可以称之为一个儒家式的美学大纲。

这个大纲主要见诸四段文字，兹引如下：

> 美的判断是具体而现实者。是以必就其为可以实现而论之。依是，一、必须有实的根据；二、必须超越于诸认识之能之上而自一"依据本心而现"之心境以论之。依是，美的判断终必转出去而自道德的天心之圆成处以言之。一、既不可自其为媒介而言之，二、又不可自主体中之诸认识之能之妙合而言之。诸认识之能是识心，而美的判断则必须基于天心。大乐与天地同和，则亦庄亦美。吾之自圆成世界而言美，正为此两步超转而设也。①

> 美的判断之四性乃至其客观性，必须依据于"识心之转为天心"以及"自然目的性之全幅实现"。欣趣判断固不离其所欣趣，但所欣趣必在目的性之贯彻润泽中，而贯彻润泽"所欣趣者"之目的性同时即是形上天心之所发。天心处于其自己中而如如地欣趣其所发，即谓美的判断。依是，其判断也根于天心，其所判断也即此天心之如如地观照。此为彻里彻外而为一的即寂即照，此即美的判断之所呈现。依此，四性以及客观性（此客观不与主对）乃为必然而不可移者，决无其他之变端可以出现。

> 依此，欣趣判断，自主体言，只是天心之寂照（即寂即照），自客观言，则亦不必单割裂而言其形式方面，乃实是一事理圆融之圆成世界。如是，则亦庄亦美。（关此，本书不深论）

> 须知目的性原理不但通于对象，且亦根于本心。惟本心呈露（透顶），则目的性原理顿时即普，而识心亦转。如是方可言美的判断。此岂媒介说之所能至乎？如是，则一、美的判断必自媒介地位转出去；二、本体必下贯。此为吾书所必至者。②

---

① 牟宗三：《认识心之批判》下册，第324页。
② 牟宗三：《认识心之批判》下册，第332—333页。

这一美学大纲，大略可以归结为以下9个要点：

1. 美的判断不是一种媒介，不能从媒介地位上说。

2. 对于美的判断，不能由认识主体的诸认识之能的妙合处来论说，而必须超越诸认识之能，从体现"本心"的心境论而论之。也就是说，只能从圆成世界或美学世界而言，不能在知识世界或认识论上论美学。

3. 美的判断的建立必须有实有的根基，必须实现上述两步之超转。

4. 美的判断必须自认识主体的诸认识之能与媒介地位上转出去，立于道德的天心或本心的圆成处。其实有的根基即在于这天心。简言之，美的判断或美学判断必须基于天心而建成。

5. 美的判断的四种特性乃至其客观性的实现，必须依据于两个前提上：

5.1. 认识心转换为形上之天心；

5.2. 自然目的性的全幅实现。

这两个前提也正是建立美的判断，实现两步超转的要求与具体落实。

6. 自然目的性的原理发乎形上之天心，而通于认识对象。唯有当形上之天心呈露时，自然之目的性实现，认识心即可变为形上之天心。

7. 美的判断是具体和现实的，表现为欣趣判断。

8. 欣趣判断之所欣趣必然在于自然目的性的贯彻润泽中，而这一自然之目的性同时即是形上的天心之所发。天心自处于其自身之中，如如地欣趣其自己之所发，就形成美的判断。因此，美的判断根源于形上之天心。美的判断实质上是形上之天心的如如地观照，或曰形上之天心的寂照（即寂即照），也就是形上之天心的一种真实的具体表现形式。这就决定了美的判断所具有的四种特性及其超越了主—客二分对立的客观性，是必然确实而不可移的。

9. 体现为欣趣判断的美的判断是一体不二、主客统一的。但是，可以分别言之。

9.1. 自主观或主体方面说，它只是形上之天心的寂照（即寂即照）；

9.2. 自客观方面说，它是成于乐，乃事理圆融的圆成世界，就是在形上之天心的下贯中，知识世界与道德世界实现了圆成统一的美学世界。这也就是在美中实现了真善美统一的最高境界，充分地体现了"大乐与天地同和"的精神，所以亦庄亦美。

对于"即寂即照"之美的欣趣,"亦庄亦美"的美的判断,牟氏举出先秦与宋明儒家言美言乐的大量例子作为见证。

不难看出,这一美学大纲乃是牟宗三站在中国哲学主要是儒学的立场上扭转与重建康德美学的结果。实质上,正如上文所说,这是一个儒家式的美学纲要。在这个纲要中,值得重视的有五点:

其一,他把美学与认识论严格区别开来。这无疑是正确的。

其二,他把美的判断置于形上学的高度,从本体论与宇宙论的逻辑构造立论,从而把美的判断从轨约原理或调节原理的媒介地位提升到实现原理或生化原理的创造过程中,并为其找到了一种实有的根据。

其三,他从康德引入了"自然之目的性"概念,并将其根由归于形上之天心,视之为形上之天心所发的一种表现。换言之,形上之天心是通过"自然之目的性"的实现而得到表现的。这样,"自然之目的性"与形上之天心就达到了同一,从而实现了其美的判断的本体论的逻辑构造与宇宙论的逻辑构造的统一。

其四,他把美的判断,即美的实质理解与诠释为形上之天心的寂照,亦即形上之天心自身活动的一种表现形式,而同时也就是绝对(无待)的主体的精神的境界或心境,实际上已经把美视为一种如如的(无主客对待)的"客观"体验,因而在一定程度上突破了自柏拉图、康德到黑格尔关于美的理念的藩篱。

其五,他把美的判断、美的世界理解与诠释为知识(世界)与道德(世界)、真与善的统一,并视之为美学的最高境界,即是即真即善即美的圆成之境,天地同和的圆成之境,也即是中国哲学的最高境界,孔子所谓"成于乐"的圆成境界。正是在这个意义上,美的至高境界打破了里外之隔,超越了主客对立,是一个事理圆融无碍的圆成之和,是一个至大之乐。

虽然,这一纲要语焉不详,并未包括更多的美学内容,牟宗三也没有打算写一部独立的美学著作,故而未在此着力,然而他对美的判断的论述已经初步披露与勾勒出了他的美学观,职是之故,可以视之为一份"美学大纲"或"美学纲要"。也许,在严格意义上说,这个"大纲"称不上美学,但是,牟宗三却开辟出一条从道德的形上学对审美活动进行审视的道路。

由于这一美学大纲的提出,对他来说,康德为美的判断所建立的目的

成于乐的圆成之境

性的超越原则就完全不必要了。在形上之天心的生化与寂照中,命题世界与道德世界、圆成世界各各出现,相互辉映,浑融为一,圆成无碍。他写道:

> 依是,康德为判断而立之主观目的性一超越原则,在吾人说统中,即废弃矣。依是,吾人只有形上天心之如如地生化与如如地寂照。自如如地生化言,曰道德世界;自如如地寂照言,曰圆成世界。自如如地生化之"所生化者之现实的存在"言,曰命题世界。①

总之,以形上之天心为根据,就可以实现真善美的统一。这一思想一直贯彻于牟氏后期的形上学与美学中,"即真即善即美"的圆成之境最终为他所极成。

牟氏以为,按照他所给出的美学大纲而建立的美学,必然可以超越美学上的"主观论"与"客观论",平息它们之间的争论。依他之见,主观论者之论美是经验的心理的,只是限于识心而言美,美自然就没有普遍的必然性了。客观论者则以为美在客观的形式(如柏拉图就理型而言美)。美的判断固然不能离开其所欣赏(的对象与审美活动),但是徒自客观的形式言美,并不足以说明(美之为美的)美学判断。因此,他指出:"此种争论,如不能转至天心而据之以言美的判断,则万世不得决,且亦无意义。"②

美的判断的先验根据与条件的澄清和给出,美的判断就可以超越地建立并得到超越的安顿。因此,美的判断的真实而具体的实现,就是美学世界或圆成世界的圆成与安立。在美学世界的宇宙论的构造中,只能作到如此这般的逻辑诠表,其真实地实现必须在美学世界的直觉构造中才能完成。易言之,从逻辑的进路作美学世界的宇宙论构造只能到此止步了。再往下走,就得换车转路了。牟氏说:"吾人现在自本体创造处言美的世界亦只是逻辑地如此说,其全幅实现必有待于直觉的构造。"③ 尽管如此,美

---

① 牟宗三:《认识心之批判》下册,第334页。
② 牟宗三:《认识心之批判》下册,第332页。
③ 牟宗三:《认识心之批判》下册,第328—329页。

学世界的义理却已经在逻辑构造中呈现。通往形上之天心呈露的大门业已开启，路在脚下。

对牟宗三来说，形式的批判与逻辑的构造是完全如如地相应的。[①]

五 余论

综上所述，可以看出：

1. 牟氏的美学世界是以本体论的逻辑构造为基础而建立的宇宙论的逻辑构造。这既是其从逻辑向形上学的思想进路展开与发展的结果，也是这一思想进路展开与发展历程的具体表现。

2. 他以中国儒家式的本体论为基础（最后的超越原则）建立美的判断，成为贯穿其前后期形上学尤其是美学的一条基线。其后期的形上学与美学就是围绕着一个儒家式的本体论的直觉构造，即道德的形上学的建立而展开的。因此，其后期的形上学与美学是其前期的形上学与美学的究极完成。这是其由逻辑而认识论而形上学的逻辑构造而形上学的直觉构造的思维进路的步步开显的必然结果。

3. 美学与形上学不可分，是其形上学的一个部分，而且始终是在其形上学中展露出来的。美学必须以形上学为基础而建立。这是其特点，但亦是其对美学的限制，尽管美学世界对他来说，是最高的圆成之境，但美学本身在其说统中并不是独立的。这与美学作为一门独立的科学而发展的趋势是不相适应的。

4. 以中国儒家式的本体或天心为建立美的判断的最后的超越原则，以取代康德以"自然之目的性"概念为建立美的判断的最后的超越原则，从而重建康德的美学，相对于康德的美学乃至于西方主流的美学来说，的确是提出了一条新的美学思路即道德的形上学的审美之路，拓宽了美学的领域，开阔了研究美学的视野，对人是不乏启发的。

5. 然而，必须看到，这只是一种美学类型，即牟宗三的美学类型，绝不是也不可能是一种唯一的类型。实际上，康德的美学本来就自成一种类

[①] 参见牟宗三《认识心之批判》下册，第329页。

型。牟宗三的美学并不能取代康德的美学。作为一个中国哲学家甚至一个中国美学家，牟有权利有资格站在中国哲学或美学尤其是以儒家哲学或美学为主的立场上批判与扭转康德的美学，这实际上是他对康德美学与中国美学的一种融通方式，是把康德的美学中国化。但他不能要求康德或西方美学家接受他的中国式的批判与扭转，如果西方的"牟宗三"站在西方的哲学或美学立场上批判与扭转中国的某种美学思想，也应该是容许的，并且亦可能是有成效的。这就是说，牟宗三与康德各自处于不同的文化背景与哲学传统之中，其所成就的哲学或美学以不同的面貌、风格与类型现世，原属自然。问题在于，如何在中西哲学、美学，乃至文化之间找到一块双方都承认的共同所有的空白地带，作为通约的基础，并在这一基础上来展开中西哲学相互对话与相互融通的工作，既有世界性人类性，又不失其民族性与个性，才是我们所企盼的前景。从这一观点来看，对于牟所做的融通工作与业绩，康德（假如在世）是否领情与承认并不重要，这取决于当代与未来西方哲学家、思想家对牟哲学思想的态度。

6. 一个不可忽视的问题是，牟与康在美学上区别的根源何在，这需要从方法论上检讨，才能有清楚的认识与评价。从上文的叙述可以看出，牟与康为美的判断所提出的超越原则固然是不同的，但是同样不可忽视的是，牟与康对超越原则的理解与诠释也是不同的。康是把超越原则视为一个轨约原则，即是说，其"自然之目的性"概念只是一个轨约原则，只有轨约作用，故为沟通两界的媒介，但牟则把超越原则看成是一个构造原则或实现原则，即是说，其本体或天心是一个实现原则，具有生化、实现的作用，故为贯通两界、统一两界的基体。因此，二人所提出的超越原则全不一样，这是二人在美学上的根本区别所在。是故其美学就完全是两种类型了。从牟言，这是由其对康德的轨约原则与构造原则的认识与改造所决定的。

（原刊于《孔子研究》2005 年第 1 期）

牟宗三与李约瑟对"李约瑟问题"的求解之比较

——兼论牟宗三的科学观与李约瑟的科学观

导　言

"李约瑟问题"自一开始似乎就被误解为一个关于中国科学为什么"落后"的问题,在充满争议的讨论中更被误断为一个"伪问题"。然而,新近的研究令人信服地表明,"李约瑟问题"不是一个伪问题,而是一个真问题,而且是一个人类科学史与思想文化史中的重大问题。事实上,"李约瑟问题"自一提出就超出了科学史而牵连到哲学、文化以及社会经济和政治诸多方面,那么,对于这一问题就很难单从某一个方面去求解与作答。由于这一缘故,"李约瑟问题"自一问世,便仿佛成为一个令人猜想不透的"斯芬克斯"之谜,成为名副其实的"李约瑟难题"。人们以巨大的热情和智慧投入到解开这一谜底的研究之中,不但对"李约瑟难题"的理解不一而足,而且给出的答案也见仁见智,不啻有科学史的与科学社会史的(包括"内史"与"外史"的)解答,还有逸出科学史的博物学的解答,也有哲学与文化以及广义的社会史的解答,也有以没有答案或无须答案为答案的回答,可谓五花八门,层出不穷。由此可见,这一难题本身充满了无限的魅力,对人具有无穷的吸引力。

迄今为止,人们对"李约瑟难题"的求解并没有结束,相信也不会结束,而且永远不会结束。究其原因,乃是因为今天以及未来的人类,都无

牟宗三与李约瑟对"李约瑟问题"的求解之比较

可逃遁地必然地处于一个以科学知识为中心的时代,而"李约瑟问题"则以近代科学产生的问题为中心,几乎带出与凸显了人类精神生活世界的所有领域中的深层次问题,并且引发了新的问题,这就是与"李约瑟问题"不同而又相关联的同样具有重大价值,甚至意义更为重大与深远的另一个问题:近代科学为什么能够经久不衰地持续地繁荣发展?这一问题与"李约瑟问题"就像双胞胎一样地紧密联系在一起,而成为两极的问题。探索与解答这一问题,几乎成为科学史家的天职,但它总是与"李约瑟问题"相关联,二者之间具有一种微妙的阴阳互补、相辅相成的关系,其中一个问题的解答将对探究另一个问题产生启发和帮助。显然,对这两大问题的思考与求解,受惠的不仅是内在于科学本身的科学史和科学范式的研究,而且必将深刻地影响与改变人类的科学观、哲学观、文化观、社会历史观,促进人类社会经济和政治的改善与发展。

当科学史家 H. 弗洛里斯·科恩(H. Floris Cohen)让世界和中国重新关注与思考"李约瑟问题"的时候,似乎又将我们带回了这一问题的历史起点与过程之中。在历史的掩埋中重新找出与考察李约瑟本人对于"李约瑟问题"的解答与思考,当然是必不可少的,但是眼光不能只紧紧地盯住科学史的研究,而是需要放宽到超出科学史范围之外的哲学和文化及其历史方面,甚至需要在人类精神生活的全幅历程中进行探寻,才有可能获取更令人满意的答案。这是由"李约瑟问题"本身所决定的。因此,思想家、哲学家对于"李约瑟问题"的思考与解答,也同样是具有价值而不可忽视的。

20世纪初,自从任鸿隽在《科学》杂志创刊号(1915年)发表《说中国无科学之原因》以来,中国的思想家、哲学家、学者对于"李约瑟问题"的关注与思考,绝不在少数,例如梁启超、张君劢、梁漱溟、冯友兰、王亚南、竺可桢、唐君毅、牟宗三,等等,然而比较深入和成系统的思想或解释并不多见。原因可能是解答"李约瑟问题"不仅需要有清楚明白的"科学"概念,而且需要在科学观上有一种自己的见解。这对于许多中国哲学家来说,可能是一件比较困难的事情。因为大多数中国哲学家的科学观可能只是普通的常识的科学观,而很难有一套自己对于科学以及科学史的独立见解,所以也就难以建立起一套自己的科学观。相比较而言,牟宗三对"李约瑟问题"有过长期的思索与探究,其所发表的言论也较为

哲学地建立中国哲学

深刻和有系统性，可为一家之言，作为中国哲学家解答"李约瑟问题"的一个比较具有典型意义的代表。

牟宗三和李约瑟，一中一西，一哲学家和哲学史家，一科学家和科学史家，他们都是中国文化的守护者与传承者，都在自己的研究领域中遭遇了"李约瑟问题"，他们不约而同地从各自的研究视角与进路，对"李约瑟问题"进行了探索与解答，并在这一过程中展现出自己的科学观。牟宗三以中西文化与哲学的比较为背景，在批判地反省中国文化与哲学的过程中思考与回答这一问题，始终贯彻了一条文化（包括宗教、道德、艺术与政治等内容）、哲学、科学不分的整体思路，是以实现当代新儒家的"新外王"为目标而进行的一种探索，这决定与形成了牟宗三的科学观不同于出自科学理论本身的内在的科学观，而是一种综合的外在的文化守成主义的科学观。而李约瑟的科学观则一方面是内在的科学观，另一方面又是外在的科学观。就其外在的科学观一面而言，李约瑟的科学观既是文化守成主义的科学观，也是马克思主义与韦伯主义的科学观。实际上，李约瑟的科学观介于内在的科学观与外在的科学观之间。显然，牟宗三对科学的理解主要是文化的、哲学的与外在的，李约瑟对科学的理解则更多的是科学的、科学史的与内在的。然而，这两种认识科学的进路都是不可或缺的，可能成为重新认识与理解这一问题的起点。

诚然，作为一个哲学家而非科学家，牟宗三不愿像一个科学家那样，单纯地就科学本身去理解与思索科学，但是他也不像一个科学哲学家那样，面对林林总总的科学体系、模型与范式，去探寻科学发现与增长模式的蕴奥，而是宁肯在与人类文化和世界的发展相联系的哲学批判与反思中，洞晓科学的精神实质与发展方向，从而认清科学对人类社会的影响，尤其是他着眼于中国文化自身的反省与检讨而对"李约瑟问题"进行求解与回答，并站在当代新儒学的立场上思考中国未来科学的发展，主张儒学与科学的结合，因而形成了一套"后现代儒学的科学观"。与此不同的是，李约瑟则在对中国与欧洲科学史以及思想文化的比较研究与反思历程中，对中国文化抱以极大的信心和希望，他植根于中国道家思想智慧与儒家人文主义精神以及有机论的思想，对于世界科学史和人类未来科学的发展进行展望，相信所谓"欧洲"科学的时代已成为过去，而一个有机论的科学时代已经来临，倡导和阐发了一种"后现代道家的科学观"。尽管牟宗三与李约瑟在科学观以及对中国文化与科学的认识上，具有显著的不同，但是二者又具有惊人的相似或相同之处，并殊途同归，瞩目于人类未来科学的精神之花的开放和结果，他们都力主和希望在科学的精神中复活人文主义，让科学向着东西方文化精神的精华相结合、人文主义与科学主义的精神相结合的方向发展。把牟宗三和李约瑟对于"李约瑟问题"的思考与解答以及他们所持的科学观联系起来进行比较研究，这不仅对于通过展开"全景交往理论"而重建科学与人文之间、东西方文化之间的平衡与和谐，具有重要的启迪与深远意义，而且更重要的是，对于处在碎裂世界中的科学时代的人类来说，在探讨科学持续的繁荣和发展中展望科学的前景，思考与求索"我们究竟可以期望什么"的问题，当该是不无裨益的。

一　后五四时代中国文化与科学的境遇

严格地说，科学产生于近代欧洲。因此，中国人自觉地认识"科学"的愿望与好奇始自近代，但至新文化运动与五四运动时，始树立起"科学"与"民主"的大旗。"李约瑟问题"或"李约瑟难题"的提出在新文化运动与五四运动之后[1]，但是中国人对于李约瑟问题的探讨，却在"李

---

[1] "李约瑟问题"究竟是李约瑟在什么时候提出的？学界并无完全一致的看法。王国忠说，20世纪30年代中期，李约瑟向中国经济学家王亚南提出了这一问题，王写成了《中国官僚政治研究》一书作答，"但这仅是'难题'的一个侧面，问题还未得以全面解释"。因此真正的问题远未得以全面的解释。[王国忠：《"李约瑟难题"面面观》，见王钱国忠编《李约瑟文献50年（1942—1992）》，贵州人民出版社1999年版，第45页] 这一说法颇有问题。我们知道，李约瑟最早了解与开始接触中国科学技术与思想文化是在1937年。这一年，剑桥大学生物化学系来了三名中国留学生攻读博士学位。这三位来自中国的学生是鲁桂珍、王应睐和沈诗章。李约瑟夫妇与他们朝夕相处，成为亦师亦友的关系，李约瑟从他们了解到中国科学技术与思想文化的一些历史情况，产生了莫大的好奇与兴趣，并情不自禁地"坠入中华文化的爱河"。其中，李约瑟受鲁桂珍的影响最大。来自南京的鲁桂珍出生于一个经营药材的商人家庭，自幼对于药物与中医耳濡目染，听其父鲁茂庭讲述中国古代医药遗产中许多有价值的东西。她本人又在北平协和医学院进修过营养化学，能讲一口流利的英语，最为难得的是，她能用近代的科学观点评价中国古代的科学成就，这成为她与李约瑟之间经常交谈的话题。李约瑟总是满怀兴趣与充满好奇地倾听她所说的一切。他们之间的交谈成为真正"欧亚两大文明之间的对话"。鲁桂珍首先使李约瑟改变了一般西方人对于中国科学所持的想法：中国是古老的，但科学一直是落后的。她向李约瑟传达了一个重大的信息：旧大陆另一端的中国古代有不少科学发现和发明遥遥领先于基督教文明。这让李约瑟感到无比震惊，同时激起了李约瑟对于中国历史、科学与文化的强烈的好奇与极大的兴趣。（转下页注）

约瑟问题"的提出之前。这是为什么呢？因为，严格地说，"李约瑟问题"是世界的问题，而不完全是中国的问题。然而，"李约瑟问题"确实存在于中国的历史之中。只是它在当代世界科学史的研究中以不同的方式，以及不同的面貌出现而已。日本科学史家山田庆儿在将中国和日本历史上的科学与西欧历史上的科学进行比较时，就曾提出一个问题："与西欧近代诞生之科学不同的另一种科学是否成立？"他写道："难道不能有另一种科学吗？如果研究与西欧社会完全异质的思想性风土中产生的科学，或正可回答这一问题。"① 英国科学家与科学史家贝尔纳在为他的《历史上的科学》的中译本所写的序言中说：

> 已经可以看出，在西方文艺复兴时期——明代初期——从希腊的抽象数理科学转变为近代机械的、物理的科学的过程中，中国在技术

（接上页注①）37岁的李约瑟开始从汉学教授哈伦学习汉语。因此，1937年成为李约瑟一生的一个重大的转折点。1942年，李约瑟代表英国皇家学院，与代表英国文学院的哲学家多兹（E. R. Dodds）受英国政府的派遣来华讲学。李约瑟身处中国大后方，却为中国的抗战所感动，深感应该对在难以想象的困难条件下努力工作的中国科学家、工程师和医务人员给以实质的援助。在英国驻华大使西摩爵士（Sir Horace Seymour）的大力支持下，英国政府在陪都重庆建立了一所中英科学合作馆，由李约瑟任主任。于是，李约瑟便留在了中国。这给李约瑟提供了一个直接接触与了解中华文化的大好机会。李约瑟驻华4年，足迹遍布整个自由区，到处访问科技人员和学者，讨论将来撰写一部中国科学技术史的计划，并搜集文献资料。他的这一计划得到了时任教育部部长陈立夫、中央研究院历史语言研究所所长傅斯年，以及不计其数的众多中国学者的热心支持。[参见潘吉星《李约瑟——沟通东西方各民族与科学文化的桥梁建筑师》，见王钱国忠编《李约瑟文献50年（1942—1992）》，第292—298页；潘吉星主编：《李约瑟集》，天津人民出版社1998年版，第1—15页；[马]何丙郁：《李约瑟与中国科技史》，见王钱国忠编《李约瑟文献50年（1942—1992）》，第264—270页］据此可知，"李约瑟难题"的产生与提出不可能且不应该早于1937年。根据刘钝的研究，"李约瑟问题"是李约瑟于1944年（10月25日）在中国贵州湄潭的浙江大学（按：其实是中国科学社湄潭社友会第12届年会暨30周年纪念大会上）的一次题为《中国之科学与文化》（按：该文刊于《科学》1945年第1期）的讲演中提出的。这一问题的最初表述为："问题之症结乃为现代实验科学与科学之理论体系，何以发生于西方而不于中国也？"（参见刘钝《李约瑟的世界和世界的李约瑟》，见刘钝、王扬宗编《中国科学与科学革命：李约瑟难题及其相关问题研究论著选》，辽宁教育出版社2002年版，第8页）事实上，李约瑟1944年2月在重庆中国农学会举行的一次会议上，发表了题为《中国与西方的科学和农业》的演讲，其中从农业科学没有发生在中国谈到作为一个整体的近代科学没有在中国发展的原因，就已经明确地提出了"李约瑟问题"。（见潘吉星主编《李约瑟集》，第184页）由此可知，可以确信的是，"李约瑟难题"的产生、提出与阐述，是在20世纪30年代末期至40年代中期以前这一段时间。

① 见[日]山田庆儿《古代东亚哲学与科技文化·自序》，辽宁教育出版社1996年版，第1—2页。

牟宗三与李约瑟对"李约瑟问题"的求解之比较

上的贡献——指南针、火药、纸和印刷术——曾起了作用，而且也许是有决定意义的作用。要了解这在中国本身为什么没有起相同的作用，仍然是历史上的大问题。去发现这个滞缓现象的根本性的社会上和经济上的原因，将是中国将来的科学史家的任务。①

这一"历史上的大问题"无疑是"李约瑟难题"的另一种表述。回答这一问题，的确是中国科学史家的任务，而且很可能需要经历一个漫长的艰难历程。但是，为这一问题寻找答案的人，又不能只限于中国的科学史家。世界历史的发展是充满戏剧性的。诚如著名科学史家 H. 弗洛里斯·科恩（H. Floris Cohen）所说的那样："现代世界的产生是一种西方现象，其最初的迹象于 1780 年左右出现在英国。在不到一百年的时间里，欧洲和美国的面貌几乎彻底改观。"② 当西方文明的发展超过了东方文明尤其是中国文明以后，中国人从痛醒中开始反省自己的文明。中国人反省自己的文明是从社会与文化入手，因此便集中落在了最能代表与体现现代社会文明的"民主"与"科学"上了。英国科学家与科学史家李约瑟（字丹耀，号十宿道人、胜冗子，原名为诺埃尔·约瑟·特伦斯·蒙哥马利·尼达姆，Noel Joseph Terence Montgomery Needham）在研究中国古代的思想文化与科学技术的过程中，提出了一个被中国人命名为"李约瑟问题"或"李约瑟难题"（Needham Problem, or Needham Question），又称"李约瑟之谜"（Needham Puzzle）、"李约瑟命题"（Needham Thesis）等的问题。李约瑟在其发表于 1963 年的《中国科学技术传统的光彩与不足》一文中指出：

现在肯定十分明显的是，在科学技术史中必须把东半球看成是一个整体，甚至非洲也可列入其中。但当持这种整体观时，一个自相矛盾的问题出现了：为什么近代科学，即有关自然界假说的数学化及其所蕴含的一切先进技术，只是辉煌而短暂的兴起于伽利略时代的欧洲？这个显而易见的问题有许多人早就提出了，但很少有人回答。还

---

① ［英］贝尔纳：《历史上的科学·中文版序》，伍况甫等译，科学出版社 1959 年版，第 I 页。
② ［荷］H. 弗洛里斯·科恩：《世界的重新创造：近代科学是如何产生的·导言》，张卜天译，湖南科技出版社 2012 年版，第 2 页。

哲学地建立中国哲学

有另一个具有同样重要性的问题：为什么在公元前二世纪及公元十六世纪之间，东亚文化在将人类对自然界的知识应用于实际目的方面，比西方欧洲更为有效？①

这就是所谓"李约瑟问题"的一个完整的表述。"李约瑟问题"在中国的传播中，其一般表述则为：为什么近代科学，尤其是对自然的数学化假说，及其所蕴含的所有的先进技术，只产生于伽利略时代的欧洲？或者说，为什么在公元前2世纪至公元16世纪之间，中国文明较之于西方文明更有效地应用人类的自然知识以满足人类的需要？换言之，为什么这种"领先"没有在中国导致"近代"科学的出现？②这一问题自李约瑟提出后，引发了中国人近一个世纪以来的热烈、持久和广泛的讨论③，尤其是在20世纪末期以来，达到了高潮④。尽管对于这一问题的探讨不失积极意义，但是将这一问题归结为"中国近代科学落后的原因"，却显然是一个伪问题或伪命题。道理非常简单，既然"近代科学"没有在中国产生，那么就无所谓"中国近代科学落后"与"不落后"的问题。尽管"落后"这个词的使用是"相对性的和描述性的"⑤，然而"中国近代科学落后的原因"这一陈述却不仅预设与蕴含了近代以前的"中国科学"是"领先"的前提，而且预设与蕴含了中国有"近代科学"意义上的科学的存在的前提，不然何来的"落后"之说呢?! 所以，问题的实质与关键是在于中国有没有"近代科学"的问题，而不是这一"科学"落后不落后的问题。有可能考虑到如此之类的问题境况或因素，所以山田庆儿对于"李约瑟问

---

① 见潘吉星主编《李约瑟集》，第103页。
② 参见刘钝《李约瑟的世界和世界的李约瑟》，见刘钝、王扬宗编《中国科学与科学革命：李约瑟难题及其相关问题研究论著选》，第6页。
③ 20世纪初，除了任鸿隽、王琎、梁启超等人分别从科学方法与社会因素讨论过中国无科学的原因之外，梁漱溟在其《东西文化及其哲学》一书中就已经颇有见地与深度地触及并讨论和回答了这一问题。依据梁漱溟先生的看法，近代科学没有在中国或东方出现，而是诞生于西方，本不足怪，这是由中国文化、印度文化与西方文化所固有的内在特质与精神及其不同的发展路向所决定的。
④ 参见刘钝《李约瑟的世界和世界的李约瑟》，见刘钝、王扬宗编《中国科学与科学革命：李约瑟难题及其相关问题研究论著选》，第10—11页。
⑤ 参见刘钝《李约瑟的世界和世界的李约瑟》，见刘钝、王扬宗编《中国科学与科学革命：李约瑟难题及其相关问题研究论著选》，第7页。

题",就有了另一番考虑与解释。他说:

> 中国人何以没能产生近代科学这个问题,也就是以近代科学为基准,从与近代科学的关系方面来衡量中国人的"科学"(至于能否称之为科学则另当别论)的问题。但是所谓以近代科学为基准,和把坐标的原点置于零还有所区别。并非想以近代科学的价值为零,再来标出中国科学的位置坐标,而是想从一开始即赋予近代科学以正值。从而前面的问题便反转为:从价值的观点来考察,为何中国没能产生正值。从心理上的滑落倾向讲,总是易于滑落到这里。此时的回答便会呈现出中国人以至于中国人的科学是有着这样或那样的缺欠等等的负的形象。但这并不一定必然导出悲观的结论。
>
> 我之所以避开中国人何以没能产生近代科学这一问题而是提出了另一问题,无非是想把中国科学的特点描绘成积极的、正的形象。再说一句,我的意思是中国科学,对近代科学而言,绝对并不意味着只是赋予了负面的价值。①

由此可以看出日本学者的心思之细密。而这一思考与解释确实微妙与有趣。我们中国人的心理,在科学上,总是不易从正值滑落到负值。事实上,我们常常自认为中国古代的科学技术是领先于世界的,并一直以此为自豪和骄傲。在这一前提下,中国人以前所未有的极大热情呼唤与期待"中国科学"的"伟大复兴"与"领跑世界"的奇迹再度出现。然而,这样一来,就必然导致"科学"这一概念的混乱与泛化。事实正是如此。即使至今,"科学"这一概念在中国语境中也没有得到应有的澄清。一切理想的、期望的、应该的、善的、美的和被认为是正确的"陈述"或"观点"(意见或议论)几乎都被说成是"科学"的,甚至政治形态、经济形态、文化形态、艺术形态、意识形态,甚至被理想所期望的与在想象或规划中被描述的整个社会的形态也被转述为"科学"的。中国对"科学"的狂热与激情高涨到了极致,难有其匹。然而,这些为科学而喷发与挥洒的情感几乎也都是外在于科学的。(只有在科学家身上能够变成内在于科学

---

① [日]山田庆儿:《古代东亚哲学与科技文化》,第78页。

哲学地建立中国哲学

研究的力量。然而,科学家对科学并不抱有这种浮泛在科学之外的狂热的激情。)中国似乎成了一个科学单向度或科学一元论的唯科学论或唯科学主义①的国家。这是真的!显然,中国人之所以热衷于这一问题,是与中国自近代以来在迈向"近代化"或现代化过程中的充满屈辱感②的民族心理状态,密切相关的。不过,话说回来,无论这些讨论的成效如何,"李约瑟问题"在中国的语境中的奇特现象,都表明了它是一个后五四的问题与话语。一方面它继续与加强了五四新文化运动对"科学"追求与向往的惯性,另一方面它却"截断众流",将"科学"的概念扩张与泛化到了无以复加的地步;与此同时,又由"李约瑟问题"引出了对于"中国科学"讨论的"无政府主义"的竞相鸣放。因此,对中国来说,只要"近代化"或现代化的问题没有完结,对李约瑟问题的讨论就不会完结。而问题一旦进入"后现代"的语境,除了其历史意义以外,自然也会获得新的意义。

必须看到,"李约瑟问题"是与整个人类文明的进步联系在一起的。因此,探讨"李约瑟问题"的意义,早已超出了这一问题以及"中国科学"这一主题的范围。近一个世纪以来,在对"李约瑟问题"的研究中业已获得了不少具有教益的不同答案。③ 牟宗三和李约瑟本人对"李约瑟问题"的探索与回答,就是这些富有意义与教益的答案之一。

关注问题的答案固然重要,但在哲学上看,这至多只是目光投射的一

---

① 研究中国现代思想中的唯科学主义的美国学者郭颖颐为"唯科学主义"所下的定义是:"一般地说,唯科学主义是一种从传统中得到普遍应用,并成为文化设定及该文化的公理。更严格地说,唯科学主义(形容词是'唯科学主义的'Scientist)可定义为是那种把所有的实在都置于自然秩序之内,并相信仅有科学方法才能认识这种秩序的所有方面(即生物的、社会的、物理的或心理的方面)的观点。"(见[美]郭颖颐《中国现代思想中的唯科学主义(1900—1950)》,雷颐译,江苏人民出版社1995年版,第17页。另可参阅该书第1、26页)

② 对此,李约瑟有一段论述做了清楚的描述:"对中国人来说,资本主义在本质上完全是外来的东西。由于西方人在短短几个世纪中侥幸地发展了现代科学技术,从而凭借军事力量强迫中国人接受资本主义。而且,中国人和西方人接触之初,资本主义并未立即随之而来。……直到19世纪初鸦片战争发生后,才使中国的文士贵族感觉到现代工业化确实是不可避免的了。随着就出现了一个非常有趣的过渡时期。几个大官僚如曾国藩、左宗棠、李鸿章等就办起了官商合营的兵工厂和制造厂,从外国请来了工程师。这种企业当然不具备西方企业公司长期积累的经营管理的经验,无法和西方企业竞争,因此,在大半个世纪中,中国政府和官僚们觉得最好还是做出让步,让那些熟悉业务的外国人去办。其结果就严重地遏制了中国人自营企业的发展。……"(李约瑟:《四海之内》,劳陇译,生活·读书·新知三联书店1987年版,第28页)

③ 参见王国忠《"李约瑟难题"面面观》,载于王钱国忠编《李约瑟文献50年(1942—1992)》,第51页。

· 352 ·

个目标或一个向度而已。因此,牟宗三、李约瑟与"李约瑟问题"所蕴含的可能的内容,尤其是牟宗三与李约瑟在探索和解答"李约瑟难题"的过程中,所展现出来的科学观及其文化态度与问题,也许是更重要、更值得重视,也更具有意义的。换句话说,在今天,我们应该如何看待科学以及科学史?如何为科学重新定位?如何体现出科学的价值?也就是说,我们应该有什么样的科学观?我们对科学"能够期望什么"?这些问题不独是中国需要面对的,也是世界需要共同面对的。如果我们能够入乎科学以及科学史之内,而出乎科学以及科学史之外,基于哲学和文化的立场上,反思这些问题,无论对中国还是对世界来说,都有不可忽视的重要意义。因此,从对"李约瑟难题"的回答中来回顾与重温牟宗三与李约瑟的科学观及其文化态度,应当是不无教益的。

二 牟宗三在对中国文化的反省中解答"李约瑟问题"

牟宗三对"李约瑟问题"的关注与探究始自其青年时代,那时在新文化运动与五四运动的氛围笼罩下,以提倡"科学"的风气来破坏中国固有的文化,将来自西方的"民主"与"科学"视为所追求的新文化的全部,并与中国所固有的文化尤其是代表中国文化之主流的儒学绝对地对立起来,以为肯定与选择"民主"与"科学",则必须打倒孔子。牟宗三最初对"李约瑟问题"的思考,几乎是与时流的浪潮而俱进的。牟宗三在比较与评论中西文化中,批评中国人只有"具体感"而"抽象感"贫乏,认为中国文化是品题的文化,是感受的文化,是享清福的文化,中国文化缺乏理智的运用,即所谓"理性的站得住"(rational independent),因为只要有了这种理性的运用,就可以通天人、驭外物,一贯地开掘制裁外物,并发展出一贯的理性人格。可见,"理性的站得住"或"理性的运用"乃是"抽象感"的源泉与表现,而这正是科学起源与发展的根源。那么,中国为何没有"理性的站得住"或"理性的运用"呢?牟宗三认为,这与孔子所代表的儒学是直接相关的。孔子对于生死的抽象问题以"不知"的态度了之,人们"便只好去注目日常生活之可见可闻了。……夫子言性与天道

哲学地建立中国哲学

不可得而闻,这也是平居撇开抽象问题不谈,只谈经世文章,所以门人也只好只闻经世文章,不闻玄妙大道了。夫子……只能授文章,不能授天道"①。结果就是,"具体感之坏的方面,中国人可谓发挥无余矣!"② 所以,牟宗三把中国没有产生科学归咎于孔子的儒学。他说:

> 孔子以这种通用之专门技术教授门人,使他们在天子诸侯公卿面前坐(做)个一官半职,当作吃饭的专业。譬如《论语》侍坐一章所论到的就是这个表示。这个专业之获得即从最具体的最经常的六艺中训练出来。儒家的事业地位及思想的路线都从六艺中来规定。……可是六艺便只有传授,而没有探讨,这已失了科学的原义与精神了。而何况这种科学又只是几种手艺与通常的道德训条? 即手艺也只属于制礼作乐一类文饰太平的东西。所以其样子四八板,条条不紊,有似科学,但其精神与方向都不在科学的路子上,故中国始终未产生出科学。③

牟宗三由此而批判儒学,由批判儒学而进一步地批判了中国哲学。在牟宗三看来,中国形上学的妙论与儒学一样缺少抽象感,只是纯具体的、直觉的、感受的表示,而非理智的理论创造。他说:

> 这种哲学,虽也性情理气天道太极,讲来甚为玄妙,然却非理论的,亦非抽象的。……乃只是品题的,感受的产品。他们常说天理离不了人生日用,良知只是粗茶淡饭,这便是纯具体的、直觉的、感受的表示,所以中国人虽有形而上的妙论,这种妙论却不就是抽象感的表示。因抽象离不了理智理论故。④

对牟宗三来说,无论从中国文化看,抑或从中国哲学看,均不具有科学产生的条件。其中,最大的关键是中国文化的"精神与方向都不在科学

---

① 见牟宗三《中国人的具体感与抽象感》,《宇宙旬刊》第5卷第2期,1936年5月5日。
② 见牟宗三《中国人的具体感与抽象感》,《宇宙旬刊》第5卷第2期,1936年5月5日。
③ 牟宗三:《中国人的具体感与抽象感》,《宇宙旬刊》第5卷第2期,1936年5月5日。
④ 牟宗三:《中国人的具体感与抽象感》,《宇宙旬刊》第5卷第2期,1936年5月5日。

的路子上"。因此,中国始终未产生出科学。这便是牟宗三最初在"李约瑟问题"上做出的结论。这与梁漱溟在其《东西文化及其哲学》中所持的看法可谓异曲而同工。尽管此时的牟宗三尚未形成自己成熟而系统的文化观与哲学观以及科学观,他的思考仍然被笼罩在新文化运动的氛围之中,但是充满独立思考的精神活力也让他不乏收获。尤其值得重视与需要指出的是,牟宗三这一青年时期对于"李约瑟问题"的思考从文化与哲学的进路上,开启了他日后深入系统地探索这一问题的端绪,而且他得出中国文化的"精神与方向都不在科学的路子上"的这一结论,也被保留在他后期的思想之中,并成为他求索"新外王"的一个重要起点。

实际上,牟宗三从青年时代到中年时期完成"新外王三书"(《道德的理想主义》《历史哲学》和《政道与治道》),的确一直没有放弃对"李约瑟问题"的思考,然而他从来不是而且也没有基于科学史或科学思想史的立场上来探讨或回答这一问题,也没有将这一问题作为一个研究的专题来对待,而是将这一问题放在中国文化与哲学思想的整体之中来认识。因此,牟宗三是在对中国文化与哲学的批判的反省过程中来思考与回答"李约瑟问题"的。换言之,牟宗三对"李约瑟问题"的探究自始至终贯彻了一条文化(包括宗教、道德、艺术与政治等内容)、哲学、科学不分的整体思路。同时,这一整体思路是在中西文化与哲学的比较之中显现出来的。牟宗三的这一整体文化的思想进路,在他展开对"李约瑟问题"的研究中,是向着实现"新外王"的目标而行进的。由此,便决定与形成了牟宗三的科学观不同于出自科学理论本身的内在的科学观,而是一种综合的外在的科学观。

无疑,牟宗三后期对"李约瑟问题"的探研比较系统地集中于其"新外王三书"。此外,在他的《现象与物自身》《佛性与般若》《生命的学问》《时代与感受》《时代与感受续编》《牟宗三先生晚期文集》《中国哲学十九讲》《中西哲学会通十四讲》《四因说讲演录》《人文讲习录》等多种著作中均有所涉及。本文的论述,自当以其"新外王三书"为主,而以其他相关的著作为辅。这是有必要说明的。对于为什么中国没有科学,或科学为什么没有在中国出现的问题,牟宗三的"新外王三书"分别做出了回答,各有精彩,不尽相同,但主旨无异。

作为牟宗三的"新外王三书"之一的《道德的理想主义》一书,是就中国文化系统是"仁的系统"与西方文化是"智的系统"的分野立论，从而阐述与回答"李约瑟问题"的。牟宗三说：

> 中国的文化精神就是因为"知性"不能从实用状态、感触状态中解放出来，所以逻辑、数学、科学才不能出现。譬如从中国文化生命中涌现出来的最古的文化模型是"正德、利用、厚生"，这是一个道德政治的观念模型，是一个"仁的系统"。仁是一个笼罩系统。在利用厚生中，未尝没有对于外物的粗浅认识。但是这个认识，因为停在实用状态中、感触状态中，所以"智的系统"始终隐伏于"仁"中而未彰著其自身，未转出"知性形态"，独立发展其自己，使其自身有独立之成果（逻辑、数学、科学即是其独立之成果）。古天文律历正是表示对于自然之窥测，属于"智之事"。但因为在道德政治的观念模型下，由利用厚生而接触及，所以中国之天文律历终未转至科学之形态。中国这个以"仁"为笼罩系统的文化模型，经过孔、孟及理学家的发展，将"智"统摄于"仁"中，成为直觉妙用，转为智慧之圆。这是智之"向上"收，圣贤人格中之"智"，固已脱离感触状态、实用状态，但是它跨过"知性形态"而直升至"超知性形态"，收摄于仁中而为直觉形态。（这个直觉不是低级的感触的直觉，而是超知性的"智的直觉"。）而高于感触直觉的"知性形态"则始终未转出。所以中国的"智"只有为实用所限的"智"，或圣贤人格中仁中的"智"。这是两个极，而中间一层的"知性"之智，则始终未转出。这个知性之智，既须从"实用"中解放，又须从仁中转出，而为有其自身独立发展独立成果之"知性形态"。这是西方文化生命所首先表现者，故有逻辑、数学、科学之成立，而中国则始终未转出，故亦无逻辑、数学、科学之出现。①

根据牟宗三的论述，科学是"知性形态"的表现。"知性形态"的"智必须暂时冷静下来，脱离仁，成为纯粹的'知性'，才有其自身独立的

---

① 牟宗三：《道德的理想主义》，见《牟宗三先生全集9》，台北：联合报系文化基金会联经出版事业有限公司2003年版，第126—127页。

发展，因而有其自身之成果，这就是逻辑、数学与科学"①。在中国文化的"仁的系统"里，"智的系统"始终隐伏于"仁"中而未彰著其自身，只有低级实用的感触的直觉与超知性的"智的直觉"，唯独没有"知性形态"之智，所以逻辑、数学、科学不能出现；相反，西方文化是一个"智的系统"，有其自身独立的发展与独立的成果之"知性形态"，所以有逻辑、数学、科学的成立。西方文化首先把握的是"自然"②，所以有"知性形态"的表现，这是西方文化能产生出逻辑、数学、科学的根源；中国文化首先把握的则是"生命"③，追求圣贤人格，强调"正德、利用、厚生"，不能脱离感触的直觉，不能从实用的感触的状态中解放出来，不能形成独立的"知性形态"，而只是向"智之'向上'收"的超知性的"智的直觉"方向发展而表现自己，这是中国文化不能产生出逻辑、数学、科学的根源。

这一解释似乎把问题解决了，然而"科学"这一概念到底是不清楚的。牟宗三意识到，不把这里的"科学"概念交代清楚，那么笼里笼统地说中国没有科学，也是反常识的。他说：

> 东方传统主流的儒家，虽然未曾发展出近代化的科学，但若只笼统地说中国没有科学，这也是违反常识的，所以首先英国人约瑟夫（引者按："约瑟夫"是李约瑟的不同译名）就写一部《中国科学发展史》，他以一个外国人就可以替我们争，抗议说中国没有科学是不对的。我们现在说中国没有科学是指学之成学意义的学而言。中国有科学传统，但没有达到学之成学意义的科学。其实中国实用方面的知识也多得很，实用的数学、几何学、三角学都有一点，但均未达到纯粹数学、几何学与三角学之学的程度……到希腊的欧几里得，几何才有真正纯粹形式的几何，这是一个真正了不起的改革，康德称之为知识的革命，此革命比发现好望角对航行还要重要，这是了解西方科学史就知道的。这种意义的几何学，中国就没有开出来，这种意义的纯粹数学、物理学也都没有开出来，近代意义的由牛顿所开的物理学也

---

① 牟宗三：《道德的理想主义》，见《牟宗三先生全集9》，第201页。
② 参阅牟宗三《历史哲学》，见《牟宗三先生全集9》，第189页。
③ 参阅牟宗三《历史哲学》，见《牟宗三先生全集9》，第189页。

没有开出来。尽管中国人说化学是由中国先发明的，但也是实用的。故中国传统历来并不是抹杀或忽视知识的，但知识之所以成为一个知识，学之所以成为一个学，这种意义的科学，如纯粹的数学、几何学与物理学等，却都没有发展出来，故无理论科学（theoretical science），而只有实用科学。①

由此可知，牟宗三所讲的"科学"是"学之成学意义的科学"，或"知识之所以成为一个知识"意义上的科学，也就是纯粹的理论科学（theoretical science），这也正就是西方的近代科学与近代知识论的理论形态。在他看来，中国虽然历来并不抹杀或忽视知识，但是所重视的主要是实用科学。因此，说中国古代有"科学"，说的主要就是实用科学，而不是理论科学。换言之，中国古代的实用科学十分发达，而理论科学的发达则不够充分。

事实上，牟宗三并不否认中国古代同时具有理论科学与实用科学。他认为，中国的科学传统始自《尚书·尧典》所说的羲和之官。羲、和是天官，所掌管的是天文、历、律、数之类的学问。天官演变为后来的史官。《周礼》说史官有两方面的职责，即"掌官书以赞治，正岁年以叙事"。史官的"正岁年以叙事"，就是掌管天文、历、律、数，这是真正的科学，中国以前在这方面并不差，这是中国的科学传统。"掌官书以赞治"，则是中国史学的传统。② 这说明中国古代科学的起源与中国的史学是联系在一起的。不仅如此，牟宗三还对中国古代的理论科学（以羲和之官或天官为代表，内容是天文、历、律、数之学）与实用科学（以医、卜、星、相以及炼丹等经验科学传统为代表）进行了概括和简明的梳理，并以中医为例，特别对中国的实用科学的特征加以阐释和说明。他说：

中国实用科学之传统，属于羲和之官或天官，称之为羲和传统。天官后来亦称史官，专门知识的科学都藏于此。首先出现的是天文、律、历、数，这就是中国的纯粹科学，也可以说代表理论性的科学。

---

① 牟宗三：《中西哲学会通十四讲》，见《牟宗三先生全集30》，第99—100页。
② 参阅牟宗三《中国哲学十九讲》，见《牟宗三先生全集29》，第156页。

中国的天文学也出现得很早,世界上每一个民族都首先有天文学。仰观天文为的是要造历法,一年四季非得有安排不可。把这一套义和传统整理出来是很有意义的,一方面自己要具备高度的科学知识,另一方面对中国这方面古典的知识也要熟悉,而以现在的方式表达出来。律是音乐、乐律,音乐与数学有密切的关系,故天文、律、历、数这四种是一组。这就是中国的科学传统,而且是属于理论性科学的。①

另外一组实用性的知识就是医、卜、星、相,加上炼丹,这是中国的实用性的经验科学传统,所谓不十分高明的科学。医、卜、星、相成为一组,我且只就中医说。中医不是科学,但说中医没有用是很难讲的,而且不从现实方面而由中医的本质来讲,从其原则上的本质讲,这种知识是高过西医。西医是属于科学的,科学是属于量的,化质为量;而中医是质的(qualitative),故在境界上讲当该是高明,故中医是神医,靠直觉,看准了就很准。科学就不能靠直觉,西医是地道的科学,化质为量,完全抽象化,完全抽象化就不能完全了解病症,故西医有许多毛病,可是我们还承认它是科学而有效,为什么呢?因人总是有躯体(physical body)这一面的,因而也就是说总有量这一方面,故由西医的立场就专门来控制这个身体,因其有量(quantity),就要量化,不量化怎么能控制呢?但中医看病不是量的观点,是质的,但现实上不一定准,若是神医,那就一定看得很准,但那有那么多的神医呢?大多是庸医。中医的本质是神医,要有聪明就能看得准而有效。故实用科学要寄托在医卜星相、阴阳五行。阴阳家这一套是依附于医、卜、星、相而行,而成为中国的实用知识,也可说是不高明的科学。此与天文、律、历、数稍微不同,故分为两组。故若有兴趣而下工夫研究整理出来是有价值的,中国的科学传统是如此。②

依牟宗三之见,只要下足功夫,从这两组中国传统科学中就可以写一部类似李约瑟的《中国科学史》了。

---

① 牟宗三:《中西哲学会通十四讲》,见《牟宗三先生全集30》,第100页。
② 牟宗三:《中西哲学会通十四讲》,见《牟宗三先生全集30》,第100—101页。

哲学地建立中国哲学

然而，问题是为什么中国既有理论科学的传统，又有实用科学的传统，但是后来却不见产生出近代的科学来呢？对于这一问题，牟宗三主要是通过对儒学的反省来回答的。因为儒学是中国文化的主流，所以就必须从儒学来寻找问题的根源。牟宗三指出：

> 儒家在此传统下，孔门之徒、理学家们都不是念天文、律、历、数［的］，他们也不重视医卜星相。他们是以立教为其立场，以孔子为大宗师，是弘扬道德意识，道德意识的态度是与知识相反的。但儒家在此也不轻视知识，因儒家内圣与外王合而为一，正德、利用、厚生三事俱备。正德是道德，利用、厚生不能离开知识，故儒家向来并不轻忽知识，尽管其本人不从事于知识本身的研究，他们也不是科学家，但是在智慧上、见识上不轻视知识。此笼统地表现在：子曰："学而时习之不亦说乎！"表示重学，知识就是靠学，尽管孔子讲的学不一定是专限于科学知识，是广义的学。广义的学，科学的知识是当该学的，孔子本身所知道的东西就很多……这是先秦儒家的发展，后来经孔、孟发展到《中庸》、《易传》，到宋明的理学家，对知识的问题就以两个名词即"见闻之知"与"德性之知"来分开。由学所得的都是见闻之知。我们所谓经验知识，理学家就把它放在见闻之知那方面。但理学家以"德性之知"为高，而德性之知如何了解？这是很难了解的。①

要而言之，儒家虽然不轻视知识，但是他们对于纯粹的理论科学基本上都是些外行，孔子还非常博学，但是到了后来的理学家们，就连对实用科学的重视也不够了。尽管理学家们把知识分为"见闻之知"与"德性之知"，但是由于自孔子开始，儒家就注重立教，所以儒家重视和推崇"德性之知"，以"德性之知"为高，在"德性之知"上有积极的突出的表现和贡献，在"见闻之知"上虽然不能说不重视，但是不能有理论上的说明与解释，因而是消极的。这在与西方哲学和科学的对比中，就越发地显现得清楚了。牟宗三说：

---

① 牟宗三：《中西哲学会通十四讲》，见《牟宗三先生全集30》，第101—102页。

牟宗三与李约瑟对"李约瑟问题"的求解之比较

中国儒家重视德性之知。见闻之知当然也很重要。儒家要过现实生活并不离世,内圣外王是要过现实生活的,那能离开见闻之知呢?但究竟对于见闻之知的本性、如何构成、如何完成,他们均对之无积极的说明。他们视之为事实而没有说明。一切科学都离不开经验,经验的开始就是见闻,就是西方所谓的感性(sensibility)。不管经验主义、理性主义或康德的讲法,经验科学总要开始于感性,如感觉、知觉都发之于感性,这些就是见闻。西方哲学讲科学知识开始于经验,他们重视经验见闻,但他们就能把见闻之知、经验知识,如何构造、如何成立、如何发展完成,内部很长的专门程序都给解说出来,因为他们有科学作根据。我们的实用知识、医、卜、星、相,再加上天文、律、历、数,那种完全停在实用状态的科学是不行的,它不能告诉我们依照什么程序来完成,如纯粹数学、几何学如何出现?如何完成?为什么希腊能出现?中国为什么始终不能出现?始终不能发展出来?此乃由于中国对于知识不能正视,只以见闻之知来说明还是不够的,此之所以为消极的意义。就 phenomena 之在知识的范围言,儒家所表示的态度是消极的……①

中国近几十年来所争吵的,就是中国没有科学的问题。儒家以前没有开出来,道家也没有开出来。道家就是要往上转,要超脱这一层面。儒家不反对知识,但光有"见闻之知"与"德性之知"的分别,这"见闻之知"也没有得到正视。没有科学知识,所以也没有知识论,因为儒家主要问题不在这个地方。和道德意识、良知相对抗的,是私欲、气质这些东西。私欲、气质笼统地可以划在"感性"(sensibility)的范围内,但这并没有成就科学知识。儒、道两家都有这个问题……②

因为中国哲学既无康德式的知识论,也无罗素式的知识论,但我

---

① 牟宗三:《中西哲学会通十四讲》,见《牟宗三先生全集30》,第102页。
② 牟宗三:《时代与感受》,见《牟宗三先生全集23》,第178页。

们不能说中国无知识这个观念。对经验知识中国一般称之为闻见之知，儒家就分闻见之知与德性之知，但究竟是无西方式的知识论。不管如何说法，闻见之知是在"经验实在论"的范围，但中国哲学始终未能把它详细地解析展示出来。①

无可否认，中国古代不仅有知识，而且有"知识"的观念，但是中国古代哲学没有类似西方哲学的知识论，无论康德式的知识论抑或罗素式的知识论，都付诸阙如。由于这一缘故，儒家注重"见闻之知"，但不能进入其内部说明其如何可能为"见闻之知"的理由、根据与程序，因而也就不可能进入中国传统科学的由天文、律、历、数之学问所代表的理论科学之中，以解析和说明它们如何可能为理论科学的理由、根据与程序，同时也不能进入由医、卜、星、相所代表的实用科学之中，以厘清和阐明它们如何可能为实用科学的理由、根据与程序，那么也就无法使实用科学向理论科学提升与发展，也就无法使理论科学向更高级更有系统性和更纯粹的学之为学的方向发展，产生出分门别类的具体纯粹的理论科学来。这就是中国不能产生科学的原因。

那么，仍然要问的是，为什么儒家如此地看重和推崇"德性之知"，以"德性之知"为高呢？对于这一问题，牟宗三进一步从哲学上作了解答与说明，他认为中国哲学的主流即儒学只有"德性主体"，而没有"知性主体"，这是中国文化生命发展的限度，所以逻辑、数学与科学不可能产生于中国古代的文化之中。在牟宗三看来，智必须成为纯粹的知性，才能与物为对，两者分立为二。然而，中国古代哲学却必须讲与物无对、与物无二，这一代表就是王阳明所讲的"心理合一"之"良知的天理"。在此"心理合一"之"良知的天理"中，智不能成为纯粹的知性，就不能呈现出"知性主体"，其所对之"物"即"自然"也就不能成为外在的纯粹的客体，即不能成为研究的对象。因此，就不可能有自然科学的出现。② 牟宗三说：

---

① 牟宗三：《中西哲学会通十四讲》，见《牟宗三先生全集30》，第83页。
② 参阅牟宗三《道德的理想主义》，见《牟宗三先生全集9》，第202、203页。

"知性主体"一呈现,则运用不能不是逻辑的。此即为"逻辑理性的我"之所在。因此,逻辑、数学都在这里成立。此即为形式科学之成立。知性主体携其逻辑、数学的理性的运用而观解外物,则"自然"始成为真正的知识之所对,成为纯粹的自然物,只就其为一物而理解之。如是,方能发现其律则,而自然科学始能成立。此就是西方文化所以出现科学的基本途径,中国以前儒家讲智是统摄于仁中的"神智"(即智慧妙用的直觉形态)。神智的表现是越过逻辑、数学的途径的。①

在与西方哲学和文化相比较的背景中,牟宗三指出,无论是孔孟所讲的"仁且智",还是《易经》所谓的"智周(乎)万物"的智(即是儒家所说的"悲以润物"之慧),皆非"知性主体"之智,而是"德性主体"的"神智"。这种"神智"是本源形态中的智,或德性中的智,经过理学家到王阳明,就完全彻底透出而确定了。儒家讲学,唯在此用心。所以,只呈现"德性主体",不呈现"知性主体"。②那么,其结果也就大为迥异了。牟宗三说:

> 德性主体中的智既必与物无对无二,而其表现亦是"非逻辑数学的",故其所观照之物(自然)亦不能外在化而为知识所对的客体,它必内在化而与自家生命息息相通,因此"自然"既富有艺术的情味,亦弥纶之以道德的意义。③

从德性主体中的智即"神智"不能表现为"逻辑理性的我"而为"非逻辑数学的"智一方面说,它不能转为"观解"自然的"知性主体";从它内在化而与自家生命息息相通的一方面说,它所成就的是圣贤人格中的智,所体现的是"观照"自然的艺术情趣,而在此文化生命中过生活的一般人的智,便只是感触的实用的初级的,不能进到思想的阶段,也仍然

---

① 牟宗三:《道德的理想主义》,见《牟宗三先生全集9》,第202页。
② 参阅牟宗三《道德的理想主义》,见《牟宗三先生全集9》,第202页。
③ 牟宗三:《道德的理想主义》,见《牟宗三先生全集9》,第202页。

哲学地建立中国哲学

不能表现"知性主体"。在这两种情形下,逻辑、数学与科学是出不来的。牟宗三指出:"这就是中国文化生命发展的限度,它未发展到这一环,因而亦可说缺少了这一环。与它未发展到民主政治(即近代化的国家、政治、法律)那一环,因而亦缺少了那一环同。"① 今天的人文主义必须疏导出这一环,才能重新讲儒家的"外王",才能在学习西方的过程中开出"新外王"。牟宗三认为,这不仅可以充实儒家的学术,而且可以构成儒学第三期发展的特征。无疑,这是儒家人文主义精神在"李约瑟问题"研究中的体现。

牟宗三还从"学统"的意义上反省了这一问题。就是说,德性主体中的智即"神智"未能转为"知性主体",在逻辑、数学与科学出不来的文化形态下,知识方面的"学之为学"的"学统"也不能成立,自然不能形成代代递相传承的统绪。这是中国只有"道统"而无"学统"的缘故。② 因此,在只有"道统"而没有"学统"的文化形态中,自然科学的理论形态自然也就无从得到表现了。

从以上的叙述可以看出,牟宗三在《道德的理想主义》以及后来的讲演录中,对"李约瑟问题"做出了深入系统的探求与论述,说明在中国文化的"仁的系统"中不能出现西方文化的"智的系统"的"知性形态",这是中国(古代)文化自身发展的限度,因此中国(古代)文化不具备产生自然科学的条件,这是科学没有出现在中国的根本原因。这一结论与他早年关于中国文化的"精神与方向都不在科学的路子上"的看法并无实质上的不同,只是做了深化与系统化的展开论述。但是,此时牟宗三的文化观与科学观业已形成并进入成熟的时期,因此他的这一论述与结论,是与他所提出与倡导的"道统、政统、学统"三统并建的"新外王"思想纲领密切地联系在一起的,他对于儒学以及中国文化的态度就从消极的批判与否定转为积极的反省与求自新。

在其《历史哲学》中,牟宗三创造性地提出"综和的尽理之精神""综和的尽气之精神"与"分解的尽理之精神"分判中西方文化之不同,并由此探寻与回答"李约瑟问题"。牟宗三说:

---

① 牟宗三:《道德的理想主义》,见《牟宗三先生全集9》,第203页。
② 参阅牟宗三《道德的理想主义》,见《牟宗三先生全集9》,第203页。

牟宗三与李约瑟对"李约瑟问题"的求解之比较

中国之文化生命，首先表现出"道德主体"与"艺术主体"，而表现此两主体之背后精神，一曰"综和的尽理之精神"与"综和的尽气之精神"。由前者，有"道德的主体自由"；由后者，有"美的主体自由"（即黑格尔所谓"美的自由"）。然而"知性主体"则未出现，因而精神表现之"理解形态"，终未彰著。是以，就纯哲学言，儒家学术发展至宋明理学，只完成了"道德形上学"，而理解之先验原理则未触及。就历史发展言，逻辑、数学与科学未出现，而国家、政治、法律亦未达其完成之形态。在学术方面，逻辑、数学、科学；在集团生命之组织方面，国家、政治、法律。此两系为同一层次者，而其背后之精神俱为"分解的尽理之精神"。而此精神之表现必依于"知性主体"之彰著、精神之"理解形态"之成立。此恰为中国之所缺，西方文化生命之所具。故在中国历史发展中，其精神之表现，国家、政治、法律一面之"主体自由"（此可简称曰"政治的主体自由"），亦终隐而不彰。[①]

西方文化生命一往是"分解的尽理之精神"。（在此有科学、民主与偏至的宗教。）中国文化生命一往是"综和的尽理之精神"与"综和的尽气之精神"。然此所谓"一往"是有时间性。从精神之所以为精神之"内在的有机发展"言，必在各民族之发展途程中一一逐步实现而无遗漏。唯如此，方可说人类之前途，精神之大通。亦唯如此，方可说：历史之精神表现即是一部在发展途程中企求完成之哲学系统。[②]

从此可以看出，与《道德的理想主义》对"李约瑟问题"的论述不同的是，牟宗三在此书中创造性地提出了耐人寻味的三个概念"综和的尽理之精神""综和的尽气之精神"与"分解的尽理之精神"，并相应于"道德主体"（或"道德的主体自由"）、"艺术主体"（或"美的主体自由"）

---

① 牟宗三：《历史哲学·自序》，见《牟宗三先生全集9》，第21页。
② 牟宗三：《历史哲学·自序》，见《牟宗三先生全集9》，第22页。

·365·

哲学地建立中国哲学

以及"知性主体"、"政治的主体自由"（即政治主体）的概念，即"综和的尽理之精神""综和的尽气之精神"与"道德主体"（或"道德的主体自由"）、"艺术主体"（或"美的主体自由"）相对应，"分解的尽理之精神"与"知性主体"、"政治的主体自由"（政治主体）相对应。由此，牟宗三对"李约瑟问题"进行了深入的分析与思考。虽然说牟宗三寻求对"李约瑟问题"的回答始终贯彻了文化、哲学与科学不分家的整体思路，然而在"新外王三书"中的具体表现是有差异的。如果说《道德的理想主义》之所论的文化意味重，那么《历史哲学》的论析所表现出来的富于理论思辨的哲学意味则更为明显。这就使他对"李约瑟问题"求解的思想，由文化的广度达到了哲学的深度。从牟宗三的论述来看，西方文化生命的精神是"分解的尽理之精神"，这一精神在其民族之生命的历史发展中的表现就是"理解形态"的"知性主体"的形成与展现，结果在学术上有逻辑、数学、科学的建立；在社会集团生命之组织上有国家、政治、法律的建立。此外，在宗教上，有广义的基督教（牟宗三称之为"偏至的宗教"）的建立。（对于宗教，此存而不论。）简言之，其结果就是"科学"与"民主"的建立。牟宗三强调，此两系皆为"分解的尽理之精神"在同一层次上的表现，因此需要联系在一起来思考。与此不同的是，中国文化生命的精神是"综和的尽理之精神"与"综和的尽气之精神"，它们在中华民族之生命的历史发展中表现为"道德主体"（或"道德的主体自由"）与"艺术主体"（或"美的主体自由"），因此西方文化生命精神的"知性主体"、"政治的主体自由"（政治主体）的表现不彰著，在哲学上只有"道德形上学"的建立，这就是中国古代在学术上没有逻辑、数学、科学的建立，在社会集团生命之组织上没有国家、政治、法律的建立的根本原因，简略地说，即没有出现"科学"与"民主"的根本原因。

尽管如此，牟宗三在叙述中特别强调与指出了中国文化生命的"综和的尽理之精神"与"综和的尽气之精神"的"一往"性即"时间性"（历史性）。他肯定了中国文化的生命是活的向前发展的、开放容纳的与多元的，因此中国文化生命的"综和的尽理之精神"与"综和的尽气之精神""一往"地向前进行下去，必然地可以发展出"分解的尽理之精神"，从而可以成就"科学"与"民主"，充实、丰富、壮大与发展中国文化的生命。对此，牟宗三以民族文化的"心""理"表现的特殊道路的历史，是一个

牟宗三与李约瑟对"李约瑟问题"的求解之比较

逐渐展开的真实的、开放的、多元的与实现价值的具体过程的观点进行解释与说明。牟宗三说:

> 依是,心、理内容,从其潜蓄上说,虽无穷无尽,而自历史文化上说,则其表现决不会一发全发。一个民族有其特殊的气质,即有其表现心、理的特殊道路。这个特殊道路就是这个民族的心眼之倾向,或对于内外环境的反应态度。(外部物质世界固是环境,而内部生理身体生命对心言亦是环境。)在这种倾向或反应态度上,人的气质表现了心、理。每一种倾向是一种表现法。这种表现是不可能将心、理的内容一发全发的。但是一个民族,如其有文化,它必有一种反应态度,这就是它的历史文化之开端。这个反应态度,这个开端,何以或向此或向彼,这是没有逻辑理由可说的,这只有历史文化的理由,而无逻辑的理由。此如西方文化,在希腊传统中何以首先把握自然,表现理智,因而产生逻辑、数学、科学,而中国文化何以首先把握生命,表现仁义之心性,而形成礼乐型之文化系统,这是没有逻辑理由可说的。但不管或向此或向彼,如果它的倾向或反应能表现一种心、理,则它即是真实的、有价值的。依是,每一文化系统有它的真实性与价值性。因为一个态度或倾向都是一个特殊的道路,都是有限的,都不可能将心、理内容一下子一发全发,所以道路愈多愈好。每一道路都是真实的、有价值的。这就增加了心、理内容的表现之丰富性,也就多开辟了一条实现价值之道路。①

这条道路的敞开,对牟宗三而言,虽然没有什么逻辑的理由可说,但是它具有充分的历史文化的理由,而这正是牟宗三所极力倡导与追求的在中国文化自身历史展开的"一往"性中,实现从"内圣"之学开出"新外王"目标的必由之路。显然,对于中国文化来说,必须具有在科学上的"冷静之凝注"、精神上的"自觉的坎陷",才能顺着科学的源流走。牟宗三说:

---

① 牟宗三:《道德的理想主义》,见《牟宗三先生全集9》,第320—321页。

哲学地建立中国哲学

　　从科学本身说，你可以说它是实验的、理智的、外的、量的，然而它却是顺着一个超越精神、理想主义、理性主义而落下来，亦可以说是冷静下来。不冷静下来，不能成就科学。所以它之为量为外，实是一种冷静之凝注。这叫做精神之坎陷，自觉的坎陷。这是顺本源而下来，并没有否定那个本源。科学家本身，虽不必管那个本源，然而他们却是在那种文化空气中陶养成。西方文化尚未至十分堕落的境地，就是因为尚能保持住那种空气。但无论如何，要成就科学、保护科学，皆必须顺着那个科学的源流，精神之冷下来的源流走。①

　　这表明，中国文化在其自身历史的展开过程中，必须且必然对西方文化开放，以求在中国文化中移植西方文化，从而培植科学的精神，顺遂科学的源流发展，最终在中国文化中成就科学与保护科学。

　　在《政道与治道》一书中，牟宗三又新提出了"理性之运用表现"与"理性之架构表现"，或"理性之内容表现"与"理性之外延表现"一对概念，与他的《历史哲学》中的"综和的尽理之精神"与"分解的尽理之精神"联系起来看，则可以说"'理性之运用表现'是'综和的尽理之精神'下的方式，'理性之架构表现'是'分解的尽理之精神'下的方式"②。据此，牟宗三在中西方的学术文化比较中，分判与解答了为什么中国没有产生近代科学以及民主政治的问题，在科学方面说，就是解答了"李约瑟问题"。在牟宗三看来，中西方的学术思想以及宗教和政治文化最大的不同就在于，中国的学术思想以及宗教和政治文化主要是偏重和集中在"理性之运用表现"或"理性之内容表现"，缺乏"理性之架构表现"或"理性之外延表现"，而西方的学术思想以及宗教和政治文化则相反，主要是通过"理性之架构表现"或"理性之外延表现"而表现出来，而这"理性之架构表现"或"理性之外延表现"则是科学以及民主政治产生的根源与条件，由于中国的学术思想以及宗教和政治文化没有向这一"理性之架构表现"或"理性之外延表现"方向与形态发展和表现，所以科学以及民主政治没有在中国产生。这是他在此书中对"李约瑟问题"进行解答的基本

---

① 牟宗三：《道德的理想主义》，见《牟宗三先生全集9》，第349页。
② 牟宗三：《政道与治道》，见《牟宗三先生全集10》，第51页。

观点。

在《政道与治道》的"序"中，牟宗三首先从总体上提纲挈领地说明与解答了"李约瑟问题"，他指出：

> 此两问题（引者按：指政道与治道之问题和事功之问题，即"民主"和"科学"问题，合而言之，即为如何开出"新外王"之问题）之解答系于理性之"架构表现"与"外延表现"之转出。而科学之问题亦于此中得解答。盖政道之转出，事功之开济，科学知识之成立，皆源于理性之架构表现与外延表现也。于以知中国文化生命中，政道之不立、事功之萎缩、科学知识之停滞（停滞于原始阶段而不前），必有其故矣。中国文化生命实偏重在理性之内容表现与运用表现也。①

在牟宗三看来，中国的文化生命与西方文化最根本的一个不同之处，就是偏重在"理性之内容表现与运用表现"。所谓"理性之内容表现与运用表现"，牟宗三解释说：

> 运用表现（functional presentation）中之"运用"亦曰"作用"或"功能"。此三名词为同义语。在使用过程中有时运用较顺，有时作用较顺，而功能一词则不常用。"运用表现"即禅宗所谓"作用见性"之意，宋明儒者亦曰"即用见体"，就《易经》说则为"于变易中见不易"。惟这些话头是偏重在见体，我今说"理性之运用表现"，则偏重在表现。表现是据体以成用，或承体之起用，这是在具体生活中牵连着"事"说的。而这种运用表现中的"理性"当然是指实践理性，然而却不是抽象地说，而是在生活中具体地说。所以这里所谓理性当该就是人格中的德性，而其运用表现就是此德性之感召，或德性之智慧妙用。说感召或智慧妙用就表示一种作用，必然牵连着事，所以是运用表现。中国人喜讲情理或事理，是活的，所讲的都在人情中；理是与情或事浑融在一起的。所讲的是如此，而从能讲方面说，则其理性也是浑融的、不破裂的，所以其表现是运用的表现，不讲那干枯的

---

① 牟宗三：《政道与治道·序》，见《牟宗三先生全集10》，第37—38页。

抽象的理性。所讲的如是抽象的理性，则能讲方面之理性也是支解破裂的，所以其表现也不是运用的表现。中国人讲道即在眼前，当下即是。这是作用见性。佛教在中国能出禅宗，也是表现中国人的这种特性。理性之运用表现是生活、是智慧，亦是德性，才情性理一起都在内。这种表现说好是通达圆融、智慧高、境界高，说坏，则浑沌、拖泥带水，而且易于混假成真，落于情识而自以为妙道，违禽兽不远而自以为得性情之真。此所以象山云："这里是刀锯鼎镬的学问。"不经一番艰难工夫，难得至此。作用见性，还是叫我们见性作主。若这里不真切，一有差失便落于狂荡无忌惮。①

由此可知，这一概念是从"体用关系"来讲的，在中国哲学中来看，"运用表现"就相当于禅宗所谓"作用见性"，或宋明理学家说的"即用见体"，也就是《周易》所讲的"于变易中见不易"的意思，但是与这些概念的一个明显不同是，它偏重于"用"即在"现象界"中的"表现"，而不是偏重于"体"即形上学的"本体界"的"体"的体证与觉知，强调"据体以成用"，或"承体之起用"，表示仍然是与"体"联系并在保存"体"的前提下来展开这一"理性之运用表现"的。所以，在具体内容上说，它所指的主要就是人格中的德性的智慧妙用。它之所以是"理性之运用表现"，其中的关键就在于它总是在具体生活中牵连着"事"而说的。正如牟宗三所说，他所谓"理性之内容表现与运用表现"相当于康德所谓的"实践理性"的"内容"与"运用"的表现，也就是与"观解理性""理论理性"或"思辨理性"的表现相对待的，因此它们不是"理论理性"或"观解理性"的内容与表现，这在中国的学术、道德与宗教上表现得尤其明显。除了上述的引文以外，牟宗三还指出：

中国以往的学术是向上讲的，儒、释、道三教讲学问都是如此。儒家讲成圣成贤，道家讲成真人、成至人，佛家讲成佛、成菩萨，这都是重个人修养的向上发展。在向上发展的方向中对列之局是出不来

---

① 牟宗三：《政道与治道》，见《牟宗三先生全集10》，第51—52页。

的，所以中国人喜欢讲"天地万物一体"、"物我双忘"。①

中国人以前的理想在讲道德宗教方面是往高处讲，圆实处讲。我们现在所讲的下面这一层，亦即现代化的问题，在以前那种社会里并不成个问题；依着它那种形态，在当时是够了，也有相当的合理性，所以讲学的重点不在科学知识，而在讲超越科学知识的道德宗教。②

牟宗三在这里指出了两点：一是中国的儒释道三大教所表现的学问都注重个人的修养，无论道德与宗教都讲求向上发展，所追求的都是往高处讲的"圆实"境界，根本就没有什么关于"科学"与"民主"的问题，也就是今天所谓的"现代化"的问题，这在当时的社会条件下来说，中国学问所表现出来的形态已经足以应付（当时）那个社会的需要了，所以那时候"讲学的重点不在科学知识，而在讲超越科学知识的道德宗教"，这是有其自身的合理性的。那么，我们今天去看古代的社会，就不能以今天的要求和标准去衡量古代社会，而只能尊重历史事实，顺着历史的发展逻辑往前走，从历史事实中去总结经验和教训，去寻求今天所需要的资源与动力，在对历史的继承中实现新的创造。二是从批判反省的眼光去看，中国的学问形态在向上发展的方向中，不可能产生"对列之局"（co-ordination）。没有"对列之局"，"理性之架构表现或外延表现"就出不来，那么科学知识与民主政治就是不可能的。所以，这一"对列之局"既是"理性之架构表现或外延表现"之所以可能的前提与条件，同时也就是科学知识与民主政治赖以产生的理性之根源与基础。

对于在中国文化中不能产生科学的问题，牟宗三在中西方的比较中，从知识论以及宗教方面作了进一步的比较分析和阐述，他写道：

从知识方面说，则理性之作用表现便要道德心灵之"智"一面收摄于仁而成为道心之观照或寂照，此则为智的直觉形态，而非知性形态。道心之观照万事万物：一、非经验的，所谓"足不出户而知天

---

① 牟宗三：《政道与治道·新版序》，见《牟宗三先生全集10》，第30页。
② 牟宗三：《政道与治道·新版序》，见《牟宗三先生全集10》，第31页。

下"，即不需通过耳目之官之感触，亦即其知不受耳目之官之限制；二、非逻辑数字的，即不是以思想形态出现，故不需通过辨解的推理过程，故亦不需逻辑的程序与数学的量度。……既不经由经验，又不经由逻辑数学，当然不能成科学知识。此种观照即是理性之作用表现，而非架构表现。中国以前讲学问即以德性为主，则心之智用即必然收摄于德性而转成一种德慧。德慧的表现必然是作用表现，而不能由之以成科学知识。王阳明之良知决不是成科学知识之能，而良知之觉照之用亦决不是逻辑数学的。中国儒道两家讲心智以及后来之佛教，皆系向此形态而趋。此为超知性之智，此可曰"神智"（圆而神之神），或曰"圆智"。凡圆智皆是作用表现，而非架构表现。即在西方，亦了解上帝之智用并不是经验的，亦不是逻辑数学的。上帝之神智并不需要逻辑，亦不需要数学。科学是对人而言，并不对上帝而说。神智之了解万物不通过逻辑数学之手续，亦如其治理宇宙不通过政治法律诸架构。在上帝无逻辑、数学、科学，无国家、政治、法律，这并不是缺憾，而在中国文化其主要心灵是向神治神智而趋，因而不出现逻辑、数学、科学，不出现近代意义的国家、政治、法律，这便成一缺憾。这缺憾之彻底了解，便是中国文化只彰著了"理性之作用表现"，而缺了"架构表现"。[1]

逻辑、数学、科学与近代意义的国家、政治、法律皆是理性之架构表现之成果。这都是些建筑物。中国文化缺了架构表现，当然是空荡荡的一无所有了，无可列举，无可指目。因为作用表现并不是些可指目可列举的物事。论境界，作用表现高于架构表现。但若缺了架构表现，则不能有建筑物。是以中国文化一方面有很高的境界、智慧与气象，而一方面又是空荡荡的令近人列举的头脑发生太惨的感觉。[2]

科学知识：以上四项（引者按：指政道、政治、国家和法律）是属于客观实践方面的，此则属于主客体间的认识关系。科学知识之

---

[1] 牟宗三：《政道与治道》，见《牟宗三先生全集10》，第55—56页。
[2] 牟宗三：《政道与治道》，见《牟宗三先生全集10》，第56页。

成,一则由于经验而限于经验,一则遵守逻辑数学。经验接触对象使知识有特殊的内容,思想遵守逻辑数学而了解对象使知识成一系统(即所谓一组命题)。知识之成非默认主客体间的对偶性不可。道德宗教的境界是摄所归能,摄物归心。成知识则非从圆满自足之绝对境中,自觉地造成主客体之对立,使对象从情意中提炼出来,成为一个知识的对象不可。外界推出去成为知识的对象,则主体即成为认知的主体。这两者都在对立关系中而凸显。程明道所谓"观鸡雏可以知仁",周茂叔"窗前草不除",这并不能成知识。是故科学知识亦是理性之架构表现。在架构表现中,必然要使用概念而且形成概念。每一概念都是抽象的,都有所当于一面,因而亦是对于整全之破裂,即所谓分解,因此成系统。凡科学知识都是些有特殊内容的一定系统。

由以上的说明,即可知中国文化生命在以前的发展中是不向此而趋的。此其所以不出现科学与民主政治之故。[①]

根据牟宗三的见解,科学知识的形成有三个必须具备的条件与关系。

第一,科学知识的形成离不开经验、逻辑和数学。因为经验是知识的直接来源,经验在知识的主体与客体即知识的对象的关联("接触")中,使知识有了成为知识的内容("特殊的内容"),逻辑和数学的律则则是知识的形式,思想遵守逻辑和数学的律则,由思辨的推理过程(或"辨解的推理过程")而使知识组成知识的系统。在知识的形成中,经验、逻辑和数学是一个不可分割的统一体。如果只有经验而没有逻辑和数学,则经验是盲目的;如果只有逻辑和数学而没有经验,则逻辑和数学是空洞的。这一观点明显地受到康德哲学的影响,系从康德的知识论脱化而来。

第二,科学知识的形成离不开主体与客体之间的对偶(对立)关系。任何科学知识都是在主体与客体之间的对偶关系中产生的,如果没有主体与客体之间的对偶关系,就不可能有科学知识的出现。所以,主体与客体之间的对偶关系是科学知识产生的逻辑前提与先决条件。在知识论上说,诚如牟宗三所指出的,必须自觉地造成主客体之间的对立,一方面使对象从情意中提炼和独立出来,向外界推出去成为知识的对象,另一方面则使

---

① 牟宗三:《政道与治道》,见《牟宗三先生全集10》,第60—61页。

与知识的对象为对的主体成为认知的主体。由知识论上的主体和客体之间的对偶对立关系的确立，科学知识的产生才成为可能。那么，不仅科学知识是在主体和客体之间的对偶对立关系中出现的，而且科学知识的主体和客体这两者都是在这一对立关系中凸显出来的。在这一意义上说，程明道所谓"观鸡雏可以知仁"，周茂叔的"窗前草不除"，并不能成就科学知识；"天天讲王阳明，讲良知，是讲不出科学的，因为良知不是成功科学知识的一个认知机能"①，或如上文所说"王阳明之良知决不是成科学知识之能，而良知之觉照之用亦决不是逻辑数学的"。

第三，科学知识的形成不能离开概念。理由一如牟宗三所说："科学知识亦是理性之架构表现。在架构表现中，必然要使用概念而且形成概念。"如果没有概念，则不啻是科学知识的内容无法得到其应有的表现，而且科学知识无法组成一定的形式系统，没有一定的形式系统的知识，就说不上是科学了。所以，牟宗三说："凡科学知识都是些有特殊内容的一定系统。"

必须指出的是，有概念与使用概念，未必就能做概念的思考，或表示进行了与完成了概念的思考。对牟宗三来说，与科学知识相应的是"形式的概念心灵"，而非"实际的直觉心灵"。② 概念的思考只能来自"形式的概念心灵"，而不能从"实际的直觉心灵"产生。那么，理性的运用表现或内容表现，诸如道德、宗教和政治等，尤其中国儒家的政治思想，全幅是由这"实际的直觉心灵"而抒发，相应于"生活实体"，就事理之当然，全幅予以实际的、内容的处理。由于这种处理没有经过概念的思考，不能在理性的外延表现中实现，就不可能予以形式的确定，所以它"一方面是很实际的、具体的，全靠实际的直觉心灵来展现，同时，另一方面，又好像是很隐微的、很微妙的，若有若无、若隐若显，很不容易把握，而又互相渗透牵连，很不容易割断，此就是说：未有形式的确定。……此种厘清与确定，是实际的、内容的厘清与确定，而不是形式的（概念的）、外延的厘清与确定"③。不过，这并不是一种缺点，而只是"理性"的另一种表

---

① 牟宗三：《政道与治道·新版序》，见《牟宗三先生全集10》，第18页。
② 见牟宗三《政道与治道·新版序》，见《牟宗三先生全集10》，第144页。
③ 牟宗三：《政道与治道》，见《牟宗三先生全集10》，第145—146页。

现形式。牟宗三说：这种确定不是随意的漫无定准的，而是有"生活实体上事理之当然"的客观标准，仁者的德性则是主观的标准。这便是此种"理性"所由出之大源。"理性是很具体的、很实际的理性，这里有无限的活泼，亦有无限的幽默。就是这点，为怀悌海所欣赏，说中国人是十分'理性的'。（这'理性的'是合情合理之当然之'理性的'。）这确是中西文化心灵上最深微的差异点。"①尽管如此，牟宗三仍然承认与强调了自觉地培育与发展"形式的概念心灵"对于中国文化的重要性。

上述三个形成科学知识的条件关系，正是理性的架构作用或外延作用的具体表现，那么为什么科学知识不能从理性的运用表现或内容表现中产生，而只能依赖理性的架构作用或外延（形式）作用的表现才能产生呢？其中，最大的关键就在于上文所提及的"理性之架构表现或外延表现"，必须且只能通过"对列之局"来表现。对此，牟宗三作了精辟透彻的分析和论述，他指出：

> 我在上段已就圣贤人格、政治以及知识这三方面说明中国文化是向运用表现而趋。我现在再综起来说一个主要的特性（对应所即要说的架构表现而说一个主要特性），即：凡是运用表现都是"摄所归能"，"摄物归心"。这二者皆在免去对立：它或者把对象收进自己的主体里面来，或者把自己投到对象里面去，成为彻上彻下的绝对。内收则全物在心，外投则全心在物，其实一也。这里面若强分能所而说一个关系，便是"隶属关系"（sub‑ordination）。圣贤人格之"化"是如此；圣君贤相的政体，君相对人民的关系犹如父母对于子女，子女不是父母的敌体，亦是如此；而道心之观照亦是如此。是以运用表现便以"隶属关系"来规定。而架构表现则相反。它的底子是对待关系，由对待关系而成一"对列之局"（co‑ordination）。是以架构表现便以"对列之局"来规定。而架构表现中之"理性"也顿时即失去其人格中德性即具体地说的实践理性之意义而转为非道德意义的"观解理性"或"理论理性"，因此也是属于知性层上的（运用表现不属于知性层）。民主政治与科学正好是这知性层上的"理性之架构表现"

---

① 牟宗三：《政道与治道》，见《牟宗三先生全集10》，第146页。

之所成就。①

要而言之,理性的运用表现是以"隶属关系"(sub‐ordination)来规定的,相反,架构表现则是以"对列之局"(co‐ordination)来规定的,而所谓的"对列之局",其实就是上文中所说的主体与客体之间的对偶的对立关系,所以架构表现则是以"对列之局"来规定,也就是以主体与客体之间对偶的对立关系(简称"主客关系")来规定。这不仅是在科学知识上如此,而且在政治上亦如此。究其原因,则如牟宗三所说的那样,凡是理性的运用表现都不外是"摄所归能"或"摄物归心",它不是把对象收进自己的主体里面来,就是把自己投射到对象里面去,成为彻上彻下的超越的绝对;它向内收敛,则"全物在心",向外投射,则"全心在物",无论是"全物在心"或"全心在物",都打破和超越了"对列之局"的"主客关系",而成为一种超越的形上学的"存在论"(或"存有论"),所以在这个意义上看,二者其实是没有什么分别的(牟宗三所谓"其实一也")。如果一定要勉强对所谓的"能与所"或"心与物"加以区分的话,那么它们二者之间的关系便是一种"隶属关系",而不是相互为偶的对立的"主客关系"。理性的架构表现属于"观解理性"或"理论理性"的"知性"层面上的理论形态;理性的运用表现,则属于实践理性的道德与宗教意义上的非"知性"的超越层面上的形上学形态。科学以及民主政治恰恰是这一"观解理性"或"理论理性"的"知性"层面上的"理性之架构表现"的产物。

对中国文化来说,理性的运用表现是要道德心灵之"智"的一面,收摄于"仁"而成为道心的观照或寂照,这在哲学理论上表现为"智的直觉形态",而非"知性形态"。道心之观照万事万物既不是经验的(即不须通过耳目之官的感触,那么道心之"知"也就不受耳目之官的限制),也不是逻辑的和数学(或"数字")的(即不是以思想形态出现,则不需要通过辨解的推理过程,也不需要逻辑的程序与数学的量度)。这种既不经由经验,又不经由逻辑和数学的理性的作用,当然不能成就科学知识。实际上,诚如上文所说,这种表现为"智的直觉形态"的道心的观照本身,已

---

① 牟宗三:《政道与治道》,见《牟宗三先生全集10》,第58页。

经超越了知识论上的主体与客体之间的对偶（对立）关系，而为一种中国哲学所特有的"道德的形上学"的"存在论"（或"存有论"），没有成为且不可能成为一种理论上的"知性形态"，所以它就是理性的运用表现，而非理性的架构表现。

牟宗三强调指出，中国以前的学问以德性为主，心的智用收摄于德性而转化成一种德慧。德慧的表现只能是理性的运用表现，而不可能是理性的架构表现，科学知识不能从理性的运用表现中产生，而只能在理性的架构表现中产生，所以也就不可能从德慧的表现中产生出科学知识。实际上，德性或德慧的表现只是"道德主体"的作用，而不是"认知主体"的作用，那么怎么可能会有科学知识产生呢？！

此外，牟宗三还就宗教上作了对比与说明。上文中已经指出，宗教是属于实践理性上的事，而非属于理论理性或观解理性的知识论（或认识论）上的事，所以宗教不同于科学。再说，宗教（指基督教而言）是对上帝或神而成立的，科学是对人而成立的，不是且不需要对上帝或神而成立。牟宗三不止一次地说过：

> 我们人才需要科学，上帝不需要科学，人需要数学，上帝不需要数学，因上帝一眼就看穿了，他用不了以数学来算。逻辑这种推理之学也是人类发明出来的，上帝的思考是直觉的（intuitive），不是辨解的（discursive），因而也不需要有逻辑，故逻辑在上帝也没有。故逻辑、数学、科学都对人而言。①

那么，上帝之神智是不需要逻辑和数学的，上帝之神智了解万事万物根本就不需要通过逻辑和数学的手续，就像上帝治理宇宙不需要通过人间世的政治和法律等各种架构一样。所以，对上帝来说，没有逻辑、数学、科学以及国家、政治、法律，根本就不是什么缺憾。但是，站在必须实现现代化的立场上看，对于中国文化来说，没有逻辑、数学、科学以及国家、政治、法律，则无疑是一种莫大的缺憾了。

所以，中国文化一方面有很高的境界、智慧和气象，另一方面则又是

---

① 牟宗三：《中西哲学会通十四讲》，见《牟宗三先生全集30》，第103—104页。

空荡荡的，近代科学没有在中国文化中产生，令近代以来的中国人在世界面前没有伟大的成就感，说起来甚至不免有一种"太惨的感觉"，也就不难理解了。

其实，牟宗三本人的心情也是颇为复杂与微妙的，他说："中国不出现科学与民主，不能近代化，乃是超过的不能，不是不及的不能。"① 对此，他以道家和佛教为例来做解释，他说：

> 道家讲玄览、讲齐物、讲"天地与我并生，万物与我为一"，这是超过知识层而属于超越层的领域。依道家，知识是属于成心，成心为是非之源。道家就是要把成心化掉而超越之，故知识方面也是消极的，积极的是道心方面，也即超越的 noumena 方面。②

> 佛教更是如此，佛教一方面言识，识就是在知识范围之内，与识相反的是智。西方如康德所讲的知性、统觉，都是属于识。识是了别义，明了分别之活动，但识又是烦恼之源。与识相反的是智，智的活动是无分别，智所及的范围是 noumena，识的范围是 phenomena，所以也是两分。③

这就是说，道家以成就"道心"而超越了"成心"，佛教则"转识成智"，都超过了知识层次而上达于超越层次的领域。换言之，则可以说，道家尚未能充分建立知识层次的"成心"，就越过了"成心"而成就了超越层次的"道心"；佛教没有充分地完成知识层次的"识（心）"的建构，就跨越了"识（心）"而成就了超越层次的"智（心）"，因此无论道家的"成心"或佛教的"识（心）"，从知识论的意义上说，均未能得到充分的展开和发展。也就是说，中国人的用心均不在这知识层次的"成心"与"识（心）"之上，而是集中于超越层次的"道心"和"智（心）"之上，这与儒家的心思不在"见闻之知"而在"德性之知"正同。由于中国儒家

---

① 牟宗三：《政道与治道》，见《牟宗三先生全集10》，第57页。
② 牟宗三：《中西哲学会通十四讲》，见《牟宗三先生全集30》，第83页。
③ 牟宗三：《中西哲学会通十四讲》，见《牟宗三先生全集30》，第83—84页。

认为"德性之知"高于并优先于"见闻之知",道家认为"道心"高于并优先于"成心",佛家认为"智"(般若智)高于并优先于"识"(分别知或分别识),所以中国不能在科学知识上结出应有的果实。这就是牟宗三所谓的"是超过的不能,不是不及的不能"之意。这当然是一种体面的婉转曲折的解释。实际上,诚如上文中所指出的,牟宗三认为这是中国文化生命发展的限度,既然如此,那么即使中国古代的贤能才士之用心集中于知识层次的"见闻之知""成心"或"识"("识心")的工作,是否就一定可以结出近代科学知识的硕果,也是不能无疑的。在一定的意义上说,荀子也许就是一个典型的例证。①

但是,这其中又包含和体现了另一深层的含义:就儒家来说,如果要把"道德主体"转化为"认知主体",也就是把属于实践理性的道德与宗教意义上的非"知性"的超越层面上的形上学形态,转化为属于"观解理性"或"理论理性"的"知性"层面上的科学知识的理论形态,即把理性的运用表现转化为理性的架构表现,那么就要在架构表现的"理性"中牺牲人格中德性"主体"的地位与决定作用,则不仅是必然的,而且是应该的。这当然是中国现代化之路的必经一环。

自近代以来,中国所必须面临的最大问题就是现代化的问题,实现社会的现代化是中国的一项历史使命。中国要实现现代化,就必须向西方和世界学习与借鉴,最终从中国文化自身中产生和发展出科学和民主政治来。这不仅是现实的可能的,而且是历史的必然的。对牟宗三来说,"民主"和"科学"便是一个社会实现现代化的最重要的标识。这当然是他批判地反省以儒学为主的中国文化(包括学术思想以及宗教和政治等)的基本关怀与用心所在,作为与唐君毅并称的当代新儒家的最重要的代表人物与精神领袖,牟宗三认为这也就是"第三期儒学"开展的使命之所在。

牟宗三的"新外王三书"在中西方文化的比较中,配合时代精神,联系现实实际,对中国文化进行了严肃而深刻的批判反省,比较集中地分析和回答了为什么近代以来的科学和民主政治没有且不能在中国产生的问

---

① 在中国哲学史上,尤其是儒家哲学史上,荀子的逻辑心、理智心、认识心特别发达与突出,荀子哲学建立与凸显出一个"认识的主体"或"知性的主体",但是荀子并没有建立起一套严格的西方哲学意义上的知识论系统。参阅牟宗三《荀子与名家》之《荀学大略》,见《牟宗三先生全集2》。

题，即回答与解释了"李约瑟问题"，从而探索与提出了如何在现代与未来的中国文化的发展中彻底地终结"李约瑟问题"，或说不让"李约瑟问题"再次出现的文化策略与方案。这就是中国文化如何在与西方文化的摩荡和会通融合中实现现代化的转化，来一次飞跃，从传统迈入现代的转型，也就是疏通中国文化与中国社会之"血脉"与"穴道"，祛除其痼疾，让中国文化与中国社会重新焕发生机，再创辉煌，完成现代化的千秋伟业，为中国和世界的未来书写新的历史篇章，对牟宗三来说，这就是要在中国文化中"开出"①"新外王"，在新的时代背景和历史条件下，完成儒家的内圣外王合一之教，那么这当然就是历史赋予"第三期儒学"的一项重大使命之所在了。可见，牟宗三对于"李约瑟问题"的求索与解答不是科学内史的观点，其用意与关怀也不在于科学史或科学本身，而是一种科学外史的综合的整体文化思索的见解，大致上属于一种广义的关于科学的社会——文化史的解释，这是他与李约瑟在这一问题的求解上的重大区别。

三 李约瑟对于"李约瑟问题"的探索与解答

——达芬奇型科学模式与伽利略型科学模式

饶有兴味的是，李约瑟对于"李约瑟问题"的求解与回答同牟宗三一

---

① 所谓"开出"，即"开出新外王"的"开出"，又称为"开新"，即"返本开新"（与"开出新外王"大致上同义）的"开新"，乃是牟宗三从天台宗的"开权显实"借用而造出来的一个特别用语，但在这里的用意不是要"开权显实"或"开迹显本"，而恰恰是要由"本"显"迹"，这里的"本"或"实"可以理解为中国文化及其动力本原，而"迹"或"权"则是以"民主"和"科学"为标识的社会现代化；对牟宗三来说，"开权""显迹"是中国文化必经的一个艰难的创造性转化的迂回曲折的过程，所以"开出"不是"直接推出"或"直接开出"的意思；对中国文化精神及其动力本原来说，"迹"不过是其作为中国社会发展过程中的历史业绩的一种表现而已，在理论上说，则是一种"权教"，而非"终极关怀"与终极向往的理想之境；在"圆教"的意义上说，当完成或实现了由"本"显"迹"的"权""迹"之后，仍然需要"开权显实"或"开迹显本"，做到"权""实"统一、"迹""本"合一的境界。牟宗三说："就科学知识是权而言，可以肯定其必然性，也可以将之取消，这就是我所谓的'有而能无，无而能有'，来去自在。……中国传统儒、释、道三教的重点不在科学，因此没有发展出西方近代的科学，但是在现代我们需要科学知识，就仍可以吸收学习，因此是'无而能有'。有了之后，从成圣成佛的修养工夫而言，仍可以将科学取消化去，因此又是'有而能无'。"（牟宗三：《中国哲学十九讲》，见《牟宗三先生全集29》，第279—281页）在中国大陆的一些"牟学"研究中，流行着对其"开出"一语的望文生义的误解或误读，难免以讹传讹，幸望读者注意！

牟宗三与李约瑟对"李约瑟问题"的求解之比较

样,是在中西方科学及其思想文化之比较的背景中来进行与展开的。近代科学为什么没有出现在中国,而是产生于欧洲?李约瑟思考这一问题的时候,欧洲正兴起对近代科学起源的研究。迪昂对中世纪宇宙论的研究著作相继问世,将人们的视线引向了近代早期。1939年,俄裔法国科学史家A. 科瓦雷(Alexandre Koyré)出版了《伽利略研究》一书,之后又出版了《牛顿研究》以及《天文学革命》等著作。至1949年,英国科学史家巴特菲尔德(Herbert Butterfield)出版了《近代科学的起源》一书,将对欧洲近代科学的起源的研究,推向了一个高峰。李约瑟的眼光却转向和集中到了东方亚洲的中国科学技术史,因此而有了"李约瑟问题"的产生。李约瑟首先从科学的文化类型上进行了归类与分析,认为中国的科学属于达芬奇型的模式,欧洲的科学则是伽利略型的模式。达芬奇型的科学虽然成就辉煌,但是不能有所突破,到头来只能局限于古代及中世纪的科学模式之中,伽利略型的科学,则是对于古代及中世纪的科学模式藩篱的根本突破,是近代科学的典范与代表。李约瑟指出:

> 首先,最重要的是,要一方面确定古代及中世纪科学之间的不同,另一方面要确定它们与近代科学的不同。我在古代、中世纪科学与近代科学这两者间做出了重要的区分。当我们说近代科学只在西欧从后文艺复兴时期的伽利略时代才发展起来的时候,我们肯定指的是在彼时彼地发展了像今天这样的自然科学的基本结构基础,也就是说将数学化的假说应用于自然界,充分认识并使用实验方法,区分主要性质与次要性质,应用空间的几何学原理和现实物体的力学模式。原始的或中世纪类型的假说与近代类型的假说有明显的不同。前者内在的和主要的含糊之处,总使其自身既不能被证明也不能被反驳,而倾向于结合在神秘莫测的相互关系的幻想体系中。至于说到其中所用的数字,则被搞成事先建立的"数术"("numerology")或神秘数字形式,而不是用事后提供的定量计量素材。我们都熟悉原始的和中世纪的西方科学理论:亚里士多德的四元素论、盖伦的四原液说和伪生理学及病理学理论、亚历山大里亚原始化学的相亲与相憎概念、炼金术士的三元素说及犹太神秘哲学的自然哲学。我们对其他文明国家的相应理论,知道得并不多。例如中国的阴阳说和五行说,或精心拟定的

卦爻体系。在西方，达芬奇（Leonard da Vinci, 1452 – 1519）虽有辉煌的创作才智，却仍局限于这个世道中；伽利略则突破其藩篱。这就是为什么说中国科学技术直到后期仍基本上是达芬奇式的，而伽利略的突破只发生于西方的缘故。这是我们的第一个出发点。[①]

从科学发展史来看，近代自然科学有一个起源、形成、发展和完成的过程。伽利略的出现，无疑代表了近代科学产生与形成的标志。从上引李约瑟的论述与分析可以看出，如果忽略科学发展的具体细节，那么可以说，伽利略型的近代科学模式在本质上就是现代的自然科学模式，或者说，伽利略型的近代科学为现代自然科学奠定了基础。就自然科学结构的基础看，它最大的关键是将数学化的假说应用于自然界，充分地认识和使用实验方法，应用空间的几何学原理和现实物体的力学模式，为科学的研究提供定量与计量的对象素材，并区分出它们的不同性质，例如主要性质与次要性质。因此，在伽利略型的近代科学模式中，自然界不仅可以被定性地加以描述，而且可以被定量和计量化地把握，即可以通过数学的形式达到一定程度上的精确的量化的把握，然后就是证实或否证。这正是近代伽利略型的科学模式与古代及中世纪的科学模式的最大的不同。由于古代及中世纪的科学模式所用的数字，只是神秘的数字形式或"数术"（numerology），因此它们在本质上只能流为神秘莫测的幻想体系，既不能被证实，也不能被否证，或被彻底地反驳（笔者案：证实或否证就是最好的最彻底有力的反驳）。尽管其中可能不乏天才的想象与猜测，也产生过辉煌的成果，然而却永远无法形成数学化的假说，这就是达芬奇型的科学模式与伽利略型的科学模式的最大的与最根本的差别所在。李约瑟说：

普莱奇（H. T. Pledge）在将被认为是自然科学数学化的中心人物的伽利略（Galileo Galilei, 1564 – 1642）与达芬奇（Leonard da Vinci, 1452 – 1519）加以对比时击中了问题的要害。他说，尽管后者对自然界有深刻的洞察和辉煌的实际经验，但由于它缺乏数学，不能再有进

[①] 潘吉星主编：《李约瑟集》，第 102—103 页。

牟宗三与李约瑟对"李约瑟问题"的求解之比较

一步的发展。①

这段话说得再清楚不过了！伽利略型的科学模式与达芬奇型的科学模式之间区别的最大要害就在于前者有数学，因而可以使自然科学数学化；后者缺乏数学，不能将自然的理论数学化。问题在于近代科学没有在中国产生，是因为中国古代科学思想中没有数学吗？李约瑟充分地肯定了"中国数学完全可以与旧大陆其他中世纪民族在文艺复兴以前的成就相比"②，他回顾中国两千年的数学史，认为中国数学成就最突出的两个朝代是汉代和宋代，虽然"为数学而研究数学"的情况在中国很少见，但是《九章算术》是一个辉煌的载体，它支配了中国计算人员的实践达千年以上；印刷术的发明推动了中国数学在宋代的第二次繁荣，涌现出一大批真正的数学家，使人们在知识上的好奇心获得了充分的满足。但是，这种情况却未能持续下去。虽然后来出现过祖冲之的《缀术》，但是却阻止不了明代国家的复古倒退，传统的官僚体制，将中国的数学禁锢在各个地方政府的衙门的后院之中。③ 中国的数学被窒息而死。这似乎就意味着中国古代的数学不可能发展成为近代的数学。没有近代的数学，自然不可能有近代的自然科学。

谈到中国数学的具体内容与特征时，李约瑟不止一次地强调和指出："中国数学思想基本上是代数学思维模式，而不是几何式的"④，"中国数学思想及实践倾向于代数学，而非几何学"⑤。虽然中国的几何学不发达，但是中国的代数学发达。因此，不能说中国没有数学。然而问题的关键不是用代数学考虑几何学问题，而是将代数方法应用于几何学领域，从而使几何学成为希腊的逻辑演绎几何学（即欧几里得几何学）。李约瑟指出："中国数学没有参与从实践向理智王国的飞跃。"⑥ 这就清楚地暗示中国缺乏抽

---

① 潘吉星主编：《李约瑟集》，第150页。
② 潘吉星主编：《李约瑟集》，第145页。
③ 见潘吉星主编《李约瑟集》，第149—150页。
④ 见潘吉星主编《李约瑟集》，第105页。
⑤ 见潘吉星主编《李约瑟集》，第108页。
⑥ 见潘吉星主编《李约瑟集》，第146页。请注意：李约瑟在这句话的后面加了一个较长的注释，其中写道："有趣的是，逻辑学似乎按相反的过程发展。当希腊人和印度人很早并详细注意形式逻辑时，中国人……总是倾向于发展辩证逻辑。……中国所特有的对具体事实的（转下页注）

哲学地建立中国哲学

象的几何学是与其没有（古希腊式的）逻辑学（即形式逻辑，例如亚里士多德的三段论式）相应的。李约瑟指出：

> 常常有人说，先前代数学和几何学分别发展，前者靠印度人和中国人，后者靠希腊人及其继承者；现在这两者结合在一起，将代数方法应用到几何学领域，这是精密科学发展中从未迈出过的最大的一步。然而重要的是要指出一点，即这种几何学已不再是原来那种几何学，而是希腊的逻辑演绎几何学。中国人总是用代数学考虑几何学问题，但这不是同样的一件事。①

事实上，中国的确没有出现过像欧几里得的《几何原本》那样的数学体系，这在李约瑟看来，无疑是中国数学自身的一个巨大的内在限制。李约瑟似乎同意并援引了日本学者三上义夫（1875—1950）中国数学缺乏求证思想（被视为中国数学的最大缺点），以及中国学者傅斯年（1896—1950）关于中国古代未能发展形式逻辑与联想（有机论）思想占主导地位有关的观点。李约瑟进一步指出，中国的代数学虽然有很大的发展，在宋元时期（12—14世纪），中国学者在解方程式方面领先于世界，以欧洲思想家帕斯卡（Blaise Pascal，1623—1662）之名命名的"帕斯卡三角"，中国早在1300年就已经有了②（即"贾宪三角"）。但是，方程式的形式含糊不清，而且没有发展出等号（=）。③ 在他看来："中国数学家从未自发地

（接上页注⑥）热情，使他们对希腊几何学的抽象性和对佛教的形而上学唯心主义一样，都是水火不相容的。后两者都脱离实践和经验，脱离具体和真实。"（潘吉星主编：《李约瑟集》，第169页注2）这一观点无异于回到了19世纪黑格尔对于中国哲学的看法。尤其是李约瑟认为中国人对具体事实热情有余，而对于佛教的形而上学缺乏关注，质而言之，就是中国没有形而上学，这一看法有违历史事实。从中国哲学史来看，应该说，这是一个常识性的错误。李约瑟还说过："中国传统思想的最后一场戏，是在唯心论者和唯物论者之间没有多大成果的形而上学争论中演出的。"（潘吉星主编：《李约瑟集》，第34页）这表明李约瑟对于中国的形而上学缺乏应有的了解，尽管他对于中国思想、文化，尤其中国的科学与技术的了解领先于他的时代，但他毕竟不是一位哲学家，因此他在对中国哲学的深入了解与把握上，终究是有所欠缺与不足的，这虽然是应该给予同情的谅解的，然而他的这些观点确实是颇可商榷的。

① 潘吉星主编：《李约瑟集》，第153页。
② 见潘吉星主编《李约瑟集》，第105页。
③ 见潘吉星主编《李约瑟集》，第146—147页。

发明书写公式的符号表达法，直到耶稣会士到来之前，数学的陈述主要用文字书写。"① 这的确是无可否认的事实。但是，在中国数学中与符号相关的"算筹"，没有引起或受到李约瑟应有的重视，却可能导致不同的解释和结论。中国数学史家钱宝琮在其《记数法源流考》一文中，早已明确地指出了中国的筹式在布算的途径中，不仅充当了一种书写的符号（纸上的筹式），而且已经成为数学运算的数码。② 这些数码分为象形数码、简易数码和习用数码（暗码），并有纵横两式，与数字一二三四五六七八九○相对应。而这些中国数字与西码使用的阿拉伯数字 1234567890 是可以互相转换的。③ 此外，中国另一位数学史家李俨，也列出了中国筹式与阿拉伯数字的对应关系表。④ 无论李俨或钱宝琮，都揭示了筹式的应用和计算方法。⑤ 日本科学史家山田庆儿发现："中国特有而且可以称之为代数计算的算筹，具有着十分惊人而且是丝毫不会引起混淆的表现能力。"⑥ 具体地说，在具有意义相关的功能的空间中，算筹就是具有可以计算的技术。尽管算筹最初在实际上只是一些短木（竹）棍，后来才演变成相似形式的笔算，然而筹式所表示的，乃是一个把等号（=）与未知数隐藏在这一空间之中的一个行列式。那么，像这样的行列空间，就成了可以赋予意义的存在。由于这一行列空间，中国人在 11 世纪发现了二项展开式系数可以排成三角形的数表，即"贾宪三角"（或"帕斯卡三角"）。作为中国科学的精粹的代数学，正是在这一基础上才大放异彩的。从这一意义上看，筹算计算法就是将自然语言的汉文（文言文）构造变换成了人工语言。⑦ 这一看法可与钱宝琮、李俨的观点互为印证。尽管这一理解与解释是李约瑟所不曾想到的，也未必是他所能赞同的，但是它毕竟提供了一种具有启发性的不同的视角与观点。

根据李约瑟的看法，中国的方程式总是与具体问题关联在一起，没有

---

① 见潘吉星主编《李约瑟集》，第 147 页。
② 参阅杜石然主编《李俨钱宝琮科学史全集》第一卷，辽宁教育出版社 1998 年版，第 4—5 页。
③ 参阅杜石然主编《李俨钱宝琮科学史全集》第一卷，第 5—6 页。
④ 参阅杜石然主编《李俨钱宝琮科学史全集》第一卷，第 85 页。
⑤ 参阅杜石然主编《李俨钱宝琮科学史全集》第一卷，第 90—99、255—263、414—439 页。
⑥ ［日］山田庆儿：《古代东亚哲学与科技文化》，第 123 页。
⑦ 见［日］山田庆儿《古代东亚哲学与科技文化》，第 123—124 页。

哲学地建立中国哲学

发展出方程式的一般理论。因此,中国的数学成就虽然很大,却达到了不能由此再进一步发展的地步。① 显然,这也是一个具有商榷性的结论。中国科学史家席泽宗指出,与古希腊几何学的公理化思想不同,中国数学自汉代的《九章算术》开始,就创造了另一种表达方式即"机械式"的方式,它将246个应用问题区分为9个大部分(即9章),在每个部分的若干同类型的具体问题之后,总结出一般的算法。这种以算为主的机械刻板的做法,正好符合计算机的程序化。此外,中国宋元时期数学的另一个特点,是把许多几何问题化为代数方程与方程组的求解问题,同时伴生与引进了相当于现代多项式的概念,建立了多项式的运算法则和消元法的有关代数工具。中国当代数学家吴文俊在几何学与拓补学的基础上,吸收了上述宋元时期数学的两大特点后,将几何问题用代数方程表达,并对代数方程的求解提出了一套完整可行的算法,用之于计算机并获得了成功(1977年首先在平面几何定理的机器证明方面取得成功;1978年推广到微分几何;1983年中国留美青年学者周咸青以吴文俊的方法自编软件,一口气证明了500余条具有较高难度的几何定理,引起国际数学界的瞩目)。吴文俊并不就此满足,而是提出了在现在和未来"继续发扬中国古代传统数学的机械化特色,对数学各个不同领域探索实现机械化的途径,建立机械化的数学"的目标和任务。② 可见,说中国古代的数学不能发展出近代数学或现代数学的观点,是足以引发争议的。李约瑟的断言虽然有理,却不免过早了一些。令人惊奇的是,"世事难料"的警语,在科学的历史中也能同样地显灵!

以李约瑟之见,虽然在欧洲和中国都出现了可以对等的大科学家与科学巨匠,然而由于中国没有产生逻辑化的近代数学体系,无法将能以数量表示的实际的知识、经验与数学的表达结合起来,然而在欧洲,情况则恰恰相反。③ 李约瑟说:"当自然科学与数学的融合成为普遍现象之后,自然科学才能成为全人类的共同财富。"④ 尽管实验的逻辑不必绝对用数学表达,但是数学化已经成为不可改变的模式,而且函数思想业已出现。"'数

---

① 见潘吉星主编《李约瑟集》,第148页。
② 席泽宗:《科学史十论》,复旦大学出版社2003年版,第4—5、42页。
③ 见潘吉星主编《李约瑟集》,第151页。
④ 潘吉星主编:《李约瑟集》,第103页。

学提供想象思维的背景，科学家借助于这种思维对自然进行观察。伽利略提出了公式，笛卡尔提出了公式，惠更斯（Huygens）、牛顿统统如此。'每个人都开始划出曲线表示自然现象之间的关系，并找出适用于它们的方程式。"① 所以，李约瑟说："事实上，数学与科学的富有成果的结合问题，只不过是为什么近代科学毕竟在欧洲发展的整个问题的另一种提法。"② 这或许可以理解为，李约瑟将中国古代的科学模式归属于达芬奇型的科学模式的一种补充解释。显然，这一解释正是内在于科学主义的科学观的一种内科学史的解释。虽然这一解释有可商榷的余地，但是足以自成一家之言。与此同时，李约瑟的科学观也在这里得到了表现。

在对伽利略型的科学模式与达芬奇型的科学模式的进一步深度对比分析中，李约瑟具体地说明了，数学在近代科学模式中，对于一个科学假说的形成或提出，所具有的不可或缺的重要作用与举足轻重的地位。他由此解释与说明近代科学不可能产生于中国，而只能出现在近代的欧洲；与此同时，李约瑟的内在的科学观，更明确地从他关于伽利略型的科学方法及其世界观的分析与描述中表现出来。他断言："实验－数学方法在伽利略那里达到几乎完美的形式，并引导近代科学技术的整个发展。"③ 因此，他对伽利略的科学方法进行了具体的剖析，内容包括以下 6 个方面：

①从正在讨论的现象中选出能用定量术语表达的特殊方面。
②在所观察的数量中提出其数学关系的假说公式。
③从能用实际验证的假说中推导出某些结论。
④观察，接着改变条件，再做进一步观察，即进行实验；尽可能将测量结果体现成数值。
⑤接受或拒绝从上述第②项做出的假说。
⑥已接受的假说这时便成为做出新假说的出发点，再对之进行验证。④

---

① 见潘吉星主编《李约瑟集》，第 157 页。
② 潘吉星主编：《李约瑟集》，第 150 页。
③ 潘吉星主编：《李约瑟集》，第 153 页。
④ 潘吉星主编：《李约瑟集》，第 153—154 页。

哲学地建立中国哲学

由此可以看出，一个科学假说的提出或形成，是在一套程序中将数学、逻辑与观察、实验完整地结合。其程序表现为：其一，将研究对象（自然现象）数量化；其二，将数量化的对象数学化，即提出数学化的假说；其三，应用逻辑手续，从可验证的假说中推导出一定的结论；其四，反复观察和验证，即在改变条件的情况下进行反复实验，重新测量实验结果，尽可能地将其变成数值形式表示；其五，假说得到证实或否证，是可接受的（包括可修正的可接受）假说与不可接受的假说；其六，被接受的假说就成为提出新假说的出发点。这就是近代科学发现的模式。其中，最大的关键是数学化的假说的提出。李约瑟说："至关重要的是，所提出的假说应当是数学化的假说（前述第②项）。数学是那时现成的连贯的逻辑思想最大和最清晰的载体。"① 道理十分简单，数学化的假说决定了一种科学模式究竟是伽利略型的，还是达芬奇型的。这就是将技师和技工的本能的试验，与构成伽利略方法的精密假说的自觉实验，区别开来的根本标志。在此，李约瑟也列出了传统的经验科学的模式：

①从所讨论的现象中选出一些特别方面。

②观察，接着改变条件，再做进一步观察，即试验，尽可能将测量结果体现成数值。

③提出原始型的假说（例如亚里斯多德的四元素说、炼金术士的三要素说或阴阳五行说）。

④继续观察和试验，不过分强烈地被同时存在的一些假说性想法所影响。②

通过两种模式的对比，可以非常清楚地看出，由于缺乏数学及其在自然现象中的应用，原始型的假说只能停留在经验之中，并一如李约瑟所说的那样，此类经验的方式可能积累了大量的实际知识，技能通过个人之间的私密的接触与训练，可以从一代传至另一代。无论中国或欧洲，就其技能所达到的熟练的高度而言，业已没有再多的选择余地了。尤其是中国商

---

① 潘吉星主编：《李约瑟集》，第155页。
② 潘吉星主编：《李约瑟集》，第157页。

周时代（青铜时代）的冶金术，是世界其他任何地方在同一时代，所不可比拟并望尘莫及的。然而，抑制的因素存在于其假说方面，这就是人们在达芬奇理论上的相对落后中，所看到的那样。它有助于我们明了精确科学理论所获得的不寻常的技术，究竟能够达到何种程度。李约瑟据此断定，中国本土科学技术所达到的，是达芬奇（型）那样的景况，而不是伽利略式的。① 无疑，伽利略型的科学模式，正是以数学假说的形式表现出来的，达到了技术实践与学术理论的高度结合，由此而形成了一种机械论的世界观。

在伽利略型的科学模式所代表的"新的实验哲学"中，从现象中找出可度量的因素，并将数学方法应用于量的规定之中，因而质的世界被量的世界所取代。与此同时，向抽象的演进更加突出，一个物体的运动已不再与该物体的其他特性或性质相干，也不可能从这些性质中推导出来。这是近代宇宙观中的一个根本性的变化。在一定的意义上说，无论是宇宙的"整齐划一"（uniformization）或消亡，以及空间的几何化，均以匀一而抽象的欧几里得三维空间，代替了伽利略以前的物理学和天文学中具体而有区分的连续空间，业已使过去的那种表现为具体形态之物的宇宙，不复存在。宇宙的观念发生了"革命性的"变化。宇宙不是有限的，不再是受至高无上的绝对者（天或上帝）命令或指使的整体，而是在性质和本体上是可以划分的。宇宙是开放的没有形态的，甚至是无限的，只是因为普遍适用的一些简单的基本定律的同一性，才维系在一起而已。譬如说，一旦形成了万有引力的概念，整个宇宙中就没有万有引力定律不起作用的地方。正像科学史家丁格（H. Dingle）所描述的那样，对于具有形状、重量、颜色和运动等鲜明性质的宇宙统一体，只有那种具有最高的创造意识，并为几个世纪的挫折所刺激的勇士，才敢于迈出对其加以否定的革命性的一步，坚持木星与由不明物质所构成的行星，比同样星体的运动和颜色具有更多的共同之处。在李约瑟看来，伽利略的科学革命，以一种机械论的世界观取代了中世纪欧洲人所持的，在某种程度上与中国人相同的有机论的世界观。② 事实上，毋庸置疑，这正是伽利略科学革命的伟大成就。然而，

---

① 参见潘吉星主编《李约瑟集》，第 157—158 页。
② 参见潘吉星主编《李约瑟集》，第 154—155 页。

必须注意到，李约瑟对于由伽利略和牛顿所完成的这一近代科学革命的伟大成就，在给予充分肯定的同时，又是持保留态度的。他明确地写道：

> 然而命运开了个戏剧性的玩笑，大约在牛顿逝世时（1727年），最终要取代或纠正机械论的新的有机论世界观的种子已交由莱布尼茨播下了。其中某些可能起源于中国，但这是我们不能在这里追溯的另一个有争议的问题。①

在科学史上，从来就没有永恒不变的科学范式。一种新的科学范式必然取代旧的科学范式，但这种新的科学范式有朝一日也会沦为旧的，又将为新的科学范式所取代。这是不足为奇的。李约瑟在这里预言，未来新的有机论的世界观，终究要取代或纠正机械论的世界观。无疑地说，这表示出李约瑟对于科学范式转移的一种倾向与某种意义上的期待。

至此，我们足以看出李约瑟基于其内在的科学观，对于伽利略型的科学模式与达芬奇型的科学模式的比较分析，由此探索他所设定与提出的"李约瑟问题"的答案的一个重要方面和过程。也正是在这一过程中，李约瑟将他的内在的科学观，淋漓尽致地展现了出来。李约瑟在他的科学观中，敏锐地抓住与凸显了数学的至关重要的作用和地位，的确是把握住了近代科学的主要特征。他由此来区分近代科学模式与古代和中世纪的科学模式的不同，并以伽利略型的科学模式与达芬奇型的科学模式为代表，以此来解释"李约瑟问题"，确实较一般的外在科学观的解释，具有更深刻的说服力。但是，他的这一解释，至多只是一种可能的解释，而不是唯一的解释。并且由于涉及对于中国数学及其历史的不同理解与解释，他的这一解释也存在着自身的问题与可能引起的争论或商榷。

必须看到，李约瑟虽然从内在的科学观来回答"李约瑟问题"，但是他并没有就此止步，并没有将问题和答案，尤其是科学范式的转移与增长，局限于科学本身的思想、理论、智力或数学技巧以及科学的实际发现的内在根源之中，而是走向了更广泛的外在的科学观，以寻求更有充足理由或原因的"李约瑟问题"的答案。这是李约瑟与一般传统的科学家或科

---

① 潘吉星主编：《李约瑟集》，第155页。

学史家不同，并清楚地区别开来的一个非常重要的方面。

需要指出的是，自20世纪30年代以来，科学史的研究出现了一个新的方向，这就是深受马克思主义和德国的社会学传统影响而形成的科学社会史，也称为"科学外史"（external history of Science）或"外部方法"（external approach）。这是由苏联学者赫森（B. Hessen）于1931年在伦敦召开的第二届国际科学史大会上，发表的论文《牛顿〈原理〉的社会经济根源》（The Social and Economic Roots of Newton's Principal）所开创的一个新方向。赫森的论文并没有像一般的科学史论文那样专注于牛顿的万有引力定律与哥白尼的日心说、伽利略的惯性定律、开普勒的行星运动三定律之间的内在于科学史的继承与发展关系问题的讨论，而是"应用辩证唯物主义方法和马克思创造的这个历史进程的观念"来解释，认为"物质资料的生产方式决定社会生活的社会、政治和知识诸过程"，因此"牛顿创造性天才的来源"及其"活动的内容和方向"，乃至"无一例外，所有的观念"，甚至牛顿力学中起主导作用的抽象观念的根源，都可以在"物质的生产力的状况"中找到。[1] 这在科学思想史上，被视为马克思主义者的特有的编史纲领出现的标识。[2] 赫森大胆的示范，激励了剑桥的一群才华出众、个性鲜明的"左"倾科学家的追随和研究，他们开始了阐述各自学科的历史。J. G. 克鲁瑟（Crowther）是其中最高产的作者，他所发表的论文，在四十年之后的西方舞台上，成为一个世人所熟悉的角色，并由于他1937年在哈佛大学的长期访问，而推进了赫森著作在北美的传播。[3] 1936年，在英国创刊的《科学与社会》（Science and Society）杂志出版发行。1939年，博学多才的英国科学家（晶体学家）与科学史家贝尔纳（John D. Bernal）的《科学的社会功能》（The Social Function of Science, 1939）[4] 问世，成为这一研究领域的杰出典范之作。与赫森和贝尔纳的科学社会史来源不同，而目标类似的另一派科学社会学家的科学史著作，则是由其创始人、美国科学史家罗伯特·默顿（Robert K. Merton）完成并出版的《十

---

[1] 参见吴国盛编《科学思想史指南》（科学思想史文库），四川教育出版社1994年版，第42页。
[2] 参见吴国盛编《科学思想史指南·编者前言》，第10页。
[3] 参见吴国盛编《科学思想史指南》，第42页。
[4] ［英］贝尔纳：《科学的社会功能》，陈体芳译，张今校，商务印书馆1982年版。

哲学地建立中国哲学

七世纪英国的科学、技术和社会》(*Science, Technology and Society in Seventeenth Century England*, 1938)① 一书。此书与运用科学社会史方法研究科学对社会的影响以及社会对科学的决定作用的著作（赫森与贝尔纳等）不同，它试图以清教伦理和当时的英格兰工业发展的需要，来解释英格兰的科学在17世纪的迅猛发展，代表了科学社会学家的科学史研究典范。它们在科学思想史②的意义上，都被归类为现代科学史的编史著作。然而不可

---

① ［美］默顿：《十七世纪英国的科学、技术和社会》，范岱年、吴忠、蒋效东译，收入金观涛主编"走向未来丛书"，四川人民出版社1986年版。

② 在科学史的研究中，科学思想史（intellectual history of science or history scientific ideas）作为一种现代科学史编史纲领兴起于20世纪30年代的欧洲。1939年，俄裔法国科学史家A. 科瓦雷（Alexandre Koyré）出版了《伽利略研究》一书，被认为是揭示了一种新的编史学方法论范式即"科瓦雷范式"。它宣称科学在本质上是对真理的理论思索（theoria，拉丁文，由此衍生出英语的theory）与探求，科学的进步体现在概念的进化上，并具有内在和自主的逻辑。这一原则成了科学史中新观念论的体现。（见吴国盛编《科学思想史指南》，第45页）英国科学史家巴特菲尔德的《近代科学的起源》（1949）呼应了这种新的编史学方法论。A. 科瓦雷首开现代科学史编史纲领的先河，成为科学思想史学派的领袖人物。A. 科瓦雷指出："科学思想史，就我的理解以及我据此努力实践的而言，旨在把握科学思想在其创造性活动的过程本身中的历程。为此，关键是要把所研究的著作置于其思想和精神的氛围之中，并依据其作者的思维方式和好恶偏向去解释它们。……同样根本的是要在科学思想的历史中纳入该思想理解自身以及它与先前思想和同时代思想之关系的方式。……最后，人们应该以与研究成功那样同等的精力研究错误和失败。"（吴国盛：《科学思想史指南》，第131页）我国对于科学思想史的认识与研究，几乎是与国际同步的。在20世纪30年代，我国科学史学者已经发表了若干篇研究中国科学思想的论文，例如顾学颉《中国科学思想论》（1934）、周匡《中国古代的科学思想》（1944）、夏康农《论科学思想在中国的发展》（1948）等。不幸的是，中华人民共和国成立后，这一研究中断了。直到1980年后，席泽宗发表了《中国科学思想史的线索》（1982）一文，中国对于"科学思想史"的研究才重新起步。但是，能了解"科学思想史"这一概念的人，仍然寥寥无几。关于"什么是科学思想史"的问题，席泽宗讲过一个有趣的小故事。1980年春，以中山茂为首的日本科学史家代表团一行10人来华访问。其中一位名为寺地遵的学者是研究科学思想史的。时任中国科学院副院长的严济慈院士在接见来访的日本客人时，向这位寺地遵先生提出了一个问题："什么是科学思想史？物理学史、化学史对象很具体，我知道历史上有许多物理学家、化学家，但没有听说过有科学思想家。"弄得这位寺地遵先生很尴尬。（见席泽宗《科学史十论》，第92页）1987年，我国在上海华东师范大学召开了首届"中国科学思想史研讨会"。"什么是科学思想史"的问题在会议上引起巨大争议，出现了将近10种不同的观点，最终没有形成统一的看法。（见袁运开、周瀚光主编《中国科学思想史》上，安徽科学技术出版社2000年版，第20页）一种具有代表性的看法主张：中国科学思想史是研究中国科学思想的发展史，也就是研究中国历史上的科学思想。它认为"科学思想"包括四个不同层次的内容：（一）具体的科学思想，（二）一般的科学思想，（三）科学观，（四）科学方法。（见袁运开、周瀚光主编《中国科学思想史》上，第20—28页）据此可知，这种观点将"科学思想史"看成是以科学观和科学方法为代表的科学思想的发展史。此外，研究科学思想史的日本学者板田贤三认为，对于"科学思想史"这一概念，"只能就科学家对待研究对象的态度作出规定，即把它当作科学家的自然观和研究方法加以历史的追述"，亦即自然观和方法论的历史。（转下页注）

否认，它们奠定了科学外史研究的典范和基础。顾名思义，科学外史是相对于传统的科学史即"科学内史"（internal history of Science）或"内部方法"（internal approach）而成立的。美国科学史家 T. S. 库恩是这样来描述科学内史和科学外史的，他说：

> 看来同时存在两种不同的科学史。虽然偶尔出现在同一本书中，但极少有稳固和富有成效的接触。依然处（于）支配地位的形式经常被称之为"内部方法"，它关注作为知识的科学实体。其最新的对立面常被称为"外部方法"，它关注科学家作为一个社会群体在一个更大文化中的活动。把这两者结合在一起也许是该学科而今面临的最大挑战，而且也有起而响应的迹象。不过不幸的是，任何对该领域现状的综述都必定依然将此两者作为完全分离的事业对待。①

由此可以看出，科学内史与外史的区别。具体地看，对于科学内史来说，"科学史家就应该追问他的研究对象本来研究什么问题以及这些问题是如何成为他的问题的"，并"应该特别留意他的对象的明显错误，不是

（接上页注②）席泽宗不完全同意这一见解，认为科学思想史是自然观、方法论和科学观的历史。（见席泽宗《科学史十论》，第92页）笔者以为，要理解"科学思想史"这一概念，最好是返回到 A. 科瓦雷的规定，从科学思想的创造性活动本身及其所包含的科学思想（观念）与精神、思维方式、科学家的心理状态与他所处的文化氛围，以及科学思想的创造性活动在科学史上所形成的范式去理解和追述。美国科学史家 D. 林德伯格（D. Lindberg）指出："如果科学史家只把过去那些与现代科学相仿的实践活动和信念作为他们的研究对象，结果将是对历史的歪曲。这一歪曲之所以在所难免，因为科学的内容、形式、方法和作用都已发生了变化。这样，历史学家面对的就不是一个过去实存的历史，而是透过不完全相符的网格去看历史。如果我们希望公正地从事历史研究这一事业，就必须把历史真实本身作为我们研究的对象。这就意味着我们必须抵抗诱惑，不在历史上为现代科学搜寻榜样或先兆。我们必须尊重先辈们研究自然的方式，承认这种方式尽管与现代方法相去甚远，却仍是重要的，因为它是我们现代人理智生活的先驱。这才是理解我们现在之所以是这个样子的惟一合理途径。"（［美］D. 林德伯格：《西方科学的起源》，王珺、刘晓峰等译，中国对外翻译出版公司2003年版，第3页）因此，在这一过程中，将无法回避日本科学史家山田庆儿所说的"民族科学"（Ethno‑Science），即除了近代社会以外的属于各种不同的社会和文化所特有的科学。它与其所处的风土人情、社会的经济制度、国家机构、风俗习惯、宗教、艺术、语言等联系在一起。（见［日］山田庆儿《古代东亚哲学与科技文化》，第77页）在历史的、地域的、文化的意义上说，"科学思想史"在相当大的意义上就是民族科学思想的历史。不过，本文并不在这一意义上来使用这一概念。

① 吴国盛编：《科学思想史指南》，第8页。

哲学地建立中国哲学

因为错误本身而是因为这些错误揭示了更多的实际思想，而不是给出科学家如何记录下现代科学依然保留的那些结论和论据"，"由这些原则所展示的编史态度已日益支配了科学史中最好的解释性学术成就"，[①] 这由来已久了；而在科学外史来说，则要求"把科学放在文化背景中加以考察将加深对其发展和影响的理解"，"严肃地考查（察）对科学进步可能起推进或阻碍作用的其它类型的体制，特别是教育体制"[②]，这样一来，"对体制和观念的关心自然结合成研究科学发展的第三种方式"，"它唤起了广泛的历史学与社会学的经验和技巧"，"在加深对科学的社会地位和社会背景的理解上足够有代表性"。[③] 在更宽泛的意义上，也许可以说，科学内史是将科学知识及其模式的增长，看成一个从不断的试错以达到正确的结果的过程，只注重于研究科学知识及其模式的内在结构与自身（自足自主）演化的历史关系，无意于考察科学知识及其模式增长与社会现象之间的关系；恰恰相反，科学外史不仅将科学家的科学研究活动，当作人类社会的一种公共事业来对待，而且着力探究科学知识及其增长模式与政治、经济、哲学、宗教、文化，甚至战争、疾病、婚姻等社会因素之间的关系。

天赐良缘，李约瑟研究中国科学技术史的时候，正当科学外史蓬勃兴起的时机。正如 A. 萨克雷所指出的那样："马克思主义思想根源最为深厚的影响，在李约瑟（Joseph Needham）大量和有学识的著作中趋向成熟。一个基督教社会主义的眼光也对他研究中国科学的发展起了作用……"[④] 显然，李约瑟在研究中国科学技术史并探求"李约瑟问题"答案的过程中，自觉地参与到了科学外史方向编史的航行之中。因此，李约瑟在"李约瑟问题"的研究中，并不满足于从科学内史来寻求答案，而是从科学内史转到了科学外史去探索。在探讨科学的起源以及科学的进步问题上，李约瑟奋起批判在科学观内拒绝引进与使用社会学理论解释的倾向与观点，不断地将自己的科学观向外扩展，将一些重要的社会因素吸收进来，并坚信社会和经济结构的决定性因素以及社会的发展模式，最终能够有力地回答"李约瑟问题"。他指出：

[①] 吴国盛编：《科学思想史指南》，第 8 页。
[②] 吴国盛编：《科学思想史指南》，第 11 页。
[③] 参阅吴国盛编《科学思想史指南》，第 12 页。
[④] 吴国盛编：《科学思想史指南》，第 43 页。

在过去三十年间，西方国家的科学史家一直倾向于拒绝用社会学理论解释本世纪初时达到全盛时期的近代科学是如何起源的。……多数历史学家愿意看看科学对社会的影响，但不承认社会对科学的影响，他们情愿想到科学进步只是依靠思想、理论、智力或数学技巧以及实际发现的内在或自动根源，就像火炬从一个伟人转到另一伟人手中那样。他们基本上是"内在论者"或"自动论者"。换言之，"有一位上帝派遣来的人，他的名字是……""刻卜勒"。

对其他文明国家的研究，于是被置于有严重智力障碍的传统历史思想之中。但所需要的最明确和最必要的解释，正是说明欧洲与亚洲文明大国之间在社会与经济结构以及易变性方面的基本差别，这种差别将不只能解释近代科学在欧洲的发展，还能解释资本主义连同与世界其他地方不同的新教、民族主义等典型附带物在欧洲的发展。我相信这样一些解释能更为完善。这种解释也必定绝不忽视思想领域内——语言和逻辑、宗教和哲学、神学、音乐、人文主义、对事件和变化的态度——许多因素的重要性，但将最深刻地关注于分析社会及其模式、倾向、需要与转变。在内在论和自动论观点中，这些解释是不受欢迎的。那些持这类观点的人，极其不喜欢研究其他文明大国。[①]

总之，我相信中国与欧洲之间社会和经济结构的可以分析的区别，将最终得到说明，而且比过去还会更进一步说明中国科学技术的早期优势和后来欧洲近代科学的兴起。[②]

李约瑟认为，近代科学在16、17世纪发展于欧洲的奇迹不是一个孤立的现象，而是与文艺复兴、宗教改革和资本主义（以及紧接着的工业生产）的兴起同时发生的。而且更大的可能是，正是只在欧洲同时伴生的这些综合的社会和经济变化，造成了在高级工匠、半数学技术家水平之上的

---

① 潘吉星主编：《李约瑟集》，第90—91页。
② 潘吉星主编：《李约瑟集》，第92页。

自然科学终于能兴起的环境。① 李约瑟相信:"一切历史学家不管其理论倾向和成见如何,必须被迫承认近代科学的产生是与文艺复兴、宗教改革和资本主义的兴起同步发生的;正是社会与经济变化及'新科学和实验科学'这二者之间的密切联系是最难掌握的。"② 这表明,社会与经济结构的变化和代表近代科学的所谓"新科学和实验科学"之间的关系,是问题的关键所在。李约瑟据此断言:"假设在中国社会中发生了与欧洲同样的社会和经济变化,那么某种形式的近代科学就会在中国产生。"③ 显然,欧洲和中国不仅社会形态与经济结构不同,而且地理环境与气候条件也有巨大的差异。那么,地理环境与气候条件和近代科学之间,是否也存在相应的关系呢? 无疑,李约瑟意识到了这一问题,因此他提出了地理、气候、社会和经济条件四因素与近代科学的关系问题,并认为这四个因素是探究"李约瑟问题"的"要领"。他说:"如果我们从地理、气候、社会和经济条件四个方面考虑中国与西方的不同,我们就能抓住要领。"④ 他甚至确信:"如果在中国有像西方那样的地理、气候、社会和经济因素,而西方有像中国那样的同样条件,近代科学就要在中国兴起,而不是在西方。而西方人就不得不学习表意文字,以便充分掌握近代科学遗产,正像中国科学家今天不得不学习西方语言那样。"⑤ 李约瑟在求索"李约瑟问题"的过程中,似乎试图将经济决定论与环境决定论统一起来,然而对于地理环境与气候究竟在多大程度上决定或影响了近代科学的产生,李约瑟却未能做出深究。这固然有些令人遗憾,但同时说明,在近代科学与地理环境、气候之间是否存在直接的必然的关系,本身就是一个不易回答的问题。如果将地理环境与气候,同欧洲的商业文明与中国的农耕文明联系起来考虑,那么可能会有更理想的效果与说服力。于是李约瑟无意间知难而退,将问题转到了近代科学与中国和欧洲的社会和经济结构之间的关系上。李约瑟强调指出:

---

① 参见潘吉星主编《李约瑟集》,第 167 页。
② 潘吉星主编:《李约瑟集》,第 75 页。
③ 潘吉星主编:《李约瑟集》,第 125—126 页。
④ 潘吉星主编:《李约瑟集》,第 187 页。
⑤ 潘吉星主编:《李约瑟集》,第 190 页。

牟宗三与李约瑟对"李约瑟问题"的求解之比较

可以坦率地说，不管谁要解释中国社会没有发展近代科学，最好是从解释中国社会未能发展商业的和后来的工业的资本主义入手。不管西方科学史家有何个人偏见，都必须承认从十五世纪以来发生了复杂的变化；没有宗教改革，文艺复兴就是不可想象的；没有近代科学的兴起，宗教改革也是不可想象的；而没有资本主义、资本主义社会的兴起和封建制的衰亡，近代科学、宗教改革和文艺复兴都统统是不可想象的。我们似乎处于一种有机整体之中，处于一系列变化之中，对这种情况的分析很难说业已开始。最后可能会发现，所有的学派，不管是韦伯主义者或马克思主义者，还是知识因素的信徒，都将做出其贡献。①

毋庸置疑，李约瑟在知识方面几乎是一个百科全书式的人物，然而在社会历史观方面，李约瑟却未能建立起自己独立的观点，而是深受马克思主义与韦伯主义观点的影响。因此，对于中国社会未能发展商业的资本主义和后来的工业的资本主义的解释，李约瑟吸取与引鉴了马克思与韦伯有关社会的假说。李约瑟引入马克思的"亚细亚生产方式"②概念来描述中国的社会形态与经济结构，但觉得不是太妥当，也不是很喜欢这个概念，于是他更多地使用了"亚细亚官僚制"或"官僚封建制"的概念，并以之取代了"亚细亚生产方式"的概念。这是必须说明与注意的！李约瑟说：

我相信将有可能详细说明，为什么亚洲的"官僚封建制"开始时有利于自然知识的发展和它在造福人类技术方面的应用，而后来与欧洲其他形式的封建制相比又抑制了资本主义和近代科学的兴起，而欧洲的封建制则有利于此——当然我指的是欧洲封建制的衰弱和社会中

---

① 潘吉星主编：《李约瑟集》，第125页。
② 李约瑟说："'亚细亚生产方式'在其后来的高度发展形式中，如在唐代或宋代中国所看到的，已发展成这样一种社会制度：它基本上就大部分财富靠农业剥削这一有限意义上是'封建'制，实际上是官僚制而不是军事贵族制。尤其不能低估中国历史上文官精神的深度。皇帝的权力不是通过领有采邑的贵族，而是通过精心设置的文官实现的，西方人将这种文官称为'mandarinate'，他们并不享有继承财产的世袭原则，而是在每一代中重新补充。"（潘吉星主编：《李约瑟集》，第78页）李约瑟认为，中国古代科学与技术的发展与停止，均与这一"亚细亚生产方式"相关。

· 397 ·

新的商人阶级的产生。占优势的社会商人阶级从未在中国产生，因为官僚制的基本概念不只反对世袭的贵族封建制，而且还反对富有的商人的价值观。中国社会中可能确实有资本积累，但它在工业企业生产中持久的应用却常常被士大夫官僚所禁止，因为这些活动可能威胁他们的特权。因此中国的商人行会从未达到像欧洲城邦商人行会那样的地位和权力。①

为什么中国的"官僚封建制"早期有利于中国科学技术的发展与领先呢？李约瑟认为，这与具有"亚细亚官僚制"性质的社会内精心设置的合理化和自觉的机制有关。因为"亚细亚官僚制"的社会，基本上是以"文治"的方式发生作用的。它的权力宝座，由学者而非军事指挥官所把持。中央当局非常依靠农村社会的"自动"功能，而一般来说倾向于道家所主张的，将对其生活的干涉减至最小的限度。中国古代的政府及其政治实践，是在古代亚细亚社会与"乡村—君王"这一对简单的对立物中，继承下来的不干涉主义的基础上形成的。与此同时，在中国社会的基本组织结构中，内部主要是靠氏族和家族来处理事务，而不是依靠朝廷，这一特征贯穿于整个中国的历史之中。那么，这样一个社会，有利于充分地发挥学者与工匠的创造发明的天才与积极性。所以，中国的"亚细亚官僚制"社会，是有利于反映自然界的。李约瑟坚信，人力图洞察自然界的机制并利用自然界蕴藏的动力资源，同时尽可能少地加以干涉，而且利用"超距作用"（action at a distance）的高度智慧与其所具有的培根式的理性，总会达到产生经济效益的效果，并将自然而然地促进对自然的研究。结果必然导致诸如地震仪、铸铁和水力动力等方面的早期成就。②

然而，到了近代，世界急剧变化，欧洲在文艺复兴后出现了新兴的资本主义与工业革命，中国的"亚细亚官僚制"社会却一如往常，没有丝毫的变化。结果就是，它从根本上抑制了资本主义与近代科学的产生。其中的根本原因，是缺乏商业文化。在李约瑟看来，近代科学的出现是与资本主义的商业文化相应的。除了上述他所谈到的原因之外，他还进一步地指

---

① 潘吉星主编：《李约瑟集》，第78页。
② 参见潘吉星主编《李约瑟集》，第86—87页。

出:"因为不允许商人阶层在中国文化中处于领导地位,也就不能导致高级工匠技术与学者搞出的数学与逻辑推理方法的结合,因此没有出现近代科学发展中从达芬奇向伽利略的过渡,或者说这是不可能的。"[1] 显然,这是李约瑟基于其外在的科学观与科学外史观,从资本主义的商业文化尤其是商人阶级的极大作用,对于达芬奇型的科学模式与伽利略型的科学模式的区分,以及为什么达芬奇型的科学模式,不能向伽利略型的科学模式过渡与转化的一个重要的补充解释与说明。换言之,他试图由此回答"李约瑟问题"。无疑,李约瑟的这一看法很可能来自马克斯·韦伯(《新教伦理与资本主义精神》一书)的观点。

不难发现,李约瑟在他的整个探索中,力图将他的内在的科学观与外在的科学观以及科学内史与科学外史的研究,贯通并结合起来。尽管这是一种挑战,但是李约瑟自觉地接受了这一挑战。这不仅表现在他强调中国社会的"封建官僚制"与农耕型的经济结构,对于中国科学在不同历史时期发展的决定性影响,也表现在他绝不忽视中国思想文化领域内的语言、逻辑、宗教、哲学、道德、音乐、人文主义,以及对事件和变化的态度等因素,所具有的作用的重要性,而且典型地表现在,李约瑟以社会和经济结构因素,解释了上文所讨论过的内在于科学结构中的至关重要的数学要素。他认为,数学在中国得不到充足发展以及自然科学缺乏的原因,是它不具有活力的需要。众所周知,中国古代的天文学极其发达,取得过世界科学史上最为辉煌的伟大成就。按理,天文学与数学具有密切的关系。既然天文学有高度的发展,那么数学也应该有巨大的进步。然而,事实并非如此,这是有些令人失望的。个中的原因,在李约瑟看来,乃是引起自然科学数学化的需要不足,因而不可能促成近代科学在中国兴起的动力!李约瑟指出:

> 即使天文学"自发发展"总是可能引起自然科学的数学化,也很难解释在中国为什么做不到或一直做不到这一点。如果这种需要足够大的话,肯定不会没有人能够打破旧的数学符号的束缚,并做出事实

---

[1] 潘吉星主编:《李约瑟集》,第88页。

上只在欧洲完成的发现。①

那么，结果就是中国的传统数学只能被埋没在某种"坟墓"中了。在李约瑟看来，这种情况远不止于数学，而是存在于整个自然科学领域。也就是说，中国在全部的自然科学领域，都未曾出现过具有活力的需要。因为这种"活力的需要"，只能来自资本主义的商业文化，绝不是农耕官僚制的文明所能为。他认为，使数学与自然知识达到融合的高度，只可能在资本主义的商业文化中实现。因此，"中国人所曾有的一切——对于自然界的兴趣、受控实验、对经验的归纳、日月食预测及立法推算，都是不充足的"②。其根本原因，被李约瑟归结为，中国在近代没有发展出资本主义的商业文化。就这样，一个基于马克思和韦伯的社会理论假说，在对比中观察和分析中国与欧洲的科学发展模式的假说，一步一步地建立起来了，并筑成了李约瑟的宏大而庞杂的科学观。

然而，无论是马克思主义的观点还是韦伯主义的观点，均受到了严峻的挑战。一方面是受到来自史学研究的挑战，另一方面则是受到中国以儒学为代表的传统文化与社会现代化关系问题之消解的挑战。中国的历史研究者注意到，欧洲封建领主庄园制经济的自给自足程度，比中国封建社会高得多，中国早在汉、唐、宋时期，就有了相当发达的商品经济，而同一时期欧洲的商品经济则要相对落后得多。这出现了一个使历史学家感到困惑不解的问题：为什么近代资本主义的商业文明，恰恰是从欧洲的高度自给自足的封建领主庄园制经济以及规模不大的城镇中产生，而不是在城市与商品经济相对发达的中国社会中出现与发展起来的？如果说中国社会在唐宋明时期都曾经出现过相当程度的繁华的城市商业文明，甚至在某种意义上达到了"亚近代化"的状态，如《东京梦华录》③中所描写的宋代首都汴京（今天的开封）那样，都市的繁荣，商业的发达，城市平民阶层的大量兴起，远非同一时期欧洲社会所能比及，似乎距离近代的资本主义商业文明仅有一步之遥，但是却终未能演化为近代的工业资本主义的商业文

---

① 潘吉星主编：《李约瑟集》，第169页。
② 潘吉星主编：《李约瑟集》，第169页。
③ 可参阅（宋）孟元老《〈东京梦华录〉笺注》上下，伊永文笺注，中华书局2007年版。

明，的确是令人长太息与令人困惑不解的一个谜团。也许，这不难从社会的经济、政治、思想意识形态上分别找到终极的线型的种种原因，然而一旦将它们放到历史发展的整体之中去，就会陷入诸种原因互为因果的循环论之中，或者出现在总体上无可判定的不确定性（"混沌"）状态。例如说，一方面是"亚细亚官僚制"阻止了中国社会经济的发展，因而没有资本主义商业文明的出现，然而另一方面又是中国社会的经济基础决定了与其相应的"亚细亚官僚制"的存在。而就资本主义商业文明或文化与近代科学的关系而言，究竟是前者决定后者，抑或是后者决定前者，也是一个不易解释的问题。所有分别得到的答案汇聚为一个答案的整体，就成为不可判定的不确定性状态（其实就是在得到的答案中没有答案的混沌）。难怪美国科学史家席文（Natsan Sioin）要说，对于"李约瑟问题"不是一定非有答案不可。① 根据韦伯的观点，以不同于欧洲新教的儒学为代表的中国传统文化必然抑制甚至扼杀资本主义的商业经济的发展，因此中国的传统社会不可能自己发展出现代化的资本主义社会。然而，20 世纪 60 年代以来，"亚洲四小龙"的巨大成功，提供了一个最大的反例，也是一个最大的挑战。换句话说，中国的传统社会是否一定与近代科学不相容？中国的传统文化是否一定与近代科学不相容？中国的传统科学是否一定与近代科学不相容？以李约瑟的话说，作为达芬奇型的中国传统科学，是否一定不能转变为伽利略型的近代科学？这些都是不免会有争论的大问题。例如，中国学者叶小青、何兆武与美国学者席文关于中国传统科学是否可能转化出现代科学的争论②，便是一个例子。退一步说，即使这些问题的答案是不容置疑的肯定的，那么其中的真实的历史缘由，也是值得重新思考的。真理永远不可能终结在一个人的手中！例如，"为科学而科学"的精神或"为学术而学术"的精神，在中国文化中从来没有成为主流（今天依然如斯），中国在近代以前的商业贸易，从来也没有与世界各国（或多国）连为一个整体，中国的商业资本及其所带来的经济利益，总是与政治权力

---

① 见王国忠《"李约瑟难题"面面观》，载于王钱国忠编《李约瑟文献 50 年（1942—1992）》，第 51 页。

② 参见：（1）王国忠：《"李约瑟难题"面面观》，载于王钱国忠编《李约瑟文献 50 年（1942—1992）》，第 51 页；（2）《何兆武与席文［美］教授讨论科学史与思想的一封信》，载深圳大学国学研究所主编《中国文化与中国哲学》，东方出版社 1986 年版，第 566—570 页。

及其拥有者与操控者密切地勾结在一起，"万般皆下品，唯有做官高"的观念在中国人的心灵中根深蒂固，科学家和学者不仅自己个人没有较高的社会与经济地位，而且几乎从来也没有过自由独立自主的学者团体或学术组织（即牟宗三所谓中国没有类似希腊—近代欧洲的"学统"），这些也都是阻止或不利于中国科学发展的原因，值得重视与探讨。李约瑟所给出的中国没有产生近代科学的答案，的确给人启发与令人深思，必然成为重新追问与探索的起点，则是毫无疑问的。

李约瑟作为一个科学家、科学史家与思想家，并不以探索和回答自己所提出的"李约瑟问题"为满足，而是具有对于世界科学史和人类未来科学发展的深思与关怀。他通过对中国与欧洲科学史以及思想文化的比较研究与反思，对中国文化充满了极大的信心与希望，他基于中国道家思想智慧与儒家人文主义精神以及有机论的思想展望人类未来的科学，相信所谓的"欧洲"科学的时代将成为过去，而一个有机论的科学时代已经到来，"这个世界比过去更需要孔子和老子"[1]，最现代的"欧洲"自然科学将要更多地受惠于像庄周、周敦颐和朱熹这些中国古代的哲学家，甚至远远地超过世界对他们的认识。[2] 这好像把我们带回到20世纪初梁漱溟在其《东西文化及其哲学》中所提出的世界"文化三路向"的观照中，并看到梁漱溟所预言的"中国文化的复兴"。当然，这是足以令人欢欣鼓舞的。不过，无论是对梁漱溟来说，抑或是对李约瑟而言，也无论是对中国人来说，抑或是对全世界的人来说，需要的不仅是"中国文化的复兴"，而且是世界文化的新生。也许，这将由后现代的有机论的科学时代的出现来促成。

四 后现代儒学的科学观和后现代道家的科学观
——牟宗三的科学观及其与李约瑟的科学观之比较

无疑，科学观是人们对于科学所持的态度与看法。在通常情况下，人们生活在科学诞生之后的时代，不断地受到科学的影响，无论从事科学研

---

[1] 见潘吉星主编《李约瑟集》，第138页。
[2] 见潘吉星主编《李约瑟集》，第46页。

究与否，都不免会产生出对于科学的看法，并形成对于科学的态度。因此，对于科学抱有什么样的态度、持着什么样的观念，就会有什么样的科学观。"科学"在辞源上来自拉丁语的"Scientia"即"知识"，而非希腊语。19世纪30年代，由于法国实证主义的开创者孔德的使用而使这个词（Science）流行开来。所谓"科学"的意思就是学问，也就是把所研究的对象分为与其相应的不同学科加以研究的学问。事实上，那种将科学理解为以数学、逻辑和观察、实验相结合的系统化的需要验证的理论假说（知识的理论模式即数学—力学的世界模式），只不过是对于17世纪之后的近代科学，并且主要是对物理学而言的。更多的人则是把科学看成是对于自然的探究与认识过程及其在这一过程中所取得的成就而已。无疑，这只不过是一种科学的常识观念罢了。具有讽刺意味的是，科学虽然业已具有三百多年的历史，然而迄今为止，"什么是科学？"的问题并未有最终的答案。也就是说，人们对于"科学"这一概念，没有确定地取得完全一致的看法。贝尔纳说："科学在全部人类历史中确已如此地改变了它的性质，以致无法下一个合适的定义。"① 美国科学史家林德伯格在其《西方科学的起源》中说："我们必须承认，'科学'一词具有不同的涵义，每一种都合乎情理"，并叙述与分析了"科学"的8种涵义。② 问题是一个人如果同时面对两种大相径庭的"科学"概念时，他就将无所适从了。从行为科学来看，一个强盗所赞赏和同意的观点与行为，对强盗来说是"科学"的，但是对受害人来说，则是"非科学"或"反科学"的。同样，在伦理学上看，也是如此。英国科学哲学家A. F. 查尔默斯专门写了一部名为《科学究竟是什么》的著作，基于当代科学哲学的观点对科学及其性质进行了深入的探讨。在科学史研究中，有的科学史家提出："是否应将科学限定为最狭范围，将其仅用于近代科学；或是对其做最大的扩张，认为'各种社会和各种文化都有着各自的科学，科学起着维护这一社会和文化不可缺少的机能的一部分作用'，此二种看法何者更为妥切呢？"③ 显然，这可能是因人而异的。但更重要的，取决于科学史家所研究的对象。例如，山田庆

---

① ［英］贝尔纳：《历史上的科学》，伍况甫等译，科学出版社1959年版，第Ⅵ页。
② ［美］D. 林德伯格：《西方科学的起源》，第1—3页。
③ ［日］山田庆儿：《古代东亚哲学与科技文化》，第77页。

儿就在后一种意义上理解科学，并将"科学"定义为"'认知'行为的形态"①，这当然是出于他研究中国科学技术史的需要；而谈到伽利略与牛顿时代的科学，人们自然是在"近代科学"的意义上使用"科学"这一概念。不过，科学史家也常常在上述两种意义上分别使用"科学"的概念。无论李约瑟或山田庆儿，都是如此。为了区别开这两种"科学"的不同含义，H.弗洛里斯·科恩在他的科学史研究中引入了"自然认识形式"（Formen der Naturerkenntnis, form of nature‐knowledge），目的就是要以这一概念替代"科学"，从而使人能够把"自然认识与现代科学的那些典型的概念和做法"必要地区分开来②；而在论及牛顿的"自然哲学的数学原理"时，他又以现代的"自然科学"概念取代了"自然认识"的历史概念。③ 由于这一缘故，人们对科学的看法与态度就迥然有别了。那么，说到底，人们的科学观也不可能都是完全一致的。

一般而言，正如席泽宗所说："科学观是指人们对科学的起源、本质、作用、价值的看法，以及科学家在社会中的地位，但和科学社会史不同。"④ 这一看法表明，科学观具有科学内史和科学外史的不同。那么，处于科学内史的"科学思想史中的科学观则不具体讨论某一时期科学、技术与社会的关系，而是追述某一时期人们对科学技术的看法"⑤。同样的道理，人们对于科学究竟抱有什么样的态度和持有什么样的看法，一方面决定于人们所意识到的"科学"研究的对象与所形成的范式，另一方面则是因不同科学时代的不同的人（科学的谈论者）所决定的。

自伽利略与牛顿以来，由于经典力学体系的建立与完成，一种机械的科学观统治了世界，但是进入 20 世纪以来，由于相对论与量子力学的出现，改变了人类对世界的看法，打破了伽利略与牛顿的科学观及其一统天

---

① 见［日］山田庆儿《古代东亚哲学与科技文化》，第 77、78 页。
② 见［荷］H.弗洛里斯·科恩《世界的重新创造：近代科学是如何产生的》，张卜天译，湖南科学技术出版社 2012 年版，第 16 页。
③ 科恩说："这里说的'自然哲学'已经与'雅典'意义上的自然哲学不再有什么共同之处。因此，我们应该立即用现代的'自然科学'概念来取代'自然认识'这个历史概念。"（见［荷］H.弗洛里斯·科恩：《世界的重新创造：近代科学是如何产生的》，张卜天译，湖南科学技术出版社 2012 年版，第 190 页）
④ 席泽宗：《科学史十论》，第 94 页。
⑤ 见席泽宗《科学史十论》，第 94 页。

下的局面，尤其是随着新兴科学的不断涌现与科学范式的不断突破与转移，人类的科学观发生了重大的深刻的变化，并且变得形形色色，多姿多彩。无论是在科学之内，还是在科学之外，人们对科学的理解与看法、憧憬与希望，都处在变化之中，与从前有了很大的不同。

近代科学虽然没有出现在中国，但是中国与世界一样接受了科学的洗礼，尤其是自新文化运动以来，中国人对科学的笃信日胜一日，并与多种思潮交织在一起，形成了不同类型的富有中国特色的科学观。这在文化的类型及其形态与所流行的思潮的相互交错上看，大致上可以概括为：科学主义的科学观，自由主义的科学观，马克思主义的科学观，文化守成主义（又称"文化保守主义"）的科学观四大类型与形态。

科学主义的科学观是基于科学本身所形成的对于科学所持的态度与观点，我们可以称之为内在的科学观。内在的科学观常常将对于自然的观察、实验与一定的数学方法相结合，由此而使大量的认识自然的经验与一定的科学理论相结合，形成科学的一定的模型或范式。随着科学模型或模式的转移，科学主义的科学观也处于相应的变化之中。

自由主义的科学观是基于自由主义的文化立场与态度对于科学所形成的崇信与看法，它将科学看成一套观察和实验的方法，怀疑的态度与批判的精神，能够证实一种关于真理和实在的理论与态度，并可正确地指导人生。

马克思主义的科学观是一种典型的工具论的科学观，它相信科学不仅是征服自然的有力工具，而且也是揭露、批判和瓦解传统社会（例如所谓的"封建社会"）以及一切迷信和错误思想的锐利武器，科学的原则及其一般规律和方法可以应用于人类社会的行为，由此而形成了以经济为基础的唯物史观；与此同时，接受那种将哲学上的黑格尔式的辩证法应用于对自然的思辨而形成的所谓"自然辩证法"的态度和观点，也是马克思主义的科学观的一种重要表现或组成部分。

文化守成主义的科学观是其文化立场、态度与行为，在科学以及相应的技术上的表现和反映。它认为，任何科学的范式或模型的形成、增长与存在，除了科学知识自身的因素（例如观察、实验、数学、逻辑等）以及技术以外，还与人类的哲学、宗教、艺术、政治等思想文化因素，具有不可分割的密切联系。

哲学地建立中国哲学

这些不同的科学观，无不成为中国需要科学与移植科学（自清末以来对于近代科学和技术的引进）和研究科学的理由。因此，它们在新文化运动中一时竞相怒放于中华大地，激起自由的争锋。

一般地说，科学家常常持着科学主义的科学观，自由主义者持着自由主义的科学观，马克思主义者持着马克思主义的科学观，文化守成主义者持着文化守成主义的科学观。但是，事实上，这一划分只有相对的意义。就是说，只有在重大的分界线上来看，譬如说科学是不是由生产方式所决定的，科学是否对于人生具有决定的指导意义，由这些问题的争论所呈现出来的关于科学的分界线，可以将不同的科学观泾渭分明地一展无遗。离开了关于科学的重大分界线，不同的科学观的定位与划分，就会变得困难重重。因为内在的科学观可以与其他三种科学观中的每一种科学观相互交错与结合。同样，除内在的科学观之外的三种科学观之间也并不是完全没有联系与对立的，在一定的意义和程度上，它们是可以相容与交叉的。因此，科学观的不同总是各色各样，不一而足的。①

在科学的时代，科学观的鱼跃、繁茂与多元，代表与表征了时代的一种潮流。然而，就科学本身的立场来看，无论科学的类型与形态如何，归根结底，科学观只有两种基本的类型：内在的科学观与外在的科学观。

一般地说，内在的科学观以科学家以及科学专业研究者内在于科学本身所持的对于科学的观点与态度为代表，外在的科学观以（包括科学家以及科学专业研究者与非科学家以及非科学专业研究者在内的）自科学之外的境况对于科学的理解所持的观点与态度为代表。在一定的意义上，内在的科学观决定了科学史研究的内史观，外在的科学观决定着科学研究的外史观。无疑，科学主义的科学观是内在的科学观（科学内史观），自由主义的科学观、马克思主义的科学观、文化保守主义的科学观皆是外在的科学观（科学外史观）。

据此，笔者将牟宗三的科学观归于一种外在的文化守成主义的科学观。而李约瑟的科学观则一方面是内在的科学观，另一方面又是外在的科学观。就其外在的科学观一面而言，李约瑟的科学观既是文化守成主义的

---

① 例如，郭颖颐将中国现代的唯科学主义分为唯物论唯科学主义与经验论唯科学主义。参阅郭颖颐《中国现代思想中的唯科学主义（1900—1950）》，雷颐译，江苏人民出版社1995年版。

科学观，也是马克思主义与韦伯主义的科学观。牟宗三的科学观与李约瑟的科学观具有显著的不同，但是，就它们作为外在的科学观来看，二者又具有惊人的相似或相同之处。

诚如上文所指出的，牟宗三的科学观是由他在自觉地反省中国文化的过程中对于"李约瑟问题"的解答，以及他思考与建构中国儒学的"新外王"哲学理论的文化整体思想进路中形成的。相对于牟宗三来说，李约瑟的科学观就要复杂一些。一方面作为一个科学家或一个科学史家，他持着内在的科学观；但是另一方面，他作为一个思想家以及一个中国道家的信奉者，并受经济决定论时潮影响而同情共产主义中国的科学史家来说，他对于科学的看法与态度，又常常是外在的科学观。可以说，李约瑟的科学观介于内在的科学观与外在的科学观之间。这也是大多数既是科学家又是思想家的人，在科学观上的一种表现。牟宗三的科学观自然是来自他对科学的理解与思考，但是他并非像一个科学家那样，单纯地就科学去理解与思索科学，他也不像一个地地道道的科学哲学家那样，面对种种科学的体系、模型与范式，去探寻科学发现与增长模式的奥秘，而是在与人类的文化和世界的发展相联系的哲学的批判的反省中，透视科学的精神实质与发展方向及其对人类社会的影响，尤其是他联系对中国文化的反省与检讨来对"李约瑟问题"进行求解与回答，并基于儒学的立场对中国未来科学发展的思考而形成了一套自己的科学观。因此，牟宗三的科学观是一种外在的科学观，同时也是一种文化守成主义的科学观。这一科学观既有对于科学的起源与本质的看法和理解，也有对于科学的反思与对于科技一层论的批判，同时又能结合东西方的学术精神来看待科学，强调科学的普适（世）价值，主张今天与未来的科学必须是"仁"与"智"的合一，必须是东西方学术精神的合一，必须是儒家人文主义与科学主义的合一，必须是科学与哲学、宗教、文化、艺术的统一。无疑，牟宗三的科学观代表与体现了当代新儒家第三期儒学展开与发展的重要特征。因此，牟宗三的科学观是一种后现代儒学的科学观。在此，笔者将牟宗三的科学观的要点归纳如下：

1. 科学不能在古希腊出现，必须在哥白尼到牛顿等近代以来的精神的支配下才能出现。

2. 科学的精神是实验的、理智的、外（在）的、物（质）的、量（化）的精神。此与中国乾嘉之考据学的精神不同。

3. 科学是从经验上升到理论的学问。是实践（观察与实验）与理论的统一、经验与数学的统一。

4. 科学的精神是一种"智"（理智）的精神，亦即是"知性"的精神与"知性"精神的表现。

5. 科学的精神是审美的精神的鼓舞与对形式之美的欣赏的精神。

6. 科学的精神是"知性"精神与审美艺术精神的合一。

7. 欧洲近代科学的出现，使希腊之学统发生了重大转折，但脱离了人文主义的母体。

8. 科学与哲学有密切的关系。例如，理性主义。

9. 必须批判和反对理智一层论和科技一层论。

10. 科学的独立发展，必须以自由民主政治为基础和前提。

11. 科学与自由民主一样具有普适（世）价值。

12. 现在与未来的科学，必须是"仁"与"智"的合一，必须是东西方学术精神的合一，必须是儒家人文主义与科学主义的合一，必须是科学与哲学、宗教、文化、艺术的大统一。

牟宗三虽然解答了"李约瑟问题"，但是在科学观上，牟宗三与李约瑟既不完全相同也不完全不同。由于李约瑟长期研究中国科学史，热爱中国文化，受中国文化的影响，尤其是受道家思想的影响，因此他的科学观，尤其是他的文化观打上了道家的烙印，甚至被看成是"当代新道家"的主要代表人物之一[①]，或被称为"当代新道家的先驱"[②]。因此，把牟宗三的科学观与李约瑟的科学观加以比较，将是有趣的与必要的。

必须看到和指出，牟宗三不同意李约瑟认为中国古代文化中有科学的观点。牟宗三说："中国没有西方式的哲学传统，后来也没有发展出科学，尽管中国也有些科技性的知识。李约瑟就拼命地讲中国科学的发展史，讲

[①] 参见董光璧、张伟《当代新道家》，华夏出版社1991年版，第4、2页。
[②] 参见董光璧、张伟《当代新道家》，第24页。

归讲，讲了那么一大堆，它究竟没有成为现代的科学。"① 由此，可以看出，牟宗三是基于严格的"近代科学"的观念来理解中国科学的。因此，他认为中国古代是没有"科学"的。必须指出，这与前文中所述的牟宗三认为中国古代有实用科学与理论科学的观点并无矛盾，因为牟宗三所谓的"实用科学"与"理论科学"并不是"近代科学"概念上的（科学）意义。牟宗三对于"李约瑟问题"的求解与他关于"新外王"的"科学"的内容，也是以这一"近代科学"概念为前提的。然而，李约瑟在"科学史"尤其是"中国科学史"的意义上所用的"科学"概念，就要宽泛得多。李约瑟认为，现在的比较成熟的科学是受惠于古代人的开拓工作的结果②，并强调说："没有一个民族或一个多民族集体曾经垄断过对科学发展所作出的贡献。各个民族的成就，应该由全世界人民携起手来共同赏识，纵情歌颂。"③ 在科学史的意义上，李约瑟将"科学"理解为一个综合的发展的关于"自然的知识"的概念。然而，像任何科学史均有"近代的科学"与"古代的科学"的划分一样，李约瑟的"中国科学史"也不能例外。那么，相对于"近代的科学"而言的中国古代的"科学"，就相当于托马斯·库恩所谓的"前科学"或"准科学"。当然，也可以从形态学上将"中国古代的科学"与"近代的科学"区分为科学的不同形态（例如说"中国古代的科学"是"原始型的或中古型的理论"④，或上述科恩所谓的"自然认识形式"）的表现。此外，还有人把"中国古代的科学"视为"博物学作为科学"意义上的"科学"。⑤ 这样来理解"科学"概念，固然有助于解释"中国科学史"的合理性，然而仍然不能完全消除内在于"中国科学史"的"科学"与"李约瑟问题"之间的矛盾或抵触。因此，究竟如何理解"科学"？如何理解"中国古代的科学"与"近代的科学"或"现代的科学"之间的关系？这在当代仍然是值得讨论的问

---

① 牟宗三：《中国哲学十九讲》，见《牟宗三先生全集29》，第16页。
② 李约瑟：《中国科学技术史》第一卷《导论》，科学出版社、上海古籍出版社1990年版，第1页。
③ 李约瑟：《中国科学技术史》第一卷《导论》，第8页。
④ 参阅李约瑟《中国科学技术史》第一卷《导论》，第2页。
⑤ 参阅吴国盛《说中国古代有无科学》，《科学》2015年第5期。

题①，而且牵连到牟宗三和李约瑟对于中国文化与科学的关系的认识上的不同。

牟宗三不承认中国古代有"科学"，或者说，所谓"中国古代的科学"是被笼罩于中国古代的文化之中的，因而是隶属于中国古代的文化的，不具有自己的独立性；相反，李约瑟不仅肯定中国古代有"科学"，而且认为"中国古代的科学"非常伟大与先进，在3—13世纪之间保持着西方所望尘莫及的科学知识水平，而在17世纪已经逐步融合在近代科学的整体之中②，并对此表示高度的赞赏。显然，这是两种不同的态度与观点。可以说，前者消极，后者积极。但是，这两种观点与态度各有其理，都很重要，有助于我们对中国文化与科学的关系的认识，且不乏互补的效果。

由于存在以上的差别，就造成了牟宗三与李约瑟认识或理解科学的进路的不同：牟宗三对科学的理解是文化的、哲学的与外在的，李约瑟对科学的理解则是科学的、科学史的与内在的。同样，这两种认识科学的进路都是必不可少的。

尽管牟宗三与李约瑟在科学观以及对中国文化与科学的认识上，具有如此之大的差别，但是这些差别并不一定是绝对的。事实上，牟宗三与李约瑟在科学观以及文化与科学关系的理解上，也有诸多相似与共同的观点。至少，我们可以列出以下四点：

其一，牟宗三和李约瑟都将科学视为人类的共同财富，强调科学具有普适（世）价值，为全人类企求与学习的对象。

其二，都认为人类不同民族的不同文化对科学皆有贡献。

其三，都批判和反对唯科学主义、科技一层论，提出戒惕科学成为唯科学主义、科技一层论，危害人类。

其四，都是"后现代主义的科学观"：未来科学应该是东西方文化精华的结合，是人文主义与科学主义的结合。但是，牟宗三力主儒学与科学的结合，故为"后现代儒学的科学观"，李约瑟强调道家思想与科学的结合，故为"后现代道家的科学观"。

---

① 中国学者何兆武曾经与美国科学史家席文讨论中国古代科学能否转化为现代科学的问题，就是显著的一例。

② 参阅李约瑟《中国科学技术史》第一卷《导论》，第2页。

从以上简单的比较可以看出，牟宗三与李约瑟的科学观之间，可以互为注释与印证；他们力主人文主义与科学主义的结合、东西方文化精华的结合的科学观，不仅是我们的时代精神的要求，也是科学发展自身的要求。实际上，这也是"李约瑟问题"所带来的重大硕果与重要意义所在。

五 "李约瑟问题"的解答与近代科学的连续发展

在当代科学史的研究中，"李约瑟问题"仍然是一个重要和突出的问题，尽管李约瑟本人对于这个问题所采取的一些进路已经被一些科学史家所抛弃，或者被后来的研究进路所掩盖，但是李约瑟作为中国科学史以及"李约瑟问题"探索的"伟大先驱"者，却是长存于世界科学史之中的，并且李约瑟所提供的一家之言以及他充满智慧的深邃思考，也仍将占有一席之地，对于当代和未来的探索者和思考者也仍将不无裨益。而牟宗三从（广义的）文化、哲学、科学不分的整体思路出发，在中国哲学与文化的自我批判和反省中对于"李约瑟问题"的探讨与思索，同样是不可替代的。不难相信，随着中国文化与世界文明的联系日益紧密，对于"李约瑟问题"的关注与解答，也必定是层出不穷的。科恩在对"李约瑟问题"的探究中，给出了不同于李约瑟和牟宗三的另一种解答，就是一个最好的范例。

科恩认为，中国的（经验主义的）自然认识采取了一种"经验的—实践的"形式，其背景则是一种总体的世界图景，而希腊世界则以一种不同的形式发展出了一种理智主义的自然认识（形式），即一种"抽象的—数学的"自然认识（形式）（以雅典的自然哲学和亚历山大为中心）。中国和希腊的自然认识形式，是以两种不同的进路把自然界分成各个方面来理解的在原则上等价的方法，但是事后表明，作为发展的可能性来说，近代科学只能存在于希腊的而非中国的自然认识形式之中。[①] 这一观点在他所提出的"文化移植"（Kulturelle Transplantation）的理由中得到了富有启发性的解释与支撑。第一次文化移植把希腊的自然认识成果带到了巴格达，

[①] 参阅［荷］H. 弗洛里斯·科恩《世界的重新创造：近代科学是如何产生的》，第204页。

这是早期哈里发的征服运动和第一次伊斯兰内战（760年前后）的结果；第二次则发生在12世纪的托莱多，是源于西班牙收复失地的运动；第三次发生在意大利，则是源于土耳其人攻占君士坦丁堡（1453年）。显然，在每一次的自然认识移植的背后，总有军事事件起着推波助澜的作用。据此，科恩指出："在历史上，希腊的自然认识曾经发生过多次移植，而中国则没有发生过一次。"① 并且，他写道：

>……中国本土的自然认识思想却从未与完全不同的文明有过富有成果的对抗。这是因为中华帝国始终是一个独立的统一体。中国的自然认识从未像希腊那样失去家园，必须在其他地方找到栖身之所。……简言之，中国自然认识的历史有其不间断的连续性，同样令人惊叹的是它长期不结果实。这种思想一直在原地打转，并且困在这个圈子里面，可能这个圈子太大了。②

>对于有机唯物论的世界图景来说尤其如此。……这种世界图景虽然得到了拓展和细化，但从未受到过根本的质疑，其基础也没有再被重新考察。它连同表达了有机唯物论的"关联"思维方式，对自然现象提出了丰富的、在某种程度上甚至非常合理的解释。你越是习惯于这种思维方式，它就越显得有吸引力，直到有一天，你可能会开始惊叹，自然竟然真的像得道之人所设想的那样。你甚至会声称，如果条件更加适宜，中国的自然认识本可以发展成近代科学的一个（更具"有机性"的）变种。比这种含混的思辨更有意义的是注意到这种有机唯物论永远在自我封闭，它从未有机会在一个文化移植过程中展示自己的价值。③

科恩的这一考察所得出的结论与解释未必能使人信服，尤其是他把中国在自然认识中的有机论思想，视为一个长期不结果实的和永远自我封闭

---

① ［荷］H.弗洛里斯·科恩：《世界的重新创造：近代科学是如何产生的》，第33页。
② ［荷］H.弗洛里斯·科恩：《世界的重新创造：近代科学是如何产生的》，第33页。
③ ［荷］H.弗洛里斯·科恩：《世界的重新创造：近代科学是如何产生的》，第33—34页。

的圈子的看法，明显地有违于中国思想与文化的历史。一个显著的事实是，他完全忽略了中国本土思想与外来的异质文化即来自印度的佛教文化从对抗到融合的历史事实。此外，中国文化与伊斯兰教文化、中国文化与基督教文化在不同程度上的融合，尤其是中国文化在与外来的异质文化摩荡与融合的过程中所受到的影响，及其在中国科学史中的突出表现，都是不可忽视的。钮卫星的研究表明，中国天文学曾经三次受到域外天文学输入的重要影响，并且均与宗教有关：第一次输入是在东汉末年至北宋初年，随着佛教传入了印度天文学；第二次输入是在元明之际，随着伊斯兰教传入了阿拉伯天文学；第三次输入则在明清之际，伴随着基督教传入了西方古典天文学。其中以第一次佛教天文学的输入为时最长，长达将近一千年之久，① 对于中国天文学的影响也最大而深远②。毋庸讳言，科恩把中国的世界图景仅仅理解和解释为由道、气、阴阳和五行四种基本概念相互关联起来的思维方式，所表现的是自然认识形式的有机论思想③，则未免简单化了。在此还有必要指出，科恩把希腊的自然认识归结为理智主义的"抽象的—数学的"形式，把中国的自然认识归结为经验主义的"经验的—实践的"形式，似乎与数学无涉，这与他无视中国古老的《易经》在蓍卜中所表现出来的数学思想有关，并且他当时也不可能知道与了解，早在2300年以前，中国已经出现了被认为是迄今为止所发现的最早的实用算具的文献《算表》④，他也可能不了解中国的《九章算术》。从某种意义上说，科恩无异于是向被中国人引以为骄傲的在世界文化中唯一没有中断过的连续的中国文化——这一独一无二的文明类型，提出了大胆的挑战。无可否认，这有助于人们尤其是中国人以批判的理性态度去考察与反思中国

---

① 参阅钮卫星《西望梵天——汉译佛经中的天文学源流》，上海交通大学出版社2004年版，第6、192—194页。
② 参阅钮卫星《西望梵天——汉译佛经中的天文学源流》，第十章《印度天文学在中国的影响》（第149—187页）和第十一章《天文学之交流与传播》（第188—222页）。
③ 参阅[荷] H. 弗洛里斯·科恩《世界的重新创造：近代科学是如何产生的》，第25页。
④ 这份《算表》现已整理并收录在《清华大学藏战国竹简（肆）》，中西书局2013年版）之中。据《算表》的整理者介绍，写有《算表》的竹简拼接之后形成一个表格，上面写有数字，采用的是十进制，利用乘法交换律原理，不仅能够快速计算100以内的两个任意整数乘除，还能计算包含分数1/2的两位数乘法。"它实际上是一个放大的九九表。"而且，《算表》不仅可以将复杂的乘法转变为简单的加法，还可用于除法运算和开方运算，但古人是否利用该表进行过此类运算，尚有待考证。

哲学地建立中国哲学

文化本身，特别是科恩所提出的中国的自然认识形式与近代科学的产生之间的关系问题。当然，科恩最富于启发性的贡献在于，他极具创造性地以三种自然认识形式，在17世纪发生的六种革命性转变，解释了科学革命。这六种革命性转变具体是：（1）从"亚历山大"到"亚历山大加"（这里的"加"，是表示"抽象的—数学的"自然认识形式在开普勒和伽利略的科学思想中获得了实在性的内容）或"实在论的—数学的"自然认识形式。（2）从"雅典"到"雅典加"（这里的"加"，则表示为古代的原子论补充了一种新的运动观念，并赋予了其某种现代物理学的特征）或"运动微粒哲学"。其代表人物为贝克曼、笛卡尔和伽桑狄等。（3）一种在以实际应用为导向的自然研究中出现的，从自然条件下的观察到"发现的—实验的"系统研究的转变。其代表人物是培根、吉尔伯特、哈维、范·赫尔蒙特等。（4）"雅典加"与"亚历山大加"两种自然认识形式的结合，这是以微粒扩充数学的自然认识。像笛卡尔一样从运动微粒出发，又如同伽利略一样进行数学处理。其代表人物为惠更斯和年轻的牛顿。（5）"雅典加"与"第三种认识方式"的结合，这是培根式的混合，即运动微粒与实验的混合。代表人物有波义耳、胡克和年轻的牛顿。（6）完成三种自然认识的综合，即"雅典加""亚历山大加"和"第三种认识方式"的综合，或称之为自然哲学的思辨、数学与实验的综合。这一集大成的综合由牛顿完成。在科恩看来，发生在17世纪的科学革命，乃是通过这六种科学的革命性转变而实现的，而这六种科学的革命性转变，恰恰是以上述三种自然认识形式为基础和前提的，从而他就解释了近代科学只可能在欧洲而非古希腊、中国或伊斯兰世界产生，他在十分开阔的科学思想史和历史文明的比较视野与睿智的论述中，为"李约瑟问题"提供了一个新的更具有说服力的答案，并由此而在科学史研究中树立了一个重要的典范。

不能不指出，是科恩让世界和中国重新关注与思考"李约瑟问题"。科恩的研究令人信服地表明，"李约瑟问题"不是一个伪问题，而是一个真问题，而且是一个人类科学史与思想文化史中的重大问题。科恩说：

> 中国没有出现伽利略或牛顿，这只是纯粹的巧合吗？这个问题经常会被提出来，回答也可谓多矣。关于这个问题的讨论往往会蜕变成一种集体参与的娱乐游戏，每一位参与者都会给出他最喜欢的解释，

牟宗三与李约瑟对"李约瑟问题"的求解之比较

比如所谓中国人缺乏逻辑思维能力,或者据说是因为有一种强大的官僚体制窒息了各种求知欲。出于对这些往往缺乏根据的轻率臆测的不满,一些研究中国的专家认为这个问题是无解的,甚至称问题本身就毫无意义。但这就走得太过了。诚然,从一种复杂的文明中挑选出个别要素,然后由另一种文明中缺少这些要素而推论出那里不可能产生近代科学,这是毫无意义的。但就某些基本条件对文明进行考察和比较还是完全有意义的。对我们来说,特别涉及这样一个问题,即根本的革新,在总体上、特别是在自然认识上,是如何实现的。[①]

透过科恩的观点,回看牟宗三和李约瑟对于"李约瑟问题"的解答以及他们的科学观,对于它们的意义,就会有更清楚的认识。

在对牟宗三与李约瑟对于"李约瑟问题"求解的考察过程中,我们看到牟宗三解答"李约瑟问题"具有重要的现实关怀,目的在于以他所提出的"道统""政统""学统"的"三统并建"的理论纲领以解决中国的现代化问题,并在理论上成为他的"良知自我坎陷"说的先导与前注,由此形成了他的"后现代儒学的科学观",这一科学观与李约瑟的"后现代道家的科学观"互相补充与辉映,并具有许多相似之处与共同点,它基于当代新儒家的立场,要求实现科学与哲学、宗教、文化、艺术的文化整体观上的大统一,在科学的精神中复活人文主义,同时使科学向着东西方文化精神的精华结合的方向发展,这对于通过展开"全景交往理论"而重建科学与人文之间、东西方文化之间的平衡与和谐,具有重要的启迪与深远意义。

与牟宗三不同的是,李约瑟在探索和回答自己所提出的"李约瑟问题"的过程中,阐发了一种"后现代道家的科学观",通过对中国与欧洲科学史以及哲学思想与文化的比较研究和反思,尽管他否定了作为达芬奇型的中国传统科学转变为伽利略型的近代科学的可能性,但是他在对中国传统文化高度的赞赏中充满了对中国文化的极大的信心与希望,他基于中国道家的思想智慧与儒家的人文主义精神以及有机论的思想,对世界科学史和人类未来科学的发展进行展望,认为"欧洲"科学的时代已是明日黄

[①] [荷] H. 弗洛里斯·科恩:《世界的重新创造:近代科学是如何产生的》,第32页。

花，一个有机论的科学时代即将到来。这是一个颇具意味的观点。

事实上，正如科恩所指出的那样：

> 近代科学是如何产生的？它产生之后为何能持续下去？前者是一个公认的谜题，自从它产生以来，人们已经提出了许多答案……而实际上，近代科学的持续与近代科学的产生同样奇怪。新的自然认识的持久存在违背了所有历史经验。一般而言，某种自然认识形式，在经历上升期之后会繁荣一两个世纪左右，但由于高水平无法保持，它每一次都会以急剧衰落而告终。我们今天所习惯的自然科学的不间断发展在世界历史上是一个异数，因此它本身是需要解释的。①

从这个事实去看，"欧洲科学"或近代科学确实并没像李约瑟所说的那样只是"辉煌而短暂的兴起于伽利略时代的欧洲"，并且也没有在兴起以后以急剧衰落的表现而告终，而是打破了历史的常规，仍在持续不间断地发展。这无疑是科学史中的另一个重大的问题，与"李约瑟问题"一样是需要探索和解释的。但是，这一事实并不能证明李约瑟的判断就一定是荒谬的。与其说李约瑟的说法是不正确的，不如说李约瑟强调了近代科学在其持续的后续发展中，将获得来自中国思想与文化的有机论的新鲜血液。这正是他基于其"后现代道家的科学观"，对现代科学走向的一个观察和看法。实际上，李约瑟憧憬与向往着未来世界科学的发展走上一条东西方科学与文化结合的道路。这与牟宗三的想法也是暗合的，应该在来自"全景交往理论"的"后现代科学"的文明对话中得到一定的响应。这对于科恩所提出的问题，即为什么近代科学的发展在世界历史上具有独一无二的持久性问题②的回答，也许能够提供有益的解释与启示。

一如科恩所洞悉与指出的那样：当世界被创造出来的时候，我们不在场。一直要到17世纪，世界才在欧洲被近代科学重新创造出来。但是，完整的"旧"世界变成了破碎的"新"世界。无论是世界的图景，还是我们的认识，再也不可能完好无损。无论在宗教中，抑或在科学中，任何一种

---

① [荷] H. 弗洛里斯·科恩：《世界的重新创造：近代科学是如何产生的》，第204页。
② 参阅 [荷] H. 弗洛里斯·科恩《世界的重新创造：近代科学是如何产生的》，第53页。

一致的大全思想体系都已不再可能设想;谁若不信,则他必将陷入不能自拔的困境与矛盾之中。学术已为天下裂矣。从此,人类就生活在一个由完整变成了裂隙充斥的世界里。如今,面对这个到处是裂隙而破碎的世界,"我们还能期待什么呢?"唯有竭尽全力去争取最好的结果而已。① 那么,在"全景交往理论"的对话中,走一条东西方科学与文化结合的道路,并达成东西方文化之间的平衡与协和,仍不失为希望的源泉。

也许,雅斯贝尔斯所设想和希望的从科技时代开始,通过与古代文明的规划和组织相类似的建设而迈进的人类第二个轴心时代②,距离我们已经并不十分遥远。伽达默尔曾经指出:

> 当科学发展到全面的技术统治,并因而导致"在的遗忘"的"世界黑暗时期"这种尼采曾预言的虚无主义时,难道我们要目送黄昏落日那最后的余晖,而不欣然转身去期望红日重升的第一道朝霞吗?③

是的,我们需要随时做好准备,去迎接"红日重升的第一道朝霞"。

(本文发表于在中国人民大学召开的"牟宗三对中国哲学的贡献和启示国际学术会议",2017年7月)

---

① 参阅[荷] H. 弗洛里斯·科恩《世界的重新创造:近代科学是如何产生的》,第211、213、216页。
② 参阅[德]雅斯贝斯《历史的起源与目标》,魏楚雄,俞新天译,华夏出版社1989年版,第33页。
③ [德]伽达默尔:《真理与方法·第2版序言》,洪汉鼎译,上海译文出版社1999年,第15—16页。

牟宗三论中国现代哲学界

对近代以来的中国哲学进行哲学的反思，是牟宗三哲学地反思中国传统哲学的继续，这步工作的完成，对中国哲学的哲学的反思才臻完善，这也是哲学地建立中国哲学的一步必要的工作。牟宗三认为中国哲学发展到顾炎武、黄宗羲、王夫之，已随明亡而俱亡，所以中国近代以来的哲学只能从民国开始讲起。牟宗三把近代以来中国哲学的演变脉络分为三个阶段[①]：从民国初年到抗日战争（1911—1937）为第一阶段，从抗日战争到中华人民共和国成立（1937—1949）为第二阶段，从"国民政府"迁台后逐步走向现代化（1949—1985左右）为第三阶段。他分别从中国大学哲学系与哲学家来省察这三阶段的哲学。

一

牟宗三在晚年，回顾与评论了中国大学的哲学系。在他看来，自民国以来，中国的大学已设有哲学系，但比较完整的仅有清华大学、北京大学

---

① 牟宗三在不同的文章或讲演中，对三个阶段的划分并不一致，在《关于"生命"的学问》（1961）一文中的"三个阶段"是："康有为、章太炎、吴稚晖诸先生为第一阶段。五·四运动为第二阶段。十七年北伐以后为第三阶段。"（牟宗三：《生命的学问》，台北：三民书局1970年版，第38—39页）而在《哲学的用处》（1983）讲演录中，"三个阶段"则为："从民国初年的新文化运动到后来的共产主义的兴起，这是一个阶段。经过八年抗战的疲惫，在一转眼间，马克思主义的大浪潮控制了中国，这是另一个阶段。国民政府到台湾，在台湾逐步走向现代化，这是第三阶段。"（牟宗三：《时代与感受》，台北：鹅湖出版社1984年版，第127页）为慎重起见，本文以牟氏后文（时间与次序均在后）所讲为准，以他前边所讲为参考。

和南京中央大学的哲学系三家。此外,在北平(今北京)尚有燕京大学和辅仁大学的哲学系,在南方则有武汉大学与中山大学的哲学系,但并不完整。① 从前三者来看,北京大学哲学系的历史最长。在第一阶段的"五四"新文化运动期间,北京大学哲学系最热门,大家都念哲学,但真正能登堂入室的却很少,多的是空话之徒,不能入哲学之堂奥。新文化运动仅是一般性的思想启蒙运动,多的是思考者(thinker),但并不一定是哲学家,譬如胡适就是一个典型,所以"五四"运动在哲学方面没有成就,没有一个思想家可以站得住脚。② 清华哲学系在逻辑方面有金岳霖领导,有所表现。哲学上以实在论、经验主义为主。第二代出了沈有鼎,第三代有王宪均,第四代是王浩。③ 北大方面,首先是张申府先生讲数理逻辑,后来去了清华;虽然出了个胡世华(与王浩同辈),但是与哲学脱了节;有张季真(名颐)先生任系主任,但并不太注重逻辑,而是比较重视古典哲学,且不限于英美的实在论。张季真先生留学英国,研究黑格尔,在北大讲康德哲学,但他是否有黑格尔的头脑,很有问题。康德哲学讲是可以讲,学是可以学,可是要掌握得住,并不容易。张申府先生最崇拜罗素,对罗素生活的情调与思考问题的格调很熟悉,但是罗素本人的学问,张先生却讲不出来。所以,罗素那一套哲学没有传到中国来。(注意:牟不是不知道罗素访华并有"五大讲演"的事。)胡适之先生宣传杜威,可是对于杜威,他并不了解,他还达不到那个程度。胡先生所了解的杜威只是"How we think"中的杜威,杜氏后来的著作他大概都无兴趣,或甚至根本没有读过。④ 杜氏的学问相当扎实,自成一家之言,美国将来能不能出像杜威这样的哲学家都有问题。了解杜氏的那一套并不是容易的。所以胡先生当年所

---

① 牟宗三:《时代与感受》,台北:鹅湖出版社1984年版,第139页。
② 牟宗三:《时代与感受》,第123页。
③ 今有所谓"清华学派"之说。如果说"清华学派"仅指清华中文系的学派特色,或许可以成立,用在清华的哲学系,指金岳霖先生一系的哲学(包括逻辑哲学)研究,冯友兰先生也是其中的一员,或许尚可考虑。但所论"清华学派"并不是在一个研究共同体或研究家族的共同"范式"(信仰范式与研究范式)的意义上使用,而是指清华学人们的广义的乃至泛义的共同之处,即他们都具有会通古今、会通中西和会通文理的倾向,那么清华的这种"共同之处"是不是能够称之为"学派",是不是独一无二的,就颇成问题了(参见徐葆耕《释古与清华学派》中《何序》一文,清华大学出版社1997年版)。
④ 关于胡适与杜威哲学的关系,可以参看吴森《杜威哲学的重新认识》一文,收入吴森《比较哲学与文化论》(一),台北:东大图书有限公司1978年版。

宣传的杜威，根本就没有传到中国来。实用主义成了望文生义的实用主义。（注意：牟不是不知道杜威访华讲演的事。）当代的罗素、杜威无法讲，18世纪的康德，就更难了，要讲清楚都办不到。所以北大对西方哲学无所成就，进不了西方哲学之门。之后变成专门讲中国哲学。讲中国哲学以熊十力先生为中心，加之汤用彤先生讲佛教史。抗战期间，北大迁到昆明，完全以汤用彤为中心。汤先生后来的兴趣主要集中在佛教史，但是汤先生的佛教史注重考据，代表的是纯粹学院的学术作风，对佛教的教义、理论没有多大兴趣，造诣不深，所以他代表的不是佛家的哲学，而只是佛教史，落入了西方的古典学，不是哲学系的本分。因此，北大办哲学系，历史最久，师资最多，结果无所成。至于南京中央大学哲学系，更是乱糟糟，尚不及北大与清华的哲学系。总的来说，这三者的"成就均不大"。[①]此外，除了燕京哲学系出了个张东荪先生，算是当时几个念哲学念得不错的人之一，[②] 其他大学的哲学系就更谈不上有多少成就了。

　　1949年以后，台湾大学的哲学系有方东美、陈康诸先生。陈康是亚里士多德专家，几年后就去了美国，在台大没有影响。方先生年资最高，读书最博，但在使台大哲学系走上轨道的问题上，他尽了多少责任（——这与他个人性格有关，牟认为不便多说），则不无可疑。而台大哲学系还是清华、北大的那一套老传统，以西方哲学为主，但并没有成就。[③]"二战"以后，真正能把哲学当哲学读进去的人很少。一般人到国外去，读西方哲学不能入，对中国哲学（由于平素心存鄙视）无基础，甚至连熏习也说不上。"对西方哲学无所得，对中国哲学无所知，这是二次大战以后念哲学的风气。"[④]

　　总之，民国以来的哲学界是以西方哲学为主的，只注意了西方"知识中心"的逻辑思辨，接触到了一些逻辑问题、科学问题以及外在的思辨的形而上学问题，而并没有注意生命的问题。特别是经过新文化运动以后，"中国文化生命所结晶成的那套实践的学问，便真斩绝了，成了一无所有"[⑤]。所

---

① 牟宗三：《时代与感受》，第139—143页。
② 牟宗三：《时代与感受》，第128页。
③ 牟宗三：《时代与感受》，第148页。
④ 牟宗三：《时代与感受》，第148—149页。
⑤ 牟宗三：《生命的学问》，台北：三民书局1970年版，第32页。

以,"中国的思想界大体是混乱浮浅而丧其本"①。

从以上的叙述可以看出,牟宗三对民国以来中国的大学哲学系进行了初步的评估,——以清华、北大、中央、台大为中心,而尤以对他的母校北大哲学系的评述为详,并由此而对中国哲学界发表了评论,且评价甚低,这与冯友兰在《三松堂自序》中对北大、清华哲学系的评价适成鲜明对比。无疑,牟宗三对中国大学的哲学系不重视中国哲学表示出强烈的不满,他的评价,给人一种印象,他好像不赞成中国大学的哲学系以讲西方哲学为主,甚至还会让人产生他轻视西方哲学的错觉。其实,他十分重视西方的哲学和逻辑,他本人就是一个典型的例子,甚至他明确地说过:"以西方哲学为主不算坏,要真能训练出来,那很好。"② 他认为西方哲学的训练是必要的,非经过不可,对西方哲学的认识越深入,对中国哲学的理解就会越透辟,但是对西方哲学的训练是否只是一般性地读读逻辑学、哲学概论和哲学史,他保留了他自己的看法。牟宗三对中国哲学界的反省、检讨是与他对"五四"新文化运动的评价联系在一起的。应该说,他对中国大学的哲学系与哲学界的哲学反省是真诚的、严肃的,所站的位置极高,不乏深刻与独到之处,常常切中问题的要害,发人深思,他讲话一任天机,但他这项工作尚不够深入、系统和严谨。然而,牟氏没有否定民国以来,中国也出了几个称得上哲学家的人物。

二

早年,牟宗三就在他主编的广州《民国日报》的"哲学周刊"专栏上,以哲学家为对象而对中国哲学界发表过重要评论。对牟宗三来说,能称得上哲学家的人,必须是确有见地能成系统的人。在他看来,这样的人,中国不多,"五四"时期一个也没有,但在"五四"以后有三位,他们是熊十力先生、张东荪先生、金岳霖先生。三位先生分别代表了三种学问:熊先生代表元学,张先生代表知识论,金先生代表逻辑。

---

① 牟宗三:《生命的学问》,第38页。
② 牟宗三:《时代与感受》,第148页。

牟氏认为，熊先生跳出了儒学和佛学两个传统，且超越了这两个传统，正是在此超越点上显出熊为真正的哲学家。"元学的极致是安体立用，哲学家的极致在通晓天人。着重点在于理解与说明。哲学家立论必须要贯通，所以得证体；……得立用、得明用。"[1] 而佛家或儒家，同是只作了半篇文章，一成了宗教家，一成了道学家，而都不能算是哲学家。[2] 在此可以看出，牟氏中后期（50岁以后）对儒学的理解与此截然有别，确切地说，他放弃了早期这种对儒佛的见解。这是不可不辨的。牟氏极力称赞熊的《新唯识论》（1932）是"划时代开新纪元的作品"[3]，认为他从玄学上究明体用，使科学的真理得所汇归或依附，是一件"不得了"的大事，与熊子本人的评价若合符节。他还把熊子与西方的柏格森、怀特海，以及中国的胡煦相比拟，推许他们的哲学皆能安体立用，证体明相，而臻于元学的极致。这表现了牟氏早年受怀特海、柏格森的影响甚深，而他在其处女作中特点出胡煦的易学，则为极佳的明证。然而，牟氏对《新唯识论》中的浪漫色彩虽表同情的理解，实却不满，不乏微词以示批评。总的来说，牟对熊子的评价极高，以他为中国哲学的典范，特许他的《新唯识论》系统为划时代的哲学，能使中国的文化改换面目，可言创造而有前途。[4] 事实上，从牟本人与唐君毅、徐复观诸先生对熊氏哲学的承续与光大来看，证实了牟的判断不谬。

牟视张东荪先生为哲学家，主要是肯定他的"多元的认识论"思想。而在实际上，牟对张氏作了不相应的过高评价，认为张在认识论上所主张的多元论超越了英国的知觉因果说（causal theory of perception），与康德的知识可能说（possible theory of knowledge），[5] 在根本点上较之美国的路易

---

[1] 牟宗三：《一年来之哲学界并论本刊》，广州《民国日报·哲学周刊》第43期，1937年6月24日。
[2] 牟宗三：《一年来之哲学界并论本刊》，广州《民国日报·哲学周刊》第43期，1937年6月24日。
[3] 牟宗三：《一年来之哲学界并论本刊》，广州《民国日报·哲学周刊》第43期，1937年6月24日。
[4] 牟宗三：《一年来之哲学界并论本刊》，广州《民国日报·哲学周刊》第43期，1937年6月24日。
[5] 知觉因果说，牟氏释为从外界到内界及从内界到外界的一种刺激反应说，上自洛克，下至罗素，无或越此；对知识可能说，牟又称为"思想组织说"，即在知识领域内，指出思想之机构或组织的作用，首要的代表人物是康德。（牟宗三：《觉知底因果说与知识底可能说》，《哲学评论》第6卷第2、3期，1937年9月）

士（Lewis）更为充足，"能表示圆成的路向"①，打破了知识论与元学的混淆，是对元学中一元多元之论的根本改变，肯定它的"大纲节目，总算是一个很自然很正当的系统"②。且从五方面论析与指明了张氏的贡献，而只对张氏极其怀疑外界的条理或秩序的客观性的态度，加以批评，指陈这一态度与其承认"所与"为相关共变的观点相矛盾，认为他没有走到实在论，却走向唯用论或唯心主义，是沾染西方偏僻思想过久，而留下的下意识地以不自然为自然的痕迹，③故而使他的著作在细节上尚未作到极尽自然。但是牟氏充分肯定他能反躬自问，提出自然与否的问题的态度实在是可宝贵的，"是使我们自创系统，自成文化的一个密匙"④。这是牟先生早年对张东荪先生的评价，高度赞扬了他的成就与贡献，却不免有过于誉美之嫌，反映出牟先生当时的学力与智识的不足，尚未从对怀特海的欣趣中摆脱出来，而牟先生那时正在写他的逻辑学著作，沉浸于罗素和维特根斯坦的书中，具有实在论的倾向。然而，牟氏晚年对张的评价却又走向了另一极端，认为他的多元认识论思想"没有什么价值，毕竟因时代的限制，只能到一定的程度"⑤，仅承认与肯定他把西方当代哲学介绍到国内来的苦心与用力，认为张"对真正的西方哲学问题，还是不能'入'"⑥。这一评价虽不能说是完全失当，却又未免偏低了，不如贺麟在《当代中国哲学》一书中对张的评价⑦来得肯切与平实。而且牟氏对张先生的评价前后判若两人，反差太大了，令人无所适从，难以接受。无论如何，张先生的《认识论》（1934）是中国现代哲学史上可以称为"认识论"的第一部著作，虽然难与金岳霖先生的《知识论》（1983，成书于抗日时期）和牟先生的

---

① 牟宗三：《一年来之哲学界并论本刊》（续篇），广州《民国日报·哲学周刊》第44期，1936年7月1日。
② 牟宗三：《一年来之哲学界并论本刊》（续篇），广州《民国日报·哲学周刊》第44期，1936年7月1日。
③ 牟宗三：《一年来之哲学界并论本刊》（续篇），广州《民国日报·哲学周刊》第44期，1936年7月1日。
④ 牟宗三：《一年来之哲学界并论本刊》（续篇），广州《民国日报·哲学周刊》第44期，1936年7月1日。
⑤ 牟宗三：《时代与感受》，第140页。
⑥ 牟宗三：《时代与感受》，第140页。
⑦ 贺认为，张东荪的认识论著作是"中国治西方哲学者企图建立体系的最初尝试"（贺麟：《五十年来的中国哲学》，辽宁教育出版社1989年版，第30页）。

《认识心之批判》（上，1956；下，1957）同日而语，甚至在今天难以算得上是真正的认识论，但对其开先河的头功当予以承认。

牟氏对金岳霖作为哲学家的定位，主要是从逻辑方面着眼，这一视角他一直保持到晚年，没有改变，只是他的视角又扩大到了金先生的哲学（后面论述），可以视为对他早期观点的一种补充。牟先生对金氏在逻辑上的努力，是"钦佩的"，也是"受惠不浅的"①，说自己"是最喜欢读他的文章的人"②，对他的《逻辑》（1937）一书许以"国内有数的作品"，"一部最好的参考书，训练书"③，标举金在逻辑学上率先打破了逻辑与知识论之混的功绩，认为他的态度是承认有一个公共的逻辑，使言论能有统一的标准，经过唯物辩证法的论战之后，形式逻辑受到错误的批判与压制④，"金先生仍能保持这个独立一贯的态度⑤，不能不说是一支中流的砥柱"⑥。与此同时，牟也指出在实际的运用上，金先生仍未严格遵守这个态度，所以"最重要的对于二分观念，金先生没有弄对"⑦。此外，对于逻辑中诸专题的解说，金先生也仍未臻于完善。而尤其是金先生没有什么系统可言，

---

① 牟宗三：《一年来之哲学界并论本刊》（续篇），广州《民国日报·哲学周刊》第44期，1936年7月1日。
② 牟宗三（原文署名"光君"）：《略评金著〈逻辑〉》，广州《民国日报·哲学周刊》第22期，1936年1月29日。
③ 牟宗三（原文署名"光君"）：《略评金著〈逻辑〉》，广州《民国日报·哲学周刊》第22期，1936年1月29日。
④ 请参阅：(a) 李匡武主编：《中国逻辑史（现代卷）》，甘肃人民出版社1989年版，第三章；(b) 李继东：《中国现代逻辑史论》，南开大学博士学位论文，1997年；(c) Werner Meissner, *Philosophy and Politics in China: The Controversy over Dialectical Matterialism in the 1930s*, Part Ⅲ 12, California: Stanford University Press, 1990.
⑤ 金先生"这个独立一贯的态度"，一直坚持到20世纪50年代。这可以从下述事例中得到证明。新中国成立后，艾思奇先生第一次应邀至清华大学哲学系演讲，公然反对形式逻辑，金先生在谢词中智驳艾氏，说艾先生批判逻辑的话，句句都符合逻辑。嗣后，引起一场全校性的讨论，一些学生在"民主墙"上对金先生的观点作出论证，公开为形式逻辑辩护，而被视为"不正确言论"对待。但是，金先生高贵的学术品质和刚直不阿的学人风范广为流传，至今仍为佳话。（王雨田：《怀念我敬爱的老师——金先生》，载刘培育主编《金岳霖的回忆与回忆金岳霖》，四川教育出版社1995年版，第200—201页）
⑥ 牟宗三：《一年来之哲学界并论本刊》（续篇），广州《民国日报·哲学周刊》第44期，1936年7月1日。
⑦ 牟宗三（原文署名"光君"）：《略评金著〈逻辑〉》，广州《民国日报·哲学周刊》第22期，1936年1月29日。

《逻辑》"不是一部好的系统书，对的经典书"，使牟先生"颇觉失望"①。当时，金先生的《论道》（1940）和《知识论》二书②尚未写出，难怪牟先生要感到失望了！牟先生晚年评论金先生，认为他"解决了一些逻辑性的问题"③，但更多地谈到的是他的哲学思想，并将他与张东荪先生作比较，评价也比对张先生的高出一筹。牟认为金先生"对经验主义及实在论（当时所谓的新实在论），尤其是休谟的思想很有研究。他的分析能力很强，写出的文章确实能触及哲学的层面。他可以自己找问题，分析这个问题。这方面他要比张东荪先生好，后者仅能做到叙述旁人的思想，到自己找问题的时候就不行了"④。按这个评价，金的确算得上是一位真正的哲学家，但张就要低一个层次了。牟先生也指出了金的局限所在，说"他也只限于英美的思想，再进一步就不行了"⑤。总地看，牟对金氏的逻辑和哲学都作了评价，对他在逻辑方面的成就评价更高一些，而对他的知识论肯定不多，牟曾说过："他是我国第一个比较能精通西方逻辑的学者，对于西方哲学知识论的训练也并不十分外行。"⑥ 这与牟先生可能没有看到金著的《知识论》一书有关。从牟先生的一生来看，他对金岳霖的批评最多，肯定也最多。

然而无论如何，在牟氏的眼目里，熊、金、张是自民国以来中国哲学界念哲学念得不错的三人，是称得上哲学家的三位人物，是现代中国哲学的代表和象征。牟对他们给以了最高的评价，指出：

　　熊十力先生、张东荪先生、金岳霖先生，是现代中国哲学的三枝

---

① 牟宗三（原文署名"光君"）：《略评金著〈逻辑〉》，广州《民国日报·哲学周刊》第22期，1936年1月29日。
② 牟宗三在1937年发表的《觉知底因果说与知识底可能说》（刊于《哲学评论》第6卷第2、3期）一文中说："这是真理论最近的一种新趋势，在中国金岳霖先生讲的很详细，但他还没有发表出来。"（D.3.4.1）说明此时牟知道金在写《知识论》，但是尚未发表，故牟未见到此书。而金的《知识论》一书虽完成于40年代，但迟至1983年才正式由商务印书馆出版。牟是否读到过，不得而知。至于金的《论道》（商务印书馆1940年出版，1985年重印）一书，估计牟宗三读过，至少是部分地读过，因该书先行以单篇论文发表，在牟氏的著作中出现过有关的评论，参见牟宗三《逻辑典范》，香港：商务印书馆1941年版，第382页。
③ 牟宗三：《时代与感受》，第141页。
④ 牟宗三：《时代与感受》，第140页。
⑤ 牟宗三：《时代与感受》，第141页。
⑥ 牟宗三：《中国哲学的特质》，台北：学生书局1974年版，第6页。

栋梁。若没有这三个人,也只好把人羞死而已。有了这三个人,则中国哲学界不只可观,而且还可以与西洋人抗衡,还可以独立发展,自造文化。①

在牟看来,中国哲学要"独立发展,自造文化",就必须在这三位先生哲学思想的基础上向前迈进,把熊十力的元学、金岳霖的逻辑、张东荪的认识论重新进行融合与创造,以哲学地建立中国哲学。事实上,牟宗三在近现代世界哲学的宏大背景中,把熊、金、张的哲学同冶一炉,中西融通,创造性地建立了他自己的哲学体系,为在现当代哲学地重建中国哲学提供了一个典范。

三

牟宗三对中国哲学界的评论,并不限于熊、金、张三先生。实际上,在牟氏的眼目里,中国哲学界称得上哲学家的人物不仅仅上列三人。熊、金、张三先生为哲学家,是牟氏从早年就执定的看法。到后期,牟氏认可的哲学家尚有数位,例如梁漱溟、唐君毅、方东美等人。至于冯友兰,尽管牟氏对他评价很低,但并没有否定他的哲学家地位。牟氏对梁、唐都有很高的评价,不过,唐在哲学上的地位远高于梁。对于梁,牟氏主要肯定他"维护孔子的人生哲学。……独能深入孔教最内在的生命与智慧。……独能生命化了孔子,使吾人可以与孔子的真实生命及智慧相照面,而孔子的生命与智慧亦重新活转而披露于人间。同时,我们也可以说他开启了宋明儒学复兴之门,使吾人能接上宋明儒者之生命与智慧"②,并认为这就是他的《东西文化及其哲学》一书的贡献。而梁作为哲学家的地位,恰恰是由他的这本书奠定的。牟氏主要就是通过这本书来肯定他的。对梁的这一肯定,牟氏一生没有改变。在获悉梁先生逝世的消息后,牟氏接受台湾

---

① 牟宗三:《一年来之哲学界并论本刊》(续篇),广州《民国日报·哲学周刊》第 44 期,1936 年 7 月 1 日。
② 牟宗三:《生命的学问》,第 125 页。

"《中央日报》"记者采访,发表的讲话中复指出:

> 这(引者按:指《东西文化及其哲学》一书)是当时非常了不起的一本著作,思考力非常强,自成一家之言,不是东拉西扯,左拼右凑抄出来的,而是一条主脉贯串下,像螺丝钉钻缝入几的深造自得之作,可说是第一流的。①

虽然梁先生本人很看重他的《中国文化要义》,但牟氏则认为:"想了解中国文化并不容易,读《中国文化要义》恐怕不如读《东西文化及其哲学》。"② 还说梁先生讲中西文化,像黑格尔一样,具有哲学家的本事,"完全出自于他对时代的体认及民族的情感,而这又是承续自他家庭中关心国事的传统"③。在牟氏看来:

> 梁先生在近代中国是一个文化的复兴者,不但身体力行地宣扬了传统的儒家思想,更可以说接续了清代断绝了三百年的中国文化,尤其是在民族虚无主义和"全盘西化"思潮泛滥之中,只有梁先生敢标举传统文化的旗帜,予以有力的抗衡,这是他的一生最有意义的地方。他和明末的三大儒(引者按:指顾炎武、黄宗羲、王夫之)也不一样,顾炎武等人是在民族压力下,走回复古旧路的,而梁先生则是用之以开新,重新为中国文化开出一条路来,……而这也正是梁漱溟先生象征"文化中国"的意义所在。④

对于梁先生在"文化大革命"中表现的"中国知识分子不屈不挠的风骨与气节",牟氏深表由衷的敬佩之情。总之,牟先生认为:"他是个了不起的人物,从性情、智慧、个人人格各方面来讲,在这种时代,要找这种人,已经不太容易了。他的议论不管是对是错,都有真知灼见。他和一般

---

① 牟宗三:《我所认识的梁漱溟先生》,《梁漱溟先生纪念文集》,工人出版社1993年版,第208页。
② 牟宗三:《我所认识的梁漱溟先生》,《梁漱溟先生纪念文集》,第209页。
③ 牟宗三:《我所认识的梁漱溟先生》,《梁漱溟先生纪念文集》,第208页。
④ 牟宗三:《我所认识的梁漱溟先生》,《梁漱溟先生纪念文集》,第210页。

哲学地建立中国哲学

社会上的名人、名流不同,像胡适之、梁任公等'时代名流',没有一个超过他的。"① 与此同时,牟氏也指出了梁先生思想的局限,指陈其"一生的用心不在从三代孔孟的纵贯面开下的脉络上,因此对中国历史文化的了解并不深,事功也不行"②,"并未能在循其体悟所开之门,再继续前进,尽精微而致广大,却很快地即转而为他的乡村建设事业,自己弄成了隔离与孤立,这就是他的生命已降落而局限于一件特殊事业中"③。因之《乡村建设理论》虽为梁先生最用心的著作,企图从对农村风俗习惯的横剖面的深刻剖析中归结出中国文化的特征,但是牟氏认为,它的纵贯性不够,在方法论上"从果说因"是颇有问题的。"这是梁先生一生吃亏的地方,也使他不可能真正了解到中国文化。"④ 而且"梁先生晚年观念已老,也有很多问题没有触及"⑤。然而,无论如何,因为牟氏的这一评价而使梁漱溟先生在中国现代文化史上居于显赫的"当代新儒家的先驱"的地位,成为当代"文化中国"的象征。同时,梁漱溟也在中国现代哲学史上占有了一个哲学家的地位。

无疑,唐君毅先生在中国现代哲学史上居有公认的重要地位。作为共同事业上的最亲密的战友,牟氏对唐先生作了他所能作的最高评价,称之为"'文化意识宇宙'中之巨人,亦如牛顿、爱因斯坦之为科学宇宙中之巨人,柏拉图、康德之为哲学宇宙中之巨人"⑥。在此,牟氏把唐与柏拉图、康德、牛顿、爱因斯坦并列,表明了他对唐的最高肯定与推崇。然而,牟氏并没有称唐为"哲学宇宙中之巨人",而特许以"文化意识宇宙中之巨人",乃是站在中国文化与哲学的立场上为唐作了历史的定位。换句话说,唐先生并不是严格西方意义上的哲学家,而是中国哲学意义上的哲学大师。牟使用"文化意识宇宙"一语,乃有其特定的含义,即是指"中国文化传统之所独辟与独显"的价值领域,简言之,就是由儒家的

---

① 牟宗三:《我所认识的梁漱溟先生》,《梁漱溟先生纪念文集》,第208页。
② 牟宗三:《我所认识的梁漱溟先生》,《梁漱溟先生纪念文集》,第210页。
③ 牟宗三:《时代与感受》,第113页。
④ 牟宗三:《我所认识的梁漱溟先生》,《梁漱溟先生纪念文集》,第209页。
⑤ 牟宗三:《我所认识的梁漱溟先生》,《梁漱溟先生纪念文集》,第209页。
⑥ 牟宗三:《悼念唐君毅先生》,见牟宗三《道德的理想主义》,台北:学生书局1985年修订版,第266页。

牟宗三论中国现代哲学界

"内圣外王成德之教"所开辟出来的价值领域。① 牟又曾作了如下解释：

> 吾所谓"文化意识"乃即中国固有之"观乎人文以化成天下"之意识也。此一意识乃是孔孟成德之教所开辟，而由贲卦象传简单辞语作代表。由此意识，吾人即可开辟价值之源。依此价值之源以作道德实践而化成天下，即名曰"文化意识宇宙"。②

在牟氏看来，文化意识宇宙不仅高过科学宇宙与哲学宇宙，乃至特定的宗教宇宙，且能善成与善化这些宇宙。他说：

> 中国人没有理由非作西方式的哲学家不可。中国式的哲学家要必以文化意识宇宙为背景。儒者的人文化成尽性至命的成德之教在层次上是高过科学宇宙，哲学宇宙，乃至任何特定的宗教宇宙的；然而它却涵盖而善成并善化了此等等之宇宙。③

又说：

> 此种成德之教，使自己生命"文明以止"的智慧，除于中国传统外，乃无处可以发见者，即使哲学宇宙亦不能尽之，故此文明以止的文化意识宇宙乃高过哲学宇宙，而足以善成之，以彰其思辨之用，而使之为有所归者。④

由此可知，牟氏对唐的评价，不只是把他看成一般所谓的"哲学家"，而委实高过了西方的哲学家。就哲学上来说，这种"高过"是道德实践与智慧境界上的"高过"，而不是思辨意义上的"高过"。从中国哲学的标准来看，牟氏称唐君毅为"文化意识宇宙中之巨人"，对一位当代的哲人来说，乃是一种最高的评价和荣誉。

---

① 牟宗三：《悼念唐君毅先生》，见牟宗三《道德的理想主义》，第226页。
② 牟宗三：《"文化意识宇宙"一词之释义》，见牟宗三《道德的理想主义》，270页。
③ 牟宗三：《悼念唐君毅先生》，见牟宗三《道德的理想主义》，第267页。
④ 牟宗三：《"文化意识宇宙"一词之释义》，见牟宗三《道德的理想主义》，第271页。

哲学地建立中国哲学

唐君毅作为"文化意识宇宙中之巨人",虽然不是这一"宇宙"的开辟者,但他像宋明的大儒以及明末清初的顾、黄、王三大儒一样,是这一"宇宙"的继承者与弘扬者,——继往开来,承先启后。这就是他在中国哲学史与文化史上所具有的深远意义。牟氏正是由此为唐君毅作了文化上与哲学上的历史定位。

在中国当代的名哲学家中,唐君毅先生是最高产的作者之一,著作等身,诸如《人生之体验》、《道德自我之建立》、《心物与人生》、《中国文化之精神价值》、《中国文化与世界》、《人文精神之重建》、《中国人文精神之发展》、《文化意识与道德理性》、《中国哲学原论》(分为:导论篇、原性篇、原道篇、原教篇)、《哲学概论》(上下)、《生命存在与心灵境界》(两巨册),等等。牟氏也对这些著作给予了高度评价,认为:"彼其充实不可以已。……其于本也,宏大而辟,深闳而肆;其于宗也,可为调适而上遂矣。"可为其写照,并且此数语也就是唐先生生命格范的如实写照。牟称唐的这些著作为"不朽之作"。[①] 尽管牟氏对唐的学问也不乏微词,但他认为唐已经尽到了其时代的使命。这可以从他为唐君毅所作的挽联中明显地看出。其挽云:

一生志愿纯在儒宗,典雅弘通,波澜壮阔;继往开来,智慧容光照寰宇。

全幅精神注于新亚,仁至义尽,心力瘁伤;通体达用,性情事业留人间。[②]

牟氏相信唐君毅的"文化意识宇宙中之巨人"地位将永垂不朽。

牟氏与方东美一向道路不同,两人数十年不相往来。方不大喜欢牟,但对牟的著作有过甚高的评价,牟对方也有微词[③],但牟也接受过方对西方哲学的看法。方称"西方文明是一种巧慧的文明"的看法,就在一定程

[①] 牟宗三:《悼念唐君毅先生》,见牟宗三《道德的理想主义》,第264—265页。
[②] 牟宗三:《悼念唐君毅先生》,见牟宗三《道德的理想主义》,第265页。
[③] 牟宗三:《时代与感受》,第145页。

度上得到牟的认同与采纳。① 直到1972年在夏威夷召开的王阳明国际学术会议上，方氏向牟提了许多问题，得到礼遇，二人之间长时期的僵局才打破，恢复了交谈。② 方东美是现代中国哲学界资深的名教授之一，以"诗人哲学家"或"诗哲"著称于世，在中国现代哲学史上占有重要地位。尽管牟氏很少从正面对他作出评论，但对他的哲学家地位是毫不怀疑的。当牟氏读了吴森先生写的《论治哲学的门户和方法》一文，——吴文称唐君毅、牟宗三、方东美为"三位学贯中西的哲学大师"，并认为"以他们的才智、功力和在中西哲学的造诣，都足以和世界第一流的哲学学者并驾齐驱"，③ 牟并没有加以否定，或提出异议。④ 可见，牟认可了方东美与他（牟氏本人）和唐君毅并驾齐驱的哲学大师地位。

在现代中国哲学史上，冯友兰也是一位重要的哲学家。冯氏以儒家自居，以为自己的哲学——"新理学"是"接着程朱讲"。但是，牟宗三并不承认他是儒家。牟氏回忆：

> 冯氏抗战期在成都时，曾与予谈，谓："现实中国哲学只有两派，其余皆说不上，此如以前所谓程朱陆王，你们那里代表陆王，我们这里代表程朱。"吾当时即笑而不答。以此为比况，可也。若说儒家，则彼今日之程朱实非儒家。焉有非儒家之程朱乎？吾故不欲详论。⑤

由此可知，牟氏没有否认冯为一家哲学，但并不认为冯的哲学能够代表程、朱，故亦不承认冯为儒家。牟宗三指出："世人皆知冯氏以新实在

---

① 牟宗三说："英、美的分析哲学家在这方面都表现出一种高度的精巧，甚而转为纤巧而生流弊。……当代英、美哲学即为一套纤巧的哲学。方东美先生说西方文明是一种心慧的文明，说得很恰当，西方文明之巧可从其科学与哲学中看出来。说得更具体一点，其哲学发展正是从这一巧的背景而出。然顺着精巧的哲学，这纤巧，实无多大的价值。盖纤，细义，太纤细的结果乃至一无所有。"（牟宗三：《康德与西方当代哲学之趋势》，《鹅湖月刊》第5卷第8期，总第56期，1980年；后收入《牟宗三先生全集27》，台北：联合报系文化基金会联经出版公司2003年版，第299—300页）

② 参见刘述先《牟宗三先生临终遗言"古今无两"释》，载蔡仁厚、杨祖汉主编《牟宗三先生纪念集》，台北：东方人文学术研究基金会1996年版，第494页。

③ 吴森：《论治哲学的门户和方法》，载吴森《比较哲学与文化》（一），台北：东大图书有限公司1978年版，第185页。

④ 牟宗三：《时代与感受》，第144—145页。

⑤ 牟宗三：《生命的学问》，第131页。

哲学地建立中国哲学

论的共相潜存说解析程朱之理而成为新理学。此根本与儒家无关，与程朱理学亦无关。视之为儒家之唯理派之生长者误也。"① 然而，冯自许为儒家的态度，直至晚年也没有改变，在他最后写的《中国哲学史新编》第七卷中，把他自己的哲学与金岳霖的哲学看成是程朱理学在现代的代表，并与熊十力所代表的现代陆王心学相并列，即他所谓现代中国哲学的"两派"。但说金岳霖是儒家，恐怕除了冯氏以外，很难再有人附和。牟不以冯氏为儒家，还可以从他与熊十力对"良知"的不同态度与观点中见出，熊认为"良知"是呈现，而不是一个"假设"，冯却只把它看成是一个假设。牟认为由此便可知冯氏的哲学与儒家不相应。② 而冯氏在"文化大革命"中的表现，则更是与儒家的精神完全相背离了。冯是否为儒家，至今仍是一个有争议的问题。

总的看来，牟宗三对冯氏的哲学与为人评价均不高，甚至出言极苛。对此，也不免引起争议。③

上述牟氏所评论的四位哲学家与他或多或少都有这样那样的关系，都在不同程度上影响过他，尤其是唐君毅，对他有过直接的影响，而他与唐都继承了从梁漱溟到熊十力的当代新儒家哲学的精神路向。冯友兰的名著两卷本《中国哲学史》，主要是其中论名家的部分，也曾在一定意义上成为牟的镜鉴。④

（原刊于温哥华：《文化中国》第 7 卷第 1 期，总第 24 期，2000 年 3 月号；第 7 卷第 2 期，总第 25 期，2000 年 6 月号）

---

① 牟宗三：《生命的学问》，三民书局 1984 年版，第 131 页。
② 牟宗三：《生命的学问》，第 150—151 页。
③ 参见方克立《现代新儒学与中国现代化》，天津人民出版社 1997 年版，第 413—414 页。
④ 参见牟宗三《名家与荀子》，台北：学生书局 1979 年版，论述名家部分。

"上帝"与"爱因斯坦"

——论牟宗三哲学中的两个隐喻及其对时代与世界的关注

20世纪的到来,把人类带入了一个前所未有的激烈的大变动的时代,"一个差异明显的、不自然的、唱反调的、自相矛盾的时代"①,"一个正在转换的时代,一个变化突然而令人困惑的时代,一个肯定有更多的困难、更多的挑战和更多的矛盾的时代"②,这个时代出现了种种剧烈的脱节与断裂现象"——已建立的经济、政治、社会制度的土崩瓦解,现代人的自我与其种族历史的加速分离,在一个被认为充满暴力,而不是按着上帝意旨安排的和谐的宇宙中的个人的异化——所有这些断裂,像在地震仪上一样……"③ 已为思想家、哲学家、宗教家、诗人、人文学家、社会学家、心理学家、科学家所广泛关注与论及。对牟宗三来说,这是一个文化理想失调与冲突的时代。易言之,也就是一个价值失落、意义危机的时代。

时代的病痛与症结,招致"观念的灾害",造成世界的"无体、无力、无理"。20世纪的降临,"上帝归寂"了,"爱因斯坦的时代"到来了,人间却清一色地物化、外化、量化了,正如美国诗人惠特曼在其《样本的日子》(Specimen Days)里所说:这是一个"唯物质的、过于自信的、崇拜金钱的时代"④。在这个时代的世界里,机器(包括电脑)越来越趋向于代

---

① [美]李维:《哲学与现代世界》,谭振球译,台北:志文出版社1984年再版,第55页。
② [美]艾伦·特拉顿伯格:《思想背景》,载丹尼尔·霍夫曼主编《美国当代文学》上,中国文艺联合出版公司1984年版,第66页。
③ 转引自[美]丹尼尔·霍夫曼《诗歌:现代主义之后》,载丹尼尔·霍夫曼主编《美国当代文学》下,第628页。
④ 转引自[美]丹尼尔·霍夫曼《诗歌:现代主义之后》,载丹尼尔·霍夫曼主编《美国当代文学》下,第656页。

替人类的活动，并且把它的（机械化的）模式强加于人的行为与思想，科技愈是进步与发达，人类愈是生活在由科技产品的声光色电所构成的虚假世界中，人类与世界皆丧失其本，人生与世界的意义和价值之根已被割断了，众生要么有如掉进瓶子里的苍蝇，在残酷的互相碰撞与挤压中盲目地挣扎着，要么成为无根的芦苇，漂浮不定，无家可归。无疑，20世纪的时代精神表现出一幅诡谲的画面，一方面是物质产品与物欲的增长，人间得到纵情的享受、快乐、满足与充满自信；另一方面则是堕落、无明、危险与毁灭。"上帝"与"人间"的两极化还表现为冷战所带来的世界的分裂与敌对状态。总之，时代精神的物化、量化、外在化，人的心思向外开、向下趋而只能停留在"事法界"的单向度化或一维化的认识上，阻塞或切断了上通"理法界"（价值之源）的道路，使两极化的界线显得极为分明。这就形成了上帝与人间的两极化。

物极必反，否极泰来。低沉向下、堕落与病痛的时代通过诗人、思想家、哲学家、宗教家对人心人性发出悲情的呼唤而复苏。时代的复苏与新生必然要唤醒人的"价值意识、文化意识与历史意识"（牟宗三语），也就是要使人成为具有价值意识、文化意识与历史意识的主体，从而把"价值"与"知识"统一起来，把人文关怀与科技思想统一起来，把理想与实践统一起来。对于众多的思想家、哲学家、宗教家、诗人、人文学家、科学家与技术专家来说，人类所面临的新时代的任务，是"在新的科学与传统人文主义和宗教的价值之间寻求协调一致的基础，或者像某些情况里那样，预言如果现在的技术思想进程不加以改变，很可能就是毁灭"[①]。无疑，价值真理（道德真理）与知识真理（自然真理）——"这两种真理是否可以一起存在下去，仍然是这个时代的一个根本问题。"[②] 哲学家、思想家必须思考与回答这个"根本问题"。同样，20世纪最吸引人的重大问题"关系到民主和杰出人物统治论：一些人怎样对待人类"[③]。这一重大问

---

① ［美］艾伦·特拉顿伯格：《思想背景》，见丹尼尔·霍夫曼主编《美国当代文学》上，第48页。
② ［美］艾伦·特拉顿伯格：《思想背景》，见丹尼尔·霍夫曼主编《美国当代文学》上，第58页。
③ ［美］艾伦·特拉顿伯格：《思想背景》，见丹尼尔·霍夫曼主编《美国当代文学》上，第27页。

题同样也需要哲学家、思想家来思考与回答。那么，从中国哲学与民族精神的立场出发，透过西方哲学而重新发现与肯定古老的中国哲学的精神价值，基于儒家哲学为主干而融会东西方哲学的智慧的基础与支点，寻求"上帝"与"爱因斯坦"的沟通渠道，实现"价值"与"知识"、理想与实践的统一，重新找到世界与人生意义之根本，找回世界与人生的意义，——这在混沌、多元与变动的时代中代表了一种洪钟大吕般的声音。作为大哲学家、大思想家、儒学大师，牟宗三自觉地充当了时代这一声音的传达者。通过对这一声音的传达，牟宗三为他的哲学思想作了一种打上了儒家标识的人文主义的历史定位。

一　上帝归寂与爱因斯坦到来的时代

为了便于理解与感受"上帝归寂"与"爱因斯坦到来"的时代及其所造成的"上帝"与"人间"的两极化，我们有必要回顾一下哲学家、思想家与科学家们对于他们所生活的现代世界的感受与描述。联合国教科文组织关于科学与文化关系的报告认为，"科学活动"正在成为"代替整个文化本身"的"文化灾难的幽灵"。这引发了比利时著名科学家和思想家伊·普里戈金与他的合作者伊·斯唐热对科学被"控告"、"科学精神"受到反对的思考，他们对自近代以来备受崇敬与遵从的科学在当今文化中的尴尬处境作了下列的描述：

> 这样说来，科学像是文化体内的癌瘤，它的增殖威胁着要破坏整个文化的生命。问题在于我们能否统治科学和控制其发展，或者说，我们是否将被奴役。在仅仅一百五十年间，科学已经从鼓舞西方文化的源泉降为一种威胁。它不仅威胁人的物质存在，而且更狡猾地，它还威胁着要破坏最深的扎根于我们的文化生活中的传统和经验。受到控告的不是某种科学突破在技术上的附带成果，而是"科学精神"自身。
> 　　无论这个控告所指的是科学的文化所渗出的全盘怀疑论，还是通过科学理论所得到的特殊结论，今天人们常常断言：科学正在使我们

的世界降格。几代以来愉快和惊奇的源泉在它的一触之下而干涸,它所触及的一切都失去了人性。①

另一位科学家柯伊莱在对牛顿科学的研究中则指出:

但是这里还有一些东西,对于它们,牛顿——或者说得更好一些,不是牛顿一个人,而是一般的近代科学——仍能承担责任:即把我们的世界一分为二。我一直认为,近代科学打破了隔绝天与地的屏障,并且联合和统一了宇宙。而且这是对的。但正如我也说过的,**它这样做的方法,是把我们的质的和感知的世界,我们在里面生活着、爱着和死着的世界,代之以另一个量的世界,具体化了的几何世界,虽然有每一事物的位置但却没有人的位置的世界**。于是科学的世界——现实世界——变得陌生了,并且与生命的世界完全分离,而这生命的世界是科学所无法解释的,甚至把它叫做"主观的"世界也不能解释。

的确,这些世界每天都在(甚至越来越)被实践所连接。对于理论,它们还被一个深渊所划分。

两个世界:这意味着两个真理,或者根本没有真理。

这就是时代思想的悲剧,它"解决了宇宙之谜",但仅是用另一个谜,它自身的谜来代替。②

从上述的描述中,我们可以看出西方思想最近 300 年以来的遗产,一方面给人类社会带来了巨大的进步和利益,但是另一方面也给人类社会造成了问题和灾难。科学、哲学、文化的发展,其实这既是整个西方文化的发展使自身陷入了危机,也是全人类的文化发展使自身陷入了危机。现代世界正处于"个人的不完整、社会的不完整、思想的瓦解","理性与非理性"的冲突之中。③ 人类似乎不得不在"清醒世界的陌生之客的科学与反

---

① [比利时]伊·普里戈金、伊·斯唐热:《从混沌到有序——人与自然的新对话》,曾庆宏、沈小峰译,上海译文出版社 1987 年,第 65 页。
② 转引自[比利时]伊·普里戈金、伊·斯唐热《从混沌到有序——人与自然的新对话》,第 71—72 页。
③ 参见[美]李维《哲学与现代世界》,第 55—56 页。

科学的不合理的抗议之间进行选择"①。在这一意义上来看,好像真是"科学导致悲剧的形而上学的选择"②。因此,科学的高度发达与繁荣局面以及它在未来的发展,在科学和哲学上给人类提出了巨大的智力难题。毋庸置疑,伴随着这些难题的解决,科学或哲学以至整个世界文化都将出现历史性的重大转折。对于这种转折,自近代以来已有许多诗人、人文学家、哲学家、思想家、宗教家和科学家做出过预言式的描绘与传达。例如,早在19世纪,英国作家玛丽·雪莱在她创作的小说《弗兰肯斯坦》中就先知般地提出了关于科学技术与人道冲突的思想,担忧失控的科学技术不仅不能为人类服务反而压迫与桎梏人类。她把自己的看法通过文学形式诉诸一个科学家弗兰肯斯坦的故事之中。弗兰肯斯坦超出了通常的研究与实验范围,创造了一个有生命的怪物,这个怪物最终失去了控制,转回来杀气腾腾地攻击它的创造者。因此,"弗兰肯斯坦"这一形象的出现,暗喻着科学发展与人类尊严之间的悖反与冲突将成为人类必须面对的巨大挑战之一。随着对这一挑战的克服,则将会引发世界文化的重大转折。作者借弗兰肯斯坦的口预言般地说:"我感到世界将出现一种新的秩序,可我无力促使它的形成。"③ 在此,由弗兰肯斯坦的故事不禁使人联想到,中国古代典籍《庄子·天道篇》一则寓言里面的为圃者对儒者子贡④所说的一段铭言:

> 吾闻之吾师,有机械者必有机事,有机事者必有机心。机心存于胸中,则纯白不备,纯白不备,则神生不定;神生不定,道之所不载也。吾非不知,羞而不为也。

相形之下,十分令人惊奇与难以想象,中国的先哲早在两千多年前居

---

① [比利时]伊·普里戈金、伊·斯唐热:《从混沌到有序——人与自然的新对话》,第72页。
② [比利时]伊·普里戈金、伊·斯唐热:《从混沌到有序——人与自然的新对话》,第67页。
③ [英]玛丽·雪莱:《弗兰肯斯坦》,刘新民译,上海译文出版社1998年版,第47页。
④ 在这里,"子贡"不能仅仅当作大家孔子的一个学生来理解,在庄子一派的道家眼里,"子贡"是一般意义上的儒者,犹如今天的读书人,即一般所谓的知识分子的象征与代表;而"为圃者"则是智者的象征与代表。

然已经十分清楚而明确地意识到"机心""机械""机事"与"道"① 即科学技术与人道之间的悖反与冲突。显然，中国的先哲并没有从这一关系中预言人类文明将会出现重大的转折，而从道家的立场上看，解决问题的最好办法就是，两权相较取其轻，我们宁愿保住人道而舍去或牺牲科学技术，——这或许从一个侧面可以解释为什么近代意义上的科学没有在中国出现，以及中国在科学技术方面的相对落后，但其中的重大智慧与深邃洞见如日月之放光，不可掩蔽，正如孟子所说："日月有明，容光必照焉。"（《孟子·尽心上》）可惜，一直生活在日月之光中的人们并不能理解其意义，视而不见，直到20世纪科学技术与人道的对抗与冲突全面地展现在人类的眼前，并时时威胁到人类的生存以及地球的存在，人们才如梦初醒，发现其意义之深远与重大而重新正视这个问题。由此，老问题获得了新意义。人类文明，世界文化必将会有大转折与新发展。当然，关于这一重大转折的比较确切的描述是直到最近一些年才被不断地给出的，而且对这一转折的描述还远远没有结束。

艾伦·特拉顿伯格敏锐地观察到并指出了"科学和人类价值的问题"对于当代的特别的紧迫性，他说：

在原子弹阴影的笼罩下，面对着影响深远的技术发明与发展，"科学和人类价值"的问题在战后年代具有一种特别的紧迫性。②

---

① 这里的"机心"相当于我们今天的科技思想，"机事"则相当于我们今天的科学技术，而所谓"道"在原文中似乎说的只是养生之道，即以心的"纯白"（纯净）、"神生"（性）即精神之凝集与安定，亦即"夫明白人素，无为复朴，体性抱神"（《庄子·天道篇》）而悟道得道，以成为"全德之人"。其实，这里的"道"是人道，——无论是在广义上，即最一般的意义上，抑或在狭义上，即生理与心理的健康意义上，这个"道"都有人道的义涵，因而完全可以理解与解释为人道。事实上，《庄子》发现与提出了科学技术与人道关系的一个重大的吊诡或悖论：一方面，科学技术与人道是冲突与不相容的；但是另一方面，科学技术大大地解放了生产力，提高了劳动的效率，为人类带来巨大的方便与利益，人类很难离开科学技术（"机心""机械""机事"，例如作为其成果之一的"槔"）。这或许是人类文明史上见诸文字的最早与最有智慧的关于科学技术与人道之吊诡关系的精彩论述了。不幸，人类到了20世纪才意识到这一问题的严重性，才陆陆续续发出关于科学技术与人道关系的宏论，才能面对与理解中国先哲两千多年前所提出的这一问题。这实在不能不令人感到万分惊奇！不能不由衷地发出赞叹！

② ［美］艾伦·特拉顿伯格：《思想背景》，载丹尼尔·霍夫曼主编《美国当代文学》上，第48页。

"上帝"与"爱因斯坦"

伊·普里戈金和伊·斯唐热在对科学的危机的反省中看到科学转折的关头已经到来,这将是一场人与自然的新对话,他们信心十足地宣布:

> 今天,我们真的开始越出柯伊莱所说的"量"的世界而进入"质"的世界,因而也就是演化的世界。……我们相信,正是这个转向新描述的过渡使得科学史上的这一时刻如此令人兴奋。也许这样说不算夸大:这乃是同诞生新自然观的希腊原子论者的时代或文艺复兴时代一样的时期。①

不难相信,如果科学与技术彻底地从根本上改变了人类的生活方式与生活实践,改变了人类对世界的看法,将科学自身以及与它密切相连并受它影响的文化精神与价值从总体与根基上逼近到形而上学或神学的边缘,如果科学的转折真的已经来临,那么哲学的转折还会远吗?哲学家牟宗三的一生就处于这样一个大转折的时期,牟宗三哲学是关注着时代的这一转折的产儿,并且它在哲学上代表和反映了这一转折的出现。

牟宗三对于时代与世界巨变的敏锐觉察与分析,是从"爱因斯坦"和"上帝"两个时代精神面向的变化中透出的。时代精神的这两个面向,从宗教方面说,是"上帝的归寂";从科学方面说,是爱因斯坦的到来;对于整个20世纪来说,"上帝"的归寂同时就意味着"爱因斯坦"的到来。这两个形象——"上帝"和"爱因斯坦"——一隐一显的后果,对于西方人来说,所引起的忧虑是:"关于人类的自我景象及其在宇宙中的地位,这些年来似乎非常不安,空间探索中惊人的新发现的前景——例如,地球以外的生命和可能的智慧的证明,以及进一步显示宇宙的进程和因此进一步显示宇宙的命运——可能会更激烈地打翻一个统治人、自然和民族命运的上帝的长期垂危的形象"②;同样,这种忧虑与不安从西方大哲学家海德格尔对于"在"的追问与深思中更深刻地透出,海氏写道:"问题变得如此错综复杂,罪过归咎于在吗?……人们,乃至民族,在其最伟大的历史

---

① [比利时]伊·普里戈金、伊·斯唐热:《从混沌到有序——人与自然的新对话》,第72页。
② [美]艾伦·特拉顿伯格:《思想背景》,载丹尼尔·霍夫曼主编《美国当代文学》上,第60页。

哲学地建立中国哲学

变动中都与在者息息相关,却早已从在处脱落,而且并不知道这种脱落。这些情况似乎就是人类沦落的最内在的和最有力的根由。"① 从牟宗三来看,这表示了"理法界"与"事法界"、"物自身界"与"现象界"的割裂、分离与隔绝,这是对"理法界"的封闭与窒息,这是悲惨无比与最可哀号的"断根"之劫。在这一劫运中,世界失去了支撑,社会失去了支撑,人生失去了支撑,世界被二分了也破碎了,社会被二分了也破碎了,人生被二分了也破碎了,完满已不复存在,一切皆暗淡无光,意义或价值消失,精神沦落,自我迷失,观念成为"意底牢结",变成人类的灾难。② 这就是时代与世界的真相——"无明"。总之,他从时代精神的这两个面向所看到与揭示的是,现代世界中人类文化理想的失调与冲突,价值或意义特别是价值或意义之根的失落,因而引发时代精神的危机。

"上帝归寂"之论是牟宗三继海德格尔之后,对德国诗人霍尔德林(Friedrich Hölderlin,1770—1843)的"上帝隐退"(Withdrawal of God, God's absence)和诗哲尼采(Friedrich Wilhelm Nietzsche,1844—1900)的"上帝死亡"说的再发现与再诠释。

西方文化自近代以来,在许多方面取得了辉煌的积极成就,牟宗三把它们概括为三项:"一为民族国家之建设,二为科学之发展,三为自由民主之实现。"③ 然而,这些成就的实现、深入和推进却产生了不可估量的负面效应。由于民族国家的建立而实现了民主政治,然而因缘附会,演变出帝国主义、法西斯主义;由观察、揭露和批判资本主义、帝国主义的罪恶而诞生了马克思主义、列宁主义,并掀起波澜壮阔的共产主义运动,而使国家成为近人病诟、诋毁的对象。科学的发展,尤其是 20 世纪以来的相对论和量子论(及其发展形式量子力学)的出现,引起科学上深远的革命,

---

① [德]海德格尔:《形而上学导论》,熊伟、王庆节译,商务印书馆1996年版,第37页。
② 在对这一问题的认识上,牟宗三与海德格尔关于精神被曲解为智能并变成了上层建筑的意识形态的观点有相似相近与相通之处,海氏说:"如此被曲解为智能的精神因而就沦入为其他事情服务的工具的角色……无论在上述哪一种情况下,精神作为智能都变成了与其他事物——因为他们无精神或者甚至反精神,所以是真正的现实事物——相对立的上层建筑。""一旦这种对精神的工具性曲解开动起来,那么,精神历史的力量,诗歌与创造性艺术,国家的创立与宗教都进入一种可能被有意识的培植和规划的范围内。"([德]海德格尔:《形而上学导论》,第47、47—48页)但是,牟宗三的体验与感受似乎更为强烈,表达也更为直接、更为一针见血。
③ 牟宗三:《道德的理想主义》,台北:学生书局1985年修订版,第3页。

· 440 ·

"上帝"与"爱因斯坦"

在知识上表现出难以想象的吸引力。然而，它在吸住人心的同时也限制了人心，使人专注于科学而不知尚有价值、德性，由此而酿成科学一层论、理智一层论和"科学一元论的机械文明——混沌"。自由民主的实现，使人在民主政治的制度下获得了新的生活方式，然而在一般的生活上却易于使人的心思趋于量化、外在化、庸俗化，因此造成人的个性与真实主观性的丧失，真实人格与创造灵感的丧失，人成为"非人格"（impersonal, anonymous）的存在。西方近代的思想家、哲学家、宗教家、文学家、诗人"已照察到此基本弊病，而见其必下趋而不可挽"①。他们痛切感到时代没有信仰，怀疑流行，人的良知丧失，"一点儿的'我'都没有"②，无家可归。因此，在近乎百年以前霍尔德林就发出了"上帝隐退"的呼号，继而尼采则直接宣告"上帝死了"。牟宗三一针见血地指出，这"实是表示时代精神的堕落"③。但是，与其说是"上帝隐退"或"上帝死亡"，勿宁说是"上帝闭关"或"上帝归寂"。④ 牟宗三对时代精神的病痛虽然满怀悲情，但他并不悲观失望，而是站在一种大无畏的乐观的理想主义的立场上，不失幽默与洒脱，对"上帝的死亡"作出了新的解释。因此在他看来，这个时代的精神只不过是上帝的一步"归寂的功夫"而已。⑤

"上帝归寂"所表示的精神是人与上帝拉开，上帝向后退了一步，人向外开了一步。人不再向上看上帝，在向外开放中所表现的是向下趋。人在向外开向下趋的过程中，虽然取得了近代的许多成就，如前所述，这是其积极向上的精神表现，因而不可单纯地说"堕落"，然而从中世纪教会的残忍愚昧伊始，经过文艺复兴到现在，时代精神造成清一色的自然与物质的平面层，这个平面层并没有精神，也无所谓"上帝"，更无所谓意义与价值。借用海德格尔的话来说，这是对"在"的遗忘而导致的"人类的沦落"或"世界的没落"。海氏说："在地球上并环绕着地球，正发生着一种世界的没落。这一世界没落的本质性表现就是：诸神的逃遁，地球的毁

---

① 牟宗三：《道德的理想主义》，第4页。
② [美] 李维：《哲学与现代世界》，第27—28页。
③ 牟宗三：《道德的理想主义》，第186页。
④ 牟宗三：《道德的理想主义》，第187页。
⑤ 牟宗三：《道德的理想主义》，第187页。

灭，人类的大众化，平庸之辈的优越地位。"① 他解释说："世界的没落就是对精神的力量的一种剥夺，就是精神的消散、衰竭，就是排除和误解精神。"②（尽管牟氏与海氏的形而上学并不相同，却可以说，海氏基于"基本存有论"的进路的这一看法，为理解牟宗三的"上帝归寂"提供了一个旁注。）人类的心思随其下趋的精神，只管倾注于自然与物质，只是在这个平面层上打旋转，对精神、德性、意义、价值与"上帝"全无所觉，也全不予理会。实际上，这个平面层本身就是一条界线，它剥夺了清除了精神、意义、价值与"上帝"，它也净化了自然与物质。所以，"上帝"归寂到了极点，人间的向外开、向下趋也到了极点。这就形成了"上帝"与"人间"的两极化，并把这种两极化推进到了极点。"上帝"的归寂与"爱因斯坦"的到来，一落一起，对比鲜明，把"上帝"与"人间"两极化的极端分明的界线充分地凸露与表现出来了。现代人与"上帝"之间的隔离越来越远，结果"上帝"与人各自成为一极，遥遥隔离，永远难以相即。因此，要么"上帝"依然归寂，抑或"圆寂"，要么"上帝"复生，重新出现。但是，这可能吗？

二 无体、无力、无理的世界

在20世纪，"上帝"归寂的时代就是"爱因斯坦"到来的时代。相对论（狭义相对论与广义相对论）和量子力学的出现，不仅在科学中引起了深刻的革命，而且在哲学上改变了人们的世界观和思维方式。对此，牟宗三是有明确而清晰的认识的。作为哲学家，他有一个敏锐的心灵，洞悉到相对论对"人在思想概念上的真实倾向"③的影响不啻是巨大的，也是空前的。然而，对牟宗三来说，相对论在科学上固然是革命的积极的，但是对哲学的影响，在根本上则毋宁说是消极的。

---

① ［德］海德格尔：《形而上学导论》，第45页。
② ［德］海德格尔：《形而上学导论》，第45页。
③ 牟宗三：《道德的理想主义》，第189页。

"上帝"与"爱因斯坦"

牟宗三看到,在相对论的物理学里,牛顿体系中那种数学的、齐一的、绝对的时间与空间的假设,对于物理知识的形成是不必要的;时间与空间只是成为记录事件关系的形式特征;"力"的概念本来是一个形而上的假设,现在已由"场"的观念所取代;那抽象的赤裸裸的"物质"(matter, bare matter, a bit of matter)概念和那抽象的"物质本体"(material substance)概念,业已被剔除,并由"事件"(event)这一基本而干净的观念所代替。从相对论来看,"物理学只是描述呈现的物理事件关系的一组命题"①。因此,"相对论的物理世界是无体、无力,而只充满了一堆一堆的事件之移来移去,一堆一堆起绉绉的现弯曲的'事件'与'场'之任运而转。把现象后面那些带保证性而却是虚妄不实的,带圆满整齐性而却是一套一套的枷锁的概念,一齐剔去而全部(在)现象世界浮现上来"②。它看待事实的视向原则就是:"不要往后面'推想',只要向上面观察。"③ 结果造成**"爱因斯坦时代的基本精神是'事法界'的认识,不是'理法界'的认识"**④。使人们形成了"事件一层的世界观"。⑤ 这是"科学一层论""理智一层论"得以产生和泛滥,从而切断和封闭"理法界"而使"上帝退位""上帝归寂"的根源之所在。

在相当大的程度上,可以说,以相对论(和量子力学)为代表的现代物理学的出现,促成了西方哲学在现代的一个重大的转向。这就是所谓"语言哲学的转向"。这一重大转向是从罗素、维特根斯坦和维也纳学派的哲学首开其端的,其标识就是(维特根斯坦)对"可说"与"不可说"⑥的划界和(逻辑经验主义)"拒斥形而上学"的旗帜。它们正是从摈弃传统哲学的"本体"(substance)及"本体属性"(substance-allribute)概念,以分析和确定"事件"(even)、"事实"(fact)或"事态"(states of affairs,牟译"事情")、"关系"概念入手,进而转移到对以哲学"语言"

---

① 牟宗三:《道德的理想主义》,第189页。
② 牟宗三:《道德的理想主义》,第190页。
③ 牟宗三:《道德的理想主义》,第190页。
④ 牟宗三:《道德的理想主义》,第189页。
⑤ 牟宗三:《道德的理想主义》,第191页。
⑥ 参阅[德]维特根什坦《名理论·译者之言》,牟宗三译注,台北:学生书局1987年版,第6页。

哲学地建立中国哲学

为主的分析与诠释上,于是哲学就成了对语言的分析与诠释活动。西方哲学的这一转向,对以讲形而上学为主的传统哲学来说,无疑是一场"革命"的决裂与反叛,使西方传统哲学受到一次狠狠的重创。

牟宗三早年浸淫于罗素、维特根斯坦的逻辑与哲学之中,最后则从其中反了出来,走上了康德式的哲学道路。牟宗三对罗素、维特根斯坦及维也纳学派乃至语言哲学、分析哲学都能加以欣赏,承认和积极评价它们在逻辑和哲学上的贡献①,并有选择与限度地融摄与吸收,认为在法国哲学家马塞尔(Marcel)所说的"问题世界"内,"他们遵从科学的路,逻辑的路,以严格的技术来处理是对的"②,"从科学知识方面说,他们尽了清除的责任"③。但是,牟宗三对它们的哲学方向和哲学旨趣是不能赞同的,对它们的"事件中立一元论"和"泛事实的客观主义"的哲学立场,以及它们的哲学在认识论上造成的"科学一层论""理智一层论"是持批判态度的,认为它们对"神秘世界"(马塞尔语)、形而上学的态度是负面的、消极的,"只是认识'事法界'的精神之表露"④。

在牟宗三看来,在对"事法界"的认识中,罗素、维特根斯坦和维也纳学派的哲学,足以代表顺相对论的物理世界观——"事件一层的世界观"而开出的一个局面。但是,经过"奥康剃刀"(Occam's Razor)的清理所形成的"事法界"——被极大地误认为是可认识世界的全体⑤,乃是一个"无体、无力与无理"的世界。在这个世界中,本根上的"理",宇宙论的"理",充足理由、实现原理的"理"被遮拨,无序的、混沌的事相到处充斥,空虚、无聊、无力的感觉弥漫四周,整个人生与宇宙皆无根底。对"无体、无力与无理"的世界的揭露和否定,代表了牟宗三对时代精神的批判与对时代学术风气的针砭,表明了他强烈反对西方现代哲学拒斥形而上学的态度,和对传统哲学精神的执持与守护。

---

① 牟宗三:《道德的理想主义》,第 191—192 页。
② 牟宗三:《道德的理想主义》,第 192 页。
③ 牟宗三:《道德的理想主义》,第 192 页。
④ 牟宗三:《道德的理想主义》,第 192 页。
⑤ 参见牟宗三《道德的理想主义》,第 196—197 页。又,维特根斯坦说:"世界是'事实'之综集,不是'物'之综集。"([德]维特根什坦:《名理论》1.1,第 26 页。)

· 444 ·

"上帝"与"爱因斯坦"

三 对传统哲学精神的执持与守护

传统哲学与反叛它的现代哲学的最为重要的差别就在于：前者既讲"理法界"，也讲"事法界"，以"理法界"为中心，为基础，贯通"事法界"，成就"事法界"，在这种纵贯性的关系中使"事法界"有所归依，有所依持；后者则取缔了"理法界"，只把"事法界"保留下来，专讲"事法界"而已。前者以希腊的传统哲学，主要以柏拉图与亚里士多德系统为代表，并由斯而下开中世纪的神学，后者则典型地表现为罗素、维特根斯坦和维也纳学派的哲学，以及由之而来的分析哲学、语言哲学。对于"事法界"的认识，希腊的传统哲学远不及罗素和维特根斯坦他们的哲学（以及分析哲学、语言哲学）的干净与爽朗，但是它却有一种神圣的基本精神：总是想从"事法界"向里转、向上升，以求认识"理法界"从而接近"上帝"，与"上帝"同居。对牟宗三而言，这种传统哲学的基本精神，并不以希腊传统的哲学为限，如果知道"上帝"的隐义，那么就可以看到，中国的传统哲学，尤其是儒家哲学，更能充分地彰显与表现这种神圣而崇高的基本精神。

必须看到的是，牟宗三对传统哲学精神的守护，从来就不是食古不化、固定不变的。一方面他非常清醒地认识到，在传统哲学里有许多虚幻不实的概念需要澄清——正因如此，它受到攻击和清洗。在这里他也承认罗素一派的哲学有其积极的作用，而且传统哲学在理路上纯粹是外在的（——并非发自生命的实践的亲证的），在本质上纯粹是理智的。由此而建立的一切都是理论的（theoretical，牟称之为"观解的"）、知识性的，至多只能满足知识的条件，而无法满足实践的条件。这种重智精神是西方哲学的根本问题之所在。希望以这种精神和路径去接近"上帝"，自然是困难的。另一方面，牟宗三在保留与复活传统哲学的基本精神的同时，对传统哲学进行损益，对其基本概念加以了澄清。譬如在他的哲学中，他没有沿袭、照搬希腊传统哲学或他所极力赞赏的康德哲学中的"实体"（substance）概念，而是从中国哲学的心性论出发，同时引入西方哲学在语言分析层面上的优长与精髓，在中西哲学的相互摩荡与融通中把它置于语言、工夫、本体、境界不分的有机整体中，在多重合奏的"道德的形上

· 445 ·

学"的终极意义关怀的乐曲声中,把它创造性地诠释为"即存有即活动"的"自由无限心",为这一概念赋予了新的内涵,使它活转于人心。因此,牟宗三护持传统哲学的基本精神,为传统哲学进行辩护,并不是出于他个人"好古"的僻执。其实,他保存被人目为"古董"的目的,恰恰是要开新,要从传统哲学中走出来。但这种"开新"、这种"走出来"是保留和继承传统哲学的基本精神的开新和走出来,不是什么都不要、否定一切、割断过去的开新和走出来。事实上,割断了哲学的历史,否定了传统的一切,"开新"就只能落得一句空话。正是在这个意义上,牟宗三关注和肯定海德格尔重新发现诗人霍尔德林的"上帝隐退"之说的重大意义,并作了再估价。尽管他并不接受霍尔德林的"上帝隐退"或尼采的"上帝死亡"之说,但是他从中听到了"人对于上帝的呼唤",——那呼唤就是人"对自己的呼唤"。他相信,由此"可以洞开'神性之真实'"[1]。针对海德格尔的"明智悟有"的哲学之路,他站在中国哲学的立场上,指出哲学家不必只限于讲"实有"的属"智"一面,而应当补之以"仁"的一面,走一条"诚意启化"、仁智双彰的路。[2] 这是一条通往"理法界"而又不离"事法界"的路。这条路正就是对着牟宗三敞开的哲学之路。

四 上帝归寂与爱因斯坦到来的真实隐义

在现代世界中,由"上帝归寂"而引发了以存在主义为代表的人本主义思潮,它"将悬念、焦虑、(身心交迫的)痛苦、遗弃、和绝望等人的情感予以提高,而变为本体论的原则"[3];"爱因斯坦"的到来,则产生了逻辑经验主义和现象学运动所代表的科学主义思潮,——"使可靠的知识领域变得狭窄以至不再适合人的利害关系。"[4] 牟宗三的哲学思想同时受到这两种截然有别的哲学思潮的影响。具体地说,牟宗三是从罗素、维特根斯坦和怀特海这三种截然不同的哲学为入口的,但在对它们给予欣赏与肯

---

[1] 牟宗三:《道德的理想主义》,第200—201页。
[2] 牟宗三:《道德的理想主义》,第202页。
[3] [美] 李维:《哲学与现代世界》,第15页。
[4] [美] 李维:《哲学与现代世界》,第15页。

定的同时，却更多的是对它们持激烈的批评态度，总以否定居多，他似乎能给存在主义以较多的同情与肯定，却并不引以为同调，而是契接上康德的精神路向，回归中国哲学，奉儒学为宗。实际上，牟宗三哲学既是在现代西方这两大哲学思潮的挑激下，代表中国哲学的一种回应，又是从哲学上、文化上对人类的价值危机或意义危机的深思而发出的一种强烈的振聋发聩的反响。

对牟宗三来说，"上帝"一词充满了象征意义，它在深层义蕴上直指与"事法界"相对的"理法界"，其实它只是具有超越意义的形而上学、宗教、价值、德性的代名词，就牟宗三最后所完成的"道德的形上学"来说，在"上帝"这个"虚"的代名词中隐喻了"自由无限心"的概念。尽管"道德的形上学"与海德格尔的形上学并不同路，但是在隐喻的意义上来看，"上帝"也可通向海德格尔所极力求索与强调的"在"，而牟宗三所谓的"上帝归寂"也只是哲学上的一个隐喻。实际上，在牟宗三哲学中并没有上帝的位置。在更深更大的义蕴里，"理法界"代表与象征中国哲学中儒道佛的形上学智慧，特别是儒家形上学的智慧。同理，"爱因斯坦"或"相对论"只是科学的代名词，更多地具有象征意义，它的深层含义，则是指与"理法界"相对的"事法界"，因此也是一个哲学的隐喻。它代表与象征着人类在感知（以"感触的直觉"的运用为表征的）活动与知性（以概念与范畴的运用为表征的）理解活动中认知着的"现象世界"或"现象世界"中的一切事物。对中国哲学来说，根本没有"理法界"与"事法界"之分，所谓"两界"分而不分，实际只为一个"一"，或一个"大圆"，就像阴阳鱼太极图一样。因而根本不会有"上帝"与"爱因斯坦"的两极化。世界是一，社会是一，人生是一；世界、社会、人生是一个大一。包藏在"上帝"与"爱因斯坦"的现代话语中的人类的意义危机的底蕴，被牟氏在"理法界"与"事法界"这对华严宗的术语中披露出来。这表明在西方文化的"上帝"和"爱因斯坦"与东方宗教的"理法界"和"事法界"相互交织与映衬的特殊语境中，哲学自身的重大危机被揭示无遗。这是不可不察的！

质而言之，"上帝归寂"与"爱因斯坦"的到来，上帝与人间的两极化的真实隐义就是"理法界"与"事法界"的隔离；是"理法界"的"被杀死"与"被埋葬"；是"事法界"的一层论，是认识上向"事法界"

的单向度化或一维化，形成"事法界"一层的世界观。依牟氏借康德的术语来说，则是"现象"界与"物自身"界（或"物如界"，牟宗三早期使用的概念）的隔离，是"现象"一层论的世界观；顺科学上说，则是"事件"一层的世界观，由是造成"科学一层论""理智一层论"的泛滥——这是导致世界、社会、人生破裂的根源。这就是构成牟宗三哲学的问题境况，让牟宗三一生焦虑不安，起而批判和扭转罗素、维特根斯坦和维也纳学派的哲学，与怀特海分道扬镳，拒斥胡塞尔的现象学和海德格尔的基本存有论，复活康德，重开哲学之门的根由。对牟宗三来说，如果站不稳脚跟，盲目一往地被罗素、维特根斯坦和维也纳学派的哲学，或者胡塞尔的现象学和海德格尔的基本存有论牵着"鼻子"走，那么对中国哲学将是有损害的，——中国哲学的"圆而神"与"方以智"——圆满的精神与智慧将无从继承与发扬光大，那么对于解救中国出危机，解救世界出危机，解救人类出危机能有什么作用与意义呢？这单靠西方的思想智慧是无济于事的！相比之下，远在18世纪的西方哲学家康德的哲学间架倒是展示与比观东（中）西方哲学的一个难得的参照系统，而且是可资假借的一座会通与融合东（中）西方哲学精神的绝佳的"桥梁"。因为它比较能满足与适合牟宗三所向往与力倡的既通往"理法界"而又不离"事法界"的哲学道路。——当然，这座"桥梁"并非直通东（中）西方，而是必须放入东（中）西方哲学的主流之间的互相摩荡与融通的过程中重新"改建"过才行。对牟宗三来说，这座"桥梁"不仅只是显示出东（中）西方哲学之间的差异的"媒镜"，而且更重要的，必须是会通东（中）西方哲学并赋予其生命和智慧的"种子"与"黏合剂"。这就是牟宗三为什么特别要"复活"康德哲学，重开哲学之门的秘密与意义了。

对牟宗三的哲学来说，"事法界的认识不能离开理法界的认识，而事无碍，理无碍，事理圆融方是彻底透出的全幅学问之历程"[①]。因此，让"爱因斯坦"与"上帝"握手言欢，重新结为莫逆之交，也就是说，打通事法界与理法界，重新统一事法界与理法界，使事法界与理法界上下通彻，内外贯通，圆融无碍，重重无尽，而又各得其位，不失其范围与分际，就成为牟宗三哲学的内在目标和艰巨课题。

---

① 牟宗三：《道德的理想主义》，第195页。

五 人或人性的呼唤

为了重新统一事法界与理法界，即现象界与物自身界，对牟宗三来说，必须首先重新肯定和凸显理法界即物自身界（注意："事法界"与"理法界"，"现象界"与"物自身界"在这里只是借用，并不是严格地在其原来的意义上及佛教与康德哲学的意义上使用）。这就表现为人对"上帝"的呼唤，而其实就是人对人自己（也就是人性）的呼唤。正是在这个意义上，牟宗三说：**"上帝的隐退与否，实决定于人的精神表现之方向。"**[①]人的精神表现方向当然只能是由人自己来做决定，而与上帝无关。所谓"上帝隐退"或"上帝死亡"，只是象征着人的精神出现了病痛，人的精神表现方向是向下趋的低沉的，走向"堕落"。但是，要改变人的这一精神表现方向，必须回到人自身上来，必须回到人心人性中来。

本来，西方近代以来的许多思想家如斯宾格勒、许维彻、索络肯、尼采，等等，"亦皆能认识近代精神之丧失其德性之理性，而唯是以感性与技术为主"[②]。尤其是意志主义和存在主义敢于反抗这种时代精神，尼采提出"超人"学说，萨特（Jean‑Paul Sartre）力倡"存在先于本质"之论，企图肯定"人不过是他所创造的他自己"[③]这一主体性（subjectivity）原则。然而尼采的"质的精神却纯是非理性之生命的"[④]，他的非理性主义的浪漫理想主义演生出希特勒的法西斯主义，而成为时代的禁忌[⑤]；萨特则认为无"人性"，人性"不可定义"，不免陷入虚无，使人真正成为无根的浮萍。在牟宗三看来："这一切思想家皆只能识病，而不能治病。其故即在未能获得其表现理想之健康途径。"[⑥]那么，什么是表现人类理想的健康途径呢？

对牟宗三来说，表现人类理想的健康途径就在于，本中国孔孟的文化

---

① 牟宗三：《道德的理想主义》，第186页。
② 牟宗三：《道德的理想主义·序》，第4页。
③ 牟宗三：《道德的理想主义》，第115—116页。
④ 牟宗三：《道德的理想主义·序》，第4页。
⑤ 关于尼采哲学与希特勒的法西斯主义之间的关系问题是一个颇有争论的问题，对此牟宗三沿袭了一般流行的看法，而没有加以分辨。
⑥ 牟宗三：《道德的理想主义·序》，第4页。

哲学地建立中国哲学

生命与德慧生命所印证的"怵惕恻隐之仁"而立"人性论","以期吾人处此时代能正视人性之尊严,并于人性有一正确而鞭辟入里之了悟"①。由此,"怵惕恻隐之仁"而立的"人性论",这一"人性论"即价值论,正就是理法界、物自身界所代表所涵蕴的价值之大本大源,也就是牟宗三哲学最内在最核心的价值论之基石和中心观念。可以说,牟宗三的"道德的形上学"及其"一心二门"论、或两层存有论",与"三统"说,"圆善论","真善美的分别说与合一说"都是以这一"人性论"为价值根源和中心观念而诞生出来的。质而言之,把这一"人性论"提高到形而上的存有论,则"人性论"就成为"无执的存有论",又名"真如门",——相应地,与此相对的"事法界"论、"现象"论提升到形而上的存有论,则为"执的存有论",又名"生灭门";沟通这两层存有论或二门,使"无执的存有论"或"真如门"向下贯通于"执的存有论"或"生灭门"之内,则必须依赖人有"智的直觉"这一重要概念的肯定与提出,进而又必须厘定人的"自由无限心"与"良知自我坎陷"的概念,——这是牟宗三哲学的两大关节,而这两大关节都必须以"人性论"作为基础。

以"人性论"为基础来构建一究极的形上学的理想,在牟宗三早期的思想中就已经具备了,而且他对这一理想有相当自觉与明确的认识。他在早期的一篇论文中提出:

> 一个整个的哲学系统须把人性的全体内容表白之,须把一切经验予以至善之解析与安顿。由于这一番经历而达到最后的形上学。②

这一哲学理想成为他一生追求的目标,也蕴涵着他对哲学的全部理解。他所建立的"道德的形上学"或"两层存有论",或"一心二门"论的"哲学原型"论,"圆善论",以及"真善美的分别说与合一说"就是他哲学理想的究竟落实,也就是对他的"人性论"(包含一切经验的人性论)的全幅义蕴的相应诠释与表现。

牟宗三的"人性论"本质上是一个心性学的"人性论",它不仅包含

---

① 牟宗三:《道德的理想主义·序》,第5页。
② 牟宗三:《纯粹理性与实践理性》,《文史杂志》第3卷第11、12期合刊,1944年6月。

与涵盖了儒家全部的"内圣"之学,而且同时也凸现了宋明新儒家所强调和讲求的"工夫"论,最后则归结到人的尽性践仁的实践过程之中。他要把"形成之理"(principle of formation)的人性——划类的人性、定义中的人性、"逻辑陈述"(logical statement)中的人性,即"生之谓性"的人性,一种有限存在的人性,——转化为"实现之理"(principle of actualization)的人性,——主体在实践中尽性践仁的人性,也就是把"形成之理"的人性与"实现之理"的人性统一为鲜活的具体的实践的人性。

唯有如此,理法界与事法界、物自身界与现象界、真如门与生灭门、无执的存有论与执的存有论之间才能不隔离,才能相通相即,圆融无碍;唯有如此,"内圣"才能开出"外王"——新外王(按:所谓"开出"不是以"内圣"为母体生出"新外王","开出"是一个极其曲屈的过程。容后文中详论。切忌望文生义!),以"人性论"为基础为核心的价值论才能在实践中向社会的政治、经济和学术文化等领域全面地贯彻和落实。唯有如此,"价值"与"知识"、理想与实践才能统一起来。因此,由"怵惕恻隐之仁"而立的"人性论",实为牟宗三哲学(在义理纲维上)首立之"大本"。这一人性论的"大本"的确立,自然表现为对人的"价值意识、文化意识和历史意识"[①]的唤醒。因此,可以说,牟宗三的"人性论"是一种主体论——价值—文化—历史的主体论与真—善—美为一的主体论,它试图使人在虚无低沉的时代成为具有价值意识、文化意识与历史意识的主体,成为真善美合而为一的主体,从而挺立起其自己,站住其自己。他"以为非自己如此站得住,不足以言挽救人类之狂流,非如此认得透,不足以言识时代之症结"[②]。这就是他为对治时代之症结,挽救人类出狂流而树立一个"立体纲维"——"三统"(道统、学统、政统)并建——的良苦用心之所在。

[原刊于《烟台大学学报》(哲学社会科学版)2005年第2期;又载于吴光主编《当代儒学的发展方向——当代儒学国际学术研讨会论文集》,上海世纪集团、汉语大词典出版社2005年版]

---

① 牟宗三:《道德的理想主义·序》,第4页。
② 牟宗三:《道德的理想主义·序》,第5页。

哲学地建立中国哲学

——牟宗三对中国哲学的反省与憧憬

牟宗三提出哲学地建立中国哲学,具有双重的背景和意义。一方面是相对于中国两千多年的哲学传统来说的;另一方面则是与近现代西方哲学相比较,以近现代西方哲学为参照而说的。相对于中国哲学的传统来说,中国哲学必须哲学地反省自身和哲学地重建,才会有进一步的发展;相对于近现代西方哲学来说,中国哲学必须哲学地建立起来,才能走向世界,与西方哲学进行对话,有未来的拓展。因此,哲学地重建中国哲学是一场意义深远的伟大变革。牟宗三明确地认识到哲学地重建中国哲学是二十世纪中国哲学的重大课题及其重大意义,他哲学地反省了中国哲学,以及近代以来的中国哲学界,自觉地担负起哲学地建立中国哲学的时代使命——牟视之为哲学家的"天职"。[①]

一 哲学地反省中国哲学

牟宗三在他八十岁生日的宴庆上说:"从大学读书以来,六十年中只做一件事,即'反省中国之文化生命,以重开中国哲学之途径'。"[②] 对牟宗三来说,反省中国的文化生命主要就是反省中国哲学。反省中国哲学,必须以承认中国有哲学为前提。在这一前提下,必须回答"什么是中国哲

[①] 见牟宗三《时代与感受·序言》,台北:鹅湖出版社1984年版,第1页。
[②] 蔡仁厚:《牟宗三先生学思年谱》,台北:学生书局1996年版,第73页。

学"，必须弄清中国哲学的问题，必须分清中国哲学与西方哲学之间的特质、重心及缺陷的区别，为哲学地建立中国哲学奠定坚实的基础，为中国哲学在未来的拓展寻找合理的根据与丰富的资源，因此必须重写中国哲学史。牟宗三对中国哲学的哲学反省，正是建立在他对中国哲学的深入透辟的研究的基础上，也就是他重写中国哲学史的基础上的。从1953年开始，牟宗三先后出版《荀学大略》（1953，后编入《名家与荀子》），《王阳明致良知教》（1954），《魏晋玄学》（1962），《中国哲学的特质》（1963），《心体与性体》（三册，1968—1969）和《从陆象山到刘蕺山》（《心体与性体》第4册，1979），《佛性与般若》（上下册，1977）、《名家与荀子》（1979），《中国哲学十九讲》（1983），以及发表相关的论文和讲演录多篇。其中，尤以《才性与玄理》、《佛性与般若》（上下册）、《心体与性体》（共四册）、《中国哲学的特质》、《中国哲学十九讲》五书为牟宗三在中国哲学史方面的代表性著作。[①] 在五书中，学界对前三大部著作有极高的评价，[②] 同时也引起许多争议，但是即使对牟宗三的观点持严厉批判态度以及不喜欢他的人，如罗光、林毓生、方东美等人[③]也肯定了它们的学术价值。在三大著作中，又尤以《心体与性体》的影响为最大，被认为是"前无古人的""划时代的伟构"[④]，"里程碑"式的巨著。[⑤] 方克立先生指出，这部著作（包括《从陆象山到刘蕺山》）"对宋明理学诸大家的分析研究确实是比较细密深邃，相对而言，唐君毅专门论述宋明儒学思想之发展的《中国哲学原论·原教篇》，在观念之清晰和理论之深度上都显然要逊色一

[①] 一般以前三大部著作为牟氏中国哲学史的代表性著作。
[②] 这些评论很多，但大体上可以分为5种：1. 港台新儒学的评论，以蔡仁厚、刘述先二先生为代表；2. 海外的评论，可以杜维明、傅伟勋和林毓生先生为代表；3. 新士林的评论，可以罗光先生为代表；4. 国内学者的评价，可以方克立、郭齐勇、颜炳罡先生为代表；5. 其他的评论，不俱举。
[③] 参见罗光《罗光全书》第14册，台北：学生书局1996年版，《牟宗三的哲学思想》一章，并请注意其在《冯友兰的哲学思想》一章中，以牟说批评冯的观点；林毓生：《中国传统的创造性转化》，生活·读书·新知三联书店1988年版，第五部分中的"面对未来的关怀"；刘述先：《牟先生在当代中国哲学上的贡献》，载蔡仁厚、杨祖汉主编《牟宗三先生纪念集》，台北：东方人文学术研究基金会1996年版，第508页。
[④] 刘述先：《记牟宗三先生》，载王元化主编《学术集林》卷一，远东出版社1994年版，第252页。
[⑤] 刘述先：《文化与哲学的探索》，台北：学生书局1986年版，第289页。

些"①。在这些著作中，牟先生本人最得意的却是《佛性与般若》，它也是一部"令人为之叹为观止"的伟构②。殊为特别的是，在五书中，唯一只有《中国哲学十九讲》是一部以哲学问题为对象的通论性著作，虽然是"讲录"，但却在牟氏的中国哲学史著作中占有特殊的地位，显得十分重要。至于《中国哲学的特质》，则主要是从儒家思想与西方哲学的比较中，来阐释中国哲学的特质，揭示了中国儒学"即内在即超越"与"即宗教即哲学"的两个基本特征，奠定了牟氏的"道德的形上学"—"无执的存有论"的内在的两大基本原则，在牟氏的哲学中仍然有不可忽视的地位。该书已译成两种外文（韩文、法文）出版，也说明了它的重要价值。如果说二十世纪上半叶的中国哲学史是胡适、冯友兰独领风骚的时代，那么从二十世纪下半叶的后三十年，在中国哲学史这个领域中，从马克思主义的中国哲学史家以外来看，能够扮演主角、独领风骚的人物当首推牟宗三和唐君毅二先生。刘述先先生说：牟宗三先生"把传统里讲得糊里糊涂的东西赋予概念上的确定性与清晰性"，"他是把中国哲学由主观体验转变成为客观学问的关键性人物"。③ 郭齐勇先生也指出：牟先生"创造性地提扬、体认、检讨、转换了中国哲学传统的基本精神、核心价值和主要问题"，"他深化并丰富了中国文化与中国哲学的内涵，是二十世纪中国哲学史上的一座里程碑"。④ 这是从两个角度对牟宗三的中国哲学史的学术贡献所作出的高度评价，当不是溢美之词。

牟宗三在哲学地反省中国哲学，与在进行中西哲学的比较与会通的历程中，树立了他富有中国特色的哲学观，他分别为哲学下过不同的定义。在《中国哲学的特质》中，他明确地为哲学下的定义为：

什么是哲学？凡是对人性的活动所及，以理智及观念加以反省说

---

① 方克立：《现代新儒学的发展历程》（原为1989年主讲于新加坡东亚哲学研究室主办的学术报告会的演讲稿，后连载于《南开学报》1990年第4、5、6期），收入方克立《现代新儒学与中国现代化》，天津人民出版社1997年版，第12页。

② 刘述先：《记牟宗三先生》，载王元化主编《学术集林》卷一，第252页。

③ 刘述先：《记牟宗三先生》，载王元化主编《学术集林》卷一，第251页；《牟宗三先生临终遗言"古今无两"释》，载蔡仁厚、杨祖汉主编《牟宗三先生纪念集》，第498页。

④ 郭齐勇：《牟先生的学术贡献不朽》，载蔡仁厚、杨祖汉主编《牟宗三先生纪念集》，第256、258页。

明的，便是哲学。①

在《中西哲学之会通十四讲》（1990）中，他为哲学所立的定义是：

> （哲学）从关连着文化来讲，哲学就是指导文化发展的一个方向或智慧，也即指导一个民族文化发展的方向与智慧。②

前一个定义是从人性来看哲学的，可以说是内在于哲学而就哲学自身而说的，它说明了哲学在本质上是什么，有什么特征，大致有三层意思：

1. 哲学是人性的活动以及人性活动之所及；
2. 哲学是对人性的活动以及人性活动之所及的反省说明；
3. 哲学的上述反省说明是理智与观念的反省说明。

这一定义与牟在《圆善论》中依据康德的有关论述，把哲学叫作"实践的智慧论（智慧学）"③，也是完全相通的。这是值得留意的！后一个定义是从哲学与文化的关系来看哲学的，是外在于哲学来说哲学的，旨在说明哲学在文化中所占的地位，与对文化的积极作用。这一定义，实际上是阐明了哲学的功用——至大之用。从前一个定义，牟宗三批驳了"中国无哲学"的谬论，肯定和论证了中国有哲学，而且具有悠久的哲学传统；由后一个定义，牟氏解释和说明了人类世界具有不同的文化系统、表现形态和问题。换言之，人类世界的文化系统、表现形态和问题的不同是它们的哲学的不同。两个定义表明了牟宗三看哲学的两种视角与两种方法。当然，对牟宗三而言，这两个定义是完全相通相融的。由此可以看出，无论牟宗三讲哲学，或牟宗三哲学，都不离人性与文化。事实上，离开了人性与文化就没有哲学，也没有哲学可讲。也就是说，人性与文化是牟宗三哲学或牟宗三讲哲学的两个基本的要件与特色所在，这是理解牟宗三哲学的一条内在的重要线索。然而，把牟宗三那种宽泛的哲学定义与今天处于变化中的哲学——尤其是西方哲学加以比较，就会发现二者之间存在着不小

---

① 牟宗三：《中国哲学的特质》，台北：学生书局1974年版，第7页。
② 牟宗三：《中西哲学之会通十四讲》，台北：学生书局1990年版，第1页。顺便指出：引文中"（哲学）"二字是累字，"与"似宜为"或"，意思才为顺当。
③ 参见牟宗三《圆善论·序言》，台北：学生书局1985年版，第 vi 页。

的距离。因为今天的哲学，不仅是它的对象、问题和研究方法被改变了，也就是说，今天的哲学观已经发生了深刻的变化，而且哲学越来越专业化了，哲学研究成了一种特殊的学术对话。如果说牟宗三的哲学是中国哲学在当代发展的巅峰，那么在现在的哲学境况中，牟宗三哲学以及它所代表的当代新儒学，乃至中国哲学就不能不受到挑战。这是不可不察的！

牟宗三从他的哲学观出发，不仅回答了"什么是中国哲学"，简言之，中国哲学就是中华民族对自己悠长的人性活动与创造作理智和观念的反省说明，而且厘清了中国哲学演进发展的思想脉络，分判出中国哲学异同分合的义理系统，抉发了中国哲学所涵蕴的问题，疏导出中国哲学的基本旨趣及其价值，从而衡定与开辟了中西哲学与文化融摄会通的义理规模与道路。

牟宗三对中国哲学发展的思想脉络的疏释，是与他的"儒学三期说"直接联系在一起的。虽然他认为"中国哲学包含很广。大体说来，是以儒释道三教为中心"①。但是，中国哲学的发展是以儒家思想为主流的。② 对他来说，中国哲学的发展史，毋宁是以儒家思想为主流的中国文化的精神的展开与表现的历史。它有三度大开大合的发展，晚周诸子是中国学术文化发展而成的原始模型，其中，儒家居于正宗地位。孔子从主观方面开辟了仁智的生命领域，重建了"道之本统"，诸子百家兴起，这是第一度的"开"。孟荀承续孔子，维护儒家的"内圣外王"之道，为典型的铸造时期。由秦至汉，形成以学术指导政治，以政治指导经济的格局，而有汉帝国的建立。完成了第一度的"合"。所以，从晚周诸子到两汉，为中国哲学第一度的开合。这一度开合的原始模型涵盖笼罩了此后的中国哲学的发展。这就是魏晋玄学，南北朝隋唐佛学，宋明理学三阶段。牟氏有三大部哲学专史对这三阶段的哲学思想相应地作了表诠。此期的特点是儒家德性生命萎缩，情意生命泛滥。然而，道家的玄智玄理得到高度弘扬，佛教思想正式进入中国的文化心灵，中国文化的生命得到了充实而大开。于是有第二度的合，出现了宋明新儒学，复活了先秦儒家的精神和智慧，发扬了

---

① 牟宗三：《中国哲学的特质·小序》，第2页。
② 牟宗三：《中国哲学的特质·小序》，第2页。

先秦儒家的道德文化意识。但是，这个"合"不够完善，偏重于内圣一面，缺乏逻辑与知识论，没有开出外王事功的精神，此即所谓"内圣强而外王弱"。自晚明至当代的新儒学，为第三度的大开合。这就是自民国以来，当代新儒家继承明末顾亭林、黄梨洲、王船山三大儒，接继宋明儒学的"合"而引出的"开"。这个"开"是儒家本身的"开"，即由"内圣"开"外王"，在文化生命的发展方向上是正确的，但顾黄王承袭了先秦儒家的直开方式，所以开不出来。当代新儒家要以"曲通"的方式开出"新外王"，就必须要有一个"合"。牟宗三说："我们要求一个大综和，是根据自己的文化生命的命脉来一个大综和，是要跟西方希腊传统所开出的科学、哲学、以及西方由各种因缘而开出的民主政治来一个大综和。""这个大综和不是一个大杂烩，不是一个拼盘，它是一个有机的组织。所以，大综和要从哲学上讲，它就是一个哲学系统，这个哲学系统就是沈有鼎所说的'彻底的唯心论'。"① 依牟氏所说，这就是当代新儒家的使命和中国文化未来的发展方向，也就是中国哲学第三度的"大合"。中国哲学的三度大开合，依次递进，恰好表现为正、反、合的过程。显然，牟氏是以黑格尔论哲学史的方式，描述和论证了中国哲学发展的历程、脉络与一般轨道，这是他哲学地疏导中国哲学的发展，哲学地重写中国哲学史的一种表现。无疑，牟氏对中国哲学发展轨道和脉络的这种"三段论"的描绘，也直接受到了沈有鼎的文章的启发。哲学的精义是通过哲学问题来展现的，哲学地反省中国哲学，必须疏导和把握中国哲学的问题，但是这项工作的难度殊大。蔡仁厚先生指出："对于哲学的省察，不但要有慧识，睿见，而且还要有学力（质的意义之学养）。否则，他的省察便只是一些浮泛的意见而已。"② 这段话的确精彩，中肯而切要。以往治中国哲学的人不是未能措意于此，就是无法深入其中，揭示其哲学义涵，而加以系统地甄别和厘清，更遑论与西方哲学进行对比和考量，而求中国哲学向未来推展。1937年，张岱年先生写成《中国哲学大纲》（初稿）一书，开中国哲学问题（范畴）史研究的先河，可惜此书迟至1957年才正式出版，而直到

---

① 牟宗三：《中国文化发展中的大综和与中西传统的融合》，载杨祖汉主编《儒学与当今世界》，台北：文津出版社1994年版，第9页。注意：牟这里说的"唯心论"，不是idealism，与一般的理解有别，详见该文。

② 蔡仁厚：《孔子的生命境界》，台北：学生书局1998年版，第179页。

哲学地建立中国哲学

1982年出版修订本以后，影响才逐渐扩开。近几十年以来，许多学者都在此贯注心血，作出了很大的贡献，而在海内外影响最大和最有系统性的著作，在体现马克思主义哲学史观与方法论的中国哲学史著作以外，无疑当以唐君毅先生的《中国哲学原论》和牟宗三先生的《中国哲学十九讲》[①]居首。

众所周知，中国哲学主要有儒、道、释三大支，千头万绪，纷呈复杂，里边究竟有些什么问题，这些问题与西方哲学有些什么不同，与中国哲学的未来拓展有什么关系，等等，正是中国哲学的精义与向未来推展的资源和根据所在。牟宗三在《中国哲学十九讲》以及一些讲录，重要的诸如《中国文化发展中义理开创的十大争辩》(1986)、《中国哲学的未来拓展》(1981)、《分别说与非分别说》(上下，1976)、《依通、别、圆三教看佛教的"中道义"》(1988)、《真善美的分别说与合一说》(1992)[②]等文献中，以一个哲学大家的慧识、睿见和学力，创造性地抉发了中国哲学中所涵蕴的哲学问题，并集中而连贯地作了省察与疏导。这些问题相当多也相当复杂，涵盖了两千多年的中国哲学，常常在与西方哲学的比较中而透出，依上列文献，主要包括：中国哲学的特殊性、普遍性，中国哲学之重点，先秦诸子之起源，儒家系统之性格，道家玄理系统之性格，道之作用的表象，法家所开出的政治格局，先秦名家之性格及其内容，魏晋玄学之课题与玄理之内容和价值，缘起性空所牵连的哲学理境，二谛与三性及知识问题，《起信论》之一心二门，佛教中国化的意义，色心不二，分别说与非分别说以及表达圆教之模式，圆教与圆善，心体与性体，纵贯系统之圆熟及纵贯横讲与纵贯纵讲，真善美之分别说与合一说，分解的路与诡谲的路，辩证法，等等。牟氏提出中国哲学在义理开创中的十大争辩为：儒墨的争辩，孟告生之谓性的争辩，魏晋玄学之会通孔老，言意之辩，神灭神不灭的问题，天台宗山家山外辩圆教，陈同甫与朱子争汉唐，王学的致知义辩，天泉四无九谛九解之辩，以及中国文化的畅通问题。上述这些问题，是中国哲学的问题，甚至也是西方哲学的问题或人类哲学的问题，当然也就是牟宗三哲学所处理的问题，或说牟宗三哲学的问题。牟氏确实

[①] 1985年，汉城出版是书的韩文版，预计其他文字的版本也将陆续问世。
[②] 参见蔡仁厚《牟宗三先生学思年谱》，第6、53、71、80页。

哲学地建立中国哲学

是哲学地省察了这些问题,为中国哲学树立了一种哲学地处理哲学的典范,依笔者的浅见,其大抵上表现出下列4个特点:

1. 区分出纯粹哲学问题或哲学问题与带有哲学性的问题。

2. 对哲学问题作哲学的处理,不同于西方语言分析哲学的语言分析。这主要是赋予哲学问题以概念上的确定性与清晰性,以广义的分解方式来融摄分析哲学之长,使逻辑分析与思辨分析同冶一炉,以保证哲学问题的客观明晰性,从正面来正视哲学问题,而不是借语言分析从实质上取消哲学问题;但又不失中国哲学的本色,把分别说与非分别说、广义分解与辩证综合统一起来,常在逻辑与诡谲之间,把哲学问题的丰富内蕴与精义逼显出来。

3. 由哲学问题、哲学范畴及其相互间的内在关系,把内在于哲学史的哲学思想的系统性与连贯性,及其系统性格、义理旨趣、发展脉络全幅透显出来。

4. 哲学地处理哲学问题紧扣时代性与中国哲学的前瞻性,绝不是仅仅停留于中国哲学问题的史料的整理,源流的疏释,与义理的阐释,——这些仍是最必要的基础工作,而是以此为基础更上层楼,根据时代的需要和中国哲学在未来的发展,与西方哲学相摩荡相会通,从而复活了哲学问题,使中国哲学的特有范畴获得了崭新的意义,开辟了在未来拓展的广阔领域,所以具有前导性。总之,牟氏对中国哲学问题的哲学的省察,具有很高的学术性,又通时代性,且是二者的高度结合,不失前瞻性或前导性,关联着中国哲学的未来发展。

但是,必须指出的是,这绝不意味着中国哲学的这些问题已经完全彻底地解决了,而且牟氏哲学地处理哲学问题的哲学方式,也不是不可以再作哲学地省察的。

在牟宗三对中国哲学所作的哲学省察中,也包含了他对中西哲学的特质及重心之不同的认识,大略可以分为下列7点[①]来对加以对照:

1. 西方有观解的形上学(theoretical metaphysics,牟氏从拉丁语,把

---

① 这7点是从哲学上顺历史来概括,不很全面,也未包括牟氏的历史哲学和政治哲学。蔡仁厚先生偏重于从文化的角度,把牟氏的思想概括为五组,比较完整,可以补本文之不足。见蔡仁厚《孔子的生命境界》,第151页。

theoretical 译为"观解的",故名),中国有道德的形上学或实践的形上学;

2. 西方有"现象界的形上学"(phenomenal metaphysics),中国有"本体界的形上学";

3. 西方正视自然,以知识为中心,中国正视人,以生命为中心;

4. 西方重客体、重思辨,中国重主体、重实践;

5. 西方重纯粹理性,中国重实践理性;

6. 西方学与教分离,中国学与教合一;

7. 西方真善美分立,中国真善美合一。

中西哲学的特质与重心的差异之所在,可一言以蔽之曰:西方哲学是知识的学问,中国哲学是生命的学问。西方哲学之所长正是中国哲学之所短,正当为中国哲学所消融吸收;而中国哲学的精妙亦恰是西方哲学之所缺乏,正当为西方哲学所正视。他指出:

> 是以吾人现在不必单看中国没有什么,而须看西方所有的是什么,其本质如何,其贡献如何,中国所没有而特有的,其本质如何,其贡献何在。如此拆而观之,则由西方之所有,正见其缺的是什么,由中国之所无,正见其所备的是什么。如此而见其会通,则人类文化始有其前进之途径与向上一机之超转。[①]

正是通过对中西哲学的深入了解,互相参照与比较分析,师其所长,去其所短,补其所缺,会通融合,才可为哲学开一新途径,为人类造一新文化。牟氏对中西哲学的比较与论衡,确有其深刻与精彩,但是由于他对西方哲学在中国的"后殖民"的担心与焦虑,他的比较与看法也未必没有偏差,尤其他对中西哲学的态度,并非平衡,甚至包含着内在的紧张与复杂的情结。

但是,无论如何,牟宗三在中西哲学的比较中,哲学地反省中国哲学,只旨在表明,中国哲学的重建必须是哲学地建立。

[①] 牟宗三:《王阳明致良知教·引言》,台北:"中央文物供应社"1954年版,第10页。

哲学地建立中国哲学

二 对近代以来的中国哲学界的反省

对近代以来的中国哲学进行哲学的反思，是牟宗三哲学地反思中国传统哲学的继续，这步工作的完成，对中国哲学的哲学的反思才臻完善，这也是哲学地建立中国哲学的一步必要的工作。牟宗三认为中国哲学发展到顾炎武、黄宗羲、王夫之，已随明亡而俱亡，所以中国近代以来的哲学只能从民国开始讲起。牟宗三把近代以来中国哲学的演变脉络分为三个阶段[①]：从民国初年到抗日战争（1911—1937）为第一阶段，从抗日战争到中华人民共和国成立（1937—1949）为第二阶段，从"国民政府"迁台后逐步走向现代化（1949—1985左右）为第三阶段。他分别从中国大学哲学系与哲学家来省察这三阶段的哲学。

（一）中国大学的哲学系

牟宗三在晚年，回顾与评论了中国大学的哲学系。在他看来，自民国以来，中国的大学已设有哲学系，但比较完整的仅有清华大学、北京大学和南京中央大学的哲学系三家。此外，在北平（今北京）尚有燕京大学和辅仁大学的哲学系，在南方则有武汉大学与中山大学的哲学系，但并不完整。[②] 从前三者来看，北京大学哲学系的历史最长。在第一阶段的"五四"新文化运动期间，北京大学哲学系最热门，大家都念哲学，但真正能登堂入室的却很少，多的是空话之徒，不能入哲学之堂奥。新文化运动仅是一般性的思想启蒙运动，多的是思考者（thinker），但并不一定是哲学家，

[①] 牟宗三在不同的文章或讲演中，对三个阶段的划分并不一致，在《关于"生命"的学问》（1961）一文中的"三个阶段"是："康有为、章太炎、吴稚晖诸先生为第一阶段。五·四运动为第二阶段。十七年北伐以后为第三阶段。"（牟宗三：《生命的学问》，台北：三民书局1970年版，第38—39页）而在《哲学的用处》（1983）讲演录中，"三个阶段"则为："从民国初年的新文化运动到后来的共产主义的兴起，这是一个阶段。经过八年抗战的疲惫，在一转眼间，马克思主义的大浪潮控制了中国，这是另一个阶段。国民政府到台湾，在台湾逐步走向现代化，这是第三阶段。"（牟宗三：《时代与感受》，第127页）为慎重起见，本文以牟氏后文（时间与次序均在后）所讲为准，以他前边所讲为参考。

[②] 牟宗三：《时代与感受》，第139页。

·461·

哲学地建立中国哲学

譬如胡适就是一个典型,所以"五四"运动在哲学方面没有成就,没有一个思想家可以站得住脚。① 清华哲学系在逻辑方面有金岳霖领导,有所表现。哲学上以实在论、经验主义为主。第二代出了沈有鼎,第三代有王宪钧,第四代是王浩。② 北大方面,首先是张申府先生讲数理逻辑,后来去了清华;虽然出了个胡世华(与王浩同辈),但是与哲学脱了节;有张季真(名颐)先生任系主任,但并不太注重逻辑,而是比较重视古典哲学,且不限于英美的实在论。张季真先生留学英国,研究黑格尔,在北大讲康德哲学,但他是否有黑格尔的头脑,很有问题。康德哲学讲是可以讲,学是可以学,可是要掌握得住,并不容易。张申府先生最崇拜罗素,对罗素生活的情调与思考问题的格调很熟悉,但是罗素本人的学问,张先生却讲不出来。所以,罗素那一套哲学没有传到中国来。(注意:牟不是不知道罗素访华并有"五大讲演"的事。)胡适之先生宣传杜威,可是对于杜威,他并不了解,他还达不到那个程度。胡先生所了解的杜威只是"How we think"中的杜威,杜氏后来的著作他大概都无兴趣,或甚至根本没有读过。③ 杜氏的学问相当扎实,自成一家之言,美国将来能不能出像杜威这样的哲学家都有问题。了解杜氏的那一套并不是容易的。所以胡先生当年所宣传的杜威,根本就没有传到中国来。实用主义成了望文生义的实用主义。(注意:牟不是不知道杜威访华讲演的事。)当代的罗素、杜威无法讲,18世纪的康德,就更难了,要讲清楚都办不到。所以北大对西方哲学无所成就,进不了西方哲学之门。之后变成专门讲中国哲学。讲中国哲学以熊十力先生为中心,加之汤用彤先生讲佛教史。抗战期间,北大迁到昆明,完全以汤用彤为中心。汤先生后来的兴趣主要集中在佛教史,但是汤先生的佛教史注重考据,代表的是纯粹学院的学术作风,对佛教的教义、

---

① 牟宗三:《时代与感受》,第123页。

② 今有所谓"清华学派"之说。如果说"清华学派"仅指清华中文系的学派特色,或许可以成立,用在清华的哲学系,指金岳霖先生一系的哲学(包括逻辑哲学)研究,冯友兰先生也是其中的一员,或许尚可考虑。但所论"清华学派"并不是在一个研究共同体或研究家族的共同"范式"(信仰范式与研究范式)的意义上使用,而是指清华学人们的广义的乃至泛义的共同之处,即他们都具有会通古今、会通中西和会通文理的倾向,那么清华的这种"共同之处"是不是能够称之为"学派",是不是独一无二的,就颇成问题了(参见徐葆耕《释古与清华学派》中《何序》一文,清华大学出版社1997年版)。

③ 关于胡适与杜威哲学的关系,可以参看吴森《杜威哲学的重新认识》一文,收入吴森《比较哲学与文化论》(一),台北:东大图书有限公司1978年版。

理论没有多大兴趣，造诣不深，所以他代表的不是佛家的哲学，而只是佛教史，落入了西方的古典学，不是哲学系的本分。因此，北大办哲学系，历史最久，师资最多，结果无所成。至于南京中央大学哲学系，更是乱糟糟，尚不及北大与清华的哲学系。总的来说，这三者的"成就均不大"。①此外，除了燕京哲学系出了个张东荪先生，算是当时几个念哲学念得不错的人之一，②其他大学的哲学系就更谈不上有多少成就了。

1949年以后，台湾大学的哲学系有方东美、陈康诸先生。陈康是亚里士多德专家，几年后就去了美国，在台大没有影响。方先生年资最高，读书最博，但在使台大哲学系走上轨道的问题上，他尽了多少责任（——这与他个人性格有关，牟认为不便多说），则不无可疑。而台大哲学系还是清华、北大的那一套老传统，以西方哲学为主，但并没有成就。③"二战"以后，真正能把哲学当哲学读进去的人很少。一般人到国外去，读西方哲学不能入，对中国哲学（由于平素心存鄙视）无基础，甚至连熏习也说不上。"对西方哲学无所得，对中国哲学无所知，这是二次大战以后念哲学的风气。"④

总之，民国以来的哲学界是以西方哲学为主的，只注意了西方"知识中心"的逻辑思辨，接触到了一些逻辑问题、科学问题以及外在的思辨的形而上学问题，而并没有注意生命的问题。特别是经过新文化运动以后，"中国文化生命所结晶成的那套实践的学问，便真斩绝了，成了一无所有"⑤。所以，"中国的思想界大体是混乱浮浅而丧其本"⑥。

从以上的叙述可以看出，牟宗三对民国以来中国的大学哲学系进行了初步的评估，——以清华、北大、中央、台大为中心，而尤以对他的母校北大哲学系的评述为详，并由此而对中国哲学界发表了评论，且评价甚低，这与冯友兰在《三松堂自序》中对北大、清华哲学系的评价适成鲜明对比。无疑，牟宗三对中国大学的哲学系不重视中国哲学表示出强烈的不

---

① 牟宗三：《时代与感受》，第139—143页。
② 牟宗三：《时代与感受》，第128页。
③ 牟宗三：《时代与感受》，第148页。
④ 牟宗三：《时代与感受》，第148—149页。
⑤ 牟宗三：《生命的学问》，台北：三民书局1970年版，第32页。
⑥ 牟宗三：《生命的学问》，第38页。

哲学地建立中国哲学

满,他的评价,给人一种印象,他好像不赞成中国大学的哲学系以讲西方哲学为主,甚至还会让人产生他轻视西方哲学的错觉。其实,他十分重视西方的哲学和逻辑,他本人就是一个典型的例子,甚至他明确地说过:"以西方哲学为主不算坏,要真能训练出来,那很好。"① 他认为西方哲学的训练是必要的,非经过不可,对西方哲学的认识越深入,对中国哲学的理解就会越透辟,但是对西方哲学的训练是否只是一般性地读读逻辑学、哲学概论和哲学史,他保留了他自己的看法。牟宗三对中国哲学界的反省、检讨是与他对"五四"新文化运动的评价联系在一起的。应该说,他对中国大学的哲学系与哲学界的哲学反省是真诚的、严肃的,所站的位置极高,不乏深刻与独到之处,常常切中问题的要害,发人深思,他讲话一任天机,但他这项工作尚不够深入、系统和严谨。然而,牟氏没有否定民国以来,中国也出了几个称得上哲学家的人物。

(二) 中国哲学家

早年,牟宗三就在他主编的广州《民国日报》的"哲学周刊"专栏上,以哲学家为对象而对中国哲学界发表过重要评论。对牟宗三来说,能称得上哲学家的人,必须是确有见地能成系统的人。在他看来,这样的人,中国不多,"五四"时期一个也没有,但在"五四"以后有三位,他们是熊十力先生、张东荪先生、金岳霖先生。三位先生分别代表了三种学问:熊先生代表元学,张先生代表知识论,金先生代表逻辑。

牟氏认为,熊先生跳出了儒学和佛学两个传统,且超越了这两个传统,正是在此超越点上显出熊为真正的哲学家。"元学的极致是安体立用,哲学家的极致在通晓天人。着重点在于理解与说明。哲学家立论必须要贯通,所以得证体;……得立用、得明用。"② 而佛家或儒家,同是只作了半篇文章,一成了宗教家,一成了道学家,而都不能算是哲学家。③ 在此可以看出,牟氏中后期(50岁以后)对儒学的理解与此截然有别,确切地

---

① 牟宗三:《时代与感受》,第148页。
② 牟宗三:《一年来之哲学界并论本刊》,广州《民国日报·哲学周刊》第43期,1937年6月24日。
③ 牟宗三:《一年来之哲学界并论本刊》,广州《民国日报·哲学周刊》第43期,1937年6月24日。

说,他放弃了早期这种对儒佛的见解。这是不可不辨的。牟氏极力称赞熊的《新唯识论》(1932)是"划时代开新纪元的作品"①,认为他从玄学上究明体用,使科学的真理得所汇归或依附,是一件"不得了"的大事,与熊子本人的评价若合符节。他还把熊子与西方的柏格森、怀特海,以及中国的胡煦相比拟,推许他们的哲学皆能安体立用,证体明相,而臻于元学的极致。这表现了牟氏早年受怀特海、柏格森的影响甚深,而他在其处女作中特点出胡煦的易学,则为极佳的明证。然而,牟氏对《新唯识论》中的浪漫色彩虽表同情的理解,实却不满,不乏微词以示批评。总的来说,牟对熊子的评价极高,以他为中国哲学的典范,特许他的《新唯识论》系统为划时代的哲学,能使中国的文化改换面目,可言创造而有前途。② 事实上,从牟本人与唐君毅、徐复观诸先生对熊氏哲学的承续与光大来看,证实了牟的判断不谬。

牟视张东荪先生为哲学家,主要是肯定他的"多元的认识论"思想。而在实际上,牟对张氏作了不相应的过高评价,认为张在认识论上所主张的多元论超越了英国的知觉因果说(causal theory of perception),与康德的知识可能说(possible theory of knowledge),③ 在根本点上较之美国的路易士(Lewis)更为充足,"能表示圆成的路向"④,打破了知识论与元学的混淆,是对元学中一元多元之论的根本改变,肯定它的"大纲节目,总算是一个很自然很正当的系统"⑤。且从五方面论析与指明了张氏的贡献,而只对张氏极其怀疑外界的条理或秩序的客观性的态度,加以批评,指陈这一态度与其承认"所与"为相关共变的观点相矛盾,认为他没有走到实在

---

① 牟宗三:《一年来之哲学界并论本刊》,广州《民国日报·哲学周刊》第43期,1937年6月24日。

② 牟宗三:《一年来之哲学界并论本刊》,广州《民国日报·哲学周刊》第43期,1937年6月24日。

③ 知觉因果说,牟氏释为从外界到内界及从内界到外界的一种刺激反应说,上自洛克,下至罗素,无或越此;对知识可能说,牟又称为"思想组织说",即在知识领域内,指出思想之机构或组织的作用,首要的代表人物是康德。(牟宗三:《觉知底因果说与知识底可能说》,《哲学评论》第6卷第2、3期,1937年9月)

④ 牟宗三:《一年来之哲学界并论本刊》(续篇),广州《民国日报·哲学周刊》第44期,1936年7月1日。

⑤ 牟宗三:《一年来之哲学界并论本刊》(续篇),广州《民国日报·哲学周刊》第44期,1936年7月1日。

论，却走向唯用论或唯心主义，是沾染西方偏僻思想过久，而留下的下意识地以不自然为自然的痕迹，① 故而使他的著作在细节上尚未作到极尽自然。但是牟氏充分肯定他能反躬自问，提出自然与否的问题的态度实在是可宝贵的，"是使我们自创系统，自成文化的一个密匙"②。这是牟先生早年对张东荪先生的评价，高度赞扬了他的成就与贡献，却不免有过于誉美之嫌，反映出牟先生当时的学力与智识的不足，尚未从对怀特海的欣趣中摆脱出来，而牟先生那时正在写他的逻辑学著作，沉浸于罗素和维特根斯坦的书中，具有实在论的倾向。然而，牟氏晚年对张的评价却又走向了另一极端，认为他的多元认识论思想"没有什么价值，毕竟因时代的限制，只能到一定的程度"③，仅承认与肯定他把西方当代哲学介绍到国内来的苦心与用力，认为张"对真正的西方哲学问题，还是不能'入'"④。这一评价虽不能说是完全失当，却又未免偏低了，不如贺麟在《当代中国哲学》一书中对张的评价⑤来得肯切与平实。而且牟氏对张先生的评价前后判若两人，反差太大了，令人无所适从，难以接受。无论如何，张先生的《认识论》（1934）是中国现代哲学史上可以称为"认识论"的第一部著作，虽然难与金岳霖先生的《知识论》（1983，成书于抗日时期）和牟先生的《认识心之批判》（上，1956；下，1957）同日而语，甚至在今天难以算得上是真正的认识论，但对其开先河的头功当予以承认。

牟氏对金岳霖作为哲学家的定位，主要是从逻辑方面着眼，这一视角他一直保持到晚年，没有改变，只是他的视角又扩大到了金先生的哲学（后面论述），可以视为对他早期观点的一种补充。牟先生对金氏在逻辑上的努力，是"钦佩的"，也是"受惠不浅的"⑥，说自己"是最喜欢读他的

---

① 牟宗三：《一年来之哲学界并论本刊》（续篇），广州《民国日报·哲学周刊》第44期，1936年7月1日。
② 牟宗三：《一年来之哲学界并论本刊》（续篇），广州《民国日报·哲学周刊》第44期，1936年7月1日。
③ 牟宗三：《时代与感受》，第140页。
④ 牟宗三：《时代与感受》，第140页。
⑤ 贺认为，张东荪的认识论著作是"中国治西方哲学者企图建立体系的最初尝试"（贺麟：《五十年来的中国哲学》，辽宁教育出版社1989年版，第30页）。
⑥ 牟宗三：《一年来之哲学界并论本刊》（续篇），广州《民国日报·哲学周刊》第44期，1936年7月1日。

文章的人"①,对他的《逻辑》(1937) 一书许以"国内有数的作品","一部最好的参考书,训练书"②,标举金在逻辑学上率先打破了逻辑与知识论之混的功绩,认为他的态度是承认有一个公共的逻辑,使言论能有统一的标准,经过唯物辩证法的论战之后,形式逻辑受到错误的批判与压制③,"金先生仍能保持这个独立一贯的态度④,不能不说是一支中流的砥柱"⑤。与此同时,牟也指出在实际的运用上,金先生仍未严格遵守这个态度,所以"最重要的对于二分观念,金先生没有弄对"⑥。此外,对于逻辑中诸专题的解说,金先生也仍未臻于完善。而尤其是金先生没有什么系统可言,《逻辑》"不是一部好的系统书,对的经典书",使牟先生"颇觉失望"⑦。当时,金先生的《论道》(1940) 和《知识论》二书⑧尚未写出,难怪牟

---

① 牟宗三(原文署名"光君"):《略评金著〈逻辑〉》,广州《民国日报·哲学周刊》第22期,1936年1月29日。

② 牟宗三(原文署名"光君"):《略评金著〈逻辑〉》,广州《民国日报·哲学周刊》第22期,1936年1月29日。

③ 请参阅:(a) 李匡武主编:《中国逻辑史(现代卷)》,甘肃人民出版社1989年版,第三章;(b) 李继东:《中国现代逻辑史论》,南开大学博士学位论文,1997年;(c) Werner Meissner, *Philosophy and Politics in China: The Controversy over Dialectical Matterialism in the 1930s*, Part III, 12, California: Stanford University Press, 1990.

④ 金先生"这个独立一贯的态度",一直坚持到20世纪50年代。这可以从下述事例中得到证明。新中国成立后,艾思奇先生第一次应邀到清华大学哲学系演讲,公然反对形式逻辑,金先生在谢词中智驳艾氏,说艾先生批判逻辑的话,句句都符合逻辑。嗣后,引起一场全校性的讨论,一些学生在"民主墙"上对金先生的观点作出论证,公开为形式逻辑辩护,而被视为"不正确言论"对待。但是,金先生高贵的学术品质和刚直不阿的学人风范广为流传,至今仍为佳话。(王雨田:《怀念我敬爱的老师——金先生》,载刘培育主编《金岳霖的回忆与回忆金岳霖》,四川教育出版社1995年版,第200—201页)

⑤ 牟宗三:《一年来之哲学界并论本刊》(续篇),广州《民国日报·哲学周刊》第44期,1936年7月1日。

⑥ 牟宗三(原文署名"光君"):《略评金著〈逻辑〉》,广州《民国日报·哲学周刊》第22期,1936年1月29日。

⑦ 牟宗三(原文署名"光君"):《略评金著〈逻辑〉》,广州《民国日报·哲学周刊》第22期,1936年1月29日。

⑧ 牟宗三在1937年发表的《觉知底因果说与知识底可能说》(刊于《哲学评论》第6卷第2、3期)一文中说:"这是真理论最近的一种新趋势,在中国金岳霖先生讲的很详细,但他还没有发表出来。"(D.3.4.1)说明此时牟知道金在写《知识论》,但是尚未发表,故牟未见此书。而金的《知识论》一书虽完成于40年代,但迟至1983年才正式由商务印书馆出版。牟是否读到过,不得而知。至于金的《论道》(商务印书馆1940年出版,1985年重印)一书,估计牟宗三读过,至少是部分地读过,因该书先行以单篇论文发表,在牟氏的著作中出现过有关的评论,参见牟宗三《逻辑典范》,香港:商务印书馆1941年版,第382页。

哲学地建立中国哲学

先生要感到失望了！牟先生晚年评论金先生，认为他"解决了一些逻辑性的问题"①，但更多地谈到的是他的哲学思想，并将他与张东荪先生作比较，评价也比对张先生的高出一筹。牟认为金先生"对经验主义及实在论（当时所谓的新实在论），尤其是休姆的思想很有研究。他的分析能力很强，写出的文章确实能触及哲学的层面。他可以自己找问题，分析这个问题。这方面他要比张东荪先生好，后者仅能做到叙述旁人的思想，到自己找问题的时候就不行了"②。按这个评价，金的确算得上是一位真正的哲学家，但张就要低一个层次了。牟先生也指出了金的局限所在，说"他也只限于英美的思想，再进一步就不行了"③。总地看，牟对金氏的逻辑和哲学都作了评价，对他在逻辑方面的成就评价更高一些，而对他的知识论肯定不多，牟曾说过："他是我国第一个比较能精通西方逻辑的学者，对于西方哲学知识论的训练也并不十分外行。"④ 这与牟先生可能没有看到金著的《知识论》一书有关。从牟先生的一生来看，他对金岳霖的批评最多，肯定也最多。

然而无论如何，在牟氏的眼目里，熊、金、张是自民国以来中国哲学界念哲学念得不错的三人，是称得上哲学家的三位人物，是现代中国哲学的代表和象征。牟对他们给以了最高的评价，指出：

  熊十力先生、张东荪先生、金岳霖先生，是现代中国哲学的三枝栋梁。若没有这三个人，也只好把人羞死而已。有了这三个人，则中国哲学界不只可观，而且还可以与西洋人抗衡，还可以独立发展，自造文化。⑤

在牟看来，中国哲学要"独立发展，自造文化"，就必须在这三位先生哲学思想的基础上向前迈进，把熊十力的元学、金岳霖的逻辑、张东荪

---

① 牟宗三：《时代与感受》，第141页。
② 牟宗三：《时代与感受》，第140页。
③ 牟宗三：《时代与感受》，第141页。
④ 牟宗三：《中国哲学的特质》，第6页。
⑤ 牟宗三：《一年来之哲学界并论本刊》（续篇），广州《民国日报·哲学周刊》第44期，1936年7月1日。

的认识论重新进行融合与创造,以哲学地建立中国哲学。事实上,牟宗三在近现代世界哲学的宏大背景中,把熊、金、张的哲学同冶一炉,中西融通,创造性地建立了他自己的哲学体系,为在现当代哲学地重建中国哲学提供了一个典范。

三 必须哲学地建立中国哲学

牟宗三哲学地反省中国哲学,以及中国现代的哲学界与哲学家,目的乃在重建中国哲学。他认为必须哲学地建立中国哲学。哲学地建立中国哲学,事关华族乃至人类的价值标准和文化方向的重大问题,"因此之故,读哲学的,处在这个非理性的时代,有其天造地设的命运(受苦),说得积极一点,有其天造地设的使命(天职)。若不能自觉地承当这命运或自觉地担当这使命,他便不能尽其学哲学之本分"[1]。牟宗三与他同辈的哲学家们自觉地担负了哲学地建立中国哲学这一伟大而又艰巨的天职,他坚信中国哲学一定可以哲学地建立起来。

对牟宗三来说,哲学地建立中国哲学,就是要在熊、金、张三位哲学家所开辟的道路上继续向前,使中国哲学走上一条自创系统、独立发展的道路。

经过对中国哲学的哲学反省,特别是与西方哲学相比较,照察出了中国哲学的缺陷与不足,但同时也把中国哲学的特质与优长显见出来了。依牟宗三看来,中国哲学的境界到底还是要高于西方哲学,只要中国哲学消融与吸收了西方哲学的优长,就必定会超过西方哲学。虽然牟宗三执持中国哲学优于西方哲学的态度,但是他并不因此而贬低排拒西方哲学;相反,他承认西方哲学比之中国哲学有其自身的优点,可补中国哲学之所缺与所短。换言之,牟宗三所执持的中国哲学在境界上高于西方哲学的心态,并没有影响他以西方哲学为师,充分吸收、融摄西方哲学的态度。也就是说,牟宗三的中国哲学优越论是在与西方哲学的会通之中得到巩固与表现的。这是颇耐人寻味的。也许,他对中国哲学的骄傲,正是他自尊心

---

[1] 见牟宗三《时代与感受·序言》,第1页。

上的一道天然防线。然而,他强调中国必须学习西方哲学,必须对西方哲学有深入透彻的理解,必须把西方哲学的主流弄清,消融其精彩与优长,又冲破了他的这道天然防线。饶有兴味的是,中西哲学之间的巨大差别与冲突,对牟宗三并不构成矛盾。他反对全盘照搬西方哲学,或亦步亦趋地去重复西方哲学的道路。他痛恨并极力反对西方哲学的"后殖民",他力图打破西方哲学中心论,谋求中国哲学的现代化与世界化。在牟宗三看来,世界未来的哲学不应该完全由西方哲学来主宰,而应当是东西方哲学互放光亮,互相辉映,共同促进人类文明的发展。他认为未来世界哲学的路向并不一定以西方哲学的模式为代表,而力倡哲学地建立中国哲学,中国哲学必须走一条自己的道路,甚至他相信中国哲学要走的这条道路,也完全可以成为且代表世界哲学未来发展的方向之一。事实上,牟宗三为实现这一宏愿而奋斗了一生。从他的著作和"讲演录"中所透露出来的大悲愿,十分真实地传达了牟宗三对中国哲学在未来的憧憬与向往,同时也反映出他对西方哲学与文化"后殖民"的批判、对抗与超越的强烈意识。牟宗三的这种大悲愿以及他的哲学观与他对中西哲学的看法,内在地主导着他所走的哲学道路。

[原刊于台北:《鹅湖(月刊)》第303期,2000年9月]

重建世界的人文精神

——牟宗三的儒家式人文主义

牟宗三哲学是对中国哲学的重建，同时也是对世界人文精神的重建。牟宗三先生一生关心和重视人类的人文主义精神，他的重建工作从前期贯彻到后期，他前期的人文主义思想可以《认识心之批判》下册，"新外王"三书（《道德的理想主义》《历史哲学》《政道与治道》），《生命的学问》和《人文讲习录》为代表，但主要集中于《道德的理想主义》一书，至于他后期的人文主义思想，则可以《圆善论》和《以合目的性之原则为审美判断力之超越的原则之疑窦与商榷》（简称《商榷》）、《康德〈第三批判〉演讲录》为代表，而尤其集中表现为《商榷》中的"真善美的分别说与合一说"。牟宗三先生重建世界人文精神，乃是出于他对人类精神趋下的时代悲情，和他对人文主义精神的信念。而他对世界人文精神的重建，则是建基于对西方人文主义传统的反省，归宗于中国儒家的心性之学，完成于"三统（道统、学统、政统）并建"的学说之中——这其中暗含了一个中西人文主义的比较文化学背景，旨在把宗教、哲学、科学和艺术统一起来，表现为"儒家式的人文主义"[①]。

一

牟宗三先生透过时代精神的两个面向"上帝的归寂"与"爱因斯坦的

[①] 牟宗三：《道德的理想主义》，台北：学生书局1978年版，第185页。

到来",看到人类的精神低沉向下,趋于堕落,道德价值和文化理想丧失,而虚无主义和技术主义泛滥成灾。① 西方的人文主义精神已失落殆尽。他通过反省中国的"五四"新文化运动,发现近三四十年以来,中国"却正无积极而健康的人文主义,只有自然主义、唯心主义、现实主义、功利主义,在泛滥。一切在无本中驰荡"②。他把科学和民主一直没有在中国出现归咎于此。

总之,在他眼里,现代世界已由"道术之裂"演变而为"生命之裂"。③

从这里,引发了他无限的"客观悲情"、时代悲情。然而,他不是一个悲观主义者,他抱有"人文主义之为一切建构一切成就之本","人文主义是指导文化生命前进之最高原则"④ 的信念,他很乐观地坚信重建世界的人文主义精神,可以解除时代的病症,可以使人类正面积极的精神从黑暗与虚无中浮现上来,育和人类的生命,使人类自己救住自己。因此,重建世界的人文主义精神既是他的哲学天职之所在,自然也就是他哲学的不可或缺的内在部分。

二

西方的人文主义形成于西塞罗(Cicero,前106—前43年)时代的罗马,勃兴于文艺复兴时代,经过启蒙主义的哲学运动后,在18、19世纪出现了以德国的"狂飙运动"(Sturm und Drang)为开端的人文主义的复兴。牟宗三先生认为,人文主义在西方学术思想的传统中不是主流。它只是潜在的,时隐时现的,它始终没有彰显出来,完成其自身的系统,成为领导西方文化生命前进的骨干。⑤ 他把西方人文主义形成的全幅历程概括为五个步骤:"一、自外向内,归于主体,截断众流的浪漫精神;二、绝对的主体主义;三、纯粹的理想主义;四、通过对古希腊文化的新认识而转出

---

① 牟宗三:《道德的理想主义》,第182页。
② 牟宗三:《道德的理想主义》,第161页。
③ 牟宗三:《生命的学问》,台北:三民书局股份有限公司1984年第三版,第196页。
④ 牟宗三:《道德的理想主义》,第61、179页。
⑤ 牟宗三:《道德的理想主义》,第158页。

古典主义的精神；五、通过人格观念而转出客观主义。这是人文主义完成的一个规模。"① 他认为，西方的人文主义发展到18、19世纪虽然形成了一个规模，但是通过古希腊的古典精神而转为美学情调的客观主义、自然主义，则显露出了它的限度。

在他看来，人文主义当然必须含有美学的情调，人文主义的美学情调应当表现最高层之上的神化之境，而西方的人文主义落于客观主义、自然主义的泛美学情调的平面之上，则不免有庸俗之感。问题恰恰在于它缺少了树立"道德的主体"这一关节，也就是孔子所谓"兴于诗，立于礼，成于乐"中的"立于礼"这一关节。于是，它与希腊之后而发展的哲学传统对立，与文艺复兴之后而发展的科学传统对立，不能继承学术传统的大流，不能综摄科学传统与哲学传统而消融之，不能开出且综摄"知性"以及知性的成果，不能吸收和消融宗教的正宗意义，以及广大庄严的人文主义的崇高精神，不能继承康德哲学的传统（对传统哲学的扭转，所谓"哲学中的哥白尼革命"）而向上提升人文主义、广大人文主义，以开出综摄而又笼罩的人文主义作为指导文化生命前进的最高原则。②

要而言之，西方的人文主义发展到18、19世纪，则"宗教、哲学、科学的传统，都接不上，而只停于浪漫的情调上，美学的情调上"，于是"人文主义即退缩而为旁枝，局限而为小家气。在广度深度上都未曾展开以至'致广大而尽精微'的境界"。③ 牟宗三先生看到，西方人文主义的这一限度是时代使然，是时代对它形成的限制。

然而，康德的哲学却是一个例外。这就是说，康德哲学已经避免了它那个时代的人文主义缺陷。牟先生指出："康德，费息特（引者按：今译为费希特），黑格尔，这个传统实已接上了科学哲学宗教的传统，实已尽了对于它们综摄消融之能事。"④ 然而，这一哲学传统却并没有使它的同时代的人文主义者：莱兴（后译为莱辛，Gotthold Ephraim Lessing, 1729—1781）、歌德、洪保尔特（今译为洪堡特，Wilhelm von Humboldt, 1767—1835）、文开尔曼等人，克服他们人文主义的限制，这个事实是非常发人

---

① 牟宗三：《道德的理想主义》，第177页。
② 牟宗三：《道德的理想主义》，第178页。
③ 牟宗三：《道德的理想主义》，第179页。
④ 牟宗三：《道德的理想主义》，第180页。

深思的！牟先生对于这一事实的解释是，这些哲学家的哲学都是佶屈聱牙的纯哲学的思辨，因此没有对人文主义的代表人物们产生什么大的影响，他们"受影响亦只略受影响而已"①。显然，这一解释不免失之于简单化了！倒是从这里透露出一个信息，牟宗三先生透过西方的人文主义，发现了他契接康德哲学的精神路向，以及由康德开启的德国理性主义哲学传统的内在历史根由。因此，牟宗三先生要复活康德哲学，重开主体之门，重建中国哲学与人类的人文主义。

三

根据牟宗三先生的观点，西方的人文主义到了 20 世纪早已退缩不前，为科学一层论、技术主义所取代，形成了"非人文的"习性与时风。因此，"在僵化与物化的堕落时风下，反僵化反物化的人文主义开始就有一个广大面作背景。所以这个时代的人文主义必然要提升上去，彻底透出，而成为指导文化生命前进之最高原则"②。由此，牟宗三先生提出了他重建世界人文精神的"纲领"。

这一"纲领"的宗旨就在于把宗教、哲学、科学和艺术统一起来。这里的"艺术"是从广义上说，也就是美学。人文主义本身就是美学情调的，不存在与美学对立的问题，只存在透过主体来提升美的层次和境界的问题。因此，牟宗三人文主义"纲领"要解决的问题是："必须能接上科学、哲学、宗教的传统而不与之为对立。"③ 对牟先生来说，解决这一问题的关键就在于把人文主义从客观主义、自然主义收回来，归于"主体"。他说："必须开主体之门，始能开人文主义之门。"④ 从这里可以看出，牟宗三先生重建人文主义是以他的主体哲学为基础和背景的，这一解决问题的理路则是康德式的。但是，牟先生的主体哲学在内容上是以中国儒家的人性论的价值论为基础的。因此，牟先生的主体是以"道德心"、或"仁

---

① 牟宗三：《道德的理想主义》，第 180 页。
② 牟宗三：《道德的理想主义》，第 182 页。
③ 牟宗三：《道德的理想主义》，第 182 页。
④ 牟宗三：《道德的理想主义》，第 179 页。

心"、或"良知"、或"实践理性之心"为中心的主体。以"道德心"为中心主干,道德主体、知性主体和审美主体才统一为一个主体,即"即真即美即善"的主体,这在他关于"真善美的合一说"中,表现得尤其显著。而这一真善美合一的主体貌似康德式的主体,实际却是儒家的主体,牟氏的主体。对牟先生来说,重建人文主义,就是以他的这一主体为基础来统一宗教、哲学、科学和艺术。这一思想从他前期的人文主义一直贯彻到他后期的人文主义,始终一致。具体地说,就是:

1. 以道德主体综摄和消融宗教,使人文主义不与宗教对立,以接上宗教传统。而且任何伟大的宗教,都将在人文主义的提挈消融中,消除其偏执,反省其自己以充分调整、开拓、通达其自己。

2. 以知性主体综摄与消融科学,使人文主义不与科学对立,但又让人的心思不为科学所限,而陷溺于科学一层论、理智一元论,以接上科学传统。

3. 以知性主体、道德主体综摄与消融哲学,则人文主义必须直接继承康德、黑格尔哲学传统的那种从主体方面以立言的哲学精神,以综摄消融由客体方面以立言的诸哲学系统的各种成就,接上古希腊哲学与康德哲学的传统。①

这样,主体把宗教、哲学、科学与艺术集于一身,也就实现了宗教、哲学、科学与艺术的统一。

如果说在牟宗三先生前期的人文主义思想里,实现宗教、哲学、科学与艺术的统一主要是关怀现实面向现实的,那么在其后期的人文主义思想中,实现真(科学)、善(宗教、哲学)、美(艺术)的统一,则主要是"终极关怀",面向人(主体)自身的超越的精神境界,所谓"圣心无相"。② 牟先生的"真善美的合一说",就是"即真即美即善",而"不是康德说的'以美学判断沟通自由与自然之两界合而为一谐和统一之完整系统'之合一,乃是于同一事也而即真即美即善之合一"③。这一合一是通过

---

① 牟宗三:《道德的理想主义》,第182—183页。
② 牟宗三:《以合目的性之原则为审美判断力之超越的原则之疑窦与商榷》,载牟宗三译注《康德〈判断力之批判〉》上册,台北:学生书局1992年版,第85页。
③ 牟宗三:《以合目的性之原则为审美判断力之超越的原则之疑窦与商榷》,载牟宗三译注《康德〈判断力之批判〉》上册,第82页。

"无相原则",而将各自独立与分别的真(科学知识)、善(道德)、美("对于气化光彩与美术作品之品鉴")统一于"圣心"的合一,恰似苏东坡与程伊川之冲突可被化解而归于"默逆于心,相视而笑"。① 基于"圣心"而实现的真善美的统一,就是"即真即美即善"的圆成之境,虽然在主体方面说是道德主体、知性主体与艺术主体的高度统一,然而它无内外之分隔,超越了主客的对立,"事""理"圆融无碍,冶道德宗教、科学知识、美的判断为一炉,是故在绝待(不与主观相对待,无所与其相对待)的"客观"上竟是一"无相"而"如如"的天地同和的至乐境域。

四

牟宗三先生的重建人文主义,还表现为他对西方18、19世纪人文主义形成规模的五个步骤作了新的诠释。此复简述如下②:

一、由德国人文主义文学情调的浪漫精神,转而为狂狷的浪漫精神,即由"生命主体"转而为"道德主体"。旨在"遮拨一切僵化物化而唯自内透出一'道德的精神主体',以立大本"。

二、依上一点,主体主义唯是道德的主体主义,而不是浪漫的主体主义。唯树立道德的主体,始能开出人文世界。儒家能树立道德主体,故能肯定人文,开启文运。

三、"随道德的主体主义下来,必是道德的理想主义,而不是浪漫的理想主义。惟由道德的主体始真能开出理想与价值之源,人性与个性之源。故儒家特重视人性、个性与人格也"。

四、古典主义可以解释为:通贯百代的历史文化意识,通过学统与道统的综摄与消融而来的历史文化意识。由此以通古今之变。

五、对于客观主义,可以由道德的精神主体所显见的道德理性之客观化来了解。首先,一切人文活动都可视为道德理性的客观化。因此,始可

---

① 牟宗三:《以合目的性之原则为审美判断力之超越的原则之疑窦与商榷》,载牟宗三译注《康德〈判断力之批判〉》上册,第90—91页。

② 牟宗三:《道德的理想主义》,第183—184页。

重建世界的人文精神

肯定人文世界的价值，成为客观主义。其次，历史文化则可视为道德理性在纵贯的曲折中的实现。再次，道德理性也必须客观化于纵横的人文世界中，才能充实而完备自己。最后，在今日的人文主义中，客观主义的一个特征必须是，不只是泛言人文世界的肯定，而必须在道德理性的客观实践一面转出，并肯定民主政治。

这就是牟宗三先生致力于重建的人文主义的五项基本原则，同时也是它的五个基本特征。在这五项基本原则中，道德的精神主体一线贯穿。实际上，牟宗三先生的人文主义，乃是以儒家的心性论哲学或主体哲学综摄与消融西方近代的人文主义与德国（以康德为主的）理性主义哲学的结果。恰如牟先生自己所说：这是"儒家式的人文主义"。[①] 这一儒家式的人文主义是以他的（道统、学统与政统）"三统并建"说为骨干而撑开和落实的。虽然牟先生强调了"民主政治"或"自由民主"即"政统"在现代人文主义中的重要作用和地位，然而对他来说，现代人文主义的核心和基础乃系于"道统"。对此，他在《理性的理想主义》一文中有明确的阐释："我以为在传统的一切思想学术中，只有儒家的文化系统可以作为我们社会实践的指导原则。"[②] "自由民主"这一原则必须靠一个更高一层的、较为积极而有力的文化系统，即儒家的文化系统，来提挈与维护。唯有赖于此，"护住了自由民主，才能救住科学，哲学，宗教，艺术，乃至佛教"[③]。对中国来说，儒家式的人文主义的重建，恰恰是以"三统并建"为主旨的。牟宗三先生强调"三统"这"三部门是这个时代的人文主义所必函摄。没有一面是可缺少的"[④]。

由此可以看出，牟宗三先生对中国哲学的重建与对世界人文主义的重建，都是以"三统"为基础的，同时又皆是围绕着"三统"这一中心和骨干而全幅展开的。只不过是它们的侧重点各有不同罢了。这一看法，既可以涵盖牟先生前期的人文主义思想，同时也适用于牟先生后期的人文主义思想。这可以在他从前期到后期一贯下来的关于真善美统一的学说中得到印证。在前期的人文主义中，他以中国儒家式的"天心"为建立美的判断

[①] 牟宗三：《道德的理想主义》，第22页。
[②] 牟宗三：《道德的理想主义》，第22页。
[③] 牟宗三：《道德的理想主义》，第22页。
[④] 牟宗三：《道德的理想主义》，第152页。

的最后的超越原则,以取代康德以"自然之目的性"概念为建立美的判断的最后的超越原则的观点,试图由重建康德的美学而建立一套人文主义,其要旨就在于以形上之"天心"为根据,把知识世界、道德世界和美学世界统一起来,亦即实现真善美的统一。这一思想最初在其哲学的奠基著作《认识心之批判》(1956—1957)的巨构中系统地阐述出来,贯穿和延续到其后期的人文主义思想中,而且得到了进一步的发展与完善,表现为他所提出的著名的"真善美的合一说"。他说:"真善美三者虽各有其独立性,然而导致'即真即美即善'之合一之境者仍在善方面之道德的心,即实践理性之心。"① 这正是其前期人文主义的儒家式的主体原则的彻底贯彻,与"道统"紧密地联系在一起。"真善美的合一说"涉及美与审美等不少美学上的复杂问题,在学术上引起了质疑与争议。② 但是,无论如何,这一学说构成了牟宗三思想不可缺少的一部分,是他的"三统并建"说,"两层存有论"或"一心二门"说,"圆善论"即"德福一致"说贯彻到底的必然结果,因此而成为一个完整的哲学系统。即使是在美学上,它仍然拓展了美学的研究领域,提出了一些值得我们正视的问题。有了"真善美的合一说",牟宗三先生才真正从哲学上为重建人类的人文主义开辟出一个新的方向来。③

---

① 牟宗三:《以合目的性之原则为审美判断力之超越的原则之疑窦与商榷》,载牟宗三译注《康德〈判断力之批判〉》上册,第83页。

② 参见谢大宁《真美善的分别说与合一说》,"牟宗三与当代新儒学国际学术会议"论文,济南:1998年9月。又见林安梧《审美判断与历史性思考》,收入林安梧《契约、自由与历史性思维》,台北:幼狮文化事业公司1996年版,第十章。

③ 牟先生的高足李瑞全教授指出:"现代化既是一理性化的过程,它自有一定的合理性。当然,在特定历史机缘中,它因着不同的因素而有不同的表现,是一自然而可理解的现象。严格说来,西方的现代化社会也只不过是理性化的一个特殊表现。换言之,理性化也可以在另一社会文化背景之下有不完全一样的表现。……另一方面,理性化却也有一定的内容与标准,此即以人类的理性为最后的依归。因此,现代化在西方社会引生出流弊,并不表示理性化乃是一无可取而需要全盘否定的。同时,现代化所引生的流弊也可因理性的自我纠正而得到消除。消除理性化的偏差的方式是回到理性自身,确立理性各个方面的适当的合理领域,和建立彼此之从属关系。严格来说,作为理性的三个面相,既是同一理性所出,认知工具理性,道德实践理性和美感实践理性都可以有一种自然而最高的结合,此即所谓真善美的合一。"(李瑞全:《当代新儒学与后现代理论》,见刘述先主编《当代儒学论集:传统与创新》,台北:"中研院"中国文哲研究所筹备处1995年版,第73—74页)这一段话不妨视为多种视野中的对牟宗三先生的"真善美的合一说"的一个旁注。

五

　　总的来说，牟宗三先生对世界人文主义精神的重建，是顺康德的精神路向，本儒家的心性之学，绍续和改造西方近代人文主义，而把它建成儒家式的人文主义。牟宗三先生的人文主义既特别重视人性、个性与人格，又强调道德主体是其根源和基础。他要以儒家的理想和价值来安顿人性、个性与人格，固然是要使个人免于泛滥为自然主义、浪漫主义与工具主义的牺牲品，然而其更深层的基本的关怀和用心，乃在于从他所主张的"道德的形上学"的高度为人提供一个安身立命之本，使人成为一个具体的全面的发展的人：这人不仅如康德所想往的那样是一个"德福相配"的"至善"之人，而且是一个"即真即美即善"的人。正是在这个意义上，个人自由的价值才完全得到体现。无疑，这一人文主义充分地体现了康德关于人是目的而非手段的理想与追求。与此同时，牟宗三先生又指出这一人文主义必须在实践中客观化：一方面转出自由民主的政治制度，另一方面则又以自由民主的政治制度作为这一人文主义彻底贯彻和落实的根本保证。实际上，在一定的程度上正可以说，这一儒家式的人文主义恰恰是张君劢先生早年所提出的"以精神自由为基础之民族文化，乃吾族今后政治学术艺术之方向之总原则"[①] 的具体化与系统化。不能不看到，布洛克所指出的西方的人文主义传统所代表的东西："拒绝接受决定论或简化论的关于人的观点，坚持认为人虽然并不享有完全的自由，但在某种程度上仍掌握着选择的自由"[②] 的观念，在今天已经融入了东方的人文主义。值得注意的是，随着时代的变迁，从张君劢到牟宗三，儒家式的人文主义已经由尽精微而至广大，不再为民族或地域所限，而是要成为育和人类精神：领导未来世界文化的骨干。诚如李瑞全先生所说：

[①] 张君劢：《明日之中国文化・自序》，商务印书馆1938年再版，第2页。
[②] 详见阿仑・布洛克《西方人文主义传统》，董乐山译，生活・读书・新知三联书店1997年版，第297—298页。

哲学地建立中国哲学

当代新儒学之现代化即有超乎西方现代的意向：摘取现代化的长处而摒除西方现代化所带来的缺失。因此，当代新儒学不但有现代化的使命，实有超乎西方现代化的水平，而对现代化的流弊有所批判与转化，以提供东西文化一共通而可共进的世界文化理念。因此，当现代西方文化逐渐暴露出现代化的流弊时，此实不只是西方社会文化的问题，而是全人类所共有的问题，当代新儒学即同时需对现代化的缺点有所回应，以彻尽第三期儒学的使命。

换言之，当代新儒学自第一、二代学者的努力，确立了儒学的义理系统和对现代化的理论建构后，当代新儒学往前发展的方向，一方面是进一步使儒学世界化，与当代西方的哲学文化思想作出积极有建设性的对话和消融，另一方面更要进一步回应西方现代文化所出现的偏差，参与现代化所产生的后遗症的讨论，和提出对题的回应。[①]

显然在未来世界文化的多元发展格局中，当代新儒学不可能成为唯一的领导骨干，而至多是成为领导未来世界文化的骨干之一。但是，正因如此，在"当代新儒学之现代化即有超乎西方现代的意向"的意义下，牟宗三的儒家式人文主义具有不可忽视不可否定的价值与意义，则是毋庸置疑的。它不仅对于复活中国的人文主义传统精神，接续西方的人文主义传统精神，克服科学一层论、理智一层论、技术主义、工具主义泛滥所造成的灾难性后果具有重要的积极意义，而且为我们在一种"后现代"的视野之下重新省思与审视东西方的人文精神，以求在"多音齐鸣"的新世纪，为人类精神的"上遂调适"与社会的健康发展，寻求一条切实可行的公共道路提供了颇具借鉴与参考价值以及富有启示的理论样式。

与此同时，当然也不能不看到，牟宗三儒家式的人文主义，其理想之崇高，其陈义之高远，其气魄之宏大，虽然足以令人钦慕、赞美和向往，然而遗憾的是，这个基于"三统"学说而开出的儒家式的人文主义，对于如何转出自由民主政治并以其为贯彻和落实这一人文主义的根本保证的具体措施，却没有深究。牟先生的政治哲学虽然从学理上融通了儒学与现代

[①] 李瑞全：《当代新儒学与后现代理论》，见刘述先主编《当代儒学论集：传统与创新》，第55—56页。

民主的进路，透过综贯的道德主体之自我坎陷，成为横列的知性主体与政治主体，以开出个体与物对，个体与个体对的对列之局，"终于为儒学开出一条通往民主之曲折的辩证开展之路"①。然而，牟先生的政治哲学思想似乎也就到此止步了，而并没有进一步具体深究这个"对列之局"与自由民主政治之间的关系。是故，儒家式的人文主义与自由民主政治之间的关系也就变得晦暗不明。实际上，这正是问题的关键所在。如若这一问题不能解决，则无论多么美好的人文主义纲领也只能流为幻想。一方面儒家式的人文主义，乃至其他一切美好的人文主义，如何贯彻在现代社会的民主政治制度中，另一方面民主政治制度如何具体有效地体现与保证这些人文主义，不仅是"继牟宗三时代"或"后牟宗三时代"的新儒家需要正视的问题，而且是今天的人文主义的一项重要课题，也是政治家必须重视并与学者共同携手完成的一项重大的社会工程。

在牟宗三先生对西方人文主义的反省中，是否包含有"把人文主义历史发展某一阶段当作整体的代表""这样的错误"②，也是值得省思的！

牟宗三儒家式的人文主义，对于中国的现代化来说，无疑是一种极有价值的精神资源，尽管我们不能否定"在回应西方后现代化的课题上，当代新儒家具有一定的义理优点"③，然而面对21世纪，在西方从现代社会向"后现代"社会的过渡中，牟宗三儒家式的人文主义是否经得起"后现代"哲学的后设分析，或元批判，决定着儒家式的人文主义能否与当代西方的不同声音对话，能否真正地走向世界。这或许是"继牟宗三时代"或"后牟宗三时代"的新儒家和关心人文主义的人们需要面对的问题。

无可否认，自牟宗三先生及其后继者开显出了"当代新儒学之后现代视野"，并且也已明确地认识到："后现代一方面是理性化的发展问题，另一方面则是个体性与主体性的如何结合与安排的问题。这两者可说是当代新儒学从现代化进到后现代化所须首先解决的一个理论课题。"④ 然而仍须

---

① 何信全：《儒学与现代民主》，台北："中研院"中国文哲研究所筹备处1996年版，第90页。
② 见阿仑·布洛克《西方人文主义传统》，第270页。
③ 李瑞全：《当代新儒学与后现代理论》，见刘述先主编《当代儒学论集：传统与创新》，第56页。
④ 李瑞全：《当代新儒学与后现代理论》，见刘述先主编《当代儒学论集：传统与创新》，第73页。

指出，肯定个人的意志自由与全面发展，仍然是今天思考人文主义的前提与着眼点。因为正是人有道德意志的自由，有选择的自由和争取选择的自由，才保持和发扬了人文主义的精神。无论东方西方，都不能不面对如何重新诠释与处理天人（人与自然）关系，神人（人与神）关系，人人（人与人以及人与社会、人与自我）关系以及这三组关系之间的（复合）关系。这正是今天和未来的人文主义所必须思索的问题。但是，不管如何，天人和谐，神人和谐，人人和谐以及全人类社会的和谐，必须建立在充分保障个人自由与个人健全的全面发展的高度自由民主和文明的现实社会的基础之上。从个人的自由开始立言，最终落实为个人的自由与个人健全的全面发展，这是人文主义永远不变的基本精神。在这一人文主义基本精神的引领之下，个人是主体，真正意义上的主体；主体是个人，真正意义上的个人。无论是否赞同或接受牟宗三儒家式的人文主义，人们都应该牢牢地记取这一点！

（原刊于《现代哲学》2002年第3期）

"三统并建"之再省思

一 引论:"三统"并建说与时代课题

牟宗三先生的"道统、学统、政统"三统并建说,是贯彻在其 20 世纪 40 年代至 50 年代之间完成的"新外王三书"(《道德的理想主义》《政道和治道》和《历史哲学》)中的思想,其系统表述则见于《道德的理想主义》的序言之中。① 牟宗三先生提出这一思想理论,乃是为了在"学风之无体、无理与无力"的"虚无低沉之时代树立一立体之纲维"②,消解普遍性与个体性之冲突,阐明自由个体的"真实普遍"之如何可能,批判"科学一层论""理智一层论",澄清价值之源,以确立自由个体的"真实普遍"之根本,避免落于自然生物生命的文化观,从而与自由世界之对立的世界相对抗,破斥与对治其哲学之理论,同时纠正自由世界之时风与学风之流弊。牟宗三先生以"三统"并建思想确立"道德的理想主义"之立体纲维,其中必然包含着人文主义的完成,并且必然要落实到自由个体的

---

① 牟宗三的"三统"并建说的具体表述如下:"不惟随时照察,随时对治,亦且随时建立此纲维。故'道德的理想主义'亦必函'人文主义之完成'。不惟极成此纲维,而且依据此纲维,开出中国文化发展之途径,以充实中国文化生命之内容。由此而三统之说立:一、道统之肯定,此即肯定道德宗教之价值,护住孔孟所开辟之人生宇宙之本源。二、学统之开出,此即转出'知性主体'以融纳希腊传统,开出学术之独立性。三、政统之继续,此即由认识政体之发展而肯定民主政治为必然。此皆为随时建立此纲维,而为此纲维之所函摄而融贯者。"(牟宗三:《道德的理想主义·序》,见《牟宗三先生全集9》,台北:联合报系文化基金会联经出版公司2003 年版,第 9 页)

② 牟宗三:《道德的理想主义·序》,见《牟宗三先生全集9》,第 8 页。

哲学地建立中国哲学

"真实普遍"之中，使人类脱离低沉消极的时代，走上一条康庄大道；而就中国文化来说，必须依据这一立体纲维开出中国文化发展的途径，以充实中国文化生命的内容。因此，牟宗三先生提出以"三统"并建说为道德的理想主义之立体纲维，是要为世界的人文主义和中国文化的发展，奠定一套儒家"新外王"的理论基础。

牟宗三先生提出的"新外王"理论，本来就是第三期儒学运动对于社会现代化问题的回应与解答，而对第三期儒学的开展来说，其"三统"并建思想，无疑具有一纲领性的地位和指导意义。这在由牟宗三、徐复观、张君劢、唐君毅四位先生共同署名于1958年元旦所发表的《中国文化与世界宣言》①这一当代新儒家的"纲领性"文献之中，得到了更充分的体现。

迄今看来，第三期儒学运动经过当代新儒家的第一代和第二代以及新生代的不懈奋斗和积极推展，虽然已经在海内外传播，四处开花，馨香四溢，但并没有完结，而今正方兴未艾，迎来大好的发展时机。从这一运动的发展看，牟宗三先生的"三统"并建说虽然是世界冷战时代的产物，并且已经过去了半个多世纪，但是其纲领地位和指导意义不仅没有过时，而且随着时代的曲折变迁益发显现出巨大的前瞻性与积极的、建构的和综合的社会历史文化意义。当然，这一重要意义，必然是在"三统"说的因时更化的具体发展中表现与落实的。

在儒学的第三期开展中，接续牟宗三先生之后的当代新儒家与时俱进，早已结束和抛弃了冷战时代的思维，以开放的心态，自觉地把儒学置于一个全球文明对话的框架中，积极参与当代世界文明对话，在多元和相对的文化格局中，积极回应福山的"历史终结"论和亨廷顿的"文明冲突"论②，以儒家的理想和智慧来影响与促进平等互惠的文明对话的发展，

---

① 牟宗三、徐复观、张君劢、唐君毅：《中国文化与世界宣言》（全名为《中国文化与世界——我们对中国学术研究及中国文化与世界文化前途之共同认识》），后收入《唐君毅全集·第四卷·中国文化与世界》，台北：学生书局1990年版，也编入唐君毅《文化意识宇宙的探索——唐君毅新儒学论著辑要》，张祥浩编，中国广播电视出版社1992年版一书，但有所删节。

② 杜维明认为：我们现在已迈入了一个新轴心时代。西方以及现代化理论所预设的以启蒙精神为主的欧美文明被奉为人类进步和发展的典范业已受到了质疑，取而代之的却绝非如福山的"历史终结"论所期望的那样——冷战后美国一枝独秀的景象，也未必即是亨廷顿的"文明冲突"论所显示的地缘政治。因为福山和亨廷顿都未能摆脱西方（特别是美国）霸权的窠臼。（杜维明：《新轴心时代的文明对话及儒学的精神资源》，载吴光主编《当代新儒学探索》，上海古籍出版社2003年版，第25—26页）

同时也在对话中充实与丰富了自身的发展。虽然今天已经不再需要像杜维明先生在30年前那样,去论证和回答"第三期儒学是否可能?"的问题,因为杜先生以及他同时代的新儒家所做的工作,本身就是第三期儒学开展内容的不可分割的部分,然而"第三期儒学"在其开展的历史过程中,仍将不断地面临新的挑战,① 并在迎接新挑战的过程中阐明儒学发展的路径。

其中,最为突出的是杜先生所指出的两个挑战:其一是儒学复兴后如何应对科学和民主的挑战,其二是第三期儒学如何面对"人类的永恒问题"的挑战而阐明儒学的路径。就第一个挑战而言,第三期儒学的出现本身就包含着对科学与民主挑战的回答,此即第三期儒学对于社会现代化问题挑战的回答。尽管复兴后的儒学,将不断地反复地面对科学与民主的发展所不断提出的问题的新挑战和新考验,但是就第三期儒学运动发展到今天的情况而言,儒学经受住了来自科学与民主的挑战与考验,这不仅表现在被敌对起来的儒学与科学和民主两面旗帜所代表的现代化之间的那种紧张关系,已经大大地减弱而趋于消解,至少中国现代自由主义和共产主义(或马克思主义、或马列主义)② 对儒学的敌对态度,业已归于减杀或消弭,而且儒学在社会现代化的过程中的积极意义日益凸显出来,那么,第三期儒学的发展,一方面固然需要应对社会现代化的挑战,另一方面可能更多地需要面对后现代社会的挑战与考验。所谓后现代社会的挑战与考验,无非就是在社会的现代化过程中,由"现代性"问题所带来或造成的现代社会的困境与人类自身的迷失。显然,这就关联到第二个挑战,即"人类的永恒问题"的挑战。在一般意义下,我们可以把它理解为人类的"终极关怀"问题。就此而言,当然可以像杜维明先生那样,去设想创建一种对全人类具有普遍信念的新哲学人学。显然,这是一个需要长期持续奋斗才能完成的大课题。这样的大课题,与牟宗三的"道、学、政"三统并建的思想具有密切的关系。如果没有(现代意义上的)"学统"与"政

---

① 杜维明:《道学政——论儒家知识分子》,钱文忠、盛勤译,上海人民出版社2000年版,第163页。
② 按:严格地说,"共产主义""马克思主义""马列主义"是三个不同的概念,本应该加以区别,但在不同语境的使用中,人们习惯分别以这三个概念来描述或指称中国现时代以政权为基础的主流意识形态,因此常常混用,名虽有异而其实指则一。故本文随文而就语,亦无区分。幸望注意!

统"的建立，要想去完成这样的大课题，则是没有保证与难以想象的；如果没有"道统"的建立，那么要想寻找和建立一种具有普遍信念的新哲学人学，也是没有可能的。

诚如上文所说，由于牟宗三先生关于"道、学、政"三统并建的思想在第三期儒学的发展中居于纲领与指导的地位，因此可以认为，第三期儒学所面临的挑战，其实也就是"道、学、政"三统并建学说所面临的挑战。正是在这一境况中，杜先生从"儒家知识分子"的立场和视角，重新阐发牟宗三先生关于"道、学、政"三统并建的思想，并回到中国儒学传统（杜先生称之为"古典儒学"）之中，对由"儒家知识分子"所执持与身体力行的"道、学、政"的观念之精义，加以阐述与诠释，断言"道、学、政"是儒学之源《论语》所标明的三个核心观念[①]，这不仅丰富和发展了牟宗三先生"道、学、政"三统并建的思想，而且为我们在 30 年后的今天，重新温习和理解牟宗三先生的这一重要学说，提供了一个具有重要启示的范例。

如所周知，刘述先先生同样也是儒学与世界文明对话的积极倡导者与推动者，自 20 世纪 80 年代以来，刘述先先生就多次参与儒耶对话的国际学术会议，特别是"世界宗教与人权"（1989）的六大精神传统对话的国际盛会，作为儒家的代表，与犹太教、伊斯兰教、基督教、印度教、佛教展开对话，催生了孔汉思（Hans Küng）起草的并得到后来在世界宗教大会（1993）上大多数宗教领袖与团体支持与签署的《世界伦理宣言》（A Global Ethic）。刘述先先生同意孔汉思的盟友美国哲学家史威德勒（Leonard Swidler）以莎士比亚戏剧化的方式所表达的"不对话，即死亡"（Dialogue or Death）[②] 的说法，他呼吁："在不同文化传统之间我们要寻求沟通。"[③] 出于对《世界伦理宣言》的支持和回应，刘述先先生特别重视与强调，从儒家伦理与世界伦理的关系，来寻求儒学与世界其他文化传统之间的沟通与融合之道。

[①] 杜维明说："儒家《论语》的三个核心观念标明了这些问题：道、学、政。"（杜维明：《道学政——论儒家知识分子》，第 1 页）

[②] 见刘述先《对全球在地化问题的反思与响应》，《深圳大学学报》（人文社科版）2014 年第 2 期。

[③] 刘述先：《儒家思想开拓的尝试》，中国社会科学出版社 2001 年版，第 150 页。

"三统并建"之再省思

为此，刘述先提出与思考了两个重要问题：其一，站在中国人的立场上，我们为什么要讲世界伦理？在我们的传统中，究竟有哪些资源可以应用，哪些障碍必须克服，才能与世界其他传统对话？其二，我们要以怎样的方式讲世界伦理，才能既与其他文化特别是西方文化会通，而又能保持我们自己文化的特色，而不致沦落为附庸的地位？①

在刘述先先生看来，对于第一个问题，牟宗三先生所提出的注重"内圣"的"道统"必须继承，却同时又要开"新外王"，作自我的扩大与拓展，建立"学统"与"政统"，以吸收西方的科学和民主，不管是否同意和接受牟先生的这一观点，至少它提供了一个方向，主张我们必须在本位的基础上吸收外来的成就，乃是通过中国伦理自己本身内在的要求，以通往世界伦理，这便代表了当代新儒家的一种解答。②

至于第二个问题，刘述先先生提出要"建立既融合又独立的文化特色"③，以他所阐扬的儒家"理一分殊"的原则来回应。因此，他认为，对于孔汉思的《世界伦理宣言》，可以在策略上呼吁每个传统先做出深切的自我反省与批评，找寻类似"金律"一类的指导原则，最后体现到以human（人性、人道、仁）贯串世界宗教的共同理想。但是，任何宣言的签署都只能达致某种低限度（minimum）的共识。儒家可以做出积极贡献之处在于，这种共识的建立不能采取他称为"取同略异"的"归纳"方式，而必须采取"理一分殊"，即容许现实层面的差别而向往超越层面的会通的方式。④

在笔者看来，这也是一种对于牟宗三先生的"道、学、政"三统并建思想学说的发展，尤其是在伦理学方向上对"道统"的扩充与发展，而"理一分殊"的原则对"道、学、政"三统并建，则更具有一种全面透视与调适的作用与效果，并开启了一种理解与把握"道、学、政"三统并建思想的新进路。

无疑，多年以来，杜维明先生和刘述先先生一直不遗余力地倡导世界

---

① 刘述先：《从当代新儒家观点看世界伦理》，《刘述先自选集》，山东教育出版社2007年版，第409—410页。
② 刘述先：《从当代新儒家观点看世界伦理》，《刘述先自选集》，第412页。
③ 见刘述先《从当代新儒家观点看世界伦理》，《刘述先自选集》，第413页。
④ 见刘述先《论当代新儒家的转型与展望》，《刘述先自选集》，第498页。

文明对话，并特别重视与强调儒学与世界各大文明之间的对话，因为儒学要与世界各大文明对话和交流，儒学的第三期发展就必须具有全球眼光，必须走出东亚，必须走向世界，唯有如此，儒学才能敞开胸襟，放下自身历史的包袱，重新站稳脚跟，挺立自己，真正地与犹太教、基督教、伊斯兰教、印度教、佛教、马克思主义、弗洛伊德学派以及后弗洛伊德心理学进行对话，使第三期儒学的开展深入世界各大文明的根系之中；与此同时，也使儒学在第三期的开展中，更好地充实自己和丰富自己，使自己立于世界文明的前列，儒学才能真正地重光自己：不仅是在中国或东亚的历史中重光自己，而且是在世界文明的发展中重光自己，儒学才能真正地对人类世界的进步，做出自己应有的贡献。① 显然，杜、刘二位先生所倡导的这一儒学与世界文明对话的基本方向，在相当大的程度上，不仅得到了当代新儒家的一致认同，而且代表了当代新儒家共同一致的心愿，因此也就自然成为当代新儒家共同努力的方向。

自进入 21 世纪以来，第三期儒学的开展不仅迈向了"后牟宗三时代"（与牟宗三时代不同的新时代），而且迎来了一个"全球化"与"在地化"的"新轴心时代"。第三期儒学的"全球化"与"在地化"，乃是通过当代新儒家的视域对"全球化"与"在地化"的问题作出反思与回应②，以求全面地充实自己、丰富自己、提升自己和实现自己的一场新运动。自 20 世纪末期以来，当代新儒家便已自觉地迎接和展开了儒学的"全球化"与"在地化"运动，这是"儒学第三期"继续展开的重要内容与课题，例如上文言及的杜维明先生与刘述先先生所做的工作，便属于第三期儒学的"全球化"与"在地化"运动的一个不可或缺的部分。而近些年以来，儒学的"在地化"与"全球化"的主旨，更是得到了前所未有的高扬与彰显。毋庸置疑，"后牟宗三时代"的第三期儒学，旨在继承与推进唐君毅、牟宗三和徐复观等为代表的第二代当代新儒家的志业，在儒学与世界文明的交流和对话中，使儒学在面向"全球化"与"在地化"的方向和道路

---

① 杜维明说："20 年来，儒家如何在文化多样性的全球趋势中，促进平等互惠的'轴心文明'之间的文明对话，成为我的科研重点，我的'终极关怀'。儒学的第三期发展，必须在这一论域中才能落到实处。"（杜维明：《二十一世纪的儒学·导言》，中华书局 2015 年版，第 2 页）
② 刘述先：《对全球在地化问题的反思与响应》，《深圳大学学报》（人文社科版）2014 年第 2 期。

上，全幅十字打开。基于这一背景，如何在第三期期儒学的发展中，重新认识与看待牟宗三先生所提出的"道、学、政"三统并建的思想理论和主张，就成为我们这个时代的一个新课题。

21世纪以来，不仅世界发生了翻天覆地的重大变化，世界的格局不断地被改变与翻新再翻新，在结束了长期的冷战之后，迈进到一个以和平为基调和主旋律的文明对话的"新轴心时代"，与此同时，中国也经历了一个天崩地解、典范改变的大时代。百年以来，相继出现了中国现代自由主义、共产主义（或马列主义）和新儒学的典范，其中牵涉到复杂的传统和现代、中学与西学之交织，典范之间的碰撞、对抗、摩荡，并在视域上融合的情况。这些情况固然值得进一步观察和研究，但是可喜的是，儒学在经历了数十年的沉寂之后，终于"一阳来复"，一个庞大的"大陆新儒家"①的多元群体在中国开始崛起，为儒学的第三期运动在中国的开展，奠定了必要的基础，并成为儒学第三期运动在中国开展的前奏；与此同时，中国的马列主义、儒学、自由主义三者之间的对立僵局，尤其是马列主义和儒学以及自由主义与儒学的对立僵局，正在打破或已经打破，而且新的儒学很可能与马列主义合流，这为第三期儒学运动在中国本土的开展，提供了一个很可能是好大于坏的时运。从这些情况来看，第三期儒学在中国的开展，尽管与早已经发展起来并达到高峰的所谓"港台新儒学"有着不同的特征，但是也同样不可避免地具有"全球化"与"在地化"的问题和要求，这一问题和要求的展开，仍然面临着如何结合中国的实情，来重新认识与看待牟宗三先生所提出的"道、学、政"三统并建的思想理论的问题。

---

① 关于"大陆新儒家"在目前是一个充满争议而不确定的概念，本文在此使用这一概念，是广义的，乃取自郭齐勇先生对这一概念的说法，兹引如下："大陆新儒学（家）究竟如何定义，学界见仁见智。有人以此相标榜，但学界却不以为然，因为他们抱持封闭的立场，脱离了时代与现实。因此，需要为大陆新儒学（家）正名。……所谓大陆新儒学（家）或新时期中国大陆的新儒学（家），是受当代哲学思潮特别是现代新儒学思潮的影响，面对中国大陆改革开放以来社会生活的实际问题，在马克思主义哲学、中国哲学、西方哲学互动的背景下，以儒家哲学思想的学术研究为基础，积极调动以儒学为主体的中华优秀传统文化资源，促进儒学与现代社会相适应，并创造性地诠释儒学精义、推动儒学现代化与世界化的学派。大陆新儒学有一个共同的价值取向，即强调中西融合与儒学的根源性、当代性、开放性、包容性、批判性、创造性和实践性。改革开放以来，大陆新儒学在理论与实践两方面都取得了积极进展。"（参阅郭齐勇《立足"返本开新"关注生活世界：当代新儒学思潮概览》，《人民日报》2016年9月11日第5版）

哲学地建立中国哲学

由于受到上述杜维明先生和刘述先先生的启迪，本文拟结合中国的情况，从另一思路来对牟宗三先生的三统并建说，再作省思与认识。

二 道统的肯定与重建：兼论中国道统与世界道统

中华民族是一个以汉民族为主体的多民族的共同体，费孝通先生称之为"中华民族的多元一体格局"，并具体地描述如下：

> 中华民族作为一个自觉的民族实体，是近百年来中国和西方列强对抗中出现的，但作为一个自在的民族实体则是几千年的历史过程所形成的。……它的主流是由许许多多分散孤立存在的民族单位，经过接触、混杂、联结和融合，同时也有分裂和消亡，形成一个你来我去，我来你去，我中有你，你中有我，而又各具个性的多元统一体。这也许是世界各地民族形成的共同过程。中华民族这个多元一体格局的形成还有它的特色：在相当早的时期，距今三千年前，在黄河中游出现了一个由若干民族集团汇集和逐步融合的核心，被称为华夏，像滚雪球一般地越滚越大，把周围的异族吸收进入了这个核心。它在拥有黄河和长江下游的东亚平原之后，被其他民族称为汉族。汉族继续不断吸收其他民族的成分而日益壮大，而且渗入其他民族的聚居区，构成起着凝集和联系作用的网络，奠定了以这个疆域内许多民族联合成的不可分割的统一体的基础，成为一个自在的民族实体，经过民族自觉而称为中华民族。[①]

对于汉族的复杂性，柳诒徵先生也早已做出过历史的考察和叙述，他指出：

> 今之中国，号称五族共和，其实尚有苗、傜、僮、蛮诸种，不止

[①] 费孝通：《中华民族的多元一体格局》，载于费孝通等《中华民族的多元一体格局》，中央民族学院出版社1989年版，第1—2页。

五族。其族之最大者，世称汉族。稽之史册，其血统之混杂，绝非一单纯种族。数千年来，其所吸收同化之异族，无虑百数。春秋战国时所谓蛮、夷、戎、狄者无论矣，秦、汉以降，若匈奴，若鲜卑，若羌，若奚，若胡，若突厥，若沙陀，若契丹，若女真，若蒙古，若靺鞨，若高丽，若渤海，若安南，时时有同化于汉族，易其姓名，习气文教，通其婚媾者。外此如月氏、安息、天竺、回纥、唐兀、康里、阿速、钦察、雍古、弗林诸国之人，自汉、魏以至元、明，逐渐混入汉族者，复不知凡几。①

吾国……"非族异心"之语，"岛夷索虏"之争，固亦时著于史，……而异族之强悍者，久之多同化于汉族，汉族亦泯然与之相忘。②

无可否认，中华民族的这种多元一体格局是历史形成的，而汉族之所以成为这一格局中的主体和基础，乃是由于汉族在其自身的发展过程中，不断吸收其他民族的成分与同化其他民族而日益壮大，而且渗入了其他民族的聚居区，成为起着联系和凝集作用的网络，从而奠定了这一格局中多民族联合而成为一个中华民族统一体的基础，由此，中华民族成为一个自在自觉的民族实体。至少两千多年以来，汉族文化，尤其是以儒学为主的汉族文化成为中华民族文化或中国文化的绝对主干主流文化和代表，在绝大多数情况下，其他少数民族文化均处于非主流的边缘地位。

今天的中国，当然不是以前所谓的"汉、满、蒙、回、藏五族共和"③，而是 56 个民族的共和，也就是所有民族的共和。然而，数十年以来，由于不断的政治运动，尤其是"文革"浩劫，以及其他政治、经济和

---

① 柳诒徵编：《中国文化史》上册，中国大百科全书出版社 1988 年版，第 3 页。
② 柳诒徵编：《中国文化史》上册，第 4 页。
③ 此说为孙中山先生所提出与主张，其中的"回"一般是指"回回民族"或"回回人"，这是沿用了历史的观念。自元代至 20 世纪 50 年代以前，在中国一直称伊斯兰教为"回教"（此外更早还曾称为"大食法""天方教""天方圣教""西域教""回回教门"以及"净教""真教""清净教""清真教"，等等），相应地就把伊斯兰教徒都统称为"回教民族"或"回回民族"，殊不知，伊斯兰教徒遍布世界各地，包含众多民族。而就中国言，信仰伊斯兰教的民族并不仅只有回族，除了回族以外，尚有维吾尔族、哈萨克族、柯尔克孜族、塔吉克族、乌孜别克族、塔塔尔族、撒拉族、东乡族、保安族，以及蒙古族、藏族、傣族和白族中的一小部分。因此，孙中山先生所谓的"回"就不应该仅限于回族，而应该是泛指中国一切信仰伊斯兰教的少数民族。所谓"五族共和"，实际上，就是多民族的共和。这是有必要在此辨明的。

文化的因素的渗入，直接或间接地造成了少数民族文化的巨大破坏。

改革开放以后，中国加速了社会现代化的步伐，宗教信仰政策重新恢复和实施，并有新的调整，汉文化和各少数民族的传统文化开始重新得到尊重，但在追求社会经济利益的发展中，尚未复苏的传统文化，尤其是少数民族传统文化以及其民族文化认同感，再一次受到冲击。在社会的现代化进程中，社会经济的发展与少数民族传统文化的继承和发展之间，似乎存在无法避免的矛盾，但是这是否意味着少数民族地区社会经济的发展，一定要以牺牲其传统文化为代价，则不无疑问。事实上，20世纪后半叶以来，世界文明已经进入一个文化上的多元主义和价值上的相对主义的时代，人们主张与强调本土文化与民族文化的特殊性与个性的多元多样化的发展，提倡和伸张本土文化与民族文化的自觉自立与自我认同，寻求文化心理与人生价值的归宿感。在这一潮流的影响和驱动下，中国少数民族传统文化得到了前所未有的重视与重新肯定，民族文化与社会经济发展之间的紧张关系似乎得到了缓和，尤其是在大力发展"文化产业"的召唤下，少数民族的一些传统文化项目，得以在形式上与旅游业逐渐紧密地结合起来，但是少数民族传统文化究竟在多大程度上得到了重建和复兴，少数民族究竟在多大程度上找回了民族文化的认同感与归属感，则仍不无疑问。实际上，"我是谁？"的问题并没有解决。虽然如此，但是少数民族传统文化得到重新肯定、恢复与重新发展的良机与趋向，则是一个明朗的事实。

与此同时，以儒学为代表的汉族传统文化，也开始重新得到尊重与某种程度的认同，并迎来了一个大好的发展和复兴的时机，那么，今天的儒学在人类文明的"全球化"与"在地化"的大潮中，如何发展自己呢？解答这一问题，就需要重新正视以儒学为主的汉族文化与少数民族文化发展之间的关系。唯有如此，才能在现在和未来的发展中，处理好作为一个民族统一体的中华民族文化的关系，才能处理好中华民族内部的汉族与各少数民族之间的关系，才能维护中国的完整和统一，中国也才能作为一个高度文明的大国重新崛起于东方，屹立于世界而不倒。然而，必须看到，这一问题并不是孤立存在的，而是与人类世界的文化及其精神密切地联系在一起。在一背景下来看，牟宗三先生所提倡的"道统"之重建，就有了新的意义。

牟宗三先生说："一个民族的方向，一个指南针，好比数学上所说的常数（constant）。一个国家民族不可以没有常数。如果没有一个常数，那么今天往这里变，明天往那里变，这些变便没有定准。因为变是相对于常而言的，如果没有一个常数，那么变数也不成其为变数了。"[1] 实际上，对于一个民族或国家来说是如此，对于世界来说，同样如此，需要在变数中有一个常数，这个常数就是道统。道统表征一个民族或国家的根本精神之价值和动力本原；同样，道统也需要表征人类和世界的根本精神之价值和动力本原。一个民族或国家没有道统，必然失去方向、秩序和发展的动源（动力源泉）；同样，人类和世界没有道统，也必然失去方向、秩序和发展的动源。因此，道统绝不是可有可无的，道统在任何时代都是不可或缺的。

诚然，道统之肯定与重建，不仅需要肯定汉族传统文化的道德宗教之价值，尤其是儒家的道德宗教之价值，以此来护住孔孟所开辟的人生宇宙之本源，而且需要开放更多的道德宗教价值之源，需要更多的异质文化传统的哲学思想，来充实和丰富孔孟所开辟的人生宇宙之本源。这样，道统才能"返本开新"，得到扩充、重建与光大。如果说中国文化要复兴，世界文明要发展，人类将迎来一个新轴心文明时代，那么道统就绝不是儒家的、汉族的，而应该是汉族和其他各少数民族的共同的道统，应该是整个中华民族的道统；进一步地说，道统不应该只是儒家的、汉族的道统，也不应该只是中华民族的道统或中国的道统，而应该是东亚的，亚洲的；更进一步地说，道统也不应该只是儒家的、汉族的道统，也不应该只是中华民族的道统或中国的道统，或东亚的、亚洲的道统，而应该是世界的道统，人类的道统。换言之，今日之言道统，已不再是往昔之道统，而是一既观照历史、民族、宗教、文化、国家与区域的多元多层的具体道统景观，同时也是一超越历史、民族、宗教、文化、国家与区域的跨文化的全景交往对话中的世界综合一体而又多元分层的共同道统景观。上文中所提及的《世界伦理宣言》的出现，无疑是一可喜的现象，可能为世界道统的建立作了一种必要的准备，而成为世界道统之先声。诚然，这犹如雅斯贝尔斯所说的那样，只有在人类的"第二个轴心时代"才可能真正地实现。在对人类第一个"轴心时代"的论述中，雅斯贝尔斯指出：

---

[1] 牟宗三：《时代与感受》，见《牟宗三先生全集23》，第368页。

哲学地建立中国哲学

只有在轴心期，我们才遇到了不遵循普遍规律、相反却构成一个具有包罗万象性质的、独一无二的、特殊的历史事实，它本身包容了所有的精神现象。轴心期是在世界历史水平上唯一一个相当于总体的普遍类似，而不单单是特殊现象偶然的同时发生。单个现象或一系列现象，都不足以确立那种我们所论及的轴心期的类似现象。①

我们今天正处于一个高科技的时代，但通过现代世界高度文化的组织与塑造，并非不可能使人类世界导入类似第一个轴心时代的第二个轴心时代。对于世界道统的设想，正是对人类第二个轴心时代的呼唤与期待。在某种意义上说，世界道统的建立，也正就是儒家大同理想的一种实践和落实。那么，借用雅斯贝尔斯的话来说，将要发生的事情，乃是世界性的和包含人类共同精神价值的趣向和追求，不再限于中国、欧洲或美洲。因此，这一具有决定性的事情必将是整体性的，并且是空前重大的。② 这当然不能只靠中国人的努力，而是需要全世界人类的共同奋斗才能实现的。但是，这绝不是空中楼阁，或镜中幻象，而是一个可以希冀、可以追求、可以实现的人类的共同愿景。

若以儒学为主为代表的中国汉族文化与少数民族文化之间的关系，而论道统的重建，道统就必须在尊重中国多民族文化同生互融的基础上，进行重建。儒学当然是其中最重要的轴心，这是在中国数千年历史中积淀下来而形成的结果，我们当然可以坚持一种温和而开放和多元的新儒家的立场和态度，但不独尊儒学，也不仅仅只有儒学，而是将儒学置于多民族文化同生互融的关系中，去重新理解与诠释，在以儒学优良传统精神的基础上，从文化哲学人类学的意义上去重新认识与积极吸取各少数民族哲学，尤其是其道德宗教中的有益养分，绝不可因为其在生产方式和生活方式上与汉族存在的差别以及生活环境上的差别，就认为一切少数民族的文化都是落后的低级的文化，采取鄙视甚至蔑视的态度。其实，任何民族文化的存在，均有其自身的价值，绝不能认为汉族文化的价值，就一定高于其他

---

① ［德］雅斯贝斯：《历史的起源与目标》，魏楚雄、俞新天译，华夏出版社1989年版，第19—20页。

② 参阅［德］雅斯贝斯《历史的起源与目标》，第34页。

少数民族文化的价值，汉族文化就一定比其他少数民族文化优越和先进。从人类历史文化的发展演进来看，不同地区国家民族的文化的先进与落后总是相对的，而不是绝对的。任何一个民族的文化，总是具体地体现在其生活以及生活方式之中的，而一个民族的生活或生活方式，又是与其生活的环境、生活的时代、传统习俗、生产方式和社会制度等多种因素密切相关的。我们不能把自己的意志和文化，乃至行为规范，强加给其他少数民族。即使对于弱小的后进的少数民族及其文化，我们也应该抱着尊重与友善的态度去对待。如果我们承认和坚持人类是平等的，一切民族是平等的，那么我们就必然要承认和坚持，一切民族文化是平等的。无论任何人或任何民族，都是其社会历史文化的产儿，并作为其社会历史文化精神之表征而存在，他不可能脱离其生活的社会历史文化，而孤立地存在，人类及其民族的过去如此，现在如此，将来亦然如此。如果民族文化之间没有平等与互惠，那么民族之间就不可能有平等与互惠；如果一个民族的文化不能得到尊重，这个民族也就不可能得到尊重；否定一个民族的社会历史文化，就是否定一个民族存在的合法性。

因此，今天论及道统的重建，仍然有必要批判和反省大汉族主义与儒学沙文主义。关于（以儒学为主的）汉民族文化与少数民族的历史关系，乌·额·宝力格（Uradyn E. Bulag）教授指陈"汉文化"的独尊并以"怀柔远人"的策略来笼络异己的少数民族文化或其他异己的异质文化，在"中华帝国""顺我者昌，逆我者亡"的强权逻辑的驱使下，要"化"掉，甚至是"消灭（掉）不同"于己的少数民族文化或异己的异质文化，[1] 无疑是对大汉族主义与儒学沙文主义的反省与批判；与此同时，宝力格教授还思考和提出了关于民族团结不是"一厢情愿"的意见[2]。对于这些批判和意见，无论我们是否同意，都是值得注意的。当然，这些问题是可以讨论的，也可以有不同的回应。但是，无可否认，在中国历史上，的确是存在过大汉族主义与儒学沙文主义的。今天，尽管儒学不成气候，也说不上有什么市场，有待重整与复兴，但是仍然可以听到大汉族主义与儒学沙文

---

[1] 参见《宝力格教授的蒙古探究：我的"民族"，你的"问题"》，文章来源：伦敦政经中国发展社团，"见地"栏目，Facebook：goo.gl/YPLJNZ，Weibl：goo.gl/WgGlnw，2017-02-03。

[2] 见《人类学的蒙古探索——乌·额·宝力格教授访谈录》，豆瓣网，2012年。

主义的论调。这是值得我们反省与警觉的！只有这样，我们今天才能抱着汉族与其他少数民族互相平等与互相尊重、汉族文化与其他少数民族文化互相平等与互相尊重的态度，去虚心学习与吸收其他少数民族文化的精髓，在重建道统的过程中不断地充实、丰富和完善道统，使重建的道统能为汉族与其他各个少数民族所认同与接受，视为基本的共同的价值理念与精神支柱，至少在精神价值的底线上，可以首先达成一致的趣向。

虽然说汉族与其他少数民族有一个基本的共同的道统，但是这并不妨碍各个民族文化本身的独立存在和自由发展，而且应该可以促进各个民族文化的自由发展和独立存在，因为这个道统是整个中华民族的道统，而不是专属于某一个民族的道统。从哲学上讲，道统是中华民族统一体的共性，而各个民族的文化及其精神，是能具体地体现这一共性的多样化的自由表现的个性，中华民族统一体的共性是"一"，各个民族文化及其精神的多元的多样化个性，则是"多"；以中国哲学传统的术语说，中华民族统一体的共性的"一"，也就是"理一"，而各个民族文化及其精神的多元的多样化个性的"多"，则是"分殊"的表现。可见二者之间的关系是"共性"与"个性"的关系，"一"与"多"的关系，也是"理一"与"分殊"的关系。因此，也可以根据刘述先先生所倡导的"理一分殊"的原则去处理。至于如何在以儒家文化为主干和代表的汉族文化，与其他少数民族文化之间进行沟通与互相吸收和融合，从而实现中华民族统一体的道统与各民族文化及其精神之间的统一，也就是实现中华民族统一体的"共性""一"或"理一"与各个民族文化多样性的自由"个性""多"或"分殊"之间的统一，一方面需要一个不断的道统民族化在地化的过程，使道统成为具有不同民族、地域以及宗教特色文化的道统，最为典型的范例，就是佛教的中国化或称为佛教的在地化，以今天的话来说，所谓"佛教的中国化"，其实就是佛教在中国的民族化与在地化，但佛教的这一民族化与在地化是多元"分殊"而又"一本"的。因为佛教在中国民族化与在地化的结果，是不仅有汉传佛教的诞生，而且有藏传佛教与上座部南传佛教的出现，各具民族、地域与文化的特色，互相辉映，成为三足一鼎的中国佛教，而这个三足一鼎，表明它们是一根而发的同一个佛教。这就是中国佛教的"一本"性。无疑，从世界道统的高度上说，道统在世界各地的在地化与民族化，恰恰是道统的世界化的必经过程与具体表现，这犹如说世界佛教一样。如所周知，佛教在全世界的传播，经历了不同的在地化与民族化的过程，因此形成了世界上各具特色的佛教，但是无论流布而扎根于世界各地的佛教的特色如何不同，它们都是同一个佛教。因此，这里所谓"世界佛教"，说到底，只不过是一个佛教而已，以中国哲学的术语称之，可谓"万殊一本"。佛教的"中国化"与"世界化"，为道统在中国与世界的民族化与在地化，提供了一个成功的可供借鉴的典范。另一方面，实现道统与各民族文化及其精神之间的统一，也仍然需要杜维明先生所倡导与坚持的文明对话的态度，只不过这是在中华民族统一体基础上的各个民族文化之间的对话与沟通，尤其是汉族文化（其中又以儒家文化最为突出）与其他各少数民族文化之间的对话与沟通罢了。这或许比起以儒家文化为代表的中国文化与世界上的其他民族国家的文化之间的对话来说，会较为方便与容易一些。当然，这一对话也将融入世界文明的对话之中。

毋庸置疑，在重建道统的过程中，不仅要有以儒学为主的汉族文化与各个少数民族文化的对话，同时在汉族文化自身以及各少数民族文化自身之中也需要展开平等的文明对话。就汉族文化而言，儒释道之间的对话与融通不仅是一个历史的传统的老问题，而且也是一个现实的新问题，因为今天不仅有新儒家，而且也有新道家和新佛家，同时还有新墨家，甚至可能出现新法家，其他各种"新诸子"之家，也可能冒出新笋，因此不仅儒、释、道之间的当代对话，需要深入与推展，而且汉族文化自身的对话，也需要不断扩大，尤其儒家不能只与道家、佛家对话，也必须与墨家、法家对话。这是重建道统的重要一环。由于这一话题不是一个新鲜的话题，在此点到为止。

在人类进入文明对话时代的今天，谈论与追求世界文化的共同性与普适性，尤其是人类文化的普适价值，受到前所未有的推崇与重视，则是时代精神潮流的另一趋向与发展要求。显然，这也是世界文明对话本来所蕴含而应有的旨趣。在这一世界文化背景下，道统的重建，必须在代表中国文化的儒学与世界其他各大文明之间的对话中来进行，正如上文所提及的，今天所要重建的道统，应该是世界的道统，人类的道统，它至少应该在人类基本价值的伦理精神上体现出一致性。诚如上文所说，《世界伦理宣言》已经开了一个好头，有望在一个新的轴心时代来临时，变成现实。

哲学地建立中国哲学

今天的世界文明交往与对话，正在积极酝酿与创建一个新的轴心时代。从这个意义上看，儒学当然必须要与世界各大文明展开平等互惠的对话，一如杜维明先生和刘述先先生所主张的那样，儒学要在文化多样性的全球化趋势中，促进平等互惠的新"轴心文明"之间的文明对话，寻求儒学与世界其他文化传统之间的沟通与融合之道，以求达到像刘述先先生所希望的那样"建立既融合又独立的文化特色"的儒学，这当然需要超越国家、民族与宗教的藩篱，具备关怀与开拓全球的意识，来一场儒学典范转移的大改变与大发展，在世界文明的全景交往中进行对话。实际上，对世界各个文明既融合又独立而不失自己的文化特色的道统，很可能就是重建道统所要达到的一个目标。不过，这仍然是基于世界文明多元格局的全景交往中的中国儒学的"本位"立场而言。

关于这一问题，牟宗三先生比较中西方文化，指出每一民族文化精神皆有其特殊性与共同性，其具体表现的理路虽然是主观的、特殊的，但也是客观的、普遍的，由其客观而普遍的理路可以引发文化的沟通，不同民族文化之间的光光相交，契合为一，就成为文化系统的世界性，因此每一个民族文化同时又是一种世界的文化。[①] 这的确是颇具启发性的。但是，

[①] 牟宗三先生说："……每一民族有其表现心、理之方式。此表现方式在开始点不能完全相同。然一有表现方式而成为精神之发展，即成一文化系统。此精神之发展是有其理路的。……此理路是客观的。气质之表现方式是主观的、是特殊的。气质之首先表现此或表现彼，首先倾向于此或倾向于彼，是特殊的主观的，然一有表现而成为精神之发展而有其理路，则此理路是客观的。假若你的心灵注意及此而引发你的气质去表现这方面的真理，则亦必走上此理路。此客观而普遍之理路可以引发文化之沟通。宗教有宗教之理路，道德有道德之理路，政治有政治之理路，逻辑、数学、科学亦各有其理路。推之，智有智之理路，仁有仁之理路，耶稣之爱有爱之理路，释迦之悲有悲之理路。此各种理路，因其客观性与普遍性，皆有其交光之处。光光相交，契合为一，此即为文化系统之世界性。每一文化系统皆有其世界性，从其气质之表现方面言，则是其特殊性。特殊性不能泯，其共通性亦必然有。文化就是这样在各尽其诚之自我表现中而向共通以前进。睽而知其通，异而知其类，此之谓也。勿以为有特殊性即停于特殊性，停于特殊性而不进，则其文化生命死矣，此真所谓顽固也。除此，不得谓顽固。亦勿以为有共通性，即颟顸于共通性而忽视民族气质表现之不同，迷妄于浑同之中而妄言大同，茫然不知个性之特殊，不知历史文化之可尊，不知民族国家之在文化上之价值。理路虽是客观而普遍的，然各人各民族之表现必有其细微不同处。此不同即是价值之增加，真理表现之增加。此即甚可贵处。孔子之仁教并不止于孔子之所表现，亦不止于中国以往之所表现。孔、孟理学之表现固有其理路，他人他民族若通过其自觉而注意及此，则大体固亦可说同于此理路，然在同于此理路中必有其气质之特殊性。即在此特殊性中，必然拖带出仁教之更多的内容、更多的真理。须知仁教之函量无穷无尽。同理，耶稣之爱，亦不止于耶稣及基督教之所表现，就是逻辑、数学、科学亦不能停止于其既有之成，政治形态之演进亦复如此。"（牟宗三：《道德的理想主义》，见《牟宗三先生全集9》，第321—323页）

任何一种世界文化在其"气质之表现"上，必然是特殊的具体的并有其个性的，这就是牟宗三先生所说的"各人各民族之表现必有其细微不同处"，在这些特殊性、具体性与个性上的细微差异中，表现出人类真理与价值的增加，这就是民族文化以及个人文化的极其可贵之处。因此，对世界上的任何一个民族文化来说，其特殊性不能泯灭，其共通性亦必然具有。"文化就是这样在各尽其诚之自我表现中而向共通以前进。睽而知其通，异而知其类"，必须贯通特殊性与普遍性、主观性与客观性，把特殊性与普遍性统一起来，把主观性与特殊性统一起来。在这一意义上去看，孔子所开创的仁教绝不能止于孔子之所表现，也绝不能止于中国以往历史中之所表现，而是必然要在儒学走向世界的过程中，从儒学所特有的"气质之表现"中，必然引生与连带出仁教之更多的内容，或更多的真理。这些仁教的真理，必将汇归为世界道统的不可缺少的一部分。对于基督教之所表现来说，也同样如此。从这个意义上说，在牟宗三先生的思想里，本身就蕴涵了世界道统的观点与视域。今天，我们应该把这一观点和视域明确地表示出来。牟宗三先生指出：

> 我们不能不承认今日中国的问题，乃是世界的问题，其最内在的本质是一个文化问题，是文化生命之郁结，是文化理想之背驰。如是，不但综起来了解文化生命是可能的，而且对时代的症结言，疏通文化生命之郁结，协调其文化理想而泯除其背驰，且是必要而又急切的。①

如果说中国今日的问题是世界的问题，那么反过来说，世界今日的问题也同样是中国的问题。若要解决其"文化生命之郁结"与"文化理想之背驰"，则需要一个世界道统来"疏通（其）文化生命之郁结，协调其文化理想而泯除其背驰"，是理所必然的。

诚如上文所言，如果儒学是世界的儒学、人类的儒学，那么儒学以及儒家的道统在对世界人类的传播中，必然有一个在世界不同国度、地域与民族中的民族化与在地化的历史过程。这当然就是道统的世界化过程。然而，归根结底，世界的道统也只是一个道统，犹如世界的儒学只是一个儒

---

① 牟宗三：《道德的理想主义》，见《牟宗三先生全集9》，第318页。

学而已。这就是儒学或道统的"万殊一本"之道。只有在这一意义上，中国儒家的道统（简称"中国道统"），才能作为世界道统中的一元而存在。中国儒家的道统与世界道统是"分殊"与"一本"的关系，二者之间不能互相取代，只能互相辅助、支撑与成就。这显然是就道统的基本精神大旨而言。在这一意义上，中国道统与世界道统，是道旨一贯而相通相同的，可谓中国道统与世界道统心同理同。然而，实际存在的世界道统，乃是分布于世界各不同地域与民族文化生命之中的，各具特色而多元多样的"分殊"（或特殊）的、具体形态的精神之光，并非只是一个概念而已。它们依据一共同的道旨（"一本"）而存在，相对而相关，在精神上以各自相对独立的具体形态（"万殊"）而存在。唯有在这样一种关系中，中国道统与世界道统之间的多元格局中的文明对话，才可能是富有成效的，有助于世界文明的持久和平健康的繁荣与发展。

必须指出，世界的文明及其精神，需要"遗传"与分有儒家道统的"血液"以充实和光辉其生命，这本身不是儒学以"殖民"或"后殖民"的方式向世界强力扩张的结果，而是儒学与世界各文明积极对话，以及儒家道统世界化的自然生成的（精神）生命之光。

同时需要强调的是，基于中国儒家立场所追求的道统（即中国道统），不能取代且事实上也不可能取代世界上的任何其他文化或文明，也不能凌驾于世界上的任何其他文化或文明，它只求在世界文明平等与互惠的全景交往对话中，扮演自己应有的角色，在丰富世界文明多元化与多样化的格局中，促进世界文明的和平发展，实现自己的价值而已。与此同时，也许更重要的是，正是在这一过程中，儒家意义上的道统，将会变得更加充实和丰富，并使自身得到升华。伽达默尔说过：

> 在成功的谈话（引者按：即对话）中，谈话伙伴都处于事物的真理之下，从而彼此结合成一个新的共同体。谈话中的相互理解，不是某种单纯的自我表现（Sichausspielen）和自己观点的贯彻执行，而是一种使我们进入那种使我们自身也有所改变的公共性中的转换。①

---

① ［德］伽达默尔：《真理与方法》上卷，洪汉鼎译，上海译文出版社1999年版，第486页。标点符号略有改动。

"三统并建"之再省思

事实上，世界道统的建立，确实需要并有赖于在全景交往对话的公共性的转换而使自身有所改变的过程中，结成新的共同体。

世界道统的建立，固然是一个远大而需要经历漫长奋斗的过程，才可望实现的理想，我们论及道统与世界文明的全景交往对话，却不能不予以考虑。然而，千里之行始于足下。建立世界道统，一方面，如上所述，需要重建中国道统，另一方面，仍然需要从当代新儒家所倡导的世界文明对话开始。问题是，今天的世界文明对话，是与"全球化"和"在地化"浪潮不可分割地联系在一起的。

因此，必须看到，当今"全球化"与"在地化"浪潮业已席卷世界各地，必须强调的是，无论"全球化"或"在地化"，绝不仅仅是经济浪潮，它们一方面是对世界共同性与普适价值的诉求，另一方面则是对尊重和保护各地区各国家各民族文化与价值之多样化与多样性的呼喊，这一在文化与价值上的两极分立，则使人类陷入相对主义的泥泞而难于自拔。[1] 基于当代儒学的立场与视域，在从中国文明自己内部对话，到儒学与世界文明对话并举的第三期儒学运动的发展中，重建世界文明的道统，将会对于调适与平衡陷于相对主义中的人类文化与价值，起到积极的促进保健作用。从这个意义上看，重建道统是必需的，儒学与世界各文明之间的对话也是必需的。在这方面，当代新儒家业已做了开创性的卓有成效的工作，无疑地说，今后仍有必要继续与加强这一方向的工作。诚如上文所说，儒学需要与犹太教、基督教、伊斯兰教、印度教、佛教、马克思主义、弗洛伊德主义以及后弗洛伊德主义对话，并从中获益，但从中国当今的情况来看，有必要重点强调与突出儒学与基督教、伊斯兰教之间的对话。基督教在中国的传播迅猛而广泛，明暗相间，影响颇大，这在一定程度上不仅构成了对马克思主义意识形态的挑战，也成为对中国文化的挑战，儒家应该积极展开与基督教的对话，回应这一挑战；同样，儒学与伊斯兰教之间的对

---

[1] 杜维明先生说："全球化与本土化这两股思潮既矛盾冲突又相辅相成的潮流在世界各地激起浪花，既释放出史无前例的创造力，又爆发出闻所未闻的破坏力。令人眼花缭乱，好像无所适从。我们必须摆脱非此即彼的二分法和因果判断明确的线性逻辑，而采取即此而彼、因缘凑合的网络思维来认识、理解和诠释这一纷繁复杂、变动不居的现象。"（杜维明：《新轴心时代的文明对话及儒学的精神资源》，载吴光主编《当代新儒学探索》，第25页）

话、沟通与交融，仍然需要加强与推进。如所周知，基督教文化与伊斯兰教文化之间的文明冲突，一直是世界动荡不安的重要因素与重大忧患。因此，在国际国内展开与加强儒学与基督教和伊斯兰教之间的对话，事关重大，在这一文明对话中重建道统，不仅有利于中国文化发展的平衡与社会的和平安宁，而且也有利于世界文明发展的平衡与人类的和平幸福。

在内外多元文化的格局中，以文明对话的方式寻求道统的重建，难免出现"判教"，因为必须经过比较研究，才能有所会通与融合，达到理想的境界，这就需要对"判教"有创造性的诠释与发展，因此必须突破与摒弃"圆教"与"别教"的划分，可以而且应该在会通融合中追求理想完美的最高境界，但是在文化多元平等的全景交往格局中，不再有一个至高无上的"圆教"的存在，每一个文化或文明，均能得到自己应该拥有的一席合理地位。在这一意义上说，所谓"判教"不过是从学理上承认各种文化的平等独立地位，并对它们在一套理论架构中给予其应有的恰如其分的安排和地位，使不同文化之间既相互联系，而又保持自己的独立，并不失自己的特色。这样的判教，才是符合今天的时代精神与为我们的时代所需要的判教。

除此以外，儒学与马克思主义之间的对话，以及与自由主义之间的对话，则是另一个重要的课题，而儒学与马克思主义之间对话的探讨，目前已经成为中国学术界热门的话题。

必须强调，重建道统的一个重要前提是，今天仍然必须"回到"以孔子为代表的先秦儒学中去，重新肯定与护持牟宗三先生所指出的，儒家"道德宗教之价值"与"孔孟所开辟之人生宇宙之本源"，以复活儒学的真精神、活精神。这固然是由近代以来儒学在中国的命运所决定的，儒学需要呈现自己的真面目，洗清被强加于自己身上的莫须有的种种罪名，同时由于最近一些年来，不断出土与发现有关先秦儒学与秦汉儒学的一些新的文献资料，非常有必要对儒学进行新的梳理与厘清。这样，才能为重建道统，即在多元文化的格局中，确立以儒学为多极轴心中的一极，而建立和发展新轴心时代的文化，奠立儒家的文化立场与前提。依据这一立场和前提而建立的道统，应该是由多元文化所共同构成的一个轴心统一体，所有的多民族文化或世界多元文化，都围绕着这一文化轴心统一体，而展开跨文化的全景交往的平等对话，并在对话中把人类的文明推向前进。

"三统并建"之再省思

以上所论道统的重建，均当以这一前提为基础。这就是上文中所说的以"一本万殊"之理，建立一种既扎根于历史、民族、宗教、文化、国家与区域的多元多层的自立道统景观，同时又是一种超越历史、民族、宗教、文化、国家与区域的跨文化的全景交往对话中的世界一体综合立体多元分层的共同道统景观。

但是，道统的重建，在今天必然是与学统关联在一起的，并以学统为基础的。

三　中国学统的开出与建立

学统的肯定和建立与道统固然密不可分，学统的建立与发展需要表现与彰显道统的精神旨趣，但学统有其相对独立的地位。学统的建立有裨益于道统的建立、巩固和发展。不仅如此，学统的建立也是政统之开出的必要条件和重要基础。这与中国传统的"学统即道统"① 不同。因为对中国文化来说，在"仁的文化系统"之外，必须建立"智的文化系统"。如上所述，牟宗三先生指出，学统的开出是要"转出'知性主体'以融纳希腊传统，开出学术之独立性"（此诚为建立"智的文化系统"之根基），并从中西文化之比较和融通着眼来论述学统的建立，他着重指出两点：一是需要西方的名数之学及其连带所成之科学，二是需要国家政制之建立，这其实是指出了建立学统，必须具备的两个条件。牟宗三先生写道：

一、在学术上名数之学之足以贯彻终始，而为极高极低之媒介，正吾人之所缺，亦正西方之所长。儒学在以往有极高之境地，而无足以贯彻之者，正因名数之学之不立。故能上升而不能下贯，能侔于天而不能侔于人。其侔于天者，亦必驯至远离漂荡而不能植根于大地。其所以只能上升者，正因其系属道德一往不复也。而足以充实之之名数之学，则足以成知识。知识不建，则生命有窒死之虞，因而必蹈虚而漂荡。知识不广则无博厚之根基、构造之间架，因而亦不能支撑其

---

① 参见牟宗三《陆王一系之心性学》，见《牟宗三先生全集30》，第128页。

·503·

高远。故名数之学,及其连带所成之科学,必须融吾人文化之高明中而充实此高明,且必能融之而无间也。是则须待哲学系统之建立与铸造。……

二、在现实历史社会上,国家政制之建立,亦正与名数之学之地位与作用相模拟。此亦为中国之所缺,西方之所长。国家政制不能建立,高明之道即不能客观实现于历史。高明之道之只表现为道德形式,亦如普世之宗教,只有个人精神,与绝对精神。人人可以与天地精神相往来,而不能有客观精神作集团组织之表现。是以其个人精神必止于主观,其天地精神必流于虚浮而阴淡。人类精神仍不能有积极而充实之光辉。故国家政制之建立,即所以充实而支撑绝对精神者,亦即所以丰富而完备个人精神者。凡无国家政治之人民(如犹太人)其精神不流于堕落与邪僻,即表现为星月之清凉与暗淡。其背后,决无真正之热力,与植根于天地之灵魂。朱光澈地与月白星碧之别,正在其有无客观精神之表现,有无国家政治之肯定。故国家政制之建立,亦须融于吾人文化之极高明中而充实此高明,且亦必能融之而无间者。是亦有待于伟大之历史哲学与文化哲学之铸造也。①

牟宗三先生之所以特别重视和强调西方的名数之学(逻辑学、几何和纯数学)以及由此而成之自然科学,关键在于此名数之学,乃是科学知识之建立的基础,而此名数之学的根源,则在于古希腊的文化,尤其是其哲学与科学。自近代以来,西方将源自古希腊的名数之学发扬光大,"知性主体"凸显,知识论系统层出不穷,科学日新月异,形成了一套独立自由的"学统";而西方社会的现代民主制度,正是在此一"学统"的背景和基础上才得以建立的,可见名数之学、知识论以及由此连带而成的科学与民主,正是"知性主体"精神的具体表现与表征。由于中国传统文化中,最为突出与殊胜的是"德性主体","知性主体"欠发达,甚至极度贫乏与空缺,所以必须从西方引入名数之学,以补中国文化之欠缺与不足,并在中西文化结合融通而成的中国之新文化中,开出自己的"知性主体",由此而开出与建立自己的学统,以保证学术的独立和自由,这也正就是牟宗

---

① 牟宗三:《道德的理想主义》,见《牟宗三先生全集9》,第4页。

三先生在《政道与治道》中所指出与强调的"转理性的作用表现而为理性的架构表现"①，或由"理性之内容表现与运用表现"转为理性之"架构表现"与"外延表现"②，开出"对列之局"（co-ordination）③，易言之，就是要把"德性主体"转为"知性主体"，千言万语，只为在"德性主体"（或道德主体）之外，必须再添生出一个"知性主体"④，以开出"对列之局"，唯有如此，学统以及政统的开出与建立才有真实的基础。其实，这也正是在中国之新文化中开出"新外王"的重要础石，当代新儒学"返本开新"的一大关键，亦恰在此处。

在牟宗三先生的这一思想理路中，他显然预设了一个前提，这就是西方的"学统"，亦即源出于古希腊文化的独立自由的学术传统，必然具有一种普适的价值，并且由于其理性基础是"知性主体"以及由主体和客体的对立统一而成的"对列之局"，因此而有一种基本的普遍的形式（例如学术范式和规范）。由此可知，由引入西方这一学术独立自由的传统精神，在中国的新文化中所建立的学统，在本质上，必然是与西方的这一学术精神一致的，从而具有一定的世界性和共同性，在这一意义上，正可谓"学术乃天下之公器"、乃世界之公器也。就是说，学统的世界性要在学术之为"公器"的精神中具体体现出来。但由于它植根于中国文化而有自己的特色，并不是西方之"学统"（学术精神传统）的复制、翻版，或简单移植。在这一意义下，诞生于西方的科学和民主，同样具有普适的价值，因而成为全世界现代化的目标。中国自新文化运动和五四运动以来，一直高举起"科学"和"民主"这两面旗帜，没有人能从根本上反对，除非开历

---

① 牟宗三：《政道与治道·新版序》，见《牟宗三先生全集10》，第26、28页。
② 牟宗三：《政道与治道·序》，见《牟宗三先生全集10》，第37—38页。
③ 牟宗三：《政道与治道·新版序》，见《牟宗三先生全集10》，第25—26页。
④ 需要注意的是，牟宗三先生在"知性主体"之外，还提出了"艺术主体"，他说："中国之文化生命，首先表现出'道德主体'与'艺术主体'，而表现此两主体之背后精神，一曰'综和的尽理之精神'与'综和的尽气之精神'。由前者，有'道德的主体自由'；由后者，有'美的主体自由'（即黑格尔所谓'美的自由'）。然而'知性主体'则未出现，因而精神表现之'理解形态'，终未彰著。"（牟宗三：《历史哲学·自序》，见《牟宗三先生全集9》，第21页）此后，他还提出"审美的品味"主体即"美感的主体"，主张把"知性主体""美感主体"与"德性主体"统一起来，此即"真""美""善"的统一。牟宗三先生晚年提出著名的"真善美"的"分别说"与"合一说"。（可参阅王兴国《大家精要·牟宗三》，云南出版集团、云南教育出版社2011年版，第115—127页）这一问题无关此文的主题，在此点到为止，存而不论。

史的倒车，彻底否定现代化。所以，科学和民主，也就成为当代新儒家的"新外王"的目标和内容所在了（当然，在表现形态与特征上会有所不同）。

与此同时，牟宗三先生对西方学术理性偏重于"知性主体"，而轻视"德性主体"或"道德主体"的弊病及其危害，亦作了揭露和批判，这里只要援引下列一段牟宗三先生的论述就足够了：

> 西方名数之学虽昌大（赅摄自然科学），而见道不真。民族国家虽早日成立，而文化背景不实。所以能维持而有今日之文物者，形下之坚强成就也。形上者虽迷离惝恍，不真不实。而远于人事，则于一般社会群体，亦不必顿感迫切之需要。然见道不真，文化背景不实，则不足以持永久，终见其弊。中世而还，其宗教神学之格局一经拆穿，终不能复。近代精神，乃步步下降，日趋堕落。由个人主义而自然主义，自由平等博爱之思潮兴，近代英美之政治民主，即由此而孕育。然个人主义（,）自由主义，如不获一超越理性根据为其生命之安顿，则个人必只为躯壳之个人，自由必只为情欲之自由。……岂非步步堕落，非全部物化而毁灭之不可而何耶？此尚非人类之浩劫乎？然则有坚强之形下成就，而无真实之背景者，虽曰日益飞扬，实则日趋自毁耳。然非局于现实而为其文物所惑者所能洞晓。世人方欣羡其成就，而不知其大苦痛即将来临也。彼若不能于文化之究竟义上，有真实之体悟，将不能扭转其毁灭之命运。名数之学与民族国家将徒为自毁之道，又何贵焉？故就西方言，民族国家诚可诅咒。名数之学，或知其不负利用之责。然而真负利用之责者，又不能建，则亦无安顿名数之学者。名数之学，不能安顿，则利弊相消，亦同归于尽而已。人不能建其本，则科学之利正不能见其必多于其弊也。而飞扬跋扈所以震炫世人耳目者，亦正人类自娱于精神之播弄，阳焰迷鹿，麻醉一己而已。①

无疑，牟宗三先生所反对的"理智一层论""科学一层论"的根源，就在于"人不能建其本"，不能有一超越理性的根据为其生命之安顿，所

---

① 牟宗三：《道德的理想主义》，见《牟宗三先生全集9》，第5页。

"三统并建"之再省思

谓"自由"只是流为情欲的自由,所以"科学之利正不能见其必多于其弊"。那么,对牟宗三先生来说,有了"知性主体"并非就万事大吉了,而必须要能把"知性主体"与"德性主体"高度有机地结合或统一起来,这也就是牟先生所说的要"能将架构表现统摄于运用表现,而得其本源"①。如所周知,牟宗三先生在其"道德的形上学"中,更以著名的"良知的自我坎陷"说来彰显这一思想,并借佛家之"一心开二门"的模型比较论衡中西哲学与文化,阐明理论理性与实践理性之统一的重要性。唯其如此,对中国来说,道、学、政三统之并建,才有真实的基础与可能;对西方来说,才能去弊存利而免于祸害。由此,牟先生认为,以道、学、政三统之并建说为思想纲领的儒学第三期运动,"必将为世界性,而为人类提示一新方向"。他指出:

> 故对吾人之文化言,则名数之学与民族国家正显其充实架构之作用,而自西方文化言则实日趋于自毁。然则西方文化之特质,融于中国文化之极高明中,而显其美,则儒学第三期之发扬,岂徒创造自己而已哉?亦所以救西方之自毁也。故吾人之融摄,其作用与价值,必将为世界性,而为人类提示一新方向。②

由以上论述可知,牟宗三先生在中西方哲学与文化的比较与融通中,阐明了在中国文化中开出与建立学统的基本方向与原则,简言之,可以概括为如下三个要点:

其一、必须在充分肯定、继承与发扬中国文化之道统的前提下,开出和建立学统。

其二、学统的建立与政统的肯定以及现代国家政制之建立,必须同时并进与互相配合。

其三、学统之建立的理性基础,端赖于"知性主体"以及"对列之局"的开出。

今天看来,牟宗三先生有关学统之开出与建立的基本原则与方向,颇

---

① 牟宗三:《政道与治道·序》,见《牟宗三先生全集10》,第37页。
② 牟宗三:《政治与治道·序》,见《牟宗三先生全集10》,第37页。

· 507 ·

哲学地建立中国哲学

具前瞻性，并未在时光的流逝中成为明日黄花，温故如新，仍然启迪人心，发人深省。但是，如何在中国现实社会的实践中具体落实，使学术的独立与自由得到足够充分的保障，则颇有问题与困难。

具体地说，第一、如何具体地有效地在中国人的心灵中，培育出"知性主体"，以开出"对列之局"，在独立自由的批判氛围中，养成追求真理，以知识为贵，"为学术而学术"的精神？第二、在没有本于现代自由民主精神而确立政统的情况下，是否可能建立学统？第三、如何在市场经济条件下，保持学统的独立、自由和纯洁？这三个问题的解决，具有不小的困难，毫不夸张地说，是我们建立学统必须面对的严峻挑战。

首先，第一个问题的解决，要真正地吸纳古希腊文化之传统，引进与消化西方的学术精神，改良中国人的认识心，培育出"知性主体"，以开出"对列之局"，在独立自由的批判氛围中养成不奉权贵，不媚流俗，不计名利，追求知识，崇尚真理，"为学术而学术"的精神，绝非朝夕之功可以奏效，而将是一个艰难而漫长的过程。由此，亦可足证牟宗三先生提出建立学统的远见与重要性。为今之计，一方面唯有寄希望于社会与教育之改革，另一方面则有赖独立自主的学者共同体与学术范式的建立与落实。

其次，第二个问题的答案基本上是可以肯定的。因为越是在没有学统的非自由民主的政统之社会政治体制中，学术研究越是需要有学统来保证与支撑。事实上，从历史上看，学统之源起与赓续，并不是在今人之所谓的"自由民主社会"中，但学统在延续中进入了现代的自由民主社会，自由民主社会，为学统提供了充分而又必要的可靠保证。因为在开放的自由民主社会中，公民的人权和自由，能在民主制度和法律上，得到实质的而不是形式的尊重和保护，从而为公民的言论自由、出版自由、结社自由和集会自由，提供充足和必要的保障，所以无论学者和学术社群或学术共同体，皆能有足够的自由活动空间，且受到尊重与保护，这就能促使并利于学者以及社会的一般公民，培养和养成独立的思想和自由的学术风气。牟宗三先生之所以提出独立的学统之建立，必须与民主的政统之建立同时并进，无疑是充分地意识到自由民主社会对于学统的重要性。正因为学统没有诞生和生长在民主社会中，所以学统在历史中的发展，极其艰难与屈折，有无数优秀的学者为建立学统与维护学统的尊严，做出了巨大的牺牲，直至付出宝贵的生命。在神权当令的中世纪，哲学与科学，均被变为神学的附庸，落为教会的婢女，而在君主集权专制的社会中，学术常常成为暴政的工具，学者常常沦为暴君的奴隶，"文字狱"的实行，更是把思想的绿洲变成了思想的沙漠，学术很难获得自己独立的地位与自由的发挥，学术的自由独立性，无法从根本上得到应有的保证。因此，人类的学统来之不易。在没有相应的民主的政统之建立以前，时有时无或局部存在的自由独立的学术精神及其传统范式，乃是形成与建立具有社会普遍意义的学统的重要基础。生活在这一社会条件下的所有学者，都有责任与义务，为发展自由独立的学术精神，以促进学统的建立而奋斗。无疑，诚如牟宗三先生所指出的那样，源出于古希腊文化的西方学术精神典范，提供了最好的镜鉴，必须引进、吸纳与消化，以充实中国自己固有的传统学术范式，才可望建立学统。牟宗三先生说：

> 欲实现儒学第三期之发扬，则纯学术之从头建立不可少。新时代之创建，欲自文化上寻基础者，则不得不从根本处想，不得不从源头处说。从根本处想，从源头处说，即是从深处悟，从大处觉。依是儒学之究竟义不能不予以提炼（炼），复不能不予以充实。充实之，正所以使其转进至第三期，而以新姿态表现于历史，以与今日在在须创造之局面相应和。充实之之道，端赖西方文化之特质之足以补吾人之短者之吸纳与融摄。①

这一点已无须多论，就当下我们的实情而论，关键仍在学术与政治的关系。因此，学统的建立，必须以厘清它与政统之政治之间的关系为前提。具体而论，有以下两点值得考虑。

第一，学术与政治必须分开，学统与政统建立后，二者也必须分开，以保证学统之学术的独立与自由。依据牟宗三先生之所见，学术与政治、学统与政统，都将是在由人的知性主体所开出的"对列之局"的基础上确立的，那么不仅学术或学统自身、政治或政统自身，是由"对列之局"所成，而且学术与政治、学统与政统之间的关系，也是一种"对列之局"的关系。基于此，就有必要把学术与政治、学统与政统做相对的分立，以有

---

① 牟宗三：《道德的理想主义》，见《牟宗三先生全集9》，第3—4页。

哲学地建立中国哲学

利于学统和政统各自的形成和独立。

第二，需要探索学统与政统之间合理的联系与互相作用的机制。具体有三个方面：（1）尽管学术与政治之间必然存在一定的联系，但是，必须明确，学术问题不是政治问题。学术问题是理论的探索的且是具有某种专业性的。其理论成果，一般也只是观念的理想的，即使是自然科学和社会科学的研究成果，在未经证实与应用以前，也只是一种假说而已，更何况其流行的范围，也基本上只是在相关的学术圈子，不至于马上就能对社会政治直接造成重大的影响。事实上，学术成果对社会的影响是有一个过程的，尤其人文社会科学的学术研究成果，对社会与政治的作用与影响，是比较缓慢的，这是需要通过若干媒介，才能在分层的普及化过程中传播开来的。政治应该为学术松绑解禁，让学术获得自己的独立与自由。实际上，在不同学科的学术领域和共同体之间，建立联盟，形成共同的学术范式，达成学者以及所有从事学术研究的人的底线守则，以保证学术研究，在自己各自的领域中，以自己的范式来进行，从而取得自己的独立地位，与政统之政治分界而立。（2）学术研究也有必要得到法律的保护。简言之，法律可以为学术研究（尤其是人文社会科学的学术研究）划一条界线，凡是在学术范围之内的事情，政治不得干预，法律不得追究；如果学术研究失去了自己的范式，破坏了学术联盟共同体的底线原则，构成违法犯罪的，则可依法处理；反之，对干预、破坏学术研究以及学术规范的个人（例如以个人所掌握的行政权力拉关系、搞交易而违反甚至破坏学术规范者）或团体，也应该负法律责任，依法惩治。总之，政治和学术的运行，都应该有法律依据，都可以一视同仁地限制在法律的限度以内，以便于学术与政治的相对分立，让学术的独立自由获得足够充分的保证。（3）学术与政治划界而立，并不是切断二者之间的联系，而应该是在二者的"对列之局"中，形成积极的良性互动。学术（人文社会科学的学术研究）应该积极地影响政治，甚至成为政治前进的"火车头"，使政治合法地健康地文明地发展。因此，应该允许作为公民和"知识分子"的学者，对政治进行监督和批评、批判，这就犹如牛与牛虻之间的关系，政治必须容忍"牛虻"的存在，才能有益于自己的清洁和健康；与此同时，政治也可以向学术寻求帮助，以解决自己的难题。但是，二者绝不可互相干预与互相代替，它们在"对列之局"中相反而相成。总之，在学术与政治对立的两极，必须保持必要的张力。

最后，学统必须独立于市场，保证不受市场的控制与干扰。这是建立学统与保持学统独立性的另一个大关键。今天，中国进入了一个市场经济的时代，学术研究与市场经济之间的联系日趋紧密，学术研究受制于市场利益的问题日渐突出，学术研究的独立性受到巨大的危害，这表现在一些学者专家出卖自己的学术良知，为维护某些商家的经济利益，不惜弄假造假，以谎言欺骗大众，或为某些商家的造假行为（甚至是全国人民所深恶痛绝的食品造假行为），公然进行辩护而在所不惜；再就是有的学术杂志，沦落为市场经济利益的牺牲品，失去了自己的学术品味，更为严重的是，学术论文、学位论文已经发展到惊人的产业化和市场化的程度，只要出钱交易即可，因此从硕士学位论文到博士学位论文，从评聘讲师职称到教授职称的论文，乃至课题专著，均可通过或明或暗的交易搞定。这些学术腐败现象，已经成为人类学术史上的重大丑闻，对学术的独立性与学术以及专家学者的声誉，都是严重的损害，"专家"被称为"砖家"，就是一种嘲弄和讽刺。笔者以为，对于这些问题，一方面仍然需要靠学术共同体与学术范式，以及学术研究的道德底线守则的建立来解决，另一方面同样需要相关的法律进行处罚。唯有如此，才能保证学术的自由和独立。

四　关于政统之继续与重建

牟宗三先生关于"政统"的论述，似乎讲的是"政统之继续"，而不是本文所说的"政统的重建"，其实不然。儒学第三期的一个重要使命是"由认识政体之发展"，进而"肯定民主政治为必然"。显然，政体的发展本身就是政统之继续，但由此则必然肯定和建立自由民主政治。那么，"政统之继续"就必然是政统的重建，至少从"政统之继续"的结果上说，是必然如此的。因此，说"政统之继续"与"政统的重建"并无矛盾。

牟宗三先生说"政统之继续"，主要是就儒家的道德理想的继承与发扬，也就是儒学的第三期发展的意义上而说的，但最终是要落实到对自由民主政治的必然肯定与建立上。那么，在逻辑上，"政统之继续"必然蕴涵"政统的重建"；在实践上，"政统之继续"必然发展为"政统的重建"。

哲学地建立中国哲学

从"政统之继续"到"政统的重建"的关键与基础，乃在中国自由民主政治的实现。道理和原因十分简单，自由民主政治是古代中国没有的东西。其实，这也是牟宗三先生自觉地批判反省儒家政治思想与中国政治得失，所必然得出的结果。在牟宗三先生看来，自由民主政治是中国所必需的，必然要在中国实现的，唯有如此，才能实现中国政治的现代化。对于此义，牟宗三先生在论"儒学第三期之发扬"中，早已经揭晓，他说：

……儒家必有其第三期之发扬也。而第三期之发扬，必须再予以特殊之决定。此特殊之决定，大端可指目者，有二义。一、以往之儒学，乃纯以道德形式而表现，今则复须其转进至以国家形式而表现。二、以往之道德形式与天下观念相应和，今则复需一形式以与国家观念相应和。唯有此特殊之认识与决定，乃能尽创制建国之责任。政制既创，国家既建，然后政治之现代化可期。政治之现代化可期，而后社会经济方面可充实而生动，而风俗文化亦可与其根本之文化相应和而为本末一贯之表现。此则必有健进而构造之文化背景而后可。此非向壁虚谈。汉代其例也，宋代其例也，德国亦其例也。而吾人今日之局，则非走此路不能冲破此难关。[1]

现代化当然是整个社会的事情，包括社会的方方面面，例如科技的现代化，工农业的现代化，军事国防的现代化，商业贸易的现代化，思想文化的现代化，学术的现代化，教育的现代化，等等，但是自由民主政治的现代化，对于整个社会的现代化来说，极其关键和至关重要，是一个社会现代化的先决条件和最重要的标志，一如牟宗三先生所说："政治之现代化可期，而后社会经济方面可充实而生动，而风俗文化亦可与其根本之文化相应和而为本末一贯之表现。"从业已完成现代化的国家的发展历程来看，此绝非虚言。所以，在牟宗三先生看来，自由民主政治的出现，是人类的一个伟大的进步，自由民主政治的切实内容（思想、言论、集会、结社、宗教、信仰等之自由，及其依宪法而施行的制度基础，等等）是人类"普遍而永久的真理"，因而具有上文所论及的普适价值，虽然自由民主政

---

[1] 牟宗三：《道德的理想主义》，见《牟宗三先生全集9》，第3页。

治是在西方产生的，但是自由民主政治绝不可能为西方所独有，也适宜于我们中国（只是形态与特征上有别），那么对牟宗三先生和他所积极倡导的儒学第三期发展来说，自由民主政治制度这一普遍的永久真理，必然要在儒家的理想主义的实践上，得到完全的肯定，否则，人的尊严与价值的实现，就不可能得到保证。牟宗三先生说：

> 依此，儒家的政治社会的实践，在以往的形态下，是治民安民爱民，视民如赤子。尚未进至兴发民，使其成为一"公民"，积极地与政治生关系。这就是儒家的理想主义之实践尚未进至充实的境地。我常说，儒家在以往，对于君与民这两端是无积极的办法的，由此，你可以了解以往的历史何以是那样。现在既有民主政治，此虽发源于西方，然总是人类一大进步。我们既处在现在这个社会里，则我们的社会总已进至与世界其他民族的社会息息相关的境地，总不会完全是以往那个样子，所以民主政治也适宜于我们。无论我们运用的方式及所作到的程度为如何，然民主政治的切实内容，如思想、言论、集会、结社、宗教、信仰等之自由，及其依宪法而施行的制度基础（此制度基础保障那些自由），却为普遍而永久的真理。这个真理，在儒家的理想主义之实践上，必然要肯定。它若不肯定这个政治制度，则人的尊严，价值的实现，即不能保存。①

牟宗三先生把自由民主政治的实现，第三期儒家政统之建立，视为中国文化与社会向前发展的唯一出路，同时认为它是中国现代化道路上的一道大难关。但对中国来讲，是必须做出的唯一的无可选择的选择，必须以"明知山有虎，偏向虎山行"的精神知难而上。所以，牟宗三先生强调"吾人今日之局，则非走此路不能冲破此难关"。

如果孤立地来看牟宗三先生关于自由民主"政统"或自由民主政治的论述，它好像只不过是指出与充分肯定了中国的现代化必须实现自由民主政治，似乎并无新意，因为自新文化运动与五四运动以来，中国就一直没有停止过对于"民主"的呼唤，中国的自由主义也极力主张从西方引入自

---

① 牟宗三：《道德的理想主义》，见《牟宗三先生全集9》，第62页。

由民主政治，甚至他们讲得更多也更有影响，那么牟宗三先生的"政统"说有什么贡献和意义呢？

实际上，牟宗三先生对这一问题是具有十分明确的认识的，并非无的放矢，兹引一段他有关于这一问题的论述，可以为证。他说：

> 照前面所说的，问题很明显，就是面对铁甲壳的问题，君主专制的问题，如何兴发起人民鼓舞起人民使之成一真实的个体，不是……把人民重新桎梏……兴发人民使他们自觉到是一权利义务底主体，使政治格局成一真实客观化的格局，使国家成一真实的有机的统一，辛亥革命还是这个观念，这叫做近代化的问题。近代化（modernization）的内容很清楚，就是三点：一、民族国家（national state）；二、人权（human right）；三、科学（science）。中国以前不是国家单位，而是天下；中国的羲皇上人没有主体自由，没有在政治上取得人权的保障；中国也没有开出科学的精神。近代化的路向是清清楚楚的，不能跨过，也不能说近代化是资产阶级的，这是一个普遍而必然的真理，任何阶级皆不能违背它。辛亥革命之后，就是一幕幕的不能近代化：袁世凯当皇帝，北洋军阀之乱七八糟……近代化走不上路，颠来倒去，这几十年的历史都是"过渡"，不能得成"正果"……①

牟宗三先生为什么要不厌其烦地反复地讲中国的现代化问题，尤其是其中具有标识意义的"政统"建立问题，即现代自由民主政治的问题呢？

无疑，牟宗三先生此说具有保留和继承新文化运动与五四运动关于"民主"精神的成分，也有与中国自由主义关于"民主"的某些相似与共同点，例如他们都充分肯定自由民主的普遍价值，但是牟宗三先生对于中国民主的肯定，有一套自己的看法，这就是他认为中国自由民主政治的实现，不能离开"道统"和"学统"；以自由民主政治为基础的"政统"与"道统"和"学统"，是一个不可分割的有机整体，因此必须三统并建。牟宗三先生说："儒者本内圣外王并言，又主尊德性而道问学。则此三者必

---

① 牟宗三：《时代与感受》，见《牟宗三先生全集23》，第321页。

不相悖而相融也。此又今日司世教者之责任也。"①（引者按：此所谓"外王"即政统，"内圣"与"尊德性"即道统，"道问学"即学统。）新文化运动和五四运动与中国自由主义，虽然肯定中国必须引进西方的政治民主，但是他们反对"道统"，虽然他们主张"科学"，肯定与支持"全盘西化"，但是对"学统"认识不足，自觉不够，因此他们对中国自由民主的肯定，就只能是西方自由民主的简单移植而已，失去了中国文化的"大地"和"土壤"，"民主"在中国永远都只能流为空想。牟宗三先生说："文化大统是国家之命脉、民族之灵魂、人类价值之所在，决不可以须臾离，离则必亡，此是本原形态，国家政治是组织形态，两者必兼备而谐于一。"② 这是对于"道统"与"政统"关系的精辟阐述，把中国的自由民主政治之路不能离开中国文化这一命脉的道理，讲清楚、讲透彻了。对牟宗三先生来说，仅仅解决了"道统"与"政统"的关系，是不足以满足现代化的要求的，还必须有"学统"的建立才行。牟宗三说：

> 五四运动以后，新文化运动正面喊出的口号即是要求科学与民主。当时是抓住了现代化的关键所在；当时除此正面的要求外，反面的口号则是"反封建"、"反帝国主义"。可是后来的发展……科学也没出来，民主政治也未实现。享受科学技术的现成的成就，大家都很高兴，可是要脚踏实地的去了解科学，研究科学，则少有人肯为之。正面的两个口号没有发生作用，倒是反面的两个口号发生了作用……我们在此可以看出，"反封建"并没有一个清楚而确定的意义。其实，它只是一个笼统的象征的观念，实即反对一切"老的方式"，而以"封建"一词代表之，概括之。当时的反封建就是反对过去那些古老的方式，而认为五四以前都属于过去的、老的方式。③

至今读来，这段话仍然意味深长，值得反复玩味。以牟宗三先生的话来说，就是"政统"与"道统"和"学统"的关系没有处理好，这就是

---

① 牟宗三：《陆王一系之心性学》，见《牟宗三先生全集30》，第128页。
② 牟宗三：《名家与荀子》，见《牟宗三先生全集2》，第209页。
③ 牟宗三：《政道与治道·新版序》，见《牟宗三先生全集10》，第24—25页。

症结之所在。

更为重要的是，牟宗三先生在深入地比较考察与分析中西方政治思想之得失的论述中指出，中国传统的政治思想走的是"理性之内容的表现"之路（儒道法皆然），而西方的政治思想所走的则是"理性之外延的表现"之路，虽然二者各有利弊与得失，但是社会的现代化必须以"理性之外延的表现"为基础，因为"理性之外延的表现"乃使西方得以建立自由民主政体，成就自由民主政治之"自性"。它不仅使人由"超越的平等性"进而获得"内在的平等性"（immanent equality），从"精神的存在"进而变为"权利主体"的存在，即每一个人都是一个享有公民权利的自由主体，而且这一切皆不是理论上如此，而是能够在自由民主社会的宪政法制上得到根本的保证与落实。所以，如果陷在"理性之内容的表现"之中，则永远不可能走上现代化的道路。牟宗三先生以对儒家的政治思想的批判和反省为例，深刻地指出儒家"仁者德治"观念在治天下方面的三个不足之处，他说：

> 我以上从治天下方面，说明"理性之内容的表现"上"仁者德治"一观念之不足：一、可遇不可求；二、"人存政举，人亡政息"，不能建立真正的法治；三、只从治者个人一面想，担负过重，开不出"政治之自性"。由此三点，再加上得天下方面"推荐、天与"一观念之不能立起，遂迫使我们必须进到"理性之外延的表现"。①

此外，牟宗三先生还指出：

> 是以在道之表现之直接形态下之君主专制政体中，为君难，为相亦难，相夹逼于上下两端中，直不能维持其政治上之独立性与客观性，因上之君、下之民俱不能客观化故也。吾每感此而兴无涯之悲痛，遂发愿深思而求其故，必解消此中之暗礁，吾民族始能卓然自立，免去此历史之悲运。②

---

① 牟宗三：《政道与治道》，见《牟宗三先生全集10》，第155页。
② 牟宗三：《名家与荀子》，见《牟宗三先生全集2》，第206页。

吾必须断定：文化大统在以往只表现为道德教化之形式，乃为不充分者，必须进一步再以国家之形式表现出，而以国家之形式表现出，则必须促成国家形式之出现，国家形式之出现，设就适所述之名词言之，（一）必须对于君有妥善之办法以安顿之，决不能纯从道德之立场以责望之，此关键即在间接形态下宪法轨道之建立。（二）必须使人民在此宪法轨道中成其为公民，使其自觉有公民之权利可享，有公民之义务当尽。（三）在宪法轨道中涌现客观之精神，如是，国家方能真实建立，即在一制度基础上，各个体皆通过其自觉，而重新组成一统一体，文化大统中所表现之道德理性，必在国家形式下，方能真实实现于历史。①

毫无疑问地说，牟宗三先生所指出的以儒家为代表的中国政治思想的三大不足："仁者德治"的缺陷很大，可遇不可求；"人存政举，人亡政息"的政治表现形态，不能建立真正的法治；君王担负过重，开不出"政治之自性"；它们全部皆陷于"理性之内容的表现"之中，只能成为"道之表现之直接形态下之君主专制政体"，一旦社会的政治形态落入君主专制的政体形式之中，则必然是"为君难，为相亦难，相夹逼于上下两端中"，这正是中国政治思想的死穴之所在，只要这三大死穴存在，那么中国永远不可能走上现代的民主政治之路。所以，牟宗三先生指出：必须有宪法轨道之建立，以妥善的办法安顿君王；必须使人民在此宪法轨道中成其为公民，使人民能自觉地尽公民当尽之义务与享有公民可享之权利；要在宪法轨道中涌现客观之精神，这必须依赖于"理性之外延的表现"；只有满足了这些条件，才能使中国顺利地走上一条现代化的民主政治之路，中国文化大统中所表现的道德理性，也才有可能真实地实现于历史的创进之中。

要而言之，对牟宗三来说，要把中国政治思想的这三大死穴转化为活穴，就必须把"理性之内容的表现"置于"理性之外延的表现"之中，去实现创造的整合与转化。这正是牟宗三先生对中国的大悲愿所在。因此，牟宗三说："要找社会世界之律则，要在政治世界中找坚实可靠的基础，

---

① 牟宗三：《名家与荀子》，见《牟宗三先生全集2》，第206—207页。

哲学地建立中国哲学

这外延表现毕竟还是一条路，在西方还须首先顺这条路找，而且在我们也须参考这条路。"① 必须注意，牟宗三先生这里所说的是"须参考这条路"，而不是"须照搬这条路"或"照着这条路走"。

牟宗三先生还十分清楚地指出：

> 中国现代化的道路不能模仿西方通过阶级斗争的方式，这是因为社会背景、历史背景不同。民主政治的实现，并不是一件容易的事。……所以我们要肯定社会的力量，此即是要显个絜矩之道，对极权专制有个限制，不能让他随意挥洒。西方自大宪章以来，就是争这个东西。中国本来早已有了治权的民主，但是因为政权不民主，则此一民主亦不可靠，所以我们现在再顺着这个基础往前推进一步，要求政权的民主，把理性的作用表现转成理性的架构表现，亦即转成对列格局的表现。这才是中国现代化的正当途径，不可拿西方阶级斗争的格式硬套在我们身上。②

无须赘言，这当然正是牟宗三与中国自由主义者所不同的地方。而且，最重要的不同还在于，在反省批导中国政治文化的缺失与参考西方自由民主政治道路的基础上，牟宗三先生提出了一个融合中西方政治思想以建立中国现代自由民主政治的策略与原则，他指出：

> 以我们的内容表现之路之真实、定常，而易见，配合彼方外延表现之客观性与业绩性，则人类社会世界与政治世界之理性律则与坚实基础，即呼之欲出而确然无疑矣。双方的关系是如此：以内容的表现提撕并护住外延的表现，令其理性真实而不蹈空，常在而不走失；以外延的表现充实开扩并确定内容的表现，令其丰富而不枯窘，光畅而不萎缩。③

---

① 牟宗三：《政道与治道》，见《牟宗三先生全集10》，第175页。
② 牟宗三：《政道与治道·新版序》，见《牟宗三先生全集10》，第28页。
③ 牟宗三：《政道与治道》，见《牟宗三先生全集10》，第175页。

"三统并建"之再省思

简言之，中国现代自由民主政治之路就是要把中国的"理性之内容的表现"与西方的"理性之外延的表现"结合起来，去其所短而合其所长，结出人类现代社会政治文明中最好最先进的自由民主政治的果实。

今天，有被称为"大陆新儒家"中的人或以"大陆新儒家"[①] 自诩、自居的人，认为牟宗三先生的自由民主思想只是对于西方民主的拥抱，如果不是一种有意的歪曲与攻讦，就是一种莫大的误解了。而有的自称"新启蒙主义"者，虽然强调"民主"启蒙，但是仍然顽固地坚持彻底反对儒学与毁灭儒学的立场，要把"洗澡水"和"孩子"一同倒掉，倒退到了连自由主义者也不如的地步，如所周知，胡适和殷海光之后的中国自由主义者已经大有进步，早已不再把中国社会的现代化与儒学尖锐地绝对对立起来，抛弃了实现现代化必须废弃儒学的谬论。由此可见，牟宗三先生的"三统"说，尤其是其中关于民主政治之论述的意义，至今仍有其不可否定的现实而深远的意义。

对于牟宗三先生的道、学、政三统并建理论，尤其是其中关于中国自由政治民主的问题，难免有人要说：牟宗三先生虽然指出和肯定，中国需要自由民主政治，并突出和强调自由民主政治必须与以儒学为代表的中国文化相结合，从而必然走上自由民主政治的现代化道路，但是牟宗三先生没有具体指出：中国的自由民主政治是一种什么样的民主，也没有具体指出：如何去实现这一民主的具体方案和道路，对此又将如何去看待呢？

其实，对于第一个问题的质疑的答案，已经包含在上述牟宗三先生的三统并建说之中了。此外，牟宗三先生在论儒家"道德理想主义"的现代实践意义时指出：

> 理想主义的实践之现代的意义，我们总提两点：一、民主的与社会的；二、国家的与文化的。这两点是表示充实以往的规模而为进一步的实践。[②]

把这一论述与三统并建的"道统"和"政统"的关系联系起来，就不

[①] 这里的"大陆新儒家"，是在狭义上使用，与前文在广义上的用法不同，幸望注意！
[②] 牟宗三：《道德的理想主义》，见《牟宗三先生全集9》，第61页。

难了解牟宗三先生关于中国自由民主政治的基本意旨和性质。大致上说，这是一种既吸取、融摄了西方的自由民主，而又有中国自己的独立和特色的自由民主。这就是要在综合与实现上述把中国的"理性之内容的表现"与西方的"理性之外延的表现"相结合的道路上，走出一条中国自己的代表世界先进政治文明的自由民主政治之路。实际上，这就是从梁漱溟先生到张君劢先生、唐君毅先生、徐复观先生，都肯认与强调的"儒家社会主义"的自由民主政治。这样一种自由民主政治，当然绝不可能是直接照搬西方的自由民主政治了。

牟宗三先生以其"三统"说，确立了"儒家社会主义"的自由民主政治的基本原则，至于其诸多具体内容，牟宗三先生没有论及，对他来说，也无须论及，因为这些复杂内容的具体确定，一是要看中国社会发展之具体进程的"火候"，二是需要社会的全体公民与政治家共同讨论协商，并非可以由牟宗三先生一人来决定。无论如何，对于意欲进入现代自由民主社会的所有人来说，具备现代自由民主政治的精神乃是至关重要的。

黄兆强先生在论徐复观的政治思想时指出：

> 徐先生所以一辈子努力为民主、法治、自由、人权等等发声，即旨在促进国家建立民主制度，并本此而依法行政。然而，"徒法不能以自行"。盖行法者，人也。同理，实行民主政治者，亦人也。而人必须本乎民主精神且具备乐于行法之雅量，或所谓有意愿行法之心，其法始得以畅行无阻而为人人所共遵守之大法。①

这段话也完全适用于牟宗三先生，而且毫无疑问地说，可谓当代新儒家的共同心声。然而，这里涉及由牟宗三所提出的"良知自我坎陷"（或"道德理性的自我坎陷"）与"开出民主"的关系，也即"道德理性"与"民主政治"的关系问题，从一种更广泛的意义上说，就是"道统"与"政统"的关系问题。黄兆强先生对牟宗三先生之说略有疑义，并提出修正建议，说：

---

① 黄兆强：《政治中当然有道德问题——徐复观政治思想管窥》，台北：学生书局 2016 年版，《自序——兼论良知自我坎陷》，第Ⅱ页。

依牟师,"坎陷"或"否定"只是暂时的,非永久的;然而,两语颇易引起误会,以为良知自我毁弃、"自废武功"!所以笔者以为,此两语是不宜用。①

要言之,依牟先生,为了让民主政治能够顺利开出,良知不得不暂时委屈一下,来个自我坎陷,自我否定(笔者则认为不宜用"坎陷"、"否定"两词;详上)。牟师此伟大发明,吾人固当首肯。然而,面对民主政治之弊端,笔者以为,良知宜永远守候一旁,保持最高警戒,藉以随时发挥其消极功能、作用(其实,此消极作用乃无与伦比的大用),以为匡正纠矫之资。②

其实,在笔者看来,黄先生所说的"面对民主政治之弊端……良知宜……保持最高警戒,藉以随时发挥其消极功能、作用……以为匡正纠矫之资"的意思,与牟先生的"良知自我坎陷""开出民主"之义,在实旨上,是一点都不矛盾的。

严格地说,牟先生的这一说法,是一哲学的说法,不仅非常精当而准确,而且极具独创性,不可以做常识直观地理解与解读。③ 按牟先生的看

---

① 黄兆强:《政治中当然有道德问题——徐复观政治思想管窥》,《自序——兼论良知自我坎陷》,第Ⅸ页注15。
② 黄兆强:《政治中当然有道德问题——徐复观政治思想管窥》,《自序——兼论良知自我坎陷》,第Ⅺ页。
③ "坎陷"是牟宗三哲学的一个重要概念,牟宗三在哲学的意义上使用"坎陷"一词的同时,也在接近于哲学的科学精神的意义上使用"坎陷"一词,称之为"精神坎陷"或"自觉的坎陷",牟宗三说:"从科学本身说,你可以说它是实验的、理智的、外的、量的,然而它却是顺着一个超越精神、理想主义、理性主义而落下来,亦可以说是冷静下来。不冷静下来,不能成就科学。所以它之为量为外,实是一种冷静之凝注。这叫做精神之坎陷,自觉的坎陷。这是顺本源而下来,并没有否定那个本源。科学家本身,虽不必管那个本源,然而他们却是在那种文化空气中陶养成。西方文化尚未至十分堕落的境地,就是因为尚能保持住那种空气。但无论如何,要成就科学、保护科学,皆必须顺着那个科学的源流,精神之冷下来的源流走。"(牟宗三:《道德的理想主义》,见《牟宗三先生全集9》,第349页)此外,还在一般的语文修辞意义上使用该词语,例如他说:"吾华族之文化生命之堕落,亦即吾历史精神之极端坎陷、极端黑暗之时期。野蛮无文化之民族,虽易接受此一套,而此一套究是黠者之奸诈所加诸生民者,决不能生根于人性,故秦不旋踵而亡,而苏俄亦将必遭自毁之惨祸,此岂可以为常耶? 依是言之,中国今日之坎陷与堕落,亦必有'剥极必复'之一日……"(牟宗三:《名家与荀子》,见《牟宗三先生全集2》,(转下页注)

哲学地建立中国哲学

法,"良知"与"民主政治"分别属于实践理性和观解理性(或理论理性),那么对于"民主政治"而言,"良知"的功能(或作用)只是一种范导的功能(或作用),而不是一种建构的功能(或作用)。所谓"良知自我坎陷"而"开出"[①] 民主政治,其实就是作为实践理性的道德理性("良知"),通过辩证地自我否定,而转换为观解理性,由属于观解理性的认识心形成"对列之局",从而在此"对列之局"中,"开出"民主政治(科学亦如此)。这里的所谓"坎陷"或"否定",指的是"良知"所属的实践理性不能在观解理性中现身,"良知"之作为范导原则,不能与认识心之"对列之局"的构建原则相混淆,否则,必定导致"二律背反"的辩证幻象的荒谬,因为"良知"是道德心,而"对列之局"及其建构作用,则来自认识心,所以必须要有此一"自我坎陷"或"自我否定",而实现转换,即"良知"之作为道德心,必须转换为作为开出"对列之局"的认识心,必须在具备这一前提条件之下,民主政治(以及科学)才是可能的。在这意义上说,"良知"的"自我坎陷",是必须且必然的,这是自觉地"精神坎陷",这是顺从本源("良知")而来的"坎陷",但并没有否

(接上页注③)第215页)"自历史发展观之,此自为一大坎陷之时期,不坎陷,不足收否定之功,而亦正因其是坎陷,故毁灭价值,摧残人性,此不得不谓之为精神之向下、生命之堕落也。然此种向下与堕落,实有其历史发展上之必然性,不管法家思想之本性为如何,而自其运用所结外部之果言,亦并非无历史上之功绩,经法家与秦之结合而来之暴风雨之变动与统一,遂使国史转入一新阶段。而坎陷总是坎陷,决不能说有正面之价值,故秦不终朝而亡,亦所以备汉也,汉承之,乃从正面以前进,自此以后,以至于清,决无用法家思想以建国创制,兴教化民者,然二千年之历史,其文化大统以何形式而表现,乃吾人所注意之问题。"(牟宗三:《名家与荀子》,见《牟宗三先生全集2》,第218—219页)由此可知,纯否定、毁灭、废弃、陷落、沦落、堕落等皆可谓"坎陷"的同义词或近义词,这些都是一般常识的直观理解的意义,而人的精神向下,生命的堕落与毁灭就是"坎陷"的具体表象。

① 这里的所谓"开出",即"开出新外王"的"开出",又称为"开新",即"返本开新"(与"开出新外王"大致上同义)的"开新",乃是牟宗三从天台宗的"开权显实"借用而造出来的一个特别用语,但在这里的用意不是要"开权显实"或"开迹显本",而恰恰是要由"本"显"迹",这里的"本"或"实"可以理解为中国文化及其动力本原,而"迹"或"权"则是以"民主"和"科学"为标识的社会现代化;对牟宗三来说,"开权""显迹"是中国文化必经的一个艰难的创造性转化的迂回曲折的过程,所以"开出"不是"直接推出"或"直接开出"的意思;对中国文化精神及其动力本原来说,"迹"不过是其作为中国社会发展过程中的历史业绩的一种表现而已,在理论上说,则是一种"权教",而非"终极关怀"与终极向往的理想之境;在"圆教"的意义上说,当完成或实现了由"本"显"迹"的"权""迹"之后,仍然需要"开权显实"或"开迹显本",做到"权""实"统一、"迹本"合一的境界。在国内的一些"牟学"研究中,流行着对其"开出"一语的望文生义的误解或误读,难免以讹传讹,幸望读者注意!

· 522 ·

定那个本源,即"良知"本身。

那么,当民主政治实现之后,在民主政治中,是否还有道德?或者说,道德对于民主政治,是否仍然具有作用?答案是肯定的。可以说,道德("良知")永远对政治(民主政治)具有作用,否则,政治必然迷失方向而堕落腐败,但这种作用永远是范导性的,当然也是决定性的,是范导的决定性的,而不是强制的建构性的;否则,道德就必然与法律混淆了。黄兆强先生所说的"良知……藉以随时发挥其消极功能、作用……以为匡正纠矫之资",也正是一种范导作用,亦即"指南"的作用,如果"良知"真正地对政治产生了"匡正纠矫"的作用,也一定是"良知"通过政治本身的建构作用来实现的。换言之,道德("良知")的范导作用,必须转化为政治的建构作用,才能对政治的实践行为产生实际的作用。在这一过程中,道德与政治在现实中真正地达到了统一。在这一意义上,也可以说,健康的政治(包括民主政治),是道德("良知")的范导作用与政治本身的建构作用共同作用的结果。① 这正如黄兆强先生所说:"于此正

---

① 这里补充一个重要的材料,可以提供我们更清楚的认识。牟宗三先生回忆说:"二十年前,我在天津时,罗隆基即曾告诉我一句话说:近代政治上最大的贡献,就是把政治与道德分开。这不是他的发现,他不过是转述一个流行的意识。但此意识背后,在西方,亦有文化史上的背景:所谓与道德分开,就是与神权政治下那些与政治牵连在一起的道德宗教之烟幕意识分开,切实言之,就是将那些烟幕意识剥掉。就中国文化言,所谓道德就比较纯正一点,没有像西方神权政治下与宗教教条混杂在一起的那种道德意义。但纵使比较纯正一点,政治既入近代而有其独立的意义,则暂时与道德分开,亦仍是可以说的。

"但须知这种分开划开,只因政治有独立的意义与境域,而可以纯政治学地讨论之之'政治学上的权法'。在此独立境域内,不牵涉那形而上的道德理性而使民主政体内各种概念清楚确定,这种清楚确定亦不过是为名言的方便。名言上的清楚确定,即不必牵连那么多,只在民主政治的大括号下就对等平列的事实而确定地说出就够了。这只是政治学教授的立场,不是为民主政治奋斗的实践者的立场,亦不是从人性活动的全部或文化理想上来说话的立场,所以那种清楚确定只是名言上的方便。至于说到真实的清楚确定,则讲自由通着道德理性,通着人的自觉,是不可免的。我们不能只从结果上,只从散开的诸权利上,割截地看自由,这样倒更不清楚,而上提以观人之觉醒奋斗,贯通地看自由,这样倒更清楚。盖民主政治并不是从天上掉下来的,各种权利之获得也不是吃现成饭白送上门的。这是人的为理想正义而流血斗争才获得的。这很明显,自由必通着道德理性与人的自觉,这里并没有什么抽象玄虚,也没有什么易引起争辩的形而上学的理论。这是实践上的定然事实。各种权利只是它的客观化的成果而在民主政体中由宪法以保障之。人只吃现成饭,忘掉前人的奋斗,始只停在观解理性上,囿于政治学教授的立场,遂只割截地把自由上下散而为诸权利,并以为一上通着讲,便是抽象的玄虚,形而上学的无谓的争论。这还不算,并以为一通着道德理性人的自觉讲,便成为泛道德主义,有助于极权,这都是在割截下只知此面不知彼面为何事的偏面联想,遂有此一往笼统抹杀之论。此也是孔子所说的'好知不好学,其蔽也荡'。泛道德主义固然不对,但此种'荡'却亦流入泛政治主义之一型而不自觉。"(转下页注)

· 523 ·

哲学地建立中国哲学

可见道德良心在施法行法中之关键地位。要言之，其一乃在于促使人依法行政；另一则在于纠补、匡正法本身之不足。"①

由此可知，牟宗三先生所说由"良知自我坎陷"或"良知自我否定""开出"民主政治的学说，在理论上，是没有什么问题的，不仅没有问题，而且非常通透和到位。牟宗三先生在其"新外王"三书，尤其是《政道与治道》中，基本上都讲清楚了，但是也许不够详细而具体。这需要与他后来的《现象与物自身》等著作中的讲法，联系起来看，就可以明白顺畅了。但是，人的理解各异，言人人殊，再讲得清楚无误，也是难免不被误解的（在国内，对牟宗三先生的"坎陷"说的误解，由来已久，是非常典型的例证）。所以，从这一意义上去看，笔者认为，完全有必要像黄兆强先生一样，对牟宗三的观点或学说，作出易于理解的阐释与分殊，但只要"不以辞害义"，就毫无必要废弃"坎陷"与"否定"二语词。

至于第二个问题的质疑，我们只要了解一点就够了：牟宗三先生只是一个哲学家、思想家，他仅能就中国自由民主政治，从哲学理论上，提出他所认为的必要的基本原则，人们可以同意与接受他的这些看法，也可以不同意和不接受他的这些看法，不管同意与否、接受与否，都可以对他的这些理论进行学术上的研讨，这对于中国自由民主政治的实践将是有益的，中国自由民主政治的具体方案和道路，仍是需要全体公民与政治家共

（接上页注①）（牟宗三：《政道与治道》，见《牟宗三先生全集10》，第65—67页）由此可以看出：第一，牟宗三虽然认为在政治获得独立的前提下，政治和道德可以暂时分开，但是没有否定道德对于政治的作用。第二，政治不牵涉形而上的道德理性，为的是使民主政体内的各种概念有一清楚的确定，实际上，这是出于名言的方便之考量。第三，政治上所讲的自由，是不可避免地通着道德理性与人的自觉的。这在实践上，是一定然的事实。政治上所讲的各种权利，只是它的客观化的成果的表现，这些权利在民主政体中是由宪法保障的。第四，批判以纯政治学的学究式的政治学教授的立场看待政治和道德理性的关系，以为政治上的自由只要向上通着道德理性与人的自觉讲，"便是抽象的玄虚，形而上学的无谓的争论"，而且"便成为泛道德主义，有助于极权"。这是割截了政治和道德理性的关系，"只知此面不知彼面为何事的偏面联想"，从而是对于政治和道德理性正确关系的抹杀。实际上，这种片面的一"荡"之论"流入泛政治主义之一型而不自觉"。总之，牟宗三不仅没有否定道德以及道德理性对于政治的作用，而且提出了正确理解与对待政治和道德尤其是道德理性关系的主张，即要从政治上所讲的自由是向上通着道德理性与人的自觉，这一在实践上是定然的事实，去理解和把握政治和道德及道德理性的关系；同时严厉地批判了割截政治和道德及道德理性的关系，以政治抹杀道德，流为泛政治主义的弊病。因此，不难断言，牟宗三的这一看法与他的"良知自我坎陷"说是不相抵牾的。

① 黄兆强：《政治中当然有道德问题——徐复观政治思想管窥》，《自序——兼论良知自我坎陷》，第Ⅲ页。

· 524 ·

同讨论与协商，才能确定的。牟宗三在论"政治如何能从神话转为理性的"问题时说过一段话，对于我们理解这一问题应该是有裨益的，兹引如下：

> 惟吾人须知，理性之道路纵已点醒而朗现，而政治神话之对治与化除亦未易言。"政治如何能从神话转为理性的"？此"如何"之问，其解答并不像一个纯思想问题或逻辑问题之解答，那样易于奏效。这是属于生命与行动的事。这"如何"一问之解答，不是属于思辨之工巧，乃是属于人之自觉与实践。以所表现出的"理性道路"来调畅生命，消除非理性的神话，并不是一说就行的。①

实际上，牟宗三先生也并非全然没有思索与指出过，如何实现自由民主政治的路径问题。在他看来，只要实现了经济的现代化，就能够迫使政治走向现代化。他说：

> 所以，政治现代化，必从经济现代化着手，而由经济现代化进至政治现代化时，所表现的自由民主，就是真正的自由民主。这就是所谓开放的社会（open society）。如果在一个封闭的社会（closed society）里，一切人民都被关在人民公社中，谁能有自由呢？没有自由，那有民主之可言？……所以，经济现代化，迫使我们必然会走上政治的现代化。②

本来是讲自由民主政治的问题，牟宗三先生却提出了经济的现代化优先于政治的现代化的观点与策略，但这不是经济决定论，而是牟宗三先生自觉到其中的困难，那么政治的现代化绝不是可以一蹴而就的，所以必须采取迂回的策略与方式去解决。牟宗三先生指出：

> 政治现代化比经济现代化还要困难一些。经济现代化，我们方便

---

① 牟宗三：《政道与治道》，见《牟宗三先生全集10》，第177页。
② 牟宗三：《时代与感受》，见《牟宗三先生全集23》，第379页。

地借用哲学上的名词来说，就是属于 material 方面的，是纯粹科技可以解决的；政治现代化则是属于 formal 一面的，formal 的一面，层次较高，不像经济现代化那么样的容易。虽然政治现代化比之经济现代化较困难，可是道路总是要朝这个方向走，则是没有问题的。当然，要能够确实地实现，也不是短时间就可以做到的。①

在牟宗三先生看来，从经济的现代化到政治的现代化之路，是一条已经被证明了的可行之路，台湾地区就是一个成功的典范。他说："经济现代化与政治现代化，是我们台湾现在已经走上的轨道，已经做到某种程度，有确实的成绩表现的两面。"② 这其中，经济的现代化与科技的现代化是互相密切地关联在一起的。在相当大的程度上可以说，经济现代化的实现，就意味着科技现代化的实现。因为经济的现代化离不开科技的现代化，反之亦然，二者相辅相成，是可以齐头并进的。但是，政治的现代化与经济的现代化的关系，与此不同。中国是一个具有上千年的君主专制统治历史的国家，现代化就必须得面对君主专制的"铁甲壳"的问题，要彻底地摧毁这个"铁甲壳"，就需要走经济现代化先行的道路，而且这才是实现政治现代化的捷径。那么，从"儒学第三期"开展的任务与使命来看，是不可能从"内圣"直接推出"新外王"来的。牟宗三强调指出：

> 目前我们有经济现代化与政治现代化，治国、平天下是不是可以由修身、齐家直接开出来呢？这是不行的。修身齐家是必要的，是治国、平天下的 necessary condition。但这并不表示修身、齐家就可以治国、平天下；在以前可以说是如此，在现在则是不够。修身、齐家在这个时代，不能直接推出治国、平天下；不能由内圣直接推出外王，这就显出现代化的意义。以前从修身、齐家一直可以推展到治国、平天下，那就是非现代化。所差就差这么一点，并没有差很多。
>
> 所以，现代化的经济政治不是由修身、齐家直接可以推展出来的，这就表示从修身、齐家要至治国平天下，这其间有个曲折，是个

---

① 牟宗三：《时代与感受》，见《牟宗三先生全集23》，第379页。
② 牟宗三：《时代与感受》，见《牟宗三先生全集23》，第379页。

间接的转进,而非直接的推展。间接转进的意思是个什么呢?我们现代的经济是高度科技化的经济,不是手工业。……假使经济是在手工业的状态下,那就不是现代化的精神。从手工业进到现代化,你看这里边有多大的转变呢?不是直接由勤俭就可以直接推出来的。以前手工业的时代,乡下人教训人就是要勤俭,不要懒。但是从勤俭的手工业精神,无法直接推展出高度科技化的精神。经济的现代化推展不出来,政治的现代化也推展不出来。在以前的君主专制以及宗法社会之下,修身、齐家、治国、平天下是直接的延续,而且也可以用在皇帝的身上,皇帝的治国平天下,也要从修身、齐家做起。现在高度现代化的政治,则非修身、齐家可以直接推展出来的,这中间有一间接的曲折。既有一曲折,就表示经济有经济内在的独立法则,而政治亦有政治内在的独立法则。光从修身、齐家这个道德法则(moral law),推不出经济和政治的法则。道德法则和政治法则不一样,和经济法则也不一样。这三个法则各有其独立的意义,这就是现代化的精神。①

在其《荀学大略》中,牟宗三先生也指出:

> 吾人若知道:[道]德理性之只表现为道德教化形式之直接形态,不足以促成国家性之出现(此时只有个人主体精神与天地精神),则必须转进一步,重新觉悟到间接形态之重要,如是方有真正之客观精神,而义道亦方能真实实现,此须是思想上自觉地认识到国家之所以为国家之一套意义于建国上之重要,于实现价值表现道德理性上之重要,于文化发展上之重要,而后可。②

毋庸置疑,只有深刻地领会与把握了现代化的精神,才能真正地理解与抓住现代化的政治与传统的历史上的政治之间,尤其是现代民主政治与君主专制或集权专制之间的根本差别。牟宗三先生说:"是以吾人今日讲国家性之出现,必不可与自由民主为对立;而讲自由民主之出现,亦必不

---

① 牟宗三:《时代与感受》,见《牟宗三先生全集23》,第381—382页。
② 牟宗三:《名家与荀子》,见《牟宗三先生全集2》,第212页。

可与国家为对立。"① 那么，现代政治的现代化，就绝不可以走传统的老路，儒家以直推的方式讲"内圣"开"外王"的道路，早已过时，不能适应现代民主政治的需要了。因此，选择一条迂回曲通的现代化之路，是势在必行的。对此，是必须有清醒的认识与自觉的。对牟宗三来说，经济的现代化与政治的现代化，是社会现代化里头最重要的两个步骤与骨干。他说：

> 经济现代化就是使我们经济架构现代化，而政治现代化就是使我们政治架构现代化。这两个架构是最重要的，是两个骨干；这两个骨干一撑起来，大部分的生活都不能离开这个架构。所以，由此我们便很容易进一步想到文化建设。那么，文化建设是什么意义的文化建设呢？现在所说的文化建设，与上次我所说的汉武帝所倡的"复古更化"的文化运动不一样，和汉光武帝所提倡的"重名节"不一样，和宋、明儒所讲之理学也不一样。这个不一样在那儿呢？就在无论在汉武帝、汉光武，或宋、明儒的时代，他们没有现代化的问题。②

社会的现代化是一项复杂而巨大的工程。如果能撑起经济的现代化与政治的现代化架构，那么文化以及教育学术的现代化就有了根本而充分的保证。而文化教育学术的现代化，必然全面地促进整个现代化的进程。但是，今天的文化学术现代化与中国以往的文化运动，尤其是牟宗三所点出的汉武帝提倡的"复古更化"文化运动、汉光武帝所倡导的"重名节"文化运动，和宋明的儒学复兴运动，皆迥然不同了。因此，今天的文化现代化，必须与中国传统的文化运动区分开来，才能在继往开来中推陈出新，有所建树。

无疑，在没有实现自由民主社会的时候，需要为实现这一目标而奋斗，但是进入了民主社会，并非就万事大吉，没有问题了。如果泛用民主，同样会造成巨大的社会问题。在台湾，引起大家议论纷纷的民主政治的泛用与混乱，就是一个典型的例子。但是，不能因为民主有问题，就杜绝民主，因噎废食。这当然是后话了。

---

① 牟宗三：《名家与荀子》，见《牟宗三先生全集2》，第212页。
② 牟宗三：《时代与感受》，见《牟宗三先生全集23》，第379—380页。

"三统并建"之再省思

现代化是下一盘全局的大棋而不是走零子的散棋，需要深思熟虑，成竹在胸，把握关键，选准落子的点位与进路。所以，必须要由道、学、政"三统"（实为社会现代化的三个基础与中心）并建的原则、策略与路向去完成。然而，我们不能要求牟宗三先生把现代化，尤其是政治现代化的所有细节与具体内容，都能一一地全部考虑到，那是不可能的也是没有必要的。

既然如此，那么我们就不能指望和要求牟宗三先生，把中国自由民主的一切问题都解决了，才去承认和肯定他的"三统说"及其自由民主政治思想的重要价值，那样未免对他太过于苛求了，那是对于一个哲学家的苛求！这犹如娶妻，如果你一定要娶一个十全十美的天仙，那你就永远只能打光棍了！其实，牟宗三先生的"三统"说及其自由民主政治思想，只要对中国自由民主政治和中国文化以及世界文化的实践，具有启示作用和意义，就足够了！

让我们记住牟宗三先生的话，是不无裨益的。牟宗三先生说：

> 中国文化发展到现在，如瀑布下的深潭，不能流通。问题很明显，我们该走的路也很明显。走到如今的情形是个负果，说得好听是以毒攻毒成为颠倒，其背后是个大无明。中国人很聪明，但聪明也没有用，那一个能在无明中清醒，跳出这个大无明来重整乾坤，这个人就是政治家。
>
> 颠倒也可说是颠倒的历史的必然，问题就是要看能不能从无明中冒出来。说容易，只是一转念即可［使］整个历史改变，但就其势已成，要想转也很困难。中国的命运如何，这要看我们每一个人自己的头脑是否能清醒。①

［本文发表于 2015 年在台湾师范大学和"中央大学"召开的"纪念牟宗三先生逝世二十周年国际学术会"，后经作者修订定稿，编入会议文集出版（万卷楼出版社 2018 年版），收入本论集略有删节，该文的删节稿刊于《云南大学学报》（哲学社会科学版）2018 年第 1 期］

---

① 牟宗三：《时代与感受》，见《牟宗三先生全集 23》，第 321—322 页。

牟宗三思想进路对中国哲学
现代化的贡献与意义

牟宗三从研究逻辑与数学，深入罗素和怀特海的逻辑与哲学之堂奥，为扭转罗素的"数学实在论"，最终完成其把数学归于逻辑的观点（按：今天，逻辑学家们认为所谓把数学归于逻辑，实际的结果则是把数学归于集合①），而进入与接上了康德的哲学，经过把康德哲学与现代逻辑、数学、科学、哲学加以批判地调和与整合以后，由康德的批判哲学开发与提炼出一套自己的方法，这主要就是实现之理与纪纲之理，建立逻辑的双重标准，即工具学标准与构成学标准，为提出与建立他自己的逻辑哲学与数学哲学的奠定了基础；与此同时，他在对罗素与维特根斯坦的逻辑与哲学的批导中确立了原子原则与外延原则，并由此发展出"内涵真理"与"外延真理"。这样，牟氏就建构出一套自己的逻辑哲学与数学哲学，护持住逻辑与数学的自足独立性，纯思的知性主体就被挺立与凸显，这就是逻辑我。这一逻辑我与其自然起点或前逻辑起点（的易哲学研究）区别开来，便构成了牟宗三哲学系统的逻辑起点。牟氏以康德的《纯粹理性批判》为参照系，基于现代哲学和科学的实在论的经验论或现象论立场，建立生理心理的自我即"现象的我"，或"现象的假我"，或"心理的我"，表现为"直觉的统觉"；同时他又基于康德哲学的超越的观念论的立场，旁摄现代逻辑和数学的形式主义、约定主义，并从形式主义与约定主义进到先验主

---

① 例如，G. H. 冯·赖特就这样说过："弗雷格和罗素的方法也许应该更好地被理解为是给数学提供一个集合论基础而不是从一个纯粹逻辑基础中推导出数学。"（见 G. H. 冯·赖特《二十世界的逻辑和哲学》,《哲学译丛》2000 年第 2 期）

义与主体主义,由现象的我转出了逻辑我或超越的逻辑我,这是现象理解的主体或认识的主体,是故一套以"格度"(或知性的逻辑涉指格)的超越决定与超越运用为中心的认识论系统得以建成。由超越的逻辑我透露出一个形上的超越的真我(简称"真我"),然而在其认识论系统中,这个真我尚只是一种预设,没有真实性与必然性。顺逻辑的进路走到底,而有本体论与宇宙论的逻辑构造,这是从逻辑形式上语言层面上描述、摹状、建构与阐明形上的超越的真我;由对"智的直觉"与"物自身"是"一个有价值意味的概念"的论衡,稳住了康德关于"现象"与"物自身"的超越区分;同时以道德实践的进路证立形上的超越的真我,完成了本体宇宙论的直觉构造,建成了"道德的形上学"或"两层存有论":"无执的存有论"与"执的存有论",或"本体界的存有论"与"现象界的存有论",以"一心开二门"的普遍性的共同模型开示与凸显了哲学的原型。最后,三我:现象的我、逻辑的我与形上的真我归为一我即形上的真我,逻辑学、认识论与形上学实现了和谐的统一,牟氏从逻辑思辨到哲学架构的进路一一展现与大体完成。如果仅就牟氏的思维进路而言,或许有人要说,这仍然是西方哲学的[1],然而就其内容与理境而言,却是中国的儒家的。因此,可以说,牟氏以西方哲学家建立哲学的常轨为入路,却实现了中国哲学的圆融境界。易言之,他在从逻辑到哲学的进路中,进行中西融合,哲学地重建了中国哲学。既有纵向(对以儒学为主导的中国哲学)的继承,也有横向(对以康德哲学为中心的西方哲学)的融摄,更有独创性的开新。他为哲学缔建了两个家园:语言与实践,从而就把哲学变成了一个两栖的理性生命,使她同时栖居在实践之家与语言之家中。不仅如此,他从哲学语言到哲学理境都体现了极富有个性的中国特色中国(古典)韵味中国(民族)气派,这就使牟宗三哲学与西方哲学划清了界线,也使它与同时代的其他中国哲学区别开来。正是在上述意义上,无疑地可以断言,牟宗三哲学地重建中国哲学,把中国哲学的现代化推进到一个前所未有的高度,为中国哲学的现代化提供了一个极具典型意义的范例。美国学者白诗朗(John Berthrong),把牟宗三的哲学贡献同日本京都学派的哲学

---

[1] 白诗朗(J. Berthrong):《波士顿儒学》,见郑家栋、叶海烟主编《新儒家评论》第二辑,中国广播电视出版社1995年版,第34页。

家所做的工作相比较，给予了高度的评价。他指出：

> 牟宗三以自己的方式为儒家传统所做的工作，相当于著名的京都学派哲学家为日本佛学传统所做的工作。牟的一贯追求是，通过与世界其他伟大哲学家的对话，把儒学推向世界。①

这一评价基于儒学与西方哲学的关系，参照日本的京都学派，凸显出牟宗三为中国哲学的现代化与世界化所作出的巨大贡献。

牟宗三在当代已经成为一个具有日益广泛和重要的世界性影响的大哲学家，"牟宗三哲学"在今天已经成为一门显学。1983年，一次国际性的中国哲学会议在加拿大召开，与会的美国学者白诗朗（John Berthrong）称牟宗三是世界水准的大哲学家，而不仅仅是中国的哲学家而已。② 1987年4月，香港大学授予牟宗三荣誉文学博士学位，对他的"道德的形上学"以及他在中西哲学、知识论与逻辑学等多方面的学术建树给予高度的评价。③ 同年冬，由于受到牟宗三哲学思想的影响，德国波昂（又译"波恩"）大学哲学系开始讲授中国哲学，其中有一章专讲"牟宗三哲学"，由哲学系教授西蒙（J. Simon）博士与汉学系教授崔奥哲泰（R. Trauzettal）博士共同主讲，听众之踊跃，几乎到了欲罢不能的地步。这是德国哲学界的一件大事。④ 此后，德国其他一些大学也开讲"当代新儒学"课程，并将出版德文教材和开始有系统地翻译牟宗三的著作，如《心体与性体》等。刘述先教授在为1995年出版的英文版《剑桥哲学词典》撰写的当代中国哲学的总条目中，称"牟先生是当代新儒一家他那一代中最富原创性与影响力的哲学家"⑤。自20世纪80年代以来，牟宗三的部分讲演录相继被译成韩文、英文和法文出版。1988年，《简明大英百科全书》中文版修订了其中

---

① 白诗朗（J. Berthrong）：《波士顿儒学》，见郑家栋、叶海烟主编《新儒家评论》第二辑，第34页。
② 参阅蔡仁厚《牟宗三先生学思年谱》，台北：学生书局1996年版，第56页。
③ 蔡仁厚：《牟宗三先生学思年谱》，第67—68页。
④ 参阅黄振华《从牟宗三先生的哲学思想看康德哲学中"一心开二门"的思想》，见于李明辉主编《当代新儒学人物论》，台北：学生书局1996年版，第77页。
⑤ 参阅刘述先《牟宗三先生在当代中国哲学上的贡献》，收入蔡仁厚、杨祖汉主编《牟宗三先生纪念集》，台北：东方人文学术研究基金会1996年版，第510页。

牟宗三思想进路对中国哲学现代化的贡献与意义

的"牟宗三"条。进入90年代后,牟宗三哲学的世界性影响有扩大之势。一个特别值得注意的事件是,在美国兴起了一个自称为"波士顿儒学"的学派,他们自认为"也有一个独特的传承系统塑造了波士顿的新儒学观"[1],牟宗三哲学被认为是他们思想的主要来源之一。[2] 至于牟宗三哲学在中国(包括大陆、台湾、香港等)的广泛影响,早已有口皆碑。即使以分析哲学的眼光与立场质疑与批评牟宗三哲学的冯耀明教授,也这样写道:"就'牟宗三语言'之建立及流行而言,牟先生不愧是'五百年不一见'的伟大的中国哲学家!"[3] 以上罗列这些事实,固然表明牟宗三哲学的世界性影响,然而最值得深思的问题是:牟宗三哲学为什么会成为一种国际性的显学,其最重要的贡献究竟是什么呢?无疑,这与牟宗三在哲学的许多领域(诸如逻辑哲学、知识论、形上学、哲学史、道德哲学、历史哲学、政治哲学、文化哲学、比较哲学、美学,等等)中提出一系列富有创见的思想[4]自然是分不开的,即使就此而言,迄今人们也并未全面而系统地了解他的思想与贡献,尤其是他对认识论与逻辑哲学的重要贡献一直鲜为人知,遂在评价他的思想时造成极大的误解,例如时贤常常批评他的道德意识膨胀,导致泛道德主义,而逻辑、知识论、科学的"知性"或"理智"地位未能突出,并以此作为否定他的"民主"与"科学"思想乃至其基本思想的理由,诸如此类的批评与指责在学术市场上比比皆是,不免令人啼笑皆非。这种肤浅而浮泛的学风与时风当然亟待改变。不过,我以为仅仅着眼于牟宗三所提出的具体思想观点,或学术主张上来评价他的贡献,还是不够的。更何况,现在尚做不到全面地从总体上对他的哲学贡献作出客观而清晰的评价。因为海内外的牟学研究还没有深入到这一步。从1998年的"牟宗三与当代新儒学国际学术会议"(暨"第五届当代新儒学

---

[1] 白诗朗(J. Berthrong):《波士顿儒学》,见郑家栋、叶海烟主编《新儒家评论》第二辑,第34页。

[2] 白诗朗(J. Berthrong):《波士顿儒学》,见郑家栋、叶海烟主编《新儒家评论》第二辑,第34页。

[3] 参阅冯耀明《解构与重建——牟宗三先生在哲学上的另一面贡献》,收入李明辉主编《牟宗三先生与中国哲学之重建》,台北:学生书局1996年版,第45页。

[4] 颜炳罡教授说:牟宗三的最大特点在于:"无论其思想发展至何种阶段他就在何种层次立下一块永恒的界碑。"(见颜炳罡《牟宗三学术思想评传》,北京图书馆出版社1998年版,第44页)这句话原是指牟氏的著作而言,很有见地也很有分量。它完全适于描述牟氏在哲学思想上的创建。

国际学术会议")的情况来看,对牟学的全面(各个时期各方面的思想)研究的序幕,才刚刚拉开。

对一个哲学家来说,他的哲学思维比之于他所提出的具体学说或观点的贡献要大得多。至少在我看来,一个哲学家贡献给哲学的思维,才是更具有久远价值,永远垂范后世的东西。就牟宗三的哲学而论,人们尽可以不赞同他的具体主张或观点,但是请恕我强调一点,如果研究或评论他的人真有哲学的灵魂与气质,那么就不能不且不会不正视他的哲学思维。牟宗三以后的哲学家要超越牟宗三,必须在哲学思维上超越牟宗三,那才是真正的超越。这需要首先了解他在哲学思维上的创新与成就。因此,从哲学思维的意义上说,也许更能看出牟宗三为中国哲学的现代化所作出的前无古人的巨大贡献。牟宗三所贡献的哲学思维是什么呢?虽然笔者明确地意识到了这一问题,但要完全回答这个问题还是困难的,本文亦并未措意于此,不过就文中所论及,以及笔者目前的认识来看,大致上可列为以下十项:

1. 走出了一条系统完备的从逻辑思辨到哲学架构的思维之路,在不同于康德的意义上把逻辑学、认识论与形上学三位一体地统一起来[①],其所包含的丰富的具体内容还有待作深入的研究。

2. 西式的理论理性与中式的实践理性相统一,语言分析与实践亲证相表里,辩解的辩证与通观的辩证相结合,超越的分解与辩证的综合相补充,分析与超越并重,逻辑与直觉并行,轨约与构造齐出的双向多重的主体思维模式。

3. 了解与诠释中国古典哲学文献的方法:[②]

3.1. 了解文献有三忌:一忌浮泛;二忌断章取义;三忌孤词比附。[③]

3.2. 以"文字训解"和"义理诠释"的循环关系为基础的"文献

[①] 郑涌先生认为,康德批判哲学"开了本体论、认识论和逻辑学三位一体的先河"(见郑涌:《批判哲学与解释哲学》,中国社会科学出版社1993年版,第17、22、36、43页)。这的确是一个有见地的看法。他这里讲的逻辑学是:"先验逻辑"或"辩证逻辑"。但牟宗三所讲的逻辑学则不是"辩证逻辑"。幸勿误会!

[②] 关于这一问题,在现有的研究中,最重要的文献是李明辉的《牟宗三先生的哲学诠释中之方法论问题》一文,载于李明辉主编《牟宗三先生与中国哲学之重建》。

[③] 参阅牟宗三《现象与物自身·序》,台北:学生书局1975年版,第9页。

途径"。①

3.3. 对哲学文献的"称理而谈"的诠释原则：

a. 依语以明义

b. 依法不依人（包含"依理不依宗派"）

c. 依义不依语

d. 依智不依识

e. 依了义经不依不了义经

总而言之，即是佛家所谓"四依四不依"："依法不依人，依义不依语，依智不依识，依了义经不依不了义经。"②

其中，包括了生命的感通原则。

3.4. 以康德的术语说，从"历史知识"达到"理性知识"的诠释。

对于以上的诠释原则，牟氏最后强调的则是一个最高的统摄原则，即"分齐"③原则，亦即"依义不依语"或"理性知识"的原则。关于这些哲学的诠释原则，李明辉先生作过详明而富有启发的阐述。但是，也正如李明辉先生所说："牟先生底诠释学原则太简明，或许无法充分地回应西方现代诠释学所提出的种种复杂而精微的问题，但无论如何，他的哲学诠

---

① 参阅牟宗三《研究中国哲学之文献途径》，《鹅湖月刊》第11卷第1期；又见李明辉《牟宗三先生的哲学诠释中之方法论问题》，见李明辉主编《牟宗三先生与中国哲学之重建》，第36页。

② 参阅牟宗三《现象与物自身·序》，第8、9、16、17页。

③ 李明辉先生认为，牟宗三对中国哲学诠释原则的论述"几乎涵盖了西方现代诠释学所提出的所有重要问题"，并勾勒出三个要点："①理解和诠释有其'客观性'，而唯有在理性底层面上，理解和诠释才能达到客观性。②要达到理解和诠释底客观性，必须藉主观的'生命'以契入。③理解和诠释涉及语意和义理两个层面，这两个层面分别对应于康德所谓'历史知识'与'理性知识'，而以'理性的知识'为依归。"（见李明辉《牟宗三先生的哲学诠释中之方法论问题》，见李明辉主编《牟宗三先生与中国哲学之重建》，第29页）这里所讲的第二点，也就是笔者所讲的生命感通原则。关于这一问题，请再参阅颜炳罡《整合与重铸——当代大儒牟宗三先生思想研究》，台北：学生书局1995年版，第64—69页。此外，李明辉先生在第三点中所说的"语意"与"义理"两个层面，就是牟宗三所说的"依语以明义"和"依义不依语"。据此，他指出："牟先生在此像康德与海德格一样，就哲学诠释底第二个层面宣称：他对作者的理解胜于作者对自己的理解。当他在这个层面进行真正的哲学思考时，若有人就第一个层面去质疑他的诠释是否符合文献底'原义'，这只证明提出质疑者不知哲学思考为何物，亦不了解诠释学底原则与问题。只要这种方法论的区别无法厘清，我们便无法期望任何有意义的批评——不但对于牟先生，对于其他哲学家亦然。""牟先生正是在这种层面上显现出他作为哲学家的创造力。"（李明辉：《牟宗三先生的哲学诠释中之方法论问题》，见李明辉主编《牟宗三先生与中国哲学之重建》，第36—37、37页）这些看法，颇值得参考。

释已涉及了这些问题，值得我们从诠释学底角度进一步去反省。"①

3.5. 使用现代逻辑、符号学的方法哲学地诠释中国哲学。

这些方法主要体现在牟氏早期的著作特别是易哲学之中。

4. 中西哲学范畴的互诠互补。

众所周知，牟宗三"援西入儒"，藉西方哲学的概念，最为显著的是康德哲学的"自律""智的直觉""物自身""本体"或"智思物"等概念诠释中国哲学，特别是儒学。然而，不可忽视的是，他一向擅长在极具古典韵味的中国哲学话语与范畴中翻译、描绘与重述西方哲学，尤其是康德哲学，不仅在数十年的陶养中形成了他独特的个性与风格，而且他也把康德哲学中国化了。最典型的例子是他把康德的"Principle of Regulation"与"Principle of Constitution"译为"纪纲之理"与"实践之理"，后又改为"形构之理"与"存在之理"或"实现之理"（Principle of Formation and Principle of Existence, or of Actualization），并以中国哲学的"体用""一多""心性""自性""意""觉""识""气""理"，或"所以然之理"等范畴进行诠释。这样，在他的哲学创造活动中就达到了中西哲学范畴和话语互诠互补的效果。这正是在康德所谓的"理性知识"，亦即牟宗三所谓"分齐"的层面上对中西哲学的融通。

5. 继承旧范畴或旧概念与创造新范畴或新概念相结合。

牟宗三在他的哲学创作中，一方面以"旧瓶装新酒"的方式继承中国古代哲学的范畴，如"体用""有无""天人""虚实""理事""仁心""天心""道心""物气""一心开二门"，等等，同时援借与融摄西方哲学的范畴；另一方面又根据他的哲学需要，以"新瓶装新酒"的方式自创新概念或新范畴，如"坎陷"与"跃起"（或"跃出"），"离的解析"与"盈的解析"，"格度"与"范畴"，"格度"与"型范"，"曲"与"直"，"曲心"与"直心"，"综合的尽理之精神"与"分解的尽理之精神"，"理性之运用表现"与"理性之架构表现"，"知性的逻辑涉指格"与知性"存有论的涉指格"，"性体"，"心体"，"性理性智"，"玄理玄智"，"空理空智"，"神智神知"，"神理神动"，"智知"与"识知"，"执的存有

---

① 李明辉：《牟宗三先生的哲学诠释中之方法论问题》，见李明辉主编《牟宗三先生与中国哲学之重建》，第37页。

论"与"无执的存有论","道德的形上学","实践的形上学",等等。他对既有的旧范畴的批判改造与赋予新意,是他创造新范畴或新概念的基础,他对新范畴或新概念的创造,则是对旧范畴的突破与发展。总而言之,他在继承旧范畴旧概念与创造新范畴新概念的过程中,既表现出以"旧瓶装新酒"的方式,也表现出以"新瓶装新酒"的方式,并把二者高度地统一起来,表现出其哲学思维的独创性。

6. 一以贯之的哲学方法论原则。

贯穿于牟氏逻辑哲学、知识论与形上学,乃至历史哲学、政治哲学与哲学史之中,并保持前后高度一致的方法论的基本原则,主要有三:一是实现之理与纪纲之理的方法,或存在之理与纪纲之理的,亦名创造原则与轨约原则的方法;二是内容真理与外延真理的方法;三是名言或概念分析与超越分析,批判分解与辩证综合的方法。对于这两项哲学方法论的基本原则的贯彻与使用,表现出牟宗三作为一代大哲的思路的首尾一贯性、自洽性、简约性与透彻性。

7. 探索与开创中西哲学融通的思路。

早在牟宗三以前,似乎就有学者发现康德哲学可与中国哲学乃至东方哲学相融通。[①] 然而,如所周知,到头来,真正探索与开创出一条以康德哲学为桥梁而实现了中西哲学融通之路的人,却是牟宗三。尽管在中西哲学融通的思路上,康德哲学不会是绝对唯一的桥梁,但是牟宗三的融通之理路树立了一个典范,不仅为其后继者开示出了一个精神方向,产生了重大影响,而且对于康德哲学之外的哲学,诸如海德格尔哲学、哈贝马斯哲学、荣格哲学等与中国哲学相融通的探索与尝试也提供了重要的示范与镜鉴作用。

8. 儒家式的"元"判教思维理路。

牟宗三以其"道德的形上学"为基础,发展出一套既有儒家式的"元"判教遗风,又有现代"元哲学"或"后(设)哲学"斑彩的哲学体系。判教是对一切教相系统的总持的批判、检讨与反省,其思维旨趣正是

[①] 例如日本著名的康德哲学专家、哲学家桑木严翼就这样说过:"窃尝思之,唯道唯一。康德哲学的精神,可以在孔子的言行中求之,也可以在老、释及其他日本先哲的遗教中求之。然因时因地,以及讲者听者之不同,而其言说之构造,亦因之各异。我们若一比较对照这种不同之点,则未免不可发生一种新的见解罢。"([日]桑木严翼:《康德与现代哲学·序》,余又荪译,台北:商务印书馆1984年第15版,第2—3页)这当是明显的一个例证。

哲学地建立中国哲学

其哲学诠释方法的"分齐"原则的运用与表现。对于这一原则,他解释说:"分者分际,义各有当。齐者会通,理归至极。"① 根据这一原则,他又援借必要的西学概念与方法,分别从语言与实践,"历史知识"与"理性知识"的不同层面,对于儒学内部的义理系统与中国佛学内部的教派(主要是天台宗与华严宗)重新作了厘清,判释与定位。对于前者,他判定宋明理学之义理为三系:北宋三子:濂溪横渠明道未分系,此后则分为三系:伊川朱子系;(胡)五峰(刘)蕺山系;(陆)象山(王)阳明系;后两系可为一大系,故三系实际可以化约为两大系。其中,象山阳明五峰蕺山系为儒学之大宗,伊川朱子系乃继别为宗,是小宗。基于儒家的"道统"观念,他肯定了前一系的正宗地位。但是,这无碍且无损于另一系在学问上哲学上的崇高地位。尤其值得注意的是,牟宗三视朱子哲学为在学问上代表中国哲学的一大骨干。不幸,这一点常常被那些情绪激动的研究者所忽略!如果说前一系所代表的是儒家的主"仁"系统,那么后一系所代表的则是儒家的主"智"系统,两系纵横相交,经纬互补,双玉合璧,体现出中国儒学仁智双彰的本色。事实上,两系均成为牟氏哲学思想的重要来源,为他所融摄,只不过是侧重面不同罢了。这不可不察!对于后者,牟氏宣判华严宗为别教一乘圆教,天台宗为圆教一乘圆教,天台虽然高于华严,但是二者在实际上并不对立与背反,如果说华严宗的教相是第一序,那么天台宗的教相则是第二序的。要达到第二序的教相必须以预设和经过第一序的教相为前提,只有经过了第一序的别乘一乘圆教,才能臻于第二序的圆教一乘圆教,这犹如牟氏之论康德与黑格尔的哲学:要进入黑氏的辩证哲学系统必须预设康德的批判哲学,只有经过康德的批判哲学,才能上达黑氏的辩证哲学。在一定的程度上说,牟氏判教的理路甚至被扩充到整个中国哲学。虽然可以说儒释道三教都是无执的存有论,释家是"解脱的形上学",道家是"境界的形上学",儒家是"道德的形上学",宽泛地说,三家都可以称为"实践的形上学",但是三教之中,唯有儒家才是大中至正的圆教。牟氏的判教固然体现了其鲜明的儒家立场,因而预定了一种基本的价值判断与取向。然而,他的判教不是为判教而判教,乃是通向其建立自己哲学的圆教系统的必由之路。因此,判教是一项

---

① 参阅牟宗三《现象与物自身·序》,第9页。

真正的与基本的哲学工作。其目的是在于藉判教来达到一种综摄与整合的圆融之境。这需要由逻辑的厘清、批判的分解而实现超越的消融,辩证的综合。如果不预设一个绝对的价值准则和前提,即是说,不执定于儒释道任何一家的特定价值立场,而把儒释道三教置于一个系统中平等地看待,可以每一教为一个支点而融摄其他两教,同时自我调整,而熔铸为一个更大的圆教系统。三教都被置于一个"元"层面上,因此它们的关系是极其相对的,三个支点可以互相转换,互相辉映。这当然是一种非常重要的富有现代性格与特色的"元哲学"思维。它是开放的与无限的。它也许可以称为哲学上的"测不准原理"。它不仅在牟宗三哲学中居于显要的地位,即使在未来的哲学中也将具有不可湮灭的价值。牟宗三的判教几乎臻于炉火纯青的造化之境,确有可以借鉴之处。但是,这不能死守与过执,需要更多的视域融合。

以上八个方面,是从牟宗三哲学与中国哲学现代化的关系所列举与说明的牟氏哲学思维及其价值。此外,如果就牟氏与西方哲学的关系来看,还有两个方面值得一提,而这正是他在与西方大哲学家的创造性对话中,把中国哲学推向世界的工作的一个重要部分。

9. 从逻辑的进路开创出一条以"轨约原则"和"构造原则"作为方法论原则,理解与诠释康德哲学的新路。① 以笔者的陋见,似乎在牟氏以前尚无人系统深入地做通过甚至提出这一理路,这一理路不能不归于牟氏的发见与首创。因此,笔者斗胆断言,由牟氏开辟的这一研究康德的新理路,不仅是在中国的康德哲学研究史上,而且是在世界的康德哲学研究史上,都将占有一席之地。

10. 以康德的"经验的实在论"与"超越的观念论"的框架或填式,综融西方古今哲学的主流或大统,开创了一种消融与整合西方哲学的思维样式②。这对于人们把握与消化西方哲学是有启示作用与裨益的。

以上所讲的10个方面,第2—10个方面都可以归入第1个方面,或为第1个方面所囊括所开显。即是说,牟宗三的哲学思维是由其逻辑思辨到

---

① 参阅王兴国《契接中西哲学之主流——牟宗三哲学思想渊源探要》,光明日报出版社2006年版,第三章第二节。

② 参阅王兴国《契接中西哲学之主流——牟宗三哲学思想渊源探要》,第三章第二节。

哲学地建立中国哲学

哲学架构的进路中得到展现的。易言之，牟宗三的整个哲学系统在其从逻辑思辨到哲学架构的进路中表现无遗。从牟宗三与中国哲学的关系来说，中国哲学尤其是中国的形上学在从逻辑思辨到哲学架构的进路中被现代化了，这一思维的进路使中国哲学走向了世界，也使世界哲学走向了中国。

自从西方逻辑学与哲学在近现代传入中国以来，伴随着现代逻辑学的世界化及其在20世纪所占的主导地位，由从逻辑到哲学而进入哲学之门，并建立起不同的哲学之常轨似乎也获得了更重要更广泛的意义。在中国，从金岳霖哲学到牟宗三哲学的出现表明，从逻辑到哲学的进路，并非只是西方哲学家的一条常轨，而很可能而且已经在事实上显示出其世界性的普泛意义。在21世纪，也许逻辑学在哲学中不会再扮演最重要的角色，然而随着现代逻辑的高度发展和普及，逻辑学向哲学的渗透与对哲学的影响却不会停止，不仅如此，而且其渗透力与影响力正在日益扩大与加深之中。无论如何，逻辑在哲学上的巨大贡献不会化为乌有。从这一意义上来看，往后的人从事哲学研究而不懂逻辑（甚至不幸像在我国出现轻蔑、诋毁、拒斥与不学逻辑的那些情况）恐怕是难以想象的了。就中学而言，如果中国哲学确有现代化与世界化的问题，亦包括哲学地重建（我相信中国哲学有这个问题），那么中国哲学家不可能再漠视逻辑学，而必须且（最终是）必然地自觉地学习与吸收逻辑学，甚至成为逻辑学家。这样说来，从逻辑到哲学的进路虽然不是唯一的进路，然而很可能成为当代与未来哲学家通往爱智的康庄大道。套用肖尔兹的一句话[1]来说：从牟宗三的哲学里，人们可以很好地学到一点东西，即：今天对于彻底发挥一个严肃的哲学观点所要求的是什么。重视和研究这一问题不仅有助于推进中西哲学的学术探讨，交流与对话，而且也将有裨于哲学教育的改革。正是在这个意义上说，我以为牟宗三哲学（同时也包括金岳霖哲学等）所具有的典范意义是值得我们高度重视与认真对待的。

[原刊于台北：《鹅湖（月刊）》第321期，2002年3月]

---

[1] 亨利希·肖尔兹在评论卡尔纳普的《世界的逻辑构造》一书时，意味深长地说道："从这本书里，人们可以很好地学到一点东西，即今天对于彻底发挥一个严肃的哲学观点所要求的是什么。"（见［德］亨利希·肖尔兹：《简明逻辑史》，商务印书馆1977年版，第63页）

附录

王兴国教授专访

——游魂说、良知坎陷说、全景交往理论

受访者：王兴国
采访者：林汉标
时　间：2010 年 8 月
地　点：吉林大学

王教授，感谢您接受访问，《道场》读者对您仍不太认识，您能作简单的自我介绍吗？例如曾在哪里读书、工作等？

我在云南出生，祖父的籍贯在云南曲靖市，远祖本在太原，后来迁居南京，为行伍出身，据说是个将军，在明朝随窦建德、木英的大军征讨云南后，帅兵屯军，便在云南定居下来。我的青少年时期是在曲靖和沾益（今天是曲靖市直辖的两个行政区）度过的。我读过几所小学，所读的中学坐落在珠江之源的南盘江边，一个被称为"龟头"的土丘上（因为整个县城像一只大龟，学校就坐落在龟头上），最早是一所师范学校，在几经沧桑之变后，成为沾益一中，我就是从这所中学毕业的。

1981 年，我考上云南大学哲学系。大学期间我深受三位先生的重大影响：第一位是方国定先生。严格说来，方先生不是云大的老师（20 世纪曾执教于云大），他是校外的一位著名的民主党派人士，以办报为业，也是一位名居士。我受方先生的教诲和影响主要有两方面：首先是我跟他学气功。方先生功力极深，是国内有数的大德之一。大学毕业后，我与方先生

哲学地建立中国哲学

失去了联系。我虽然跟方先生学气功不多，但听他讲哲学反而很多（他分别从郭任远学心理学、从陈望道学修辞学、从李石岑学哲学）。第二位对我影响比较大的老师是丁长青先生。丁长青先生主要研究科学哲学及自然科学史，由"自然辩证法"起家。虽然丁先生并没有正式地为我授过课，因为他不是云大的教师，而是云南社会科学院哲学所的研究人员，但是我当时受他的影响颇大，承蒙他多所指教，并一度跟随他做过一段时间的自然科学史的研究，并参与他主编的《科技与社会大事总览》一部大型文献事典的撰稿。丁先生思维敏捷，才华横溢，口才好，组织能力强，对学术抱有极大的热诚，给我留下了极深刻的美好印象，并为我树立了学习的楷模。第三位老师是在我求学的路上，对我影响最大的老师，他就是云大的赵仲牧教授。赵先生不是我们哲学系的老师，他是中文系的先生。我在读大学的时候，就多次聆听过他的讲座，但是要到我大学毕业以后，我们才有机缘彼此认识。赵先生一生为学问而学问，一生谈学问。我今天所具有的一点点哲学上的厘清功夫，都是赵先生为我奠定的。这是我一生感念他的地方。赵先生是迄今我所见过的头脑最清楚最精细的人，具有第一流的才情与智慧，属于那种大哲学家型的人物。

我毕业以后，最先在曲靖师范学校任教，那是当时西南地区最大的一所师范学校，现在已经并入曲靖师范学院；两年后，我调进曲靖地委党校，就是现在的曲靖市委党校任教；五年后，再从曲靖党校调到昆明师专，就是昆明高等师范专科学校（政教系）任教，现在已经并入昆明大学，改为昆明学院。然后，再调到云南师范大学。我的工作和学习历程很曲折，但也比较丰富。我是从基层一步步地奋斗出来的。1996年，我考入南开大学哲学系，师侍方克立先生，同时从学于刘文英先生和卢升法先生，攻读中国哲学的博士学位，在为人为学上，深受三位先生的熏染与影响。当时我对新儒学感到特别有兴趣，几经比较与考虑，就选择了牟宗三先生作研究，并且以他的哲学为题做博士学位论文。博士生毕业以后，我又回到云南师范大学任教。2005年，我调来深圳大学工作。有关我的基本情况，就是这样。

您的研究兴趣在哪一方面？最近有什么研究计划呢？

我最近的研究比较分散，但是始终关注几个点。目前，我手中的课题有"当代新儒家与海外中国哲学诠释学思想研究",这是一个还未完全展开而正在准备的课题。另外一个是"深圳市市民宗教信仰调查"的课题。除此之外,以前我在昆明负责的一个课题是有关大错和尚的,我负责他的集子的整理与编校,还有牟宗三的(人才)哲学教育思想的一个课题。

我对儒、释、道以及纯哲学理论都有探究的兴趣。在道家哲学方面,我对老庄特别感到有兴趣并深受其影响。我的学生曾经说我是"外儒内道"。说实话,我对《庄子》产生兴趣是很早的。当我还是一个初中生的时候,就对《庄子》产生了巨大的兴趣,到我大学毕业的时候,我的大学毕业论文就是写庄子哲学的,题目是"庄子哲学与尼采哲学的比较探析"。在当时,大家都认为我做得不错,那篇文章作为向全国征文的中青年哲学工作者最新研究成果交流会的优秀论文,经过删节后,发表于《上海社会科学院学术季刊》。但那篇论文,我后来回头一看,还是感到羞愧!因为我根本没有打破与走出那个时代在哲学观念与方法上对我的制约或限制。所以,从大学毕业以后,我首先要做的工作,就是要打破与走出那个时代对我的哲学思考的制约或束缚。

另一方面,我对中国传统文化也在重新认识。在读大学期间,我就初步读过"四书五经"以及宋明儒学的部分著作,尤其对《论语》《孟子》《大学》和《尚书》读得比较多,《老》《庄》自不用说,《孙子兵法》也是我最喜爱的著作之一。我在1989年以后(实际上,是在1986年以后,但是1989年成为一条分界线),对于当代新儒家的著作发生了兴趣,我开始读梁漱溟、冯友兰、贺麟的著作(在念大学期间就曾读过,尤其是冯、贺读的很多),并初步接触到了牟宗三、方东美、唐君毅、刘述先、余英时等人的著作,特别是所谓的"港台新儒家"的著作,对我颇有些震动,激发了我进一步阅读新儒家著作的愿望与冲动。遗憾的是,限于条件,我当时未能找到更多的新儒家的著作。几年以后,我顺利地回归到中国传统文化的怀抱,开始走上了一条中国文化的康庄大道,并且清楚地认识到,此前我对于以儒学为主的中国传统文化的基本态度,仍然是新文化运动批孔反孔的一种遗绪。现在,终于到了纠正的时候了!

至于说到我个人近期感兴趣的领域,主要有三个。其中一个是中国的工夫论,我从儒学的工夫论做起,这是我目前正在做的一个题目,我很有兴趣。另外,我所关注的是整个中国哲学史研究的反省及其未来的发展,

哲学地建立中国哲学

这是我第二个研究的方向。这项工作五年以前就开始了，但是时断时续，一直没有做完。我打算一直做下去，直到做完为止。还有一个领域，就是我想建立和发展一套中国茶道哲学。前面我讲过，当代新儒学的研究，我也并没有完全放弃。

我的研究计划可能有点大，单就中国的工夫论来说，我想把儒、释、道的工夫论也做出来，当然这是一项庞大的工程，需要漫长的工作与体验。

在我学习、研究中国哲学的过程中，我发现工夫论是中国哲学中最为独特也可能最有价值的一个核心部分，以往的中国哲学研究，包括最有成果的新儒家在内，并没有给予足够的研究，国内的研究也说不上，要么仅仅作为宋明理学中的一个环节来处理，要么只是作为道德修养来看待，根本未能理解工夫论在中国哲学中所占居的地位与意义有多么重要。我只想强调一点：没有工夫论，就没有中国哲学。因此，在未来的中国哲学史之中，不仅一定要有工夫论的位置，而且一定要突出工夫论的重要地位。这就是我为什么要主张与力伸，从中国哲学研究的逻辑化的道路上，回复到中国的工夫论之路的缘由所在。

很多人都关心新儒家的发展，余英时教授认为自旧科举废除以后，儒学的发展处于萎缩的状态，而现代社会的心理学、精神病理学、教育学研究等早已取代儒学，基于这一个事实，儒学渐渐变成现代社会里的"游魂"，您对余英时的"游魂说"有何意见？

最近几年以来，这是一个经常受到议论的话题，现代对儒学的看法有两种：一种看法认为儒学已经死亡。另一种看法是儒学并没有真正死亡。余英时先生这个看法很有意思，他没有直接宣布儒学死亡，只是说它是"游魂"。因为到了今天，儒学业已失去了它在历史上赖以存在的社会政治制度，而儒学本身的内容好像已被一些现代学科所取代了，所以儒学既没有可以容身的地方，也没有可以舒展的余地，它只剩下了一个"孤魂"，或一个"幽灵"，在四处游荡。对于余英时先生的说法，我认为在某一种意义上来谈，是有一定道理的。我在前面已经谈到过这一点，我现在还要说的是，余先生这种说法，若回到二三十年前的中国的话，应该是可以成立的，那时候儒学在中国确实是一个"游魂"，因为它是一个被批斗的对象，它在整个现实社会中没有立足之地，所以你可以说它是一个"游魂"。实际上，它在中国只是一个隐藏起来的"幽灵"。

如果我们在今天"国学热"的情况下，或者在我们要把中国哲学作为一门学科来进行建设和发展的意义的层面上来看，我是不能同意余英时先生的这个看法的。如果余英时先生的这一说法完全成立的话，那么无异于是说，儒学从一开始诞生便是一个"游魂"了。因为正如我在前面所提到的，儒学的诞生并没有依赖任何政治势力，儒学在先秦时期没有建立在或依附在任何一种社会政治制度之上。儒学固然有一套自己的政治理想"仁政王道"，儒学当然希望实践与实现自己的这一套政治理想，但是儒学的创立者以及早期的儒家都只是"士"人，儒家没有属于自己儒学的"国家"，儒学开始的时候只是儒家的思想信仰与理论。但是，儒学从一开始就从来没有满足于仅仅作为儒家的思想信仰与理论而存在，所以儒学自一出现便谋求实践与实现自己的"仁政王道"的政治理想。由于儒学的这套政治理想在根本上超越了它的时代，成为人类社会文明进步的指向或标杆，所以在当时没有一个君主或国家能够接受它。而就儒学自身来说，儒学或儒家并不愿意一改自己的本愿或初衷，儒学一旦参与政治或进入政治，便要想使政治走上儒学的政治理想的轨道，结果儒学与现实的政治便处于两立的境地。儒学虽然是"在野"的，但是儒学并不孤寂。儒学通过民间的平民教育，以士人为基础，在"学而优则仕"的同时，还学而优则教，通过"教"在社会上广泛的传播，并在各个阶层产生了一定的响应，所以儒学成了"显学"。实际上，儒学的根脉从一开始便深深地植于中国广大社会的各个层面与阶层或阶级（士、农、工、商）之中，儒学的精神价值作为中国文化的"基因"日渐渗透进中国人的生活之中，成为中华民族的"精魂"。

人们常常说，儒学是建立在以血缘为纽带的宗法关系的基础上的，貌似有理，其实值得商榷与检讨。由于中国古代的社会形态是"家"与"国"同构的表现，"家"与"国"只有量的分别，所谓"百乘之家""千乘之家""万乘之家"，没有质的不同，"家"与"国"的实质都是"家天下"，其主要的来源形式是"封建"，即由分封而建国，所谓"封侯建国"（即使以武力夺取政权后，仍然实行着这一套，西周是一个典型），那么"家"与"国"的社会基础便是以血缘为纽带的宗法关系。不仅是"家"

或"国"的稳定要以以血缘为纽带的宗法关系为基础，而且一姓一氏的家族也同样以要以以血缘为纽带的宗法关系为基础。因此，以血缘为纽带的宗法关系的存在现实，成为儒学的一个重要的社会场景，同时也成为儒学所必须面对的一个对治的对象。这是孔子的"仁"爱为什么要强调和注重血亲关系与差等关系的原因，所以孔子的思想能落到社会的实处，能在中国广大的社会中到处生根，而墨子过于理想和激进，他不满意于孔子这一套，他急切地想要打破、砸碎根深蒂固的以血缘为纽带的宗法关系这一存在现实，所以他极力提倡"兼爱"，一时引起社会下层人民的响应，但是真要在现实社会中寻求落实，就处处都是问题了。墨子也许忽视了一点，尽管宗法关系随着社会的变化完全有可能解体，事实的确是如此，但是人的血亲关系并不会因此而改变，除非人种彻底改变了。所以，如果能从会通儒墨的关系上考虑，那么可以说，要实现墨家的"兼爱"，就必须预设儒家的"仁"爱为前提，只有通过"仁"爱，才能达到"兼爱"。而这正是儒家所设想的道路。所以孟子说："亲亲而仁民，仁民而爱物。""爱物"不仅仅是"兼爱"，而且是泛爱天地万物，与天地万物融为一体。孟子强调要"与天地同流"，正是此意。惠施虽然也持"泛爱天地，万物一体"的思想，但却是一种因任自然的思想，并不与孟子同。因此，儒家的"爱物"又超过了墨家的"兼爱"。在对治中国社会的以血缘为纽带的宗法关系这一问题上，无疑地说，儒家较之于墨家更为实际合理，同时也更为高远与周全。所以，我要强调说，与其说儒学是以以血缘为纽带的宗法关系为基础，毋宁说以血缘为纽带的宗法关系事实上构成了儒学存在与发展的一个社会场景，并同时成为儒学所对治的一个重要对象。儒学通过"学而优则仕"走向了政治，儒学的面貌似乎改变了，但是儒学的精神并没有改变，至少没有彻底改变。正如我前面所提到过的，事实上，儒学与政治有互相依赖、互相利用与互相改造的关系存在。但是，儒学在依赖政治的时候，也在相当大的程度上被巨大地扭曲了。儒学被封为至高无上的"官学"，获得了"经学"的地位。由于儒学的政治理想在本质上与君主专制的政治体制是完全对立的，因此儒学与中国的君主专制之间又充满了曲折的斗争。事实上，儒学的确在借助政治来发展自己，而政治与社会的巩固和稳定则有赖于儒学。但是，政治不是儒学的唯一的载体。尤其要说的是，政治不是儒学的根。儒学的根在人的安身立命处，在人格的铸就与完成。因此，儒学完全可以不停留于政治，可以越过政治，它有民间社会的人民为广大的基础。就一个社会来讲，可以没有政治，没有政府，但是不可以没有人。只要有人，就有人格的问题。所以，在终极的意义上，儒家要讲"成圣（人）"。就人格修养成为"圣人"一义来讲，儒学可以跳出或超越一切政治模式，不受其束缚。

那么，它的基础究竟在哪里呢？它的基础就是社会中现实的人。以儒家的话来说，就是人的心性。因此，儒学不仅是一套对治社会之学，更是一套对治人的心性之学。归根到底，儒学是一套对治人的心性之学。

再就儒学与中国传统的教育体制的关系而言，儒学赖以存在的重要"基地"的中国传统的书院与家庭，早就已经解体了，但是这并不表示现代的家庭与学校就与儒学绝缘了！事实上，新文化运动以后，儒学存在的基地就是农村、学校与家庭。直到新中国成立后，依然如此。如果按照余英时先生的说法，这时的儒学早已是"游魂"了，但是作为"游魂"的儒学并没有为政治所饶恕，而是遭到了政治的追剿与打击，这是儒学与政治冲突的一幕现代活戏剧。这段历史事例，恰恰证明，儒学并没有死亡，至少没有彻底死亡。儒学不死，哪里来的儒学的"游魂"呢？事实上，尽管儒学遭遇坎坷，历经浩劫与磨难，但是儒学的精神一直保存在中国社会广大的民间。

正如我前面所谈到的，改革开放以来，经济与人欲横流的滚滚大潮对儒学造成了前所未有的极大冲击，结果在文化上引起了一次巨大的反弹，这就是前面说的"国学热"的兴起。"国学热"的浪潮，迎来了儒学在国内的出山，可以想象儒学终将会有东山再起的一天。20世纪的当代新儒学思潮的出现，只是儒学复兴的前奏。

再从儒学的精神、内容与现代学科的关系来说，我以为从整个儒学的发展来看，儒学的内容不是可以被现代学科所代替的，因为儒学的精神，儒学的价值，儒学的特定内涵，与及它里面所涵藏的思想与智慧，根本不是现代学科所能分解的。当然，我们可以从学科发展的方面去看儒学，去发展儒学，甚至可以比儒学走得更远，或比儒学做得更好，但是儒学的根本精神还是无法取代的，它的智慧是无法取代的。儒学是"仁学"，当然就是真正的人的学问，即人学或"人文学"。所以，儒学不仅仅是历史的文化形态，而且它是一直在发展当中的形态，否则便没有所谓"当代新儒家"，也不可能去谈"当代新儒家"的问题，更不可能再谈儒学的未来了。

我认为余英时先生这个关于儒学是"游魂"的说法，若放在某一个特定的历史阶段来看，或者某一种意义上来谈，还是有它一定的道理的。但是，假若我们从儒学自身的发展来看，从中国思想史、中国文化史、中国哲学史来看，或从学科建设发展的意义上来看，我认为余英时先生的看法是有相当大的商榷余地的，我认为他的看法还是脱离了中国的实际情况。如果就现在的儒学在美国而言，或者在欧洲而言，可能真的给人一种"游魂"的感觉；但是，在中国而言，儒学现在完全不是这么一回事。所以，我认为余英时先生的这一说法不完全能与事实相吻合，他的说法只是局部的，有相当大的狭隘性，他所看到的只不过是局部的现象，他是没有看到儒学的未来，我相信儒学仍是有生命力的。

谈到中华民族文化的发展，很多学者认为要引入西方的民主与科学，而牟宗三先生就是其中的一位。牟先生试图用儒家的道德理想来统摄融合古今中外一切学术，他提出"良知的坎陷"说，认为道德理性的坎陷可以开出认知理性的民主与科学，您对牟先生的说法有何意见？儒学对现代社会到底有何价值？

首先我们要注意到的一个概念是"道德理想"，严格的表述应该是"道德理想主义"，这是两个不同的概念。牟宗三先生一直是在谈"道德理想主义"，如果说成"道德理想"就很容易引起误会，因为"道德理想"一般是被理解为伦理学上的一个概念，它只有伦理上的意义，而牟宗三先生所说的"道德理想主义"就不一样，"道德理想主义"是他的一面旗帜，是他整个哲学理想的一个方向、一个标志，所以意义是不一样的。牟宗三先生用"道德理想主义"这面旗帜来统摄融合古今中外的哲学思想，实际上他有自己的理论架构。对于他的理论架构，如果是从不同的方面来理解的话，就会有不同的看法。譬如，他提出的"三统并建"说，也就是"道统""学统""政统"的"三统"并建，这是他的一个思想理念。另外一个方面，就是您所提到的"良知的坎陷"说。我认为"良知的坎陷"说是牟宗三先生具有高度创造性的一个哲学思想，这个哲学思想的精神实质是要解决中国传统的哲学，特别是以儒家为主的中国传统哲学思想与西方哲学如何会通融合的问题，更广泛地说，是要解决中国文化与西方文化之间的关系,以求创造中国的新文化的问题。这个新的中国文化与中国传统的文化有一个很大的不同,就是新的中国文化在继承与保留了中国固有文化精神与合理成分的同时,还自觉地积极地主动地吸纳与消化了西方文化的精华,例如科学、民主、人权、自由这些东西,充实与丰富了自身。换句话说,牟宗三先生提出"良知的坎陷"说,是要解决中国传统文化与中国社会的现代化的关系问题。牟宗三先生作为一个哲学家,是站在他所谓的"道德的形上学"的高度上面,提出这个创造性的思想的。我觉得这是一个非常有创见性的思想,牟宗三先生至少在理论上解决了他要解决的问题。这对于整个东亚或亚洲如何处理自己固有的传统文化与社会现代化的关系问题来说,都无疑具有典范的意义。从哲学上说,"良知的坎陷"说也是对于哲学自身的理性分裂为"形而上"与"形而下"的一种克服或统一。然而,这个问题在学术界造成很多不必要的误会。牟宗三先生一方面肯定以儒学为主的中国传统文化的精神及价值的合理性与重要性,强调我们一定要继承和保留中国传统文化的精神及其价值,并加以发扬光大,不能抛弃。另外一方面,他又看到西方的"科学"与"民主",还包括人权与自由这些东西,都是普世的价值。值得注意的是,牟宗三先生是从普世价值的意义上来肯定民主与科学、自由与人权这些东西的价值的。很多人没有了解他的意思,没有看清楚他的思想。其实,他这个观点是他反复强调的,而且说得非常清楚。我不明白为什么有不少人包括少数有名的学者在内,都误解他这个说法。牟宗三先生把民主与科学等作为人类的普世价值来加以肯定,而不是仅仅说这是西方的精神价值。他认为一个民族或社会如果要现代化,那么人权、自由、民主、科学等这些内容是绕不开的,这些是我们必须要面对的普世价值,这些是迟早要接受的东西。当中国文化发展到自觉地需要这些东西的时候,中国文化就会去学习和接受它们,就会去吸收和消化它们,最终将它们变成自己文化中的一部分。牟宗三先生就是在这样一个意义上去肯定它们的。

牟宗三先生认为以儒学为主的中国文化经过三次大的转变,从先秦儒学到两汉儒学(经学)是儒学的第一个高峰;此后儒学衰落,便有魏晋玄学的兴起,一直到隋唐的佛学之盛,这对于儒学来说,是中国文化的一次大的歧出;到宋明,儒学重新回到了自身,吸收与消化了佛学,并将佛道统一在一身,使儒释道三教合一,于是就有了儒学的复兴。这是儒学的第

哲学地建立中国哲学

二个高峰。明代中叶以后，海禁开通，西学东渐，各种思潮涌入中国，随着清末洋务运动的破产，宣告了"师夷之长技以制夷"的失败，而戊戌变法的流产，则宣告了政治维新运动的失败。中国从一个泱泱文明大国一变而为一个落后挨打的大国，沦为集权专制下的半殖民地社会，在世界性的现代化（或"近代化"）运动过程中，中国社会的现代化问题成为中国最大的问题。

那么，至少从明末清初以来中国经过两三百年的努力却不能实现现代化，这是为什么呢？

辛亥革命一举成功，推翻了帝制，迎来了中国的新文化运动，中国社会的现代化重新成为最为紧迫的历史使命。中国社会未能实现现代化的问题，使中国人陷入了中国传统文化与现代化的关系纠结之中。

"五四运动"以后，新文化运动的主流声音都认为，中国传统文化是中国走向现代化的"绊脚石"。所以，应该彻底地搬掉这块"绊脚石"，唯有如此，中国才能实现现代化。因为中国传统文化与西方文化尤其是与西方文化中的民主与科学的精神是完全相背离与冲突的。而"五四"新文化运动所理解的中国的"现代化"，在实质上说，便是"西方化"。如果不是"西方化"，那么就是"苏俄化"。（实际上，"苏俄化"只不过是"西方化"的变种而已，说到底，"苏俄化"还是"西方化"。）因此，作为中国传统文化的主干的儒学便首当其冲，倍遭诟病、诋毁与讨伐。由此而激起了儒学的反弹。于是，就出现了牟宗三先生所提出的儒学第三期运动的开展。

儒学第三期运动的开展的前提是认为，以儒学为主的中国传统文化与中国社会的现代化并无本质的抵触与冲突，不会妨碍中国社会的现代化，相反，以儒学为主的中国传统文化经过自我转型而"调适上遂"，可以有助于中国社会的现代化。因此，要做的工作绝不是否定与打倒儒学所代表的中国传统文化，而是要以西方文化的精神来充实和丰富中国文化，使中国文化有新的发展，并能为中国社会的现代化从哲学与文化上找到一个坐标和方向。

牟宗三先生说的儒学第三期运动的开展，是与当代新儒学思潮的兴起相应的。因此，当儒学第三期运动开展的时候，儒学已经自觉地进行着现代的自我转型了。由于儒学第三期运动具有高度的自觉性，它充分地认识到了自己的局限与不足，所以它要敞开胸怀来迎接科学与民主，或者说迎接以科学和民主为代表的整个西方文化。

就现实的因缘来讲，牟宗三先生的"良知的坎陷"说的提出，为的就是解决这个问题。我们必须注意的是，牟宗三先生是哲学家，他所提供的解决方案不是别的什么解决方案，而是一个哲学的解决方案。在这一境况之下，我们要注意的是：牟宗三先生是基于他的"道德的形上学"或"两层存有论"（"无执的存有论"与"执的存有论"）提出他的"良知的坎陷"说的。那么，他的这个"良知的坎陷"说，是从形上学意义的层面上转到形而下的层面上的；从他的"道德的形上学"来说，就是从"无执的存有论"向下转出"执的存有论"。

从形而上学的层面上说，"良知"固然是一个道德概念，代表道德主体，但是它并不止于道德或道德主体，它是"自由无限心"所呈露出来的一个面相，也就是说，"良知"本身是"自由无限心"。因此，"良知"是一个形上学（"道德的形上学"）的概念。作为"自由无限心"呈露的道德主体展现出了"道德的形上学"的进路，或者说是在"道德的形上学"的进路中所展露出来的"自由无限心"的一个面相。

但是，在形而下的层面上来看，"良知"或"自由无限心"就不再是"良知"或"自由无限心"了，而是认识心，是知性主体、认识主体。因此，"良知"具有多重意义，这些意义与形上学的"良知"或"自由无限心"是完全不同的。

我们从认知意义上来看中国传统文化，它里面虽然有民本的思想，但是它里面没有民主，它里面也没有科学。牟宗三说得很清楚，李约瑟写出了多卷本的《中国科学技术史》，但是说来说去，中国古代还是没有科学。事实上，近代科学没有在中国诞生。牟宗三先生期望我们未来的中国文化，在儒学第三期的开展里面，有科学，有民主。那么，如何能有科学与民主呢？没有别的办法，你只有老老实实地去自觉地学习西方。

所以，牟宗三先生特别讲到事功的精神。事功的精神，若用一句形象的话来说，就是一种很平实的精神，一种商人的精神，牟宗三先生称之为"散文"的精神，这就是要老老实实地去学习西方人踏实求真务实的做事的精神。牟宗三先生说，中国人最崇拜英雄、喜欢英雄、欣赏英雄的情调，他们不欣赏平实的、稳健的事功精神。牟宗三先生认为，英雄情调固然好，但是缺乏事功的精神是不行的。在他看来，中国有事功精神的萌芽，但是中国的事功精神没有充分地发展起来，有的只是一种浅薄的实用主义、功利主义与经验主义。这个是不行的。所以，中国要不断地向西方学习。

站在学习论与文化论的意义上来看，牟宗三先生所说的"良知的坎陷"究竟是在说什么呢？无非就是说，我们要学习西方文化，也就是说，作为具有认识心的我们或作为认识主体的我们，要学习西方文化。说穿了，就是这么一回事。不过，这个学习也可以在广义上来说，这个学习不仅仅是认知的，还跟整个社会的文化，跟社会的体制都有关系。

从学习的结果上来说，我们在中国文化中引入了异质的西方文化的精神，因此我们从学习的认知方式，到社会文化、社会体制都要发生一番翻天覆地的变化了。在这个意义上来说，我以前一直不同意有人把牟宗三的思想说成是"中体西用"，因为他早就超越了"中体西用"，同时也超越了"西体中用"。为什么呢？因为他所说的儒学虽然还是中国的东西，还是中国文化，但是它彻头彻尾地变了，所以它不是传统意义上的儒学，而是一种现当代的"新儒学"。它完全是与西方的哲学精神、文化精神融合在一起的，你说谁是"体"？谁是"用"？它是即"体"即"用"的东西，是体用不二的一个整体，这是哲学上与文化上的一个新的融合。不少人没有注意到他的这个思想架构。

牟宗三先生虽然讲"三统"并建，就是前面提到过的"道统""学统""政统"的并建，但是这"三统"不是"良知"，而是"良知坎陷"的结果，是"良知坎陷"后在文化及学术层面上的具体表现与在现实社会里面的具体表现。这"三统"不是由"良知"开出的，而是经由"良知坎陷"出来的认识心所开出的。

由此就不难理解，科学与民主是不能由"良知"来直接开出的，只能是由认识心来开出的。对"良知"来说，既没有"三统"，也没有科学和民主。牟宗三先生幽默地说过一句话："上帝造人，上帝不造原子弹。"同样可以说："良知'造'（就）人，良知不造原子弹。"用牟宗三先生的话来说，"三统"也罢，科学与民主也罢，都是"识心之执"所"执"出来的，都是"平地起土堆"。他认为，对于中国来说，在现实社会中需要有这样的"三统"，需要有科学与民主。也就是说，中国需要现代化。这是从认识心一面来说的。

但是,"良知"本身是不能提供这些东西的。因此,"良知"自觉地"自我坎陷",使自己从形上学的本体界的层面降生到现象界的层面,转化为认识心。只要有认识心,就一定会有"识心之执"。因此,说"三统"也罢,说科学与民主也罢,就都是可能的了。

基于常识的观点来看,认识心与"良知"是两个东西,而且二者是互逆的矛盾的。但是,在"道德的形上学"之中,二者其实是一个东西的不同的表现,就是"自由无限心"分别在本体界与现象界所呈现出来的不同的面向。归根到底,它们只是一心而已。因此,认识心与"良知"是可分可合的。

就"良知的坎陷"来说,必须理解和区分"良知"与认识心所在的不同层面,这两个层面不能混为一谈。"良知"之所以能够"自我坎陷",是因为"良知"是"道德的形上学"的概念,而不是道德或伦理学的概念,"良知的坎陷"不是说在道德上的一个坎陷,因为道德本身不会坎陷,道德没有这样的功能。实际上,它是"自由无限心"的坎陷。因此,"良知的坎陷"是就"自由无限心"的一心的层面上来说的。质疑与批评"良知自我坎陷"说的很多人并不理解这一点,也不理解道德主体意义上的"良知"只是牟宗三在他的"道德的形上学"上所展开的一条进路而已。说到底,"良知坎陷"说是"道德的形上学"的一个理论,而不是一个道德学或伦理学的理论。那么,怎么能从道德上去理解"良知的自我坎陷"呢?这岂不是缘木求鱼吗?

从哲学方法论上说,牟宗三先生所说的"良知",其实只是一个范道原理、范道原则或轨约原则,它不是一个构造原则、建构原理。建构原则是一个科学原则、一个政治原则,它一定要在现实社会的世界中去发挥构建的作用的。

"良知自我坎陷"以后,有认识心的出现。对认识心来说,就有了建构原则或建构原理的问题。无论就科学或民主来讲,也都有建构原则的问题。科学、民主不是来自作为范道原理的"良知",而是出自作为理解知性的认识心的建构原理。可是,很多人把它弄混了,认为"良知"不能坎陷,也坎陷不了,"良知坎陷"说是讲不通的。那么"良知的自我坎陷"还能成为一个理论吗?

其实,"良知坎限"说的不是"良知"(道德)在坎陷,而是心在坎陷。怎么会是"良知"（道德）在坎陷呢？它是说经过"坎陷"的辩证之路，心从道德心变成了一个认知心，变成了一个政治心，它怎么会是一个良知道德自身的坎陷呢？他们根本不了解"良知"的这个概念是什么。"良知"代表的是一个心主体，绝对的"自由心"的主体，而绝不仅仅是一个道德概念。这一点甚至连韦政通先生也不理解。他也不同意牟宗三先生的"良知的自我坎陷"这个学说。其实，我发现他并没有很好地了解牟宗三的"道德的形上学"思想，因为韦政通先生受殷海光的影响很大，他不能深入形上学，但是却拒斥或反对形上学。对牟宗三的形上学这部分内容，依我的了解，他认为是没有意义的。尽管我很尊敬韦政通先生，可是我不能同意他的看法。牟宗三先生作为一个哲学家，他打通形上形下，能够把逻辑、知识论、形上学打拼成一体，你翻开中国两千多年的哲学史，屈指可数，甚至成功者只有牟宗三而已，连牟宗三先生的老师金岳霖先生也未达到这个高度，这是一个很不简单的事情，不要小看他的这个"良知的（自我）坎陷"说，中国很多人都在搞哲学，但是没有几个人可以弄出这一套来的！

唐力权先生曾提出"仁材共建"的人性论，认为只有人性中的"材性"才能开出西方的民主与科学等，他也不同意牟宗三的"良知坎陷"说。其实，唐先生的说法并不与牟宗三先生的说法有冲突，二者并不构成对立。为什么呢？

牟宗三先生说"一心开二门"——"真如门"与"生灭门"，西方的民主与科学是（由）"生灭门"（开出来的）。而唐先生所说的"仁性"是中国的，它是（属于）"真如门"（的），二者是不冲突的，因为这"两门"同出"一心"并归于"一心"。唐先生所说的意思，我很清楚，因为我听过他好几次的演讲，我知道他的观点。唐先生说中国传统思想是互体性的，互体性的观念是一体的，"仁"与"材"的人性是二而一的，本来是一体的，不可以分而不合。不过，若从学理上来说，它们是可以分开的，它们的地位或位置是不一样的，但是从完满的"一心"的角度而言，它们还是一个心，这一点跟牟宗三所说的没有本质上或实质上的差异，只是说法不同而已。唐先生是从他的"场有"的立场来看，而牟先生是从心学的意义上来说的，其实两者是不冲突的。譬如说，我现在把心的一部分隐藏起来，把心的另外一部分凸显出来，就像我在飞机上，我突显出其中的一面，但飞机降落地面后，我突显出另外一面，这样行不行呢？这是可以的，不冲突的，反正都是我，没有变，只是我在不同的场景之下，以不同的面貌开显出来而已。

话说回来，牟宗三先生用了"开出"这个词，它确实容易引起误解。"开出"给人的一种感觉，好像是说以前就有了，现在只是把它打开而已，拿出来便是，哪有那么一回事儿呀！这引起了很多不必要的误解。不少人都误解了牟宗三的意思，牟宗三的思想怎会有那么简单呢！

至于您刚才问到"儒学对现代社会到底有何价值？"我简单地只从孔子来说一点看法。

儒学之所以不能替代，因为长久以来，它的智慧一直在指道着我们，儒学从孔子开始便对整个人类历史扮演着一个重要的"道师"的角色，具有非常重大的意义，它给予人类以人道方向的指示。我们人原本跟动物没有什么分别，只是一个自然生命，但孔子说这样的生命不能代表人性，不能表现人性的光辉与价值，我们要把自然生命转变为价值生命，这就不一样了。因为不仅是个人，而且是整个人类社会的发展，都要通过人类的价值生命来体现、来衡量。孔子给了我们一把尺子或一个标准，当我们看一个社会的时候，不要单单只看它的经济指标，还要看它的政治指标，它的政治是不是"以民为本"的"仁政"，它是不是让人民富而有教，让人民享有幸福与自由，而更重要的是要看它的道德指标，看它在多大程度上沿着符合人性的"止于至善"的轨道上前进。那么，我们就绝不能只听统治者的所说，而且要看统治者的所作所为，才能有公正的评价与正确的选择。在这里面，孔子提出一个社会的"道德优先"的原则是非常重要的。为什么我说它里面有很深刻的智慧呢？就是因为不管这个社会如何发展，不管实行何种政治制度，也不管科学与技术未来发展到什么地步，整个社会的发展总是需要有道德的，并立足于道德之上。人类社会必须要有道德，否则就很容易迷失方向。将来整个社会无论怎样发展，我们都不能违背"仁者人也"的本性，否则会把人类自己葬送掉，这就是孔子给我们的启示。无论一个人或一个社会，都希望自己能长能久，能享受"长寿"之福。那么，如何能长寿呢？孔子千言万语，只是点示了这个"仁"字。这长寿的智慧就在其中了。所以，孔子说："仁者寿。"孔子的理想非常的高，非常的远，也非常正确。

哲学地建立中国哲学

我对儒学有一个很重要的认识，若用一句话来概括，就是"即凡而圣"。这是什么意思呢？

就是我们作为一个世俗的人，生活在一个世俗的社会里面，从儒家的"成圣"意义来说，人生最高的目标是成为"圣人"，那么我们如何成为"圣人"呢？那就是，我们要自"凡"而"圣"，达到或实现"即凡即圣"。"即"不能作"而"。也就是说，要从凡人变为圣人，但圣人不离凡人。成为"圣人"是不能离开社会的世俗生活的。儒学所谈的是人的生命的觉悟过程、生命的境界。儒家以"圣人"为人的生命的最高境界，这一境界是对传统所说的"立德""立功""立言"所谓"三不朽"的超越，只有实现了这种超越，才能上达孟子所说的"与天地同流"的至大至高之境，这个至大至高之境就是天地境界。这是儒学的精神，儒学的最高的理想、最高的目标与本质，更是人类奋斗的目标和方向，即使"虽不能至，则心向往之"，儒学的精神对于人类来说，是永远丢弃不了的。因此当有人（叔孙武叔）毁谤孔子时，孔子的学生子贡就告诫他说："无以为也！仲尼不可毁也。人之贤者，丘陵也，犹可逾也；仲尼，日月也，无得而逾焉。"后来朱熹便直接说："天不生仲尼，万古如长夜！"这是一点也不错的，孔子就是这样一种智慧的日月。孔子的智慧对人类社会有很大的涵盖性与超越性，其涵盖与照耀人类可能几千万年的历史，甚至根本就是无法估量与穷尽的，就是说，是无尽期的。无论你怎样发展，都不能将人自己否定掉，不能把自己的仁（人）性也否定掉，你不能不要你的仁（人）性，你不能不要人性中最美好的东西，你不能拒绝孔子的智慧。

对于一个哲学家来说，像牟宗三这样的哲学家，他希望从道德理想主义去改革社会状况，或者找出中华文化发展的方向；但对你而言，若要找一个方向给中华文化去走的话，你建议应从哪方面着手？

从我的角度来看，如果从哲学意义来谈这个问题，这是一个比较复杂的问题。我认为：第一是要先解决中国人的精神危机。怎样解决中国人的精神危机呢？我认为，就是要在现代的意义下去谈儒学，去提倡儒学，并最终复兴儒学。复兴儒学并不是不要或排斥其他的各家学说。对此，我有一个对于中国文化的基本定位，那就是：无论是道家的东西，或者是佛家的东西，或者墨家的东西，或者法家的东西，若要真正地应用到社会，它一定要通过儒学这一环，如果不通过儒学这一环，就不能真正进入这个世俗化的社会生活里，那你就只能永远停留在超越的境域或超越的道路上（佛家或道家），或者永远停留在江湖的义侠者（墨家）或庙堂的"君人南面之术"之中（法家）。这是我们谈论这个话题的一个前提。

我们一方面要保留中国的传统精神和传统美德；另一方面还要吸收西方文化中好的东西，世界文化中好的东西，要进行古今中外的整合，这样才能够重建中国的价值体系，重建中国精神文明的信心。

此外，重建的价值文化体系是要多元的，有些可能会选择儒学，有些可能会选择道教，有些可能会选择佛教，有些可能会选择基督教……因为未来世界是向多元化方向发展的。

不过，话说回来，我认为在中国社会重建精神文明，还要考虑到华人的特性，中国的民族性、地域性等的因素，适时适当地强调儒学的重要，我认为还是非常有必要的。

除此之外，我认为谈这些东西要有一个思想文化对话的"平台"或框架，我叫它作"全景交往理论"，就是要在世界不同的哲学、文化传统或文明之间建立一种全景交往理论。这一全景交往理论超越了任何一种传统的、哲学的、宗教的、民族的、政党的、政治的特定立场，将对话交往聚焦于人类文化（或哲学）的混血性、共同的时代问题与共同利益以及对基础的普世精神价值的追求之上。因此，构划一个世界性的思想文化全景交往理论的"平台"，为的就是把世界上不同的思想、意识、文化都放到这个"平台"上或框架里面来进行讨论，通过对话与交流，一方面反省自身的缺陷；另一方面吸取别人的长处，然后作一个新的整合与调和，这样既能肯定自己与丰富自己，也能推进整个人类文明的建设。

我认为今天我们看儒学，看中国传统哲学或文化，我们不能再单从经济功利的意义上看，一定要有一个世界人类前瞻性的看法。我是这样想：一方面要复兴儒学，但另外一方面要跟整个人类的思想文化连在一起，它绝对不是一个单方面的东西。若按我的想法，中国的儒学思想或中国传统哲学与文化在它复兴与重建的过程中，应该置于"思想文化全景交往理论"之中来展开。一个社会在它的经济走向高度繁荣的同时，一定要有思想文化上的高度繁荣。总之，人是两条腿走路的，社会也应该两条腿走路。只有一条腿是瘸子，走不远的！

所以，在社会经济的发展与思想文化的发展之间，应该有一个平衡点，这就像要在社会贫富两极之间找到一个平衡点一样。与此同时，还要在理论架构与工夫修炼之间找到一个支撑点和平衡点。这就是问题的关键所在。那么，从这样一种支撑点和平衡点出发，就有望从理论上和实践上重新建立人与人以及人与自身的和谐，人与社会的和谐，人与天地（自然）的和谐，以及人与"鬼神"（宗教）的和谐关系。只有在这样一种基本的四维和谐关系中，人才能获得享受幸福的资格。我相信，这不仅对中国是重要的，而且对人类世界都是重要的。

当然，在中国传统资源里，无论是儒家、佛家或是道家的思想里面，都有一些可以借镜的东西。关键是我们如何作批判性的反省及总结，在现代和未来，通过一套理论框架和工夫践形（行）来把它们展现出来，把它们变成一个新的东西，同时又是对中国文化的延续，我认为这是我们未来要做的事情。

谢谢王教授接受我们的访问！

（原刊于香港《道场》第三期，2010年12月）

儒学复兴要走到平民当中

——王兴国访谈录

受访者：王兴国
采访者：魏沛娜
时　间：2016 年 4 月 1 日
地　点：深圳眠石轩茶馆

"深圳是经济如此发达的城市，又是最需要思想的地方。所以，深圳的发展空间非常大，关键是我们能有多大的思想容量。"2005 年从云南师范大学调到深圳大学的王兴国，至今不后悔当初的选择。在他眼中，深圳的自由和经济条件以及新的生活体验，有助于自身的哲学和儒学研究。

王兴国现为深圳大学哲学系、国学研究院教授，目前的学术主攻方向为中国儒家哲学（以当代新儒家哲学和先秦儒家哲学为重心），同时兼作佛学、伦理学等的研究。王兴国早年读过不少中外文学作品，他说，在治学路上，让他的人生态度发生改变、产生震撼、有所启悟的不是小说，而是《庄子》。

魏沛娜：听说您在青少年时期读过许多文学作品，那么后来走上哲学研究道路是一种偶然吗？为何您说庄子是您的"救命恩人"？

王兴国：我本来最大的兴趣不是哲学，而是文学，五四以来的小说我读了很多，比较推崇郁达夫。初中三年，我读了大量的古今中外的书籍，其中绝大多数是所谓的"毒草""禁书"，似乎知道了许多，也明白了许多。我每天都写日记，不仅记录我的所见所闻与重要事件，而且记录我的所思所想。文体杂乱，记事与议论，诗歌与散文都有，不仅以现代白话写，还模仿文言文体写。笔记本虽薄（是我母亲厂里以牛皮纸印制的带表格的登记簿一类的手册），却也写了几十本之多，不下数十万字。但在一夜之间，全部化为灰烬。一日，我父亲很恐慌地对我说："我可能要有麻烦了，可能会坐牢，你写的日记全部都烧掉，不能留下一个字！"当天晚上，我从一只木箱中把所有的日记清出来，看了它们最后一眼，算是诀别，然后在一个洋瓷盆中付之一炬。值得庆幸的是，我的小小思想在不知不觉中发生着一场内在的"革命"，但愈是如此，我就愈是苦恼与困惑。我虽然也曾怀疑过自己的正确性，但到了极端的时候，我好像看到了闻一多诗中的"死水"，社会是"一潭死水"，家庭是"一潭死水"，我自己也是"一潭死水"，总之，整个世界都是"一潭死水"。此时，我失落在生命的低谷与精神的崩溃状态。未料，在闲读《庄子》的过程中，由"养生主"忽然体会与悟出"齐物"与"逍遥"的意义，希望原来是在绝望中找到的，于是重新肯定生命与"养生"（非养体之谓）的价值，生命似乎翻开了新的一页。这可能是我后来对尼采和叔本华感兴趣的缘由，也是我喜欢哲学的缘由，但我自己对此并没有自觉。

直到读高中，我自认为我最感兴趣的是文学与科学（物理学）。我浏览了杨周翰等主编的《欧洲文学史》和郭绍虞的《中国文学批评史》，读了陈望道的《修辞学发凡》、夏丏尊和叶圣陶的《文心》、巴人的《文学论稿》、朱光潜的《谈美书简》、周振甫的《诗词例话》和《文章例话》等，还自学了逻辑学（人大版的逻辑学教材，主要是传统逻辑），初步触及哲学外延的边。我喜欢英国哲学家培根和罗素。事实上，我父亲非常不喜欢我学哲学，他最大的愿望是希望我学医。而我对学医恰恰不感兴趣。尽管我在上初中的时候，有两年多的时间带着同学去山上挖过野生中草药，甚至发明了两个自鸣得意的治疗外伤的药方，但我始终与医（无论西医或中医）相隔离，并渐行渐远。

但是，走上哲学道路，很难说偶然还是必然，有两方面的原因：一跟时代有关，20世纪80年代给我的思想很大的刺激，让我思考了很多问题。二是个人原因，我大概在上大学后养成一种好睡懒觉的毛病，每天醒来以后满脑子都是问题，不是我要去想问题，而是问题自己跑到我脑里来，赶也赶不走，就喜欢躺在床上思考，我觉得我这方面像笛卡尔。这种状态大概持续了十几年，跟看书可能也有关系。那时候，我被同学看作理想主义者，几乎完全脱离现实地玄想，讲话做事好像都跟大多数人不同。我跟同学朋友经常会讨论很多问题，小范围会有很多交流，后来不少人都考了研究生，毕业了就谋个人的发达，不再论道了。

可以说，我最早喜欢文学，后来慢慢转为特别喜欢哲学。在20世纪80年代到90年代的一段时期，我尤为喜欢存在主义，尼采、萨特的著作，能找到的都读了。很有意思的是，上高中的日记我还保留了下来，那时还不知道有存在主义，但写的东西有存在主义的气息和味道。我从没看过他们的书，可怎么会有类似的想法呢？我想，这就是时代、经历与感受使然。

魏沛娜：您大学本科就读于云南大学哲学系，那时已经有比较清晰的研究方向了吗？

王兴国：大学时代，我读的专业是哲学。这个专业是我自己坚持选的，第一志愿（又逆了家父要我报经济学专业的愿望，我只把经济学排到第二位。哲学专业在那时是冷到极致的冷门，由于受"文革"的影响，人们以为"哲学"就是整人的"政治"，唯恐避之不及，报哲学专业的人相当少，绝大多数学生的来源都是靠校内调剂的。好在云大有录取的优先权，抢得了一批高分的优秀学生）。当时，我的主要兴趣集中在中西方哲学史、科学史、科学哲学、逻辑学、心理学以及政治学和社会学等。可以说是兴趣泛滥的时代。我对中国哲学的兴趣，一是在先秦哲学，尤其是老庄；二是佛教，但受制于时代的影响，学习佛学走了弯路。西方哲学的兴趣则在古希腊哲学、德国古典哲学，以及存在主义，尤其是叔本华与尼采哲学让我沉醉过好一阵子，但后来我选择了一个比较哲学的方向。所以，毕业论文就以庄子哲学与尼采哲学的比较研究为题，我非常顺利地以优异成绩通过，获得了学位。

我在大学第一次系统地接触和学习到数理逻辑，也曾经有过成为逻辑学家的梦想，但自觉数学基础差得太远，只好放弃。然而，没有料到，我后来居然与逻辑学打起交道，教了八年的逻辑学，并向政教系的学生讲授数理逻辑的入门知识。但是，更没有想到的是，这却为我日后顺利进入牟宗三哲学之门奠定了基础。

魏沛娜：除了哲学，您还曾经师从丁长青先生学习科学哲学与科学史，但我注意到您后来似乎没在这个方向继续拓展下去。

哲学地建立中国哲学

王兴国：大学毕业后许多年，我主要徘徊在中西方哲学之间，但有数年时间，跟着丁长青先生做科学史的工作。那段时间，对我思想产生比较大的影响的人物是丁长青先生。丁先生是专门研究"自然辩证法"的（此专业后来改名为科学哲学，前者来自苏联，后者则主要来自英美）。我喜欢看他的文章，受其影响，加上当时还看了一些关于科学哲学的翻译论文，上大学期间又修学了科学史、科学哲学导论、自然科学中的哲学问题、科学哲学专题研究等相关课程，也就对科学哲学感兴趣。丁先生邀请我与他合作编写一部《中外科学史事典》，其中古代的一部分由我编写，中国部分由我负责两汉时期。后来，丁先生调到了南京河海大学以后，计划大大地扩展了，又有几十位学者加入，还专门成立了一个关于西方科学的"编译小组"，这个课题和课题组就变得很庞大了，书名也相应地改为《中外科学与社会大事总览》，所以我和他原来合作写的几十万字也增加到了几百万字。这项工作，对我来说，收获还是不小的。在工作中，我查阅了自民国以来的相关书籍和数十种杂志，还需要尽可能地找到古籍原文进行核查，把能利用的图书馆和人情关系都利用起来了。外文原文则由"编译小组"负责。行文有严格的规定和要求，不能按照国内写文章的通行做法，必须依照百科全书的行文风格写，保持客观、严谨与公正。老实说，这项工作是相当枯燥的，但对我也是一种训练，也在一定程度上拓宽和丰富了我的知识结构。后来有很长时间，我一直都喜欢谈论科学史与科学哲学的问题，可能与这段经历不无关系。

我太太是学物理学的，以前是同事，我们在一起时也会谈到科学史或科学哲学的问题。值得一提的是，我后来在研究牟宗三哲学的过程中，也碰到过与科学史密切相关的问题，这也引起了我的兴趣与关注，所以我曾写过一篇《牟宗三和李约瑟对"李约瑟问题"研究之比较——兼论牟宗三的科学观和李约瑟的科学观》的论文，可能与这段经历也不无关系。

至于后来我为什么没有继续研究科学史的问题，一方面我觉得自己在自然科学方面的基础很不够，也没有自觉地去补课、"充电"，要全面地研究科学史是无从下手的。如果要研究西方科学史，不仅需要很好的外语水平，不说精通也至少要通晓两门以上的语言，而且要拥有大量的第一手资料，对我来说显然是不现实的；如果做科学哲学的研究，那是需要进入西方自然科学与科学哲学研究的学术前沿，才有可能与西方同步进行，并取得像样的成果，那当然最好到西方发达国家去做研究，否则，也就只能跟在洋人后面，向国人兜售二手货了；如果研究中国科学史，就需要以一门具体的科学入手，如数学、天文学、医学、物理学、化学，而在这些学科史的方面，前贤和老一辈的学者已经首开先河，并取得了诸多的研究成果，要想在他们的基础上继续下去并做出突破性的成就，我认为太难了，"难于上青天"；另一方面，我最深的兴趣还是在哲学本身，这是最根本的，对我具有决定意义的，而不是科学史或科学哲学。事实上，科学史对我来说，只是一段小小的插曲而已。所以，我最终还是从科学史回到了哲学史研究。这也许是一个人的生命曲线在现实中难以避免的一种曲折的表现吧！只不过今天想起来，心里还是有一种温情的。

魏沛娜：听闻您在20世纪80年代末有一个系统想法，希望研究中国古代哲学里面的人格问题，旨在为重塑中华民族的人格提供形而上学的基础。当时还写了详尽的提纲。

王兴国：参与撰写完《中外科学与社会大事总览》，此后我转向了先秦儒家哲学和一项以人格为主线的中国文化政治哲学的研究，其实这些研究是更早就开始的，但因为参与撰写《总览》就停顿下来了。我在研究先秦哲学的同时，最为集中和系统的一项研究，就是试图透过中国的人格观念尤其是中国文化政治人格观念的历史演变和表现，来探讨中国的文化政治哲学及其形而上学基础，并试图提出重建中国文化政治哲学形而上学基础的观念和原则。我首先写成一份研究提纲，大概4万多字，现在还保留着。1989年，我在黄山开会时遇到陕西人民出版社的编辑，碰巧他们想出一套跟这项研究有关的书，就向我约稿，于是我便动手写作，但是写了两章后，时局已经大变，我就没有心思再写下去，也很难再写下去了。我被抽派到学校的工作组，去农村搞了一年的"社教"（农村社会主义教育运动）。但我的这个研究主要是以批判反省的眼光来看儒学的，与我现在对待儒学的态度具有非常大的差别，甚至是大相径庭的，给人以前后判若两人的印象。

与此同时，我对西方哲学仍然保持着持久的兴趣，受赵仲牧先生的巨大影响，喜欢康德哲学，对分析哲学也不失顾恋之情；此外，教学的需要又使我关注马克思主义哲学，但早期的马克思著作对我更有吸引力。不知不觉间，对马克思的关注增强了我对现实的关怀与批判，当然也逼使我对

哲学地建立中国哲学

"马克思主义哲学"产生了反思，我当时比较系统地对所谓的"哲学基本问题"进行过思考，1988年写出了一篇论文《哲学基本问题与时间》，还到曲靖教育学院作了《哲学基本问题：研究之研究》的专题讲座，但并不满足，还想以恩格斯的哲学思想为中心写一部系统地批判地反思"马克思主义哲学"的著作，但是谈了几个出版社，人家认为我的基本观点是属于消极类型的，都表示很难出版，就只得作罢了。我因为前面提到的对于儒学的态度以及这一缘故，而被一些人目为自由主义者。其实，我倒觉得自己更像一个保守主义者。所谓"自由主义"不过是青春气息的洋溢而已。

魏沛娜： 您是什么时候接触当代新儒家哲学的？

王兴国： 20世纪80年代末90年代初那几年，我开始接触到港台当代新儒家的论著，为他们的真实人格与精神所感动与感召，于是大感兴趣。当时接触较多的是方东美、牟宗三与唐君毅的部分著作。后来，我决定报考博士研究生的时候，便决定以他们三人，再加上新士林主义的代表人物罗光，一共四人为备选的研究对象。我写信给台湾正中书局的总经理周勋男先生，咨询购买唐、牟的著作，未料竟与他成为忘年之交，他解囊相助，购买了牟宗三《心体与性体》和唐君毅的《中国文化的精神与价值》馈赠予我。我最先与他讨论了我的博士学位论文的选题计划，考虑再三，我选择了以牟宗三哲学为题去完成我计划中的博士研究生学业。经过不懈努力，我终于如愿以偿，进入南开大学，得以亲炙于方克立先生门下，攻读博士学位。在入学第一天，与方先生谈了我的选题方向与研究计划，就定下来了。此后，我又与牟宗三先生的高足蔡仁厚先生相交，与他讨论了我的牟宗三哲学研究提纲的初稿，得到他的指点，同时在资料上得到他的大力支援与帮助。蔡仁厚先生慷慨出资购买了牟宗三先生的一大批著作赠予南开大学哲学系，但直接寄给我，保证让我优先使用，用完以后由我直接交与南开大学哲学系资料室，以广利用。但在开题报告会上，我的研究提纲几乎被否决。原因是内容过于庞大，不可能按期完成。当时，刘文英先生就说"你五年也做不完"。所以，大家纷纷建议我重新考虑。没想到，方先生却发话说："我相信，以王兴国的悟性和勤奋，完成这一选题是没有什么问题的。"方先生提议，先通过，细节问题，下去后再去调整和修改。就这样，"从逻辑思辨到哲学架构——牟宗三哲学思想研究"就作为我的博士学位论文选题正式确定下来了。

魏沛娜：既然您的博士学位论文开题就存在"内容过于庞大"的担忧，写作期间又是如何克服困难完成的？

王兴国：当时做这一选题需要克服两大困难：一是资料的困难，二是理论的困难。第一个困难经过多番努力解决了（我在《牟宗三哲学思想研究——从逻辑思辨到哲学架构》一书的"后记"中有详细的交代）。关键是克服第二个困难。我这篇论文的原创性与突破性，是在于从牟宗三哲学思想的进路与内在的哲学理路去把握牟宗三的哲学思想。如果牟宗三哲学的进路与思想线索搞不清，就不可能准确地去理解与把握牟宗三哲学的全体。但要做到这一点，也非常困难。而这也正是牟宗三哲学研究中存在的一个重大问题与空缺，一直无人问津。我对牟宗三哲学的研究，必须从这一问题的突破开始。这不仅需要准确地把握牟宗三从早期到后期的哲学思想演变的过程与轨迹，而且要能理解和掌握他学贯古今和融通中西的特征与背景，打通他的逻辑学、知识论、历史哲学、政治哲学、文化哲学、哲学史、伦理学、形上学、美学和方法论等相互联系的内在关节，在深入和系统地厘清他思想的来龙去脉的基础上，关联时代性和学术性，在中西视角分别互换与整体互联互动、儒释道视角分别互换与整体互联互动的过程中，寻觅他哲学的理论架构，思想的逻辑起点、展开的进路与运演的内在"逻辑"，并发现他的创造与贡献，揭示他的问题和不足，指出这一哲学思想体系对于中国哲学和世界哲学的意义，因此必须向自己挑战，打攻坚战，攻克无数的哲学理论难题和种种困难。这对我来说，面对的艰难不仅是前所未有的，而且是难以想象的。真是"不在其中不知其味"呀！进去以后，就骑虎难下了！但也只能忍受煎熬，一点一点地啃下来。如果让我重新选择，我可能就不会再选择这样一个题目了。我也不知道当时哪来的勇气和冲劲，确实是"明知山有虎，偏向虎山行"啊！当然，我对这一选题是自信满满的。经过四年的艰苦努力，熬过了许多个不眠之夜，啃下了牟宗三哲学中的无数个"硬骨头"，我终于完成了这一选题的研究。论文写得很长，初稿已达六七十万字，破了南开博士学位论文的记录。最后，只拿出四十万字答辩。论文答辩后，以优秀论文获得通过，并顺利拿到了博士学位。此事至今成为南开大学哲学系的美谈佳话。论文传出与出版后，一直得到海内外的关注与高度评介。台湾"中研院"的《文哲辑刊》发表了数万字的长篇书评，是著名康德专家和牟宗三专家、美国东方人文哲学研究会的创始人李淳玲先生写的，国内学者张晚林教授也写过一篇长文进行评论。但是，也正如有学者对我所说的那样，这部著作在国内很难得到多少真正的理解。我必须承认，这是实情。因为有人直言不讳地告诉我，说我的这部书不仅太长，而且实在是太难懂了！这我也完全承认。不过，也有例外。有的非哲学专业的读者对我说，"拜读过"我那部书后，在思维方法和写作以及如何学习上都受到非常大的启发。更令我感到欣慰的是，拙作在台港地区和海外得到了极高的礼遇和评价，被视为代表中国大陆研究牟宗三哲学思想不可多得的最高学术水准的著作，成为后来研究牟宗三哲学思想不可绕过的必读著作。与此同时，大陆不少学者也当面对我表达了同样的看法。使我有点激动的是，台湾有教授亲自对我说，阅读此书不下五遍之多。这是我完全不曾想到过的！对我来说，这当然是一种鼓励和鞭策了。哲学研究需要得到鼓励，同时批评也不可缺少，我感谢所有给我鼓励的人，同样也感谢那些批评我的人。我希望以后能够写出更好的哲学著作！

魏沛娜：您曾经说过，牟宗三哲学只是您通向哲学爱智之路的一座桥梁而已，而您的学术重心之一就是当代新儒家哲学，您最初是否就是由牟宗三哲学引发对新儒家研究的兴趣？

王兴国：我研究当代新儒学确实是以牟宗三为中心的，但我也涉及新儒家的其他人物，特别是第二代人物几乎都涉及了。在研究牟宗三以前，我读到的更多的是冯友兰、梁漱溟、贺麟等人的著作。20世纪80年代末期，我开始接触到方东美、牟宗三、唐君毅以及刘述先等人的著作，产生了很大的兴趣，后来的研究就主要集中于牟宗三哲学。我没有终身研究牟宗三哲学的计划。但是，牟宗三哲学太大也太复杂。面对有关的询问，我经常讲一句话：牟宗三哲学太大了，粘上了手就一辈子也甩不掉。这不仅是说对他的研究不可能短期做完，而且是说到了现在的状态，想甩手也不行啊，人家不答应嘛。况且有关他的研究尚未最终完成，我以前对牟宗三哲学的研究，也只是完成了必要的一步。我还会断断续续做下去。我目前的研究还有几个重点，一是当代新儒家的中道思想，二是又回到先秦儒学，特别是先秦儒家思想和经典诠释，以及纯哲学领域的课题等。

魏沛娜：对中国传统文化如何现代化的问题，作为新儒家最重要代表人物之一的牟宗三提出了至今仍产生影响的"开出"说，即"返本开新"，要由儒家的"内圣之学"而开出"新外王",以及"道统""政统"和"学统"的"三统"并建说。您对新儒家的观点持怎样的批判态度?

王兴国:通过这几十年我对新儒家的观察和研究,并且参与到他们的活动里,我认同新儒家对儒学的基本态度和判断,以及他们的基本路向,尤其是他们关于中西哲学文化精髓的结合但又不失中国之本根本色的态度;赞同他们认为中国社会要发展科学和走向民主道路,以及无论是新儒家的文化理想或者哲学主张,皆要有一个终极的关怀目的,不仅仅解决中国社会发展的道路问题,而且寻找解决人类的普遍问题与终极关怀问题之道。新儒家在20世纪那个时代就能有这样的眼界与心怀,就能思考这样的问题,非常难能可贵,到现在为止,很多问题也还没有解决,他们提出解决这些问题的方式与论域还可以再作讨论。我们当然要以冷静的批判态度总结与反省他们的得失,百尺竿头更进一步,把儒学运动继续推向前进。

魏沛娜:您是否也自视为"新儒家",抑或是儒家学者?

王兴国:我虽然研究儒学尤其当代新儒学有二十多年,但不敢自称"儒家"或"新儒家",因为不够资格。按照中国古代的传统,要做一个儒家,需要具备三方面的条件:一是道德境界要达到一定标准的高度;二是精神上要有儒家的担当意识和气魄,并在思想上有开创新局的气象,这就要有一套既表现儒家精神智慧又切合时代现实需要的思想理论;三是在躬行实践方面做到知行合一,才能体现儒家的风范,而不至于辱没儒家,这是最难的。按照这样的标准来对待自己,根本不可能做到,所以我从来不敢称自己是儒家。我只是一个儒家的研究者,并且是受儒家思想影响很深的人,仅此而已。

魏沛娜:近年来关于"港台新儒家"与"大陆新儒家"的争论很多,双方关注的问题焦点不同,是否也影响到其本质不同?

王兴国:从儒家自身来看,应该说,"港台新儒家"和"大陆新儒家"没有根本上的差别,因为所谓的"大陆新儒家"并没有超出"港台新儒家",他们所谈论的内容,根本精神都被包含在所谓"港台新儒家"的思想里面。但是从主张来看,"大陆新儒家"想与"港台新儒家"划出一条界线,自立门户,从这个意义上讲,双方有分歧。另外,"港台新儒家"关注的是儒学的全景问题,研究儒学的"在地化"与"全球化"问题,立足于中国和世界的文明对话,走的主要是哲学化的道路,这是他们最根本的一条道路。其次才是他们注重民间儒学，推广儿童读经、儿童儒学教育，中国文化基本教材问题等。还有当代新儒家做的重要工作就是儒学社会实践，在中国政治上来实践儒学，像从梁漱溟、张君劢到现在的"港台新儒家"，事实上都有这方面的关怀和诉求，做出了一些重要的贡献。但是"大陆新儒家"标榜的是政治儒学，就是"公羊儒学"，而最近比较活跃的是讲康有为的政治儒学，把康有为看作大陆新儒学的开山与象征，要走康有为的路子。在我看来，这实际上是一种政治主张。儒学是一个多面体，政治儒学只不过是儒学众多面向中的一个面向而已。只把儒学讲成政治儒学，就把儒学单面向化了。即使是讲政治儒学，也不一定就不好，但总不能与人类先进文化和时代的正确方向相背离。

魏沛娜：您似乎也不太赞同"大陆新儒家"的走向，那在您看来，儒学在当今应该走怎样的发展路子？

王兴国：儒学一定要走到平民当中，向整个社会开放和普及，让全社会受益，儒学的根在平民社会，儒学之花也要盛开在平民社会之中，果实也要结在平民社会之中，而不能仅仅只是把根扎在政治的坛土上。我认为现在只是一味地强调搞政治儒学非常危险。理由：第一，从历史上来看，儒学很容易为政治所利用，儒学本身会受到扭曲和损害，不能走自己独立发展的道路。到辛亥革命的时候，代表传统"政治儒学"的帝王儒学的道路已经结束了。所以，我主张平民儒学，儒学要重新得到复兴和发展，只能走这条唯一的道路。如果当今仍然走复古的老路，把儒学官学化、经学化、专制化，把儒学重新变成为桎梏人民的思想工具，儒学就只能徒有躯壳，不会有活的生命，那么就真的断送了儒学。第二，儒学能不能跟现在的政治完全结合，我认为儒学自身与政治方面都要做调整变化。我不反对儒学跟政治结合，政治儒学只是我所谓的平民儒学中的一个面向，但绝不是唯一的面向，在新的时代要开出新的政治儒学——民主政治儒学，需要一个探索的过程。政治属于"上层建筑"的东西，是以政权的统治为中心的实体，而儒学在今天实际上只是流为一套学术思想和修身养性的工夫，两者相结合能不能走得通，这是一个问题。儒学在以"平民"为中心的全社会铺展开来以后，必然会对社会的政治造成影响；同时，儒学在"全球化"的过程中，有一个国际化、世界化的面向要处理，儒学不独是中国的，而且是世界的，这同样会对社会的政治产生影响。

魏沛娜："平民儒学"反映的主要是来自平民阶层的精神和利益诉求。有学者认为，平民儒学意在解决普通民众精神世界和价值信仰重建的问题，这对我们当下的社会现实具有强烈的参照意义。那么，平民儒学与儒学的主要载体——知识精英阶层的儒学，会造成某种紧张的矛盾吗？如何看待二者的地位？

王兴国：首先，我必须说明，我所谓的"平民儒学"不是与"知识精英阶层的儒学"相对立的一个概念，而是对现在和未来的儒学应该有的一个建设和发展方向与形态的看法。今天所有的"知识精英阶层的儒学"，都只是我讲的"平民儒学"的一个面向和具体表现。这里所谓的"平民"也不是与"贵族"或"权贵"相对立的一个概念，而是现代社会公民的意思。简单地说，"平民"就是现代公民、市民的意思。因此，"平民儒学"所代表或反映的就不仅仅是一般平民阶层的精神和利益诉求，而是全体社会公民的精神价值和利益的诉求。我提出"平民儒学"这一说法，不是心血来潮的偶然的冲动，而是根据对于儒学的历史、现在和未来发展趋势的基本考察得出来的观点。简单地说，平民儒学是儒学历史发展的必然结果，同时也是儒学未来走向的必然结果。儒学的历史发展，有三个大的阶段，我称之为"儒学的三个大时代"，第一个大时代是儒学的创始和形成时期，这当然是先秦儒学，要知道先秦儒学的本质就是平民儒学。不仅儒学的创始人孔子是自由平民（尽管他是贵族的后裔），而且他所创立的儒学是在野的流行于儒生儒士阶层的为"天下"即整个社会服务的学问，而不是为某个君王、某个阶级（无论统治阶级或被统治阶级）服务的学问。第二个大时代是儒学成为官学的时代，也就是帝王儒学的时代，从西汉武帝时代一直到清代，大约上下两千年左右，一般称为"经学时代"。在这个时代，儒学为皇权所垄断，儒学与专制政治交互为用，儒学丧失了自身的独立性，被政治所扭曲。直到辛亥革命结束了帝制，帝王儒学才走向解体与消亡。在新文化运动和五四运动的连续打击中，儒学迎来了自身转向的时代，即第三个大时代，也就是一个新的"平民儒学"的大时代。在这个时代，儒学还回自身的"平民"本色，回到了"平民儒学的地位"。一个世纪以来，儒学不仅成为"丧家之犬"，而且是"落水之犬"，所以在向平民儒学的转向之路上，走得极其艰难与曲折，当代新儒学的出现和挺立于世，实际上已经成为平民儒学的先驱。但是，对于"平民儒学"的自觉意识至今不够，更不充分，甚至还有人梦想让儒学回到帝王儒学的老路上去。如果说今天和未来还有儒学，并且儒学还要继续存在下去的话，那么儒学除了走一条"平民儒学"之路以外，别无他途。在我看来，儒学必须与世界先进文化精神的精髓融为一体，必须成为社会全体公民的儒学，成为全体公民的价值主流精神，才能成为现代社会与未来社会所需要的儒学，而这样的儒学必然是一种"平民儒学"和新儒学。

当然，"平民儒学"在具体的存在和表现方式以及类型上，是可以有不同层级、多种向度和具体形式的，譬如说，精神儒学（宗教儒学、哲学儒学、道德儒学、艺术儒学），制度儒学（政治儒学和经济儒学），民间儒学（都市儒学和乡村儒学、社区儒学与企业儒学、群体儒学与家庭儒学）等，它们在"平民儒学"中各有自己的地位与目标，也都是同一个"平民儒学"的不同的具体表现，它们之间不应该存在矛盾和冲突，但是不同的人对儒学会有不同的认识与理解，难免其中会有争论，见解可能大相径庭，南辕北辙，但是这有利于形成不同的儒学群体或学派。总之，无论如何，在我看来，它们都是"平民儒学"。

魏沛娜：我们可以看到，这几年不少企业都在用儒家思想来诠释企业文化精神，而且很多儒学活动都是由企业主导举办，也就是说，企业成了推动"平民儒学"传播的一种力量。但是，我对这种力量的传播效果存有怀疑，因为企业总是带有"功利"的目的。

王兴国：我认为"平民儒学"假以时间的话，是完全可以做到的。我自己有一个很重要的体会，从我父亲身上就可以看到，老一代人从教育上着手，从小孩子起抓培养，经过三代，儒学基本的思想观念就会深入人心，就会体现在我们的待人接物的方式里。

今天的社会跟过去很不同，我们处于一个商业社会，商业经济特别发达，很多人看到儒学教育里的商机，将儒学商业化，这是不可避免的。但这很不够，不能把儒学教育仅仅限制在一种商业活动之中，应该作为一种大众的公益活动，应该有更多力量参与其中。现在的很多家长还没有意识到，儒学也需要重新恢复成为一种家庭教育，家长自身学习，然后教孩子跟着学。此外，学校也重视，如此会更好，形成一种整体的社会氛围。需要注意的是，如果单靠一些企业、单靠一些培训机构来推动，效果有时往往是相反的，儒学难免变成一种牟利的工具。

魏沛娜： 是不是可以说"平民儒学"是您的思想的一个宗旨？在您看来，怎么表达"平民儒学"的伦理价值体系呢？

王兴国： 谢谢您提的这个问题！您看得很准，"平民儒学"的确是我对儒学的一个基本态度，是我讲儒学的宗旨。但是，"平民儒学的伦理价值体系"，这是一个很好的提法，是整个儒学的思想体系中的重要核心内容，因此是与整个儒学思想体系密切地联系在一起的，这个问题非常庞杂，要讲清楚不太容易。这里只能简单地谈谈。

七八年以前，我有一篇名为《儒学的复兴与儒学的世界化》的文章，是根据在两次会议上的发言整理出来的，后来收在一个会议论文集（张造群主编《儒家文化与社会发展》，广东人民出版社2010年版）中。在这篇文章中，我有一个对儒学的认识，至今不变。我把儒学理解为"即世俗即神圣或即神圣即世俗的中庸之道"，借用牟宗三先生的话，也可以称之为"即内在即超越或即超越即内在的中庸之道"。之所以说儒学是一种"极高明而道中庸"的"中庸之道"，乃是因为它不离世俗性与神圣性，或者内在性与超越性，并以道德实践为基础将世俗性与神圣性或者内在性与超越性完美地统一起来。一般世俗的理解，只能理解到儒学的世俗性一面，也就是把儒学理解为传统所谓的"立德、立功、立言"的"三不朽"之说，对于儒学的神圣性或超越性一面常常理解不了，这就有失儒学的中道了。其实，儒学也同样有神圣超越的一面，就是说，儒学绝不以实现"三不朽"为满足，而是提倡在过好世俗生活（不是说人人都要实现"三不朽"，那是不现实的，但人人都可以过好世俗生活，这应该是可以实现的）过程中自觉地追求"参天地，赞化育"、与"天地之大德"合一无间、"与天地同流"而生生不息，不断地提升自己的人生境界，以求实现生命的超越意义。从这一方面说，儒家与佛道在归趣上又是一致的。

在我看来，要实现"平民儒学"，首要的最佳路径不是建立一套新儒学的伦理价值体系，这固然也很重要，我后面再说，而是要在全国范围内恢复与重建文庙。不仅从乡、镇到县、市以上的中心区至少要有一座文庙，甚至每一个数十户以上的村子也应该有一座文庙，才能满足人们的需要。文庙的活动应该日常化，天天开放，不能仅在相关的节假日才开放、才搞活动，这样才能满足大家的需要。深圳在历史上是一个县，就是新安县，属于东莞郡管辖，应该也是有文庙的，今天已经发展为2000万人的大

哲学地建立中国哲学

都市了，现在寺庙复建了，教堂复建了，但是却没有一座文庙，这很不像话，也说不过去嘛，不知领导们是怎么考虑的！大家知道，在纪念孔子诞辰2565周年大会上，习总书记已经代表中国共产党重新肯定与高度评价了孔子及其对中国历史文化的伟大贡献，全国迎来儒学热，现在讲孔子无罪，恢复孔庙有功，但是深圳除了我们办过几届儒学大会以外，好像就没有什么别的动静了！我想，深圳不能只是向钱看，还应该有文化、有思想、有学术、有科学精神，这才是一个高度文明的现代化城市。实际上，深圳有条件在全国带头实现孔子提出的"富而有教"的理想。这当然不是多办几所大学（我承认办大学很重要）就可以解决的问题。总之，我认为中国需要恢复与重建文庙。这是中国人民走上"富而有教"的现代高度文明之路的不二选择。

与此同时，在中小学落实儒学的教育也是实现"平民儒学"非常重要的一环。"四书"应该纳入中小学到大学的教育之中，具体内容如何安排，可以再考虑并进行探索。但必须强调一点，今天讲儒学不能把儒学绝对化、教条化，不能把儒学与科学、民主的精神对立起来。中小学讲儒学要着重于培养自由独立优雅的"君子"人格、"浩然之气"、"大丈夫"精神、高尚的道德情操，以及待人接物的基本礼仪和方式。

当然，通过各种渠道宣传和普及儒学的基本思想和智慧，营造全社会学习儒学的氛围，也是让儒学走向社会，实现"平民儒学"的有效途径。

当务之急，是要解决儒学人才、国学人才奇缺的问题，这仍然要回到教育上来。虽然有的大学开办了儒学教育或国学班，但是这个问题在大学教育中并没有引起足够的重视，这方面连佛教界都赶不上，全国已经有许多个佛学院了，而且数量还在不断增加。但是全国有几个儒学院、孔子学院与国学院呢？少得可怜，屈指可数呀！这个状况是必须改变的，否则，是不行的。我们把孔子学院办到外国去，这诚然是有必要的，但是不能仅仅办成汉语教学院，最根本的是儒学的真精神要能落地生根。这里的最大关键是，儒学必须要在它的母国本土复兴，灵根再植，从中国人的心性中、精神中生长起来，重塑中华民族真善美的健康人格，否则，谈民族自信与文化自信，就是一句空话。我一直强调，儒学必须在中国复兴，才能真正地影响世界，真正地走向世界。

儒学的复兴自然是"平民儒学"的开花结果。"平民儒学"要在中国大地上全面铺开，并影响世界和走向世界，确实也需要一套儒学理论体系的建构。自20世纪以来，当代儒家已经从哲学上为儒学建立了不同的理论体系，例如从熊十力的"新唯识论"体系开始，后来有冯友兰的"新理学"体系、方东美的"文化哲学"体系、唐君毅的"一心通九境"的体系、牟宗三的"道德的形上学"体系等，这些新儒学体系都引起了人们广泛的理论兴趣和学术研究，可以说，在今天也成为探讨"平民儒学"的重要内容，至少对我来说，他们就是"平民儒学"的现代先驱，我们应该踏着先辈的足迹继续探索和前行。但是，就我来说，至今为止，还没有一套成熟的完整的成系统的儒学理论，当然，在有生之年会自觉地做一些有系统的探讨，也尽可能系统地叙述出来，只是目前还是没有做到。我想，您说的"平民儒学的伦理价值体系"，应该是儒学理论体系中的一个重要部分。尽管我对这一问题没有一个完整而成体系的思考，但是这些年以来也做过点研究，愿意谈一些与"平民儒学的伦理价值体系"相关的基本观点和原则。

第一，以孔子所开创的"仁"道和"忠恕"原则为根本。"仁"道包含太多的内容，一言难尽，但是，其基本精神有两个方面：爱人和克己。关于爱人，儒家虽然主张"爱有差等"，但是"差等"在原则上说并不是爱人本身有等级高低贵贱的差别，只是表示施爱的方式与程序，这就是"爱由亲始"，然后逐渐扩大，推及天下。对此，孟子作了最好的表述："亲亲而仁民，仁民而爱物"。就此而言，儒家的"仁爱"已经具有或包含墨家的"兼爱"精神，只是儒家很现实，墨家太理想。那么，儒家为什么要讲"克己"呢？原因在于爱是充满感情的，"爱由亲始"体现在不同的人身上，对有的人来说就很有可能变成一种自私自利的爱，简单地说，就是只爱与自己有血缘亲情关系的人，而不能仁及天下的人，这就成了私欲了。为了避免仁爱沦落为私欲并对治私欲，孔子提出了"克己复礼"的工夫。儒家修身养性的工夫就是从这套"克己"的修养工夫发展而来的。至于"忠恕"之道，应该是大家比较熟悉的，这就是孔子说的"己欲立而立人，己欲达而达人"和"己所不欲勿施于人"。（从正面说为"忠"，从反面说为"恕"，合而言之为"忠恕"。）

第二，还原与重新认识儒家的孝道精神。儒家提倡"爱由亲始"，故以"孝悌"为"仁之本"。但是，儒家的孝，不是子女对父母的逆来顺受

哲学地建立中国哲学

和绝对服从的愚孝,而是体现了子女与父母人格上的平等,子女在孝养父母的过程中,要能以"礼"侍奉父母,以"谏"劝导父母,以"智"说服父母,体现"仁"和"义"的精神,在让父母吃饱穿暖的前提下,不仅要使父母免于过失,还要尽可能帮助父母明白事理,高尚其志节,提高人生的境界;父母去世了,要为父母举行葬礼,每年还要祭祀和怀念父母,这就是孔子说的"生,事之以礼;死,葬之以礼,祭之以礼"。与此同时,自己终身不做有辱于父母的事情,而成为一个有益于社会和大众的有教养的人,一个热爱自然,自觉维护自然的生态平衡的有情趣的人。儒家视破坏自然生态环境为不孝。曾子说:"大孝尊亲,其次不辱,其下能养。"又引孔子的话说:"断一树,杀一兽,不以其时,非孝也。"至于"悌",主要是以"仁爱"处理兄弟姊妹之间的关系的道德原则,以"孝"的原则类推。

第三,不贰过的原则。在中国文化中,儒家是最具有自我反省和批判精神的。儒家道德修养工夫的一项重要内容,就是强调"吾日三省吾身",每天多次反复地自我反省与检视自己有没有过错,如果发现有错误就一定改正,绝不重犯,这就是孔子所说的"不贰过"。

第四,继承和发扬儒家的"五伦"道德原则,把儒家传统的旧"五伦"变成新"五伦"。儒家指出和强调人与人之间具有"父子有亲,君臣有义,夫妇有别,长幼有序,朋友有信"的"五伦"关系和道德原则,今天有必要调整和改进,可重述为:亲子有亲,上下有义,夫妇有情,长幼有序,朋友有信。五伦是任何一个社会中人与人的五伦关系之间的不可避免的基本道德原则,今天仍然如此,但是今天需要对儒家传统的"五伦"有所变通和改进,以适应今天的社会生活和今人的伦理关系。

第五,发扬"仁政"亲民的思想,并将其转化为现代民主政治的精神。儒家的"仁"道要通过社会政治来实现。儒家在政治上主张"王道"而反对"霸道",因此坚持必须把"仁"道精神贯彻在政治的行政之道中,这就必须建立和施行"仁政"以亲民利民;与此同时,儒家主张和坚持认为"民为本,社稷次之,君为轻",这就是"民为邦本"或"民本"的思想。从孟子的"性善论"来看,"民本"思想必然是以人民具有自由和平等的天赋权利为基础的,这是实现现代民主的条件和前提。儒家的"民本"和"王道"在精神上是具有内在一致性的,可以很好地与现代民主精神相接榫，使儒家传统的"仁政王道"向现代民主政治转化，建立具有现代民主政治精神的"仁政"，亲民利民，让人性充实而有光辉。

第六，继承和发展人民有恒产，富而有教的精神。儒家以为，人要有恒心则必须有恒产。所谓"恒产"就是不动产，就是私有财产，这是培养和建立社会的全民道德的生活和经济基础。儒家提倡发展经济，先富后教，从而实现富而有教。这应该成为社会发展的一项重要原则。

第七，"隆礼重法"向现代法治转化的精神。重视礼法精神并将其客观化，是儒家实现"外王"之道的重要内容和必经之路，但是传统儒家重视不够，所以儒学一直都是"内圣强"而"外王弱"。其实，儒家的礼法精神是中国走向现代民主社会法治的基础。今天，应该在现代民主政治的框架内，实现儒家传统礼法精神的现代转化，并与现代法治精神相结合，既可以增补现代法治的人文主义精神，同时也可以防范现代法治沦为暴政的工具。

第八，有崇高的精神价值信仰与敬畏意识。在以孔子为代表的儒家看来，"仁且智"的一个重要方面在于人具有崇高的超越精神，这种超越精神是由具体的精神价值信仰和敬畏意识来表现的。孔子说："君子有三畏：畏天命，畏大人，畏圣人之言。"这里讲的"天命"是绝对的、超越的、无限的、形上的或道德意义上的概念；"大人""圣人"是代表具有绝对超越意义上的人格概念（"大人"与"圣人"基本上可以视为同义语，只有修辞意义上的差别）；"圣人之言"代表具有绝对超越意义的至高无上的价值律令，类似宗教中"神谕"。"天命""大人""圣人之言"开启了人类生命向"天地精神"升进的方向与道路。在任何一个社会中，一个人的生命（也就是人生）要获得完满的意义，人格要在不断地升进中趋于充实、完整、美大、神圣、圆满的境界，就必须具有崇高的精神价值信仰与敬畏意识。这就是我前面讲的要在世俗中具有神圣和表现神圣的精神。平民儒学不能没有这样的精神。

第九，一体多维的全景宇宙生态观。儒学，归根结底，是一种"生命"哲学。它不仅认为宇宙是一个生生不息的"大生命"，而且认为宇宙间的万事万物，尤其是人，都只是这个"大生命"的具体表现而已。但是，只有作为宇宙万物之灵的人才能对此有充分的自觉的了解与认识。因此，人的一切活动不能背离宇宙"大生命"的运行之道，否则，只能造成

哲学地建立中国哲学

灭顶之灾，结果就是毁他自毁。儒家以为人和天地万物是一体感通的存在。那么，人要活得好，要求有福，就必须要有宇宙"大生命"的精神，具备好生广生的"天地之大德"，像宇宙一样在生生不息的创进中保持太和之境。儒家谓之为"天地精神""天地气象"。这就要求在人与宇宙的张力之间要有保和，具体表现为四种基本张力关系的保和：1. 在人与自然的张力之间要有太和，2. 在人的"生命"自我的张力之间要有保和，3. 在人的自组织社会张力之间要有保和（包含在个人与个人、个人与社会、不同的社会与社会张力之间的保和）。要在这三维关系的张力之间做到保和境界并不容易，这其中必然还需要一种超越的敬畏的保和意识，就是说，4. 必须要有在人与上天、人与"神"，或人与"鬼神"，或人与"上帝"的张力之间的一种保和，这是具有宗教超越意义的保和。张力之间的保和，用现代的话来说，就是一种生态。通过这里说的四种人与宇宙张力之间的保和的生态关系，可以看出儒家视人与天地万物为交互感通的一体是一种很高的智慧，在这一智慧的照耀中，呈现出一幅绚丽多彩的一体多维的全景宇宙生态观。①

对于"平民儒学的伦理价值体系"相关的基本观点和原则，我目前想到的就是这些，以后可能再做些补充和完善。

魏沛娜：其实，您在云南师范大学曾任哲学系主任、儒学与中国传统思想研究所所长，看起来发展前景不错，为何会在2005年离开来到深圳大学呢？

王兴国：在南开大学读完博士后，我又回到云南师范大学，学校上上下下对我还是很好的，当时委任我做哲学系主任等。但是，当时我对云南师范大学的整体发展和风气在心里是有一些不满甚至抗拒的。同时，我觉得如果一直待下去，对自身的发展会有一些限制，所以就动了离开的念头。当时有几个地方可以选择，上海、苏州以及北方。之所以会来深圳，是因为2004年在杭州开会，遇到景海峰，他提出深圳大学要建立中国哲学博士点，建成一个很大的学科，学校很重视，他动员我加入，而我也已经有了离开云南师范大学的想法，所以就答应了邀请。

那时我对深圳不是很了解，但可以相信的是，景海峰一直在深圳坚持

---

① 此处保留了原稿中的具体内容，与出版的压缩稿有所不同。特此说明。

· 576 ·

做学问，做得不错，可以放心。而且景海峰为人厚道，易于相处。同时，我也想到深圳的商业很发达，这座城市的优势是自由，禁锢少些，学术氛围宽松，这是我选择深圳最重要的原因。

魏沛娜： 在来深圳之前，您有想过深圳这座金融科技之城是否适合做学术研究吗？尤其是哲学或儒学研究，需要大量古籍资料的参考，而深圳在文献收藏方面是否比较薄弱？

王兴国： 这方面没有多大的限制，在现代社会条件下，资料不是主要的问题，因为现在的信息非常发达，要搜索资料并不难，故这一条的限制几乎不存在。我当时之所以愿意选择来深圳，主要考虑的是环境，深圳自由空间比较大；第二，深圳大学有建设和发展中国哲学的目标，可以与我的研究兴趣结合起来；第三，深圳主要是一个经济发达的城市，学术没有什么根基，我来之前也人说过类似的话："深圳是文化沙漠、学术沙漠，你怎么会跑到那里去？到深圳做儒学哲学研究会否有问题？"等等，但我当时的想法恰好相反，我认为深圳是一块"学术荒地""哲学沙漠""儒学沙漠"，我刚好可以做拓荒者，反而可以大有作为。我抱着这样的想法来了，可到深圳以后，我发现与以前的想法还是有一定的差距，不完全是那么一回事，尤其现在更是重理轻文，工科思维和管理，搞科研"大跃进"，玩数量游戏，前景堪忧。相对来说，深大的自由度比我以前待的学校大了不少。虽然深圳这个社会大的学术背景和文化环境不是很理想，但是深圳大学人文学院的人文学术气氛还是不错的，尤其哲学系的氛围就更好一些，同事之间可以友好相处，切磋学问，有志于把中国哲学向前推进。

魏沛娜： 现在深圳的国学教育风生水起，民间开办了不少国学班、私塾、书院等。您认为深圳有可能成为"平民儒学"实践的一个范本吗？

王兴国： 深圳可能会成为一种标本。在一个经济发达地区，很大可能走通一条儒学平民化的道路，但这条道路只能是平民儒学的一种模式，不可能是唯一的模式。因为中国社会非常复杂，地区发展也非常不平衡，还有城市与农村亦不同，在这样的情况下，需要探讨不同的道路，不能用一种平民儒学发展模式代替平民儒学的全部道路。像刚才谈到的所谓"港台新儒家"的眼光就非常宏阔，不仅注重儒学的"在地化"，而且注重儒学的"全球化"问题。而"大陆新儒家"根本还没有这种国际层面的问题意识。他们认为首先要解决的是政治层面的问题，还停留在这一步。而"港台新儒家"已经参与到世界文化学术的对话中。所以,"大陆新儒家"距离这样的目标还很遥远。两者的层次不一样,思考关注的问题和争论点不一样。"港台新儒家"是把儒学看成世界文化公器,看作人类思想的一部分,是把儒学放在世界文化学术的背景框架中来考虑与推展的。"大陆新儒家"仅仅是想把儒学放在中国特定的政治社会环境框架内去求复兴,当然,这也有他们的现实背景的考量。

附录:王兴国学术小传

王兴国,男,汉族,1962年8月3日生于云南省曲靖市,1985年7月毕业于云南大学哲学系,获哲学学士学位;2000年7月毕业于南开大学哲学系,获哲学博士学位;历任云南师范大学哲学系讲师、副教授、教授,哲学系主任,儒学与中国传统思想研究所所长,中国哲学硕士点负责人,中国哲学与逻辑学硕士研究生导师,云南省高等院校教学与科研学科带头人,中国哲学史学会理事,云南省逻辑学会理事,云南省思维科学学会常务副会长,美国(霍双印财人法团)中国文化发展基金会学术顾问兼中国大陆地区执行副秘书长,中国孔子2000学术网学术顾问委员会委员,昆明民族茶文化促进会理事等;2005年调入深圳大学哲学历史学部任教;历任《深圳大学学报》(人文社科版)编辑部主任兼常务副主编;现为深圳大学哲学系与国学院教授,《国学集刊》副主编,香港国际哲学研究院高级研究员,东方人文学术基金会中国哲学研究中心研究员,中国哲学史学会理事、中华孔子学会理事与中华孔子学会陆象山研究委员会副会长,广东省儒学研究会理事,深圳宗教研究会常务理事等。

王兴国长期从事中国哲学与中国文化的研究与教学工作,主讲的课程有:中国哲学史(上下)、当代新儒家哲学、中国哲学与文化、中国文化史、经典《周易》、经典《坛经》以及(课外"聚徒讲学")《庄子(选读)》等(以上是为本科生开讲的专业基础课程和人文通识课程);中国近现代哲学研究、中国近现代伦理思想研究、当代新儒家哲学研究、康德与当代新儒家、中国哲学方法论(以上是为研究生讲授的专业课程)。此外,在企业博士班讲授过中国哲学概要、中国文化专题、中国科学技术哲学专题等课程,并面向社会做过多次公益学术文化专题讲座。

在学术方面,王兴国以研究中国哲学及茶道,尤其是以对牟宗三的研究闻名于世,享誉海内外;发表学术论文百余篇,著有《契接中西哲学之主流——牟宗三哲学思想渊源探要》、《牟宗三哲学思想研究——从逻辑思辨到哲学架构》、《牟宗三》、《哲学地建立中国哲学——牟宗三哲学论集》、《王兴国新儒学论文精选集》(即出)、《古代哲学文化与人格型范》(即出)、《儒家伦理智慧的光彩》(即出)等,参撰《中外科技与社会大事总览》《辩证思维方式及其运用》等,编著《中国近代思想家文库·牟宗三卷》等。他的学术专长主要是中国哲学。目前主攻学术方向为中国儒家哲学(以先秦和当代为主)、中国伦理思想,同时兼顾佛道研究等。

(载于张骁儒主编《深圳学人访谈录》第一期,
社会科学文献出版社2018年版。
收入本集时,略有修改)

后　记

　　收入此书的文章，乃集我二十余年以来所写的有关牟宗三的文章，均已先后刊出（文末标出发表时间和刊物名称）或在学术会议上发表，其中的《牟宗三与李约瑟对"李约瑟问题"的求解之比较——兼论牟宗三的科学观与李约瑟的科学观》（原名《牟宗三与"李约瑟问题"——兼论牟宗三的科学观与李约瑟的科学观》）一文，最初在 2011 年 12 月 5—9 日于香港中文大学召开的"当代新儒家与西方哲学——第九届当代新儒学国际学术会议"上发表，后承蒙不弃，拟将该文修订稿在其《中国哲学与文化》的刊物上发表，尤其是曾诵诗小姐数年一直盯住此文不放，并催促作者早日修改交稿，我中间也确曾动手修订过大部分，但是没有改完又停顿了下来，那几年忙于学报的工作，无暇再顾及，直到在编入此集之前，才终于改毕，比原稿增加了一倍的篇幅，逾 6 万字，成为一篇名副其实的长文，适逢 2017 年在中国人民大学召开"牟宗三对中国哲学的贡献和启示国际学术会议"，拟将全文提交会议，再做一次交流，以求方家的批评指正，感谢郑飞先生提出宝贵的修改意见，但确实无力无暇去完成，很是无奈！因为种种原因，未再交由香港中文大学刊用，这是要在此说明，并向郑宗义教授、曾诵诗小姐和郑飞先生致歉的。

　　本书所收的文章，一如目录所显示的，大抵可以分为下列 6 组：

　　第一组 3 篇，内容主要是牟宗三传记与牟宗三哲学研究现状以及感言。其中，《牟宗三》是应邀为《20 世纪中国知名科学家学术成就概览》丛书所写的牟宗三小传，收入汝信先生主编的《20 世纪中国知名科学家学术成就概览·哲学卷·第一分册》（科学出版社 2015 年版）。收入本集时，根据编辑的建议，进行了必要的补订。据说，该文是授业恩师方克立先生向

后　记

编委会推荐由我来执笔的，谨此深表谢意！《牟宗三哲学的研究现状及其局限》一文，是早在二十年前做博士学位论文时候所写的研究报告，尽管不是一篇学术论文，但是颇为流传，有的论著不仅"引用"此文甚多，而且连同其中的错误也照搬不误，为了表示是自己的"原创"而没有注明来源或出处。《纪念牟宗三先生逝世 20 周年感言》，原来是为我主编的《深圳大学学报》（人文社科版）的"当代儒学研究专栏"所刊发的一组纪念论文所写的"主持人语"，虽不是一篇论文，但与我的牟宗三研究不无关系，为便于保留，也收录进来，以供有心的读者一阅。

第二组 3 篇，内容涉及牟宗三的思想渊源、师友关系和学术境遇，对于了解牟宗三的哲学思想当不无裨益。

第三组 2 篇，主要内容是探讨牟宗三的逻辑思想和辩证法思想及其渊源，是很少人关注与问津的话题，但即使在今天看来，也仍然是很重要、很有意义和值得继续深入研究的课题，希望能有抛砖引玉的效果。

第四组 6 篇，内容主要集中在牟宗三与先秦哲学和汉代董（仲舒）学以及宋代象山学的关系之论述。其中，《论牟宗三哲学中的易学研究——对牟宗三哲学的前逻辑起点的考察》写于 1998 年，原为我博士学位论文一章中的一节，很可能是在民国时代孙道升先生的介绍后，最早研究牟宗三易学思想的第一篇论文，在博士学位论文出版前刊于《周易研究》。《孔子与中国哲学中的非实体主义思想——牟宗三的孔子诠释略论》最初写于 2008 年，是为 2009 年 8 月在香港召开的"场有哲学国际学术会议"所写的一篇论文，后经修改，又在 2013 年在深圳召开的一个儒学会议上发表，刊于《求是学刊》。《孔子的两翼——牟宗三论孟子与荀子》一文，曾于 2017 年 4 月在青州召开的"孔孟儒学历史传承与转化创新会议"上发表，由于篇幅较长，在《哲学研究》刊出时做了删节，原文后来收入陈来和翟奎凤二位教授主编的《孔孟儒学传承创新研究》（高等教育出版社 2021 年版），此次仍按原文（全文）编入，以便于读者比较，而取其所需。《略论牟宗三的董学研究及其意义》是提交 2008 年 11 月在广州天鹅湖会议中心召开的"汉唐盛世与汉唐哲学精神"国际学术研讨会论文，并于会上宣读，刊出时做了修改。《牟宗三的象山学（之一）》初写于 2002 年，本来是为翌年在南昌召开的一个纪念陆象山会议所写的论文，但是一篇未竟稿，直到 2019 年才完成，在是年春于荆门举行的纪念陆九渊（1139—1193）诞辰880周年学术研讨会上发表，会后收入欧阳祯人教授主编的《心学史上的一座丰碑——陆象山诞辰880周年纪念》（武汉大学出版社2020年版）。收入此集时，略有添补。国茹编辑建议我写出之二，以成一完整的论文。于是在今年的寒假写出了《牟宗三的象山学（之二）》，已然是一篇6万字的长文，此文的删节稿刊于《人文论丛》2022年第一辑，然而仍然未能写完"牟宗三的象山学"之全文。有待后续去完成。不过，由此二文，可以略窥牟宗三的象山学主脉之一斑。

第五组3篇，前两篇的内容是对牟宗三哲学与康德哲学关系的比较探究，说到牟宗三哲学与康德哲学的关系，乃是一个十分庞杂而艰巨的课题，这里的两篇文字，虽然只不过是作者涉足这一课题的一斑一迹，但是关联到牟宗三和康德在哲学方法论与美学上的核心问题，绝不可轻忽而掠过；后一篇则是牟宗三和李约瑟对"李约瑟问题"的解答以及牟宗三科学观和李约瑟科学观的比较研究，应该是多少有些令人感兴趣的热门话题。

第六组6篇，内容大致上是牟宗三关于"哲学地建立中国哲学"的反省与思考，牟宗三对中国哲学的现代化与世界化的贡献和意义之探究。其中，《牟宗三论中国现代哲学界》一文发表时，也是分为两篇，分别以两期连续刊出的，此次收录，合为一篇。《哲学地建立中国哲学——牟宗三对中国哲学的反省与憧憬》中使用了《牟宗三论中国现代哲学界》一文的材料，因此二文不免有一些重复，今存其旧，故收入本集不做改动。这是要请读者谅解的！

上述六组文章有一个中心，就是旨在显现出牟宗三在不同时期从不同方面对于"哲学地建立中国哲学"的思考与探索。正如"自序"中所说，这是此书名称的由来。

在编辑此书的过程中，对上述的《牟宗三哲学的研究现状及其局限》一文中的一处错误作了纠正，以免再以讹传讹。对此，要特别感谢李明辉先生，因为是他发现并向（作者）我指出了其中的这个错误。此外，在校稿中，对所发现的全部文章的脚注或引文出处的错误进行了更正，对在正文中所发现的个别文字错误也作了订正，其他一仍其旧，以存其真。

此书收录文章22篇，本来还有8篇业已发表的研究牟宗三哲学的论文，分别是：《对牟宗三的逻辑二分法的初步了解》《逻辑究竟研究什么——金岳霖与牟宗三论逻辑对象之比较》《牟宗三的康德哲学著作翻译》《历史的诠

后　记

释与创造的诠释——论牟宗三后期哲学中的"物自身"是价值意味概念的命题》《牟宗三哲学诠释学概述》《"称理而谈"——牟宗三哲学方法论探要》《"不相应行法"与"执的存有论"——论牟宗三哲学以儒摄佛和援西入中》《论牟宗三"道德的形上学"与哲学转向》，因为已给了台湾学生书局，编入《王兴国新儒学论文精选集》（待出），涉及版权问题，所以本集中不再收录。其他仍有未修改或写完的残稿，便不再录入。此外，《牟宗三与殷海光——兼论当代新儒家与自由主义》一文（分为上下篇，连续刊载于《铜仁学院学报》2009 年第 3 期和第 4 期），此次未能收入。同时，还有一篇名为《胡适与牟宗三在北大的一桩公案》的短文，虽然流传甚广，但是其内容与本集中《落寞而不落寞——牟宗三与三所著名大学：北京大学、西南联合大学、台湾大学》一文有所雷同，为避免重复与节省篇幅，也不予收录。

　　这个集子中的一些文章被有的二次文献转载或在网络上流行，得到海内外学友与同道的关注、称赞、鼓励与鞭策，在此表示衷心的感谢！尤其值得一提的是，《落寞而不落寞》一文刊出后，受到美国牟宗三专家柯文杰（Jason Clower）博士的关注与赞赏，从此相交相识，并得以在台北的一次国际学术会议上相见，特此鸣谢！

　　除了我本人的文章以外，此集还有一个"附录"，收入两篇报刊对我的采访，以助读者的了解。在此，对采访我的林汉标先生和魏沛娜小姐，以及《道场》杂志和《深圳商报》，还有深圳市社科院推出的"深圳学人"专栏，表示感谢！

　　我一向无法赞同坚硬地将哲学、宗教、语言、历史以及艺术等人文学科的研究与创作，以不可抗拒的体制力量强行纳入以精细的数量化游戏创造"奇迹"的管理考评之中，万校一面，举国一式，以争"一流"而"超一流"，因为这不仅从根本上违背了人文学术的精神与价值，而且本身就是打着"重视科研"的名义对人文学科的桎梏与摧残。"科学操纵一切事物，却拒绝置身于其中。"（梅洛·庞蒂语）这些年以来，人文学养及其生态环境随着中国高校科研数量的"大跃进"推进的加剧，几乎已成光山荒地，昔日的人文绿洲日趋枯萎，遂将被日益扩大的"数据"与愈来愈大的"大数据"沙漠所掩毙，难道不该引起警觉与反思吗？！

　　深圳大学虽然是一所居于"边缘"的大学，但是如今也正在为争中国高校乃至世界高校的前位排名而殚精竭虑，像夸父一般不遗余力地追赶着，所幸我所在的人文学院尚未忘人文的初衷，有"一小撮""不识时务"的"顽固守旧"者，在艰难的徘徊挣扎中，擂鼓扬鞭，驽马十驾，为人文学术精神的存留与拓展，酿造出一个小小的空间与宽松滋润的氛围，尚能闻到些许东方的茶气，并得到学校的理解与支持，正因为有这样的环境和氛围，更得到两任院长景海峰教授和沈金浩教授的大力支持，才能有本书的出版，志此铭感不忘！

韩国茹编辑为此书的编排与出版贡献了宝贵的建议，付出了辛勤劳动，本书的封面所使用的照片是周博裕先生提供的，并得到了他的授权（照片的拍摄者是周俊裕先生，版权归属周博裕先生），这是要特别感谢的！此外，对于海内外刊发收录于此书文章的杂志、出版社及其编辑，也顺便在此表示我的敬意和感谢！他们为别人作"嫁衣"，默默地奉献出辛劳和汗水，正是他们促成了哲学研究的进步，才可望有春华秋实的收成和喜悦。

王兴国

2017 年 2 月 14 日写于深圳

2022 年 3 月 11 日修订于深圳寓所